스스로 **마**스터하는 **트**레이닝 북

파워포인트 2010

스스로 마스터하는 트레이닝 북

파워포인트 2010

2012년 7월 16일 초판 1쇄 인쇄
2012년 7월 20일 초판 1쇄 발행

지은이 | 한유미
펴낸이 | 이종춘
펴낸곳 | BM 성안당

주 소 | 경기도 파주시 문발로 112
전 화 | 031-955-0511
팩 스 | 031-955-0510
등 록 | 1973. 2. 1. 제13-12호
홈페이지 | www.cyber.co.kr

ISBN | 978-89-315-5186-0
정가 | 20,000원

이 책을 만든 사람들

책임 | 최동진
기획 • 진행 | 오렌지페이퍼
디자인 | 디자인허브
마케팅 | 변재업, 차정욱, 채재석
홍 보 | 최고운
제 작 | 구본철

스스로 마스터하는 트레이닝 북

파워포인트 2010

한유미 지음

 성안당

스마트 시리즈 소개

혼자서도 체계적으로 스마트하게

 스로

각 프로그램의 최중요 기능을 우선 구성하여 **혼자서도 체계적으로** 공부할 수 있습니다. 또한 본문에 부가 요소를 강화하여 더욱 쉽게 이해할 수 있습니다.

가장 중요한 핵심 기능만 스마트하게

 마스터하는

이론, 실습, 문제에 이르기까지 **철저하게 배우고 복습**하는 단계로 구성되어 있어 한 번 배운 내용은 완벽하게 내 것으로 만들어 줍니다. 권말에는 실무 프로젝트를 별지로 구성하여 **현장 업무까지 완벽하게 대비**할 수 있도록 하였습니다.

한 번 배울 때 완벽하고 스마트하게

 트레이닝 북

확인실습 ⋯▶ 응용실습 ⋯▶ 프로젝트로 이어지는 **단계별 문제 확인 구성**으로 꼼꼼하게 연습할 수 있습니다. 또한 응용실습과 프로젝트는 해설 파일을 별도로 제공하여 더욱 완벽하게 마스터할 수 있도록 도와드리며, 프로젝트는 동영상 해설 파일(QR코드, 부록 CD)을 특별 제공합니다.

머리말

파워포인트 2007을 사용했던 사용자가 파워포인트 2010의 외형을 본다면 외형적으로 별로 달라진 것이 없다고 느낄 수 있습니다. 하지만 파워포인트 2007이 이전 버전에 비해 크게 달라진 인터페이스와 그래픽 기능으로 사용자의 눈길을 끌었다면, 파워포인트 2010은 파워포인트 2007의 달라진 기능에 강력해진 멀티미디어 편집 기능까지 더해져 프레젠테이션의 작업 능률을 최대치로 끌어올릴 수 있도록 전문화되었다고 말할 수 있습니다.

파워포인트 2010에서 크게 향상된 기능을 간략히 살펴보자면 포토샵에서나 할 수 있었던 필터 효과를 '꾸밈 효과'라는 이름의 기능으로 제공하고 있습니다. 또, 슬라이드에 삽입한 비디오나 오디오의 일부를 트리밍하거나 페이드를 적용할 수 있는 비디오 편집 기능 등은 전문가 수준의 프레젠테이션을 작성할 수 있도록 도와줍니다. 또한, 파워포인트 2010은 웹을 통해 공동 작업이 쉽게 이루어질 수 있는 기능을 제공하고 있습니다. 작성 중인 프레젠테이션 문서를 웹에 저장하거나 슬라이드 쇼 브로드캐스팅을 통해 여러 사용자들과 공유할 수 있도록 했습니다. 이처럼 파워포인트 2010은 전문적 프레젠테이션을 작성할 수 있도록 향상된 기능을 제공하고 있지만 사용법은 어렵지 않습니다.

누구나 멋진 프레젠테이션 제작을 꿈꾸지만 생각처럼 쉽게 만들어지지 않는 것이 또 프레젠테이션입니다. 머릿속에 있는 디자인이 현실로 옮겨지기까지의 과정이 단시간에 이루어질 수는 없겠지만 멋진 프레젠테이션을 완성할 때까지 이 책이 길잡이 역할을 해주었으면 합니다. 끝으로, 책이 만들어질 때까지 고생하신 관계자 분들에게 감사의 말씀을 전합니다.

한유미

스마트 시리즈 활용법

스마트 시리즈의 구성과 활용 방법을 소개합니다.

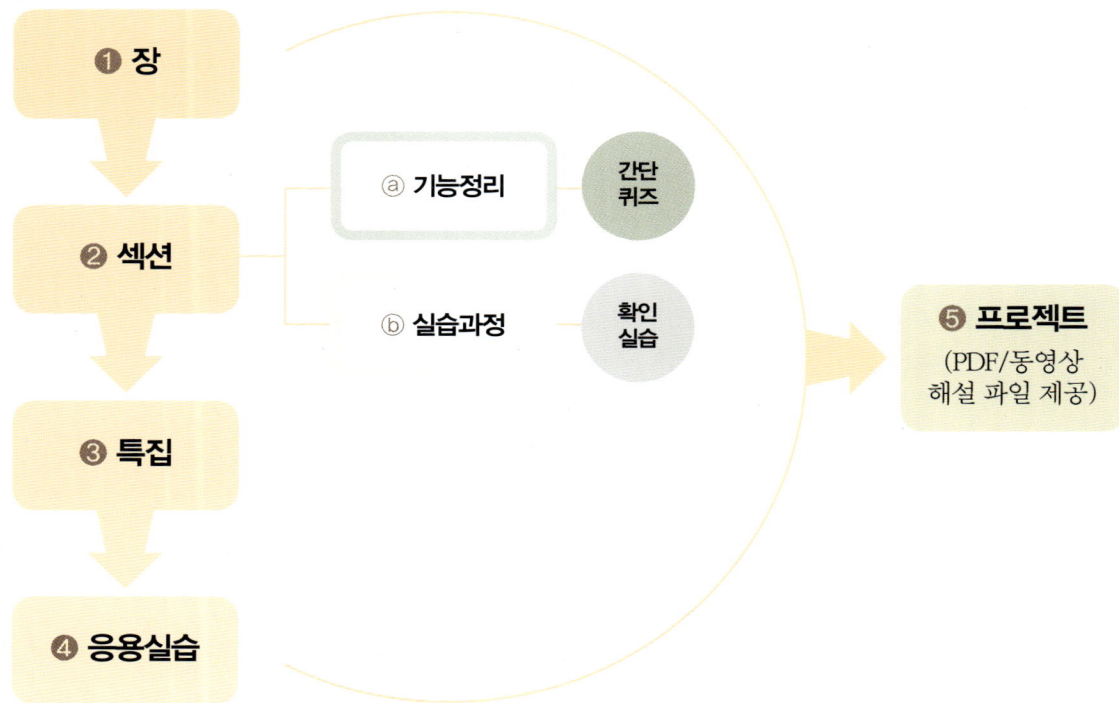

- ❶ 장
- ❷ 섹션
  - ⓐ 기능정리 → 간단 퀴즈
  - ⓑ 실습과정 → 확인 실습
- ❸ 특집
- ❹ 응용실습
- ❺ 프로젝트 (PDF/동영상 해설 파일 제공)

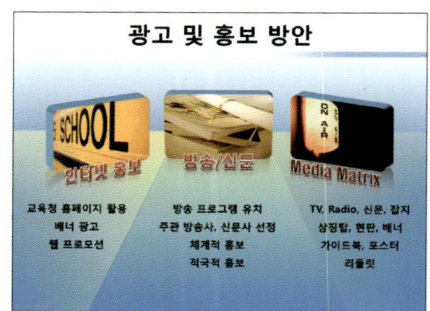

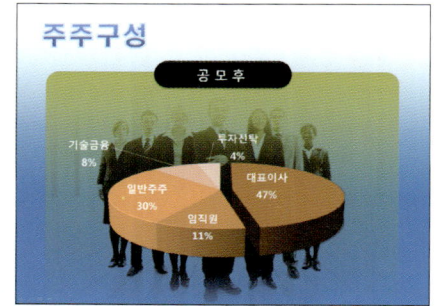

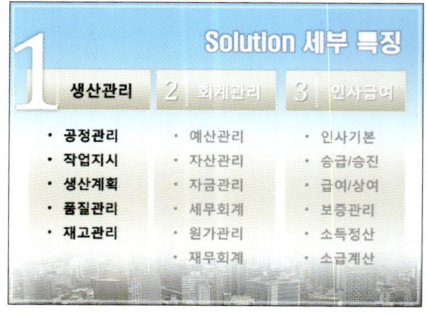

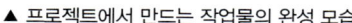

▲ 프로젝트에서 만드는 작업물의 완성 모습

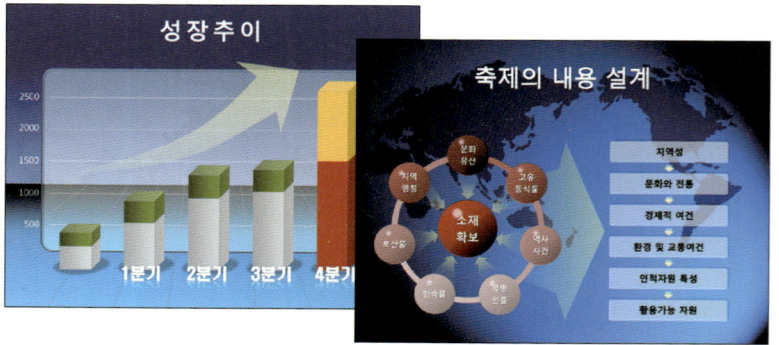

❶ **장** | 프로그램의 유사한 주제에 따른 기능들을 모아 '장'으로 구성하였습니다.

❸ **특집** | 본문에서 다루지 못한 중급 이상의 기능을 학습할 수 있는 구성입니다.

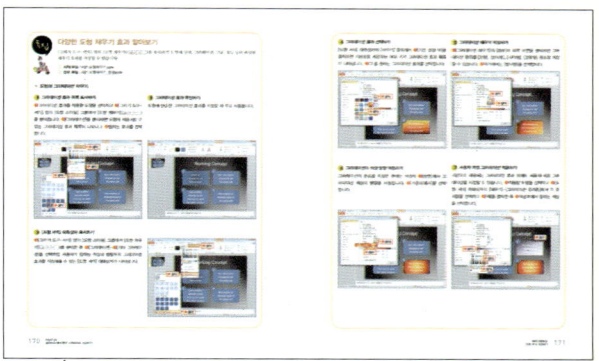

❷ **섹션** | 장의 하위 수준으로, 간단한 이론을 살펴보고 핵심 기능을 직접 따라해보며 내용을 익히는 과정입니다.

ⓐ **기능정리** : 본격적으로 본문을 실습하기 전에 핵심 개념을 간단하게 이론으로 살펴보는 단계입니다. 중요한 개념을 '간단퀴즈'로 다시 한 번 되짚어 봅니다.

ⓑ **실습과정** : 핵심 기능을 익히는 메인 과정입니다. 다수의 실습과정이 나올 수 있으며, 마지막에는 '확인실습'으로 배운 내용을 체크합니다.

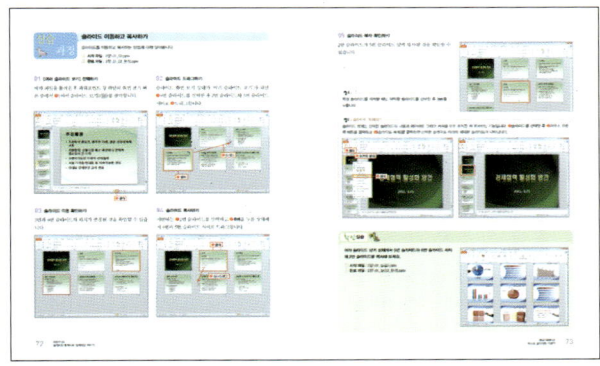

❹ **응용실습** | '장'의 학습을 종합적으로 테스트할 수 있는 문제입니다. 책의 지면에서는 간단한 힌트를 확인할 수 있고 해설 파일은 별도로 제공합니다.

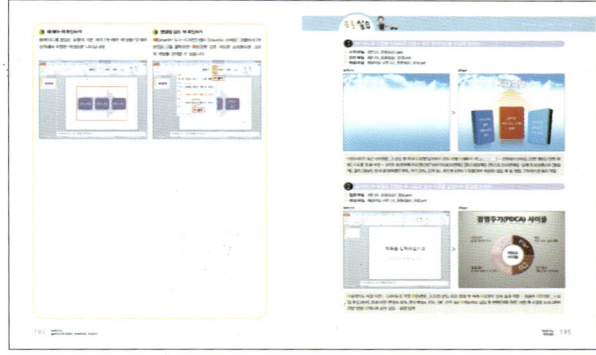

❺ **프로젝트** | 실전 능력 향상을 위해 특별 구성된 종합 문제입니다. 동영상 해설 파일이 제공됩니다.

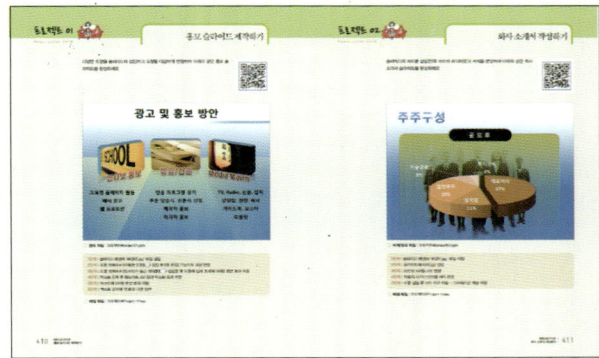

PART 새로워진 파워포인트 2010 만나기

파워포인트 2010을 시작하기 위해 필요한 내용에 대해 살펴봅니다. 우선 파워포인트와 프레젠테이션의 관계에 대해 알아보고 새로워진 파워포인트 2010의 달라진 기능이 무엇인지 알아봅니다. 또한 파워포인트 2010의 화면 구성과 파일을 다루는 방법 등 본격적인 기능을 익히기에 앞서 알아두어야 할 내용을 훑어봅니다.

SECTION 01. 파워포인트 2010 시작하기

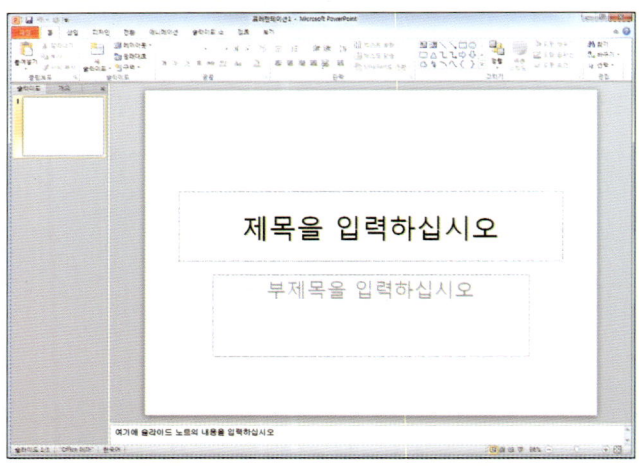

SECTION 02. 파워포인트 2010의 화면 구성 살펴보기

SECTION 03. 새 프레젠테이션 만들고 저장하기

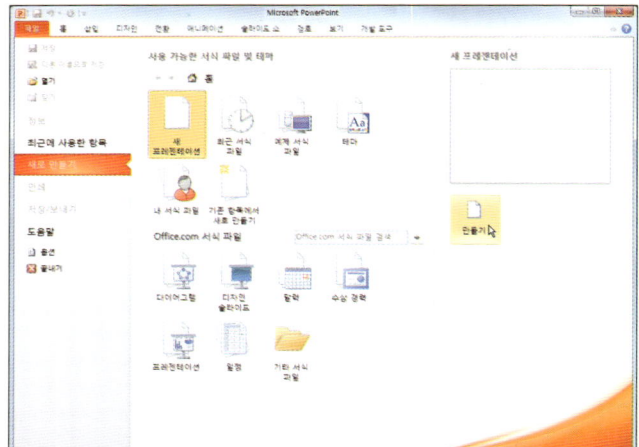

PART 02 슬라이드에 텍스트 입력하고 꾸미기

슬라이드 문서에 입력한 텍스트에 다양한 글꼴 서식과 단락 서식 그리고 텍스트 효과 등을 적용하면 보기 좋은 프레젠테이션으로 제작할 수 있습니다. 여기에서는 슬라이드 문서에 입력한 텍스트의 서식과 단락, 3차원 효과 등을 이용해 눈에 띄는 프레젠테이션으로 만들어내는 방법을 살펴봅니다.

SECTION 01. 텍스트 슬라이드 다루기

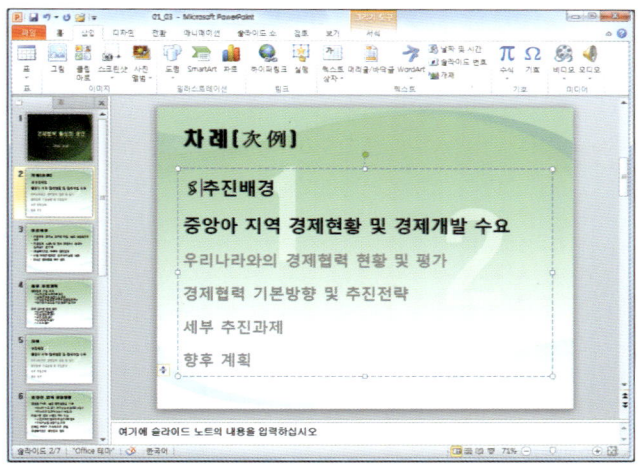

SECTION 02. 텍스트 서식과 단락 조절하기

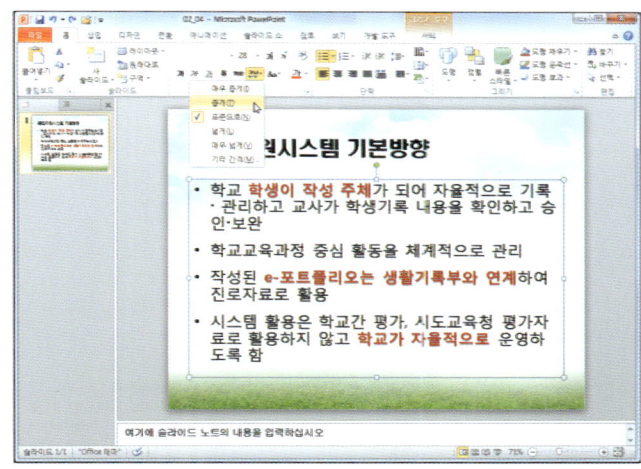

SECTION 03. 글머리 기호와 번호 매기기

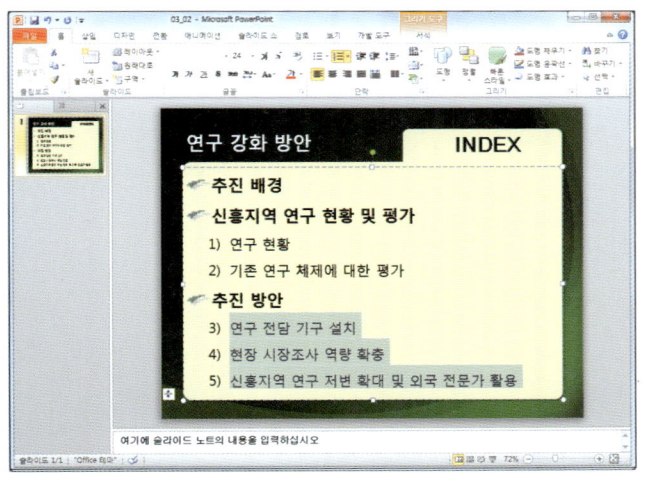

SECTION 04. 워드아트 스타일 지정하기

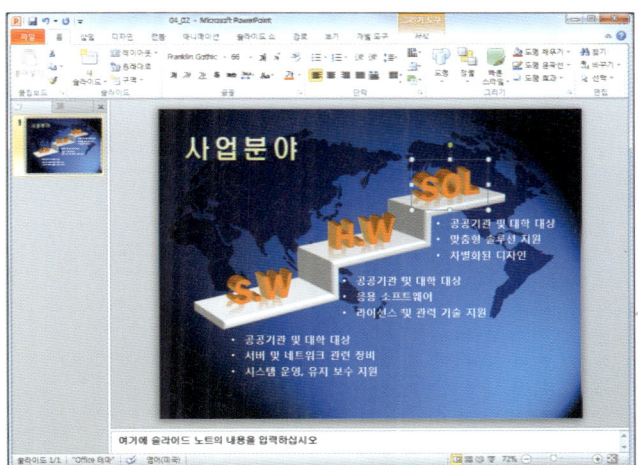

P A R T 03 테마와 슬라이드 마스터 활용하기

프레젠테이션은 첫 슬라이드부터 마지막 슬라이드까지 일관된 구성으로 작업하는 것이 좋습니다. 일관된 디자인의 프레젠테이션을 위해서는 기본적으로 제공하는 테마를 사용하거나 슬라이드 마스터 기능으로 프레젠테이션의 틀을 직접 만들기도 합니다. 여기에서는 테마를 활용하는 방법과 슬라이드 마스터를 지정하는 방법에 대해 알아봅니다.

SECTION 01. 테마 적용해 슬라이드 작성하기

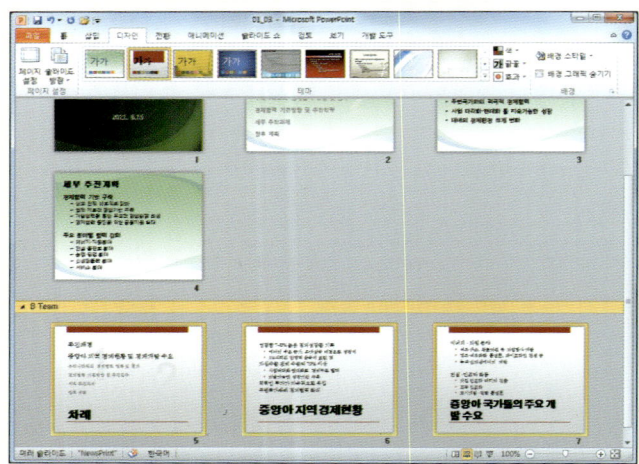

SECTION 02. 슬라이드 마스터 편집하기

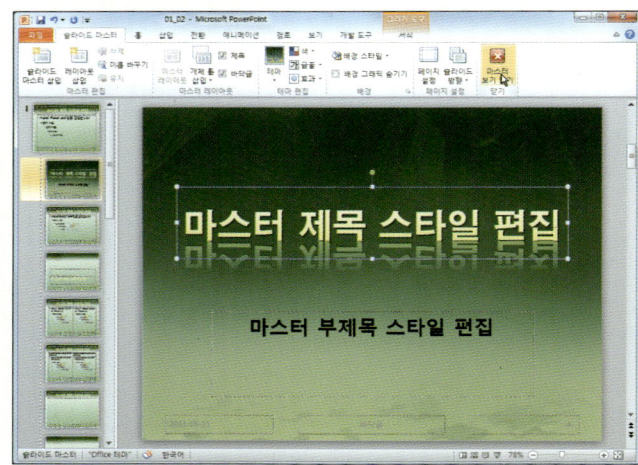

SECTION 03. 슬라이드 유인물 마스터와 노트 마스터 지정하기

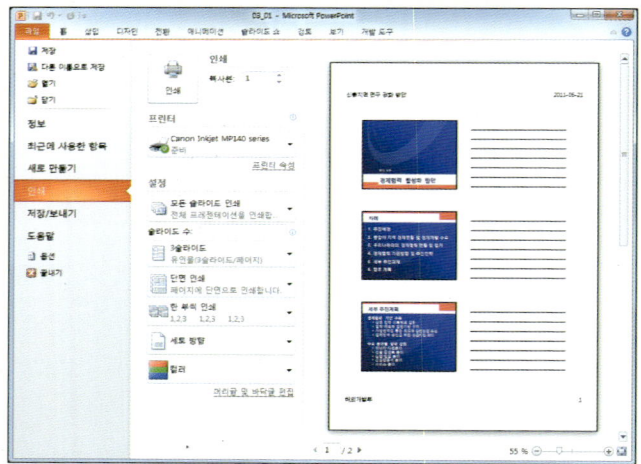

PART 04 슬라이드에 도형과 스마트아트 삽입하기

프레젠테이션의 내용을 전달할 때 텍스트보다는 도형과 스마트아트를 사용하면 훨씬 명확하게 내용을 전달할 수 있습니다. 다양한 도형과 스마트아트를 슬라이드에 삽입하고 서식과 도형 효과를 지정하여 눈에 띄는 프레젠테이션을 작성하는 방법에 대해 알아봅니다.

SECTION 01. 도형 삽입하고 편집하기

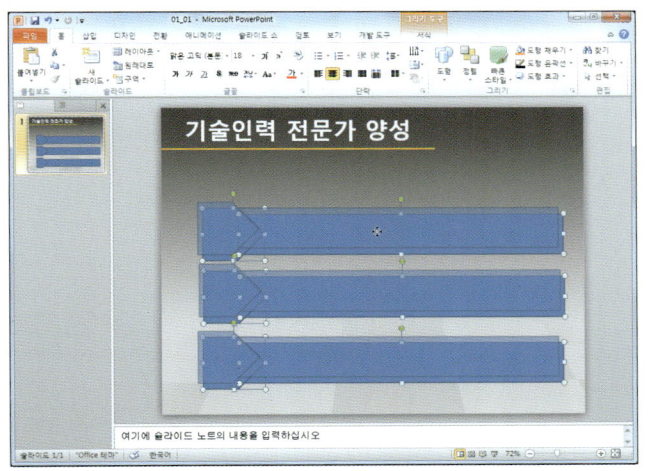

SECTION 02. 도형 서식 지정하기

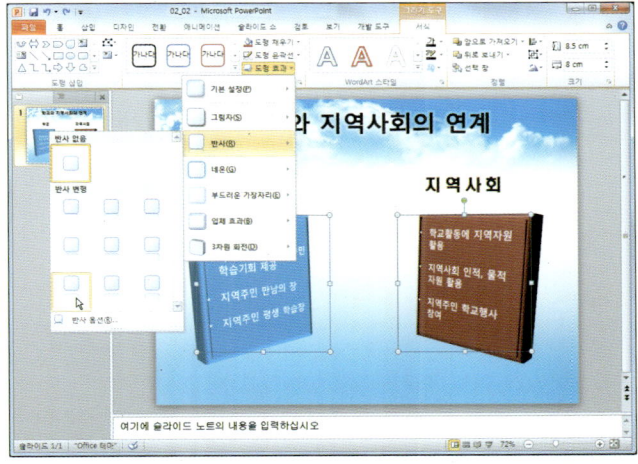

SECTION 03. 도형의 위치 맞추고 정렬하기

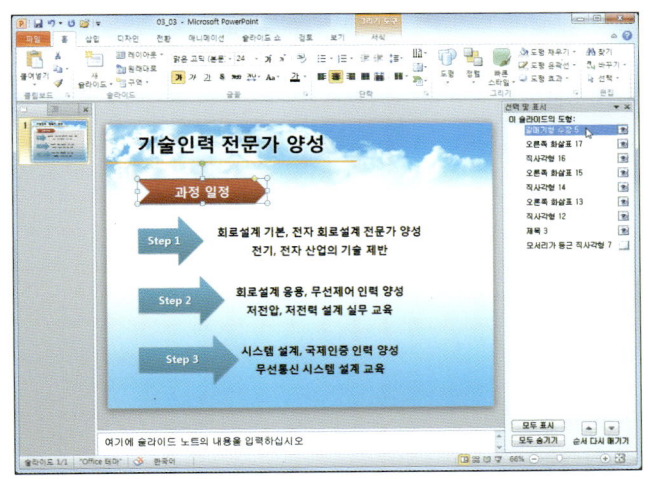

SECTION 04. 스마트아트 삽입하고 디자인 변경하기

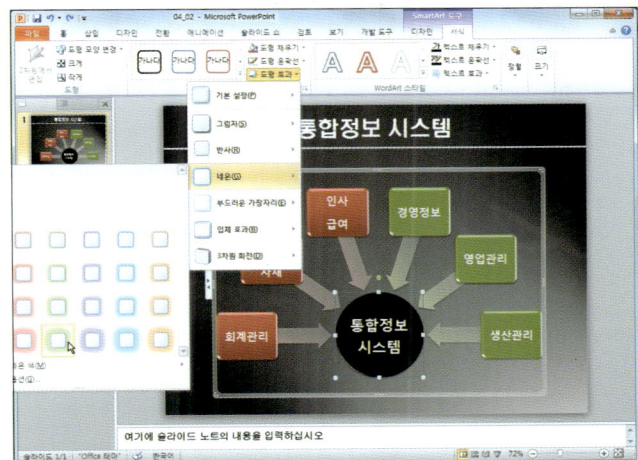

PART 05 슬라이드에 멀티미디어 파일 삽입하고 하이퍼링크 지정하기

그림과 클립 아트 같은 그래픽 개체나 동영상, 소리 등의 멀티미디어 개체를 슬라이드에 삽입하면 훨씬 다양하고 화려한 프레젠테이션을 작성할 수 있습니다. 다양한 멀티미디어 개체를 삽입하고 편집하는 방법과 하이퍼링크로 슬라이드와 웹 사이트 간의 연결을 통해 동적인 프레젠테이션을 만드는 방법 등에 대해 알아봅니다.

SECTION 01. 그림 삽입하고 편집하기

SECTION 02. 클립 아트 삽입하고 편집하기

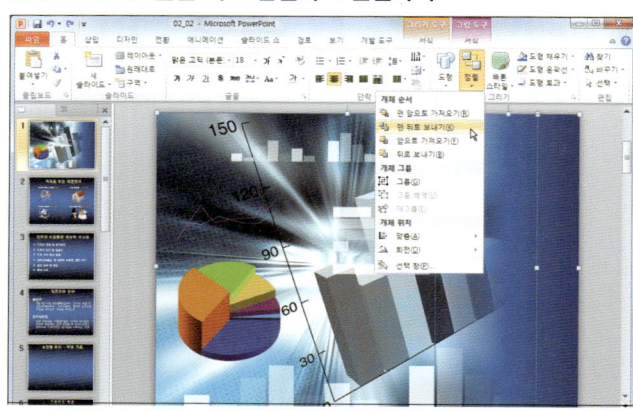

SECTION 03. 오디오와 비디오 삽입하고 편집하기

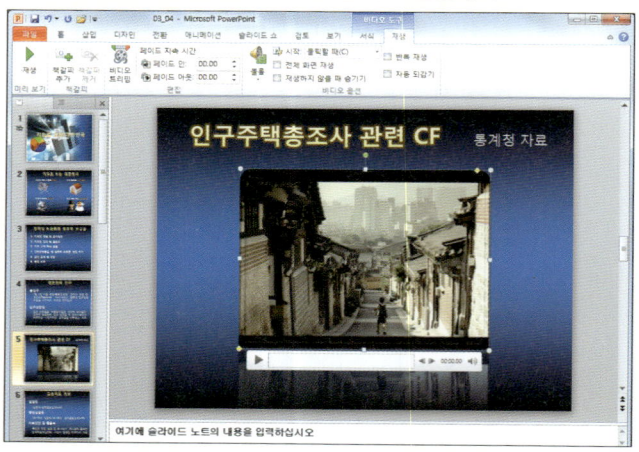

SECTION 04. 플래시 동영상과 개체 삽입하기

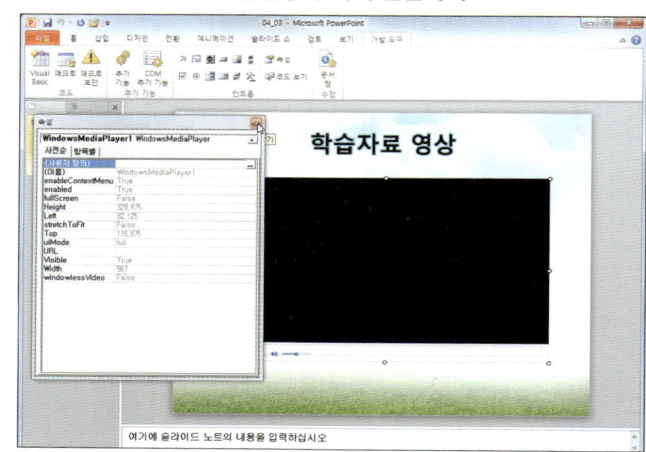

SECTION 05. 하이퍼링크 설정하기

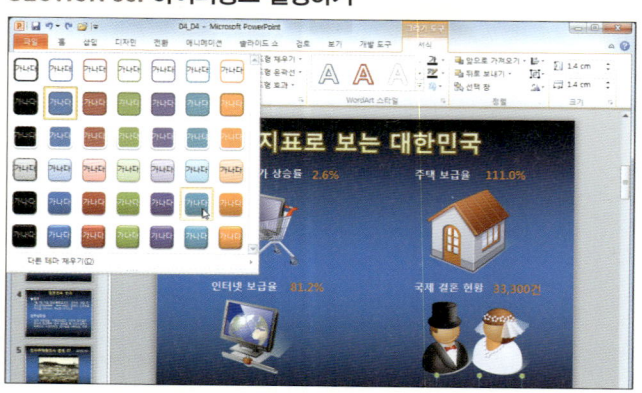

PART 06 슬라이드에 표와 차트 삽입하기

슬라이드에 나열된 텍스트나 숫자를 표와 차트로 요약하면 직관적으로 슬라이드의 내용을 파악할 수 있습니다. 표와 차트의 장점은 텍스트나 숫자 정보의 복잡함을 간단하고 명확하게 청중에게 전달한다는 데 있습니다. 표와 차트를 슬라이드에 삽입하고 다양한 서식을 지정하는 방법에 대해 알아봅니다.

SECTION 01. 표 삽입하고 편집하기

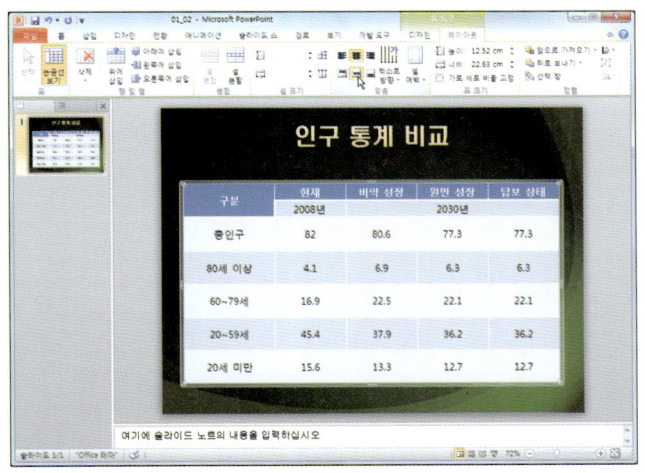

SECTION 02. 표 스타일과 서식 지정하기

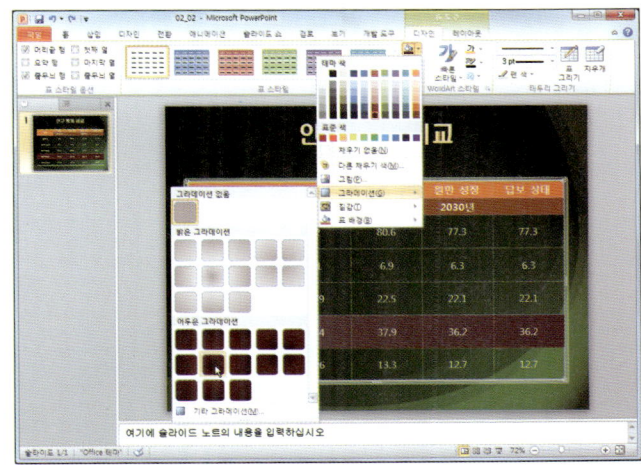

SECTION 03. 차트 삽입하고 편집하기

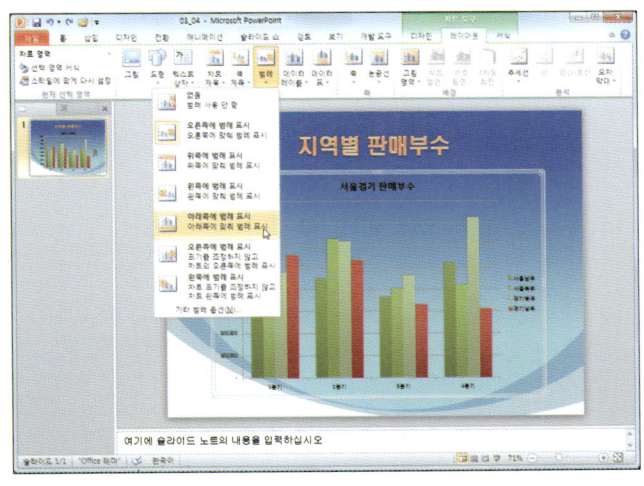

SECTION 04. 차트 서식 변경하기

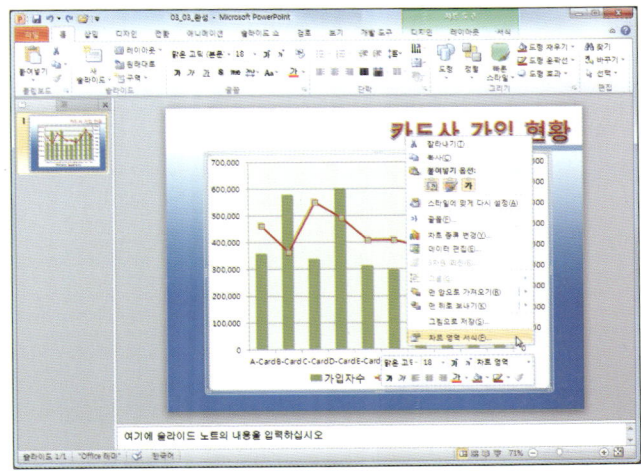

PART 애니메이션 적용하고 프레젠테이션 발표하기

파워포인트 2010은 버전이 업그레이드되면서 화면 전환과 애니메이션 기능이 더욱 화려하고 다양해졌습니다. 오피스 2010에서는 전환 탭과 애니메이션 탭을 분리하여 기능을 제공하고 있으며, 애니메이션 기능을 좀 더 세분화했다는 것을 특징으로 들 수 있습니다. 다양한 애니메이션 기능과 작성한 프레젠테이션을 슬라이드 쇼를 통해 확인하는 방법에 대해 알아봅니다.

SECTION 01. 화면 전환과 애니메이션 효과 지정하기

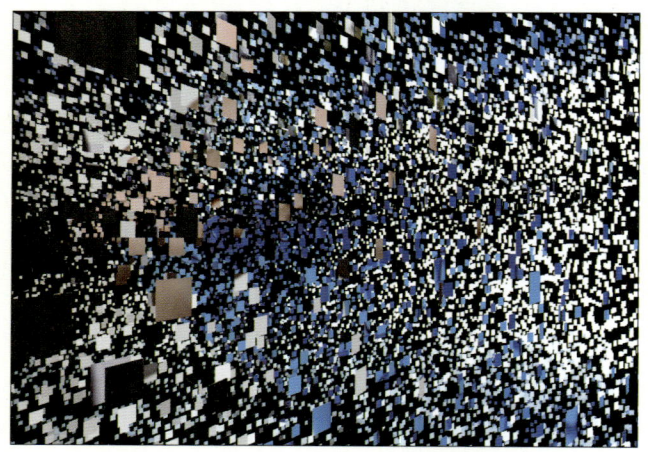

SECTION 02. 고급 애니메이션 효과 지정하기

SECTION 03. 슬라이드 쇼 진행하기

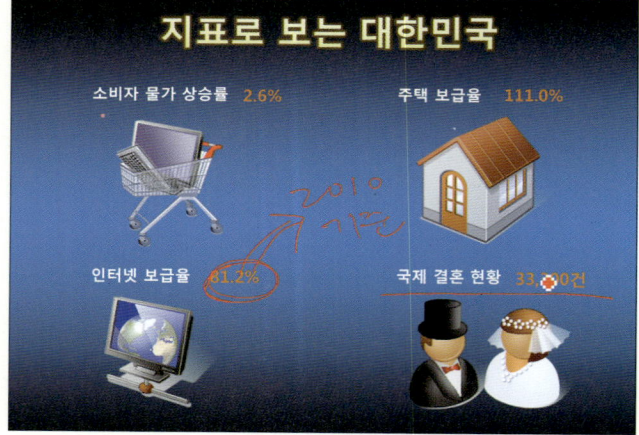

PART 08 다양한 프레젠테이션 배포 방법 익히기

프레젠테이션을 완성한 후 슬라이드 그대로 출력하거나 유인물이나 슬라이드 노트 형태로 출력하는 등의 인쇄 방법과 인터넷을 활용한 프레젠테이션 배포 방법 그리고 다양한 형태로 저장하여 프레젠테이션을 배포하는 방법에 대해 알아봅니다.

SECTION 01. 슬라이드 인쇄하기

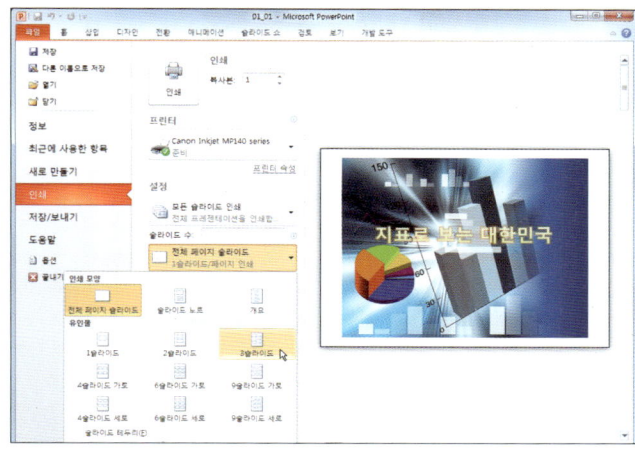

SECTION 02. 인터넷을 이용해 배포하기

SECTION 03. 다양한 파일 형식으로 문서 배포하기

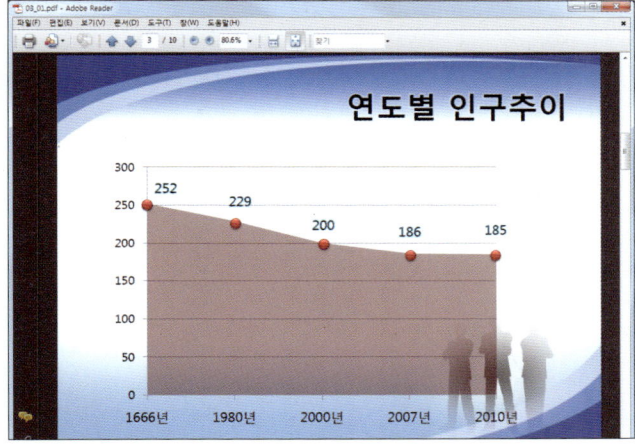

APPENDIX 부록

막강 프레젠테이션 문서를 위한 파워포인트 2010 테크닉

본문에서 다룬 내용 외에 프레젠테이션 문서를 작성할 때 알아두면 좋은 파워포인트 2010의 특별한 기능에 대해 설명합니다.

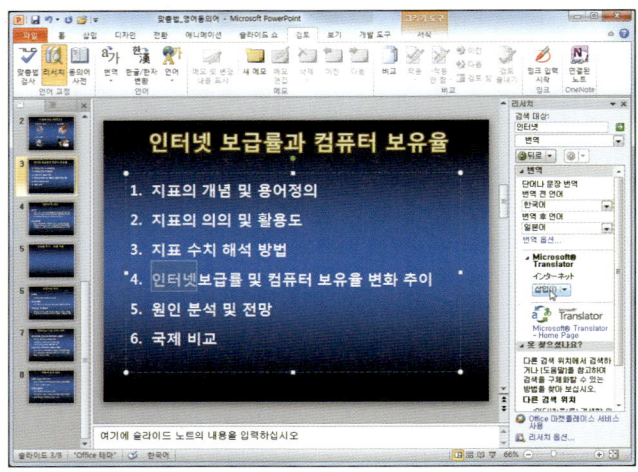

PROJECT 프로젝트

실무를 완벽하게 대비하는 종합 실습 문제

파워포인트 2010을 종합적으로 활용할 수 있는 능력을 키워주는 실전 프로젝트입니다. 총 5개의 문제로 구성되어 있으며, PDF 해설 파일과 동영상 해설 파일(부록 CD 및 QR 코드)이 제공됩니다.

프로젝트 1. 홍보 계획서 작성하기

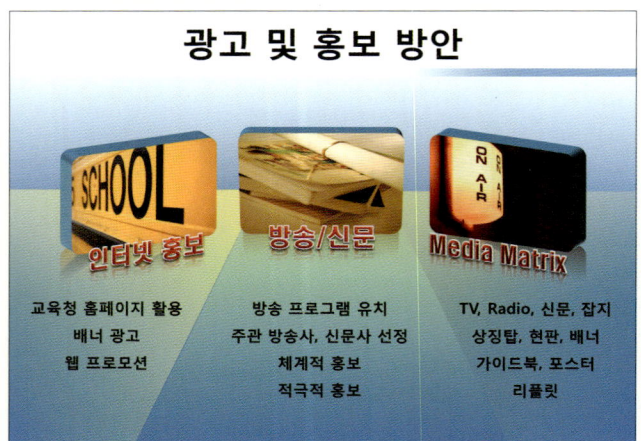

프로젝트 2. 회사 소개서 작성하기

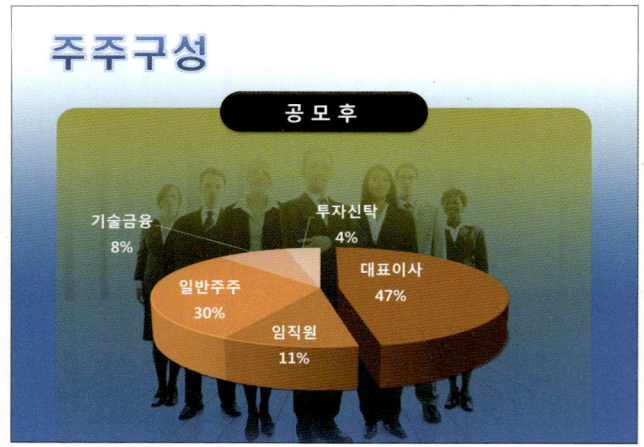

프로젝트 3. 제품 상세 설명서 작성하기

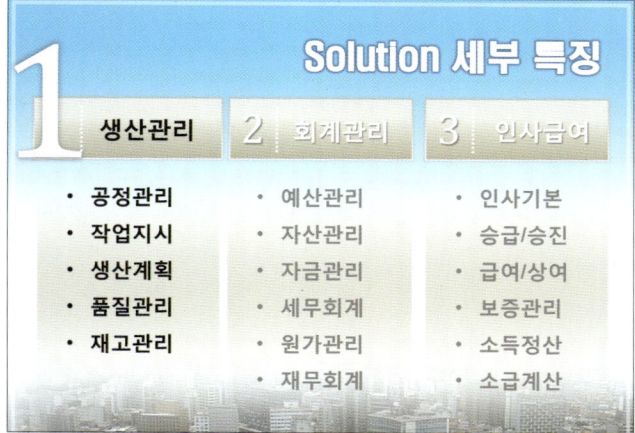

프로젝트 4. 성장 추이 비교 보고서 작성하기

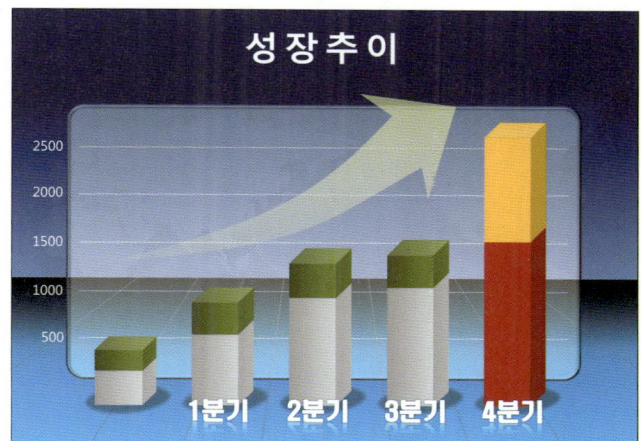

프로젝트 5. 제안서 작성하기

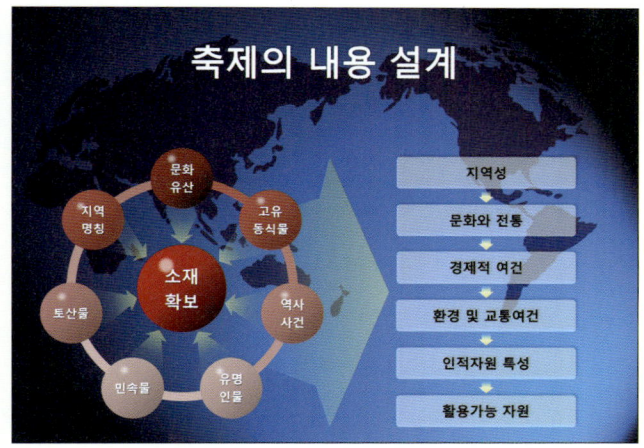

1 CD/DVD-ROM에 부록 CD를 삽입한 후, [폴더를 열어 파일 보기]를 클릭합니다.

2 본문 학습에 도움이 되는 예제/완성/해설 파일이 챕터별로 분류되어 있는 것을 확인할 수 있습니다. 데이터를 PC에 복사해두면 사용할 때마다 CD를 찾지 않아도 되므로 편리합니다.

3 각 장의 폴더를 클릭하면 해당 장에서 사용하는 시작/완료 파일을 확인할 수 있습니다.

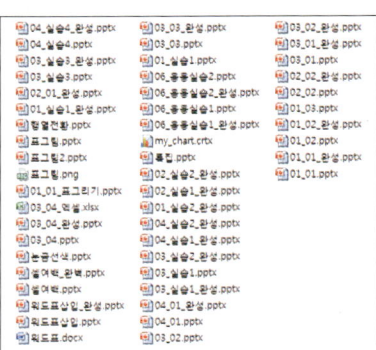

4 해설 파일 폴더를 클릭하면 〈응용실습〉 해설 파일 (PDF 파일) 및 〈프로젝트〉 해설 파일(PDF/AVI 파일)을 볼 수 있습니다. 동영상 파일은 **음성 없이** 제공됩니다.

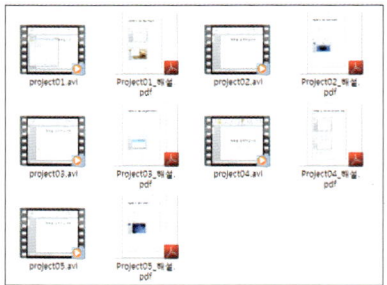

---

tip

PDF 파일은 네이버와 같은 포털 사이트에서 '어도비 리더 (Adobe Reader)'라는 무료 프로그램을 다운로드 받아 설치한 후 볼 수 있습니다.

● 동영상 해설 파일을 보는 방법 1

부록 CD에 제공되는 〈해설파일〉 폴더 안의 〈프로젝트〉 폴더의 동영상 해설 파일을 더블클릭하면 각자의 PC에 설치되어 있는 동영상 플레이어에서 자동으로 실행됩니다.

▲ 윈도우 미디어 플레이어에서 재생되는 모습

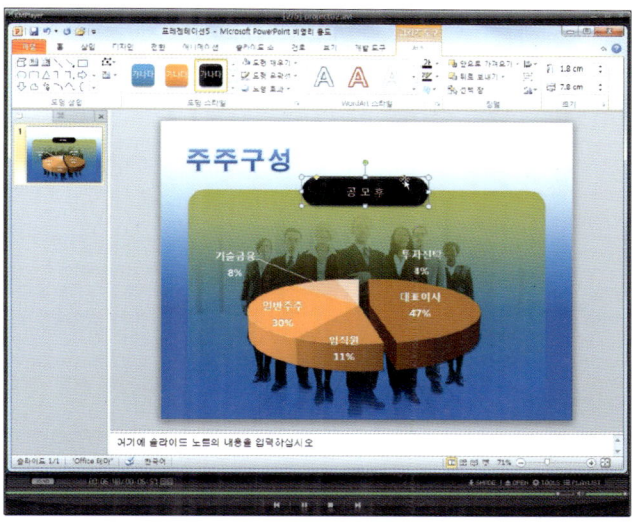

▲ KM 플레이어에서 재생되는 모습

tip

본 동영상 해설 파일은 AVI 파일로 제공되며, 대부분의 동영상 플레이어(윈도우 미디어 플레이어, KM 플레이어, GOM 플레이어)에서 재생되는 기본 포맷입니다. 혹시 동영상이 재생되지 않는 경우가 있다면 TSCC 코덱을 다운로드(http://www.techsmith.com/download.html) 받아야 합니다.

● 동영상 해설 파일을 보는 방법 2

동영상 해설 파일은 성안당 홈페이지(http://www.cyber.co.kr)의 자료실에 업로드되어 있습니다. PC에서 홈페이지에 접속하여 볼 수도 있으며, 스마트폰을 소지한 사람은 〈프로젝트〉 페이지에 있는 QR 코드를 스캔하여 스마트폰에서 바로 동영상 해설 파일을 볼 수도 있습니다.

차 례

스마트 파워포인트 2010의 차례를 소개합니다.

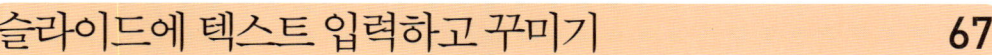

PART

03

테마와 슬라이드 마스터 활용하기   115

P A R T 04

슬라이드에 도형과 스마트아트 삽입하기   151

PART
05

슬라이드에 멀티미디어 파일 삽입하고
하이퍼링크 지정하기   197

PART 08

다양한 프레젠테이션 배포 방법 익히기 343

APPENDIX

**막강 프레젠테이션 문서를 위한
파워포인트 2010 테크닉**

377

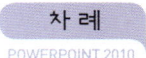
PROJECT

실무를 완벽하게 대비하는 종합 실습 문제　　**409**

새로워진 파워포인트 2010 만나기

파워포인트 2010을 시작하기 위해 필요한 내용에 대해 살펴봅니다. 우선 파워포인트와 프레젠테이션의 관계에 대해 알아보고 새로워진 파워포인트 2010의 달라진 기능이 무엇인지 알아봅니다. 또한 파워포인트 2010의 화면 구성과 파일을 다루는 방법 등 본격적인 기능을 익히기에 앞서 알아두어야 할 내용을 훑어봅니다.

P O W E R P O I N T   2 0 1 0

파워포인트 2010 시작하기

파워포인트와 프레젠테이션의 관계에 대해 알아보고 달라진 파워포인트 2010의 기능에 대해 살펴봅니다.

다루는 내용

- 프레젠테이션과 파워포인트 이해하기
- 파워포인트의 실행과 종료 방법 익히기

기능 정리

프레젠테이션과 파워포인트

파워포인트 2010을 시작하기에 앞서 프레젠테이션의 의미와 프레젠테이션을 위한 준비물 등에 대해 알아봅니다.

● 프레젠테이션이란?

프레젠테이션은 각종 정보를 대상자에게 전달하는 것을 말합니다. 프레젠테이션을 말할 때 우리는 '스티브 잡스'를 가장 먼저 떠올립니다. 또한, 애플의 신제품 발표를 위한 스티브 잡스의 프레젠테이션은 경쟁자인 빌 게이츠의 프레젠테이션과 종종 비교되곤 했습니다. 검은색에서 짙은 남색으로 그라데이션이 된 슬라이드 배경에 텍스트 한 줄, 이미지 한 컷만으로도 청중의 시선을 사로잡을 수 있다는 모델을 제시한 인물이 바로 스티브 잡스입니다. 반면 빌 게이츠의 프레젠테이션은 슬라이드에 많은 개체를 담고 있어 복잡한 느낌을 줄 뿐 아니라 시선이 분산되어 무엇이 중심인지 알 수 없는 모델의 전형이었습니다.

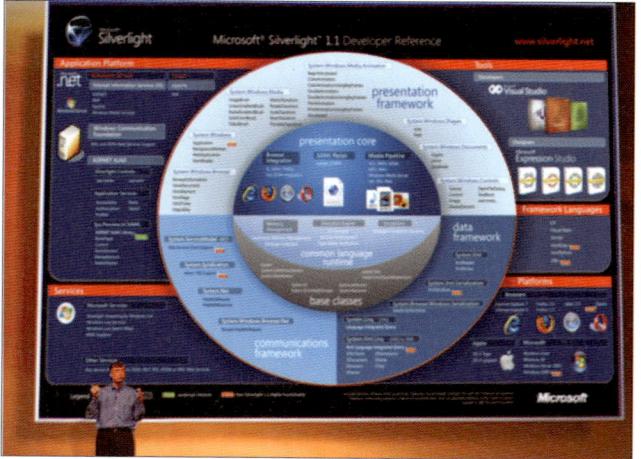

스티브 잡스식 프레젠테이션은 수많은 청중 앞에서의 제품 발표를 위한 프레젠테이션이기 때문에 '단순함'을 강조합니다. 스티브 잡스의 프레젠테이션 방식은 최근의 프레젠테이션 제작 스타일의 기준을 마련했다고 할 수 있습니다. 청중들에게 제품에 대한 인상을 강렬하게 심어주기 위해서는 단순한 프레젠테이션이 훨씬 효과적이기 때문입니다. 그래서인지 최근 빌 게이츠의 프레젠테이션을 보면 이런 복잡함은 사라지고 '단순함'이 그 자리를 대신하고 있습니다.

하지만, 프레젠테이션은 발표 외에도 다양한 종류가 존재합니다. 기획서나 제안서, 회사 소개서 등의 다양한 프레젠테이션에 모두 '단순함'만을 강조할 수는 없습니다. 상사에게 제출하는 업무용 프레젠테이션은 슬라이드에 입력되는 텍스트가 발표용 프레젠테이션 보다는 많이 채워질 수밖에 없습니다. 프레젠테이션은 단순해야 한다는 전제에만 사로잡혀 있다면 프레젠테이션을 만드는 작업은 매우 힘들어집니다. 학교나 직장에서 작성해야 하는 프레젠테이션은 발표용으로 작성되기도 하지만 인쇄나 파일 형태 등으로 다양하게 배포되기도 하기 때문입니다. 그러므로 프레젠테이션 종류의 특성에 맞게 색상이나 폰트, 텍스트 양을 조절하는 것이 중요합니다.

프레젠테이션의 종류	내용
교육 · 발표용	연구, 학술 세미나, 발표회, 사원 교육 등 영상 교육을 위한 프레젠테이션입니다. 청중의 이해를 돕기 위해 간결하고 시선을 집중할 수 있는 디자인을 위주로 제작합니다.
제안서 · 기획서	입찰이나 용역 제안서, 각종 행사의 기획서 등을 말하며, 경쟁사와 차별화하고 프로젝트의 수행 능력을 명쾌하게 보여줄 수 있게 제작합니다.
회사 소개서	기업의 프로모션 이벤트, 경영 현황 보고, 투자 유치 등의 내용이 프레젠테이션에 포함됩니다. 기업의 홍보 자료를 쉽고 직관적으로 고객들이나 투자자들이 이해할 수 있게 제작합니다.
설명회	제품, 사업, 투자, 주민 설명회 등 많은 청중 앞에서 이해와 설득을 이끌어낼 수 있게 기획하고, 간결하고 정확하게 제작합니다.

프레젠테이션의 종류는 업무 유형에 따라 위의 표와 같이 여러 가지로 나뉠 수 있습니다. 경우에 따라 슬라이드에 입력되는 내용이 많을 수도 있고 반대로 단 몇 줄로 표현될 수도 있습니다. 하지만, 기본적으로 지켜져야 할 원칙은 간결하고 명확하게 제작해야 한다는 것입니다.

● 프레젠테이션의 구성 요소

프레젠테이션을 구성하는 핵심 요소는 일반적으로 다음과 같습니다.

• 발표자(프레젠터)

발표자는 발표의 중요 아이디어를 고안해내고 프레젠테이션을 논리적으로 구성한 후 청중에게 발표하는 사람을 말합니다. 청중에게 중요한 점을 확실하게 전달해야 하는 역할을 합니다.

- **내용(슬라이드, 메시지)**

내용에는 프레젠테이션의 주제나 목적이 확실히 표현될 수 있도록 텍스트를 포함한 다양한 미디어가 해당됩니다. 내용을 전달하는 수단으로는 시각, 청각을 망라해 다양한 방법을 찾아 이용합니다.

- **청중**

청중은 프레젠테이션을 보게 되는 사람들을 말하며, 발표자는 청중이 듣고 싶은 것을 확실히 파악해야 합니다. 프레젠테이션을 준비할 때는 청중에 대한 사전 분석을 철저히 하는 것이 중요합니다. 청중에 대한 분석은 성별, 나이, 교육 수준 등의 특성부터 청중 수, 지식 정도 등을 파악해서 프레젠테이션의 방향을 결정합니다.

● **프레젠테이션의 단계**

프레젠테이션을 제작할 때는 일반적으로 다음과 같은 단계에 따라 제작합니다.

① **사전 준비**

프레젠테이션의 목적, 대상, 장소 등을 사전에 명확히 알아야 합니다. 그 후 기획 단계를 거치도록 합니다. 기획은 프레젠테이션을 제작하기 전에 발표할 내용을 정하고 목표와 목적을 제대로 파악한 후 대상자들에게 효율적으로 전달할 방법을 충분히 고민하고 고려하는 과정입니다.

② **프레젠테이션 준비**

실제 프레젠테이션을 위해 준비하는 단계로, 자료를 수집하고 선별합니다. 어떤 미디어를 사용하고 무엇을 어떻게 전달할 것인지에 대한 실제 계획을 수립하고 준비하는 과정입니다.

③ **프레젠테이션 제작**

기획 단계에서 결정된 내용을 프레젠테이션 프로그램을 사용하여 디자인합니다. 내용을 핵심적으로 표현하고 청중의 시선을 끌 수 있도록 색상, 폰트, 도형, 차트 등의 디자인 작업이 필요하며 다양한 멀티미디어 자료들을 활용하여 일관된 디자인으로 제작합니다.

④ **발표 준비**

발표를 위한 프레젠테이션이라면 준비된 자료를 바탕으로 실제 발표하듯 리허설을 해봅니다. 서 있는 위치, 슬라이드를 넘기는 타이밍, 제스처 등을 꼼꼼히 체크하고 연습합니다.

⑤ **발표**

발표장에 도착해 프레젠테이션을 위한 장비를 꼼꼼히 체크한 후 보충 자료와 유인물 등을 확인합니다.

● 프레젠테이션과 파워포인트

프레젠테이션은 발표회, 세미나, 워크숍 등에서 청중에게 각종 정보를 전달하는 것을 말하며, 프레젠테이션 제작을 위해서는 파워포인트라는 프로그램이 필요합니다. 파워포인트는 프레젠테이션을 제작하고 발표하기 위해 사용되는 프로그램 중 가장 많이 사용되는 프로그램입니다. 파워포인트에서는 텍스트와 이미지뿐 아니라 동영상, 소리 파일, 플래시 무비 등의 다양한 멀티미디어 자료를 충분히 활용할 수 있습니다. 또한, 프레젠테이션 기능 이외에도 유인물이나 설명문 등의 보조 자료를 제작하는 도구로서도 활용됩니다.

・ 오피스 2010 제품별 특징과 설치를 위한 컴퓨터 사양

파워포인트 2010은 오피스 2010 패키지에 포함되어 있습니다. 오피스 2010은 다음과 같은 제품군으로 이루어진 패키지로 판매되고 있습니다.

구분	내용		
제품군	오피스 홈 앤 스튜던트 (Office Home & Student)	오피스 홈 앤 비즈니스 (Office Home & Business)	오피스 프로페셔널 (Office Professional)
구성 프로그램	• 워드 2010 • 엑셀 2010 • 파워포인트 2010 • 원노트 2010	• 워드 2010 • 엑셀 2010 • 파워포인트 2010 • 원노트 2010 • 아웃룩 2010	• 워드 2010 • 엑셀 2010 • 파워포인트 2010 • 원노트 2010 • 아웃룩 2010 • 엑세스 2010 • 퍼블리셔 2010

오피스 2010을 설치하고 실행하려면 다음과 같은 컴퓨터 사양이 요구됩니다.

구분	내용
운영체제	윈도우 XP SP3, 윈도우 비스타, 윈도우 7
프로세서	500MHz 이상
메모리	256MB 이상
하드 디스크	1.5GB 이상
기타	웹 애플리케이션 실행이 가능한 브라우저 : 인터넷 익스플로러, 사파리, 파이어폭스

● 프레젠테이션을 위한 준비물

파워포인트 2010을 시작하기에 앞서 프레젠테이션과 프레젠테이션을 하기 위해 필요한 장비에는 어떤 것들이 있는지 살펴봅니다.

・ 프레젠테이션에 필요한 장비

프레젠테이션을 하기 위해서는 데스크톱이나 프로젝터 등의 준비물이 필요합니다.

① **컴퓨터(노트북 컴퓨터) :** 제작한 프레젠테이션 문서가 저장되어 있는 컴퓨터는 필수이며, 컴퓨터와 프로젝트를 연결하여 스크린에 슬라이드 쇼 내용을 표시합니다.

② **프로젝터 :** 컴퓨터와 연결하여 스크린에 프레젠테이션 내용을 투사하는 장비입니다. 빔 프로젝터, LCD 프로젝터, DLP 프로젝터 등의 종류가 있습니다.

③ **스크린 :** 프레젠테이션의 내용이 프로젝터를 통해 스크린에 표시됩니다.

④ **유인물 :** 프레젠테이션의 이해를 돕기 위해 청중에게 배포하는 유인물을 준비할 수 있습니다.

⑤ **기타 :** 마이크, 레이저 포인터, 프레젠테이션용 리모트 컨트롤, 오버헤드 프로젝터(OHP) 등의 장비가 있습니다.

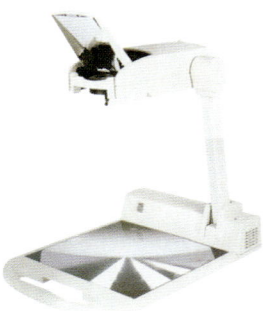

간단퀴즈

1 발표회, 세미나, 워크숍 등에서 청중에게 정보를 전달하는 행위를 무엇이라고 할까요? (   )

2 프레젠테이션을 위해 필요한 장비를 아는 대로 적어 보세요. (   )

답 : **1** 프레젠테이션 , **2** 컴퓨터, 프로젝터, 스크린, 마이크, 레이저 포인터

파워포인트 2010 설치하기

파워포인트 2010을 포함하고 있는 오피스 2010을 설치하는 방법에 대해 알아봅니다.

01 설치 파일 실행하기

❶프로그램 설치 파일을 더블클릭하여 설치를 시작합니다. ❷제품 키를 입력하고 ❸[계속]을 클릭합니다.

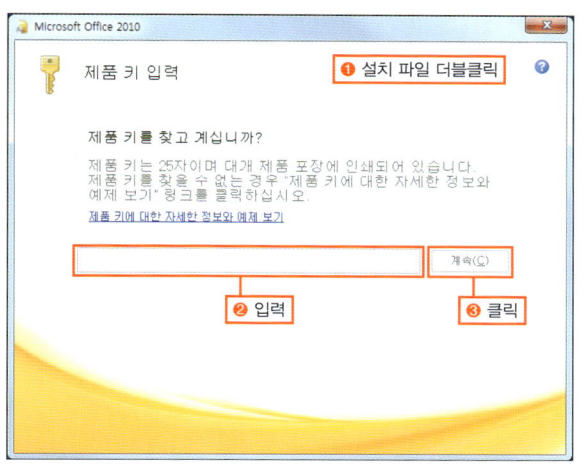

02 오피스 설치 유형 선택하기

오피스 2010의 설치 유형의 선택 화면이 나타나면 ❶[사용자 지정]을 클릭합니다.

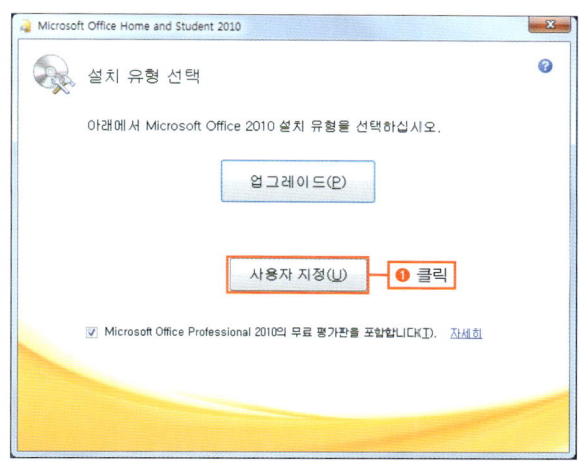

03 설치 시작하기

❶[이전 버전을 모두 유지]를 선택한 후 ❷[지금 설치]를 클릭합니다.

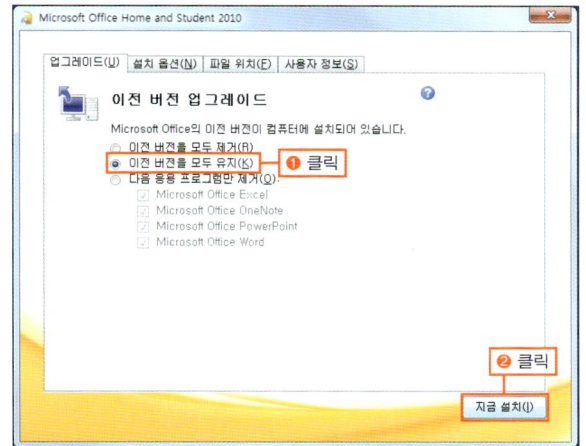

04 설치 진행하기

설치가 진행되며 설치가 완료될 때까지 몇 십분 정도가 소요됩니다.

참고

이전 버전을 그대로 두고 설치할 수 있어 2007과 2010 버전의 오피스를 모두 사용할 때는 [이전 버전을 모두 유지]를 선택합니다.

05 재부팅 여부 선택하기

설치가 완료된 후 재부팅을 묻는 대화상자가 나타나면 ❶ [예]를 클릭합니다.

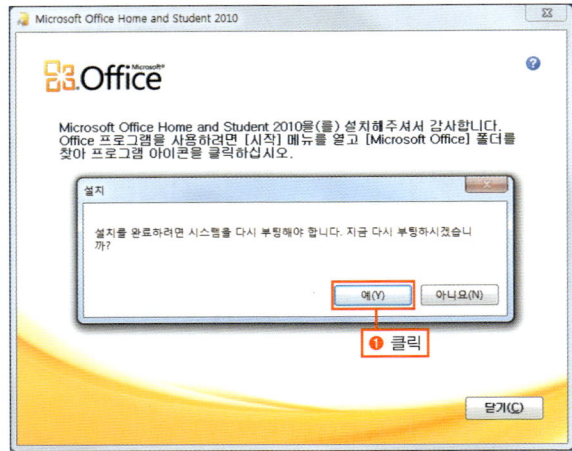

참고 • 정품 인증하기

프로그램 설치를 마치고 오피스 2010을 실행하면 다음 화면과 같이 정품 인증 과정이 표시되는데 인증 과정을 진행하도록 합니다.

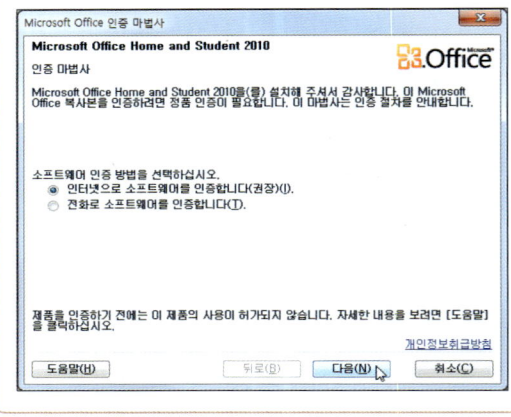
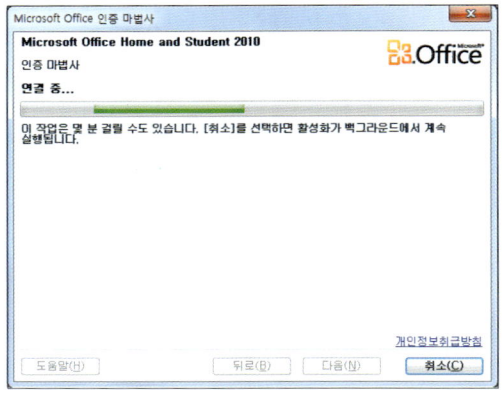

파워포인트 2010 실행하고 종료하기

파워포인트 2010을 실행하고 종료하는 방법에 대해 알아봅니다.

01 파워포인트 실행하기

❶윈도우의 [시작]–❷[모든 프로그램]–❸[Microsoft Office]–
❹[Microsoft PowerPoint 2010]을 차례로 클릭합니다.

02 파워포인트 기본 화면 보기

파워포인트 2010이 실행됩니다. 파워포인트 2010을 실행했
을 때는 [기본] 보기 형태로 나타납니다.

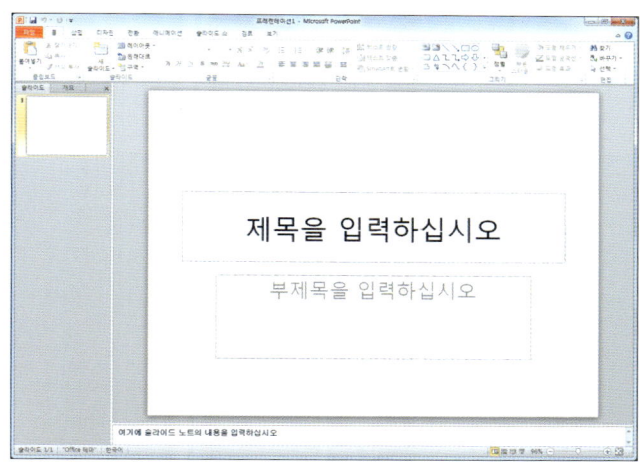

03 파워포인트 종료하기

실행 중인 파워포인트를 종료할 때는 ❶[파일] 탭을 클릭
하고 ❷[끝내기]를 선택합니다.

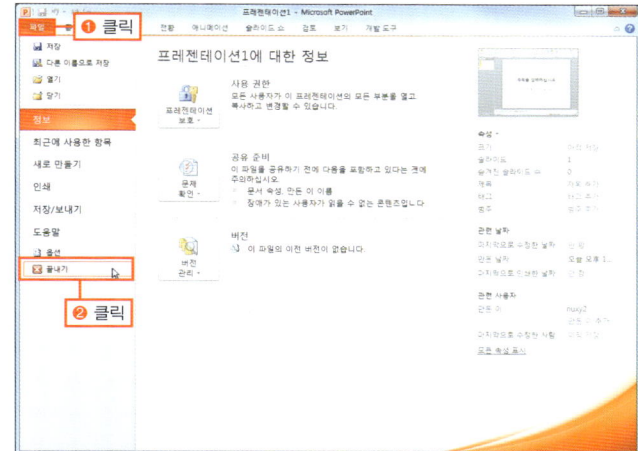

> **참고** ●
> 화면 조절 버튼 중 [닫기]( )를 클릭해도 프로그램을 종료할 수
> 있습니다.

달라진 파워포인트 2010 살펴보기

파워포인트 2010으로 버전이 업그레이드되면서 기존의 기능이 많이 향상되거나 새롭게 추가되었습니다. 달라진 파워포인트 2010의 기능에 대해 살펴보겠습니다.

● 공동 작업과 효율적인 프레젠테이션 전달을 위한 기능

파워포인트 2010에는 프레젠테이션을 효과적으로 만들고 관리하며 다른 사람들과 공동 작업을 위해 필요한 기능들이 추가되었습니다.

• 백 스테이지(Backstage) 보기에서 파일 관리하기

백 스테이지(Backstage) 보기 화면에서는 새 파일 만들기나 기존 파일의 열기, 문서 정보 설정하기 등을 비롯하여 자주 사용하는 명령을 쉽게 찾을 수 있습니다. 분산되어 있던 명령을 한 곳에 모아 제공하는 사용자 편의위주의 인터페이스입니다.

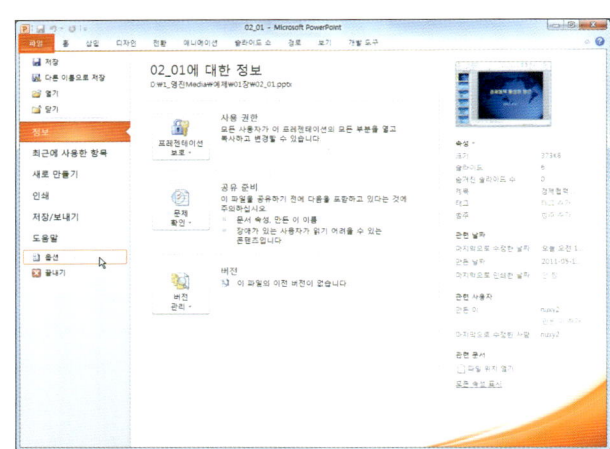

• 여러 버전의 프레젠테이션을 자동 저장하기

[PowerPoint 옵션] 창의 [저장] 탭에서는 자동으로 저장되는 파일의 버전을 지정할 수 있습니다.

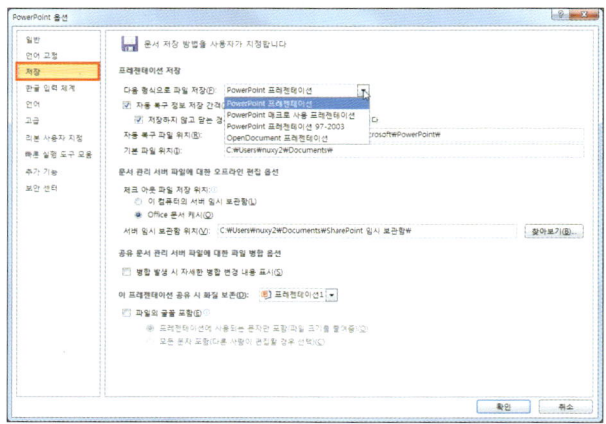

• 슬라이드를 구역으로 구성하기

슬라이드를 '구역'으로 나누면 큰 규모의 프레젠테이션을 더 효율적으로 관리할 수 있습니다. 구역으로 나누면 다른 사람과 공동으로 프레젠테이션을 쉽게 제작할 수 있고 개별 구역에 대한 슬라이드를 나누어 각자 작업할 수 있어 협업이 가능합니다.

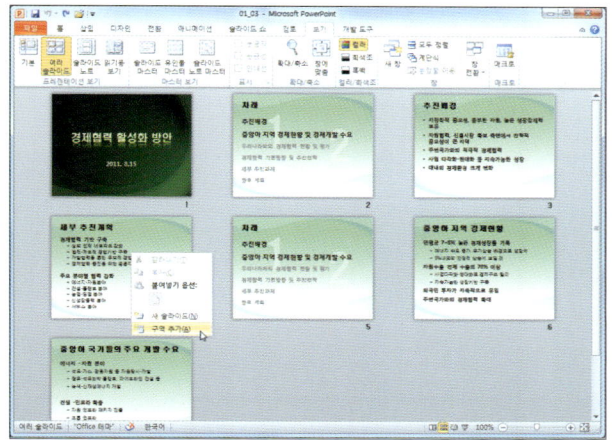 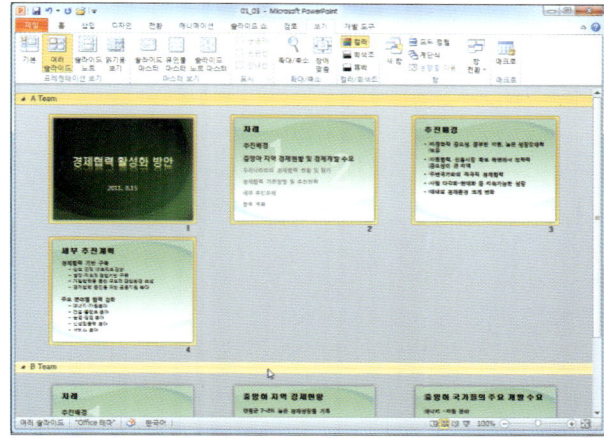

• 프레젠테이션 병합 및 비교하기

파워포인트의 병합 및 비교 기능을 사용하면 현재 프레젠테이션을 다른 프레젠테이션과 비교한 후 즉시 병합할 수 있습니다. 여러 사람과 공동으로 프레젠테이션 작업을 한 후 변경 내용을 주고받는 경우에 유용한 기능입니다.

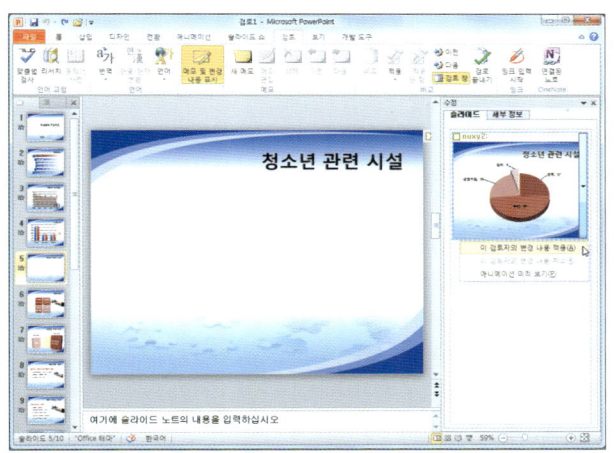 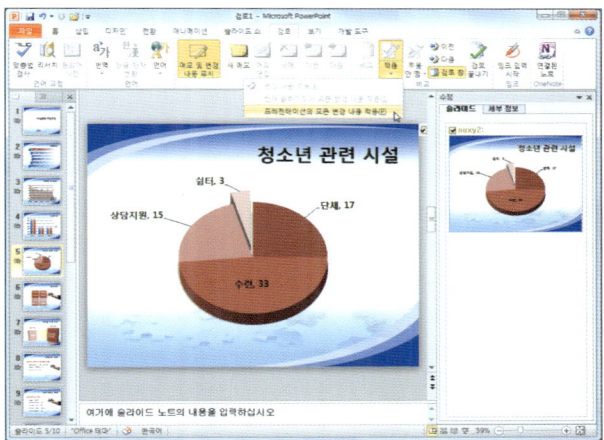

• 웹 애플리케이션을 사용하여 장소에 구애받지 않고 작업하기

오피스 웹 애플리케이션을 이용해 웹 서버에 저장해 둔
프레젠테이션 문서를 웹 브라우저를 통해 보거나 웹 애
플리케이션을 이용해 편집할 수 있습니다.

• 프레젠테이션 비디오로 변환하기

슬라이드 쇼를 비디오 파일 형식으로 쉽게 변환하여 전
자 메일이나 CD 복사를 통해 전달할 수 있습니다.

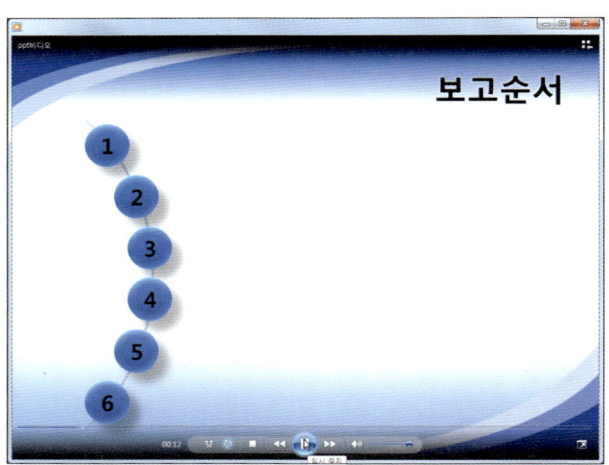

• 슬라이드 쇼 브로드캐스트로 실시간 프레젠테이션하기

슬라이드 쇼 브로드캐스팅은 떨어져 있는 사람에게 슬
라이드 쇼를 볼 수 있도록 상대방에게 전자 메일이나 메
신저 등으로 URL을 전달하고, 실시간으로 슬라이드 쇼
를 온라인으로 보여주는 기능입니다.

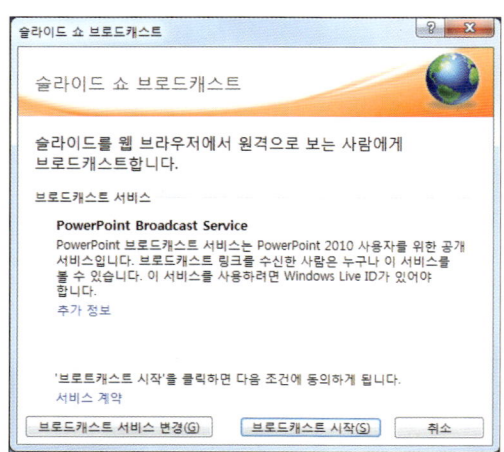

● 비디오, 그림 및 애니메이션 작업을 위한 기능

파워포인트 2010에서는 비디오와 오디오 및 그림 편집 기능이 새롭게 추가되거나 향상되었습니다. 전환 및 애니메이션에 대한 탭을 별도로 두었고 스마트아트 그래픽에도 새로운 기능을 추가했습니다.

● 프레젠테이션에 비디오 포함하기

프레젠테이션에 비디오나 오디오 파일을 포함시켜 삽입하면 다른 위치로 파일을 이동해도 오류 없이 실행시킬 수 있습니다.

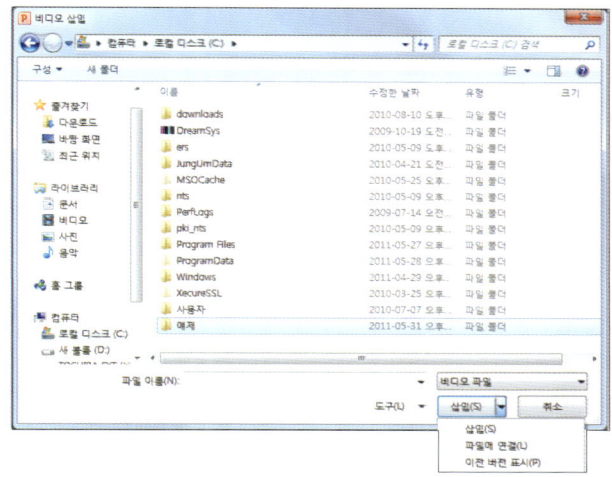

● 향상된 비디오 편집 기능으로 비디오 편집하기

슬라이드에 삽입된 비디오를 트리밍하거나 포스터 틀을 적용하거나 밝기 변화를 비디오에 추가할 수 있습니다. 또한, 삽입한 비디오에 반사, 그림자, 네온, 부드러운 가장자리, 3차원 효과 등의 디자인 효과를 적용할 수 있습니다.

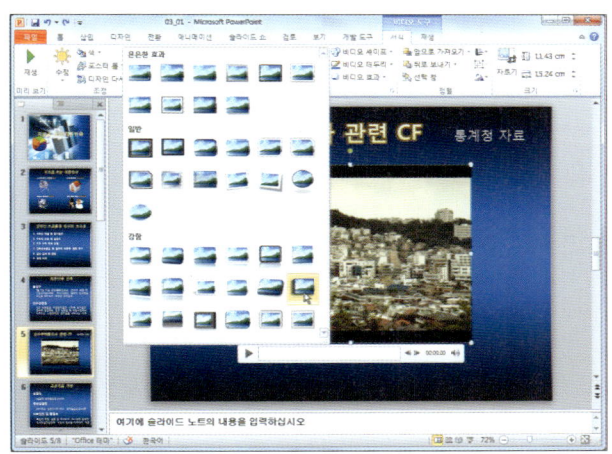

- **오디오 및 비디오 클립에 책갈피 사용하기**

비디오 또는 오디오에 책갈피 기능으로 원하는 시점을
표시하여 특정 위치로 이동하는 데 사용할 수 있습니다.

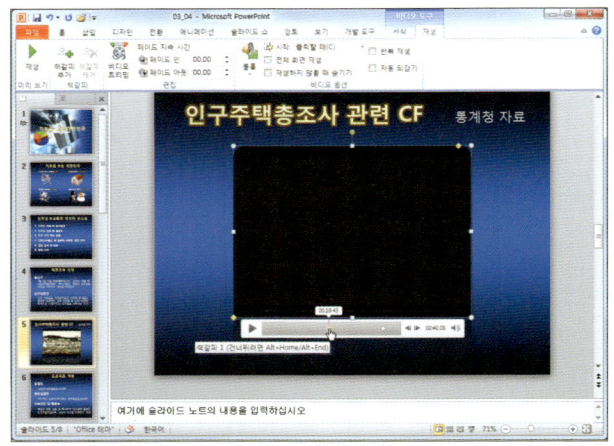

- **웹 사이트의 비디오에 연결하기**

슬라이드에 삽입된 비디오 및 오디오를 원하는 부분만 잘라 표시할 수 있습니다. 또한 삽입된 비디오의 밝기와 대
비, 반사 입체, 3D 등의 비디오 효과를 지정할 수 있도록 비디오 및 오디오 편집 기능이 향상되었습니다. 또, 유튜
브(YOUTUBE) 등의 웹 사이트 비디오를 소스 코드 복사를 통해 슬라이드에 삽입할 수 있습니다.

 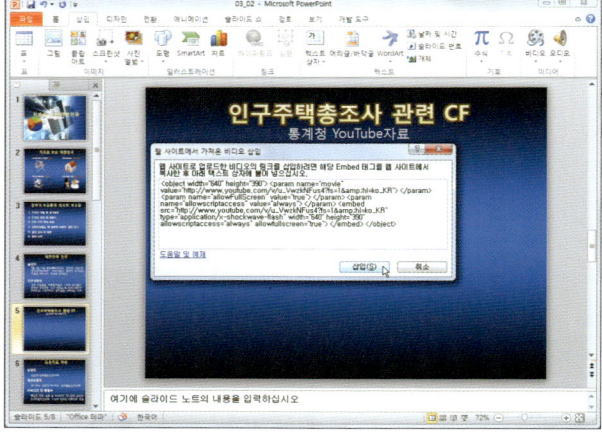

• 그림에 꾸밈 효과 및 질감 적용하기

슬라이드에 삽입된 그림에 다양한 꾸밈 효과를 적용할
수 있는 기능이 추가되었습니다. 포토샵의 필터 기능처
럼 다양한 회화적인 효과를 연출할 수 있습니다.

• 그림에서 필요 없는 부분 제거하기

삽입된 그림의 배경을 제거하고 필요한 대상만 남겨놓을 수 있는 배경 제거 기능이 추가되었으며, 그림의 일부를
잘라내는 기능이 좀 더 향상되었습니다.

• 새로운 스마트아트 그래픽 레이아웃 활용하기

스마트아트 그래픽 레이아웃에 '그림'과 'Office.com' 항목이 추가되어 스마트아트 그래픽 선택의 폭을 넓혔습니다.

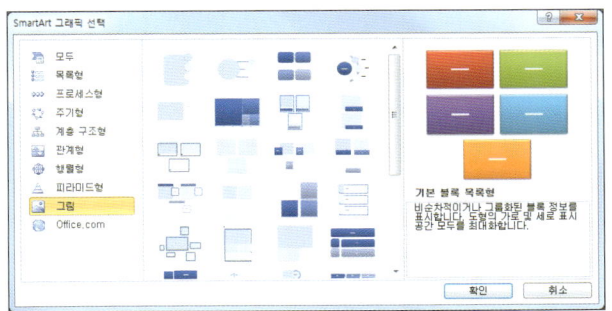
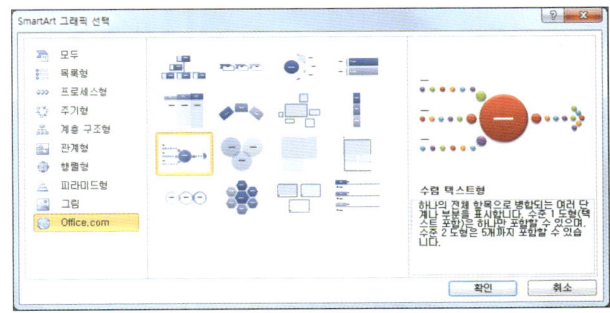

• 3차원 동작 그래픽 효과로 화면 전환하기

슬라이드 간의 화면 전환을 할 때 실제 3차원 공간의 이동 경로 및 회전을 포함하는 다양한 전환을 사용하여 화려한 프레젠테이션 작업을 가능하게 합니다.

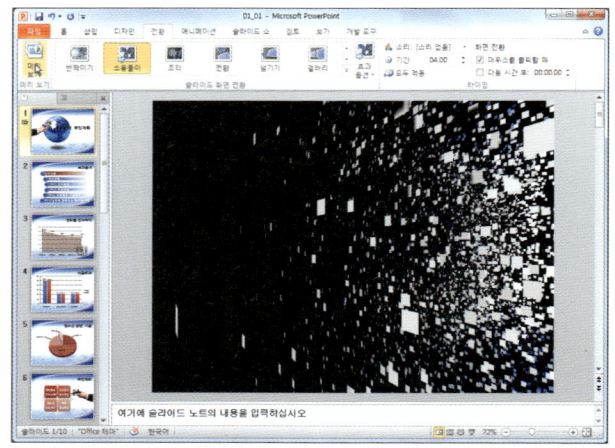

• 개체 간 애니메이션 효과 복사하기

애니메이션 효과를 복사하여 다른 개체에 적용하거나 시작 옵션을 지정할 수 있는 '트리거' 기능이 따로 분리되었습니다.

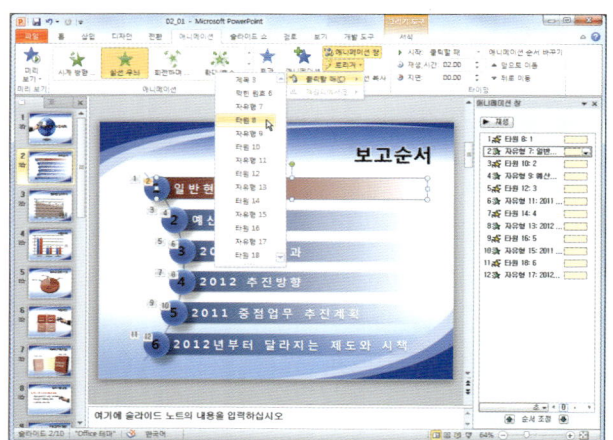

• 슬라이드에 스크린 샷 추가하기

파워포인트가 실행된 상태에서 스크린 샷을 슬라이드에 삽입할 수 있는 '스크린 샷' 기능이 추가되었습니다.

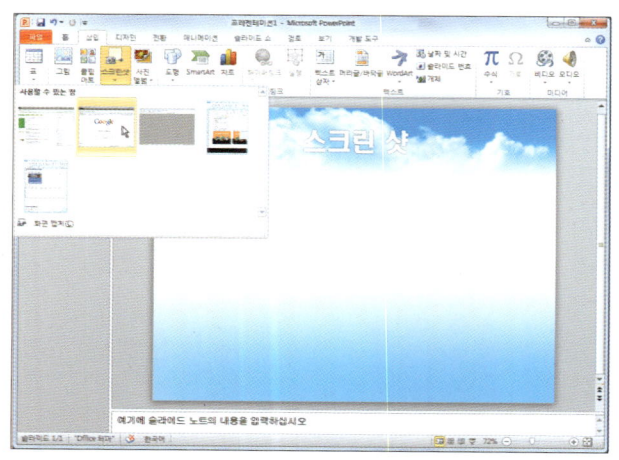

SECTION 02

파워포인트 2010의 화면 구성 살펴보기

파워포인트 2010의 달라진 화면 구성을 알아보고 다양한 화면 보기 상태에 대해 살펴봅니다.

다루는 내용

- 화면 구성 익히기
- 다양한 화면 보기 살펴보기
- 화면 확대 및 축소 기능 이해하기

기능 정리

파워포인트 2010의 화면 구성 살펴보기

[파일] 탭으로 바뀐 백 스테이지 보기 화면을 포함하여 파워포인트 2010의 화면 구성에 대해 살펴보겠습니다.

❶ **[파일] 탭** : 저장, 열기, 문서의 정보 등을 포함한 문서 관리에 필요한 명령을 모아 둔 파워포인트 백 스테이지(Backstage) 보기 창을 표시합니다.

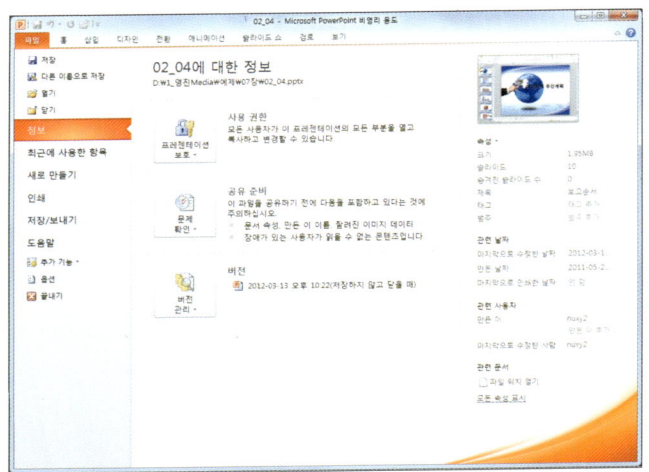

❷ **빠른 실행 도구 모음** : 기본적으로 [저장], [실행 취소], [다시 실행]이 표시되어 있습니다. [PowerPoint 옵션] 대화상자에서 다른 명령을 빠른 실행 도구 모음에 추가할 수 있습니다.

❸ **제목 표시줄** : 사용 중인 파워포인트의 파일명이 표시됩니다.

❹ **화면 조절 버튼** : 파워포인트의 창을 최소화, 최대화, 종료하는 화면 조절 버튼 모음입니다.

❺ **리본 메뉴** : [파일] 탭을 포함하여 기본적으로 9개의 탭으로 구성되어 있으며, 필요에 따라 그 외의 리본 탭을 표시하거나 추가할 수 있습니다. 리본 탭은 비슷한 기능을 모아 그룹으로 묶어 표시합니다.

• **[홈] 탭** : 파워포인트를 실행했을 때 기본적으로 선택되어 있는 탭입니다. 프레젠테이션 작업 중 가장 많이 사용되는 탭이기도 합니다.

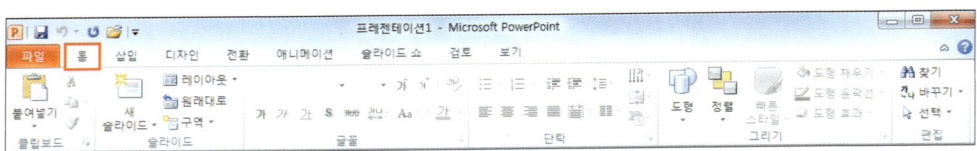

• **[삽입] 탭** : 슬라이드에 그림, 표, 도형, 스마트아트, 차트, 동영상 등의 다양한 개체를 삽입할 때 선택합니다.

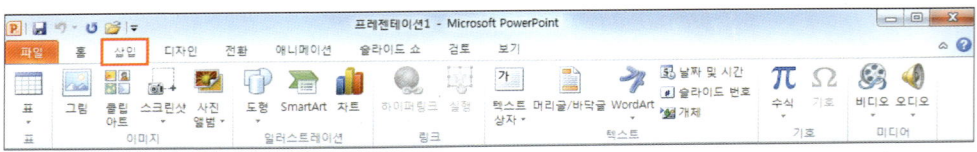

- **[디자인] 탭** : 슬라이드에 테마나 배경색을 지정하는 등의 디자인에 관련된 명령을 모아놓은 탭입니다.

- **[전환] 탭** : 파워포인트 2010에서 새롭게 추가된 탭으로, 슬라이드의 전환 효과와 전환 효과 타이밍 등을 설정할 수 있는 탭입니다.

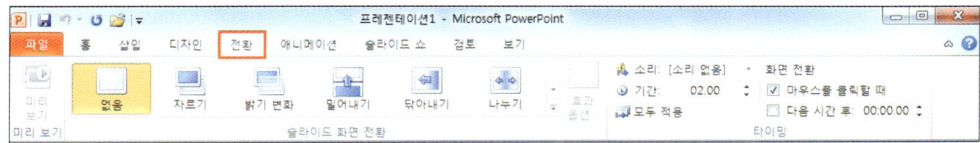

- **[애니메이션] 탭** : 슬라이드에 삽입된 개체에 다양한 애니메이션 효과를 설정할 수 있는 탭입니다.

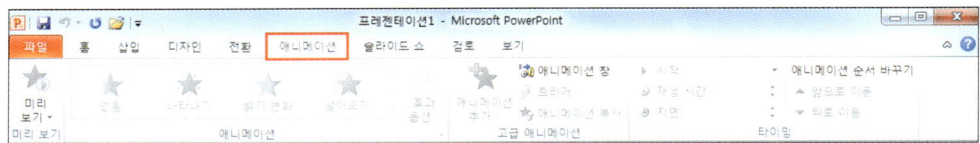

- **[슬라이드 쇼] 탭** : 완성된 프레젠테이션을 슬라이드 쇼 형태로 실행하거나 예행 연습, 녹화, 슬라이드 쇼 설정 등의 기능을 모아놓은 탭입니다.

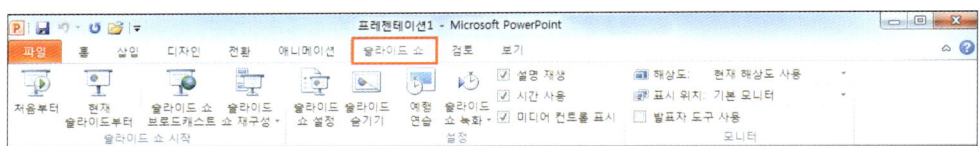

- **[검토] 탭** : 맞춤법 검사, 번역, 한자 변환 등의 기능을 모아놓은 탭입니다.

- **[보기] 탭** : 슬라이드의 보기 형태, 눈금자, 눈금선, 슬라이드 화면의 확대/축소 등의 기능을 모아놓은 탭입니다.

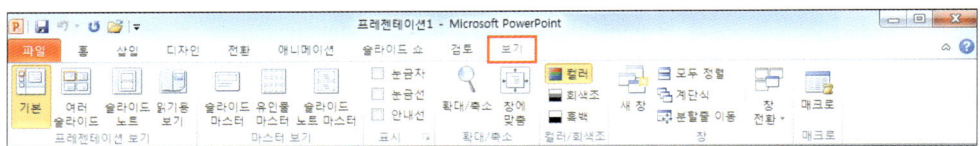

- **기타 관련 탭** : 특정 작업을 할 때만 나타나는 탭으로, 슬라이드에 개체를 삽입하면 해당 개체에 관련된 기능을 모아놓은 탭이 새롭게 나타납니다. 상황별로 나타나는 관련 탭은 개체의 바깥 영역을 클릭하면 사라집니다.

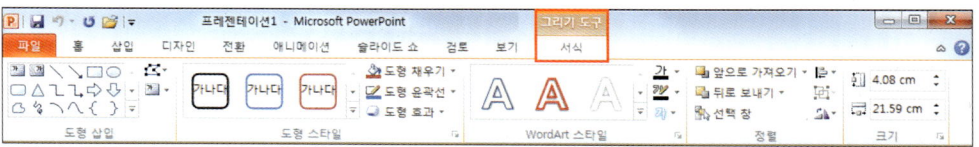

- **새로운 탭의 추가와 제거** : 새로운 탭을 추가하거나 제거할 때는 [PowerPoint 옵션] 창에서 [리본 사용자 지정]을 선택하고 오른쪽의 리본 탭 목록에서 원하는 탭을 선택하거나 해제합니다.

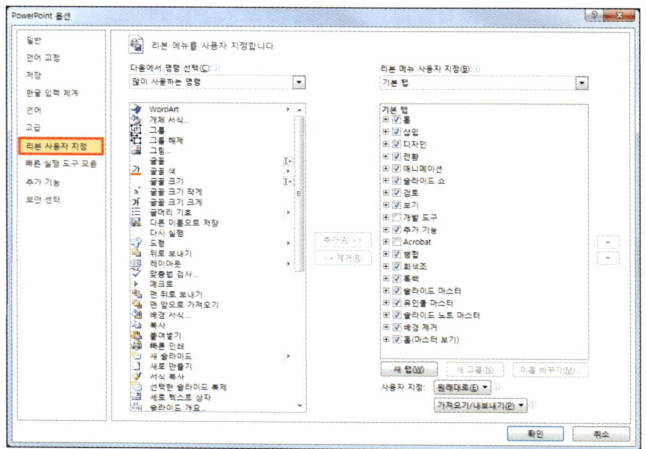

참고

Alt를 누르면 선택한 탭에 바로 가기 키가 표시됩니다.

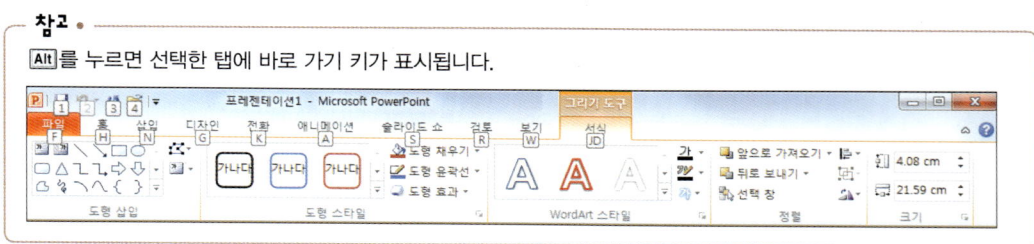

❻ **[리본 메뉴 최소화] 버튼** : △ 버튼을 클릭하면 화면에서 리본 메뉴를 숨겨 슬라이드 창을 넓게 쓸 수 있습니다. ▽으로 변한 버튼을 클릭하면 다시 리본 메뉴가 펼쳐집니다.

❼ **[도움말] 버튼** : 이 버튼을 클릭하면 도움말 창이 나타납니다. F1을 눌러 실행하기도 합니다.

❽ **그룹** : 각 리본 메뉴에서 기능을 종류별로 묶어 놓고 [글꼴], [단락]과 같이 그룹명을 붙여 놓은 것입니다.

❾ **슬라이드 및 개요 탭** : 기본적으로 보이는 것은 [슬라이드] 탭이며, [개요] 탭을 클릭하면 개요 내용을 볼 수 있습니다.

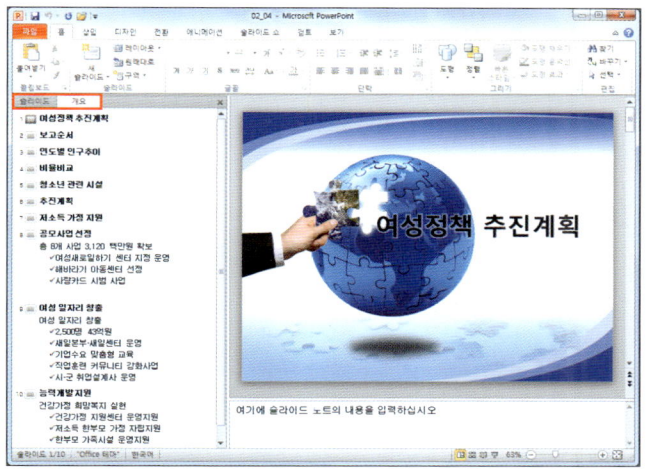

❿ **슬라이드 창** : 현재 작업 중인 슬라이드가 표시됩니다.

⓫ **슬라이드 노트 창** : 현재 작업 중인 슬라이드에 관련된 내용을 입력할 수 있는 창입니다.

⓬ **상태 표시줄** : 슬라이드 번호, 테마, 맞춤법 검사, 언어 등이 표시됩니다.

⓭ **화면 보기 버튼**

- **화면 보기 버튼**( ) : 기본, 여러 슬라이드, 읽기용, 슬라이드 쇼의 네 가지 화면 보기 형식을 선택할 수 있습니다.

- **확대/축소 배율**(72%) : 클릭하면 [확대/축소] 대화상자가 나타납니다. 여기서 화면의 확대 배율을 지정합니다.

- **확대/축소 슬라이드**( ) : 슬라이더를 드래그하여 10~400%까지 화면을 축소하거나 확대합니다.

- **슬라이드를 현재 창 크기에 맞게**( ) : 클릭하면 현재 화면 크기에 맞도록 슬라이드가 축소 또는 확대됩니다.

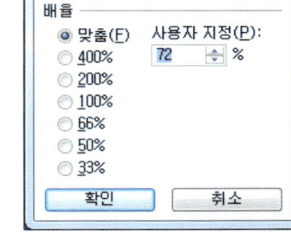

간단퀴즈 🦉

1 ( )에는 파워포인트 2010의 문서 정보 등 문서 관리에 필요한 명령이 모여 있습니다.

① [파일] 탭 ② [슬라이드 쇼] 탭 ③ [애니메이션] 탭 ④ 상태 표시줄

2 현재 작업 중인 슬라이드에 관련된 내용을 입력할 수 있는 창은 다음 중 어느 것인가요? ( )

① 작업 표시줄 ② 화면 보기 버튼 ③ 슬라이드 노트 창 ④ 상태 표시줄

정답 : **1** ①, **2** ③

다양한 화면 보기 방법 살펴보고 확대/축소하기

화면 보기 버튼을 통해 다양한 형태로 파워포인트 작업 화면을 보는 방법과 화면을 확대하는 방법에 대해 알아봅니다.

◎ **시작 파일** : 1장\02_01.pptx

01 여러 슬라이드 보기

❶예제 파일을 더블클릭하여 열고 작업 표시줄의 화면 보기 버튼 중에서 ❷[여러 슬라이드](▦)를 클릭합니다. [기본 보기] 형태의 화면에서 슬라이드가 한 화면에 모두 보이는 여러 슬라이드 보기 형태로 변경됩니다.

> **참고** •
> 예제 파일을 불러오는 자세한 방법은 2장의 '텍스트 상자 이용해 슬라이드 작성하기'(69쪽)를 참고합니다.

> **참고** •
> 다양한 화면 보기 선택은 [보기] 탭의 [프레젠테이션 보기] 그룹에서 실행할 수도 있습니다.

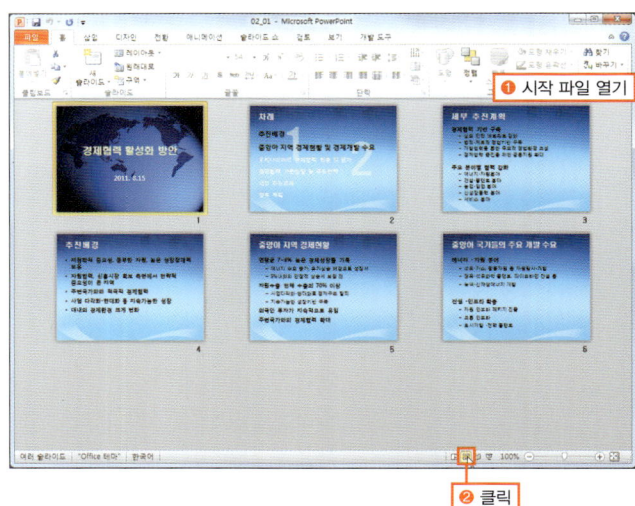

❶ 시작 파일 열기

❷ 클릭

02 읽기용 보기

프레젠테이션을 대형 화면에서 청중에게 표시하는 것이 아니라 자신의 컴퓨터에서 프레젠테이션을 볼 때는 화면 보기 버튼 중 ❶[읽기용 보기](▦)를 클릭합니다.

❶ 클릭

03 슬라이드 쇼 보기

❶[슬라이드 쇼](▦)를 클릭하면 청중이 보는 것과 동일한 프레젠테이션을 보게 됩니다. 그래픽, 타이밍, 동영상, 애니메이션 효과 및 전환 효과가 실제 프레젠테이션에서 어떻게 보이는지 확인할 수 있습니다.

❶ [슬라이드 쇼] 클릭

> **참고** •
> 키보드의 F5를 누르거나 [슬라이드 쇼] 탭의 [슬라이드 쇼 시작] 그룹에서 [처음부터](▦)를 클릭하기도 합니다.

04 화면 확대하기

화면을 확대하여 작업할 때는 [화면 확대/축소 슬라이드]의 ❶[확대](➕)를 여러 번 클릭하여 원하는 크기로 확대합니다.

❶ 여러 번 클릭

05 창 크기에 맞춰 슬라이드 조절하기

확대하거나 축소된 작업 화면을 현재 슬라이드 창 크기에 맞출 때는 ❶[슬라이드를 현재 창 크기에 맞춥니다](⬛)를 클릭합니다.

❶ 클릭

참고 • 슬라이드 확대/축소

[보기] 탭의 [확대/축소] 그룹에서 [확대/축소](🔍)를 클릭하면 [확대/축소] 대화상자가 나타납니다. 대화상자에서 원하는 배율을 클릭하거나 [사용자 지정]에서 '%'를 설정합니다.

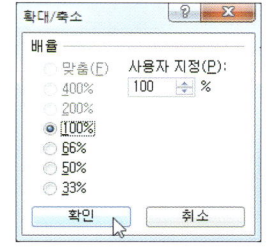

참고 • 개요 보기 형태로 화면 보기

파워포인트 화면 왼쪽의 [슬라이드 및 개요] 탭에서 [개요] 탭을 클릭하면 슬라이드에 입력한 텍스트만 볼 수 있습니다. 개요 보기 형태로 화면 보기를 선택하면 그림이나 도형 등의 그래픽 개체는 [개요] 탭에 나타나지 않습니다.

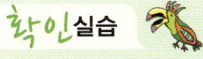

시작 파일을 불러온 후 '여러 슬라이드 보기, 읽기용 보기, 슬라이드 쇼 보기, 개요 보기' 형태로 화면 보기를 실행해 보세요.

🔘 **시작 파일** : 1장\02_실습1.pptx

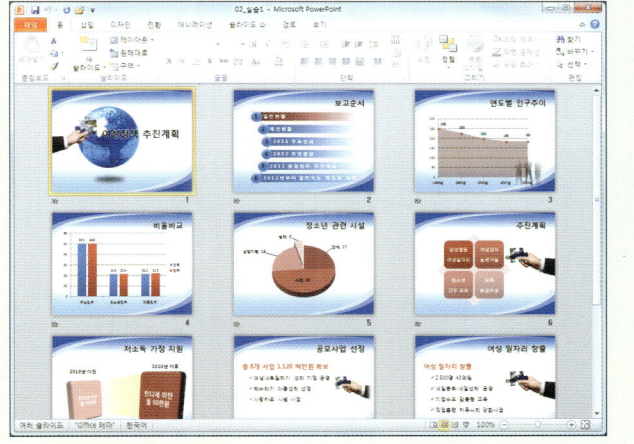

파워포인트 2010의 다양한 옵션 살펴보기

[PowerPoint 옵션] 대화상자에는 프레젠테이션을 효율적으로 관리하고 작성할 수 있도록 도와주는 다양한 옵션 기능이 있습니다. [파일] 탭을 클릭한 후 백 스테이지 보기 화면에서 [옵션]을 클릭하면 [PowerPoint 옵션] 대화상자가 나타납니다.

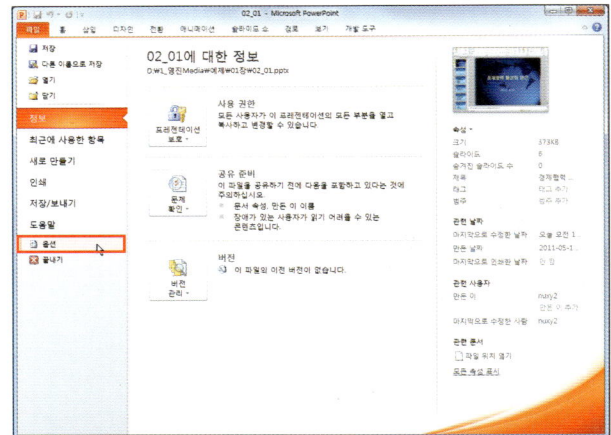

● [일반] 탭

파워포인트 창의 색상을 변경하거나 리본 메뉴에 마우스 포인터를 가져가면 말풍선으로 기능 설명을 표시할 것인지 등을 지정하는 파워포인트 인터페이스의 옵션이나 개인 설정 옵션을 제공합니다.

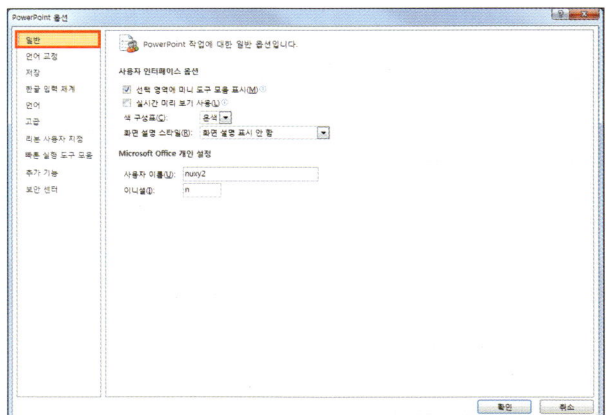

● [언어 교정] 탭

[언어 교정] 항목에서 [PowerPoint에서 맞춤법 검사]의 [입력할 때 자동으로 맞춤법 검사]를 선택하면 맞춤법이 틀린 단어에 빨간색으로 밑줄이 표시됩니다.

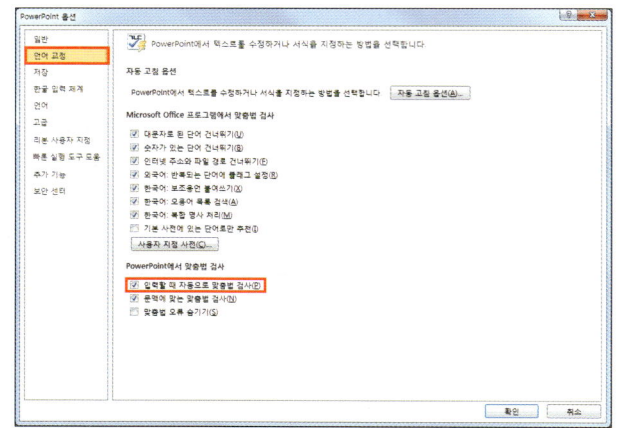

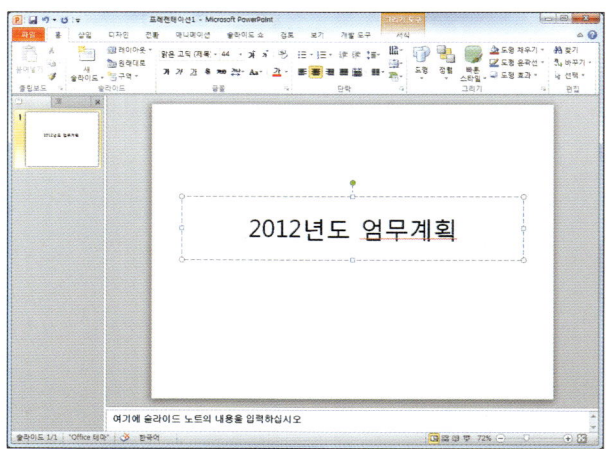

● [저장] 탭

[저장] 탭의 [프레젠테이션 저장] 항목의 [기본 파일 위치(C:\Users\nuxy2\Documents\)]를 자주 사용하는 경로로 지정하면 파일을 저장하고 열 때 기본 경로로 인식합니다.

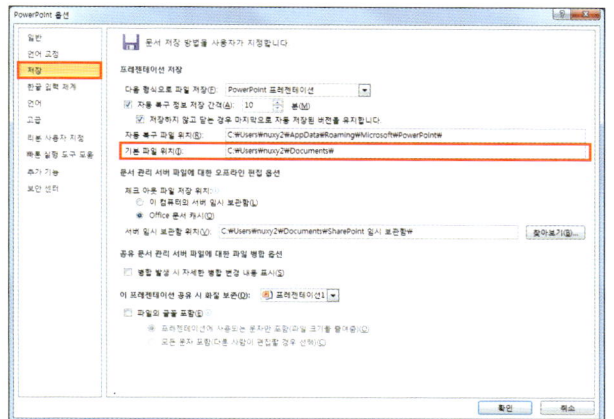 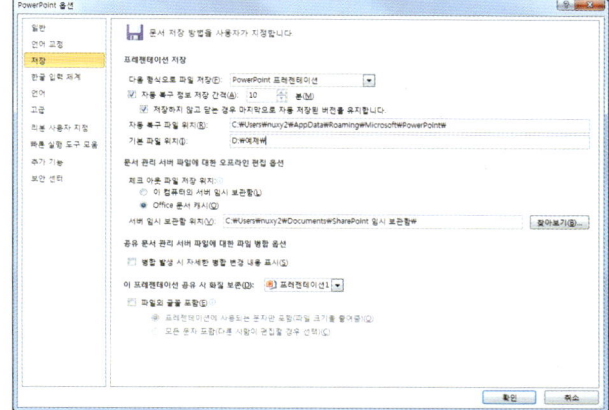

● [고급] 탭

[고급] 탭의 [편집 옵션] 항목에서 [실행 취소 최대 횟수]를 변경할 수 있습니다. 실행 취소의 최대 횟수는 '150'회까지입니다.

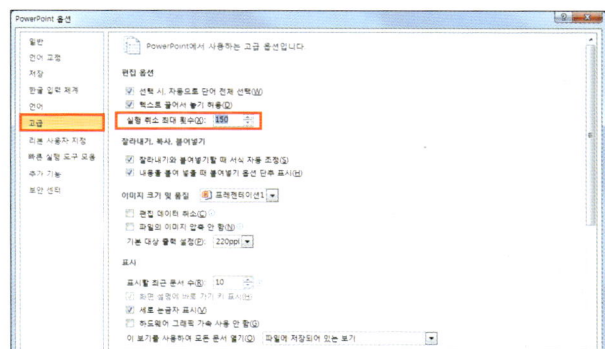

[파일] 탭의 [최근에 사용한 항목]을 클릭했을 때 표시되는 최근 문서의 개수를 조절할 수 있습니다. [표시]의 [표시할 최근 문서 수]에서 설정할 수 있으며, 표시되는 최근 문서의 개수는 최대 50개까지 가능합니다.

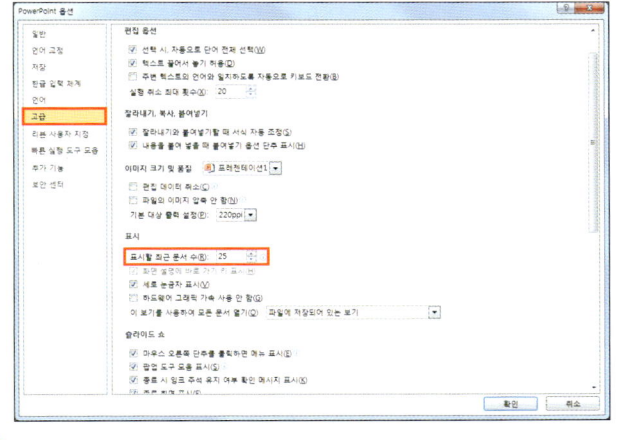 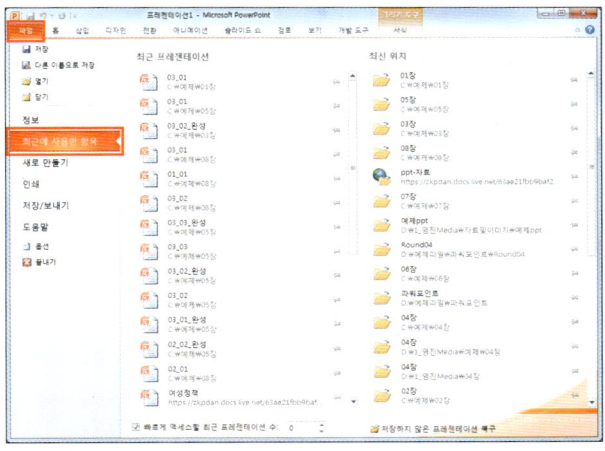

● [리본 메뉴 사용자 지정] 탭

리본 메뉴에 다른 탭을 추가하거나 사용자 임의의 탭을
만들어 추가할 수 있습니다. 반대로 자주 쓰지 않는 탭
은 선택을 해제하여 표시하지 않을 수도 있습니다.

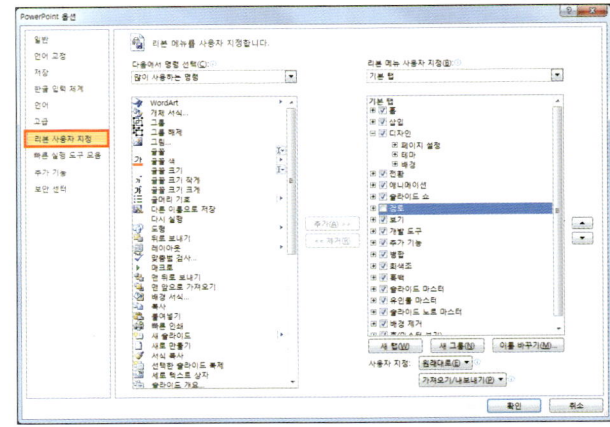

● [빠른 실행 도구 모음] 탭

[PowerPoint 옵션] 대화상자의 [빠른 실행 도구 모음] 항목을 클릭하고 [다음에서 명령 선택] 항목에서 빠른 실행
도구 모음에 추가할 명령을 선택한 후 [추가]를 클릭합니다. [빠른 실행 도구 모음 사용자 지정] 항목에 '새로 만들
기' 명령이 추가되면 [확인]을 클릭합니다.

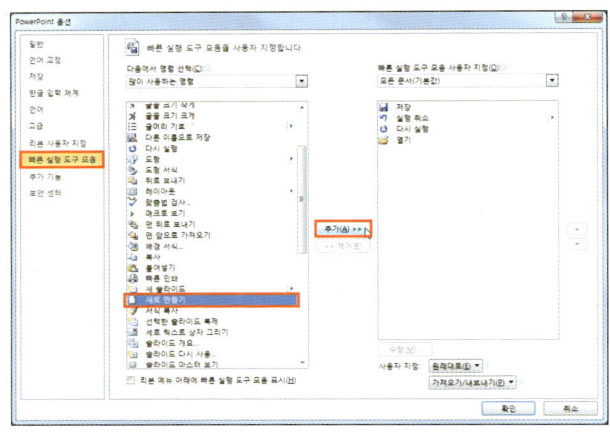 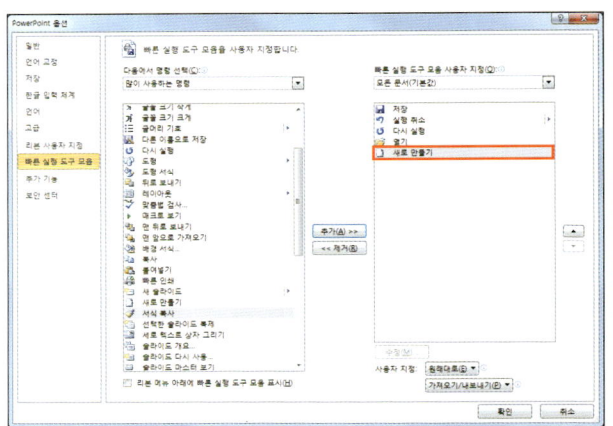

파워포인트 창의 '빠른 실행 도구 모음'에서 추가된 명
령을 확인할 수 있습니다.

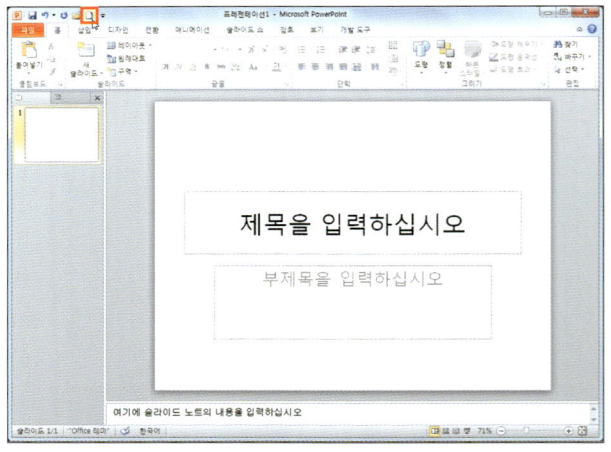

새 프레젠테이션 만들고 저장하기

SECTION 03

새 프레젠테이션을 만들고 슬라이드를 추가해 문서를 완성하고 저장하는 방법에 대해 알아봅니다.

다루는 내용

- 새 프레젠테이션 만들기
- 슬라이드 추가하기
- 프레젠테이션 저장하기

기능 정리

새 프레젠테이션 만드는 방법 살펴보기

[파일] 탭의 [새로 만들기]를 클릭하고 [새 프레젠테이션]을 선택하면 배경이 없는 새로운 프레젠테이션으로 시작하지만 서식을 미리 지정한 새 프레젠테이션을 만들 수도 있습니다.

● **테마 지정한 후 새 프레젠테이션 시작하기**

[파일] 탭의 [새로 만들기]를 클릭하고 [테마]를 선택하면 테마 목록이 나타납니다. 테마 목록에서 원하는 테마를 선택한 후 [만들기]를 클릭하면 선택한 테마가 적용된 새 파일이 만들어집니다.

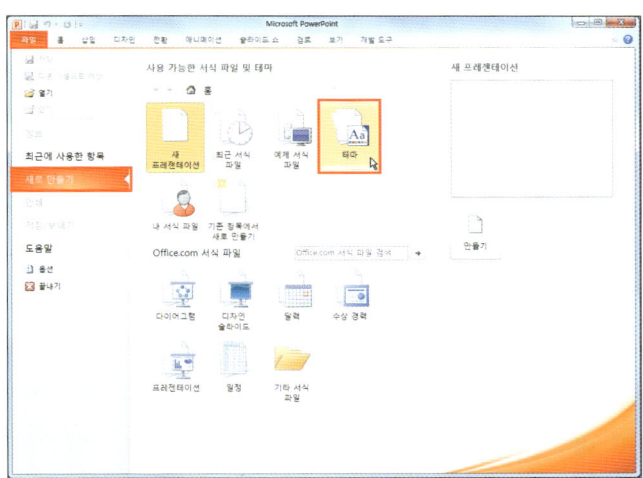
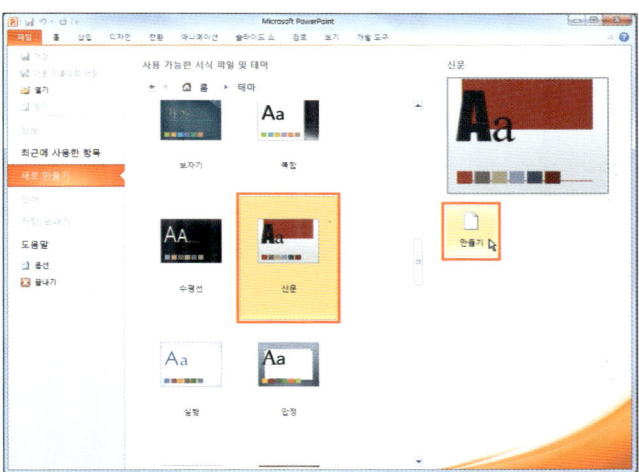

● 온라인 서식 파일이 적용된 새 프레젠테이션

[파일] 탭의 [새로 만들기]를 클릭하면 표시되는 [Office.com 서식 파일] 항목은 온라인 서식 파일을 모아놓은 것입니다. 온라인 서식 파일 중에서 원하는 종류를 클릭하면 다양한 카테고리의 온라인 서식 파일을 선택할 수 있습니다.

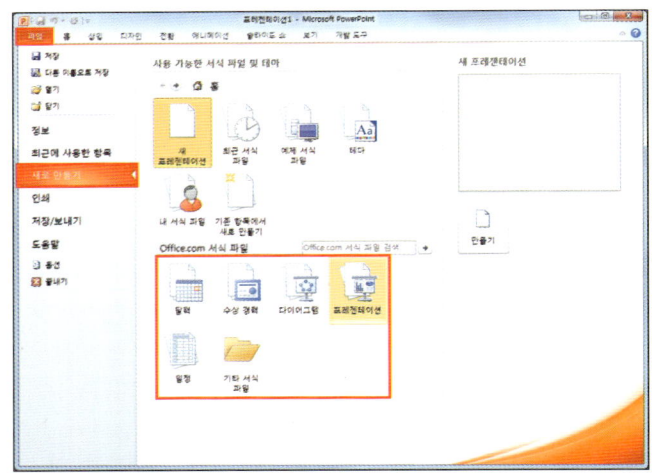
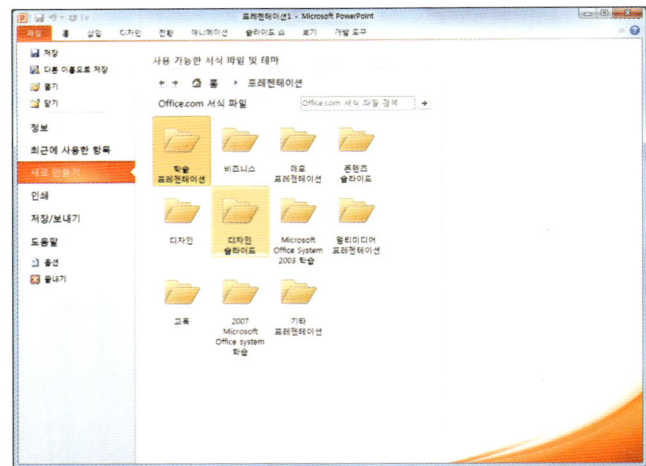

원하는 카테고리에서 디자인 서식 파일을 선택하고 [다운로드]를 클릭하면 서식 파일을 다운로드한 후 새 프레젠테이션에 적용합니다.

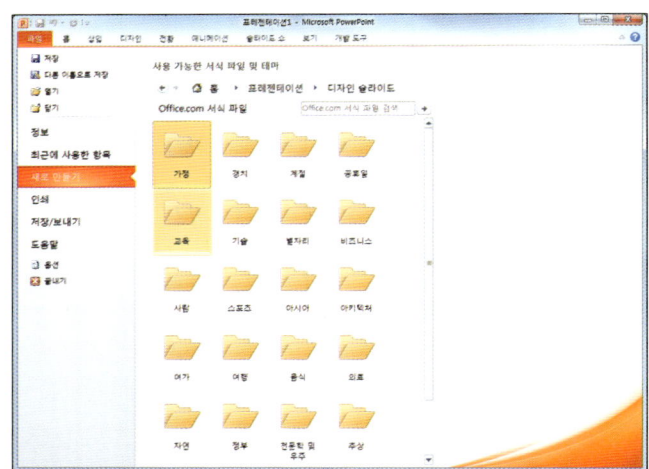
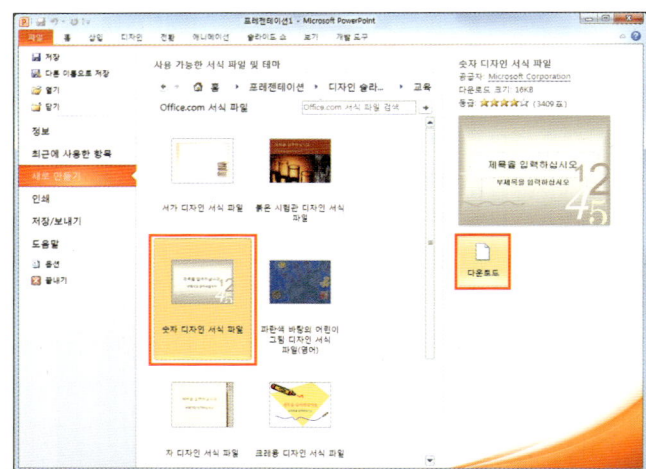

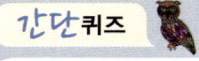

1 새 슬라이드의 바로 가기 키를 다음 중에서 고르세요. (   )

① Ctrl + A ② Ctrl + C ③ Ctrl + V ④ Ctrl + N

답 : ④

새 프레젠테이션 문서 만들기

새로운 프레젠테이션 문서를 만드는 방법에 대해 알아봅니다.

01 [새로 만들기] 선택하기

❶[파일] 탭의 ❷[새로 만들기]를 클릭한 후 ❸[새 프레젠테이션]을 선택하고 ❹[만들기]를 클릭합니다.

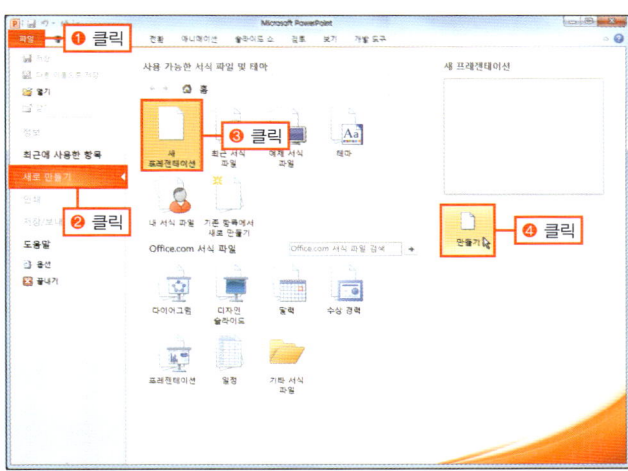

02 새 프레젠테이션 시작하기

다음과 같이 [제목 슬라이드] 레이아웃이 적용된 상태로 새 프레젠테이션이 시작됩니다.

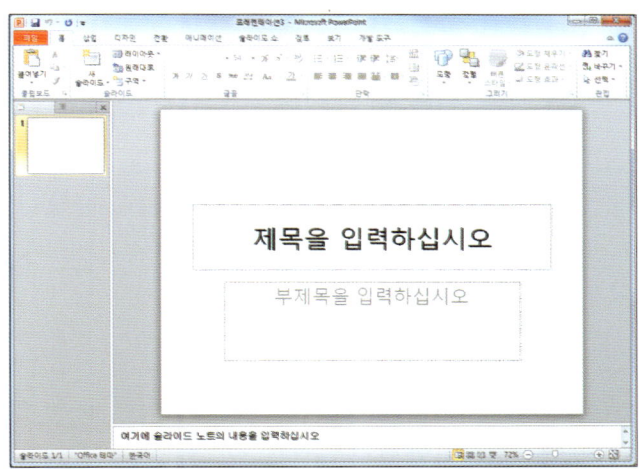

03 제목과 부제목 입력하기

❶제목 텍스트 상자를 클릭한 후 다음과 같이 슬라이드 제목을 입력한 후 ❷부제목 텍스트 상자를 클릭합니다.

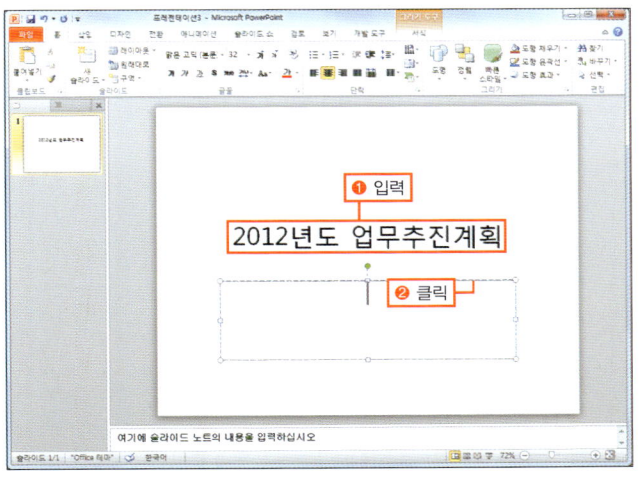

04 새 슬라이드 삽입하기

부제목 텍스트 상자에 다음과 같이 ❶텍스트를 입력한 후 ❷[홈] 탭의 [슬라이드] 그룹에서 ❸[새 슬라이드](🖥)를 클릭합니다.

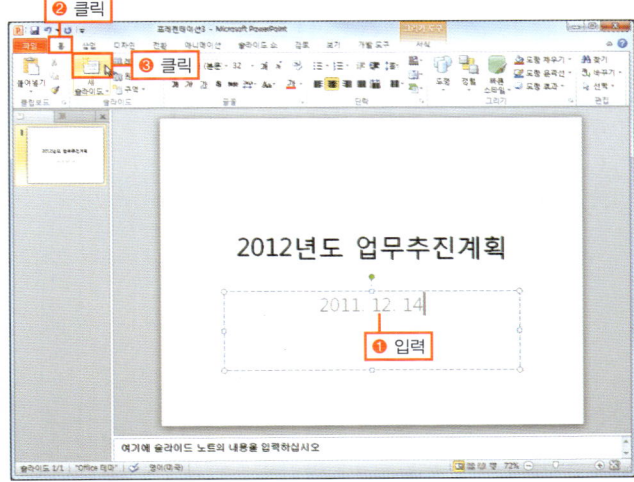

05 새로운 슬라이드 추가 확인하기

[제목 및 내용 슬라이드] 레이아웃의 새로운 슬라이드가 추가됩니다.

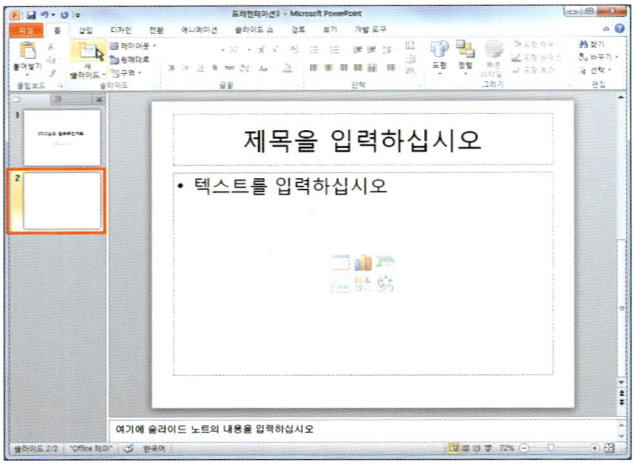

06 슬라이드 내용 입력하기

❶제목 텍스트 상자와 ❷내용 텍스트 상자를 클릭한 후 다음과 같이 슬라이드 내용을 입력합니다.

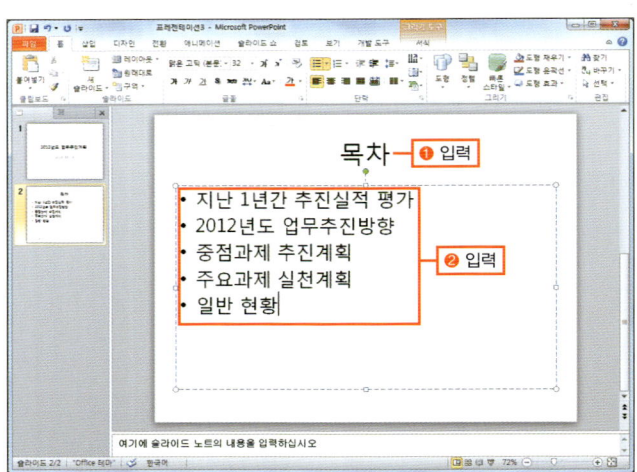

참고 ● 슬라이드 레이아웃 변경하기

[홈] 탭의 [슬라이드] 그룹에서 ❶[새 슬라이드]( )의 [새 슬라이드]( )를 클릭하면 ❷원하는 슬라이드 레이아웃으로 새 슬라이드를 추가할 수 있습니다.

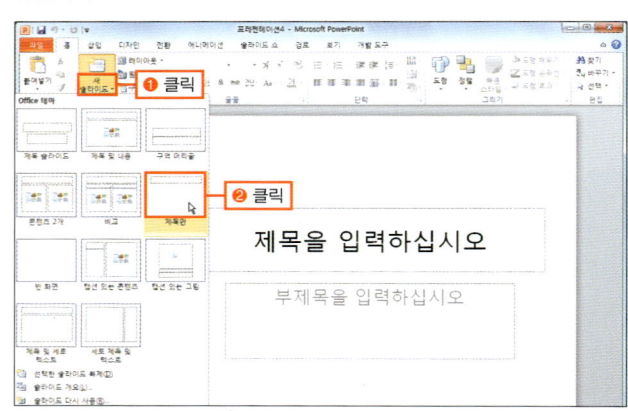

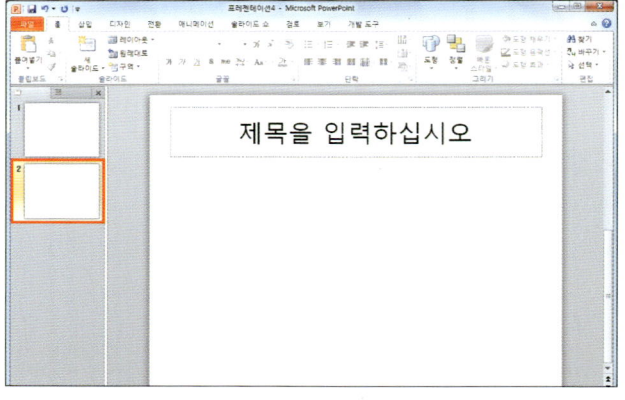

이미 추가된 슬라이드의 레이아웃을 변경할 때는 [홈] 탭의 [슬라이드] 그룹에서 ❶[레이아웃](레이아웃)을 클릭하고 ❷슬라이드 레이아웃 목록에서 변경하려는 레이아웃을 선택합니다.

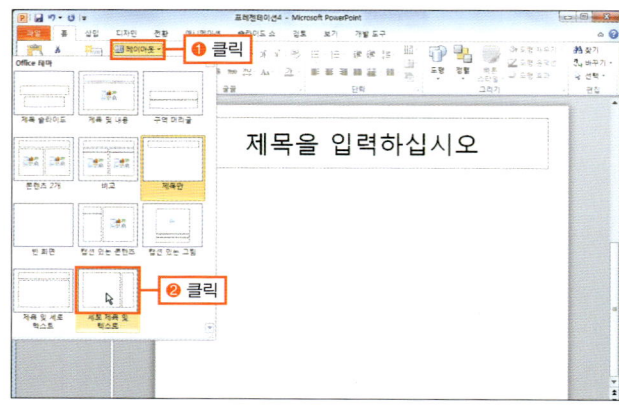

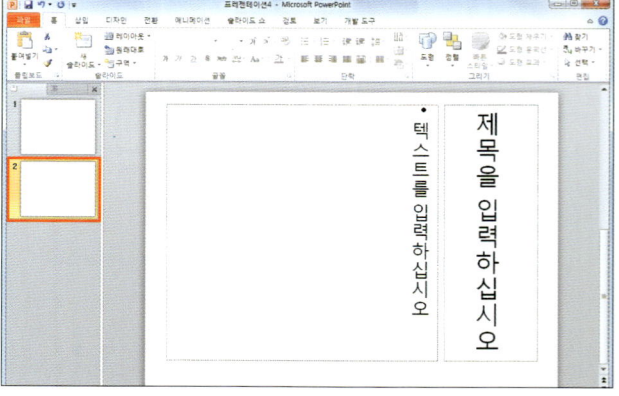

새 프레젠테이션에 다음과 같은 내용의 슬라이드를 작성해 보세요.

◎ 완료 파일 : 1장\03_01_실습_완성.pptx

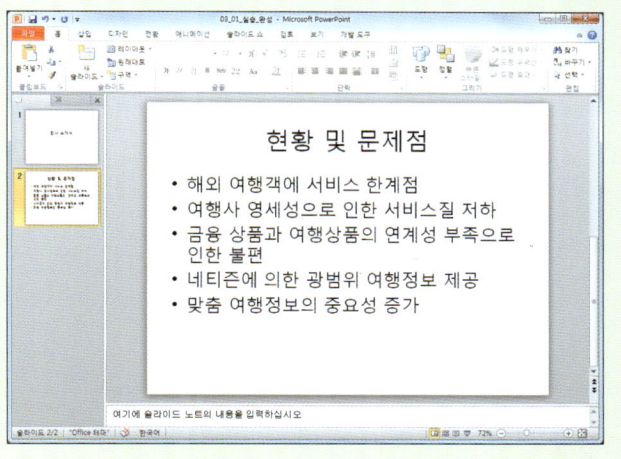

실습과정

프레젠테이션 문서 저장하기

완성된 프레젠테이션 문서를 저장하는 방법에 대해 알아봅니다.

◎ 완료 파일 : 1장\03_01.pptx

01 저장 선택하기

❶[파일] 탭을 클릭한 후 ❷[다른 이름으로 저장]을 클릭합니다.

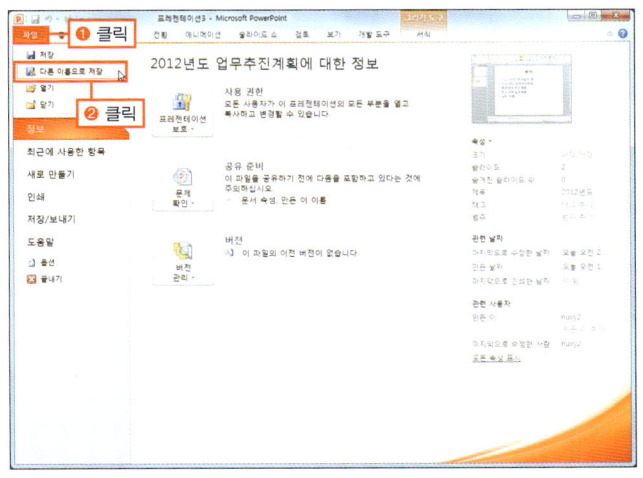

02 파일 저장하기

[다른 이름으로 저장] 대화상자가 나타나면 ❶파일이 저장될 폴더를 선택한 후 ❷파일 이름을 입력하고 ❸[저장]을 클릭합니다.

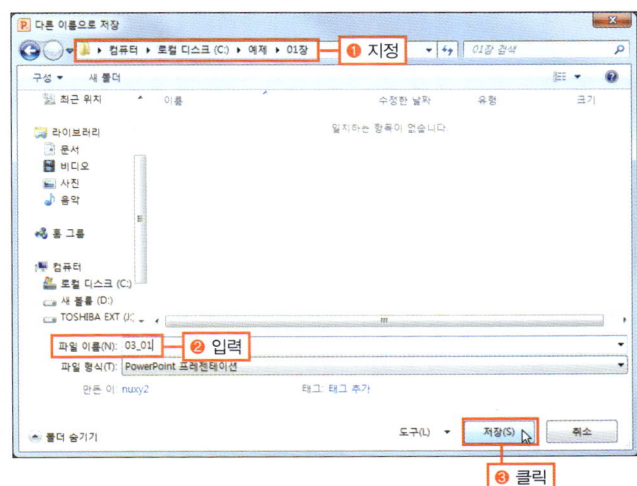

03 저장 파일 확인하기

저장이 완료된 후 파워포인트 창의 제목 표시줄을 살펴보면 지정한 파일 이름이 표시된 것을 확인할 수 있습니다.

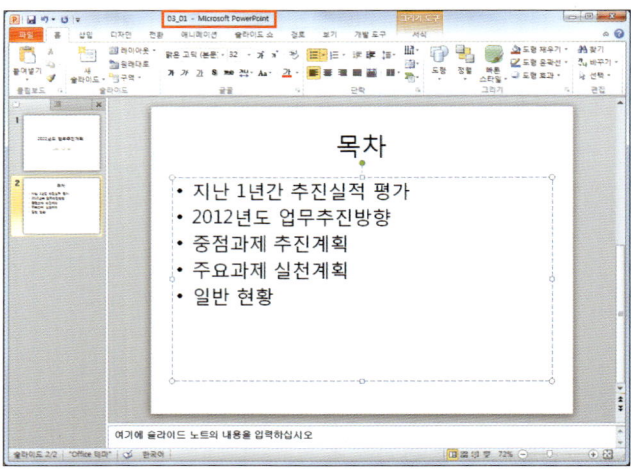

참고 • 새 폴더 만들어 저장하기

파일을 저장할 때 [다른 이름으로 저장] 대화상자의 ❶[새 폴더]를 클릭합니다. [새 폴더]가 생기면 ❷폴더의 이름을 지정한 후 해당 폴더에 파일을 저장할 수 있습니다.

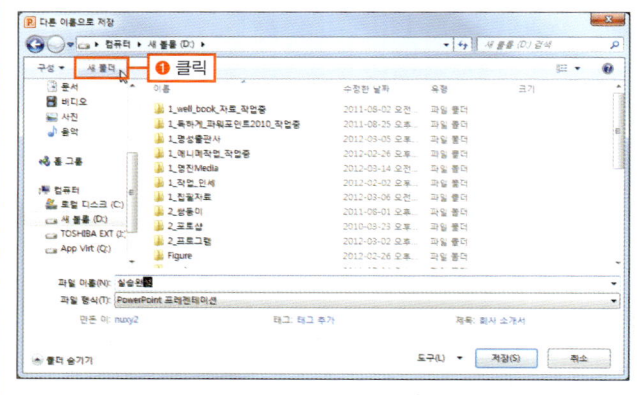
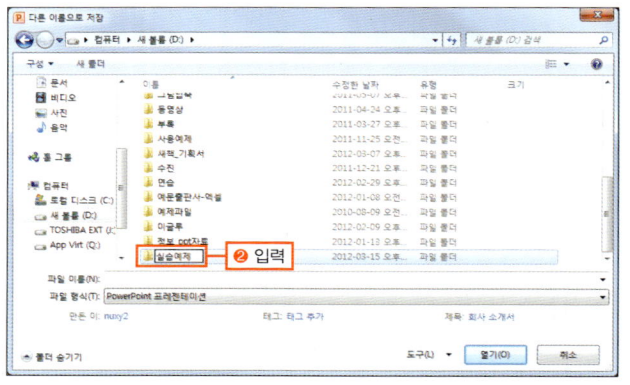

참고 • 기존 파일에서 새 파일 만들기

이미 작성된 프레젠테이션 문서를 파일 이름이 지정되지 않은 새 문서로 작성하고 싶을 때는 ❶[파일] 탭의 ❷[새로 만들기]를 클릭한 후 ❸[기존 항목에서 새로 만들기]를 선택합니다. [기존 프레젠테이션에서 새로 만들기] 대화상자가 나타나면 ❹기존 파일이 있는 폴더에서 파일을 선택한 후 ❺[새로 만들기]를 클릭합니다.

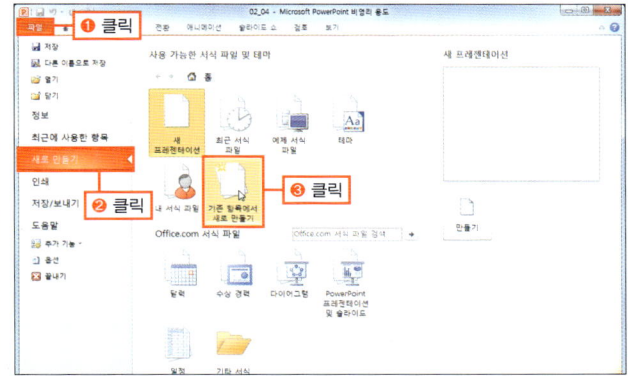
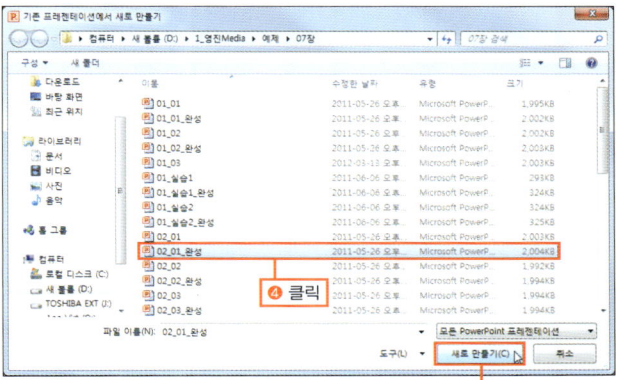

기존의 파일이 열리지만 파워포인트의 제목 표시줄에는 기존의 파일명이 나타나지 않고 새 파일 상태가 됩니다. 기존 파일을 수정하거나 추가한 후 새로운 이름으로 저장하면 기존 파일의 내용을 그대로 새 파일처럼 사용할 수 있습니다.

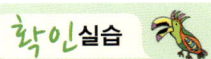

[다른 이름으로 저장]을 선택하여 '03_02_실습_완성.pptx'로 파일을 저장해 보세요.

◎ **시작 파일** : 1장\03_01_실습_완성.pptx
◎ **완료 파일** : 1장\03_02_실습_완성.pptx

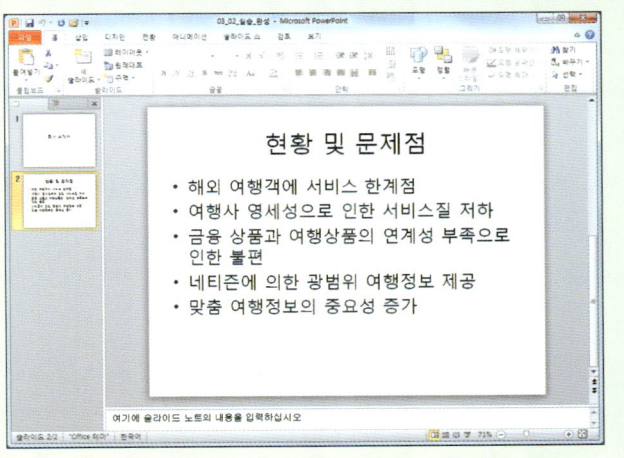

화면 보기 설정하기

파워포인트를 시작하면 기본적으로 '기본' 보기 형태로 열리며, 저장된 프레젠테이션 파일을 열었을 때는 저장할 때의 화면 보기 상태가 나타나게 됩니다. 새 프레젠테이션을 작성할 때나 저장된 파일을 열 때 사용자가 원하는 화면 보기 형태로 지정하는 방법에 대해 알아봅니다.

◉ **시작 파일** : 1장\02_실습1.pptx

1 파워포인트의 화면 보기 형태 확인하기

❶[파일] 탭의 [옵션]을 클릭한 후 [PowerPoint 옵션] 대화상자가 나타나면 [고급] 탭을 클릭합니다. ❷[표시] 항목의 [이 보기를 사용하여 모든 문서 열기]가 [파일에 저장되어 있는 보기]로 지정되어 있습니다.

2 화면 보기 형태 변경하기

❶[이 보기를 사용하여 모든 문서 열기]의 목록 버튼을 클릭하여 ❷[여러 슬라이드]를 선택한 후 ❸[확인]을 클릭합니다.

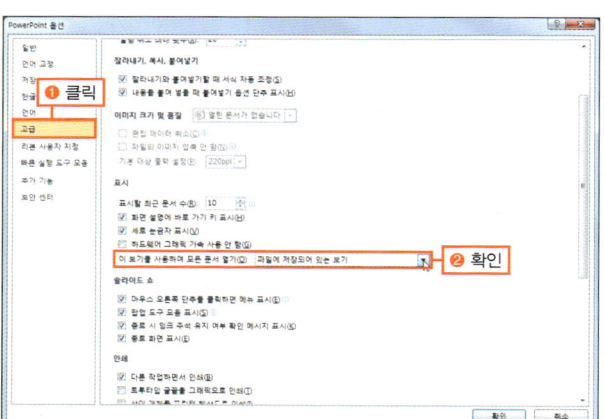

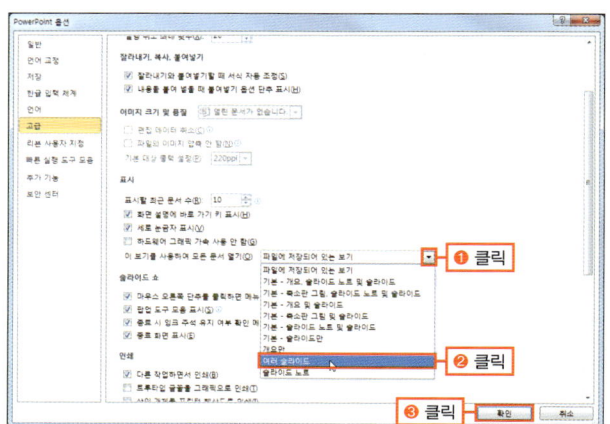

3 화면 보기 형태 변경 확인하기

새로운 프레젠테이션을 시작하거나 저장된 파일을 열면 지정된 화면 보기 형태로 슬라이드 화면이 나타납니다.

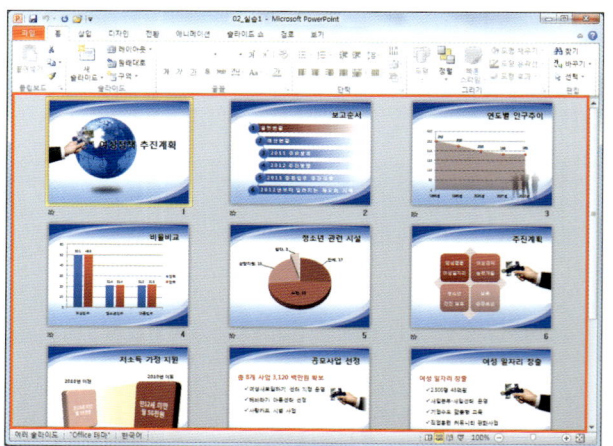

① 파워포인트를 실행한 후 제목 슬라이드를 작성하고 슬라이드를 추가해 문서를 완성해 보세요.

◎ **완료 파일** : 1장\01_응용실습1_완성.pptx
◎ **해설 파일** : 해설파일\1장\01_응용실습1_해설.pdf

Before

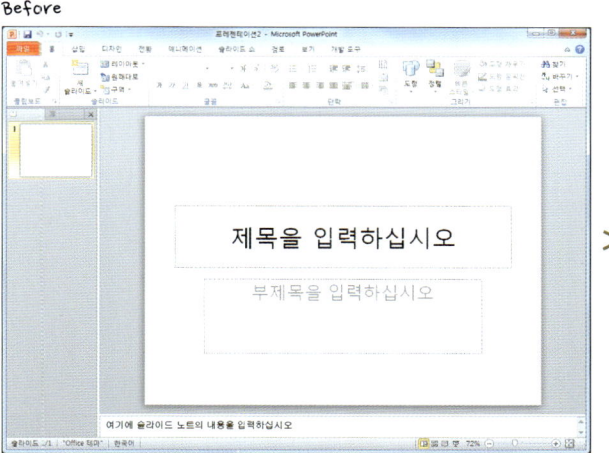

After

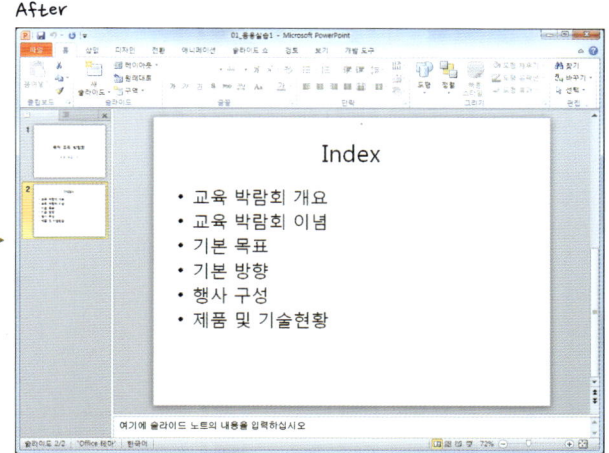

❶제목 슬라이드에 프레젠테이션의 제목, 부제목 입력 ❷[홈] 탭의 [슬라이드] 그룹에서 [새 슬라이드](□)를 클릭한 후 새로운 슬라이드 추가 후 내용 입력

② 파워포인트를 실행한 후 제목 슬라이드를 작성하고 슬라이드를 추가해 문서를 완성해 보세요.

◎ **완료 파일** : 1장\01_응용실습2_완성.pptx
◎ **해설 파일** : 해설파일\1장\01_응용실습2_해설.pdf

Before

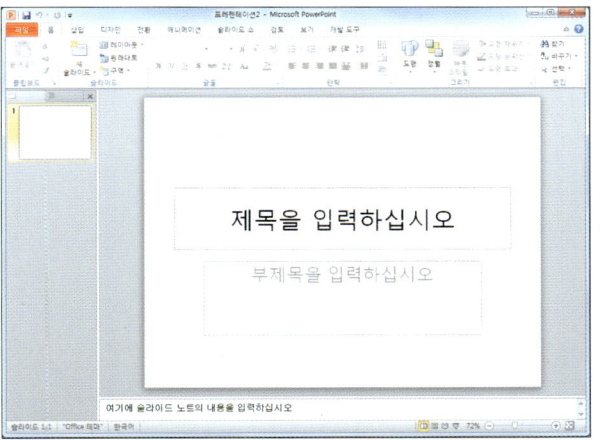

After

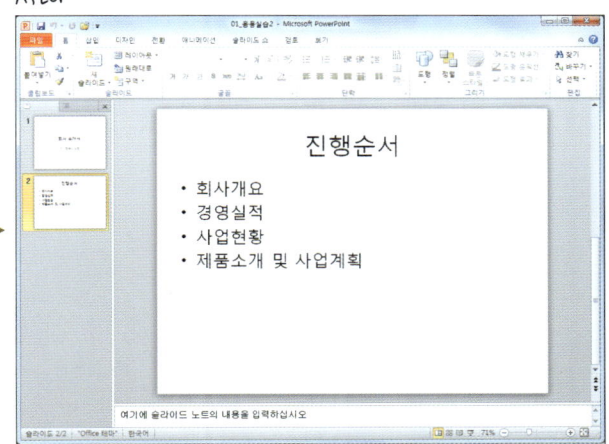

❶제목 슬라이드에 프레젠테이션의 제목, 부제목 입력 ❷[홈] 탭의 [슬라이드] 그룹에서 [새 슬라이드](□)를 클릭한 후 새로운 슬라이드 추가 후 내용 입력

PART 02

슬라이드에
텍스트 입력하고 꾸미기

슬라이드 문서에 입력한 텍스트에 다양한 글꼴 서식과 단락 서식 그리고 텍스트 효과 등을 적용하

면 보기 좋은 프레젠테이션으로 제작할 수 있습니다. 여기에서는 슬라이드 문서에 입력한 텍스트의

서식과 단락, 3차원 효과 등을 이용해 눈에 띄는 프레젠테이션으로 만들어내는 방법을 살펴봅니다.

POWERPOINT 2010

SECTION 01

텍스트 슬라이드 다루기

텍스트 상자를 슬라이드에 삽입하는 방법과 슬라이드의 복사 및 이동 방법에 대해 알아봅니다.

다루는 내용

- 텍스트 상자 삽입하기
- 슬라이드 이동하기
- 슬라이드 복사하기

기능 정리

슬라이드 레이아웃 살펴보기

파워포인트를 실행하면 기본적으로 '제목 슬라이드' 레이아웃이 나타납니다. 파워포인트는 프레젠테이션을 위해 다양한 슬라이드 레이아웃을 제공합니다. [홈] 탭의 [슬라이드] 그룹에서 레이아웃을 클릭하면 정해진 레이아웃을 다른 레이아웃으로 변경할 수 있습니다.

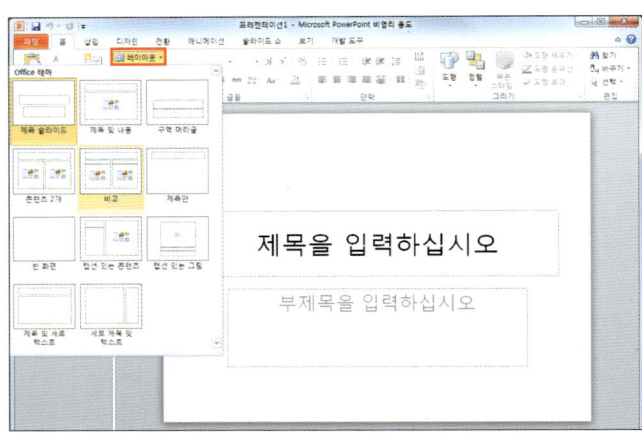
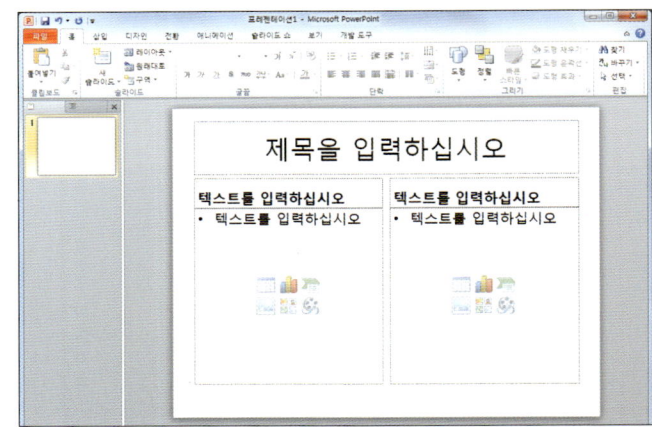

[홈] 탭의 [슬라이드] 그룹에서 [새 슬라이드]( )의 [새 슬라이드]를 클릭한 후 슬라이드 레이아웃을 미리 결정하고나서 새 슬라이드를 삽입할 수도 있습니다.

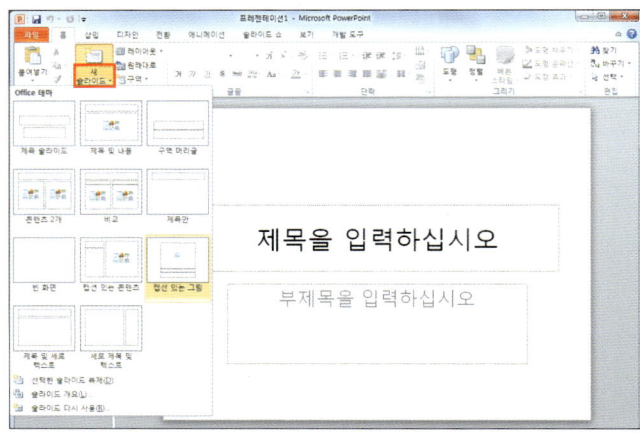
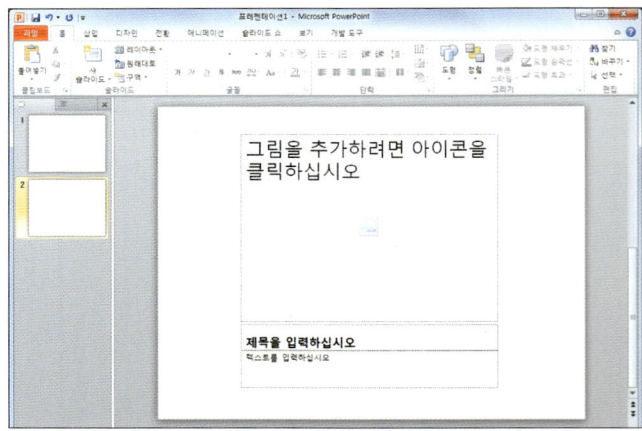

실습 과정 : 텍스트 상자 이용해 슬라이드 작성하기

[텍스트 상자](🅰️)를 삽입하여 슬라이드 내용을 작성하는 방법에 대해 알아봅니다.

🔵 **시작 파일** : 2장\01_01.pptx
🔵 **완료 파일** : 2장\01_01_완성.pptx

01 예제 파일 불러오기

1[파일] 탭을 클릭한 후 **2**[열기]를 클릭합니다.

02 파일 선택하기

[열기] 대화상자가 나타나면 **1**파일이 저장된 폴더를 지정한 후 **2**불러올 파일을 선택하고 **3**[열기]를 클릭합니다.

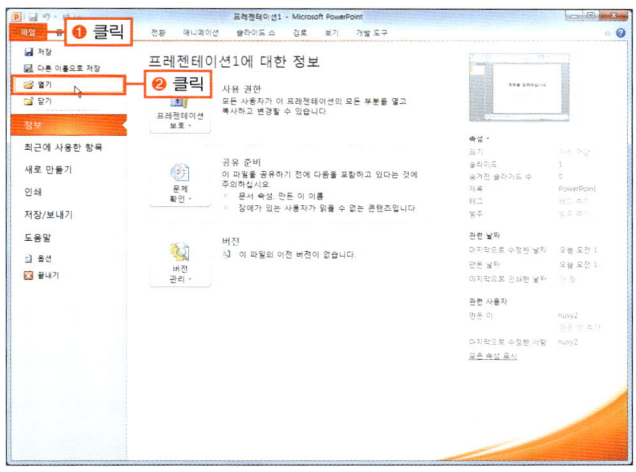

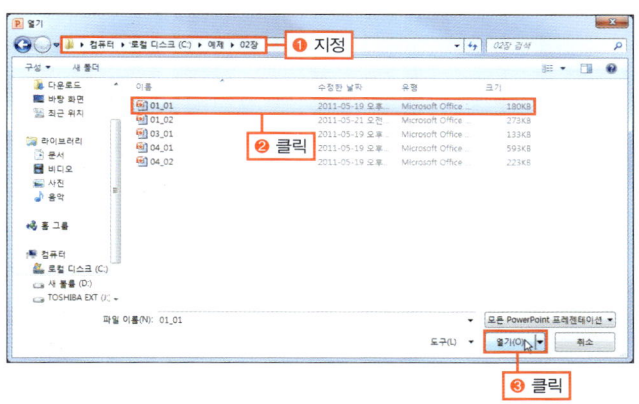

참고 ● 여러 개의 파일 선택해서 열기

[열기] 대화상자에서 여러 개의 파일을 선택해서 한꺼번에 열 수도 있습니다. `Shift`를 누른 상태에서 연속된 파일을 선택할 수 있으며, `Ctrl`을 누른 상태에서는 비연속적인 파일을 여러 개 선택할 수 있습니다.

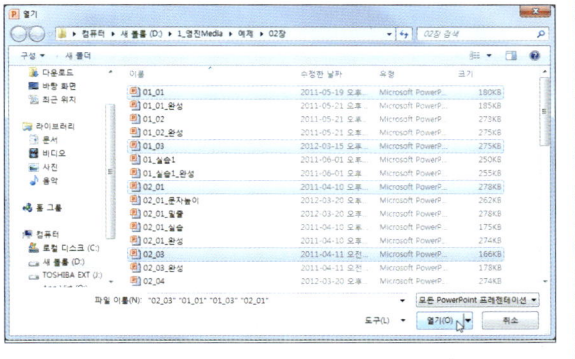

03 [텍스트 상자] 선택하기

작업 화면에 선택한 파일이 나타나면 ❶[삽입] 탭의 [텍스트] 그룹에서 ❷[텍스트 상자]([가])를 클릭합니다.

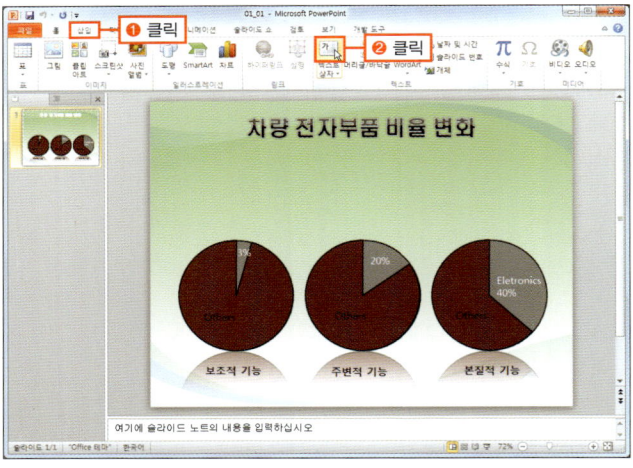

04 텍스트 상자 삽입하기

마우스 포인터의 모양이 [I]로 변경되면 슬라이드 위에서 ❶클릭합니다.

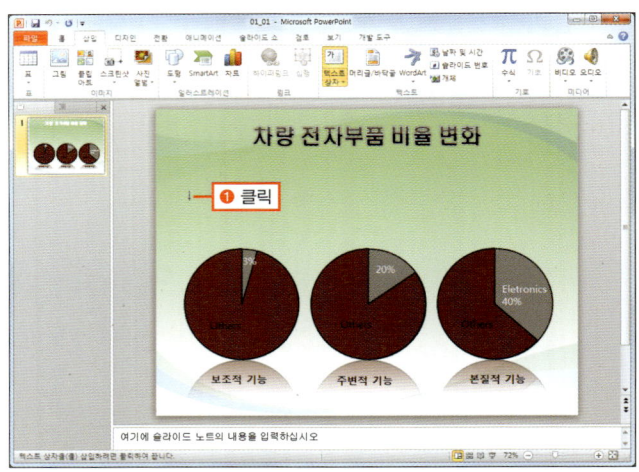

05 내용 입력하기

원하는 위치까지 ❶텍스트를 입력한 후 ❷[Enter]를 눌러 줄바꿈을 하면서 ❸내용을 입력합니다.

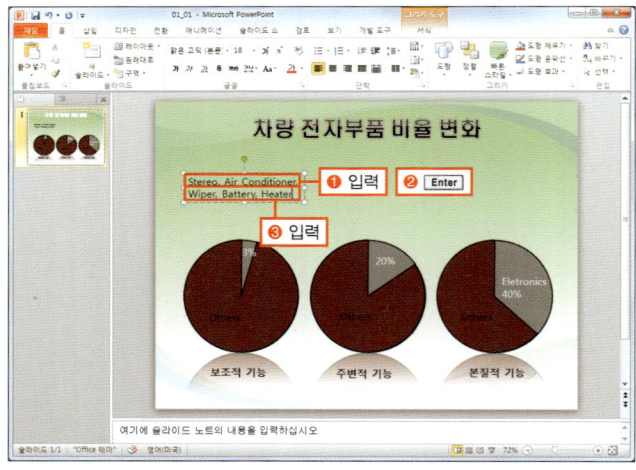

06 텍스트 상자 이동하기

❶텍스트 상자의 테두리를 클릭하면 텍스트 상자를 선택할 수 있습니다. 텍스트 상자를 선택한 후 ❷드래그하여 슬라이드에 이미 삽입되어 있는 도형에 맞춥니다.

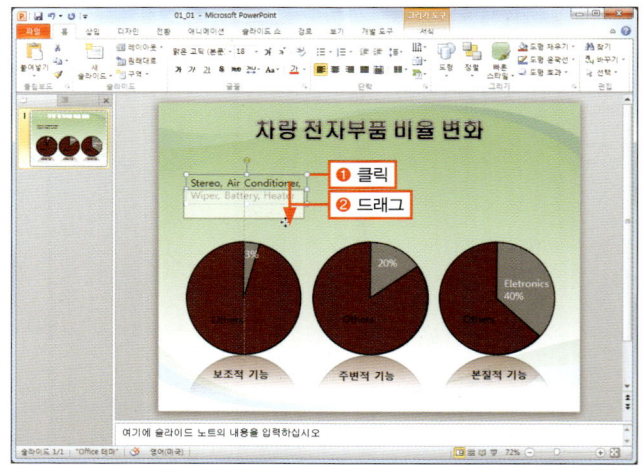

07 텍스트 상자 추가하기

같은 방법으로 ❶텍스트 상자를 삽입하여 다음과 같이 슬라이드를 완성합니다.

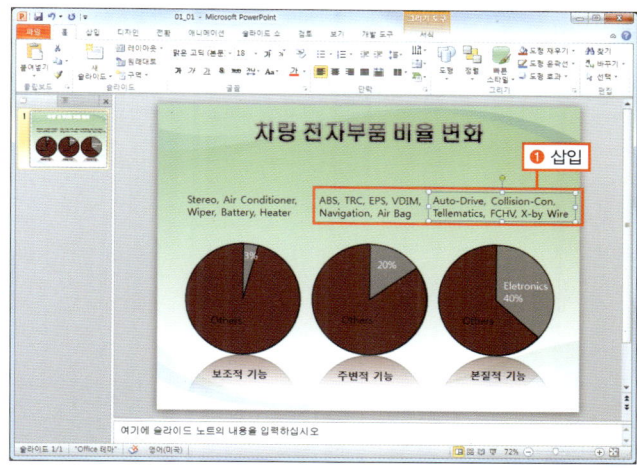

참고

❶[홈] 탭의 [그리기] 그룹에서 ❷[도형](📋)을 클릭한 후 도형 목록에서 ❸[텍스트 상자](🔳)를 선택해서 텍스트 상자를 삽입할 수도 있습니다.

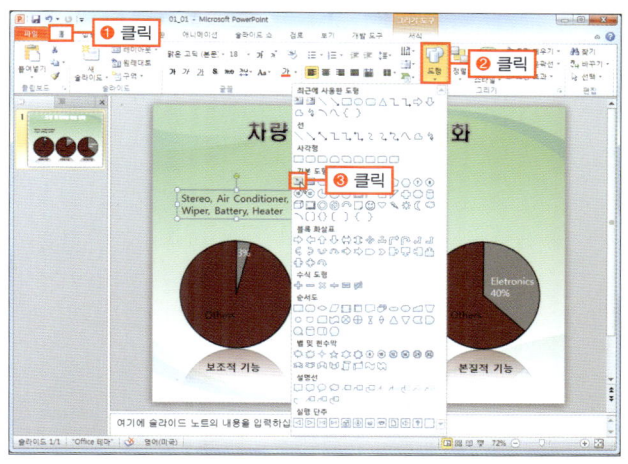

확인실습

시작 파일을 열고 텍스트 상자를 슬라이드에 삽입하여 다음과 같은 문서를 완성해 보세요.

◉ **시작 파일** : 2장\01_실습1.pptx
◉ **완료 파일** : 2장\01_실습1_완성.pptx

슬라이드 이동하고 복사하기

슬라이드를 이동하고 복사하는 방법에 대해 알아봅니다.

◎ **시작 파일** : 2장\01_02.pptx
◎ **완료 파일** : 2장\01_02_완성.pptx

01 [여러 슬라이드 보기] 선택하기

예제 파일을 불러온 후 파워포인트 창 하단의 화면 보기 버튼 중에서 ❶[여러 슬라이드 보기](▦)를 클릭합니다.

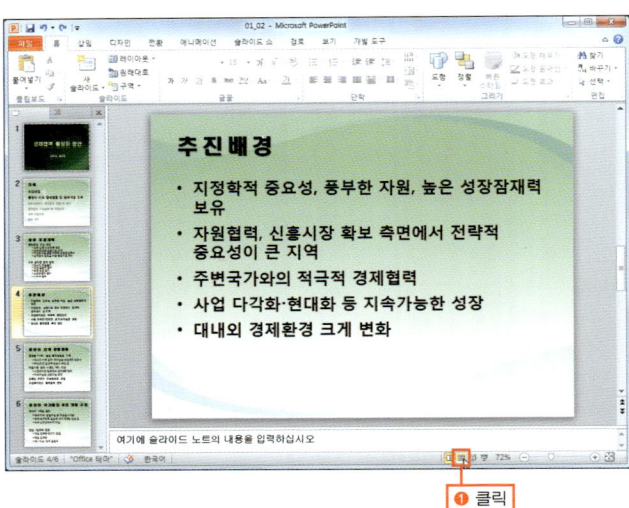

02 슬라이드 드래그하기

슬라이드 화면 보기 상태가 '여러 슬라이드 보기'가 되면 ❶4번 슬라이드를 선택한 후 2번 슬라이드와 3번 슬라이드 사이로 ❷드래그합니다.

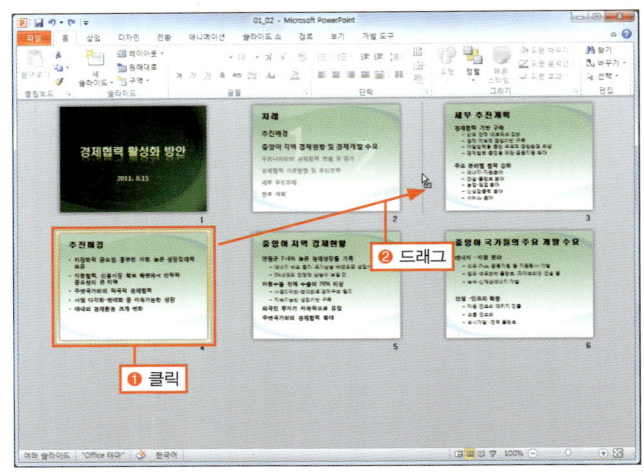

03 슬라이드 이동 확인하기

3번과 4번 슬라이드의 위치가 변경된 것을 확인할 수 있습니다.

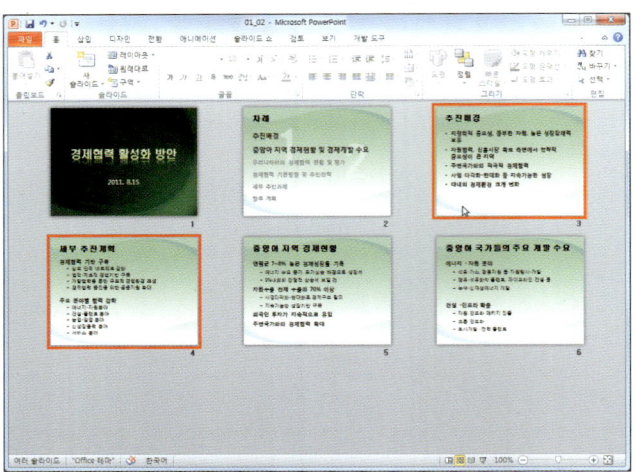

04 슬라이드 복사하기

이번에는 ❶2번 슬라이드를 선택하고 ❷Ctrl을 누른 상태에서 4번과 5번 슬라이드 사이로 드래그합니다.

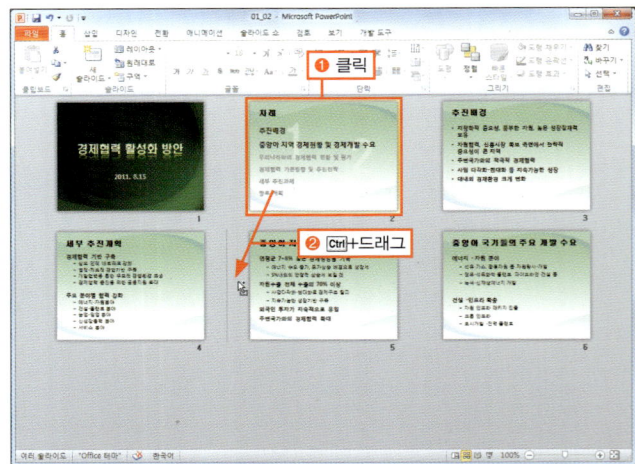

05 슬라이드 복사 확인하기

2번 슬라이드가 5번 슬라이드 앞에 복사된 것을 확인할 수 있습니다.

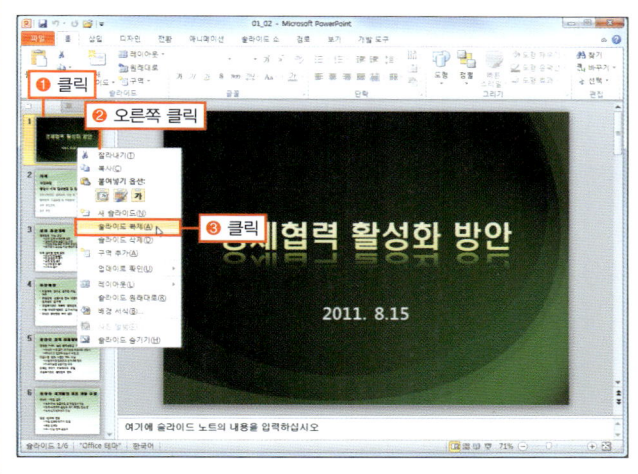

참고

특정 슬라이드를 삭제할 때는 삭제할 슬라이드를 선택한 후 Delete 를 누릅니다.

참고 • 슬라이드 복제하기

슬라이드 복제는 선택한 슬라이드의 내용과 레이아웃 그리고 서식을 모두 유지한 채 복사하는 기능입니다. ❶슬라이드를 선택한 후 ❷마우스 오른쪽 버튼을 클릭하고 ❸[슬라이드 복제]를 클릭하면 선택한 슬라이드 아래에 복제된 슬라이드가 나타납니다.

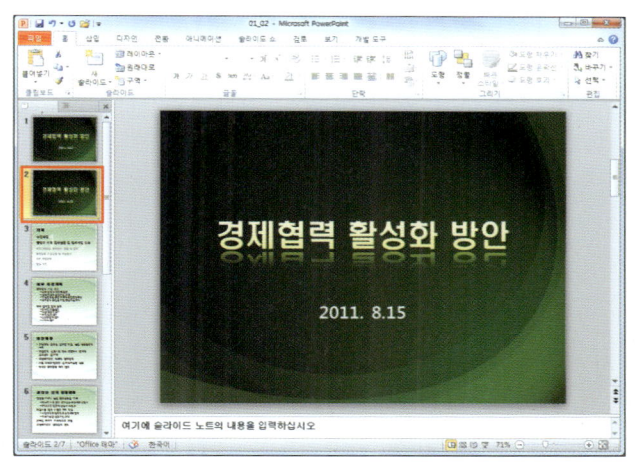

확인실습

여러 슬라이드 보기 상태에서 5번 슬라이드와 6번 슬라이드 사이에 2번 슬라이드를 복사해 보세요.

🔵 시작 파일 : 2장\01_실습2.pptx
🔵 완료 파일 : 2장\01_실습2_완성.pptx

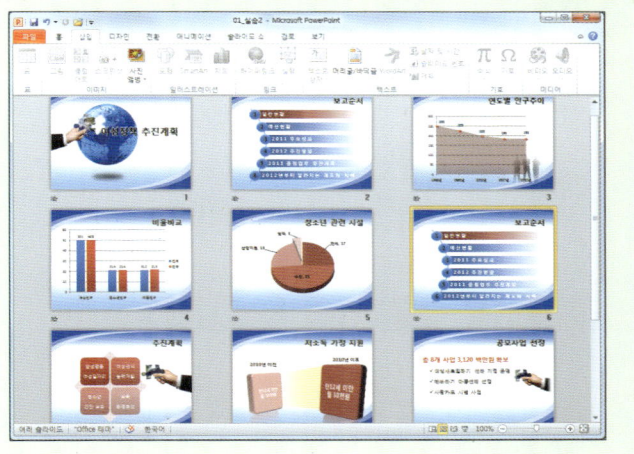

실습 과정

슬라이드에 한자와 기호 입력하기

슬라이드에 한자와 기호를 입력하는 방법에 대해 알아봅니다.

◎ **시작 파일** : 2장\01_03.pptx
◎ **완료 파일** : 2장\01_03_완성.pptx

01 한자 키 누르기

슬라이드 제목 텍스트 상자의 ❶'차례' 텍스트 앞에 커서를 위치시킨 후 ❷키보드의 ⌨를 누릅니다.

참고

한글을 한자로 변환할 때 커서의 위치는 해당 텍스트의 앞이나 뒤, 중앙 등 어느 위치여도 상관없습니다.

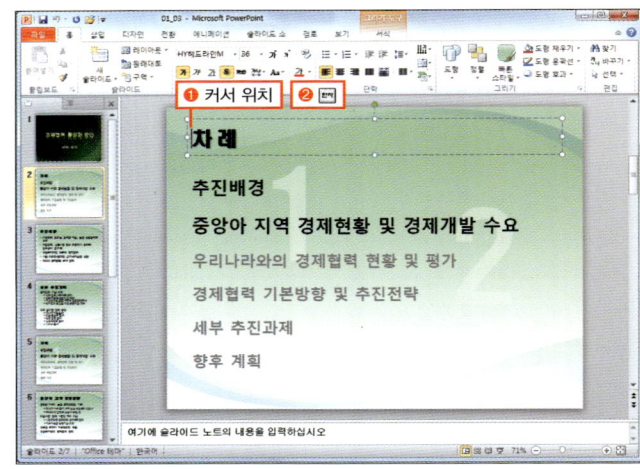

02 한자로 변환하기

[한글/한자 변환] 대화상자가 나타나면 [한자 선택] 항목에 한자가 선택된 상태로 나타납니다. ❶맞는 한자를 선택하고 ❷[입력 형태]를 [한글(漢字)]로 지정한 후 ❸[변환]을 클릭합니다.

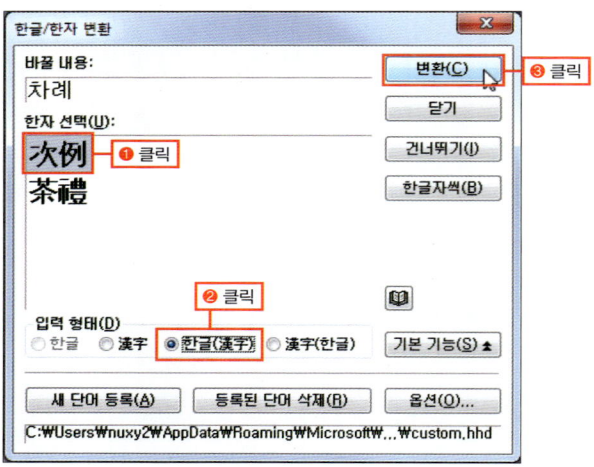

03 한자 변환 확인하기

커서 위치의 한글이 선택한 한자로 변환됩니다.

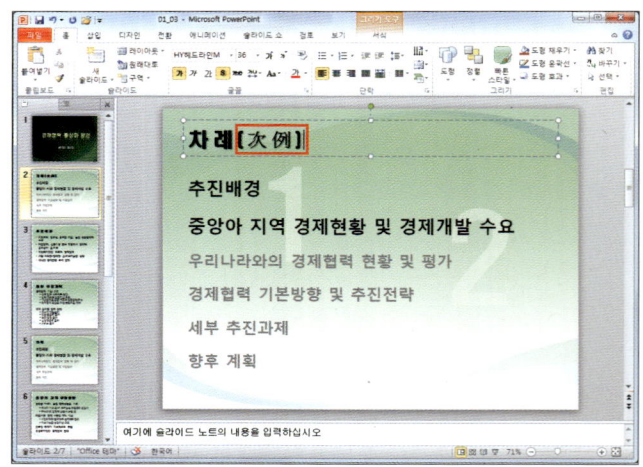

04 기호 선택하기

❶기호가 입력될 위치에 커서를 놓고 ❷[삽입] 탭의 [기호] 그룹에서 ❸[기호](Ω)를 클릭합니다.

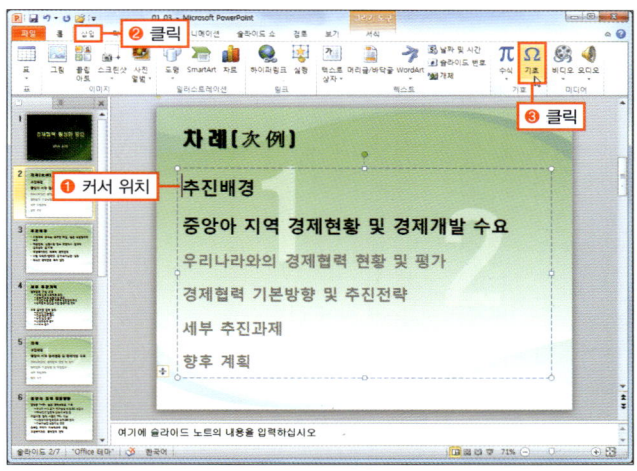

05 기호 선택하고 삽입하기

[기호] 대화상자가 나타나면 ❶[글꼴]을 [Webdings]로 지정한 후 ❷목록에서 원하는 기호를 선택하고 ❸[삽입]과 ❹[닫기]를 각각 클릭합니다.

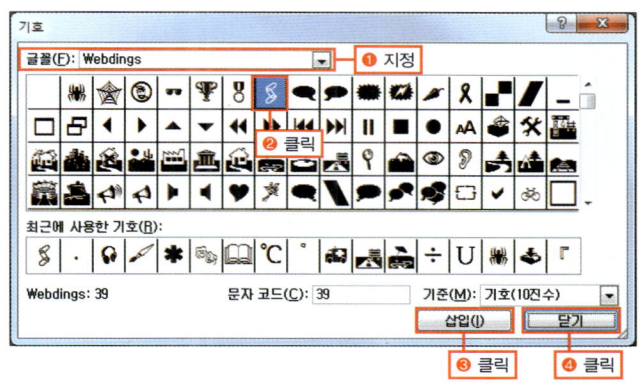

06 기호 삽입 확인하기

커서 위치에 선택한 기호가 삽입됩니다.

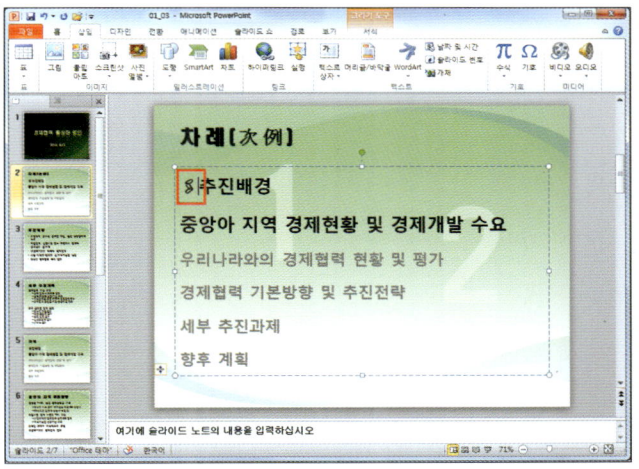

자주 사용되는 한자 단어를 [한글/한자 변환] 대화상자에 등록해두면 한자 변환을 한 글자씩 하지 않고 단어를 한 번에 한자로 변환할 수 있습니다. [한글/한자 변환] 대화상자의 ❶[새 단어 등록]을 클릭하면 [한자 단어 등록] 대화상자가 나타나고 [등록할 단어]에 한글 단어가 표시되고 등록할 한자 단어가 한 글자씩 나타납니다. ❷변환할 한자를 선택하고 ❸[선택]을 클릭합니다.

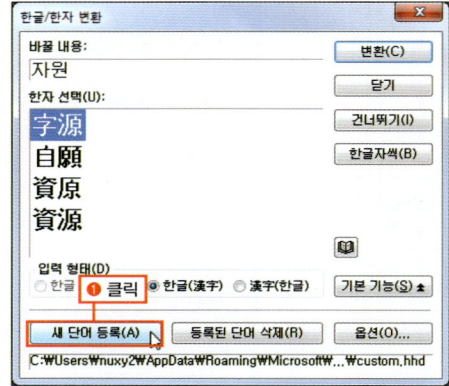 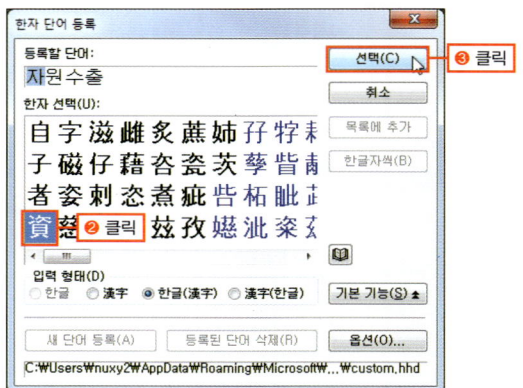

단어의 모든 글자가 한자로 변환되면 ❹[목록에 추가]를 클릭합니다. 한글 단어가 한자 단어로 등록된 것을 확인할 수 있습니다. 앞으로는 등록한 한글 단어를 입력하면 한 번에 한자 변환이 이루어집니다.

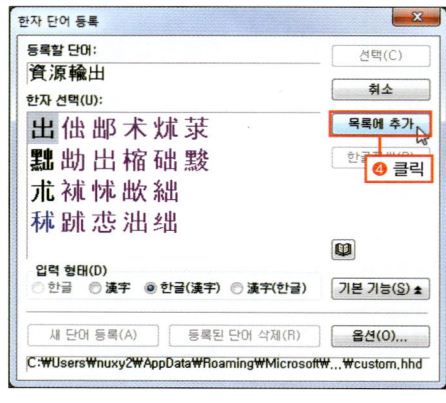 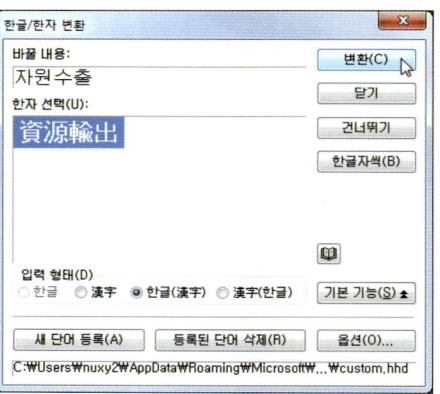

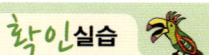

'추진배경(推進背景)'을 한자로 등록한 후 다음과 같이 한자 변환을 해 보세요.

◉ **시작 파일** : 2장\01_실습3.pptx
◉ **완료 파일** : 2장\01_실습3_완성.pptx

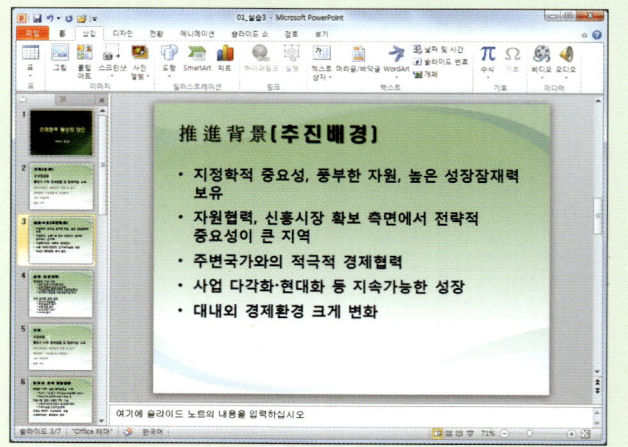

슬라이드에 수식 입력하기

[삽입] 탭의 [기호] 그룹에서 [수식](π)을 클릭하면 복잡한 수식도 간단하게 슬라이드에 삽입할 수 있습니다. 슬라이드에 수식 텍스트 상자가 삽입되면서 리본 메뉴에 [수식 도구] 탭이 표시됩니다.

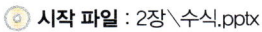

- **시작 파일** : 2장\수식.pptx
- **완료 파일** : 2장\수식_완성.pptx

1 새 수식 삽입하기

❶[삽입] 탭의 [기호] 그룹에서 ❷[수식](π)의 [수식]($\frac{\pi}{}$)을 클릭하면 자주 쓰이는 수식의 목록이 나타납니다. 이 중 ❸[새 수식 삽입]을 클릭합니다.

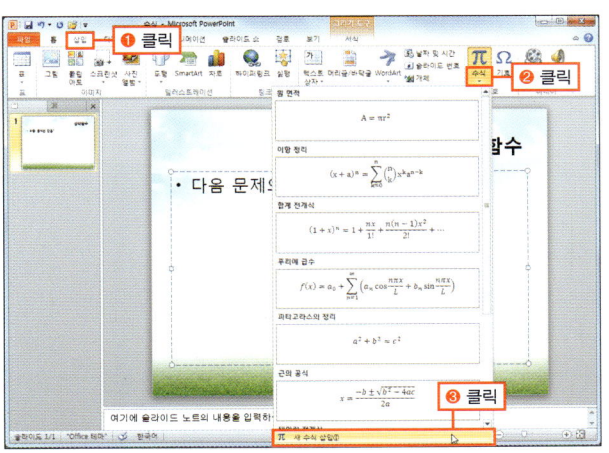

> **참고**
>
> [삽입] 탭의 [기호] 그룹에서 [수식](π)을 클릭해도 됩니다.

2 수식 도구 확인하기

슬라이드에 '여기에 수식을 입력하십시오.'라는 메시지가 표시되고 [수식 도구─디자인] 탭이 나타납니다.

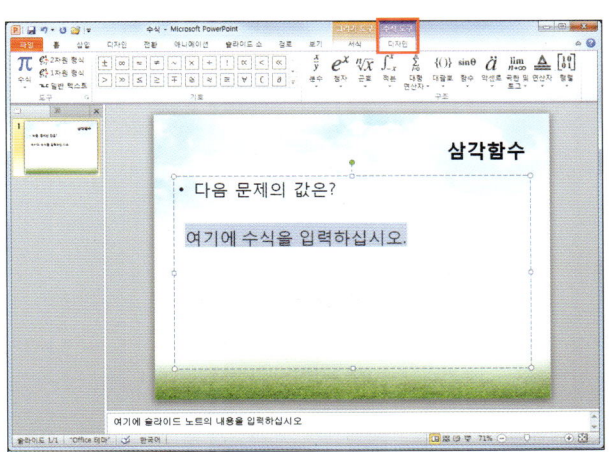

3 수식 입력하기

❶다음과 같이 수식을 입력하면 기본 슬라이드 서체와 상관없는 수식 서체로 텍스트가 입력됩니다.

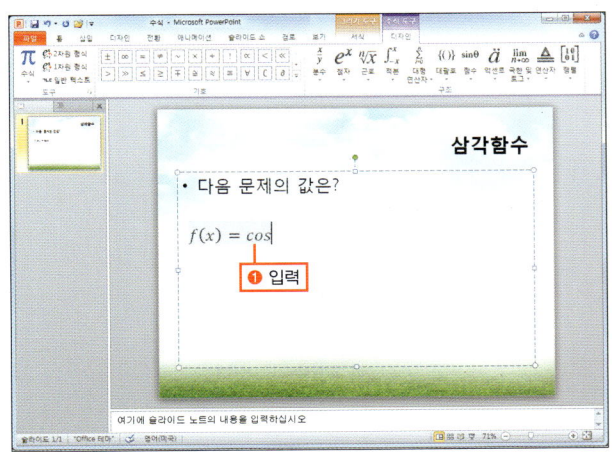

4 분수 입력하기

필요한 수식을 삽입하기 위해 ❶[수식 도구─디자인] 탭의 [구조] 그룹에서 [분수]를 클릭한 후 ❷[상하형 분수]를 클릭합니다.

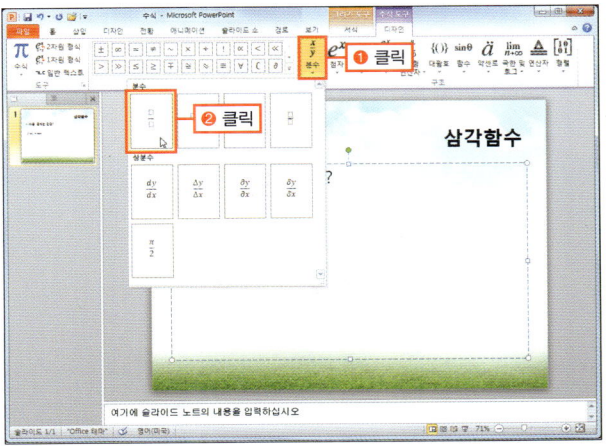

5 수식 틀 확인하기

분수를 입력할 수 있는 수식 틀이 나타납니다.

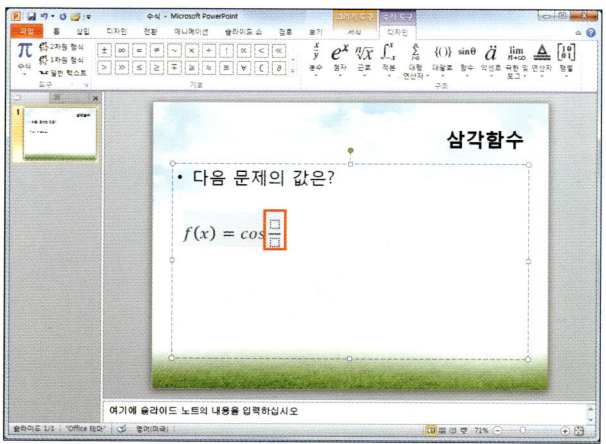

6 수식과 기호 입력하기

❶각각의 수식 틀을 클릭한 후 수식을 입력합니다. 사칙연산 기호나 루트 등의 수학 기호는 [기호] 그룹에서 선택합니다.

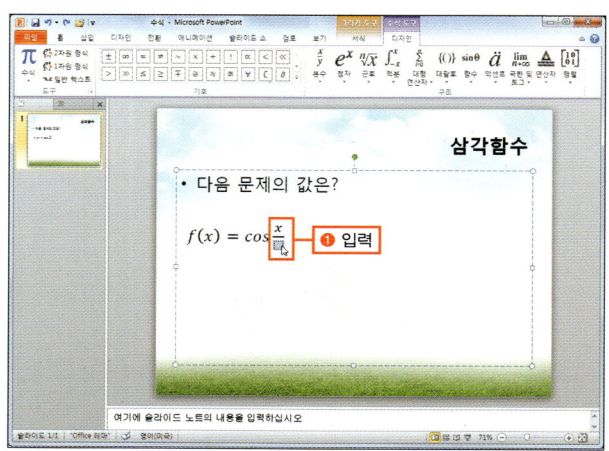

7 수식 틀 나오기

연속해서 수식 입력 상태를 빠져 나올 때는 ❶슬라이드의 빈 영역을 클릭합니다.

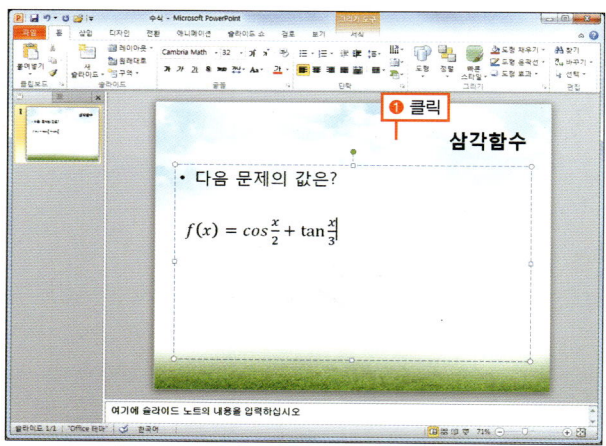

8 수식 입력 상태로 돌아가기

수식 입력 상태로 돌아와 [수식 도구] 탭을 표시할 때는 ❶수식이 입력된 부분을 클릭합니다.

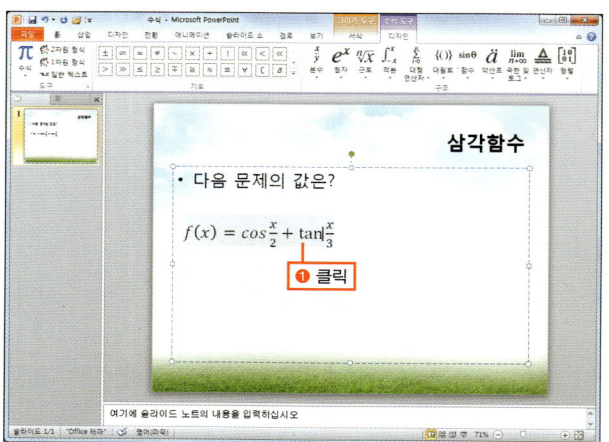

PART 02.
슬라이드에 텍스트 입력하고 꾸미기

텍스트 서식과 단락 조절하기

02

슬라이드에 입력된 텍스트 중 일부를 선택하거나 텍스트 상자를 선택한 후 글꼴 서식과 단락을 조절하는 방법에 대해 알아봅니다. 텍스트의 글꼴, 크기, 색상 등을 다양하게 변경해 보고 줄 간격과 정렬을 이용한 단락 조정으로 슬라이드를 완성해 봅니다.

다루는 내용

• 텍스트 범위 지정 방법 익히기
• [글꼴] 서식 지정하기
• [단락] 서식 지정하기

기능 정리

텍스트 범위 지정 방법 알아보고 대화상자 활용하기

입력된 텍스트에 다양한 글꼴을 지정하려면 먼저 텍스트의 일부를 범위로 지정하는 방법과 리본 메뉴에 나타나지 않은 기능을 활용할 수 있게 관련된 대화상자를 이용하는 방법에 대해 알아두어야 합니다.

● 텍스트 범위 지정하기

특정 키를 누른 상태에서 슬라이드에 삽입한 텍스트를 마우스로 드래그하면 연속된 범위로 지정하거나 떨어져 있는 범위로 지정할 수 있습니다.

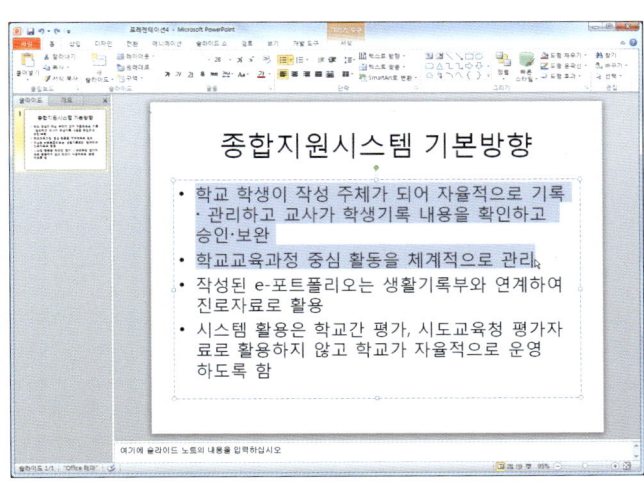
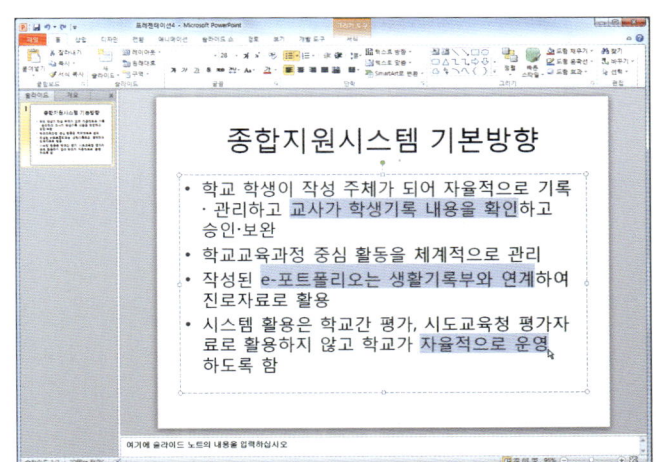

• 원하는 범위의 시작 지점에서 마지막 지점까지 마우스로 드래그하거나 범위 선택의 시작점에 커서를 위치시킨 후 **Shift** 를 누른 상태에서 끝 지점을 클릭하면 연속된 범위를 지정할 수 있습니다.

- Ctrl을 누른 채 원하는 텍스트 영역을 드래그하면 떨어진 범위를 지정할 수 있습니다.
- 마우스를 더블클릭하면 한 단어를, 마우스를 세 번 클릭하면 한 단락 전체를 범위로 지정할 수 있습니다.
- 텍스트 상자의 경계를 클릭하여 텍스트 상자의 테두리가 점선에서 실선으로 변경되면 텍스트 상자 전체가 선택됩니다.

● **[글꼴]과 [단락] 대화상자 활용하기**

[홈] 탭의 [글꼴] 그룹에서 ⬚를 클릭하면 리본 메뉴에 나타나지 않는 기능을 대화상자를 통해 확인할 수 있습니다. 대화상자를 활용하면 여러 서식을 한 군데서 지정할 수 있고 리본 메뉴에 표시되지 않는 다양한 기능을 적용할 수 있습니다.

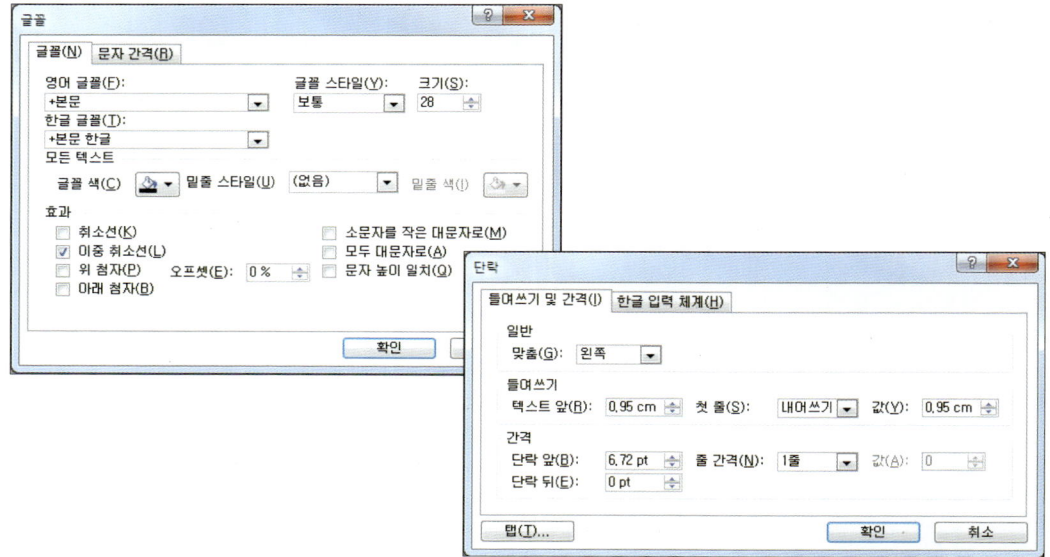

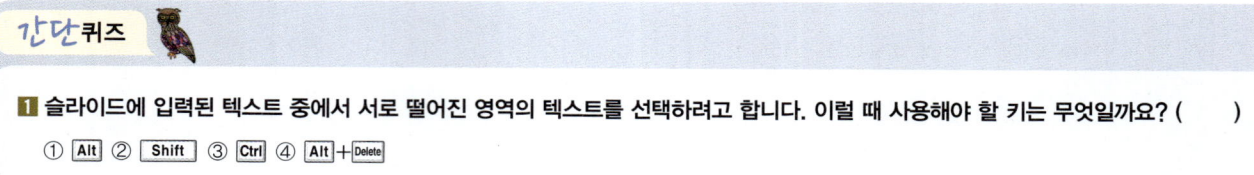

1 슬라이드에 입력된 텍스트 중에서 서로 떨어진 영역의 텍스트를 선택하려고 합니다. 이럴 때 사용해야 할 키는 무엇일까요? (   )

① Alt ② Shift ③ Ctrl ④ Alt + Delete

답 : ③

실습 과정 텍스트에 서식 지정하기

입력된 텍스트의 글꼴, 글꼴 크기, 색상 등을 변경해 봅니다.

◎ **시작 파일** : 2장\02_01.pptx
◎ **완료 파일** : 2장\02_01_완성.pptx

01 글꼴 지정하기

①슬라이드의 제목 텍스트 상자를 선택한 후 ②[홈] 탭의 [글꼴] 그룹에서 ③[글꼴]의 목록 버튼을 클릭하고 글꼴 목록이 나타나면 ④[HY헤드라인M]을 선택합니다.

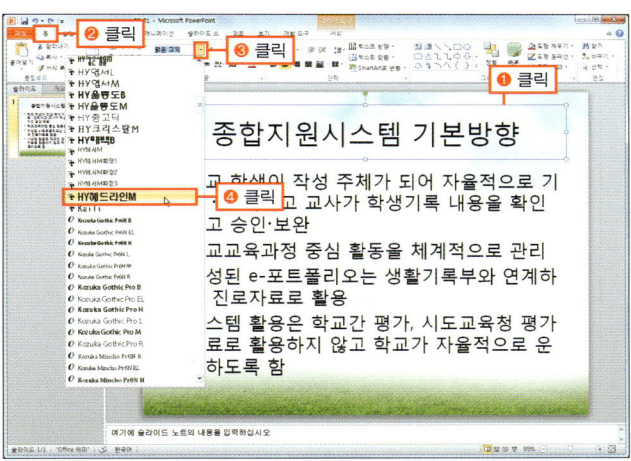

02 글꼴 크기 지정하기

텍스트 상자의 글꼴이 변경되면 [홈] 탭의 [글꼴] 그룹에서 ①[글꼴 크기]의 목록 버튼을 클릭한 후 ②'36'을 선택합니다.

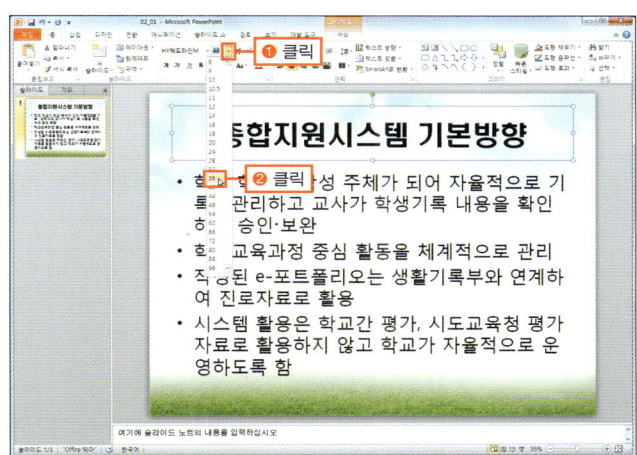

참고 ● 미니 도구 모음 사용하기

슬라이드의 텍스트를 범위로 지정하면 텍스트 옆에 미니 도구 모음이 표시됩니다. 리본 메뉴에서 기능을 찾아 클릭하지 않고도 간단하게 미니 도구 모음을 사용해 글꼴이나 단락의 서식을 변경할 수 있습니다. 텍스트를 드래그하여 범위로 지정하면 미니 도구 모음이 흐릿하게 표시됩니다. 이때 미니 도구 모음에 마우스 포인터를 위치시키면 도구 모음이 명확하게 나타납니다.

03 [글꼴 크기 작게] 클릭하기

이번에는 슬라이드의 ❶내용 텍스트 상자를 선택하고 [홈] 탭의 [글꼴] 그룹에서 ❷[글꼴 크기 작게]( )를 클릭합니다.

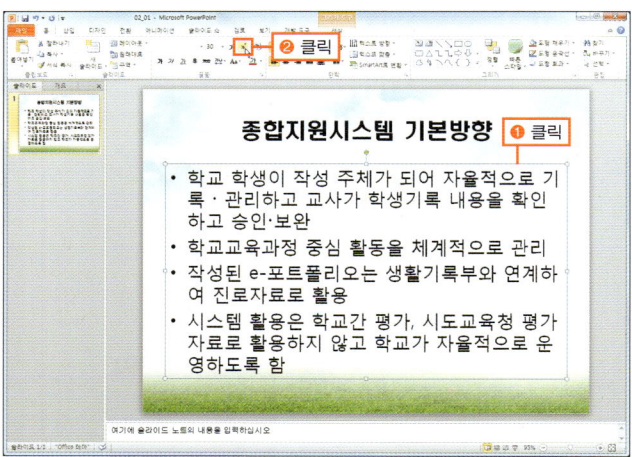

04 텍스트 범위 지정하기

❶Ctrl을 누른 채 그림과 같은 텍스트 영역을 드래그하여 떨어진 영역의 텍스트를 선택합니다.

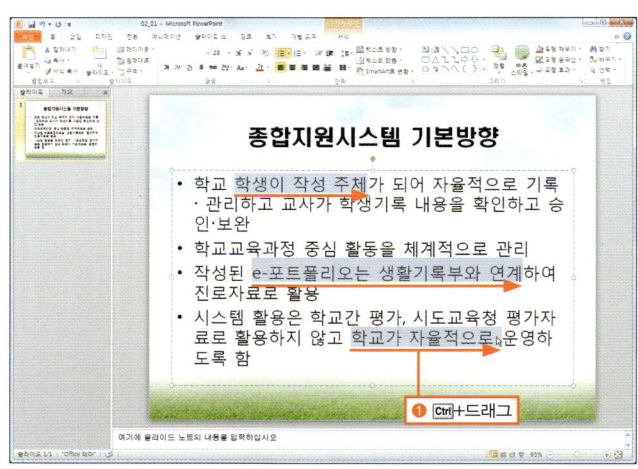

참고 • 텍스트에 밑줄 스타일과 색상 지정하기

밑줄 스타일을 지정할 ❶텍스트를 드래그하여 선택한 후 ❷[홈] 탭의 [글꼴] 그룹에서 [글꼴]( )을 클릭합니다. [글꼴] 대화상자가 나타나면 ❸[글꼴] 탭의 [밑줄 스타일]의 목록 버튼을 클릭한 후 ❹밑줄 목록에서 원하는 밑줄을 선택합니다. 밑줄 스타일을 지정한 후에는 ❺[밑줄 색]을 클릭하고 ❻색상을 선택합니다.

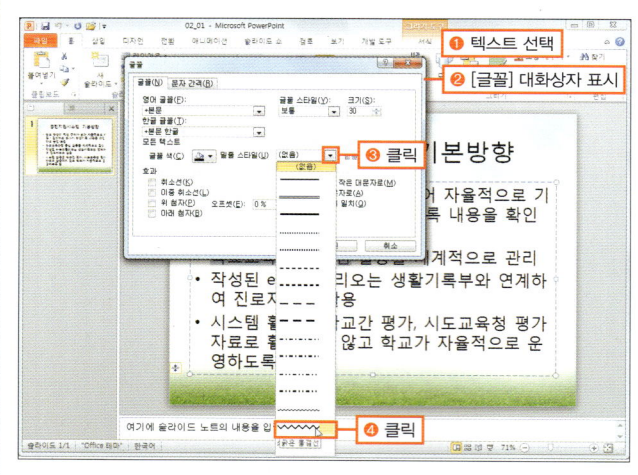

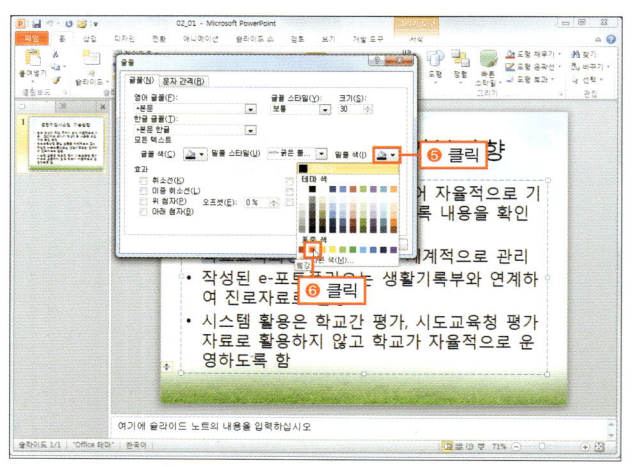

05 글꼴 색 지정하기

❶[홈] 탭의 [글꼴] 그룹에서 [글꼴 색](🅰️▾)의 목록 버튼을 클릭한 후 ❷색상 표의 [진한 빨강]을 선택합니다.

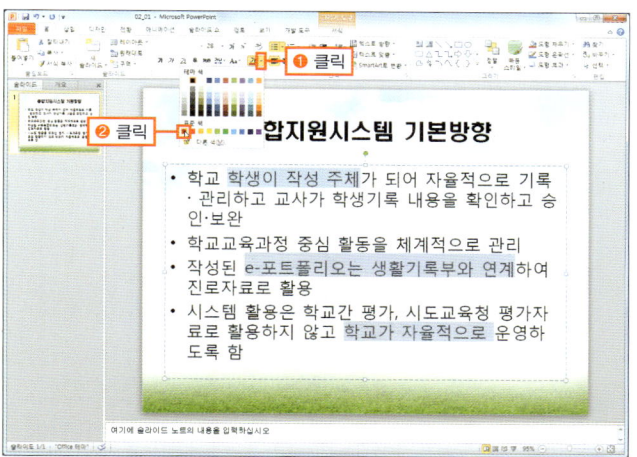

06 [굵게] 속성 지정하기

글꼴 색이 변경되면 선택을 그대로 둔 채 ❶[홈] 탭의 [글꼴] 그룹에서 [굵게](가)를 클릭합니다.

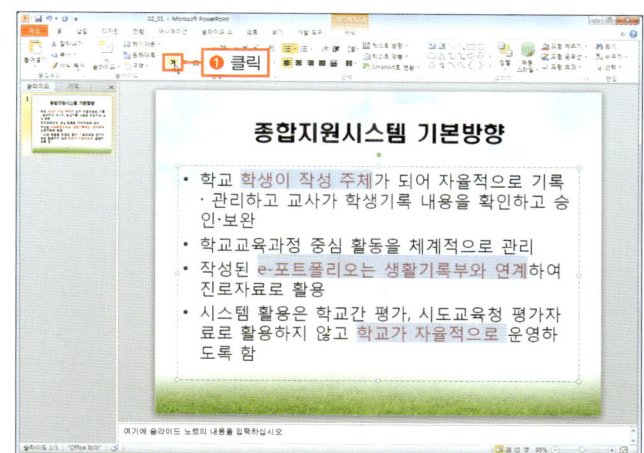

07 [텍스트 그림자] 속성 지정하기

❶[홈] 탭의 [글꼴] 그룹에서 [텍스트 그림자](ꟗ)를 클릭합니다.

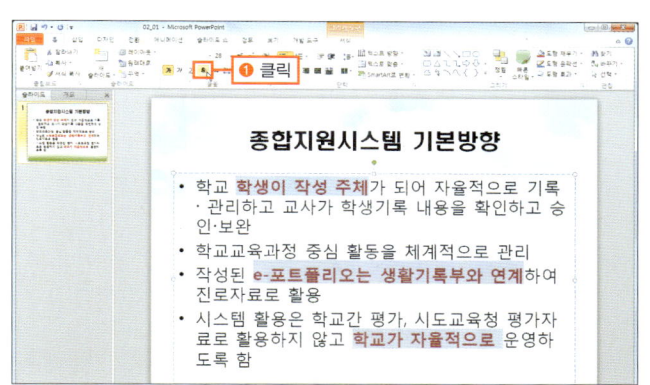

참고 • 기호(특수 문자) 삽입하기

슬라이드에 기호(특수 문자)를 삽입할 때는 ❶[삽입] 탭의 [기호] 그룹에서 [기호](Ω)를 클릭합니다. [기호] 대화상자가 나타나면 ❷[글꼴]을 지정하고 선택한 글꼴에 해당하는 기호 목록에서 ❸원하는 기호를 선택한 후 ❹[삽입]과 ❺[닫기]를 각각 클릭합니다.

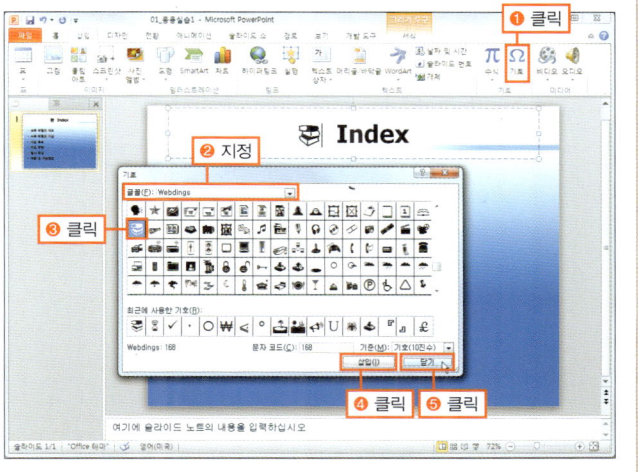

08 결과 화면 보기

선택 영역을 해제하고 글꼴과 크기, 속성 등이 지정된 슬라이드 텍스트를 확인합니다.

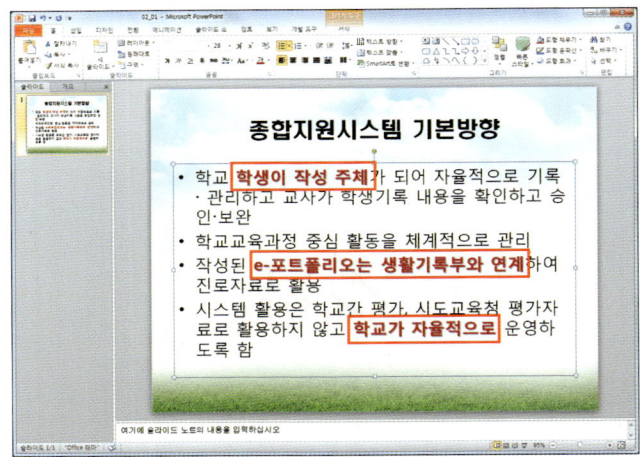

참고 • 텍스트 높이 맞추기

선택한 글꼴에 따라 슬라이드에 입력한 문자의 높이가 다르게 나타나는 경우가 있습니다. 이럴 때는 [문자 높이 일치] 기능을 사용하여 입력한 텍스트를 일정한 높이로 통일할 수 있습니다.

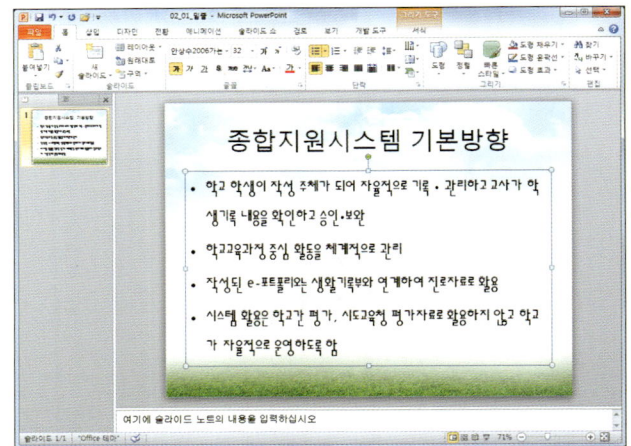

❶텍스트를 선택한 후 ❷[홈] 탭의 [글꼴] 그룹에서 [글꼴](□)을 클릭하여 [글꼴] 대화상자가 나타나면 ❸[문자 높이 일치]에 체크 표시를 하고 ❹[확인]을 클릭합니다. 선택한 텍스트 상자의 모든 텍스트 높이가 일치합니다.

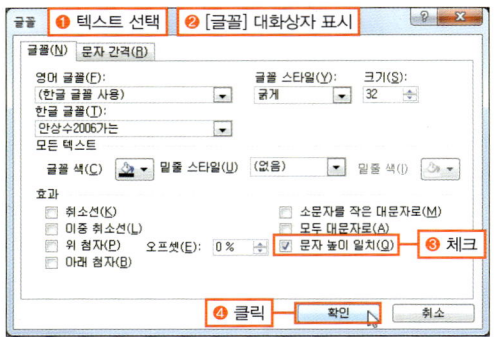

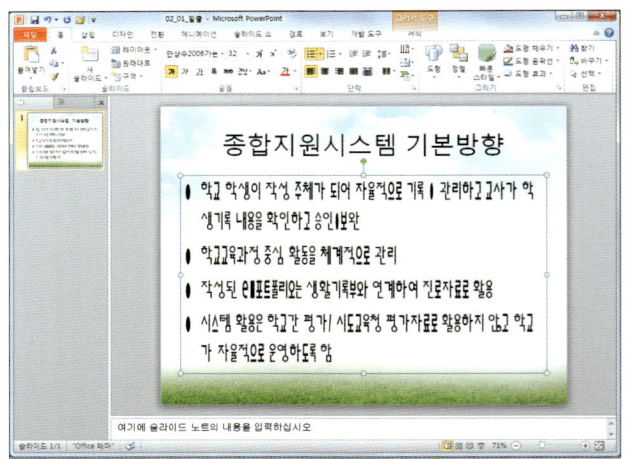

글꼴 서식을 변경하여 다음과 같이 슬라이드를 완성해 보세요.

◎ **시작 파일** : 2장\02_실습1.pptx
◎ **완료 파일** : 2장\02_실습1_완성.pptx

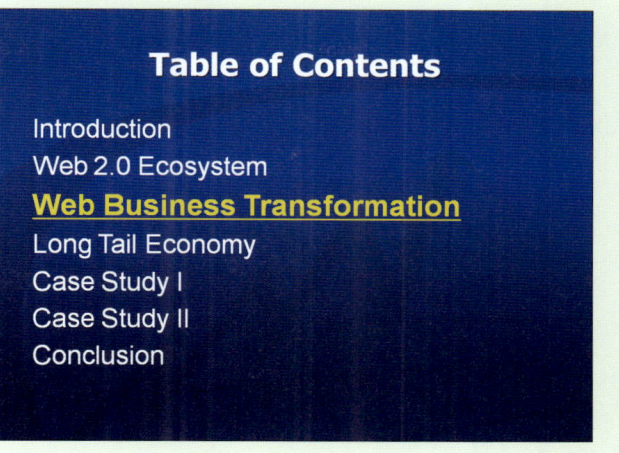

실습과정

단락 서식 지정하기

[홈] 탭의 [단락] 그룹과 [단락] 대화상자에서 텍스트 상자의 정렬과 줄 간격 등을 조절해 봅니다.

◎ **시작 파일** : 2장\02_02.pptx
◎ **완료 파일** : 2장\02_02_완성.pptx

01 단락 정렬하기

❶슬라이드의 제목 텍스트 상자를 선택하고 ❷[홈] 탭의
[단락] 그룹에서 ❸[텍스트 왼쪽 맞춤](▤)을 클릭합니다.

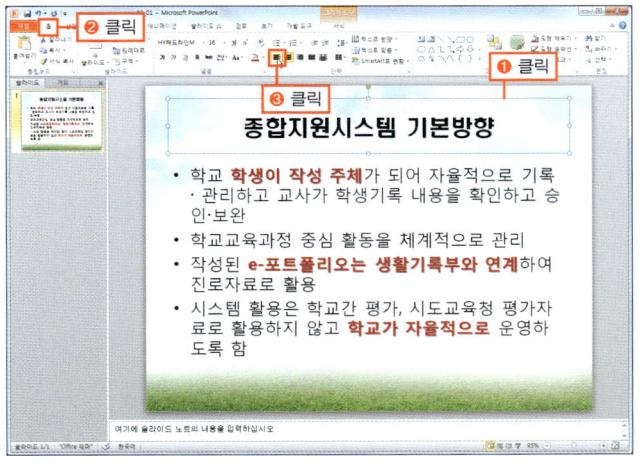

02 [줄 간격 옵션] 선택하기

선택한 텍스트 상자의 텍스트가 텍스트 상자의 왼쪽으로
정렬됩니다. 이번에는 슬라이드의 ❶내용 텍스트 상자를
선택한 후 ❷[홈] 탭의 [단락] 그룹에서 [줄 간격](▤)을
클릭하고 ❸[줄 간격 옵션]을 선택합니다.

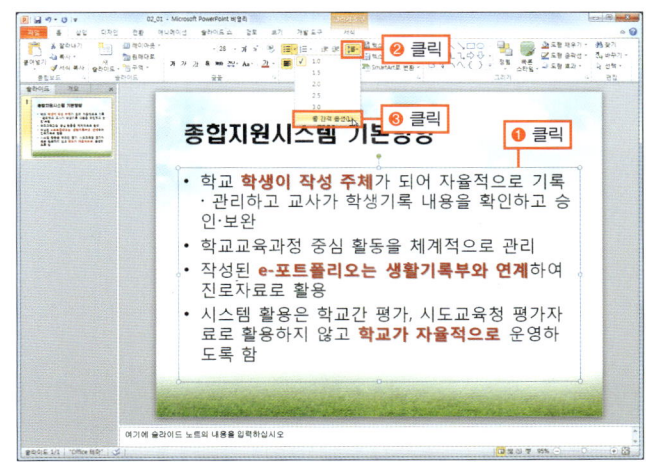

03 단락 간격 조절하기

[단락] 대화상자가 나타나면 ❶[간격]의 [단락 뒤] 값을 '12pt'로 지정한 후 ❷[확인]을 클릭합니다.

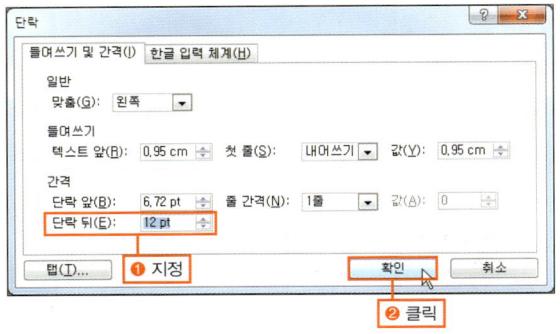

04 [단락] 대화상자 실행하기

단락 뒤의 간격이 지정한 포인트만큼 늘어납니다. [단락] 대화상자를 나타내기 위해 ❶[홈] 탭의 [단락] 그룹에서 [단락](□)을 클릭합니다.

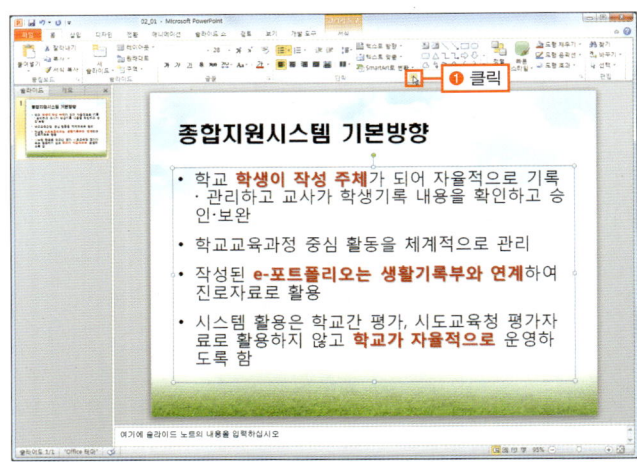

05 단어 잘림 허용 해제하기

[단락] 대화상자가 나타나면 ❶[한글 입력 체계] 탭을 클릭하고 ❷[한글 단어 잘림 허용]의 선택을 해제한 후 ❸[확인]을 클릭합니다.

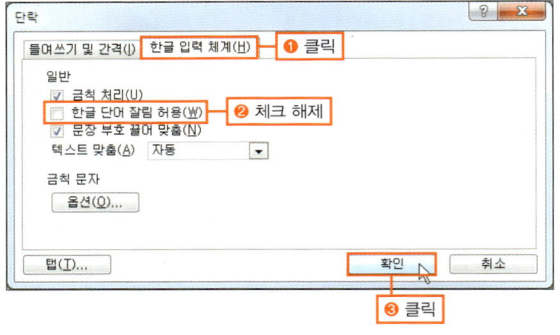

06 결과 화면 보기

한글의 한 단어 중 일부가 다음 줄에 표시되는 것을 막아 가독성을 높일 수 있습니다.

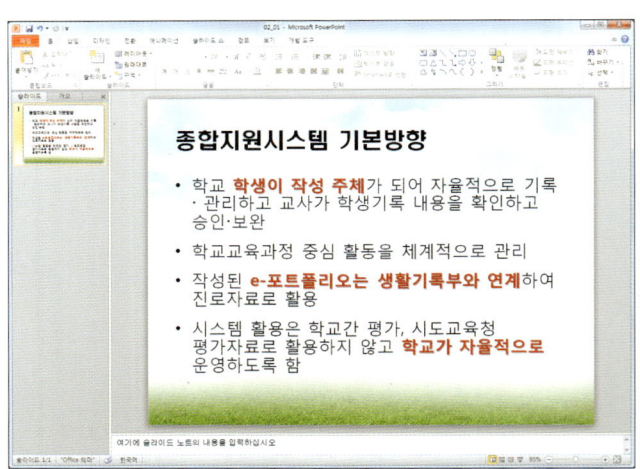

> **참고**
>
> 텍스트에 커서를 위치시킨 후 Shift 와 Enter 를 누르면 단락을 변경하지 않고 텍스트를 다음 줄로 이동시킬 수 있습니다.

단락 서식을 변경하여 다음과 같이 슬라이드를 완성해 보세요.

◎ **시작 파일** : 2장\02_실습2.pptx
◎ **완료 파일** : 2장\02_실습2_완성.pptx

제안 컨셉

세계박람회를 전세계적으로 홍보하고 관람객 및 관광객을 유치하는 수단으로 활용

박람회 상품권 사업을 통해 창출되는 수익의 일부는 박람회 재정에 충당

박람회 계기로 개최지 및 국내경제 활성화에 기여

박람회 후에도 개최지를 세계적 관광지로 입지 구축, 사업 지속

문자 간격 조절하기

프레젠테이션의 가독성을 높이기 위해서 문자와 문자 사이의 간격을 조절할 수 있습니다. 문자 간격을 조절하는 방법에 대해 알아봅니다.

◎ **시작 파일** : 2장\02_04.pptx
◎ **완료 파일** : 2장\02_04_완성.pptx

01 문자 간격 선택하기

❶본문 텍스트 상자를 클릭하여 선택합니다. ❷[홈] 탭의 [글꼴] 그룹에서 [문자 간격](📏)을 클릭한 후 ❸[좁게]를 선택합니다.

02 문자 간격 확인하기

텍스트 상자에 입력된 문자 간격이 좁게 조절된 것을 확인할 수 있습니다.

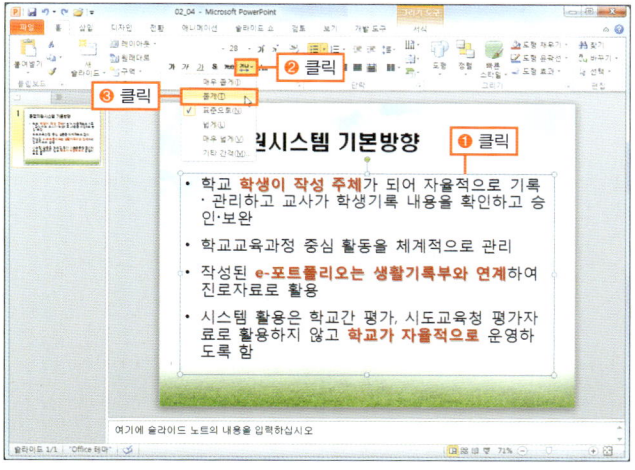

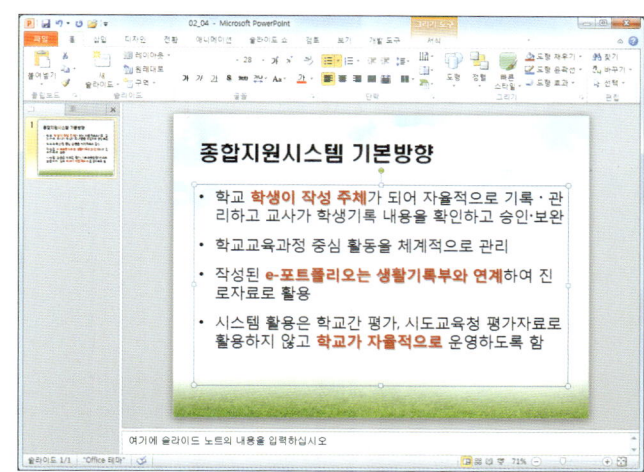

03 기타 간격 선택하기

문자의 간격을 세밀하게 조절할 때는 ❶[홈] 탭의 [글꼴] 그룹에서 [문자 간격](💬)을 클릭한 후 ❷[기타 간격]을 선택합니다.

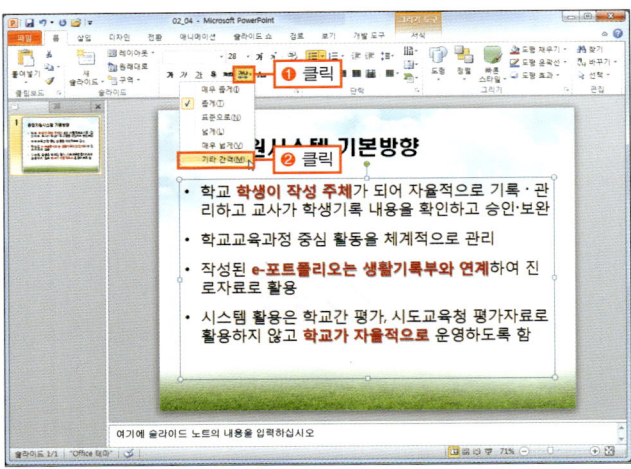

04 간격 값 입력하기

[글꼴] 대화상자가 [문자 간격] 탭이 선택된 상태로 나타나면 ❶[간격]은 [좁게]로 ❷[값]은 '2.5pt'로 지정한 후 ❸[확인]을 클릭합니다.

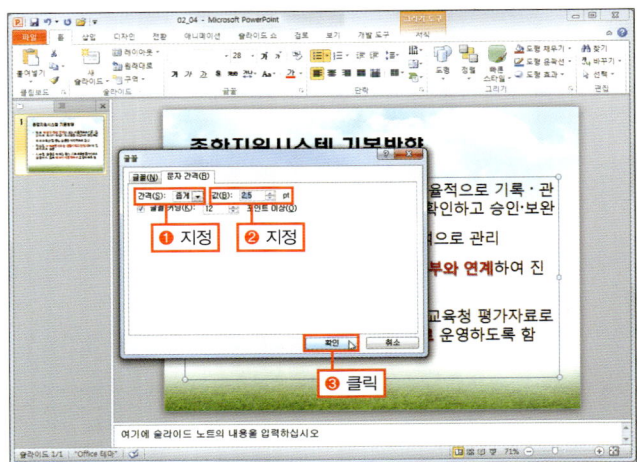

05 글자 간격 확인하기

[글꼴] 대화상자에서 지정한대로 문자의 간격이 조절됩니다.

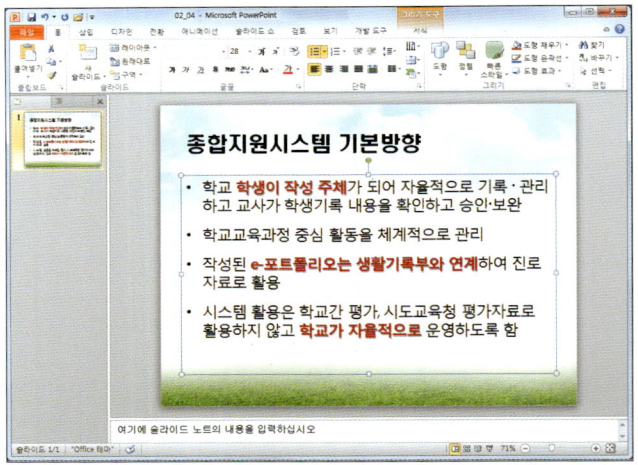

참고 •상용구 추가하기

자주 사용되는 문장이나 회사명 등을 상용구로 추가하면 한 글자만 입력해도 완성된 문장이나 회사명이 자동으로 표시됩니다. ❶[PowerPoint 옵션] 창의 [언어 교정]에서 ❷[자동 고침 옵션]을 클릭하고 ❸[자동 고침 옵션] 대화상자가 나타나면 [입력] 상자에 '성'을 입력하고 [결과] 상자에 '성안당 Book Media Group'을 입력합니다.

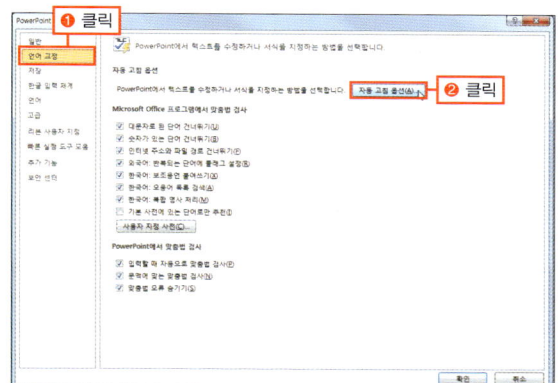

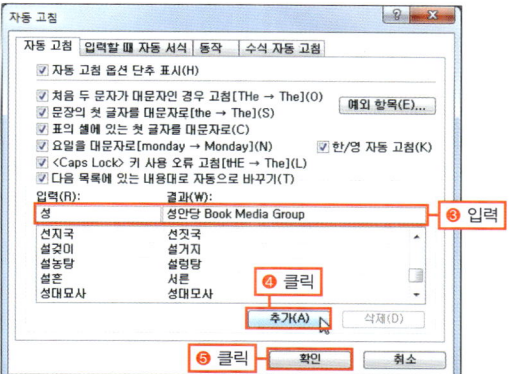

❹[추가]와 ❺[확인]을 차례로 클릭하여 [PowerPoint 옵션] 대화상자를 빠져나온 후 슬라이드에 ❻'성'을 입력하고 ❼ Spacebar 를 누르면 등록한 상용구가 표시됩니다.

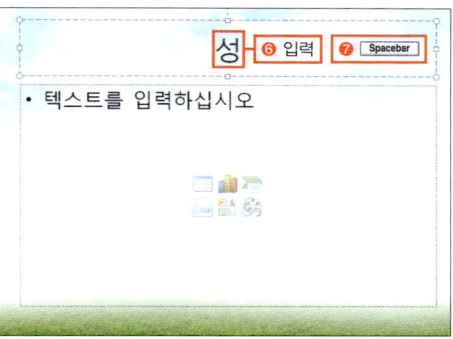

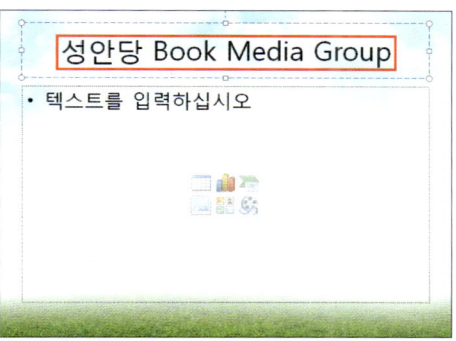

확인실습

내용 텍스트 상자의 줄 간격과 글자 간격을 각각 '1.5'와 '좁게'로 지정해 보세요.

◎ **시작 파일** : 2장\02_실습3.pptx
◎ **완료 파일** : 2장\02_실습3_완성.pptx

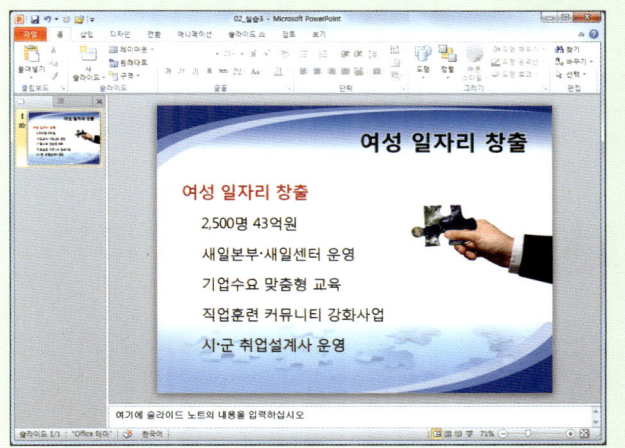

서식 복사하기

서식 복사는 커서 위치의 글자 모양이나 단락 모양, 도형 스타일 등을 다른 곳으로 간편하게 복사하는 기능입니다. 같은 서식의 모양을 반복적으로 지정해야 하는 경우 서식 복사 기능을 사용하면 편리합니다.

◎ **시작 파일** : 2장\02_03.pptx
◎ **완료 파일** : 2장\서식복사_텍스트.pptx

1 [서식 복사] 클릭하기

❶첫 슬라이드의 ❷제목 텍스트 상자를 선택하고 ❸[홈] 탭의 [클립보드] 그룹에서 ❹[서식 복사](🖌 서식 복사)를 클릭합니다.

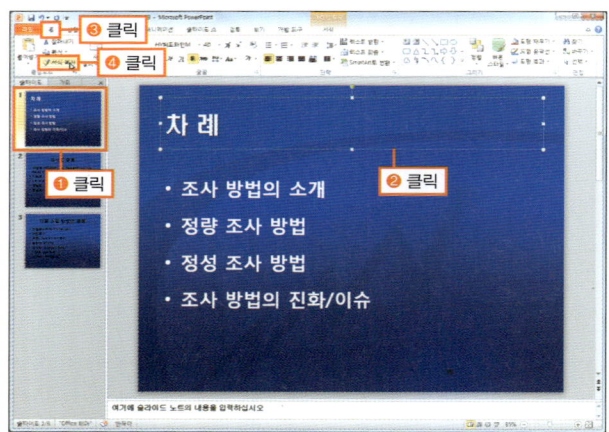

2 복사한 서식 적용하기

마우스 포인터의 모양이 🖌▲로 바뀌면 ❶두 번째 슬라이드를 선택하고 ❷제목 텍스트 상자를 클릭합니다.

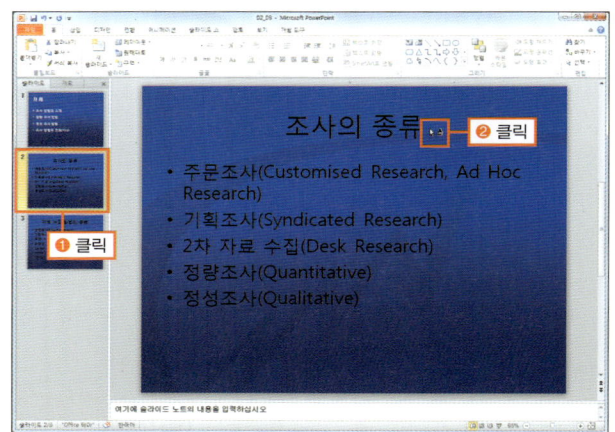

3 서식 확인하기

앞서 복사한 텍스트 상자의 서식이 그대로 적용되고 마우스 포인터의 모양이 원래대로 돌아옵니다.

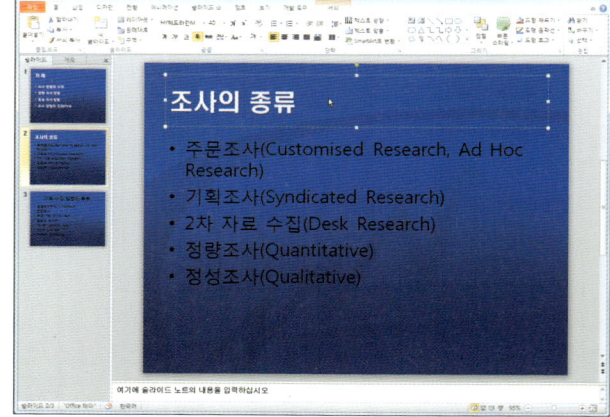

참고

[서식 복사](🖌 서식 복사)를 클릭하면 다른 개체에 한 번만 서식을 복사할 수 있습니다.

4 [서식 복사] 더블클릭하기

❶첫 번째 슬라이드의 ❷내용 텍스트 상자를 선택하고 [홈] 탭의 [클립보드] 그룹에서 ❸[서식 복사](서식 복사)를 더블클릭합니다.

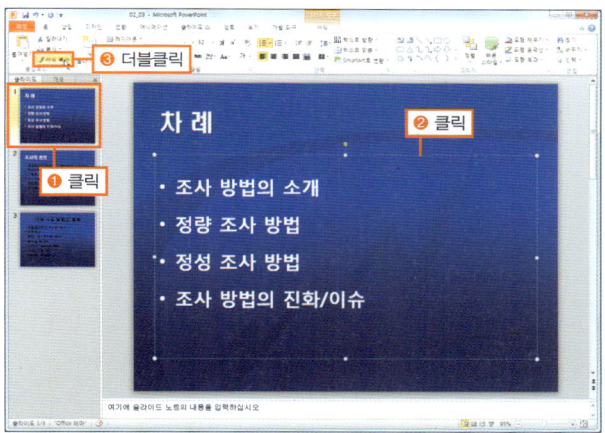

5 복사한 서식 적용하기

❶두 번째 슬라이드의 ❷내용 텍스트 상자를 클릭하면 복사한 서식이 적용되며 마우스 포인터의 모양은 🔖로 유지됩니다.

> **참고**
>
> [서식 복사](서식 복사)를 더블클릭하면 여러 개체에 서식을 복사할 수 있습니다.

6 서식 연속 적용하기

❶세 번째 슬라이드의 ❷내용 텍스트 상자를 클릭하면 연속해서 복사한 서식을 적용할 수 있습니다.

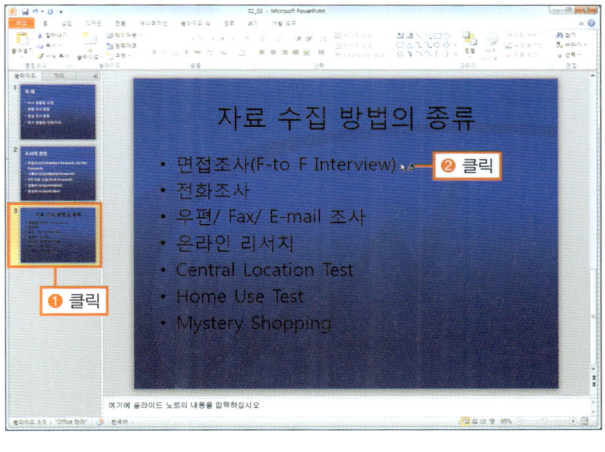

> **참고**
>
> [서식 복사](서식 복사)는 텍스트 서식 뿐 아니라 도형이나 그림 등의 개체에 지정된 스타일이나 효과도 그대로 복사할 수 있습니다.

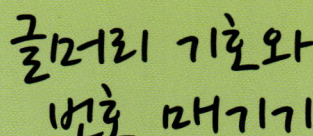

SECTION

03

글머리 기호와 번호 매기기

슬라이드에 텍스트를 입력한 후 단락을 바꾸면 글머리 기호가 자동으로 붙게 됩니다. 이 글머리 기호를 프레젠테이션의 성격에 맞도록 원하는 모양으로 변경하거나 번호 매기기 형식으로 변경하는 방법에 대해 알아봅니다.

다루는 내용

- 글머리 기호 지정하기
- 번호 매기기 지정하기

- 그림 글머리 기호 지정하기
- 번호 매기기 옵션 변경하기

기능 정리

글머리 기호와 번호 매기기의 설정 방법과 종류 알아보기

파워포인트에서는 둥근 모양의 글머리 기호가 기본적으로 표시됩니다. 이 글머리 기호는 다양한 모양의 글머리 기호 모양으로 변경하여 삽입할 수 있으며, 경우에 따라 번호 매기기로 변경하기도 합니다.

● 글머리 기호의 종류

[홈] 탭의 [단락] 그룹에서 [글머리 기호](▤)의 목록 버튼을 클릭하여 기본 글머리 기호의 종류를 확인할 수 있습니다.

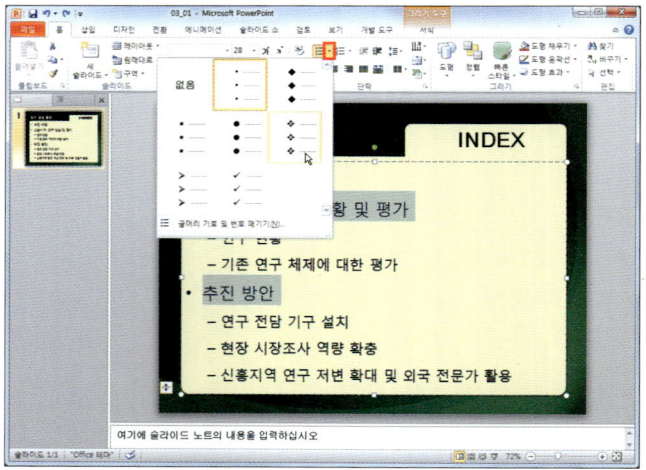

좀 더 다양한 글머리 기호를 적용하려면 [홈] 탭의 [단락] 그룹에서 [글머리 기호](▤)의 목록 버튼을 클릭하고 [글머리 기호 및 번호 매기기]를 선택합니다. [글머리 기호 및 번호 매기기] 대화상자에서 [그림]이나 [사용자 지정]을 클릭하면 그림과 기호를 글머리 기호로 삽입할 수 있습니다.

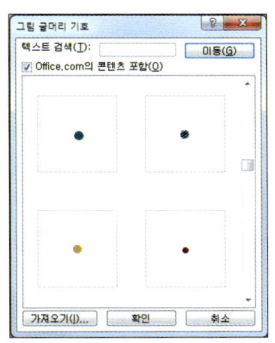
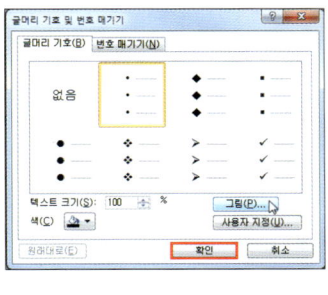

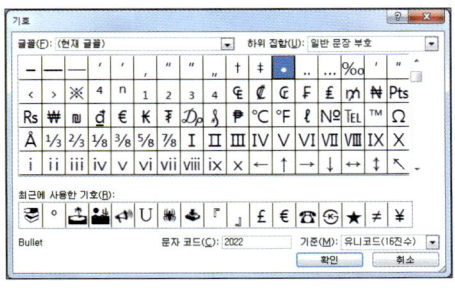

[홈] 탭의 [단락] 그룹에서 [번호 매기기](⊞▾)의 목록 버튼을 클릭하여 원하는 번호 모양을 선택하면 글머리 기호를 번호 매기기 형태로 변경할 수 있습니다. [글머리 기호 및 번호 매기기] 대화상자의 [번호 매기기] 탭에서는 번호 매기기의 색상과 시작 번호 등을 변경할 수 있습니다.

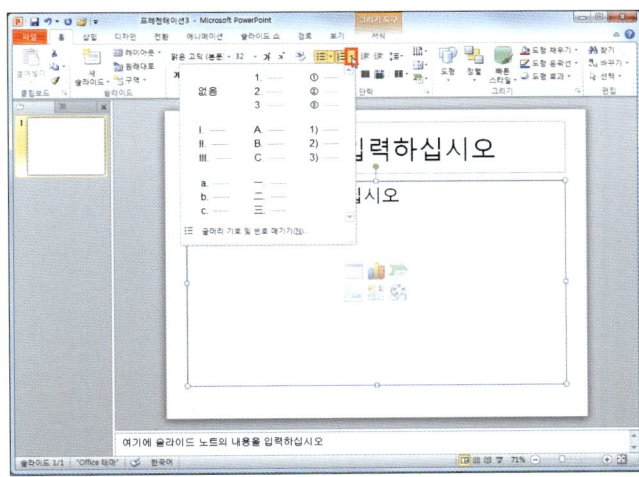
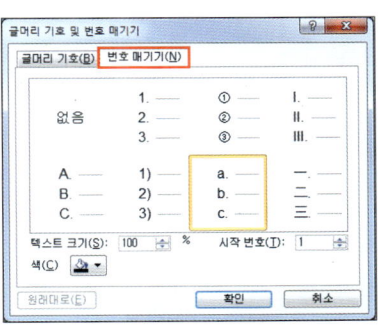

간단퀴즈

1 다음 설명이 맞으면 'O', 틀리면 'X'를 표시하세요.

① 번호 매기기기의 번호는 사용자 원하는 번호로 변경할 수 있습니다. (   )

② 글머리 기호는 그림이나 기호 등을 사용할 수 없습니다. (   )

目 : ① O, ② ×

글머리 기호와 번호 매기기

슬라이드에 원하는 글머리 기호와 번호를 지정하는 방법에 대해 알아봅니다.

◎ **시작 파일** : 2장\03_01.pptx
◎ **완료 파일** : 2장\03_01_완성.pptx

01 [단락 수준 늘림] 선택하기

내용 텍스트 상자에 ❶다음과 같은 내용의 텍스트를 입력한 후 ❷세 번째 줄에 커서를 위치합니다. ❸[홈] 탭의 [단락] 그룹에서 ❹[목록 수준 늘림](￼)을 클릭합니다.

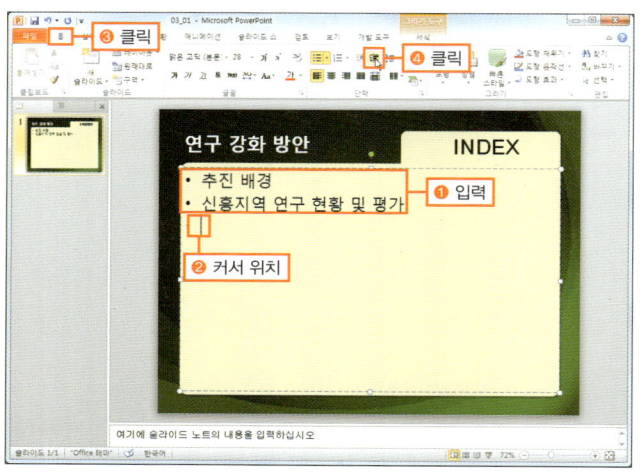

> **참고**
>
> 텍스트를 입력하고 다음 줄로 이동시킬 때는 Enter 를 누릅니다.

03 [목록 수준 줄임] 선택하기

다음과 같이 ❶텍스트를 입력한 후 ❷[홈] 탭의 [단락] 그룹에서 [목록 수준 줄임](￼)을 클릭합니다.

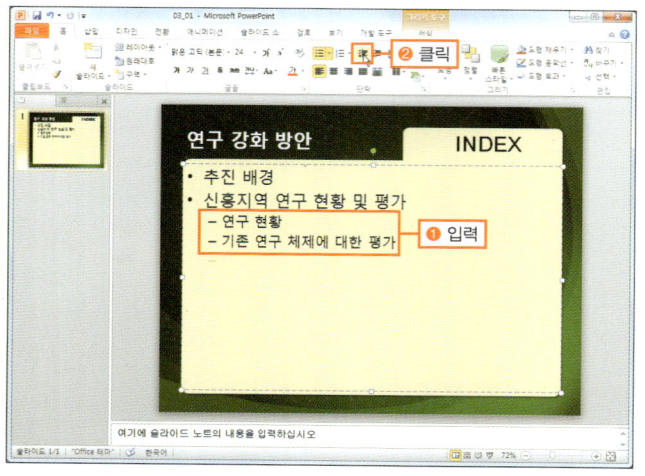

02 단락 들여쓰기 확인하기

커서가 텍스트 안쪽으로 들여쓰기 되며 글머리 기호도 자동으로 한 수준 아래의 글머리 기호로 변경됩니다.

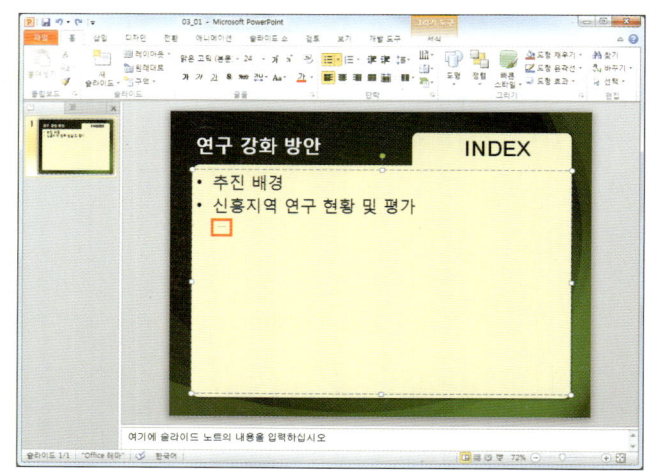

04 내용 입력하기

❶[목록 수준 늘림](￼)과 [목록 수준 줄임](￼)을 클릭하여 다음과 같이 슬라이드 내용을 완성합니다.

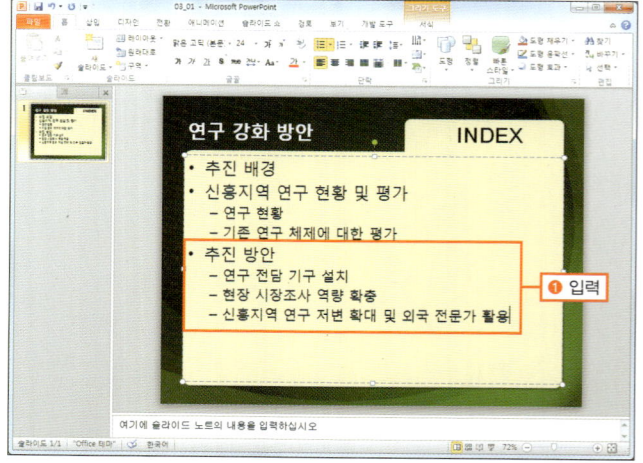

05 줄 간격 조절하기

❶내용 텍스트 상자를 선택하고 ❷[홈] 탭의 [단락] 그룹에서 [줄 간격](📋)을 클릭한 후 ❸'1.5'를 선택합니다.

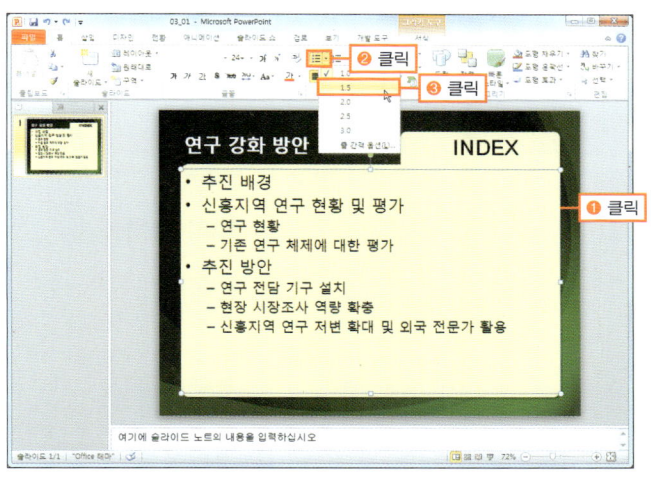

06 단락 블록 지정하기

❶텍스트 상자 안쪽을 클릭한 후 ❷Ctrl을 누른 상태에서 드래그하여 다음과 같이 단락을 블록으로 지정합니다. ❸[홈] 탭의 [단락] 그룹에서 [글머리 기호](📋)의 목록 버튼을 클릭합니다.

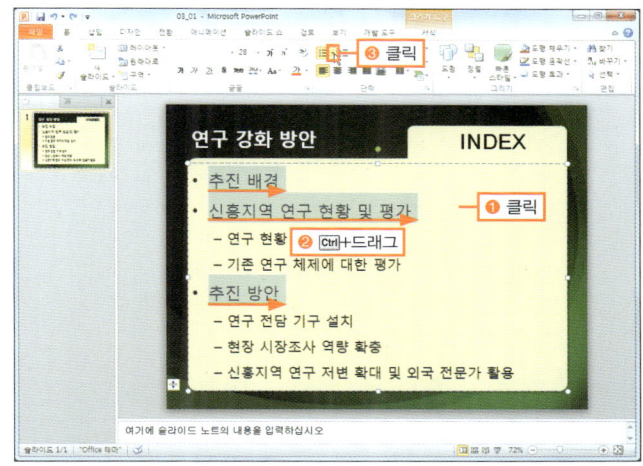

07 글머리 기호 선택하기

글머리 기호 목록이 나타나면 ❶[별표 글머리 기호]를 선택합니다.

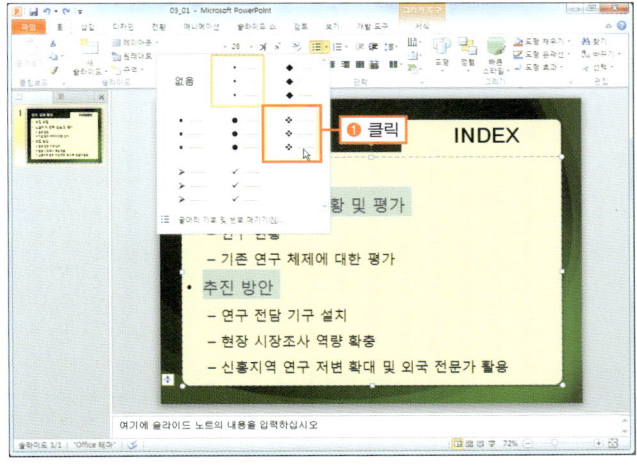

08 글머리 기호 변경 확인 후 해제하기

블록으로 지정한 단락의 글머리 기호가 변경된 것을 확인할 수 있습니다. 적용된 글머리 기호를 해제할 때는 ❶글머리 기호를 해제하려는 단락을 블록으로 지정하고 ❷[홈] 탭의 [단락] 그룹에서 [글머리 기호](📋)를 클릭하여 선택을 해제합니다.

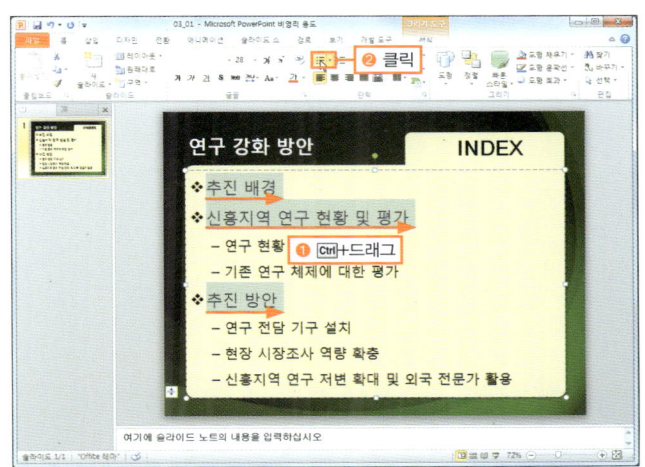

09 글머리 기호 해제 확인하기

블록으로 지정한 단락의 글머리 기호가 해제된 것을 확인
할 수 있습니다.

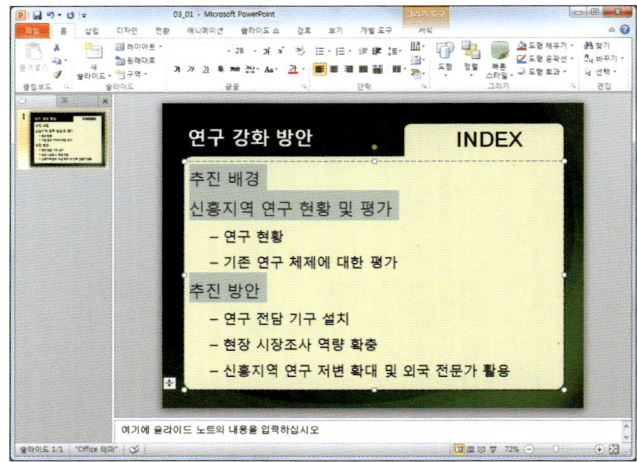

시작 파일을 열고 다음과 같은 글머리 기호를 적용한 슬라이드로
완성해 보세요.

◉ **시작 파일** : 2장\03_실습1.pptx
◉ **완료 파일** : 2장\03_실습1_완성.pptx

대한민국 인구

✓ **총인구**
7월 1일 기준 연앙(年央)인구로 과거에 대한 확
정인구(Population Estimate)와 향후의 인구변동
요인을 고려하여 작성한 추계인구

✓ **인구성장률**
인구 성장률은 자연증가율과 사회적 증가율의
합으로 전년대비 인구 변화율 및 특정시점에서
비교되는 시점까지의 증가분을 나타내는 지표

 **번호 매기기와 그림 글머리 기호 삽입하기**

글머리 기호 대신 번호 매기기로 단락을 정렬하고 그림 글머리 기호를 적용하는 방법에 대해 알아봅니다.

◎ **시작 파일** : 2장\03_02.pptx
◎ **완료 파일** : 2장\03_02_완성.pptx

01 번호 매기기 선택하기

글머리 기호가 적용된 ❶단락을 블록으로 지정한 후 ❷
[홈] 탭의 [단락] 그룹에서 [번호 매기기](⧉•)의 목록 버
튼을 클릭한 후 ❸[1) 2) 3)]을 선택합니다.

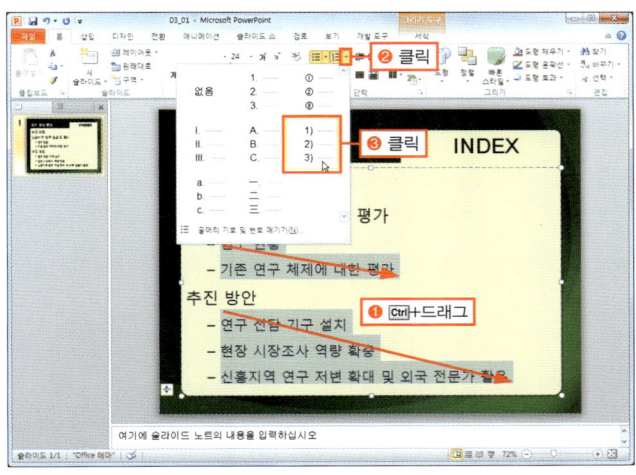

02 번호 매기기 확인하기

블록으로 지정한 단락에 글머리 기호 대신 선택한 번호가
적용됩니다.

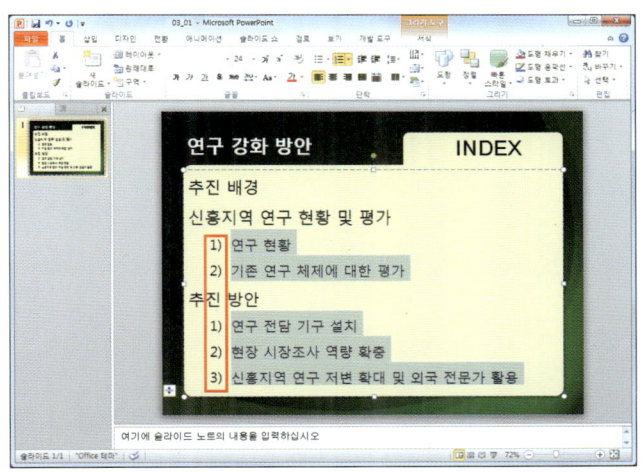

03 [글머리 기호 및 번호 매기기] 선택하기

이번에는 ❶글머리 기호를 해제했던 단락을 모두 블록으
로 지정한 후 ❷[홈] 탭의 [단락] 그룹에서 [글머리 기호]
(⧉)의 목록 버튼을 클릭하고 ❸[글머리 기호 및 번호 매
기기]를 선택합니다.

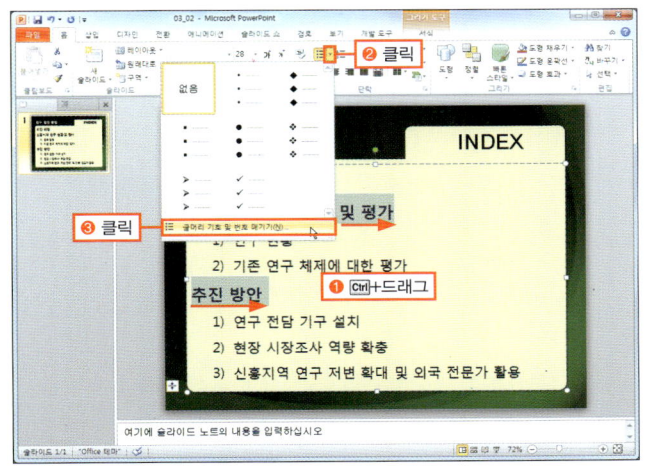

04 그림 글머리 기호 선택하기

[글머리 기호 및 번호 매기기] 대화상자가 나타나면 ❶[그
림]을 클릭합니다. [그림 글머리 기호] 대화상자에서 ❷원
하는 그림 글머리 기호를 선택한 후 ❸[확인]을 클릭합니다.

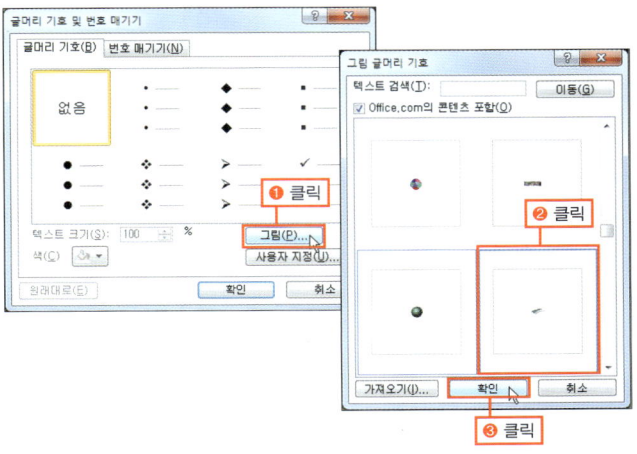

05 그림 글머리 기호 확인하기

블록으로 지정한 단락에 선택한 그림 글머리 기호가 적용
됩니다.

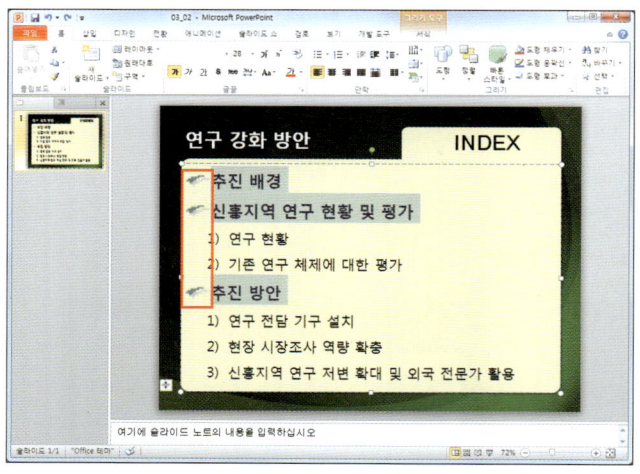

06 [글머리 기호 및 번호 매기기] 선택하기

이번에는 ❶ '추진 방향' 아래의 단락을 모두 블록으로 지정
하고 ❷ [홈] 탭의 [단락] 그룹에서 [번호 매기기](☰)의 목
록 버튼을 클릭한 후 ❸ [글머리 기호 및 번호 매기기]를 선
택합니다.

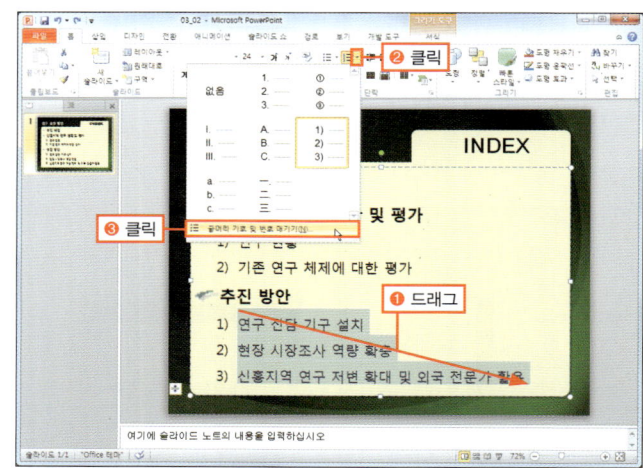

07 번호 변경하기

[글머리 기호 및 번호 매기기] 대화상자가 [번호 매기기]
탭이 선택된 상태로 나타나면 ❶ [시작 번호]를 '3'으로 변
경한 후 ❷ [확인]을 클릭합니다.

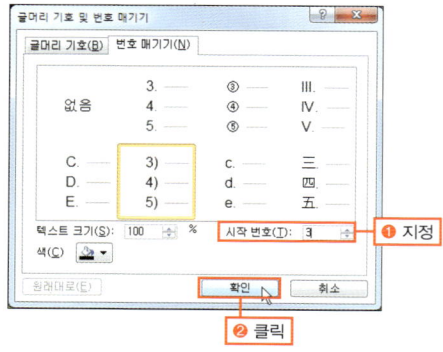

08 번호 변경 확인하기

블록으로 지정한 단락의 번호가 지정한 시작 번호로 변경
됩니다.

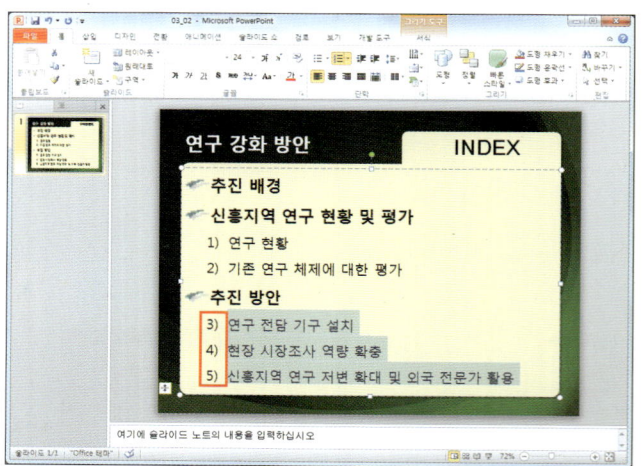

참고 ● 글머리 기호와 글자 사이의 간격 조절하기

글머리 기호와 글자 사이의 간격을 조절할 수 있습니다. ❶[보기] 탭의 [표시/숨기기] 그룹에서 ❷[눈금자]를 선택하여 슬라이드에 눈금자를 표시합니다. ❸글머리 기호가 적용된 텍스트에 커서를 위치시키면 눈금자에 여러 개의 탭 표시가 나타납니다.

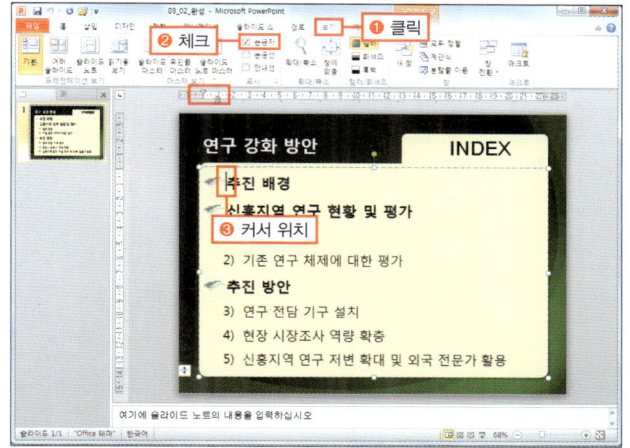

❹드래그하여 텍스트를 선택하면 글머리 기호의 위치가 변경됩니다. ❺ 글머리 기호의 위치는 고정되어 있고 텍스트의 위치가 변경되어 글머리 기호와 글자 사이의 간격을 조절할 수 있습니다. ❻드래그하여 텍스트를 선택하면 글머리 기호와 텍스트가 함께 이동되어 들여쓰기를 할 수 있습니다.

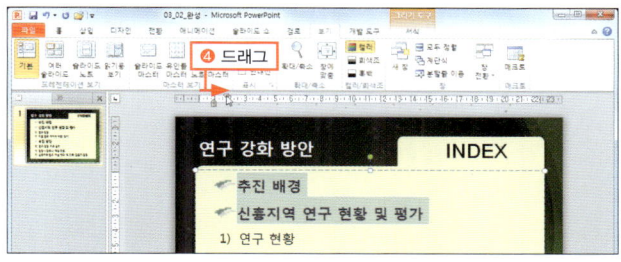

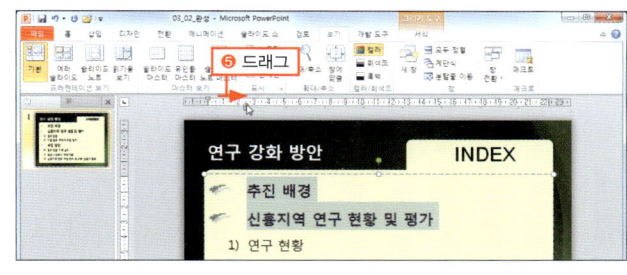
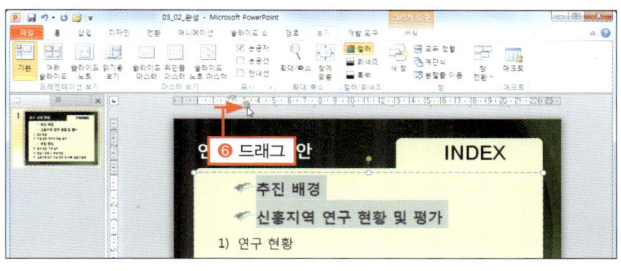

확인실습

그림 글머리 기호와 번호 매기기를 이용해 다음과 같은 슬라이드를 완성해 보세요.

◎ **시작 파일** : 2장\03_실습2.pptx
◎ **완료 파일** : 2장\03_실습2_완성.pptx

경제성상 지표 GDP, GNP

▶● 경제성장률 중심지표 변경(GNP→GDP)

　　1)　경제의 국제화가 급격히 진전
　　2)　노동이나 자본의 국가간 이동 확대
　　3)　1995년부터 중심지표를 GDP로

▶● 소득지표의 변경(GNP→GDI or GNI)

　　실질 GNP는 교역조건이 변화하지 않았다고 가정하여 산정되므로 국민이 피부로 느끼는 실질 소득수준과는 차이가 있음

특집

텍스트 방향과 단 나누기

프레젠테이션의 성격에 따라 텍스트의 방향을 바꾸거나 텍스트 상자를 단으로 나누어 표시할 때가 있습니다. 슬라이드에 입력한 텍스트의 방향을 변경하고 텍스트 상자를 다단으로 나누는 방법에 대해 알아봅니다.

◉ **시작 파일** : 2장\텍스트 방향.pptx

● **텍스트 방향 변경하기**

[홈] 탭의 [단락] 그룹에서 [텍스트 방향](📑)을 클릭하고 원하는 텍스트 방향을 선택하면 선택한 텍스트 상자 안의 텍스트 방향이 변경됩니다.

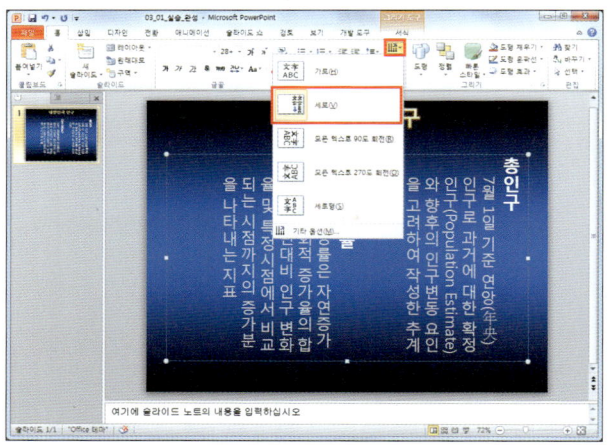
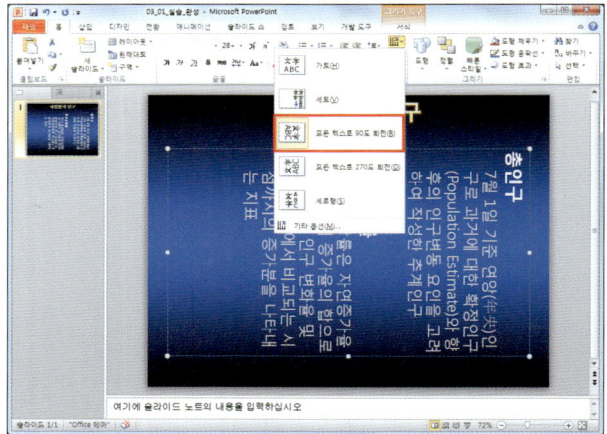

● **단 나누기**

텍스트 상자를 다단으로 편집하기 위해서는 슬라이드 레이아웃 중 [컨텐츠 2개] 레이아웃을 선택하여 텍스트 상자를 두 개 삽입하는 방법과 [단락] 그룹에서 텍스트 상자를 여러 개의 단으로 나누는 방법이 있습니다. [홈] 탭의 [단락] 그룹에서 [단](📑)을 클릭하고 원하는 단을 선택하면 선택한 단 수 만큼 텍스트 상자가 다단으로 변경됩니다.

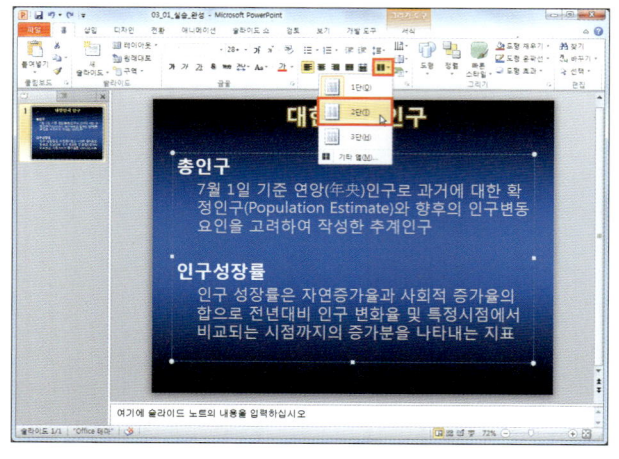
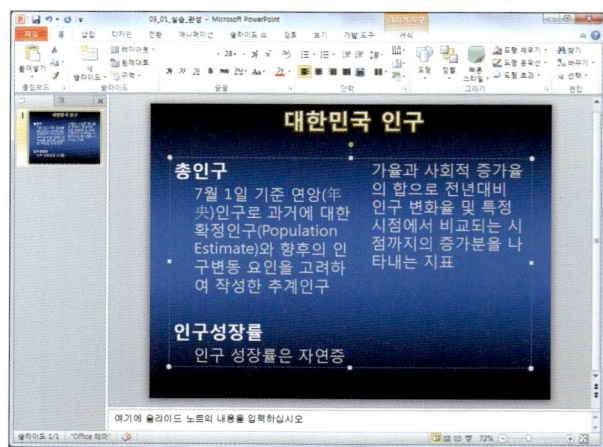

SECTION 04

워드아트 스타일 지정하기

슬라이드에 입력한 텍스트에 워드아트 스타일을 지정하여 특수한 효과를 내고 다양한 텍스트 효과를 적용해 눈에 띄는 슬라이드를 작성하는 방법에 대해 알아봅니다.

다루는 내용

- 워드아트 삽입하기
- 워드아트 스타일 지정하기
- 워드아트 변환하기
- 3차원 텍스트 지정하기

기능 정리

워드아트 스타일과 텍스트 효과 살펴보기

워드아트는 [삽입] 탭의 [텍스트] 그룹에서 [WordArt](🔗)를 클릭하여 새롭게 삽입하거나 기존에 삽입한 텍스트를 워드아트로 변환할 수 있습니다. 새롭게 삽입한 워드아트나 기존의 텍스트에 [WordArt 스타일] 그룹에서 다양한 모양의 워드아트 스타일과 텍스트 효과를 지정할 수 있습니다.

❶ 삽입한 워드아트나 기존 텍스트에 다양한 스타일의 워드아트 서식을 지정합니다.

❷ 텍스트의 채우기 색을 설정하거나 그라데이션, 그림, 질감 등을 지정합니다.

❸ 텍스트 윤곽선의 색상이나 두께, 모양 등을 지정합니다.

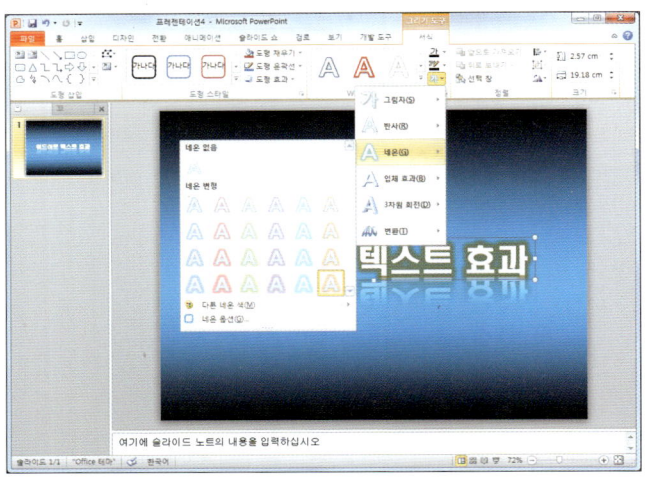

④ 그림자, 반사 등의 텍스트 효과를 지정하거나 기울이기, 휘기 등의 텍스트 변환 효과를 지정합니다.

⑤ 클릭하면 [텍스트 효과 서식] 대화상자가 나타납니다.

1 선택한 텍스트에 그림자, 반사, 네온 등의 효과를 지정하는 메뉴는 다음 중 어느 것인가요? (　　　)

① 텍스트 채우기 ② 텍스트 윤곽선 ③ 텍스트 효과 ④ 텍스트 상자

답 : ③

실습 과정

워드아트 삽입하고 텍스트 효과 지정하기

슬라이드에 워드아트를 삽입하고 다양한 텍스트 효과를 지정하는 방법에 대해 알아봅니다.

◎ **시작 파일** : 2장\04_01.pptx
◎ **완료 파일** : 2장\04_01_완성.pptx

01 [WordArt] 선택하기

❶[삽입] 탭의 [텍스트] 그룹에서 ❷[WordArt](✈)를 클릭한 후 워드아트 스타일 목록에서 ❸[채우기-흰색, 그림자]를 선택합니다.

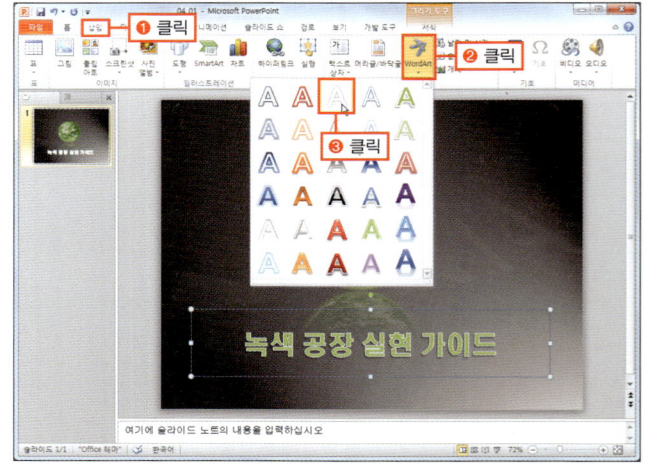

02 워드아트 텍스트 상자 확인하기

선택한 스타일로 워드아트를 삽입할 수 있는 워드아트 텍스트 상자가 나타납니다.

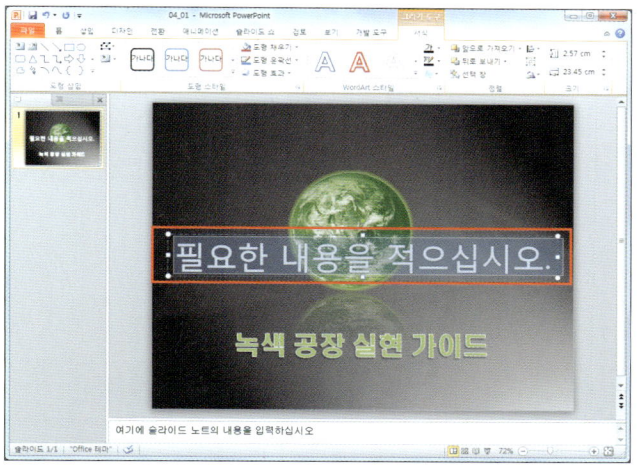

03 텍스트 입력하기

워드아트 텍스트 상자에 ❶'glbal'이라고 입력한 후 ❷[홈] 탭의 [글꼴] 그룹에서 ❸글꼴과 글꼴 크기를 각각 [Arial Black]과 '115' 포인트의 굵은 스타일로 변경합니다.

04 텍스트 위치 변경하기

슬라이드에 이미 삽입되어 있는 지구 이미지가 알파벳 'O' 자가 되도록 ❶텍스트의 모양을 다음과 같이 조절합니다.

참고

워드아트 텍스트 상자의 'l'과 'b' 사이에서 Spacebar 를 여러 번 눌러 조절합니다.

05 텍스트 효과 지정하기

❶워드아트 텍스트 상자를 선택한 후 ❷[그리기 도구-서식] 탭의 [WordArt 스타일] 그룹에서 ❸[텍스트 효과](가▾)를 클릭하고 ❹[반사]-❺[근접 반사, 8pt 오프셋]을 선택합니다.

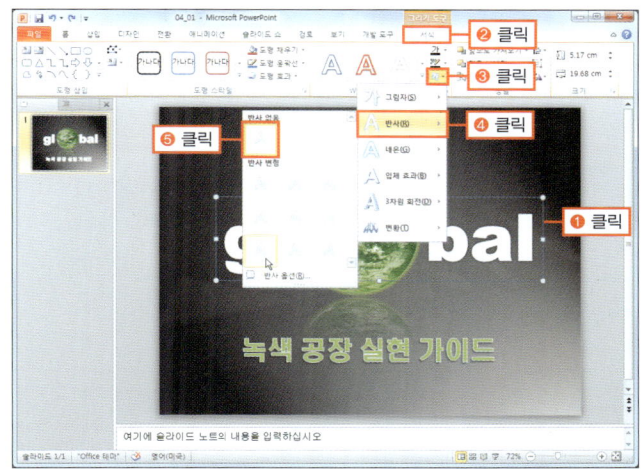

06 반사 옵션 선택하기

선택한 텍스트에 반사 효과가 적용되면 다시 ❶[그리기 도구-서식] 탭의 [WordArt 스타일] 그룹에서 [텍스트 효과] (📝)를 클릭하고 ❷[반사]-❸[반사 옵션]을 선택합니다.

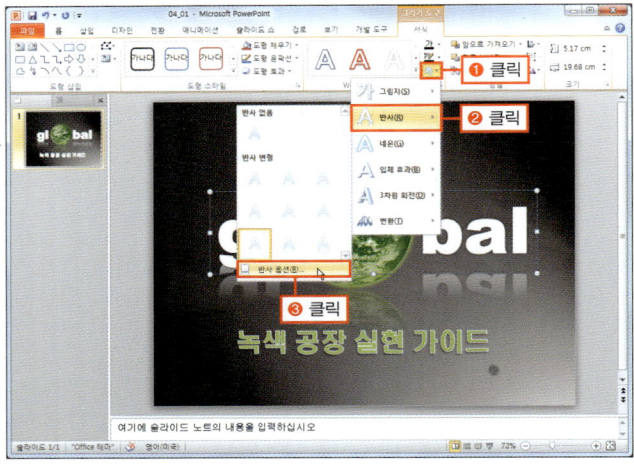

07 반사 옵션 변경하기

[텍스트 효과 서식] 대화상자가 나타나면 ❶[반사] 항목의 ❷[간격]을 '8pt'로 변경한 후 ❸[닫기]를 클릭합니다.

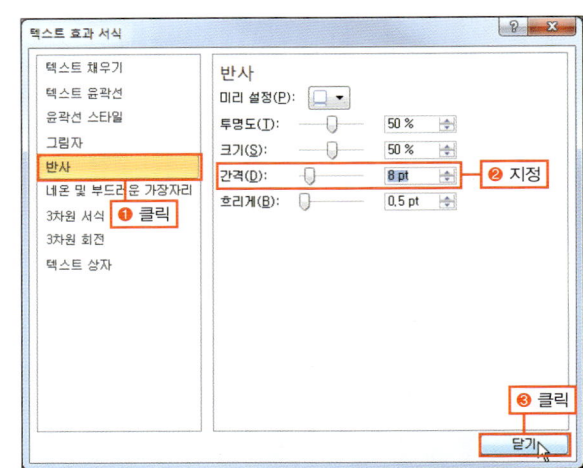

08 텍스트 상자 삽입하기

이번에는 슬라이드에 ❶[텍스트 상자](📝)를 삽입한 후 다음과 같이 ❷텍스트를 입력합니다.

> **참고**
>
> [삽입] 탭의 [텍스트] 그룹에서 [텍스트 상자](📝)를 클릭하여 텍스트 상자를 삽입한 후, 글꼴 크기를 '28'로 변경하고 글꼴 속성을 [굵게]로 지정합니다.

09 워드아트 스타일 지정하기

❶텍스트 상자를 선택한 후 ❷[그리기 도구-서식] 탭의 [WordArt 스타일] 그룹에서 [자세히](▽)를 클릭한 후 ❸[채우기-황록색, 강조 3, 파우더 입체] 스타일을 선택합니다.

10 스타일 변경 확인하기

선택한 텍스트 상자의 워드아트가 지정한 스타일로 변경
됩니다.

참고 • 텍스트에 그림 채우기

텍스트의 내부를 그림으로 채울 때는 ❶[그리기 도구–서식] 탭의 [WordArt 스타일] 그룹에서 [텍스트 채우기](가)를 클릭한 후 ❷[그림]을 선택합
니다. [그림 삽입] 대화상자가 나타나면 ❸텍스트에 채울 그림을 선택한 후 ❹[삽입]을 클릭합니다.

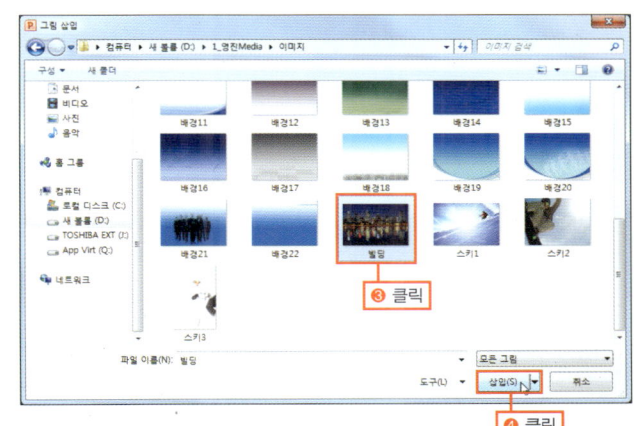

텍스트가 선택한 그림으로 채워집니다.

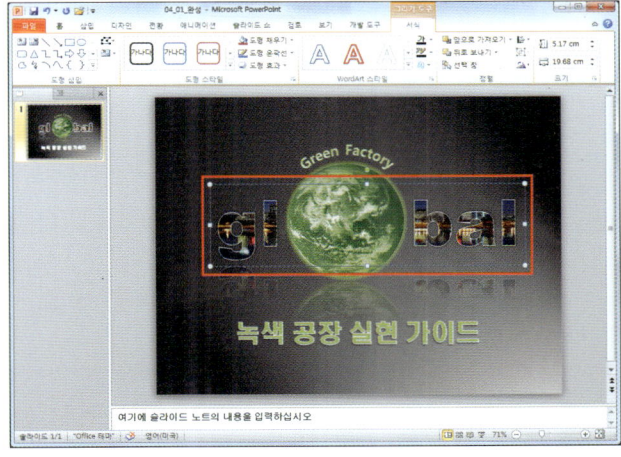

11 워드아트 변환하기

①[그리기 도구-서식] 탭의 [WordArt 스타일] 그룹에서 [텍스트 효과]( )를 클릭한 후 ②[변환]-③[위쪽 원호]를 선택합니다.

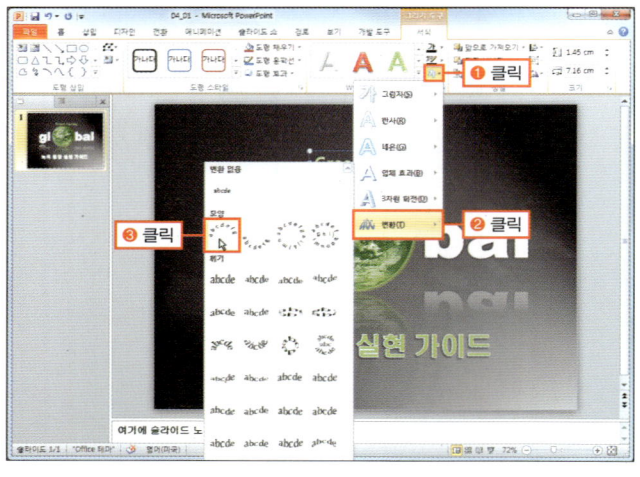

12 워드아트 크기 조절하기

선택한 텍스트 상자가 위쪽으로 구부러진 모양으로 변환되면 ①텍스트 상자 아래의 중앙 조절점을 드래그합니다.

13 워드아트 모양 조절하기

이번에는 워드아트 텍스트 상자의 ①분홍색 조절점을 안쪽으로 드래그합니다.

14 워드아트 위치 변경하기

워드아트 텍스트가 원하는 모양으로 조절되면 지구 이미지의 중앙에 텍스트 상자가 위치하도록 ①드래그하여 위치를 조절합니다.

> **참고** ●
> 워드아트의 모양을 조절하기 전 창의 하단에 있는 [확대]( )를 클릭하여 슬라이드를 확대합니다.

15 워드아트 스타일 확인하기

❶ [슬라이드를 현재 창 크기에 맞게](🔲)를 클릭하여 슬라이드 크기를 원래대로 되돌린 후 변형한 워드아트 텍스트를 확인합니다.

❶ 클릭

확인실습

텍스트 효과를 사용하여 다음과 같은 슬라이드를 완성해 보세요.

◎ **시작 파일** : 2장\04_실습1.pptx
◎ **완료 파일** : 2장\04_실습1_완성.pptx

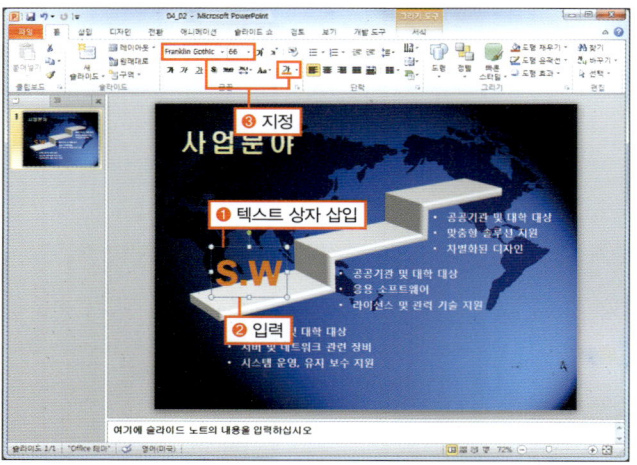

실습 과정

3차원 텍스트 지정하기

슬라이드에 삽입한 텍스트를 3차원 입체 모양으로 변경하는 방법에 대해 알아봅니다.

◎ **시작 파일** : 2장\04_02.pptx
◎ **완료 파일** : 2장\04_02_완성.pptx

01 텍스트 서식 변경하기

❶슬라이드에 [텍스트 상자](📷)를 삽입한 후 ❷다음과 같이 텍스트를 입력하고 ❸글꼴과 글꼴 색 등을 변경합니다.

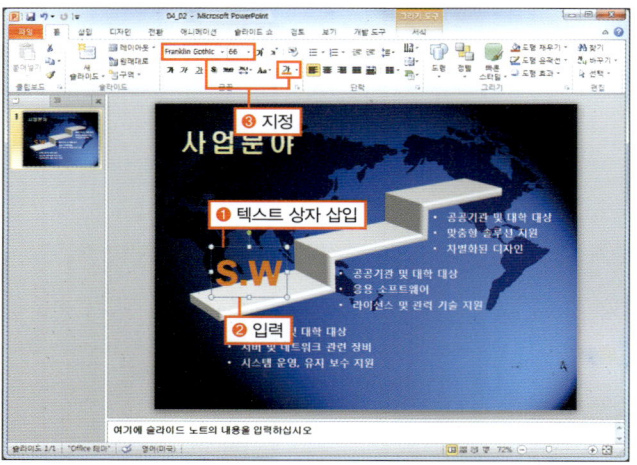

> **참고**
>
> 글꼴 : Franklin Gothic, 글꼴 크기 : 66, 글꼴 색 : 주황, 강조 6, 25% 더 어둡게

02 3차원 회전 방향 선택하기

❶텍스트 상자를 선택한 후 ❷[그리기 도구-서식] 탭의 [WordArt 스타일] 그룹에서 [텍스트 효과](📷)를 클릭하고 ❸[3차원 회전]-❹[축 분리 1 오른쪽으로]를 선택합니다.

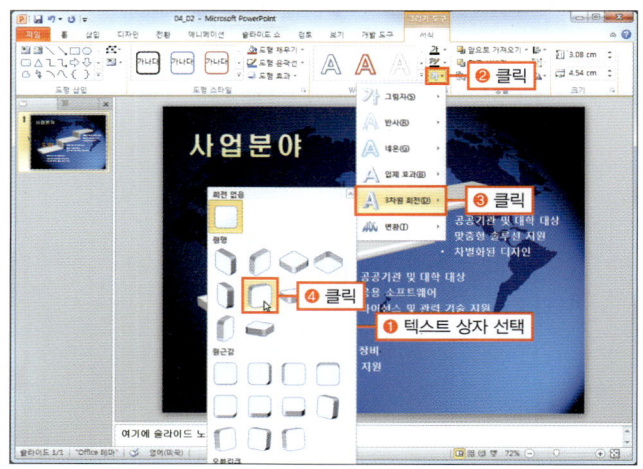

03 텍스트 효과 서식 실행하기

텍스트 상자가 선택한 방향으로 회전하면 ❶[그리기 도구-서식] 탭의 [WordArt 스타일] 그룹에서 📷를 클릭합니다.

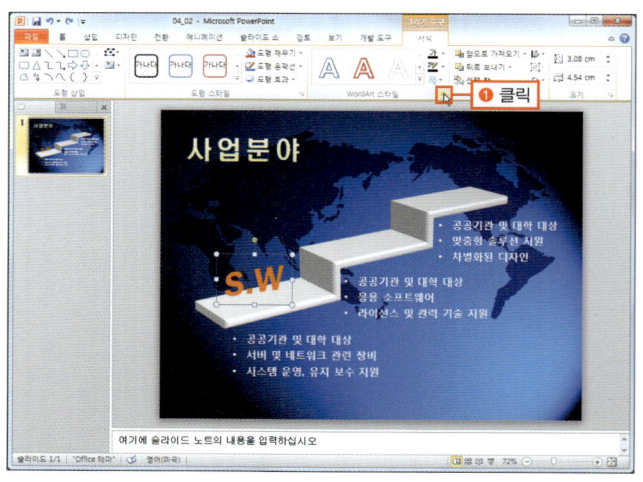

04 3차원 서식 변경하기

[텍스트 효과 서식] 대화상자가 나타나면 ❶[3차원 서식] 항목을 선택하고 ❷[깊이] 값을 '30pt'로 변경한 후 ❸[닫기]를 클릭합니다.

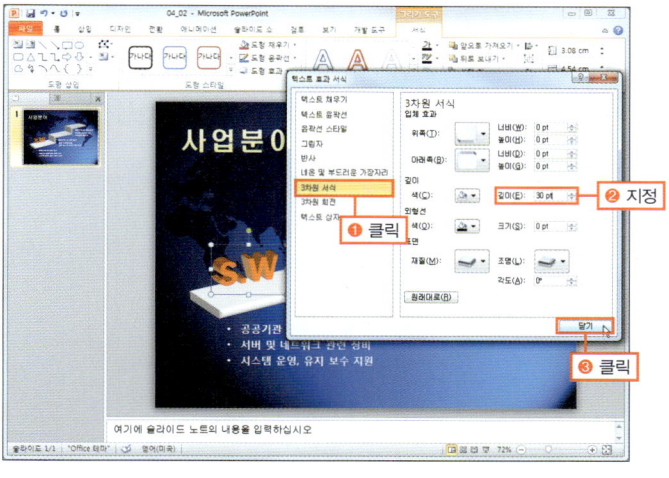

05 반사 효과 지정하기

❶[그리기 도구-서식] 탭의 [WordArt 스타일] 그룹에서 [텍스트 효과](￼)를 클릭하고 ❷[반사]-❸[근접 반사, 터치]를 선택합니다.

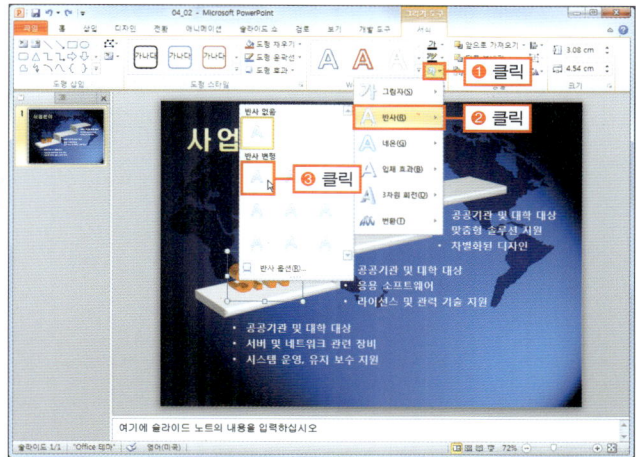

06 반사 효과 확인하기

3차원 입체 텍스트에 반사 효과가 적용됩니다.

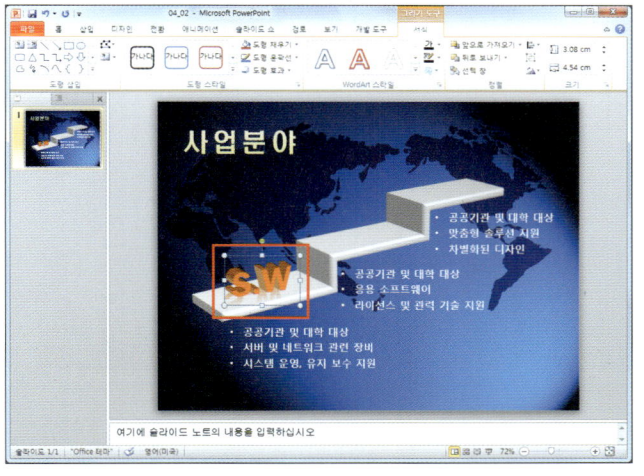

07 텍스트 입력하기

❶3차원 텍스트를 복사한 후 텍스트 내용을 다음과 같이 변경합니다.

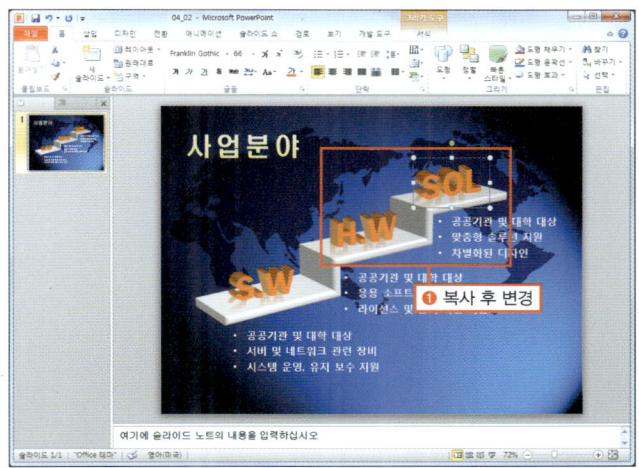

[삽입] 탭의 [일러스트레이션] 그룹에서 [SmartArt](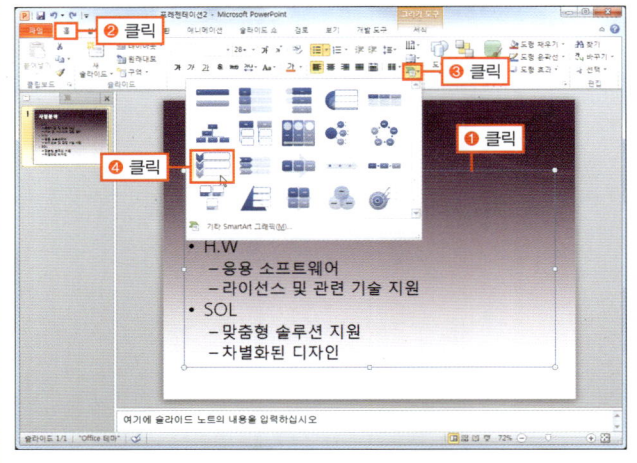)를 클릭하면 슬라이드에 스마트아트 그래픽을 삽입할 수 있습니다. 또한 입력된 텍스트 목록을 스마트아트 그래픽으로 변환시킬 수도 있습니다. 이미 입력해둔 ❶텍스트 상자를 선택한 후 ❷[홈] 탭의 [단락] 그룹에서 ❸[SmartArt 그래픽으로 변환]()을 클릭하고 스마트아트 그래픽 목록에서 ❹원하는 유형을 선택하면 텍스트를 스마트아트로 쉽게 변환할 수 있습니다.

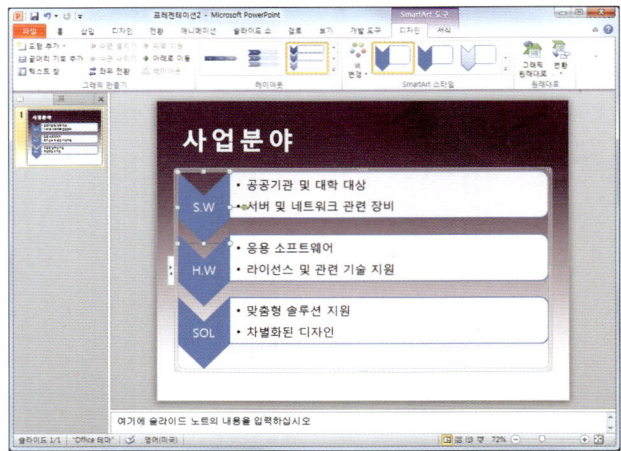

확인실습

다음과 같이 3차원 텍스트를 완성해 보세요.

◎ **시작 파일** : 2장\04_실습2.pptx
◎ **완료 파일** : 2장\04_실습2_완성.pptx

찾기와 바꾸기

프레젠테이션 내에서 특정 단어를 찾아 다른 단어나 문장으로 바꿔줄 때는 [찾기]나 [바꾸기] 기능을 사용합니다. [바꾸기] 기능은 일괄적으로 단어를 찾아 바꿀 수 있어 편리합니다.

◎ **시작 파일** : 2장\01_02_완성.pptx

● **특정 단어나 문장 찾아서 바꾸기**

1 **찾을 내용 검색하기**

❶[홈] 탭의 [편집] 그룹에서 ❷[찾기](🔍)를 클릭합니다. [찾기] 대화상자가 나타나면 ❸[찾을 내용]에 검색할 텍스트를 입력하고 ❹[다음 찾기]를 클릭합니다.

2 **바꾸기 지정하기**

슬라이드에서 찾을 단어에 블록이 설정되면 ❶[바꾸기]를 클릭합니다.

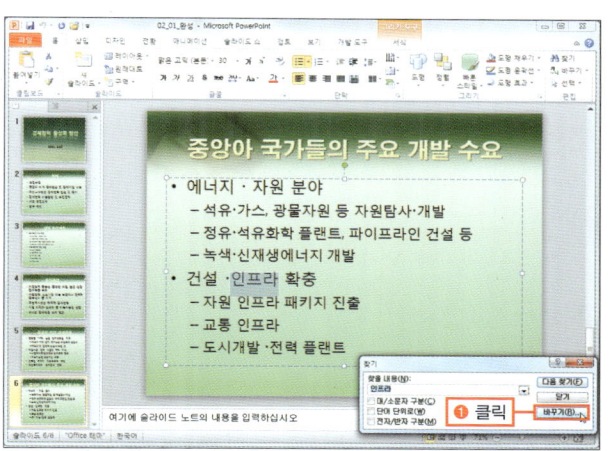

3 **바꿀 내용 입력하기**

❶[바꿀 내용]이 나타나면 바꿀 텍스트를 입력한 후 ❷[바꾸기]를 클릭합니다.

4 **모두 바꾸기**

❶[모두 바꾸기]를 클릭하면 일괄적으로 모든 단어를 한 번에 바꿀 수 있습니다.

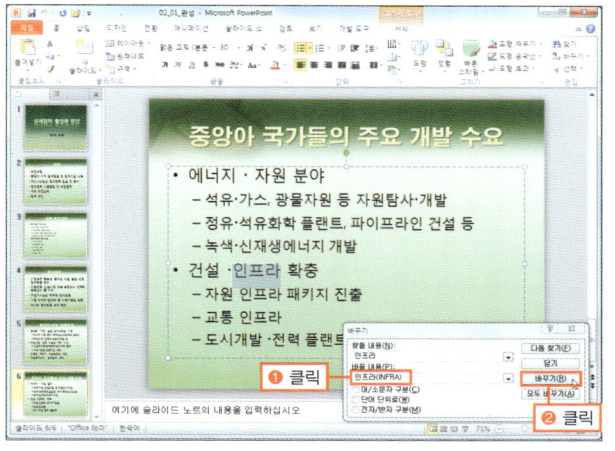

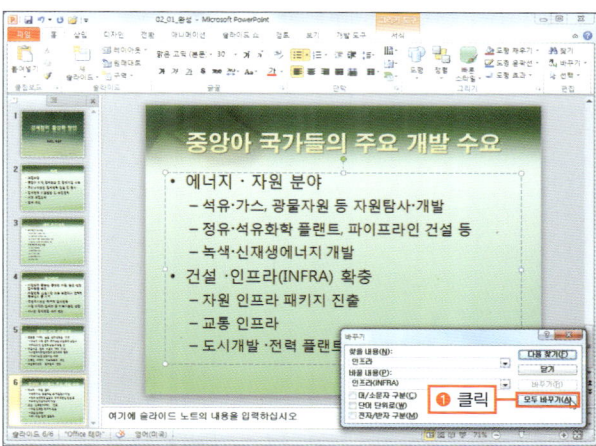

● 전체 슬라이드의 글꼴을 한 번에 바꾸기

1 [글꼴 바꾸기] 선택하기

프레젠테이션 전체에 적용된 글꼴을 한 번에 바꿀 때는 [글꼴 바꾸기] 기능을 사용합니다. ❶[홈] 탭의 [편집] 그룹에서 [바꾸기]의 목록 버튼을 클릭한 후 ❷[글꼴 바꾸기]를 선택합니다.

2 바꿀 글꼴 지정하기

[글꼴 바꾸기] 대화상자가 나타나면 [현재 글꼴]에 프레젠테이션에 사용된 글꼴이 나타납니다. ❶목록 중 '맑은고딕'을 선택하고 ❷[새 글꼴]을 '서울한강체L'로 변경한 후 ❸[바꾸기]를 클릭합니다.

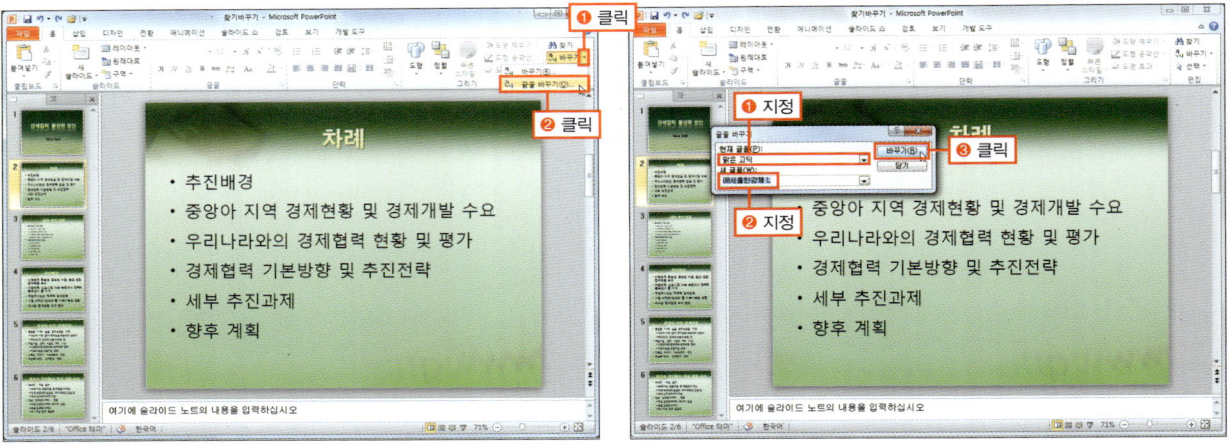

3 글꼴 변경 확인하기

프레젠테이션의 '맑은 고딕' 글꼴이 한꺼번에 '서울한강체L'로 변경된 것을 확인할 수 있습니다.

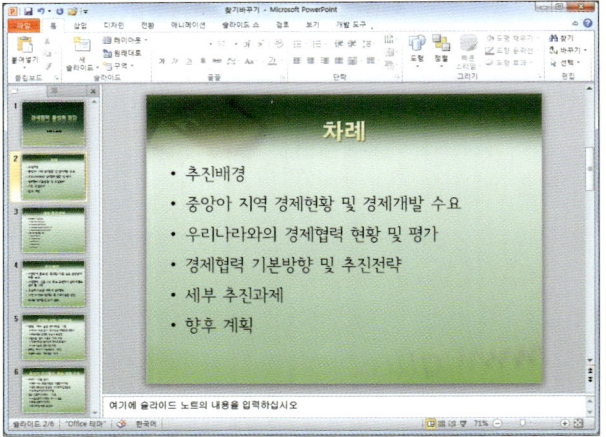

1 슬라이드에 텍스트를 입력하고 글꼴과 글머리 기호 등을 다음과 같이 완성해 보세요.

◎ **시작 파일** : 2장\02_응용실습1.pptx
◎ **완료 파일** : 2장\02_응용실습1_완성.pptx
◎ **해설 파일** : 해설파일\2장\02_응용실습1_해설.pdf

Before

After

❶제목 텍스트 상자 – 워드아트 스타일 : 빨강, 강조 2, 무광택 입체/ 텍스트 효과 : '원근감 대각선 오른쪽 위' 그림자 효과 지정 ❷내용 텍스트 상자 들여쓰기 부분 블록 설정 후 단락 지정 – 단락 앞 : 6 단락 뒤 : 12pt , 글머리 기호 변경 ❸내용 텍스트 상자 내어쓰기 부분 블록 설정 후 글머리 기호 표시 취소

2 시작 파일을 열고 텍스트 상자를 이용해 텍스트를 입력한 후 워드아트 스타일로 변환해 보세요.

◎ **시작 파일** : 2장\02_응용실습2.pptx
◎ **완료 파일** : 2장\02_응용실습2_완성.pptx
◎ **해설 파일** : 해설파일\2장\02_응용실습2_해설.pdf

Before

After

❶왼쪽 텍스트 상자 – 워드아트 변환 : 오른쪽 줄이기, 근접 반사, 8pt 오프셋, 맑은 고딕, 24pt, 굵게 ❷오른쪽 텍스트 상자 – 워드아트 변환 : 왼쪽 줄이기 ❸아래쪽 텍스트 상자 – 도형 효과 : 근접 반사, 8pt 오프셋, 글꼴 : 맑은 고딕, 24pt, 굵게

PART

03

테마와 슬라이드 마스터 활용하기

프레젠테이션은 첫 슬라이드부터 마지막 슬라이드까지 일관된 구성으로 작업하는 것이 좋습니다.

일관된 디자인의 프레젠테이션을 위해서는 기본적으로 제공하는 테마를 사용하거나 슬라이드 마스

터 기능으로 프레젠테이션의 틀을 직접 만들기도 합니다. 여기에서는 테마를 활용하는 방법과 슬라

이드 마스터를 지정하는 방법에 대해 알아봅니다.

테마 적용해 슬라이드 작성하기

SECTION 01

파워포인트에서 제공하는 테마를 사용해 전문가 수준의 프레젠테이션을 제작하는 방법에 대해 알아봅니다.
또한, 슬라이드의 배경을 다양하게 지정하는 방법에 대해서도 살펴봅니다.

다루는 내용

- 테마 적용하기
- 슬라이드 배경 지정하기

기능 정리

디자인 테마 적용 방법 살펴보기

테마는 색, 글꼴, 그래픽을 사용하여 일관된 문서 모양을 제공하는 디자인 요소의 집합입니다. 테마를 사용하면 전문가 수준의 디자인을 프레젠테이션에 적용할 수 있습니다. 기본 서식의 프레젠테이션에 디자인 테마를 적용하는 방법에 대해 알아봅니다. [디자인] 탭의 [테마] 그룹에서 [자세히](▽)를 클릭한 후 원하는 테마를 선택하면 빈 서식에 선택한 테마가 적용됩니다.

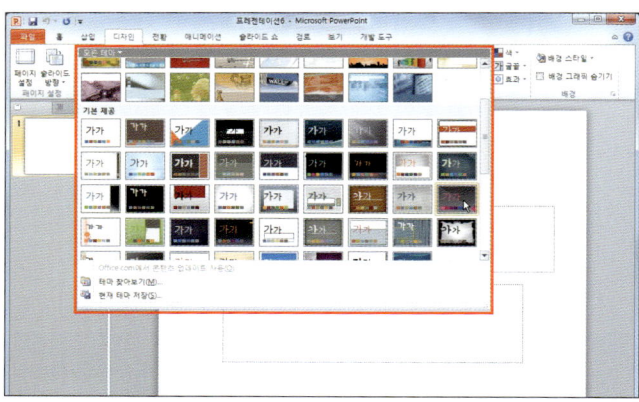
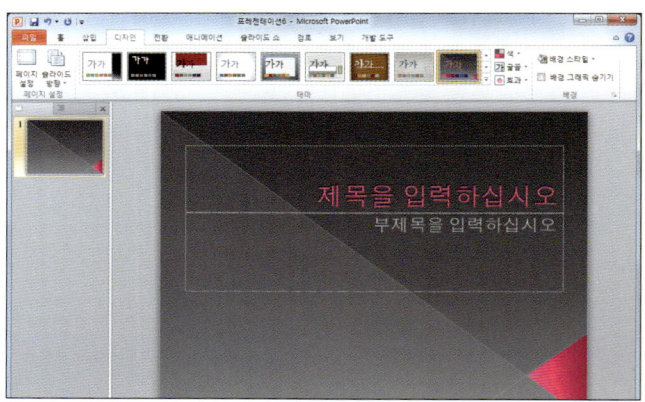

[파일] 탭을 클릭하고 [새로 만들기]-[테마]를 클릭하면 테마를 슬라이드에 적용한 상태로 새로운 프레젠테이션 문서를 작성할 수 있습니다.

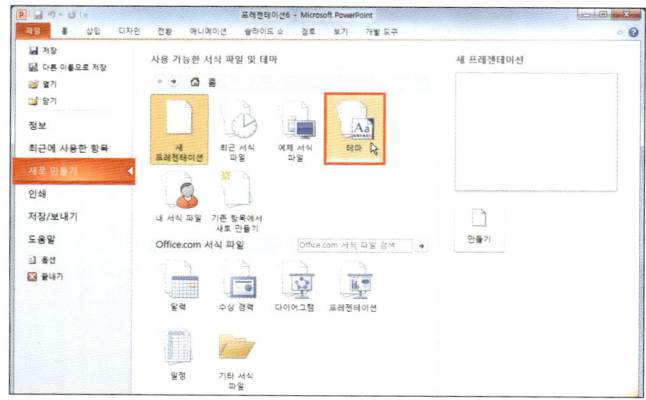
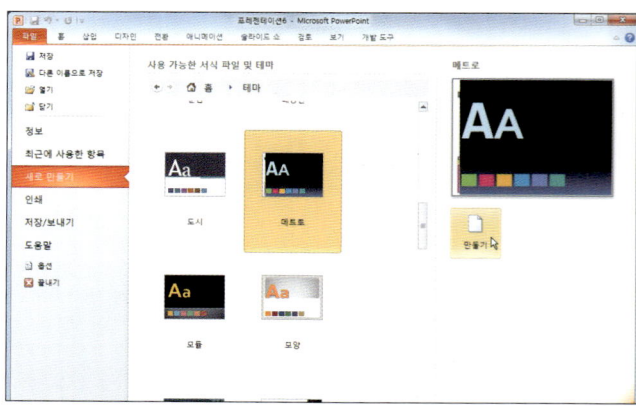

[파일] 탭을 클릭하고 [새로 만들기]의 [Office.com 서식 파일] 항목에서 온라인 사이트에서 제공하는 다양한 서식 파일을 다운로드 받아 새로운 프레젠테이션에 적용할 수 있습니다. [Office.com 서식 파일]에서 원하는 서식 파일을 클릭하고 [다운로드]를 클릭하면 새 프레젠테이션에 온라인 서식을 적용할 수 있습니다.

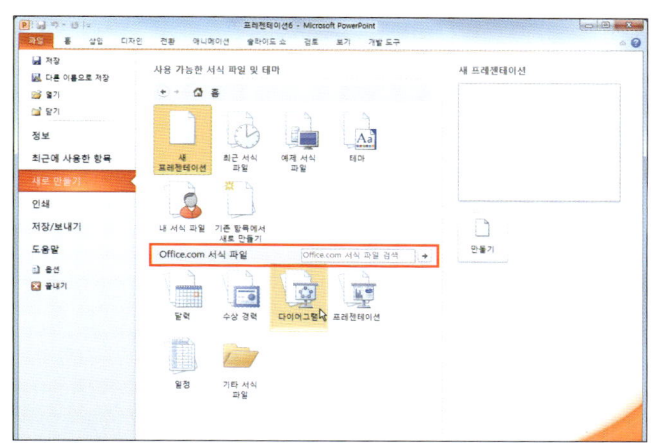 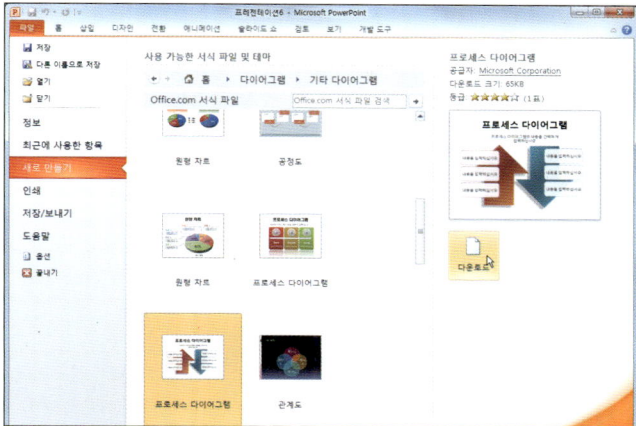

슬라이드에 테마 적용하기

슬라이드에 파워포인트 테마를 적용하는 방법에 대해 알아봅니다.

◉ **시작 파일** : 3장\01_01.pptx

01 디자인 테마 목록 열기

❶[디자인] 탭의 [테마] 그룹에서 ❷[자세히]( )를 클릭합니다.

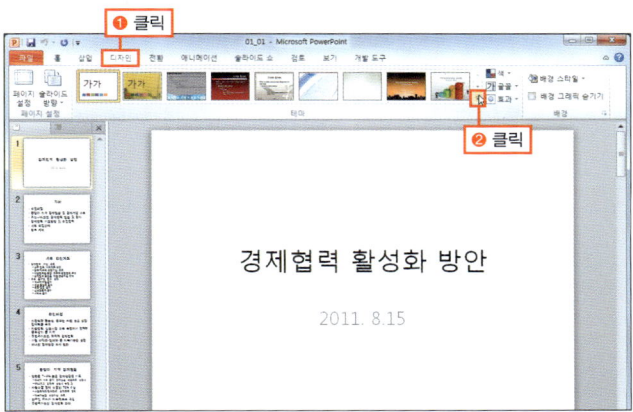

02 디자인 테마 선택하기

테마 목록의 [기본 제공]에서 ❶[파형] 테마를 클릭합니다.

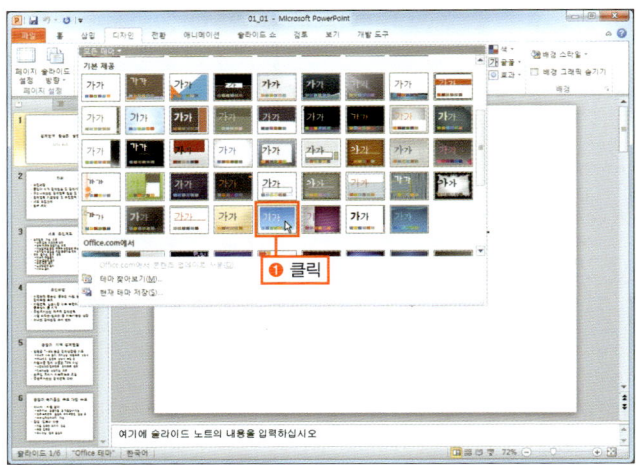

03 디자인 테마 적용 확인하기

프레젠테이션 파일 전체 배경에 선택한 [파형] 테마가 적용됩니다.

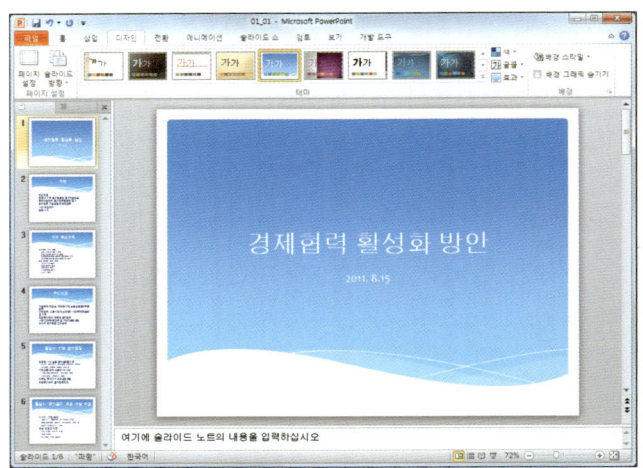

04 기본 테마로 되돌리기

적용된 배경을 원래의 기본 오피스 테마로 되돌릴 때는 ❶[디자인] 탭의 [테마] 그룹에서 [자세히](▽)를 클릭하고 ❷[Office 테마]를 클릭합니다.

참고 • [Office.com 서식 파일]에서 테마 검색하기 ─────

[파일] 탭을 클릭하고 [새로 만들기]의 [Office.com 서식 파일]에서 테마를 검색해서 원하는 프레젠테이션 테마를 다운로드할 수 있습니다.

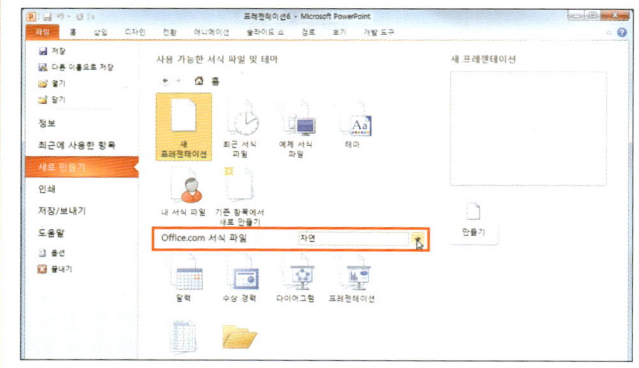

테마를 적용해 다음과 같은 디자인으로 변경해 보세요.

⊚ **시작 파일** : 3장\01_실습1.pptx
⊚ **완료 파일** : 3장\01_실습1_완성.pptx

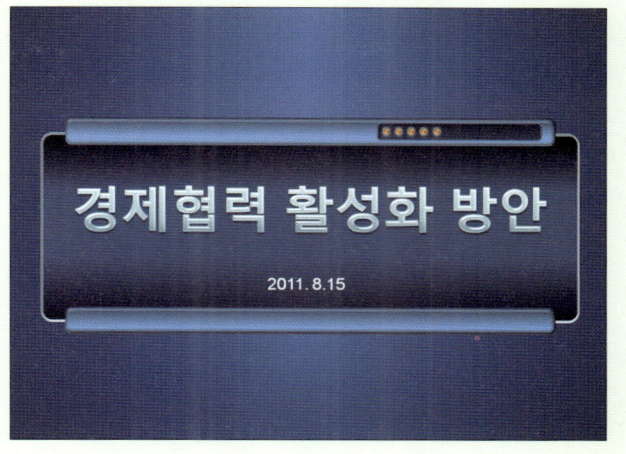

슬라이드에 다양한 배경 지정하기

기본적으로 제공하는 테마 외에 원하는 배경색이나 그림 등을 슬라이드 배경으로 지정하는 방법에 대해 알아봅니다.

⊚ **시작 파일** : 3장\01_01.pptx
⊚ **완료 파일** : 3장\01_01_완성.pptx

01 [배경 스타일] 선택하기

❶ [디자인] 탭의 [배경] 그룹에서 ❷ [배경 스타일] ( ) 을 클릭한 후 ❸ [스타일 11]을 선택합니다.

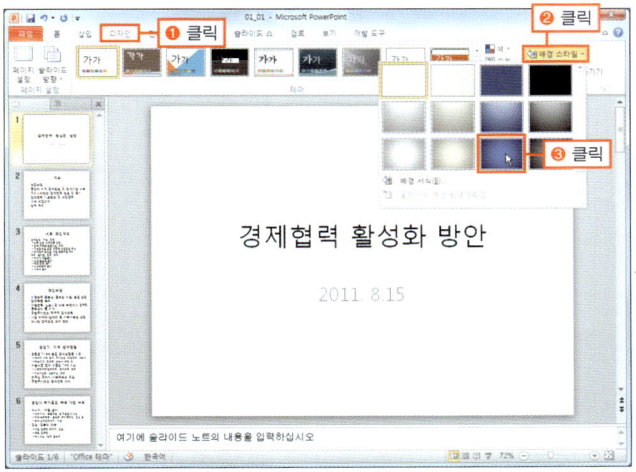

02 슬라이드 배경 확인하기

프레젠테이션 전체 슬라이드에 선택한 배경 스타일이 적용됩니다.

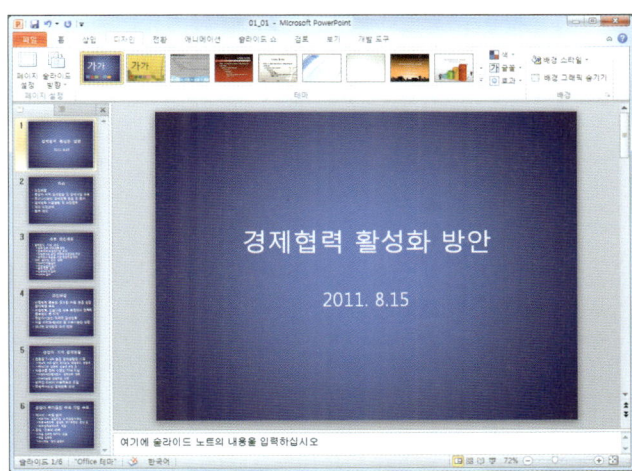

전체 슬라이드가 아닌 선택한 슬라이드에만 지정한 배경 스타일을 적용
시키려면 ❶선택하려는 스타일에서 마우스 오른쪽 버튼을 클릭한 후 ❷
[선택한 슬라이드에 적용]을 선택합니다.

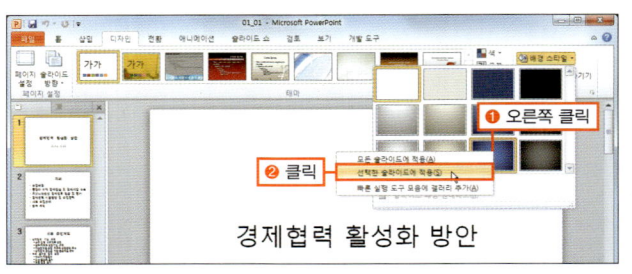

03 [배경 서식] 선택하기

슬라이드 ❶배경에서 마우스 오른쪽 버튼을 클릭한 후 바
로 가기 메뉴의 ❷[배경 서식]을 선택합니다.

[디자인] 탭의 [배경] 그룹에서 [배경 스타일](배경 스타일 ▾)을 클릭
한 후 [스타일 1]을 선택하여 앞에서 지정했던 배경 스타일을 해제
합니다.

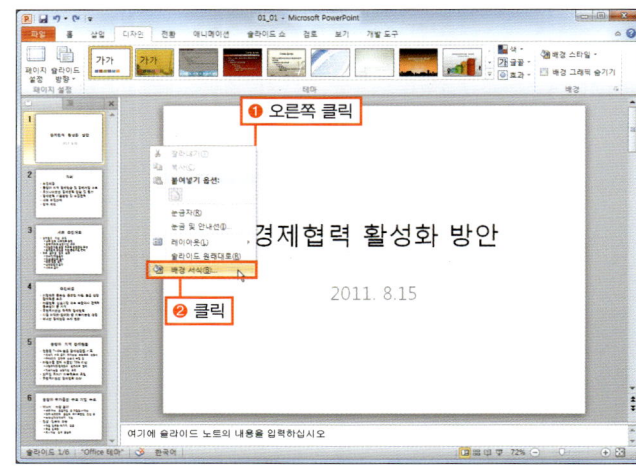

04 그라데이션 색상 지정하기

[배경 서식] 대화상자가 나타나면 ❶[채우기] 항목에서 ❷
[그라데이션 채우기]를 선택합니다. ❸[그라데이션 중지
점]의 [중지점 1]을 클릭하고 ❹[색]을 ❺[검정, 텍스트 1]
로 지정합니다.

05 그라데이션 색상 지정하기

이번에는 ❶[중지점 2]를 클릭하고 ❷[색]을 ❸[진한 파랑,
텍스트 2]로 지정합니다.

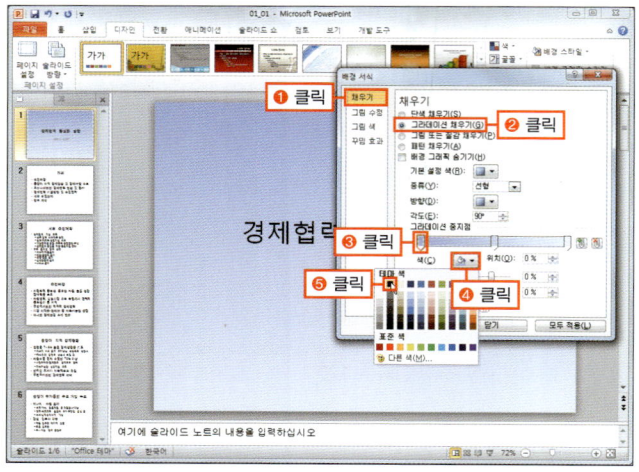

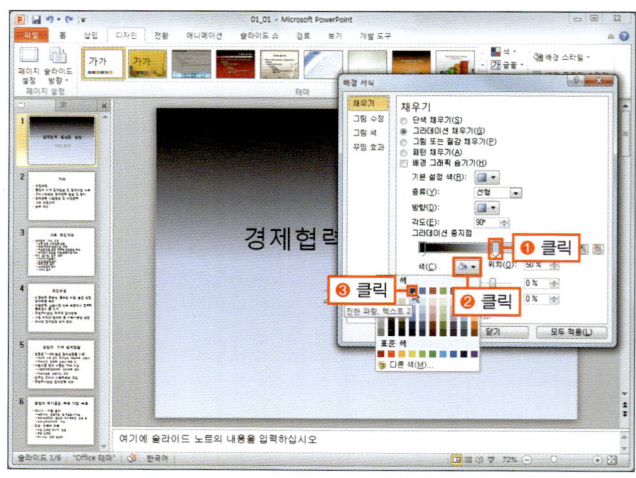

06 그라데이션 적용하기

그라데이션 중지점의 색상을 모두 변경한 후 ❶[모두 적용]을 클릭하면 지정한 그라데이션 색상이 모든 슬라이드에 적용됩니다.

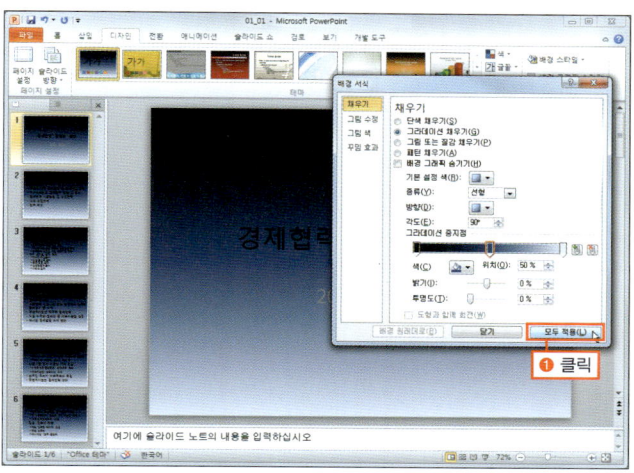

07 배경 그림 파일 선택하기

이번에는 [배경 서식] 대화상자의 [채우기] 항목에서 ❶[그림 또는 질감 채우기]를 선택한 후 ❷[파일]을 클릭합니다. [그림 삽입] 대화상자가 나타나면 ❸예제 폴더 내 '이미지' 폴더에서 ❹'배경 14.jpg' 그림 파일을 선택한 후 ❺[삽입]을 클릭합니다.

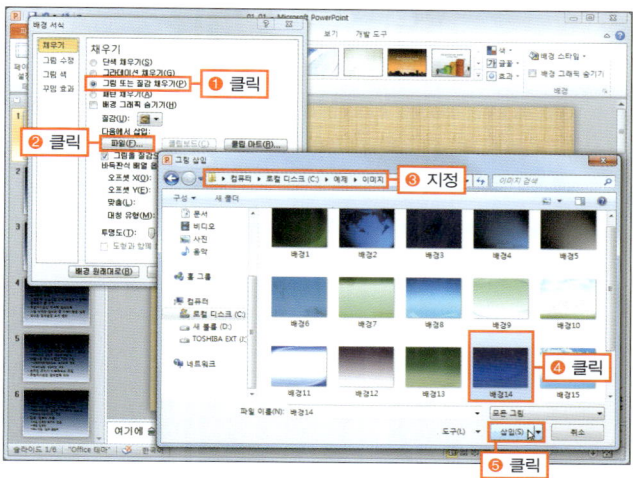

08 배경 그림 지정하기

[배경 서식] 대화상자로 돌아오면 이번에는 ❶[닫기]를 클릭합니다.

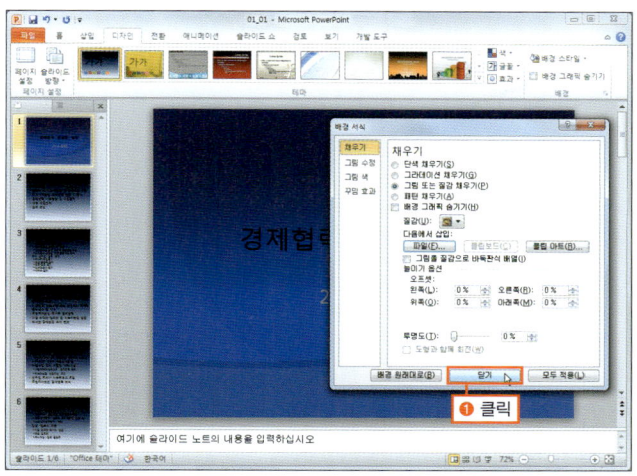

> **참고** •
> 선택한 슬라이드에만 배경색이나 배경 이미지를 지정하고 싶을 때는 [닫기]를 클릭합니다.

09 슬라이드 배경 확인하기

선택한 슬라이드에만 그림 파일이 배경 이미지로 지정된 것을 확인할 수 있습니다.

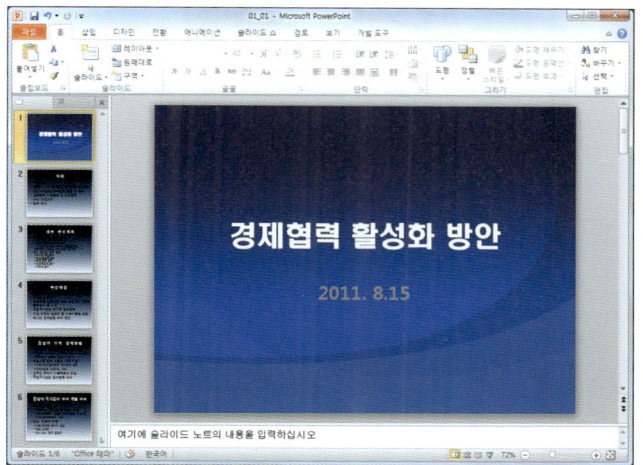

> **참고** •
> [배경 서식] 대화상자에서 [클립 아트]를 선택하면 슬라이드의 배경을 클립 아트 이미지로 채울 수 있습니다.

슬라이드 배경에 지정된 배경 그림을 적용하여 다음과 같이 슬라이드 디자인을 완성해 보세요(사용 이미지 : 예제 폴더 내 '이미지' 폴더의 '배경18.jpg').

- ◎ **시작 파일** : 3장\01_실습2.pptx
- ◎ **완료 파일** : 3장\01_실습2_완성.pptx

실습과정

슬라이드에 구역 지정하기

프레젠테이션을 여러 개의 '구역'으로 나누고 각각의 구역에 이름과 테마를 지정하는 방법에 대해 알아봅니다.

- ◎ **시작 파일** : 3장\01_03.pptx
- ◎ **완료 파일** : 3장\01_03_완성.pptx

---

01 화면 보기 변경하기

❶[보기] 탭의 [프레젠테이션 보기] 그룹에서 ❷[여러 슬라이드]( )를 클릭합니다.

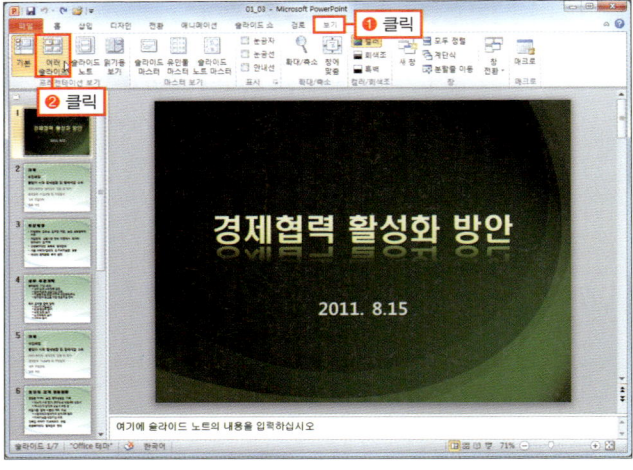

02 구역 추가하기

❶슬라이드 4와 슬라이드 5 사이에서 마우스 오른쪽 버튼을 클릭하고 ❷바로 가기 메뉴의 [구역 추가]를 선택합니다.

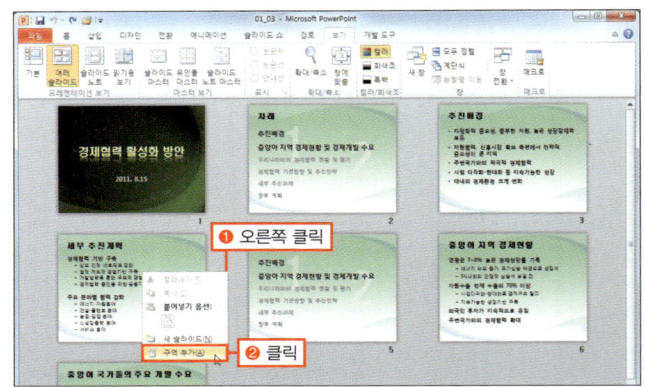

참고

[여러 슬라이드 보기] 화면 상태에서 구역을 나누거나 [개요 및 슬라이드 탭]에서 구역을 나눠줄 수도 있습니다.

---

03 구역 확인하기

[기본 구역]과 [제목 없는 구역]으로 나뉜 것을 확인할 수 있습니다.

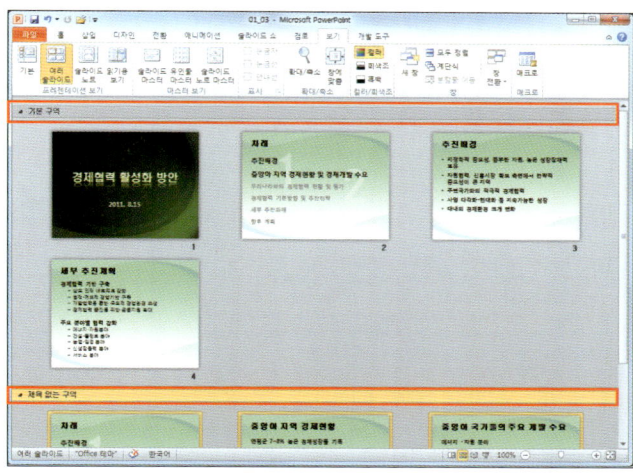

04 구역 이름 변경하기

구역의 이름을 변경할 때는 ❶구역 구분선의 구역 이름에서 마우스 오른쪽 버튼을 클릭한 후 ❷바로 가기 메뉴의 [구역 이름 바꾸기]를 선택합니다.

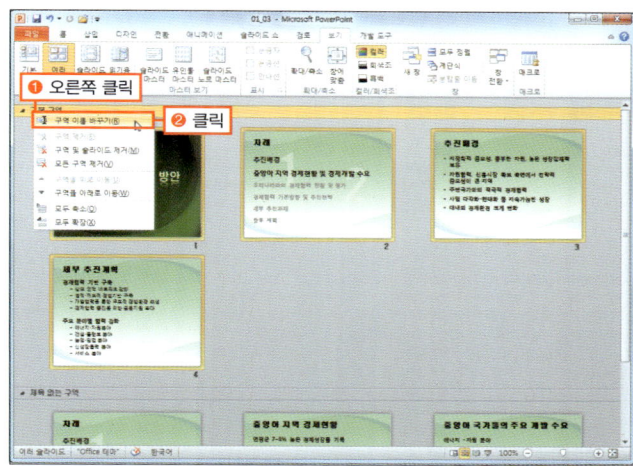

05 구역 이름 지정하기

[구역 이름 바꾸기] 대화상자가 나타나면 ❶'A Team'이라고 입력한 후 ❷[이름 바꾸기]를 클릭합니다.

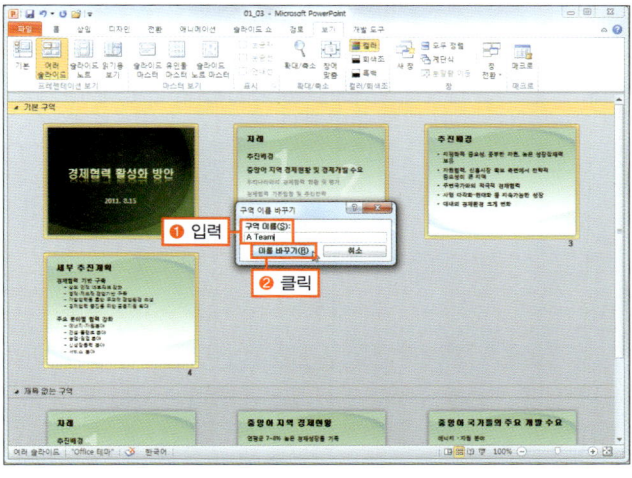

06 구역 이름 변경 확인하기

각각 'A Team'과 'B Team'이라고 변경된 구역 이름을 확인합니다.

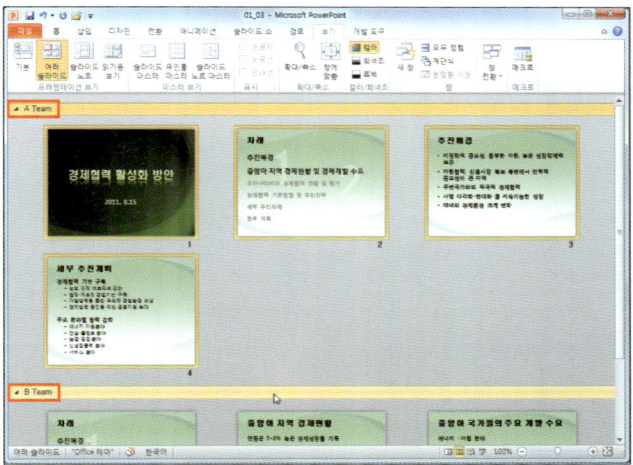

07 구역에 다른 테마 적용하기

❶ 'B Team' 구역의 구역 구분을 클릭하여 선택한 후 ❷[디자인] 탭의 [테마] 그룹에서 ❸테마 목록 중 ❹'신문' 테마를 클릭합니다.

08 구역 테마 확인하기

선택한 구역에만 테마가 적용된 것을 확인할 수 있습니다. 구역을 여러 개 나누어 서로 다른 테마를 적용하여 프레젠테이션을 구분할 수 있습니다.

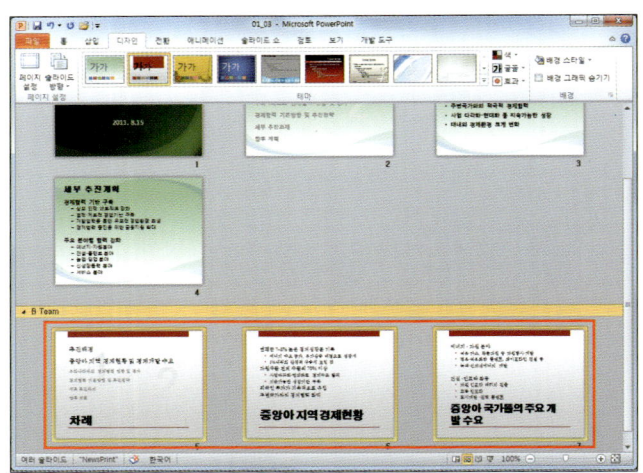

참고 ● 구역 관련 메뉴 살펴보기

각 구역에서 마우스 오른쪽 버튼을 클릭했을 때 나타나는 바로 가기 메뉴의 기능입니다.

❶ 구역의 이름을 변경합니다.
❷ 선택한 구역을 제거합니다.
❸ 선택한 구역과 슬라이드를 함께 제거합니다.
❹ 모든 구역을 제거합니다.
❺ 구역을 위로 이동하여 위치를 변경합니다.
❻ 구역을 아래로 이동하여 위치를 변경합니다.
❼ 클릭하면 구역에 포함된 슬라이드를 숨기고 구역 구분선만 표시됩니다.
❽ 클릭하면 구역에 포함된 슬라이드가 표시됩니다.

확인실습

슬라이드에 구역을 지정한 후 구역 이름을 변경하고 기본 구역과 다른 테마를 적용해 보세요.

◎ **시작 파일** : 3장\01_실습3.pptx
◎ **완료 파일** : 3장\01_실습3_완성.pptx

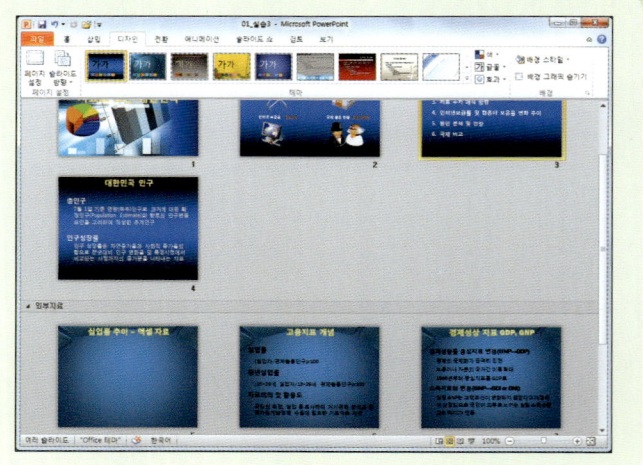

특집

설정된 테마의 색과 글꼴 변경하고 서식 저장하기

적용된 테마의 디자인은 그대로 두고 테마의 색상과 글꼴을 변경하여 같은 디자인이지만 전혀 다른 느낌의 테마를 슬라이드에 적용해 봅니다.

◎ **시작 파일** : 3장\01_01.pptx
◎ **완료 파일** : 3장\01_01_테마색글꼴.pptx

1 테마 색 지정하기

❶프레젠테이션에 테마(흐름)를 지정한 후 ❷[디자인] 탭의 [테마] 그룹에서 ❸[색](🔲색 ▾)을 클릭하고 ❹색상 목록에서 원하는 색상을 선택합니다.

2 테마 색 변경 확인하기

테마의 디자인은 그대로 있으면서 색상만 변경됩니다.

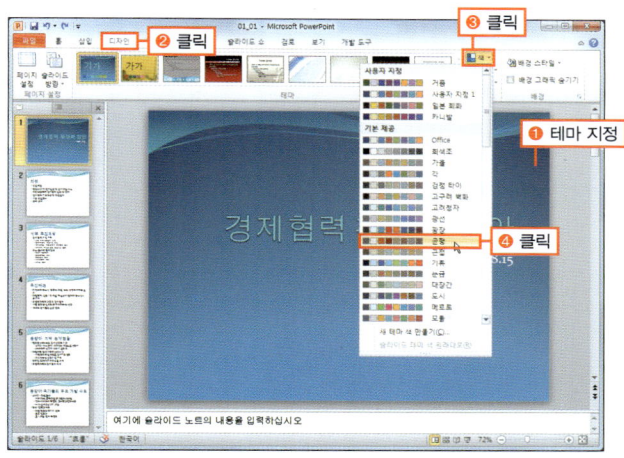

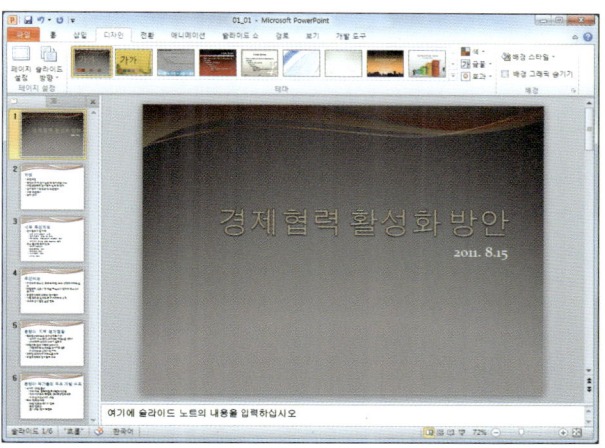

3 테마 글꼴 변경하기

❶[디자인] 탭의 [테마] 그룹에서 [글꼴](🔲글꼴 ▾)을 클릭하고 ❷글꼴 목록에서 변경하려는 글꼴을 선택합니다.

4 테마 글꼴 변경 확인하기

테마의 글꼴이 선택한 글꼴로 변경됩니다.

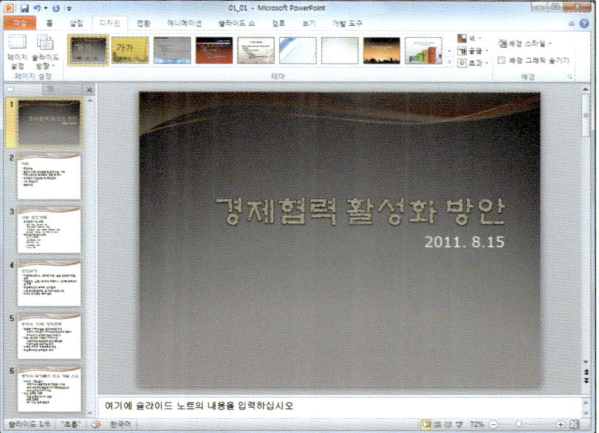

5 현재 테마 저장하기

슬라이드에 기존의 테마를 적용하고 슬라이드의 성격에 맞게 글꼴과 색상을 변경했다면 현재 테마를 저장해 다른 프레젠테이션 작업을 할 때 다시 사용할 수 있습니다. ❶[디자인] 탭의 [테마] 그룹에서 [자세히](▾)를 클릭한 후 ❷[현재 테마 저장]을 선택합니다.

6 새로운 이름으로 테마 저장하기

[현재 테마 저장] 대화상자가 나타나면 사용자가 임의로 설정한 테마를 ❶[파일 이름]에 새로운 이름으로 입력한 후 ❷[저장]을 클릭합니다.(현재 테마를 저장하면 자동으로 'C:\Users\(사용자 명)\AppData\Roaming\Microsoft\Templates\Document Theme' 폴더에 저장됩니다.)

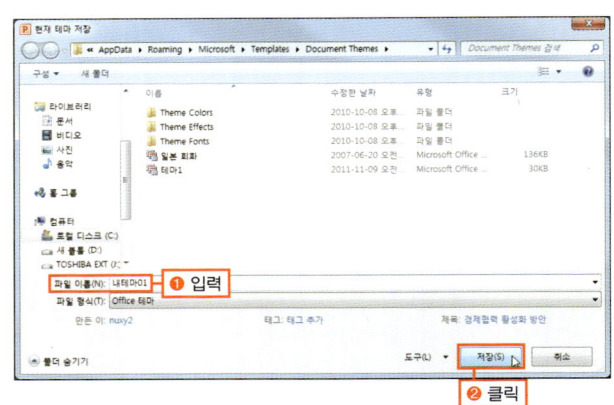

7 저장한 테마 적용하기

새로운 문서를 만든 후 저장해둔 사용자 정의 테마를 적용할 때는 ❶[디자인] 탭의 [테마] 그룹에서 [자세히](▾)를 클릭한 후 ❷[사용자 지정] 목록에 추가된 새 테마를 클릭합니다.

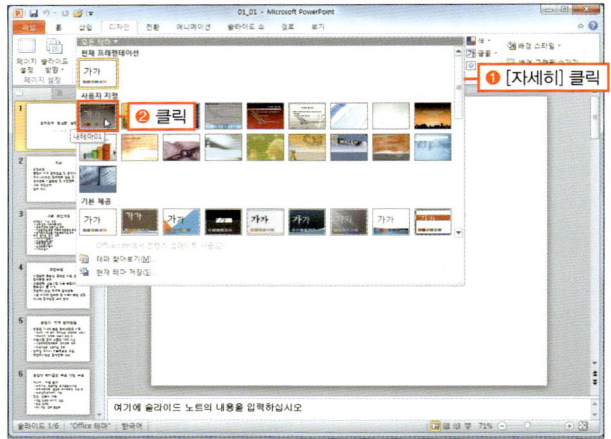

SECTION 02

슬라이드 마스터 편집하기

슬라이드 마스터란 무엇인지 알아보고 슬라이드 마스터 영역에서 각 마스터 레이아웃의 서식을 지정하는 방법에 대해 살펴봅니다.

다루는 내용

- 슬라이드 마스터 이해하기
- 슬라이드 마스터 적용하기
- 머리글과 바닥글 지정하기

기능 정리

슬라이드 마스터 이해하기

슬라이드 마스터에는 슬라이드의 배경, 색, 글꼴, 효과와 개체 틀의 위치 및 크기를 포함한 모든 슬라이드 레이아웃과 모든 테마 정보를 저장하고 있습니다. 슬라이드 마스터를 사용자 임의대로 지정해두면 나중에 프레젠테이션의 모든 슬라이드에 스타일 변경 내용을 일괄적으로 적용할 수 있습니다. 슬라이드 마스터를 지정하고 편집하려면 [보기] 탭의 [마스터 보기] 그룹에서 [슬라이드 마스터](▣)를 클릭한 후 슬라이드 마스터 편집 화면을 표시해야 합니다.

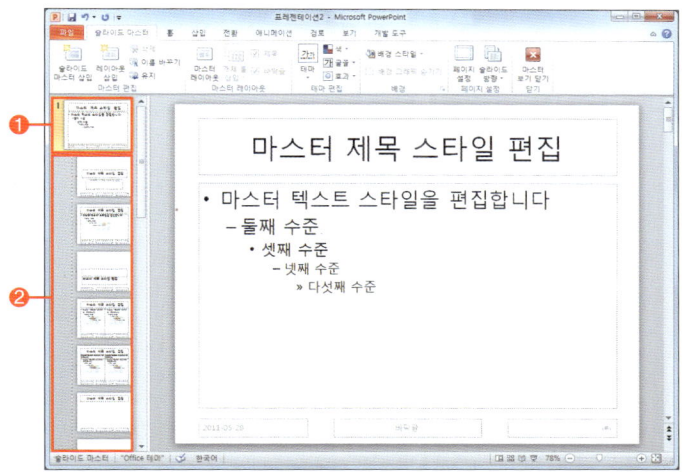

❶ **슬라이드 마스터 보기의 슬라이드 마스터(Office 테마 슬라이드 마스터)** : 슬라이드 마스터에 서식을 설정하면 나머지 슬라이드 레이아웃에 동일한 서식이 지정됩니다.

❷ **슬라이드 마스터와 연결된 슬라이드 레이아웃** : 슬라이드 마스터에 연결된 여러 종류의 슬라이드 레이아웃입니다. 각각의 슬라이드 레이아웃을 선택하고 서식을 지정하면 해당 레이아웃에만 서식을 적용할 수 있습니다.

간단 퀴즈

1 ( )에 서식을 설정하면 나머지 슬라이드 레이아웃에 동일한 서식이 지정됩니다.

2 ( )은(는) 슬라이드 마스터에 연결된 여러 종류의 슬라이드 레이아웃입니다.

답 : **1** Office 테마 슬라이드 마스터, **2** 슬라이드 레이아웃

실습 과정

슬라이드 마스터 적용하기

기본 배경이 적용된 프레젠테이션 파일을 열고 슬라이드 마스터를 적용해 봅니다.

◎ **시작 파일** : 3장\02_01.pptx
◎ **완료 파일** : 3장\02_01_완성.pptx

---

01 슬라이드 마스터 선택하기

❶[보기] 탭의 [마스터 보기] 그룹에서 **❷**[슬라이드 마스터]( )를 클릭합니다.

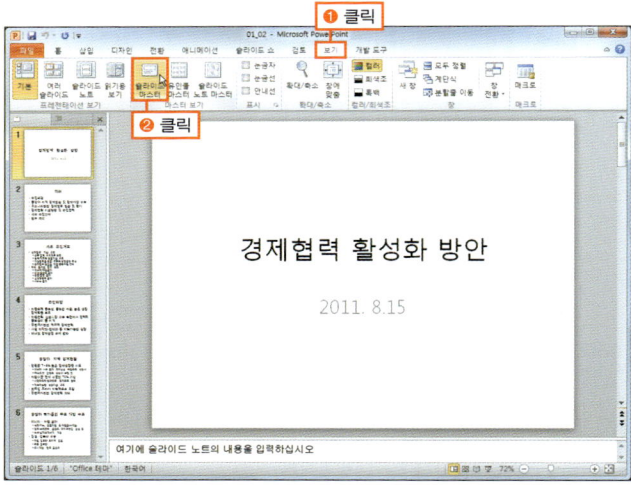

02 [배경 서식] 선택하기

슬라이드 마스터 편집 화면으로 바뀌면 **❶**[제목 슬라이드 레이아웃]을 선택합니다. **❷**슬라이드 배경에서 마우스 오른쪽 버튼을 클릭한 후 **❸**[배경 서식]을 선택합니다.

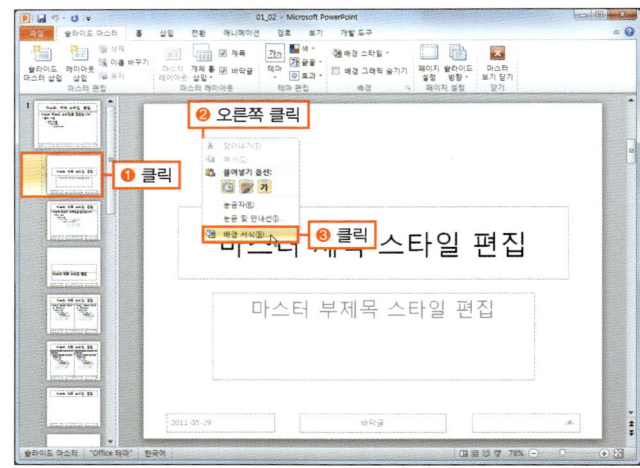

03 배경 그림 선택하기

[배경 서식] 대화상자가 나타나면 [채우기] 항목에서 ❶ [그림 또는 질감 채우기]를 선택한 후 ❷[파일]을 클릭합니다. [그림 삽입] 대화상자가 나타나면 ❸배경으로 사용할 그림을 선택한 후 ❹[삽입]을 클릭합니다. ❺[배경 서식] 대화상자도 [닫기]를 클릭하여 닫습니다.

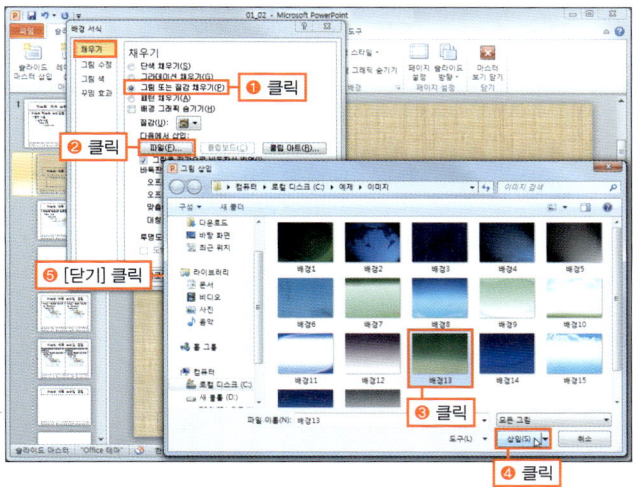

04 배경 이미지 확인하기

[제목 슬라이드 레이아웃]에 선택한 배경 이미지가 적용됩니다.

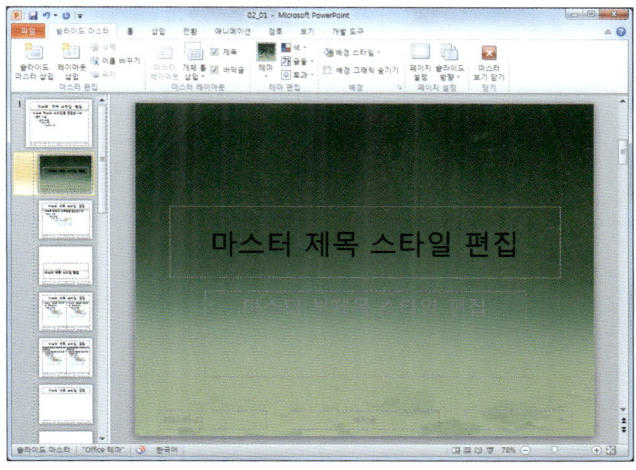

05 배경 이미지 선택하기

이번에는 ❶[Office 테마 슬라이드 마스터]를 선택하고 ❷ 같은 방법으로 배경 이미지를 선택합니다.

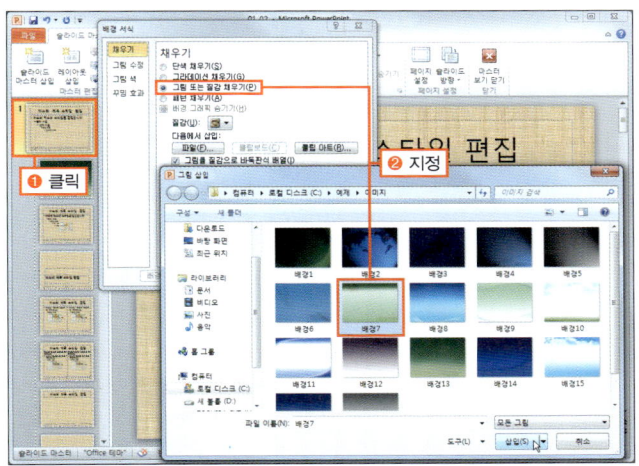

참고
[그림 삽입] 대화상자에서 배경 이미지는 '배경7.jpg' 파일을 선택합니다.

06 배경 이미지 확인하기

[배경 서식] 대화상자에서 ❶[닫기]를 클릭하면 [제목 슬라이드 레이아웃]을 제외한 모든 슬라이드 마스터 레이아웃에 지정한 그림이 배경으로 적용됩니다.

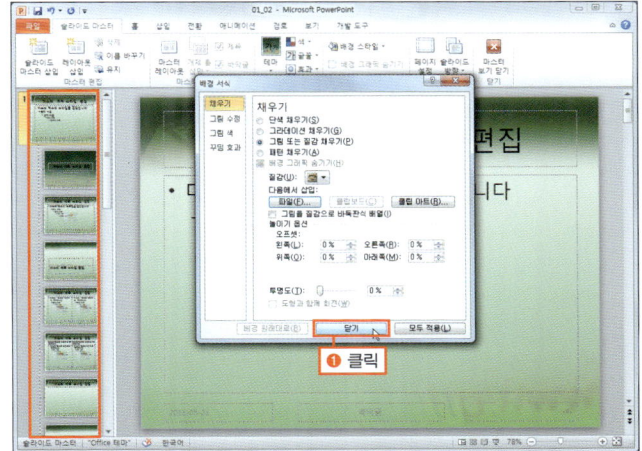

07 글꼴 크기 변경하기

[Office 테마 슬라이드 마스터]의 ❶제목 텍스트 상자를 선택한 후 ❷글꼴을 [HY 견고딕]으로 ❸글꼴 크기를 '40pt'로 지정합니다.

08 글꼴 그라데이션 적용하기

이번에는 ❶[그리기 도구-서식] 탭의 [WordArt 스타일] 그룹에서 ❷[텍스트 채우기](가▼)를 클릭하고 색상을 ❸[노랑]으로 지정합니다. 다시, ❹[텍스트 채우기](가▼)를 클릭하고 ❺[그라데이션]-❻[밝은 그라데이션 : 선형 위쪽]을 선택합니다.

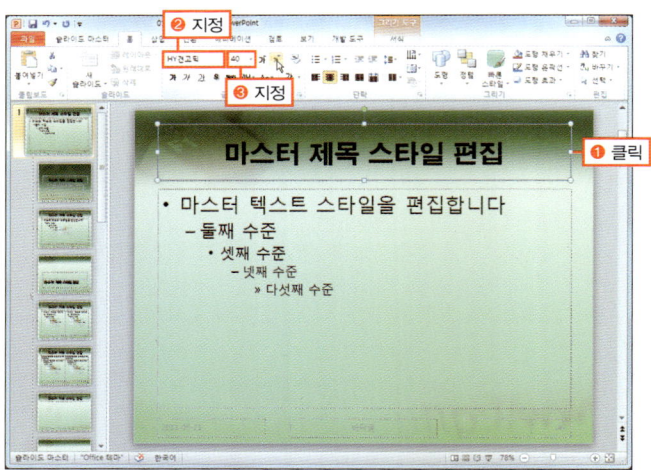

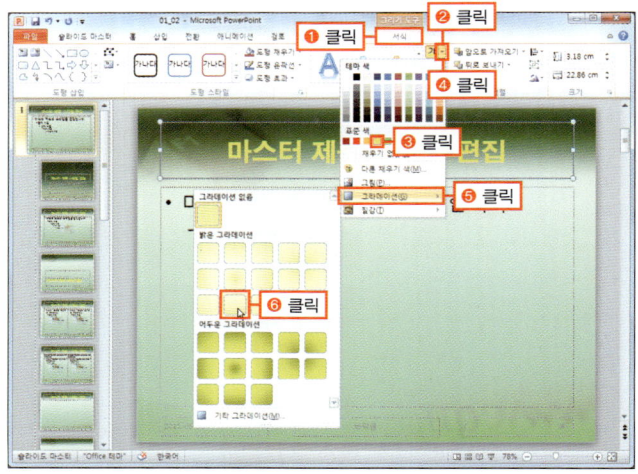

09 그림자 효과 지정하기

❶[홈] 탭의 [글꼴] 그룹에서 ❷선택한 제목 텍스트 상자의 글꼴 색상을 지정한 후 ❸[텍스트 그림자](S)를 클릭합니다.

10 단락 간격 조절하기

[Office 테마 슬라이드 마스터]의 ❶내용 텍스트 상자를 선택하고 ❷[홈] 탭의 [단락] 그룹에서 ❸□를 클릭합니다. [단락] 대화상자가 나타나면 [들여쓰기 및 간격] 탭의 [간격] 항목에서 ❹[단락 앞], [단락 뒤]의 값을 각각 '0pt', '18pt'로 변경한 후 ❺[확인]을 클릭합니다.

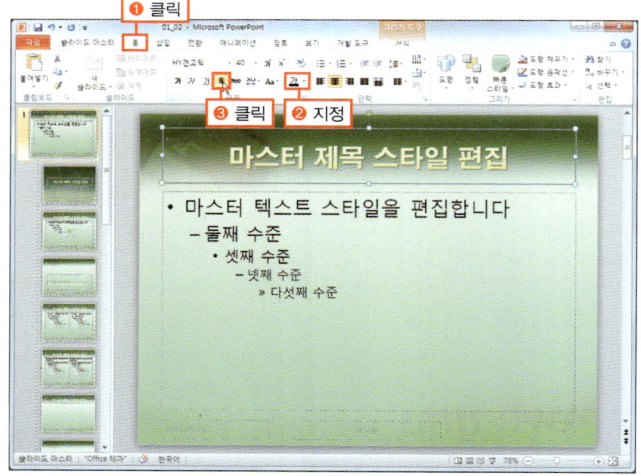

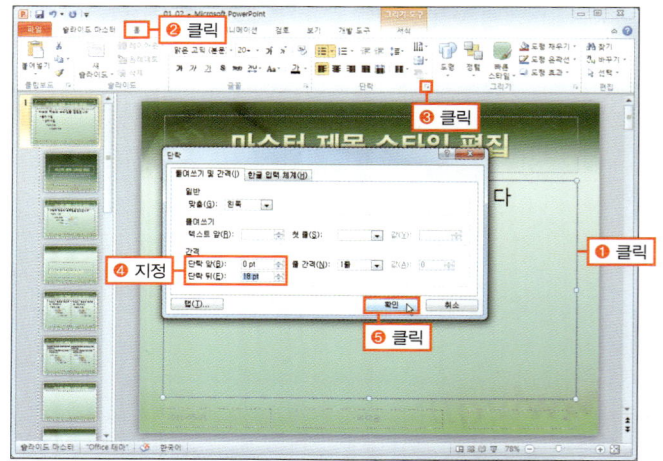

> **참고**
>
> [Office 테마 슬라이드 마스터]에서 지정한 단락 설정은 모든 레이아웃에 공통으로 적용됩니다.

11 텍스트 색과 위치 변경하기

이번에는 ❶[제목 슬라이드 레이아웃]을 선택하고 ❷'제목 텍스트 상자'를 현재 위치에서 위쪽으로 조금 이동시킵니다. ❸'부제목 텍스트 상자'를 클릭한 후 ❹[글꼴 색]을 [검정, 텍스트1]로 변경하고 ❺[굵게]로 지정합니다.

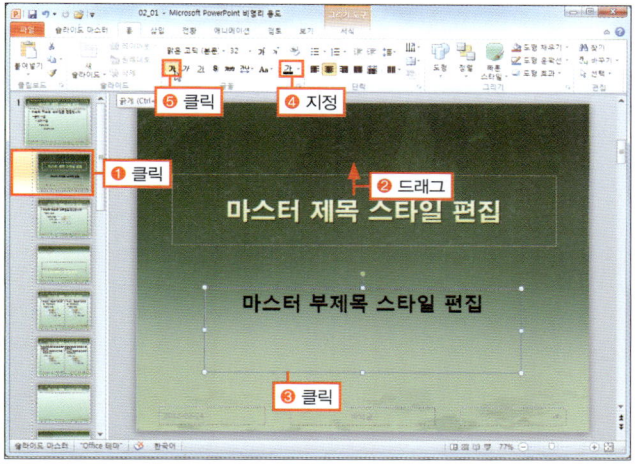

12 텍스트 효과 지정하기

❶'제목 텍스트 상자'를 클릭한 후 ❷[그리기 도구-서식] 탭의 [WordArt 스타일] 그룹에서 ❸[텍스트 효과]( )-❹ [반사]-❺[전체 반사, 8pt 오프셋]을 선택합니다.

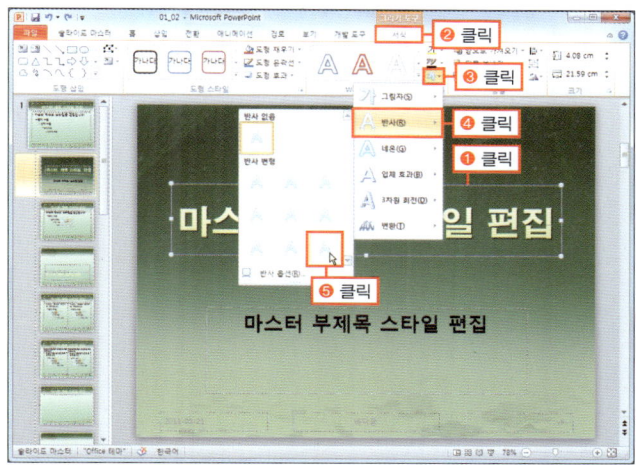

참고

선택한 제목 텍스트 상자에 반사 효과를 지정하기 전에 글꼴 크기를 '54pt'로 변경합니다.

13 마스터 화면에서 나오기

슬라이드 마스터 작업이 모두 끝나면 ❶[슬라이드 마스터] 탭의 [닫기] 그룹에서 ❷[마스터 보기 닫기]( )를 클릭하여 슬라이드 마스터 화면을 빠져나옵니다.

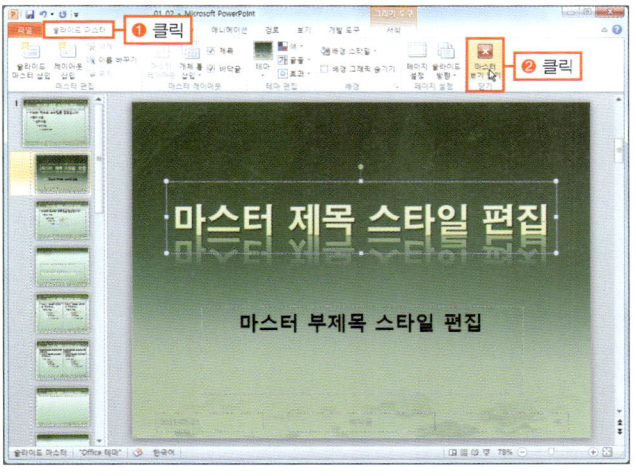

14 슬라이드 마스터 적용 확인하기

파워포인트 편집 화면으로 돌아오면 기본 배경의 프레젠테이션에 지정한 슬라이드 마스터가 적용됩니다.

다음과 같이 슬라이드 마스터의 배경과 서식을 지정해 보세요.

◎ **완료 파일** : 3장\02_실습1_완성.pptx

실습 과정

머리글과 바닥글 삽입하기

슬라이드 마스터 화면에서 머리글과 바닥글을 삽입하는 방법에 대해 알아봅니다.

◎ **시작 파일** : 3장\02_02.pptx
◎ **완료 파일** : 3장\02_02_완성.pptx

01 [머리글/바닥글] 선택하기

❶ [삽입] 탭의 [텍스트] 그룹에서 ❷ [머리글/바닥글](📋) 을 클릭합니다.

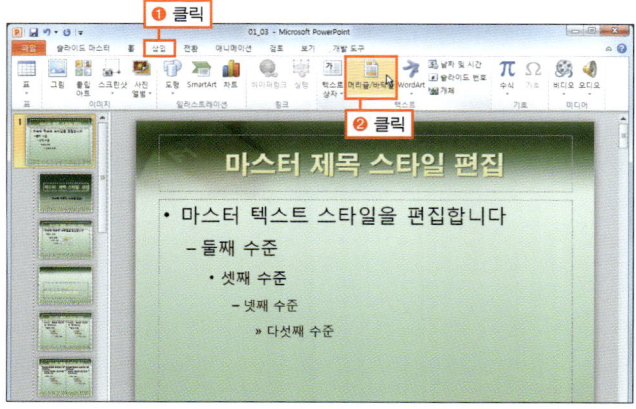

> **참고**
>
> [보기] 탭의 [마스터 보기] 그룹에서 [슬라이드 마스터](▭)를 클릭 하여 슬라이드 마스터 화면으로 이동한 후, [Office 테마 슬라이드 마스터]를 선택합니다.

02 머리글/바닥글 입력하기

[머리글/바닥글] 대화상자가 나타나면 ❶ [슬라이드 번호] 와 [바닥글] 그리고 [제목 슬라이드에는 표시 안 함] 항목 을 선택합니다. ❷ [바닥글]의 내용을 입력한 후 ❸ [모두 적 용]을 클릭합니다.

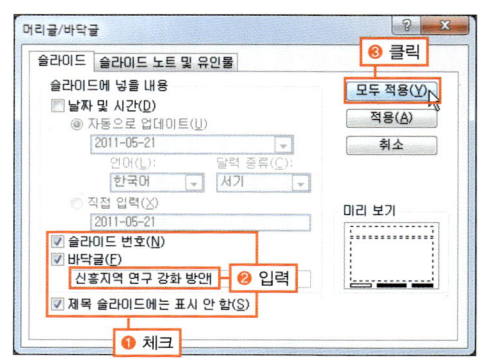

03 머리글/바닥글 확인하기

[머리글/바닥글] 영역에 지정한 내용이 표시됩니다.

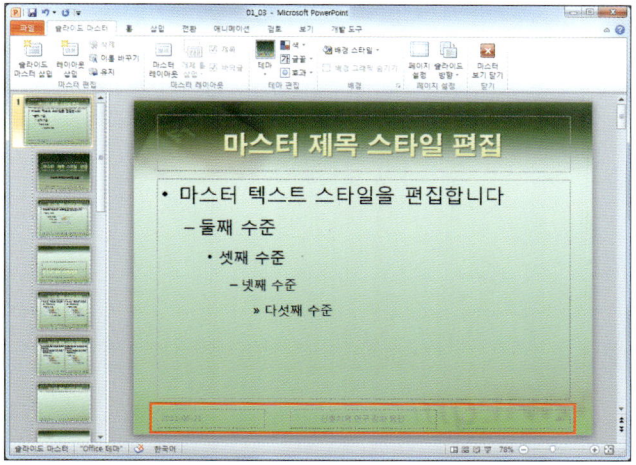

04 글꼴 서식 지정하기

❶[머리글/바닥글] 영역의 개체를 모두 선택하고 ❷[홈] 탭의 [글꼴] 그룹에서 ❸[굵게]([가])를 클릭하여 강조합니다.

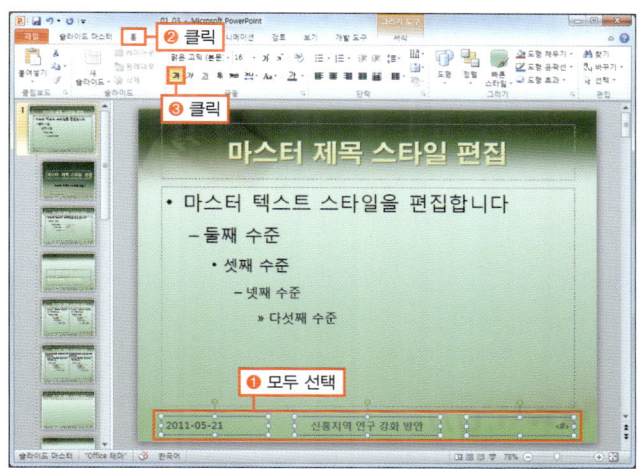

참고

[머리글/바닥글]을 삽입한 후 사용자가 원하는 글꼴을 지정하거나 효과를 적용해 디자인을 변경할 수 있습니다.

05 머리글/바닥글 확인하기

슬라이드 마스터 화면을 빠져나와 파워포인트 편집 화면으로 돌아오면 슬라이드에 바닥글과 슬라이드 번호가 표시된 것을 확인할 수 있습니다.

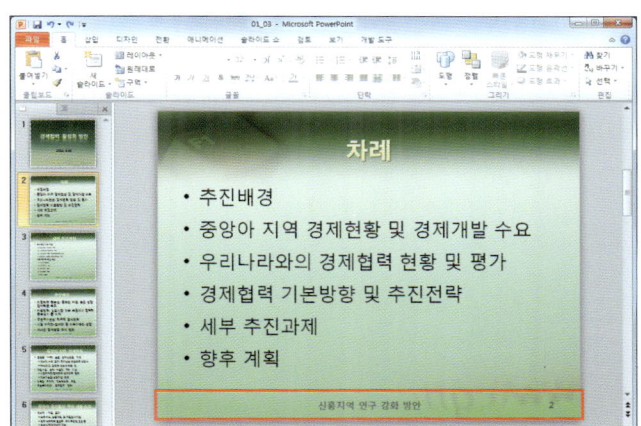

참고

[머리글/바닥글] 대화상자의 [제목 슬라이드에는 표시 안 함] 항목을 선택했기 때문에 제목 슬라이드에는 바닥글과 슬라이드 번호가 표시되지 않습니다.

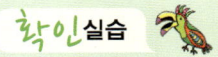

슬라이드 마스터 영역에서 다음과 같이 머리글과 바닥글을 삽입
해 보세요.

◉ **시작 파일** : 3장\02_실습2.pptx
◉ **완료 파일** : 3장\02_실습2_완성.pptx

차례

- 추진배경
- 중앙아 지역 경제현황 및 경제개발 수요
- 우리나라와의 경제협력 현황 및 평가
- 경제협력 기본방향 및 추진전략
- 세부 추진과제
- 향후 계획

프레젠테이션에 하나 이상의 슬라이드 마스터 적용하기

하나의 프레젠테이션에 여러 개의 디자인을 적용하고 싶을 때는 다중 슬라이드 마스터를 작성해야 합니다. 슬라이드 마스터 화면에서 새로운 슬라이드 마스터를 삽입하고 기존의 슬라이드 마스터와 구분되는 디자인을 적용해 다중 슬라이드 마스터를 만들 수 있습니다.

- **시작 파일** : 3장\02_02_완성.pptx
- **완료 파일** : 3장\02_02_다중슬라이드.pptx

1 새로운 슬라이드 마스터 삽입하기

슬라이드 마스터에 하나 이상의 슬라이드 마스터를 적용하려면 ❶[슬라이드 마스터] 탭의 [마스터 편집] 그룹에서 ❷[슬라이드 마스터 삽입](🖼)을 클릭합니다.

2 사용자 지정 슬라이드 마스터 화면 확인하기

새로운 슬라이드 마스터를 삽입하면 사용자 지정 슬라이드 마스터와 그와 연결된 레이아웃이 추가됩니다.

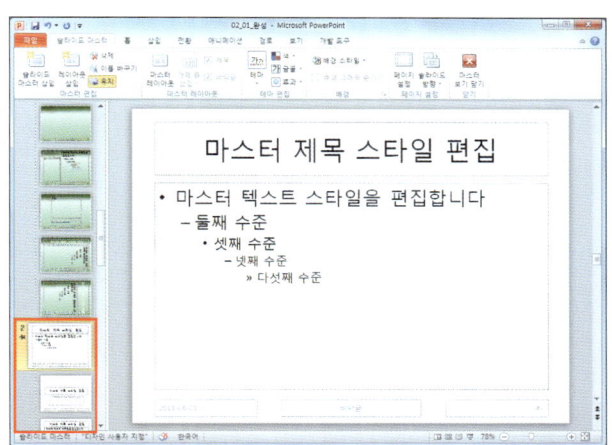

3 새로운 배경 서식 지정하기

새롭게 추가된 슬라이드 마스터에 기존의 슬라이드 마스터와 다른 ❶슬라이드 배경, 텍스트 등의 서식을 지정합니다.

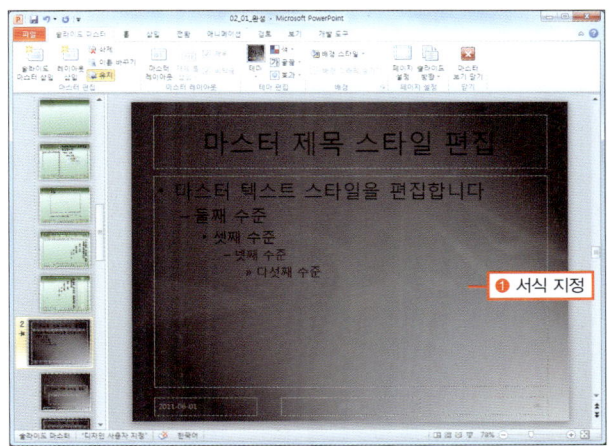

4 추가된 레이아웃 목록 확인하기

❶슬라이드 마스터 화면을 빠져나온 후 ❷[홈] 탭의 [슬라이드] 그룹에서 ❸[레이아웃](▣ 레이아웃 ▾)을 클릭하면 [디자인 사용자 지정] 항목에 새로운 디자인이 추가된 것을 확인할 수 있습니다. ❹[디자인 사용자 지정] 항목의 레이아웃을 선택합니다.

5 새 레이아웃 디자인 적용하기

하나의 프레젠테이션에 전혀 다른 스타일의 슬라이드 문서가 추가된 것을 확인할 수 있습니다.

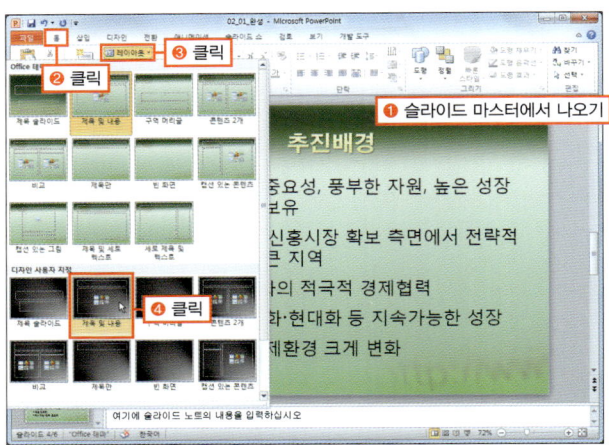

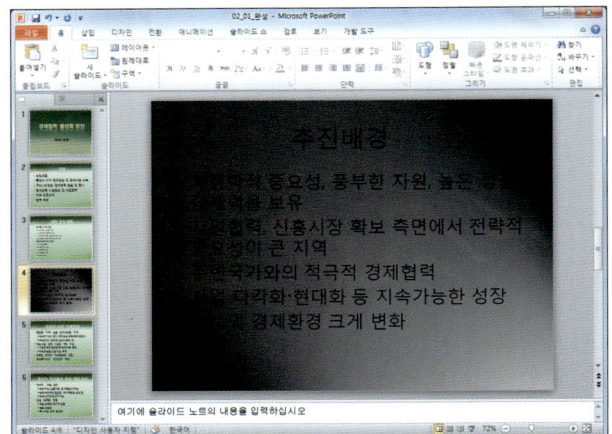

슬라이드 유인물 마스터와
노트 마스터 지정하기

프레젠테이션을 진행하는 동안 참석자에게 나눠줄 유인물의 서식을 지정하는 유인물 마스터와 발표자가 별도로 볼 수 있는 슬라이드 노트의 서식을 지정하는 슬라이드 노트 마스터에 대해 알아봅니다.

다루는 내용

- 유인물 마스터 지정하기
- 슬라이드 노트 마스터 지정하기

기능정리

유인물과 슬라이드 노트 마스터 이해하기

슬라이드 마스터는 유인물이나 슬라이드 노트에도 적용시킬 수 있습니다.

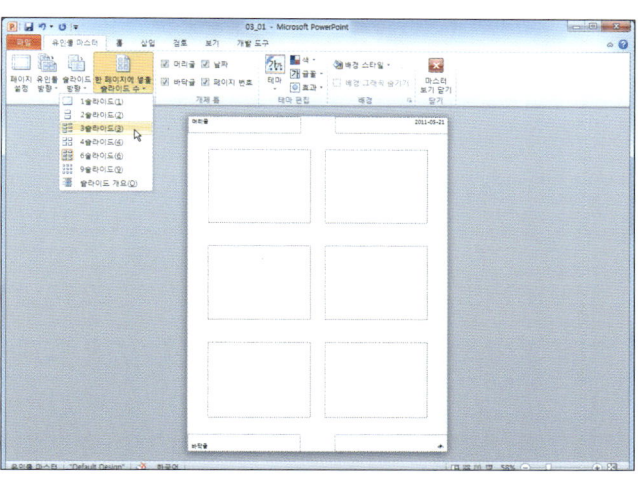

● 유인물 마스터

슬라이드 유인물은 청중에게 배포하는 자료를 말합니다. 유인물의 내용은 단순하게 구성되는 프레젠테이션과는 달리 풍부한 내용으로 구성하기도 합니다. 유인물의 배경이나 머리글, 바닥글 등의 서식은 슬라이드 유인물 마스터에서 지정합니다.

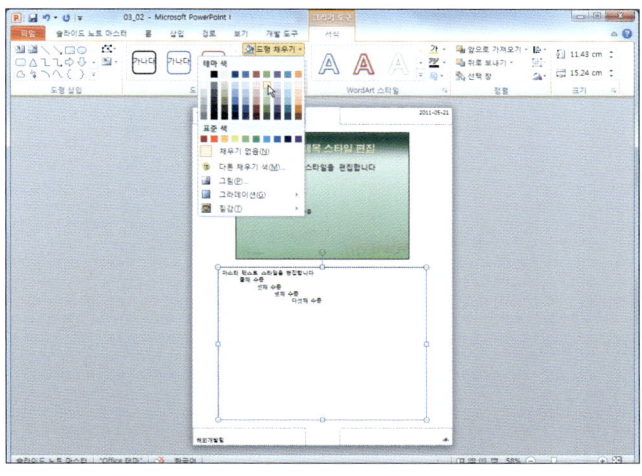

● 슬라이드 노트 마스터

파워포인트 화면의 슬라이드 노트 영역에 슬라이드에 대한 보충 설명을 입력한 후 사용자가 인쇄해서 사용할 수 있습니다. 슬라이드 노트 마스터를 작성하면 일관된 디자인의 슬라이드 노트를 얻을 수 있습니다.

1 (   )은(는) 청중에게 배포하는 자료입니다. 이 (   )에 일관된 서식이나 머리글/바닥글을 적용할 때는 (   ) 마스터를 지정합니다.

답 : 유인물

실습 과정

유인물 마스터 작성하기

유인물 마스터 편집 화면에서 유인물 마스터를 지정하는 방법에 대해 알아봅니다.

◎ **시작 파일** : 3장\03_01.pptx
◎ **완료 파일** : 3장\03_01_완성.pptx

01 유인물 마스터 선택하기

❶[보기] 탭의 [마스터 보기] 그룹에서 ❷[유인물 마스터](▦)를 클릭합니다.

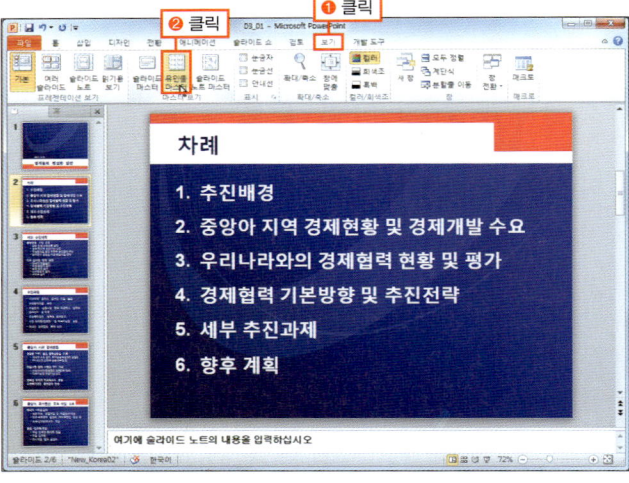

02 유인물 페이지 설정하기

유인물 마스터 편집 화면의 [유인물 마스터] 탭의 [페이지 설정] 그룹에서 ❶[한 페이지에 넣을 슬라이드 수](▦)를 ❷[3 슬라이드]로 지정합니다.

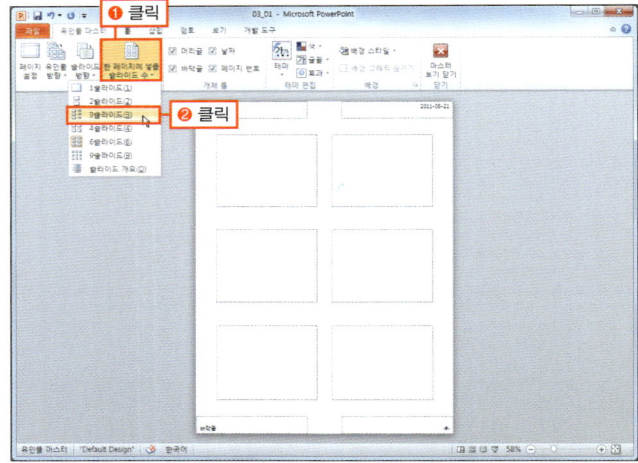

03 머리글/바닥글 선택하기

한 페이지에 3개의 슬라이드가 표시되는 유인물 형태로 변경되면 ❶[삽입] 탭의 [텍스트] 그룹에서 ❷[머리글/바닥글](🖾)을 클릭합니다.

04 머리글/바닥글 입력하기

[머리글/바닥글] 대화상자가 [슬라이드 노트 및 유인물] 탭이 선택된 상태로 나타납니다. ❶[머리글/바닥글]의 내용을 다음과 같이 지정한 후 ❷[모두 적용]을 클릭합니다.

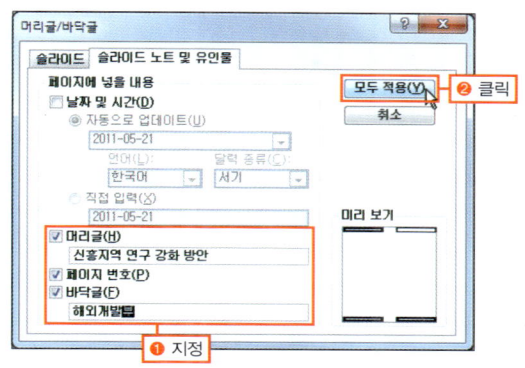

05 마스터 보기 닫기

유인물에 [머리글/바닥글]이 적용되면 ❶[유인물 마스터] 탭의 [닫기] 그룹에서 ❷[마스터 보기 닫기](🖾)를 클릭합니다.

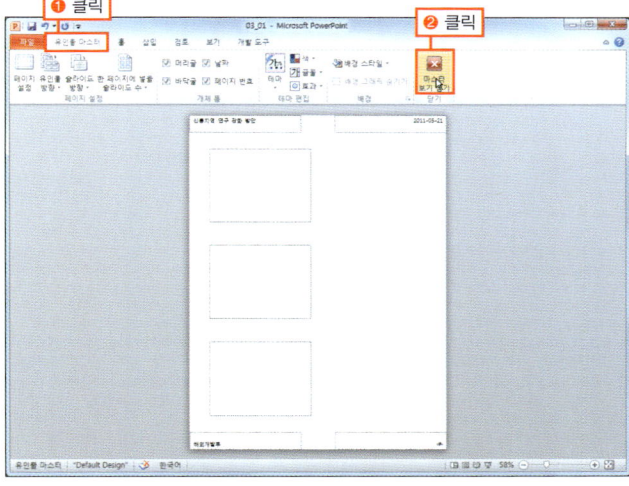

06 유인물 형태 확인하기

유인물 마스터에서 적용한 서식이 어떻게 인쇄 용지에 나타나는지 확인하기 위해 ❶[파일] 탭의 ❷[인쇄]를 클릭합니다. 백스테이지 화면에 문서의 미리 보기가 표시되고 왼쪽에 인쇄 옵션이 나타나면 ❸[인쇄 모양]을 클릭한 후 [유인물]의 [3슬라이드]를 선택합니다.

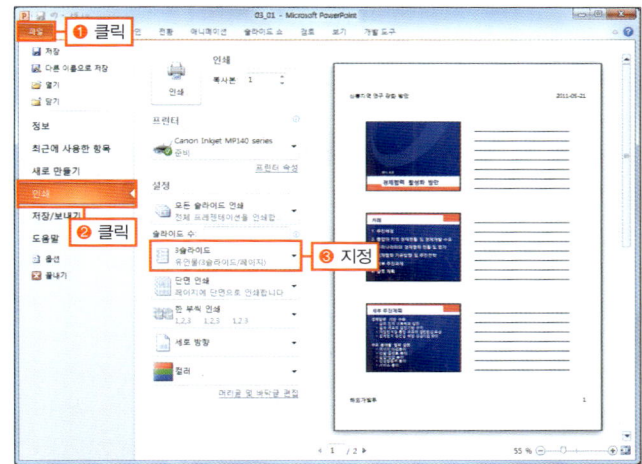

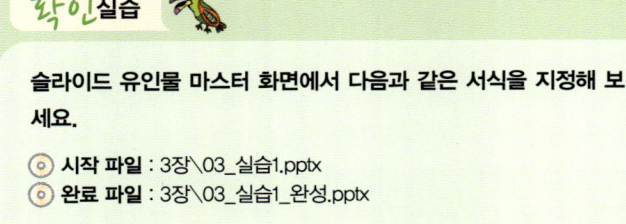

슬라이드 유인물 마스터 화면에서 다음과 같은 서식을 지정해 보세요.

◎ **시작 파일** : 3장\03_실습1.pptx
◎ **완료 파일** : 3장\03_실습1_완성.pptx

실습과정 슬라이드 노트 마스터 작성하기

슬라이드 노트 마스터 편집 화면에서 슬라이드 노트 서식을 지정하는 방법에 대해 알아봅니다.

◎ **시작 파일** : 3장\03_02.pptxi
◎ **완료 파일** : 3장\03_02_완성.pptx

01 슬라이드 노트 창 조절하기

❶슬라이드 2를 선택하고 ❷슬라이드 노트 영역의 경계에서 마우스를 드래그하여 슬라이드 노트 영역을 넓혀줍니다.

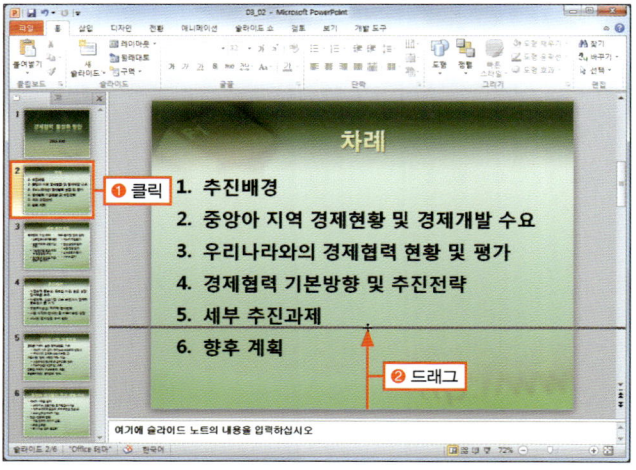

02 슬라이드 노트 입력하기

슬라이드 노트 영역에 해당 슬라이드에 대한 ❶보충 설명을 입력합니다.

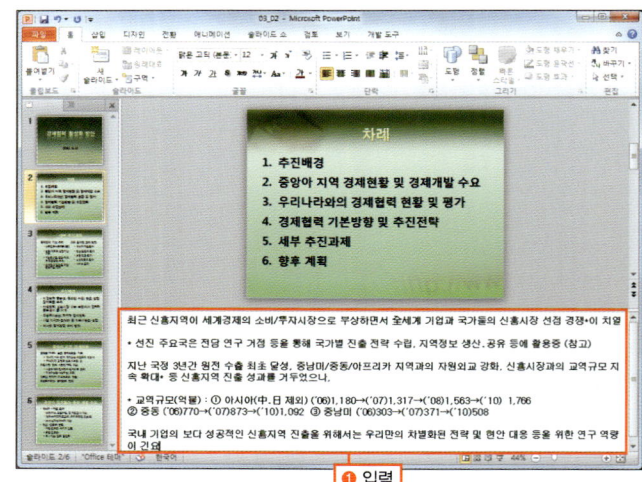

03 머리글/바닥글 입력하기

❶[보기] 탭의 [마스터 보기] 그룹에서 [슬라이드 노트 마스터](📄)를 클릭합니다. [슬라이드 노트 마스터] 영역으로 변경되면 ❷[삽입] 탭의 [텍스트] 그룹에서 ❸[머리글/바닥글](📄)을 클릭하고 ❹머리글과 바닥글을 다음과 같이 지정한 후 ❺[모두 적용]을 클릭합니다.

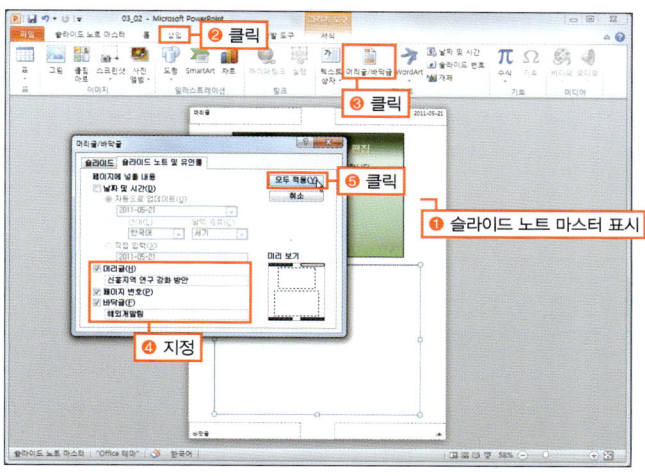

04 텍스트 상자 서식 지정하기

슬라이드 노트 마스터의 ❶텍스트 상자를 선택하고 ❷[그리기 도구-서식] 탭의 [도형 스타일] 그룹에서 ❸[도형 채우기](🎨도형 채우기 ▾)를 클릭한 후 ❹[황록색, 강조 3, 80% 더 밝게]를 선택합니다.

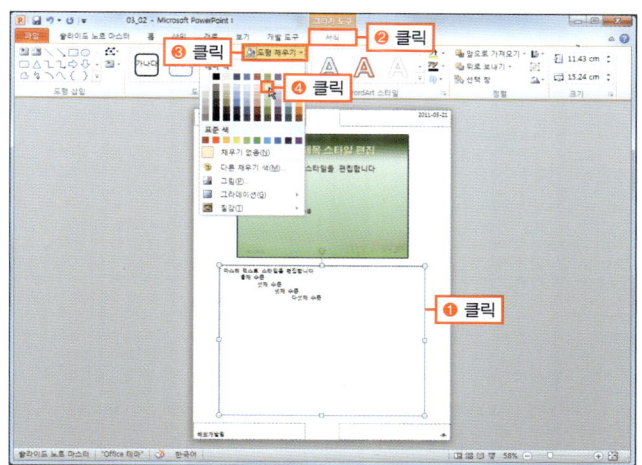

05 유인물 마스터 보기 닫기

슬라이드 노트 마스터 서식을 모두 지정한 후 ❶[슬라이드 노트 마스터] 탭의 [닫기] 그룹에서 [마스터 보기 닫기](❌)를 클릭합니다.

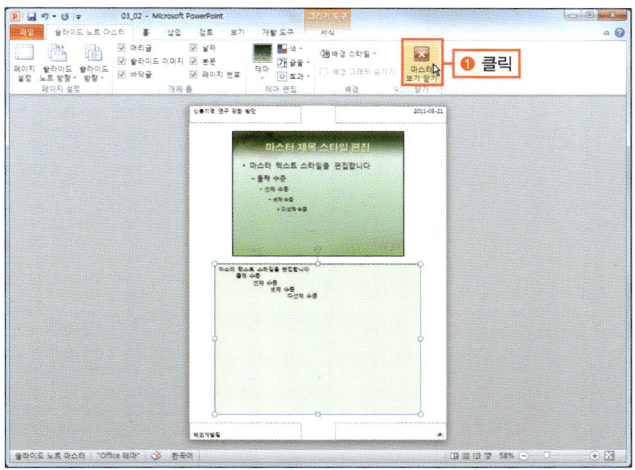

06 인쇄 형태 지정하기

파워포인트 작업 창으로 돌아오면 ❶[파일] 탭의 ❷[인쇄]를 선택하고 백스테이지 화면에서 ❸[인쇄 모양]을 ❹[슬라이드 노트]로 지정합니다.

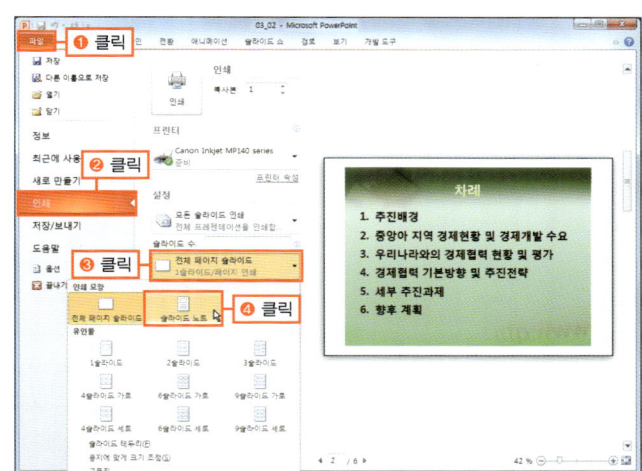

07 슬라이드 노트 형태 확인하기

백스테이지의 창에서 슬라이드 노트를 인쇄하기 전에 미리 볼 수 있습니다.

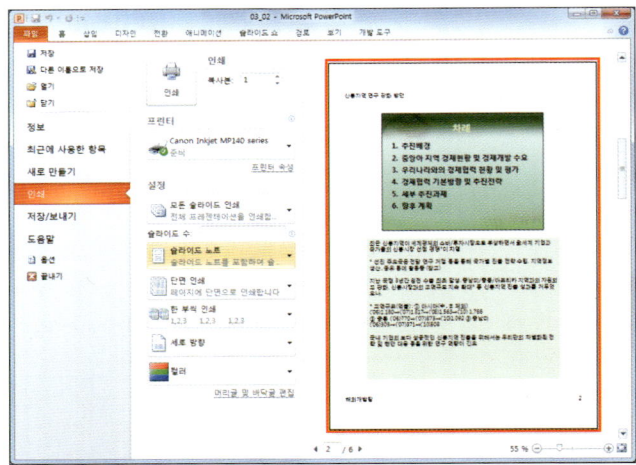

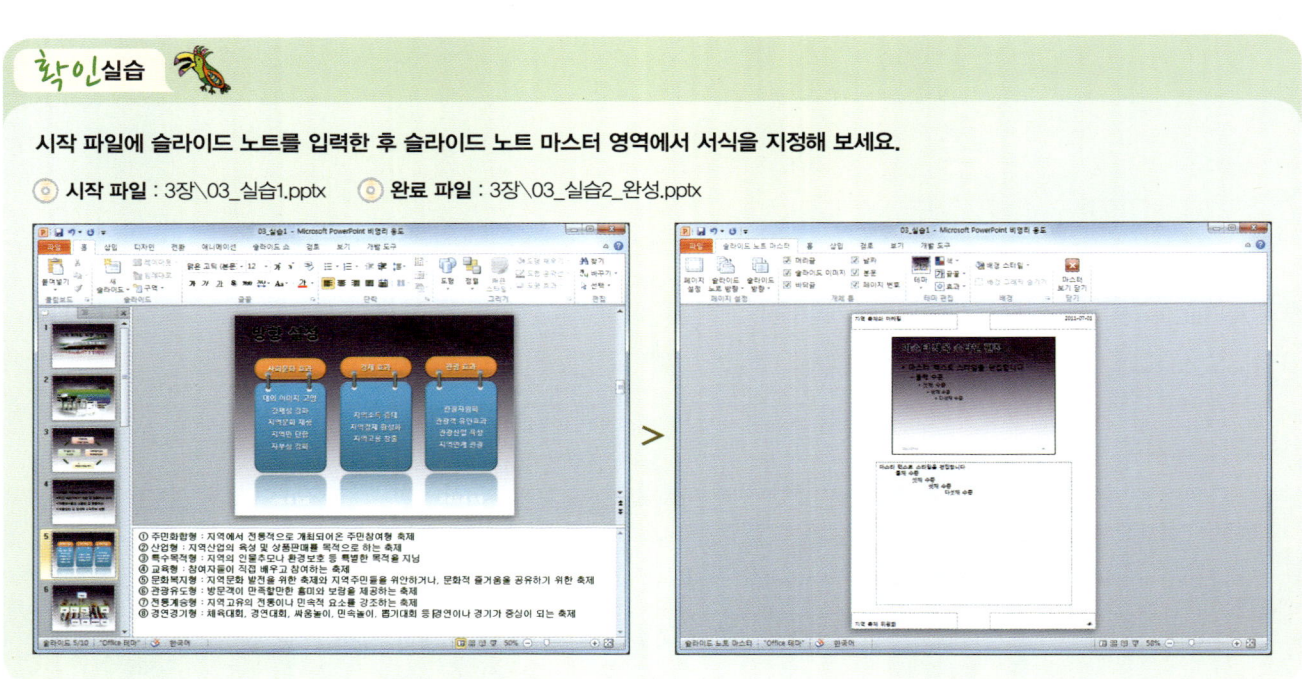

시작 파일에 슬라이드 노트를 입력한 후 슬라이드 노트 마스터 영역에서 서식을 지정해 보세요.

◎ **시작 파일** : 3장\03_실습1.pptx   ◎ **완료 파일** : 3장\03_실습2_완성.pptx

MS 워드에서 유인물 만들기

MS 워드에서 편집하고 서식을 지정할 수 있는 프레젠테이션 유인물을 만드는 방법에 대해 알아봅니다.

◉ **시작 파일** : 3장\03_03.pptx
◉ **완료 파일** : 3장\03_03_완성.docx

01 유인물 만들기

❶[파일] 탭의 ❷[저장/보내기]를 클릭합니다. ❸[유인물 만들기]를 클릭하고 ❹[유인물 만들기](🖼️)를 선택합니다.

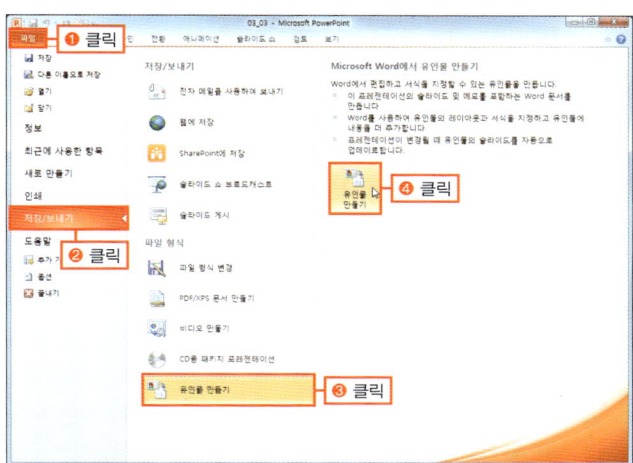

02 유인물 레이아웃 선택하기

[Microsoft Word로 보내기] 대화상자가 나타나면 ❶유인물 페이지 레이아웃 목록 중 [슬라이드 아래 설명문]을 선택한 후 ❷[확인]을 클릭합니다.

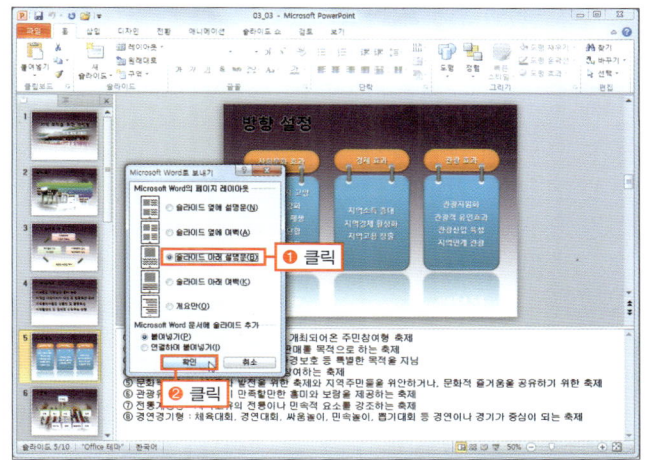

 참고

원본 프레젠테이션의 내용이 업데이트될 때 변경되지 않은 상태로 유지할 내용을 붙여 넣으려면 [붙여넣기]를 클릭한 다음 [확인]을 클릭합니다. 원본 프레젠테이션의 업데이트를 워드 문서에 반영하려면 [연결하여 붙여넣기]를 클릭한 다음 [확인]을 클릭합니다.

03 워드 문서 확인하기

MS 워드 프로그램에 해당 프레젠테이션이 선택한 레이아웃으로 삽입됩니다.

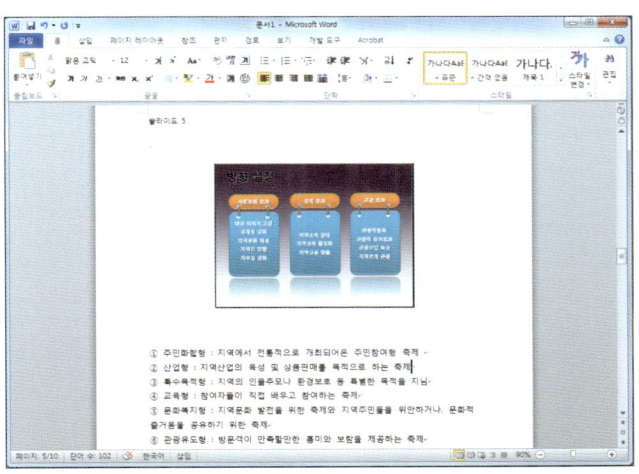

참고

프레젠테이션이 새 창에 워드 문서로 열리면 모든 워드 문서를 편집하거나 인쇄하거나 다른 이름으로 저장할 수 있습니다.

04 워드 문서 편집하기

❶워드에 삽입된 그림의 크기를 보기 좋은 형태로 조절합니다.

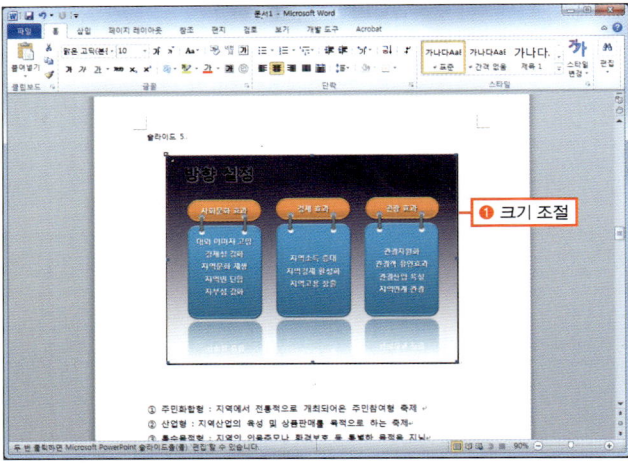

05 워드 문서로 저장하기

❶[파일] 탭의 [다른 이름으로 저장]을 선택하고 [다른 이름으로 저장] 대화상자가 나타나면 ❷파일의 이름을 지정한 후 ❸[저장]을 클릭합니다.

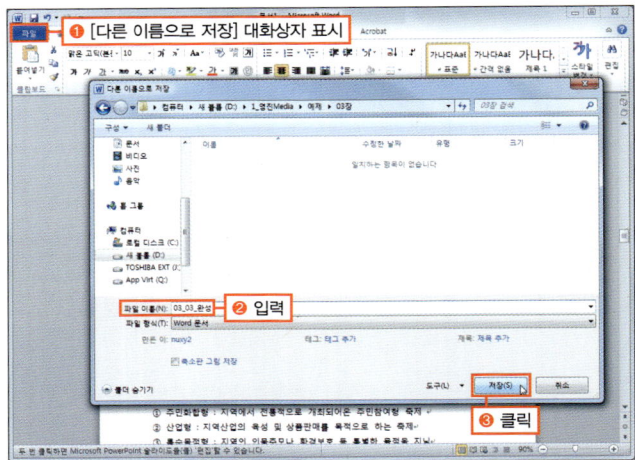

확인실습

시작 파일을 다음과 같은 레이아웃 형태의 워드 유인물로 만들어 보세요.

◎ **시작 파일** : 3장\03_실습3.pptx
◎ **완료 파일** : 3장\03_실습3_완성.docx

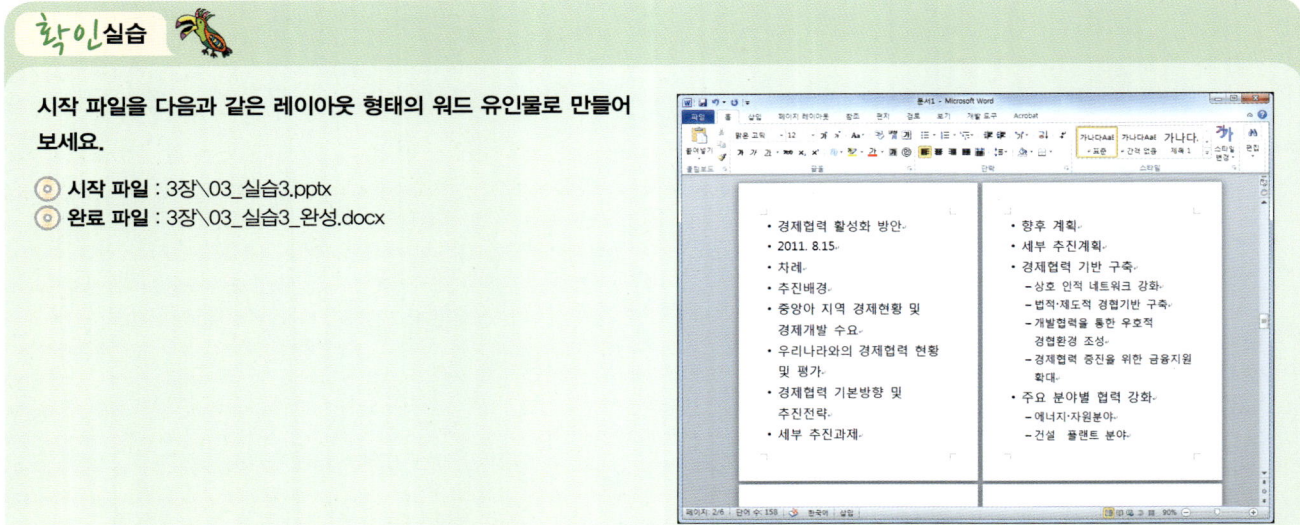

서식 파일 만들기

파워포인트 서식 파일은 레이아웃, 테마 색, 테마 글꼴, 테마 효과, 배경 스타일 등을 포함한 콘텐츠 그룹으로 '*.potx' 파일로 저장됩니다. 슬라이드 마스터 기능으로 서식을 지정한 프레젠테이션 문서를 별도의 서식 파일로 저장하면 나만의 서식 파일을 프레젠테이션에 적용시킬 수 있습니다.

◎ **시작 파일** : 3장\02_01_완성.pptx
◎ **완료 파일** : 3장\02_01_완성.potx

1 슬라이드 삭제하기

슬라이드 마스터로 서식을 지정한 프레젠테이션 파일을 열고 ❶[슬라이드 및 개요] 창에서 슬라이드를 모두 선택한 후 Delete 를 눌러 슬라이드 내용을 모두 삭제합니다.

2 서식 파일로 저장하기

❶[파일] 탭을 클릭한 후 [다른 이름으로 저장]을 선택하고 [다른 이름으로 저장] 대화상자가 나타나면 ❷[파일 형식]을 [Power Point 서식 파일]로 지정합니다. 저장 폴더가 'Templates' 폴더로 자동 변경되면 ❸[파일 이름]을 입력한 후 ❹[저장]을 클릭합니다.

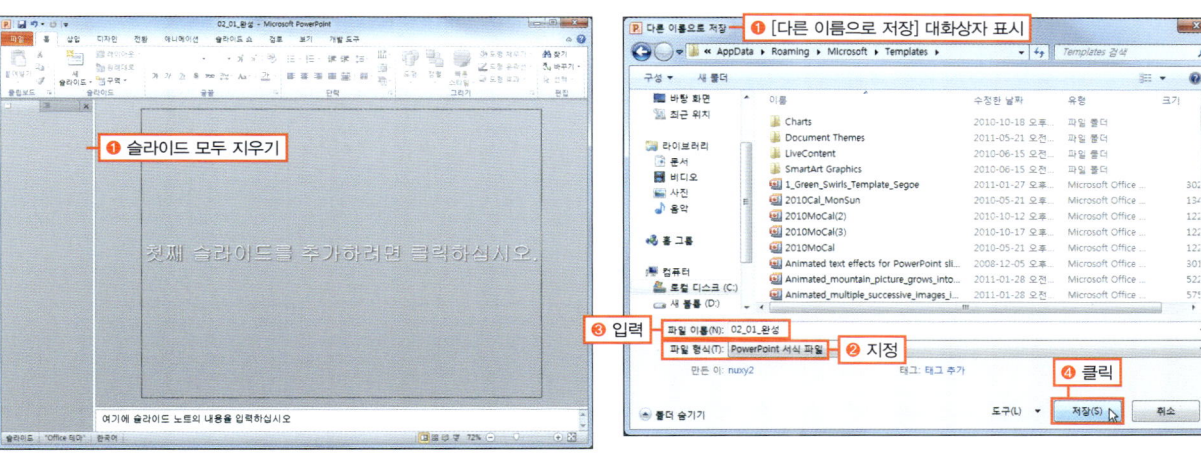

3 저장된 서식 파일 적용하기

사용자 지정 서식 파일을 새로운 프레젠테이션에 적용할 때는 ❶[파일] 탭을 클릭한 후 ❷[새로 만들기]의 ❸[내 서식 파일]을 선택합니다.

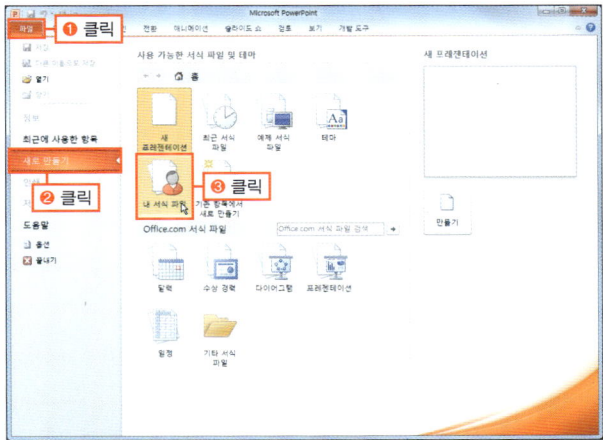

4 **저장한 서식 파일 선택하기**

[새 프레젠테이션] 대화상자가 나타나면 ❶서식 파일 목록에서 저장해둔 파일을 선택한 후 ❷[확인]을 클릭합니다.

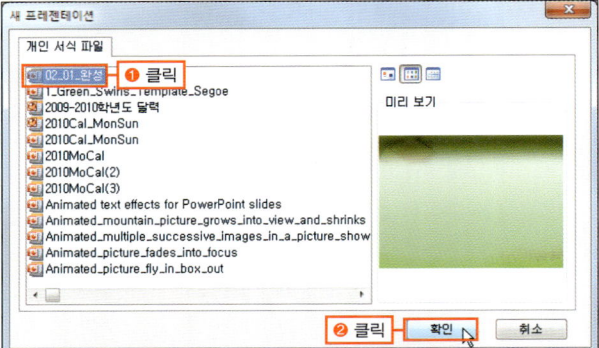

5 **서식 파일 적용 확인하기**

새 프레젠테이션에 저장해둔 서식 파일이 적용된 문서가 나타납니다.

특집 페이지 설정하기

기본적으로 파워포인트 2010의 슬라이드 레이아웃은 '가로' 페이지의 방향과 '화면 슬라이드쇼' 형태로 표시되지만, 필요에 따라 슬라이드의 방향과 크기를 변경할 수 있습니다.

◎ **시작 파일** : 3장\페이지설정.pptx

1 [페이지 설정] 클릭하기

❶[디자인] 탭의 [페이지 설정] 그룹에서 [페이지 설정](▭)을 클릭하고 [페이지 설정] 대화상자가 나타나면 슬라이드의 크기와 방향 등을 지정할 수 있습니다.

2 슬라이드 크기 선택하기

❶[페이지 설정] 대화상자의 [슬라이드 크기]의 목록에서 원하는 크기를 선택한 후 ❷[확인]을 클릭합니다.

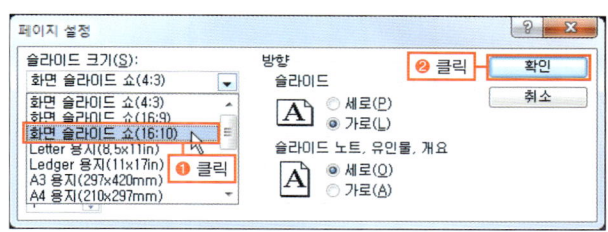

3 작업 화면 확인하기

지정한 슬라이드 크기로 파워포인트 작업 화면이 변경됩니다.

4 슬라이드 시작 번호 변경하기

슬라이드에 표시되는 시작 번호를 사용자 임의대로 변경할 수 있습니다. ❶[페이지 설정] 대화상자의 [슬라이드 시작 번호]에 원하는 숫자를 지정한 후 ❷[확인]을 클릭합니다.

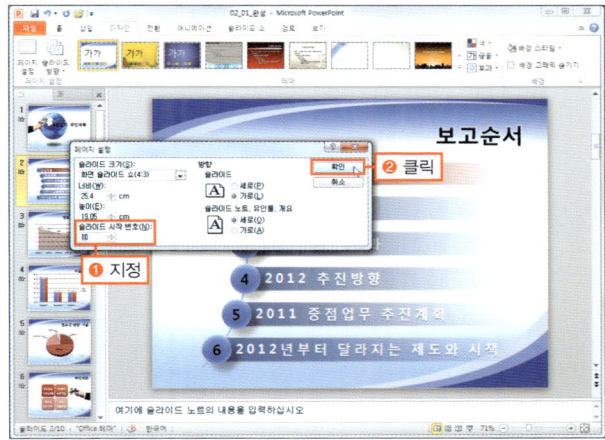

참고 ● 세로 방향으로 슬라이드 화면 변경하기

❶[페이지 설정] 대화상자의 [방향]에서 슬라이드의 방향을 [세로]
로 ❷변경하거나 [디자인] 탭의 [페이지 설정] 그룹에서 [슬라이드
방향](🖼)을 클릭한 후 방향을 [세로]로 선택하면 기본 가로 방향인
슬라이드를 세로로 변경할 수 있습니다.

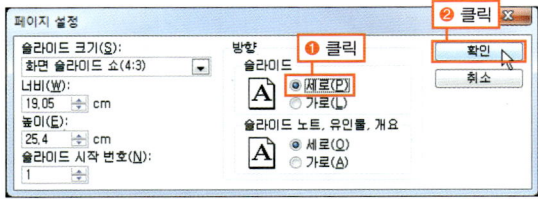

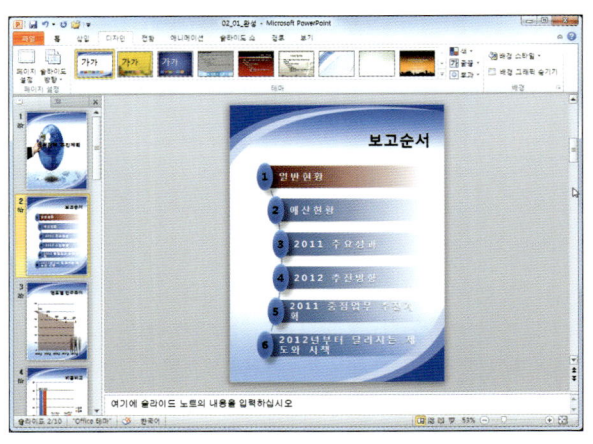

5 슬라이드 번호 적용하기

❶[삽입] 탭의 [텍스트] 그룹에서 ❷[슬라이드 번호](📑)를 클릭
합니다. [머리글/바닥글] 대화상자에서 ❸[슬라이드 번호]를 선
택하고 ❹[적용]이나 [모두 적용]을 클릭합니다.

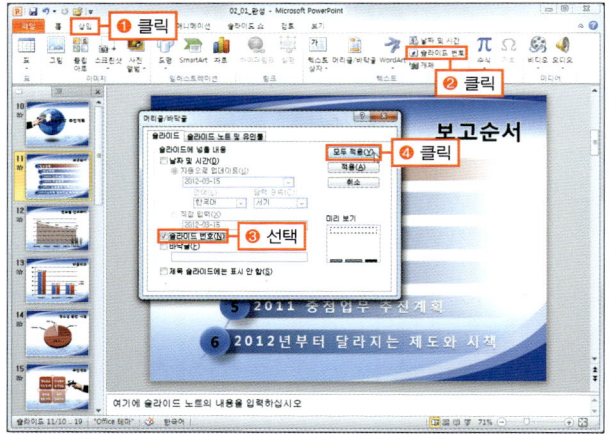

6 슬라이드 번호 확인하기

슬라이드 번호가 지정한 숫자대로 표시됩니다.

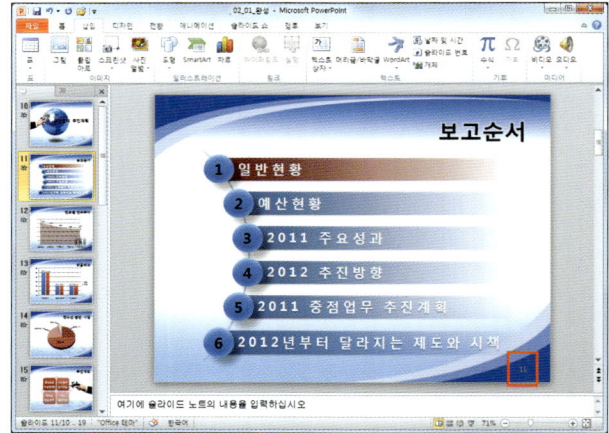

1 슬라이드 마스터 영역에서 슬라이드 배경에 그림 파일을 적용하고 텍스트 서식을 변경하여 'after'와 같은 결과 슬라이드를 완성해 보세요.

◎ **시작 파일** : 3장\03_응용실습1.pptx
◎ **완료 파일** : 3장\03_응용실습1_완성.pptx
◎ **해설 파일** : 해설파일\3장\03_응용실습1_해설.pdf

Before

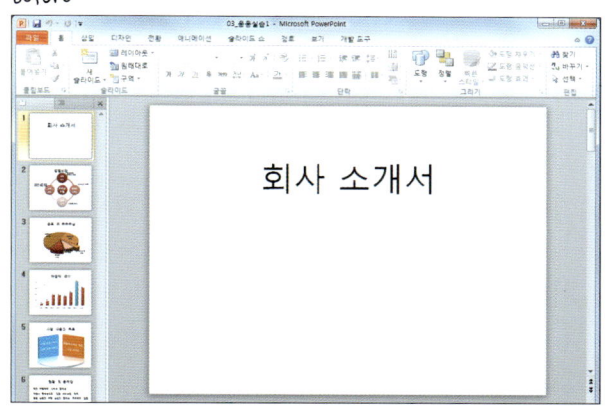

After

❶제목 슬라이드 레이아웃 – 배경 그림 : 배경20.jpg, 제목 텍스트 : HY헤드라인M, 44pt, [채우기-흰색, 그림자-원근감 대각선 오른쪽 위] 텍스트 효과 지정 ❷Office 테마 슬라이드 마스터 – 배경 그림 : 배경19.jpg, 제목 텍스트 상자 : [채우기-흰색, 그림자] 워드아트 스타일 지정, [원근감 대각선 오른쪽 위] 텍스트 효과 지정

2 슬라이드 마스터 영역에 배경 그림을 적용하고 머리글과 바닥글을 지정해 보세요.

◎ **시작 파일** : 3장\03_응용실습1.pptx
◎ **완료 파일** : 3장\03_응용실습2_완성.pptx
◎ **해설 파일** : 해설파일\3장\03_응용실습2_해설.pdf

Before

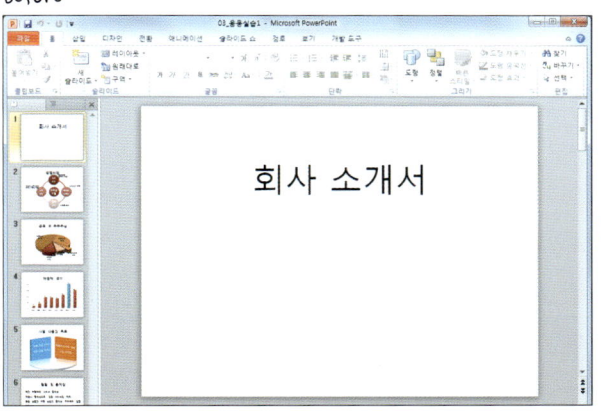

After

❶제목 슬라이드 레이아웃 – 배경 그림 : 배경21.jpg, 제목 텍스트 : HY견고딕, 48pt, [채우기-흰색, 그림자] 워드아트 스타일 지정, [파랑, 5pt 네온, 강조색 1] 텍스트 효과 지정 ❷Office 테마 슬라이드 마스터 – 배경 그림 : 배경22.jpg, 제목 텍스트 상자, [머리글/바닥글] 지정

PART

04

슬라이드에 도형과
스마트아트 삽입하기

프레젠테이션의 내용을 전달할 때 텍스트보다는 도형과 스마트아트를 사용하면 훨씬 명확하게 내용

을 전달할 수 있습니다. 다양한 도형과 스마트아트를 슬라이드에 삽입하고 서식과 도형 효과를 지정

하여 눈에 띄는 프레젠테이션을 작성하는 방법에 대해 알아봅니다.

POWERPOINT 2010

01

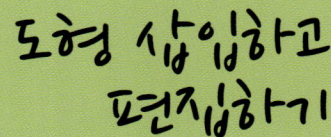

Powerpoint 2010

도형 삽입하고
편집하기

슬라이드에 도형을 삽입하고 크기와 위치를 변경하는 방법과 도형을 선택한 후 복사하는 방법에 대해 알아봅니다.

다루는 내용

- 도형 삽입하기
- 도형 선택하기

- 도형 이동 및 복사하기

기능 정리

도형의 선택 방법 알아보고 안내선 활용하기

슬라이드에 삽입된 도형을 선택하는 방법과 눈금선과 안내선을 활용하는 방법에 대해 알아봅니다.

● 도형 선택하기

슬라이드에 삽입된 도형을 선택하는 방법은 도형을 마우스로 클릭하는 것입니다. 하지만 하나 이상의 도형을 선택할 때는 키보드의 Shift 를 누른 채 선택하려는 도형을 계속해서 클릭합니다.

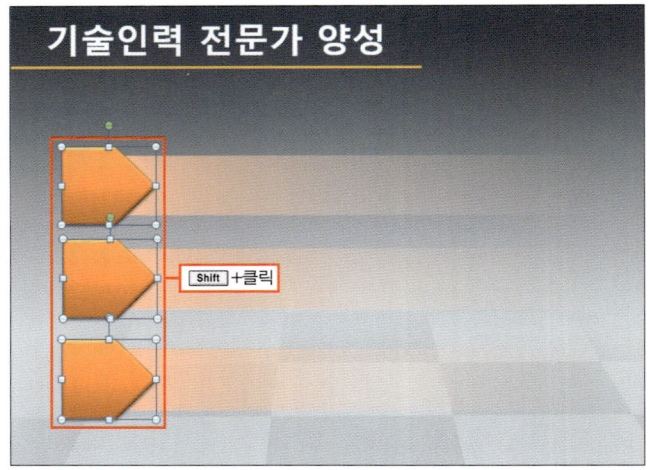

마우스를 이용해 선택하려는 도형이 모두 포함되도록 드래그하면 드래그한 영역에 완전히 포함되는 도형은 모두 선택할 수 있습니다.

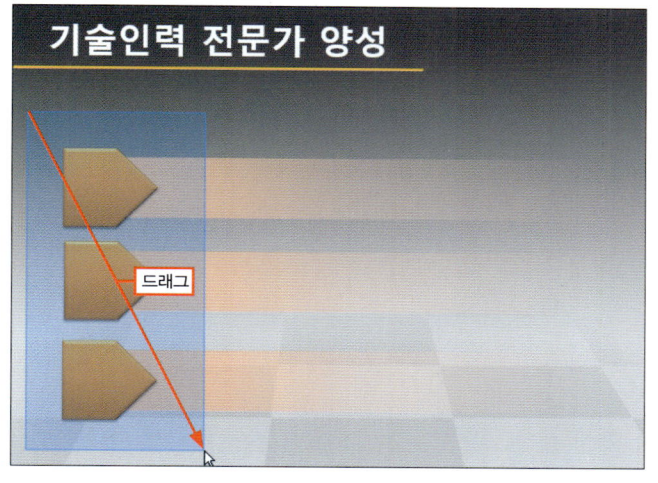

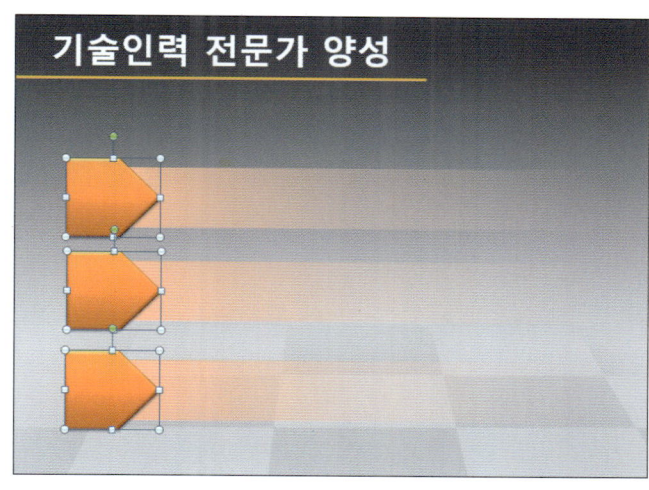

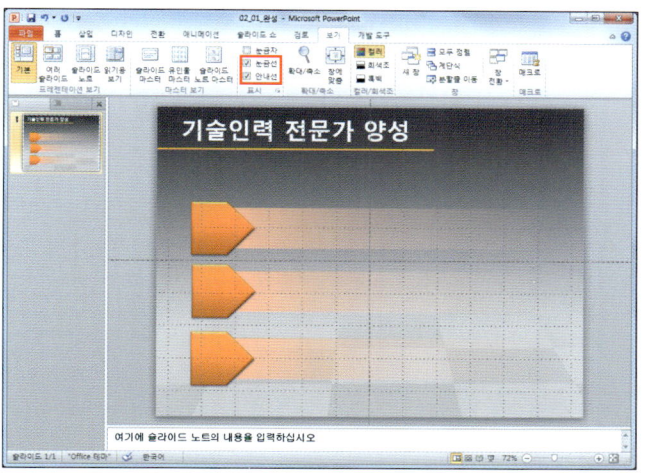

● 눈금선과 안내선 표시하기

눈금선과 안내선은 그리기 개체를 슬라이드에 삽입한 후 정밀한 작업을 해야 할 경우 유용합니다. 슬라이드에 눈금 선과 안내선을 나타낼 때는 [보기] 탭의 [표시] 그룹에서 [눈금선]과 [안내선] 항목을 선택합니다.

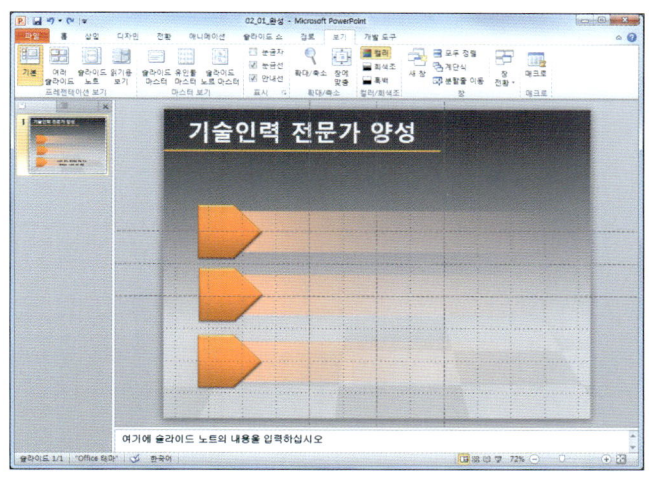

슬라이드에 안내선을 표시하면 슬라이드의 가로, 세로, 정 중앙에 점선이 나타납니다. 슬라이드에 삽입된 개체를 안 내선에 맞춰 이동시킬 때 사용합니다. 안내선을 여러 개 표 시할 때는 Ctrl 을 누른 상태에서 기존의 안내선을 마우스 로 드래그하면 됩니다. 반대로 슬라이드에서 안내선을 삭 제할 때는 안내선을 슬라이드 바깥쪽으로 드래그합니다.

실습과정 · 도형 삽입하기

슬라이드에 도형을 삽입하고 선택하는 방법에 대해 알아봅니다.

◎ **시작 파일** : 4장\01_01.pptx

01 도형 선택하기

❶ [홈] 탭의 [그리기] 그룹에서 ❷ [도형]()을 클릭하고
❸ [직사각형]()을 선택합니다.

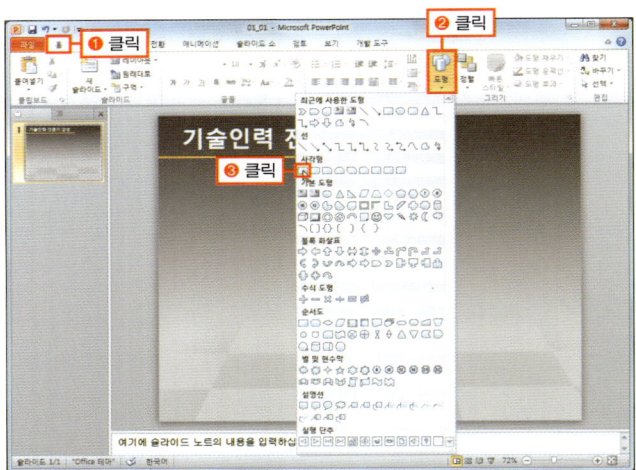

02 도형 크기 지정하기

슬라이드에 원하는 크기만큼 ❶ 마우스로 드래그합니다.

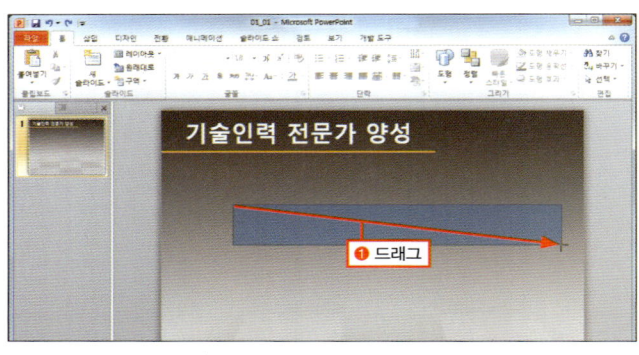

03 도형 이동하기

슬라이드에 삽입된 도형을 이동시킬 때는 ❶ 도형을 선택
한 후 원하는 위치로 ❷ 드래그합니다.

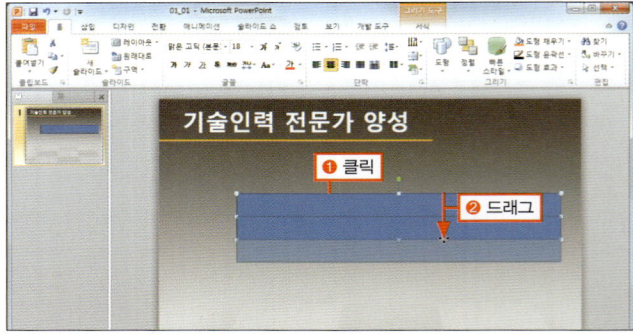

04 도형 추가로 삽입하기

다시 ❶[홈] 탭의 [그리기] 그룹에서 [도형](🖼)을 클릭하고 도형 목록에서 [오각형](▷)을 클릭합니다. ❷마우스를 드래그하여 슬라이드에 오각형을 삽입합니다.

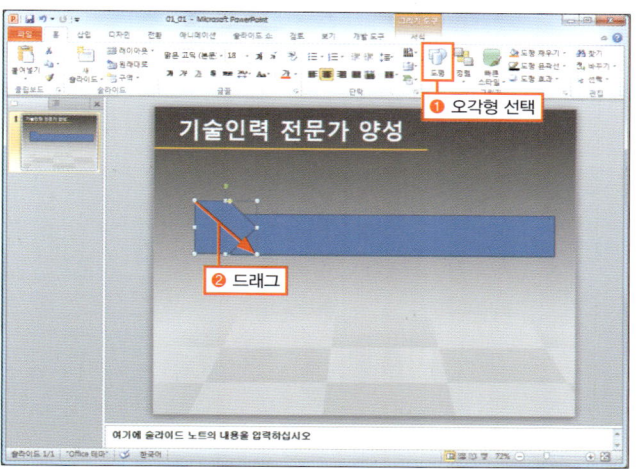

05 도형 정확하게 이동하기

오각형 도형을 드래그하면 앞서 삽입한 직사각형에 자동으로 맞출 수 있도록 안내선이 나타납니다. 두 도형이 ❶중앙에 맞춰질 수 있도록 드래그합니다.

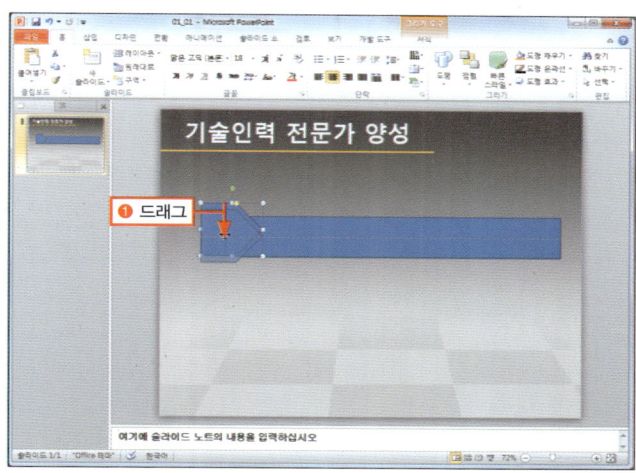

참고 • 자동으로 도형 맞추기

슬라이드에 도형을 여러 개 삽입하고 그 중 하나를 드래그하여 옮기면 다른 도형에 맞출 수 있도록 도형에 자동으로 안내선이 나타납니다. 도형의 왼쪽, 오른쪽, 중앙, 위, 아래쪽으로 맞춤 정렬이 될 수 있도록 안내선에 맞춰 도형을 옮기면 메뉴를 사용하지 않고도 간단하게 맞춤 정렬이 가능합니다.

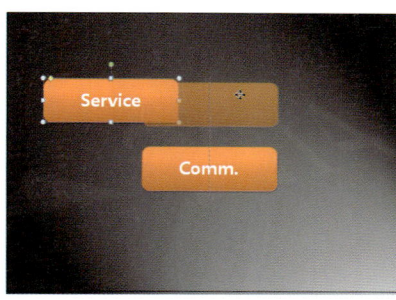

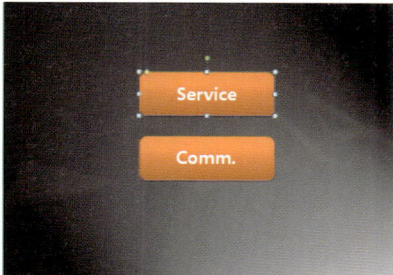

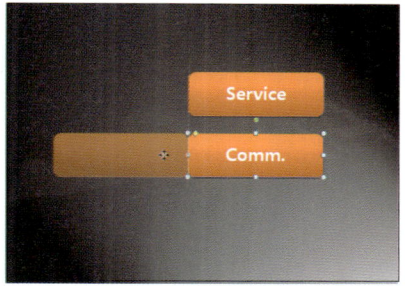

---

06 도형 선택하기

삽입된 도형을 모두 선택하기 위해 ❶도형이 모두 포함되도록 마우스로 드래그하여 도형을 선택합니다.

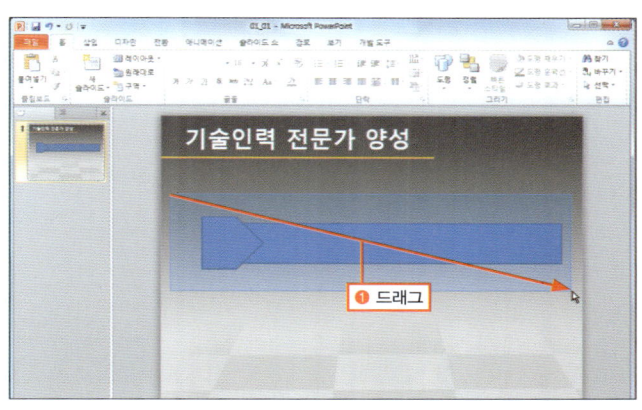

참고 •

Shift 를 누른 상태에서 도형을 각각 클릭해도 여러 개의 도형을 선택할 수 있습니다.

도형을 선택하면 다음과 같이 흰색의 크기 조절점과 초록색의 방향 조절점, 노란색의 모양 조절점이 표시됩니다. 흰색의 조절점 중 도형의 상하좌우 및 중앙에 위치한 사각형 흰색 조절점을 드래그하면 한 방향으로만 크기가 조절되며, 모서리의 원형 조절점은 가로와 세로 크기가 함께 조절됩니다. 이때 Shift 를 누른 채 모서리의 원형 조절점을 드래그하면 가로와 세로가 같은 비율로 도형의 크기가 조절됩니다.

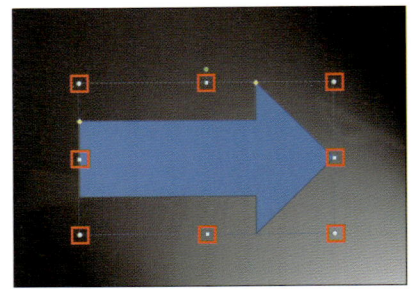

노란색의 모양 조절점을 마우스로 드래그하면 삽입된 도형의 각도나 기울기를 조절하여 모양을 변경합니다.

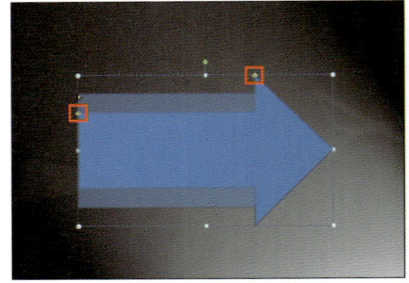 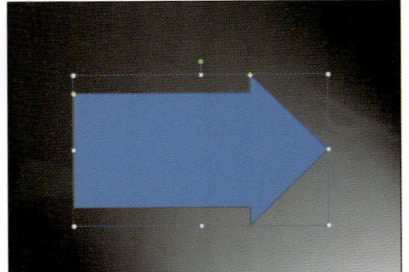

도형의 위쪽 중앙의 초록색 조절점을 드래그하면 도형을 원하는 방향으로 회전시킬 수 있습니다.

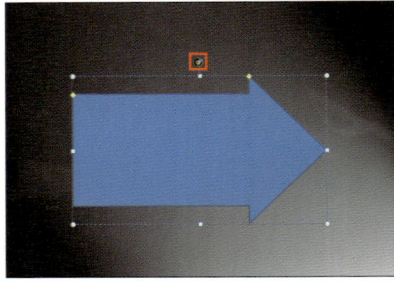 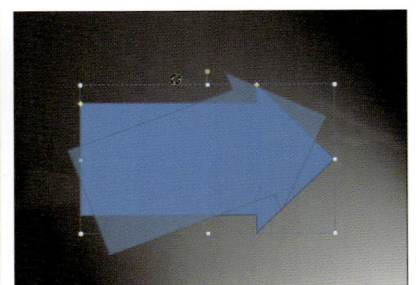

 확인실습

슬라이드에 다음과 같은 도형을 삽입해 보세요.

◎ **시작 파일** : 4장\01_실습1.pptx
◎ **완료 파일** : 4장\01_실습1_완성.pptx

실습 과정

도형 복사하기

선택한 도형을 복사하는 방법에 대해 알아봅니다.

◎ **시작 파일** : 앞의 실습과정에 이어서 작업합니다.
◎ **완료 파일** : 4장\01_01_완성.pptx

01 도형 선택하기

키보드의 ❶Ctrl을 누른 상태에서 선택한 도형에 ❷마우스 포인터를 위치시키면 마우스 포인터의 모양이 로 변경됩니다.

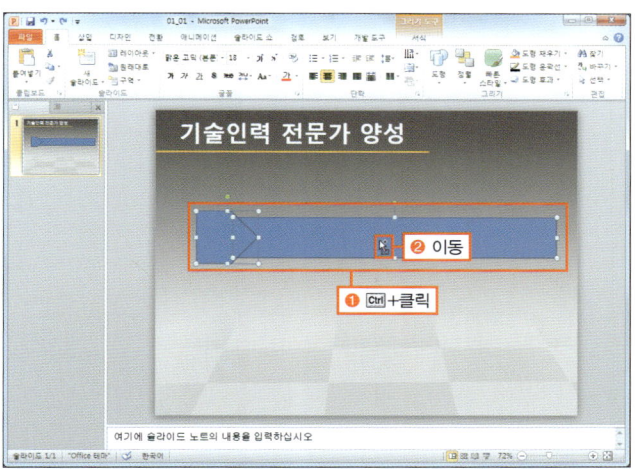

02 도형 복사하기

❶Ctrl을 누른 상태에서 선택한 도형을 드래그하면 선택한 도형이 복사됩니다. ❷한 번 더 아래로 드래그하여 3개의 도형이 되도록 복사합니다.

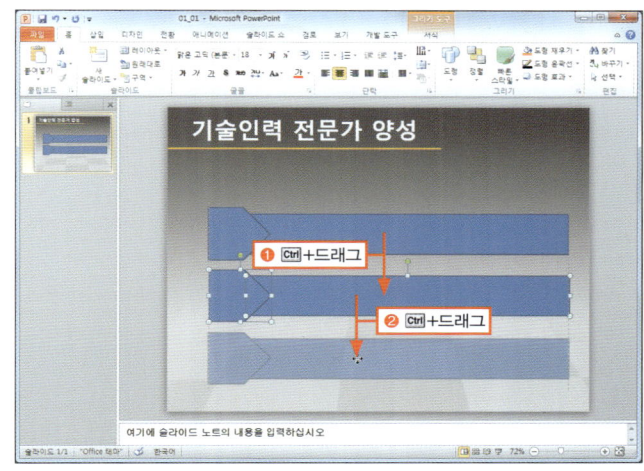

참고 ● 도형 복제하기

❶도형을 선택하고 ❷Ctrl+D를 누르면 같은 도형이 복제됩니다. 복사/붙여넣기 기능을 사용하지 않아도 도형을 쉽게 복제할 수 있다는 장점이 있습니다. Ctrl+D를 반복해서 누를 때마다 도형이 복제됩니다.

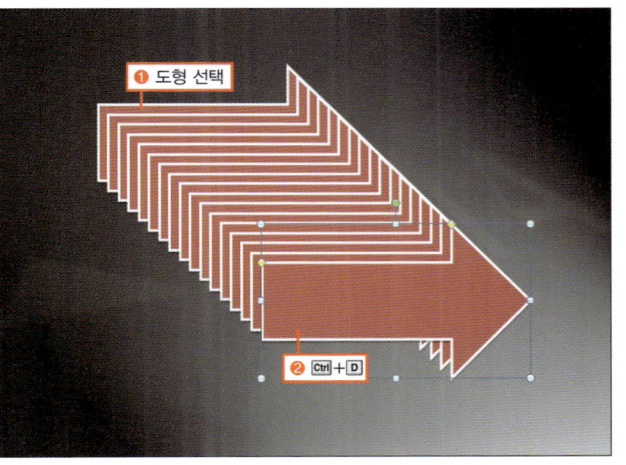

03 도형 이동하기

복사된 ❶도형을 모두 선택한 후 ❷마우스로 드래그하여
원하는 위치로 이동시킵니다.

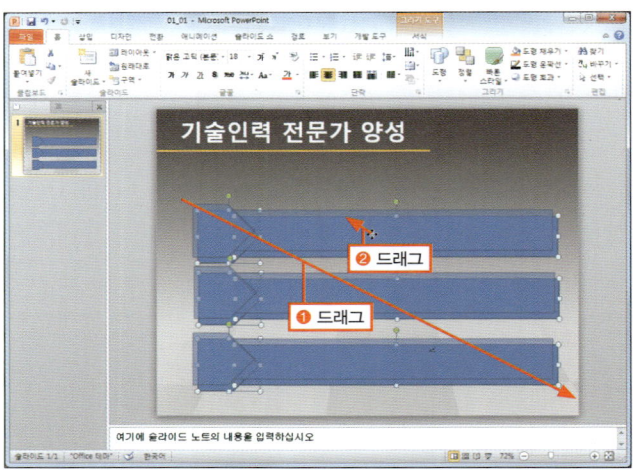

슬라이드에 삽입한 도형을 선택하고 다음과 같이 복사해 보세요.

◉ **시작 파일** : 4장\01_실습1_완성.pptx
◉ **완료 파일** : 4장\01_실습2_완성.pptx

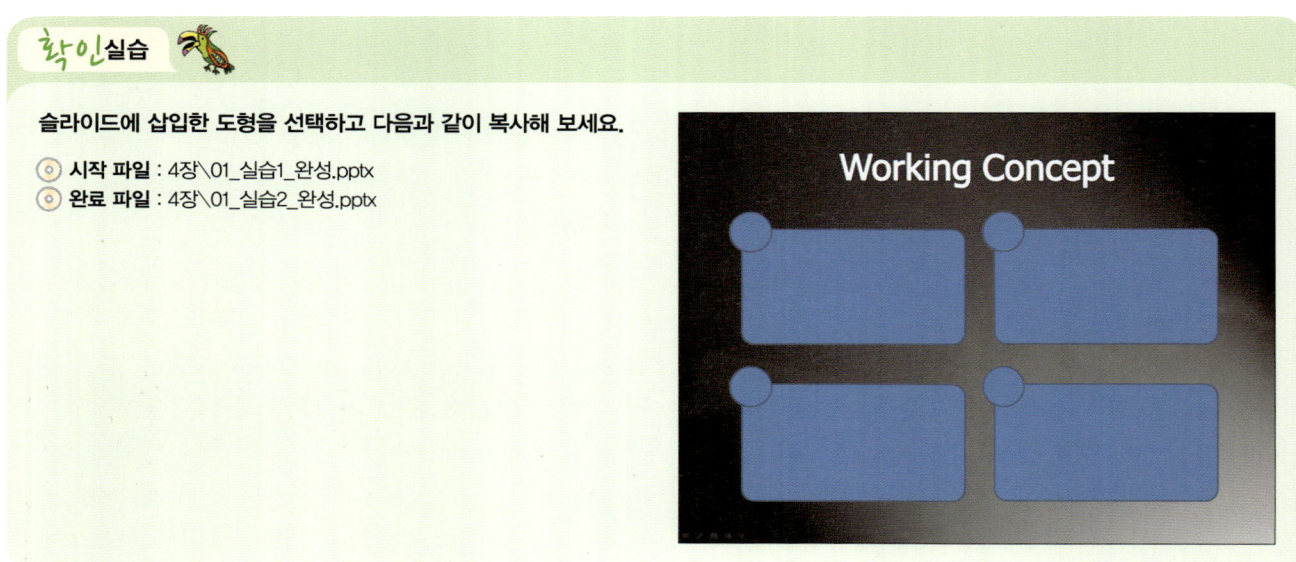

Ctrl 과 Shift 를 이용하여 도형 편집하기

슬라이드에 도형을 삽입하거나 삽입된 도형을 이동 및 복사할 때 Ctrl 과 Shift 를 이용하면 좀 더 효율적으로 도형을 편집할 수 있습니다.

● Shift 이용하여 도형 편집하기

도형의 모양을 선택한 후 Shift 를 누르고 마우스를 드래그하면 정사각형, 정삼각형 등의 정방형으로 도형이 삽입됩니다. 선을 그릴 때는 Shift 를 누르고 드래그하면 45도 각도로 선을 그릴 수 있습니다.

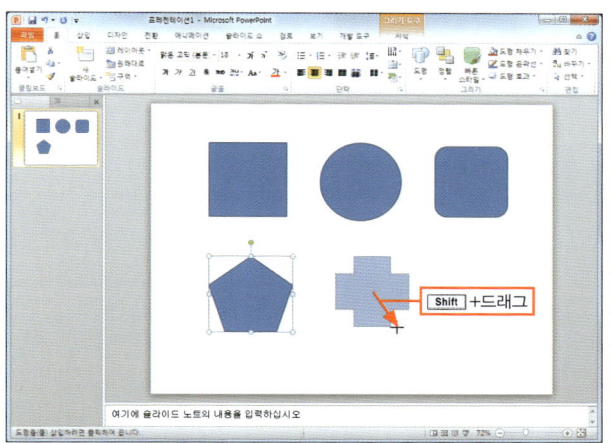
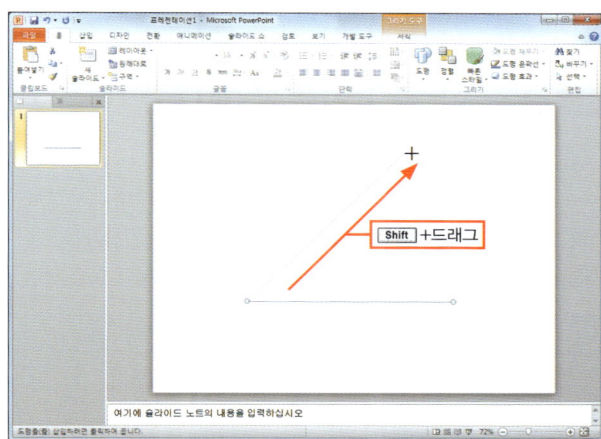

Shift 를 누른 채 도형의 모서리를 드래그하면 삽입한 도형을 가로와 세로의 비율을 그대로 유지하면서 늘이거나 줄일 수 있습니다. 도형을 수직과 수평으로 정확하게 이동시킬 때는 Shift 를 누른 상태에서 도형을 수평과 수직 방향으로 드래그합니다.

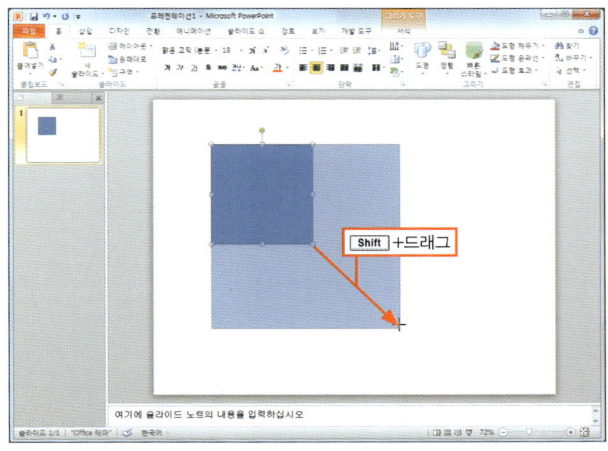
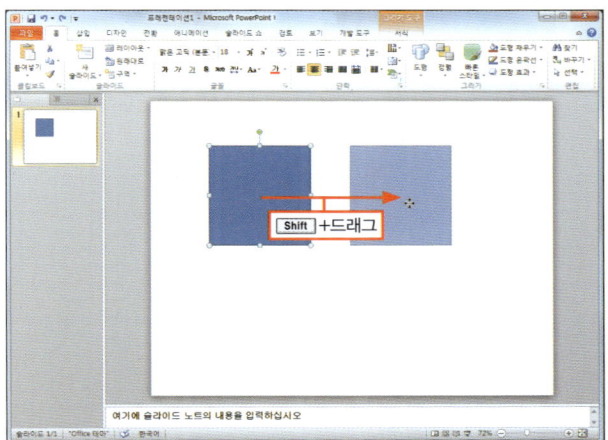

● **Ctrl 이용하여 도형 편집하기**

삽입된 도형을 선택하고 Ctrl을 누른 채 도형의 모서리 조절점을 드래그하면 도형의 중심을 기준으로 크기가 조절됩니다. 선택된 도형을 Ctrl을 누른 채 드래그하면 도형이 복사되며, 이는 같은 도형을 여러 개 그릴 때 사용합니다. 또, 도형을 선택한 후 Ctrl을 누른 채 키보드의 방향키를 누르면 선택한 도형을 미세한 간격으로 이동시킬 수 있습니다.

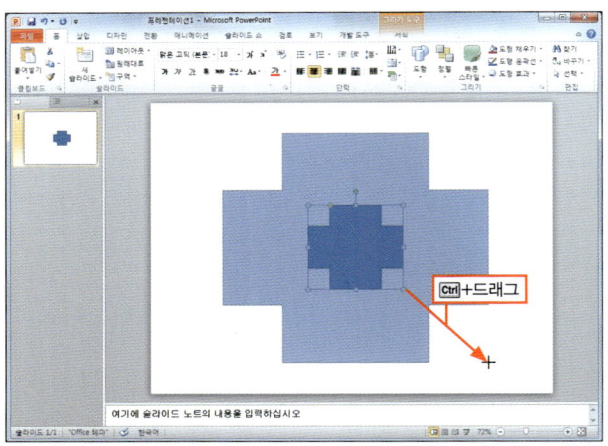 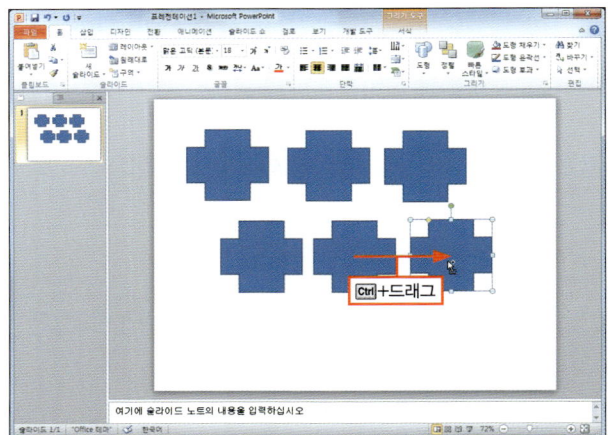

SECTION 02

도형 서식 지정하기

슬라이드에 도형을 삽입하면 기본적으로 정해진 도형 윤곽선과 도형 채우기 색으로 서식이 나타납니다. 기본 서식으로 삽입된 도형을 다양한 스타일로 변경하고 도형에 3차원 입체 효과를 지정하는 방법에 대해 알아봅니다.

다루는 내용

- 도형 스타일 지정하기
- 도형에 서식 지정하기
- 3차원 입체 형식의 도형으로 변경하기

기능 정리

[도형 스타일] 그룹 살펴보기

도형을 삽입한 후 [그리기 도구-서식] 탭의 [도형 스타일] 그룹에서 도형의 스타일을 한 번에 지정할 수 있는 [빠른 스타일 갤러리]와 [도형 채우기](🎨 도형 채우기 ▾), [도형 윤곽선](✏️ 도형 윤곽선 ▾), [도형 효과](🔘 도형 효과 ▾)를 선택하여 도형의 서식을 원하는 대로 지정할 수 있습니다.

빠른 스타일 갤러리의 스타일을 선택하면 삽입한 도형의 채우기 색과 선 색, 글자 색을 클릭 한 번으로 미리 지정해둔 스타일로 변경시킬 수 있습니다.

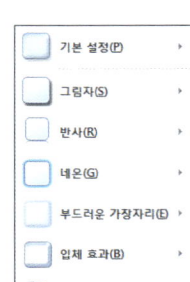

❶ **도형 채우기**(🎨 도형 채우기 ▾) : 도형에 그라데이션, 그림, 질감 등을 선택하여 채울 수 있습니다.

❷ **도형 윤곽선**(✏️ 도형 윤곽선 ▾) : 선의 색, 두께, 선의 종류 등을 지정합니다.

❸ **도형 효과**(🔘 도형 효과 ▾) : 도형에 그림자, 반사, 네온 등의 특수 효과를 지정할 때 사용됩니다.

간단 퀴즈

1 도형에 채우기 색과 선 색, 글자 색을 미리 지정해 둔 서식을 한 번에 변경할 때 사용되는 기능은 무엇일까요? (   )

2 도형을 입체적으로 회전시킬 때는 [도형 효과] 중 어떤 기능을 선택해야 할까요? (   )

① 도형 채우기 ② 입체 효과 ③ 3차원 회전 ④ 도형 윤곽선

답 : **1** 도형 스타일, **2** ③

스타일과 도형 서식 지정하기

입력된 텍스트의 글꼴, 글꼴 크기, 색상 등을 변경해 봅니다.

◎ **시작 파일** : 4장\02_01.pptx
◎ **완료 파일** : 4장\02_01_완성.pptx

01 빠른 스타일 갤러리 표시하기

슬라이드 도형 중 ❶오각형 도형을 선택한 후 ❷[그리기 도구-서식] 탭의 [도형 스타일] 그룹에서 ❸[자세히]([▾])를 클릭합니다.

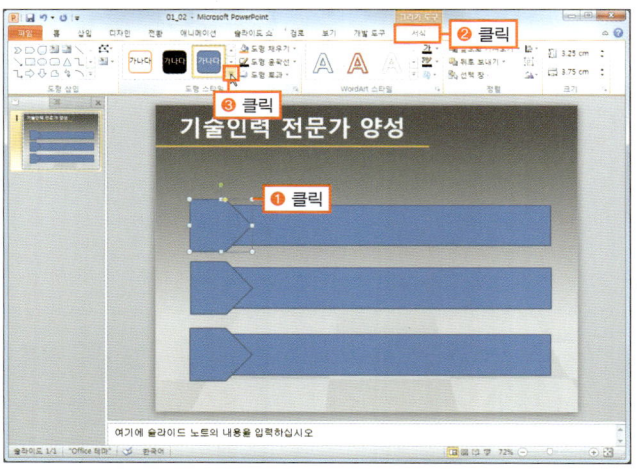

02 빠른 스타일 선택하기

도형 스타일 목록이 나타나면 ❶[강한 효과-주황, 강조 6]을 클릭합니다.

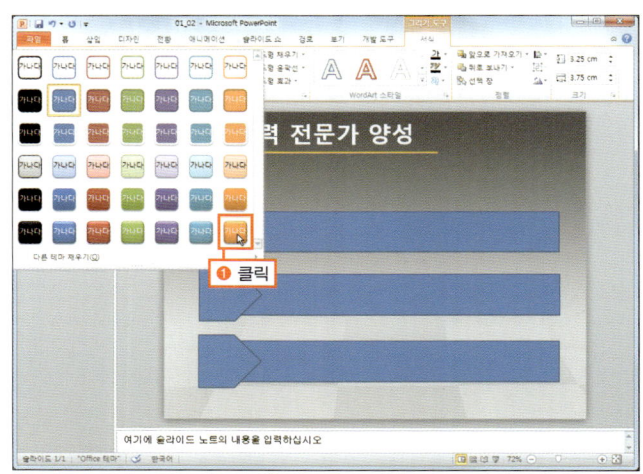

03 도형 윤곽선 선택하기

도형에 선택한 스타일이 적용됩니다. 이번에는 ❶직사각형 도형을 선택하고 ❷[그리기 도구-서식] 탭의 [도형 스타일] 그룹에서 ❸[도형 윤곽선]([✎도형 윤곽선 ▾])을 클릭한 후 ❹[윤곽선 없음]을 선택합니다.

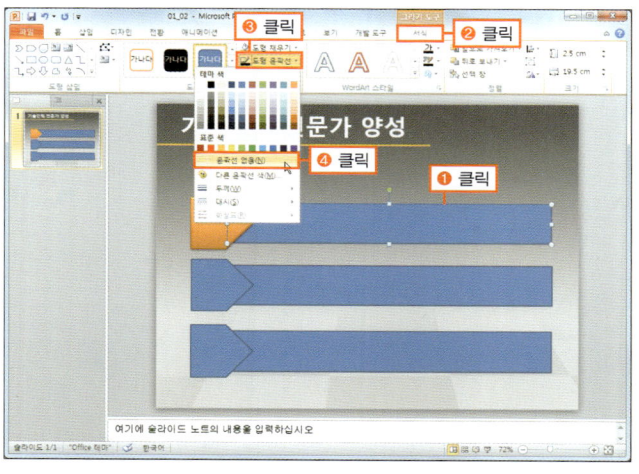

04 도형 채우기 색 선택하기

❶[그리기 도구-서식] 탭의 [도형 스타일] 그룹에서 ❷[도형 채우기]([♢도형 채우기 ▾])를 클릭하고 ❸[주황, 강조 6]을 선택합니다.

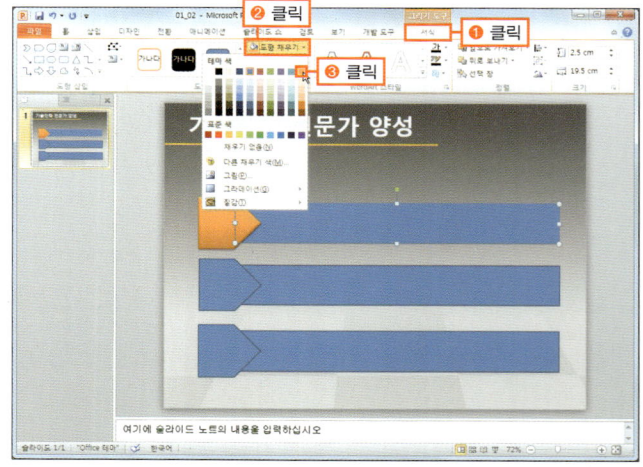

05 그라데이션 종류 선택하기

선택한 도형에 색상이 적용되면 다시 [그리기 도구-서식] 탭의 [도형 스타일] 그룹에서 ❶[도형 채우기] (🎨도형 채우기 ▾)를 클릭한 후 ❷[그라데이션]-❸[밝은 그라데이션:선형 오른쪽]을 선택합니다.

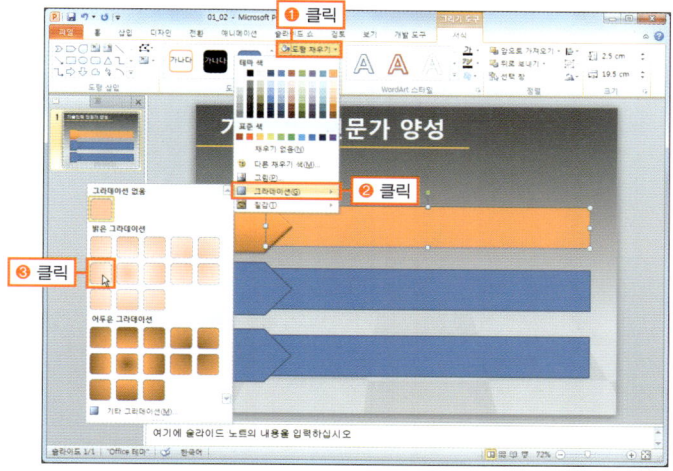

06 [도형 서식] 선택하기

도형에 적용한 색상이 선택한 그라데이션 색상으로 변경되면 ❶[그리기 도구-서식] 탭의 [도형 스타일] 그룹의 🔲를 클릭합니다.

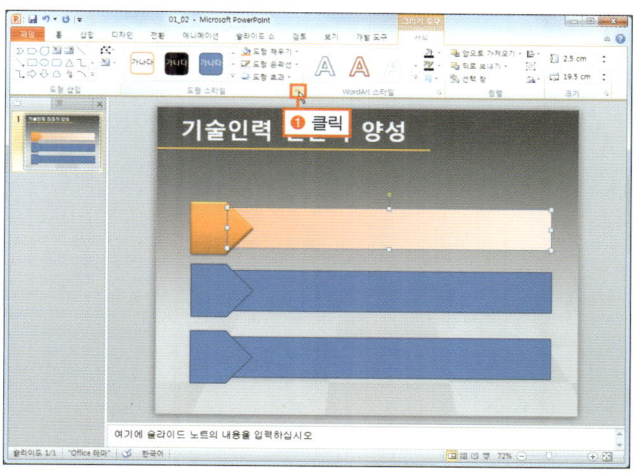

07 도형 투명도 변경하기

[도형 서식] 대화상자가 나타나면 [채우기] 항목의 ❶[그라데이션 채우기]에서 ❷[중지점 3]의 ❸[투명도]를 '100%'로 변경합니다.

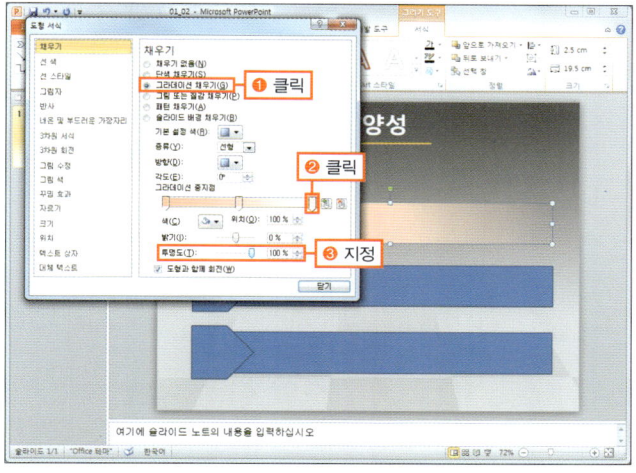

08 도형 투명도 조절하기

이번에는 ❶[중지점 2]를 클릭하고 ❷[투명도]를 '66%'로 변경한 후 ❸[닫기]를 클릭합니다.

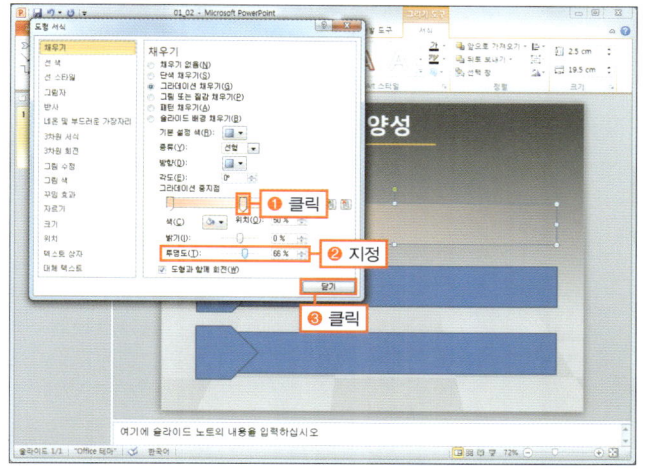

09 서식 복사하기

그라데이션 효과가 적용된 도형의 선택을 그대로 둔 채 ❶ [홈] 탭의 [클립 보드] 그룹에서 ❷[서식 복사](🖌)를 더블 클릭합니다.

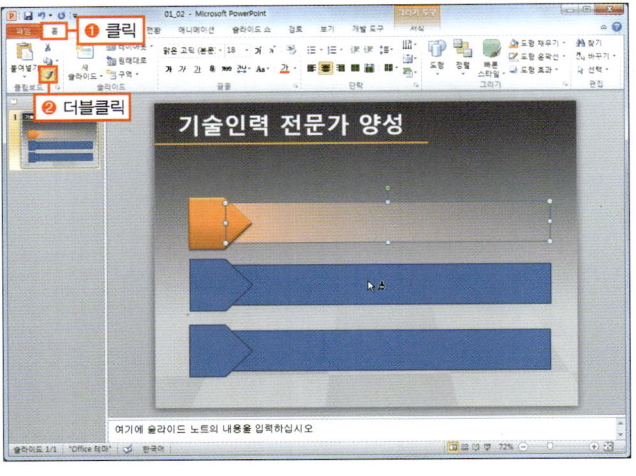

10 복사한 서식 적용하기

마우스 포인터의 모양이 🔈으로 변경되면 ❶나머지 직사 각형을 각각 클릭하여 도형의 서식을 그대로 복사하고 ❷ Esc 를 눌러 서식 복사를 끝냅니다.

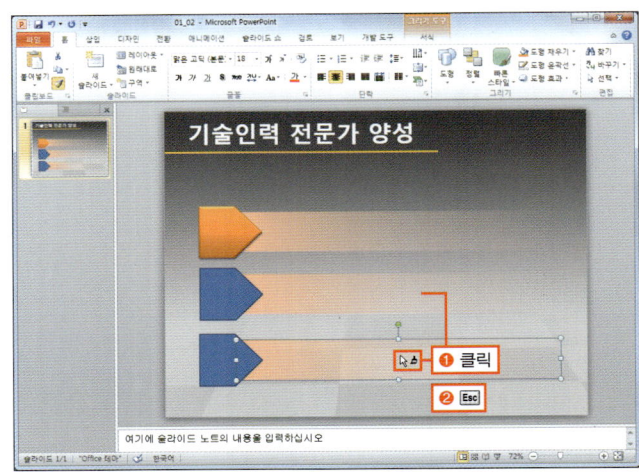

11 서식 복사하기

이번에는 ❶오각형 도형을 선택한 후 위와 ❷같은 방법으 로 도형의 서식을 복사한 후 나머지 오각형 도형에 서식을 복사합니다.

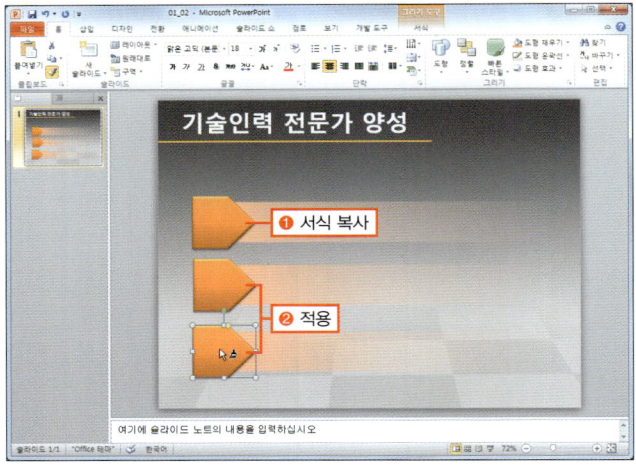

12 도형 텍스트 입력하기

서식 적용이 완료된 ❶도형을 하나씩 선택해가면서 다음과 같이 도형에 텍스트를 입력합니다.

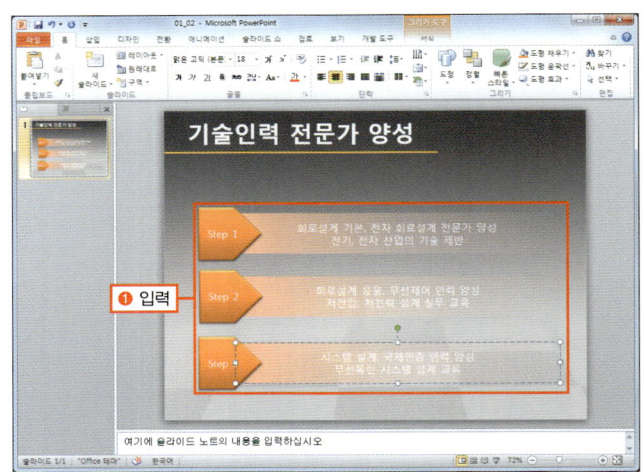

13 텍스트 속성 지정하기

도형에 입력된 텍스트가 눈에 띄도록 ❶텍스트의 속성을
다음과 같이 변경합니다.

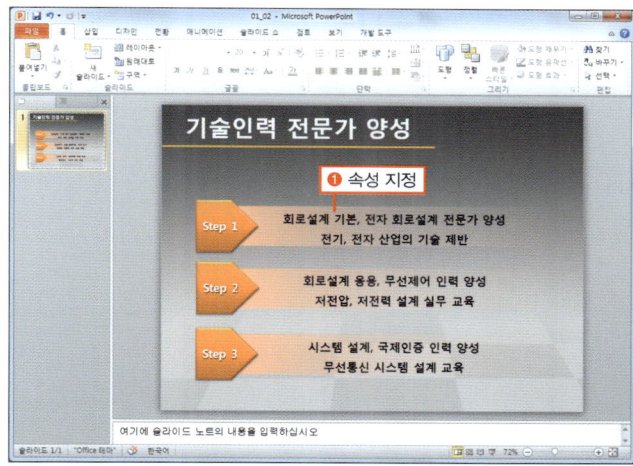

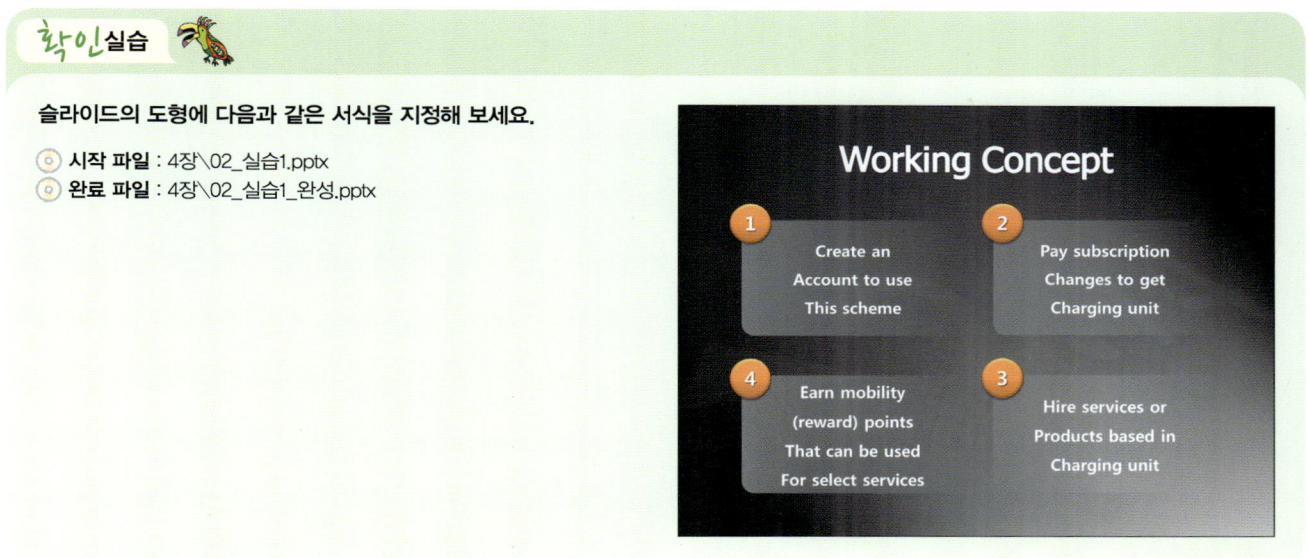

슬라이드의 도형에 다음과 같은 서식을 지정해 보세요.

◎ **시작 파일** : 4장\02_실습1.pptx
◎ **완료 파일** : 4장\02_실습1_완성.pptx

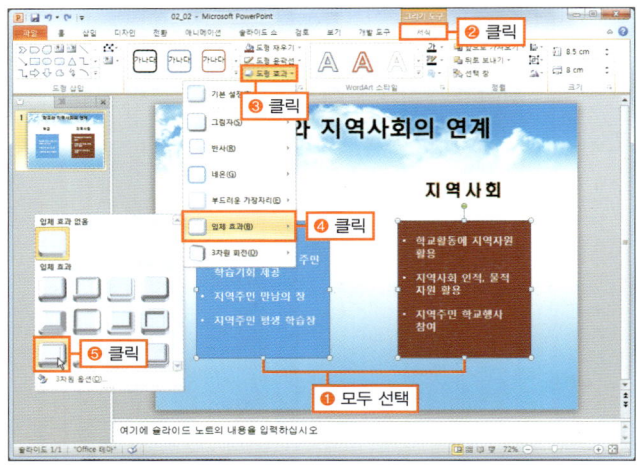

도형에 3차원 입체 효과 지정하기

슬라이드에 삽입한 도형에 [도형 효과]를 지정하여 3차원 입체 모양으로 변경해 봅니다.

◉ **시작 파일** : 4장\02_02.pptx
◉ **완료 파일** : 4장\02_02_완성.pptx

01 입체 효과 선택하기

슬라이드 ❶직사각형 도형을 모두 선택한 후 ❷[그리기 도구-서식] 탭의 [도형 스타일] 그룹에서 ❸[도형 효과] (⬚도형 효과▾)를 클릭하고 ❹[입체 효과]-❺[디벗]을 선택합니다.

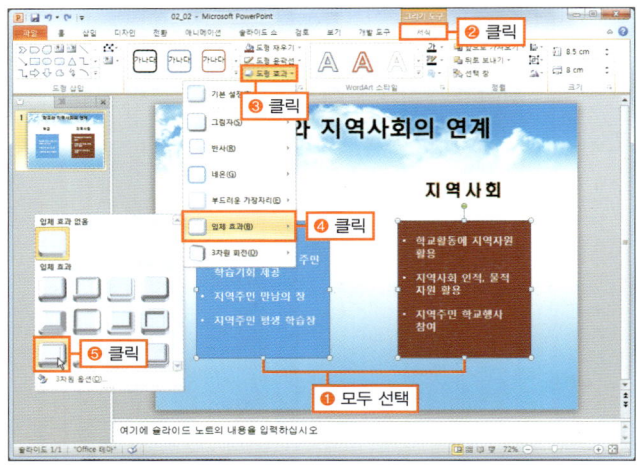

02 3차원 회전 효과 선택하기

도형에 입체 효과가 적용되면 이번에는 ❶왼쪽의 도형을 선택하고 ❷[그리기 도구-서식] 탭의 [도형 스타일] 그룹에서 [도형 효과](⬚도형 효과▾)를 클릭한 후 ❸[3차원 회전]-❹[원근감 강조(오른쪽)]를 선택합니다.

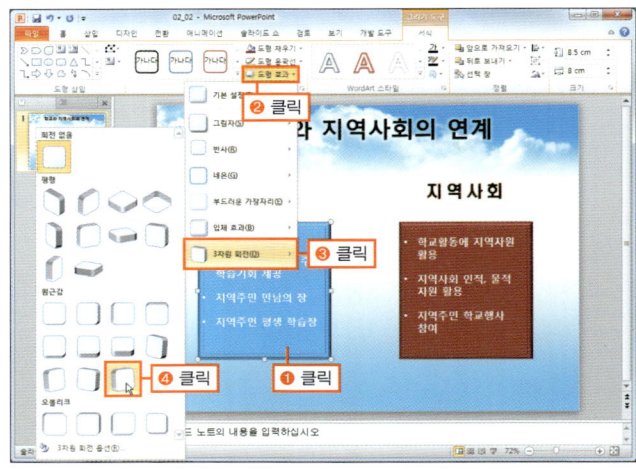

03 3차원 효과 선택하기

선택한 도형의 회전을 확인합니다. ❶오른쪽 도형을 선택하고 ❷[그리기 도구-서식] 탭의 [도형 스타일] 그룹에서 [도형 효과](⬚도형 효과▾)를 클릭한 후 ❸[3차원 회전]-❹[원근감 강조(왼쪽)]를 선택합니다.

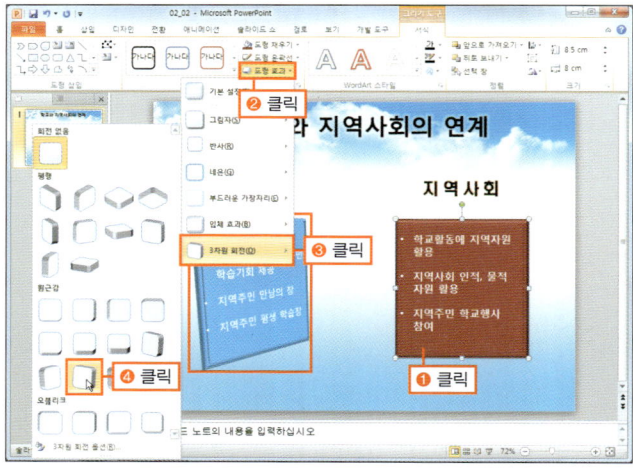

04 [도형 서식] 선택하기

두 개의 도형이 마주보는 형태로 회전되면 오른쪽 도형이 선택된 상태에서 ❶[그리기 도구-서식] 탭의 [도형 스타일] 그룹에서 ⬚를 클릭합니다.

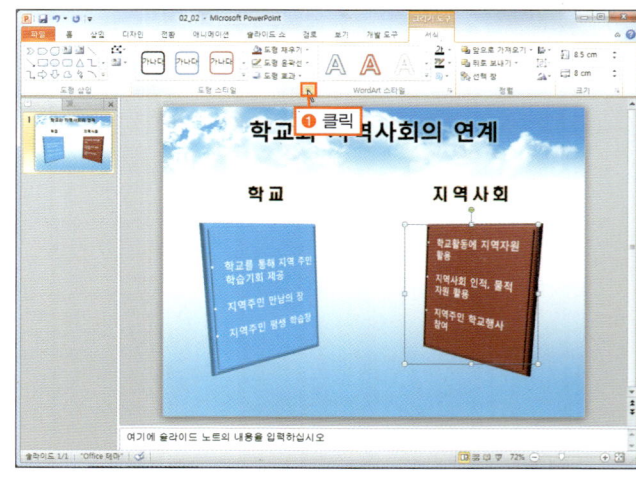

05 도형의 깊이 지정하기

[도형 서식] 대화상자가 나타나면 ❶[3차원 서식] 항목을 선택하고 ❷[깊이]의 값을 '30pt'로 변경해 도형에 두께감을 표현합니다.

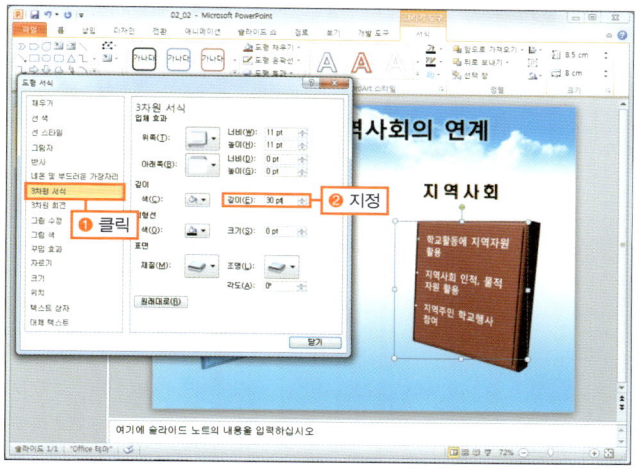

06 도형의 깊이 지정하기

[도형 서식] 대화상자를 그대로 두고 ❶왼쪽의 도형을 선택한 후 같은 방법으로 도형의 ❷[깊이] 값을 변경합니다.

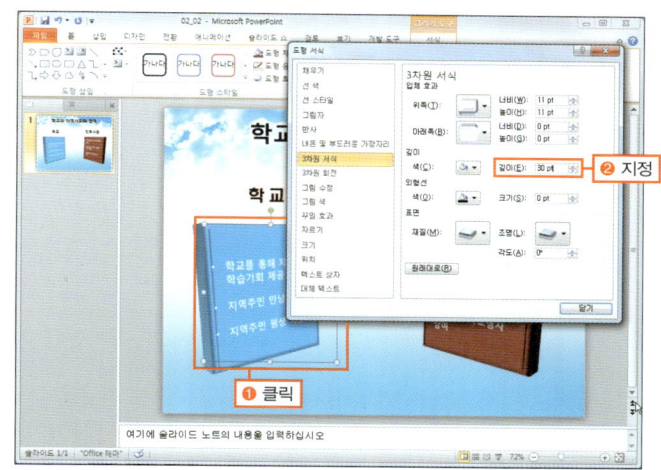

07 도형 조명 선택하기

이번에는 [3차원 서식] 항목의 ❶[조명]을 클릭하고 ❷[균형 있게]를 선택한 후 ❸[닫기]를 클릭합니다.

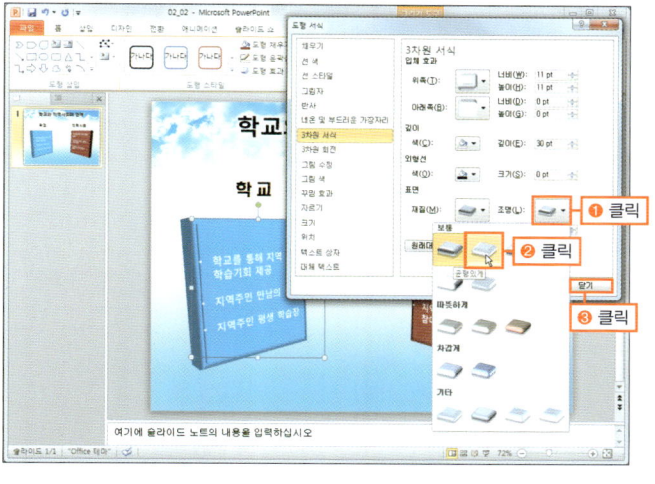

08 도형 효과 지정하기

❶3차원 입체 효과가 적용된 도형을 모두 선택하고 ❷[그리기 도구-서식] 탭의 [도형 스타일] 그룹에서 [도형 효과](도형 효과 ▼)를 클릭한 후 ❸[반사]-❹[근접 반사, 8pt 오프셋]을 선택합니다.

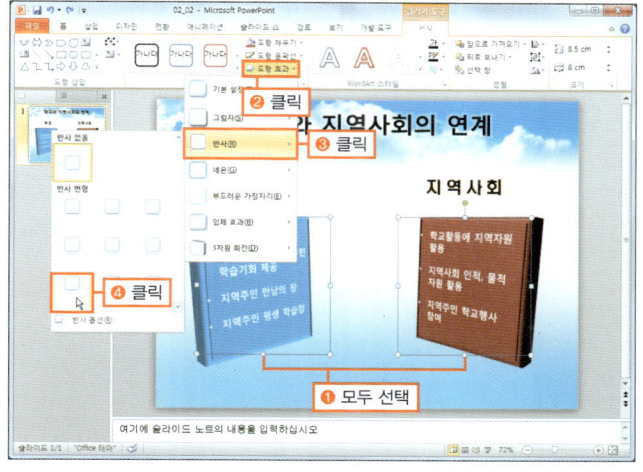

09 도형 삽입하여 마무리하기

❶화살표 도형을 추가로 삽입하여 슬라이드를 완성합니다.

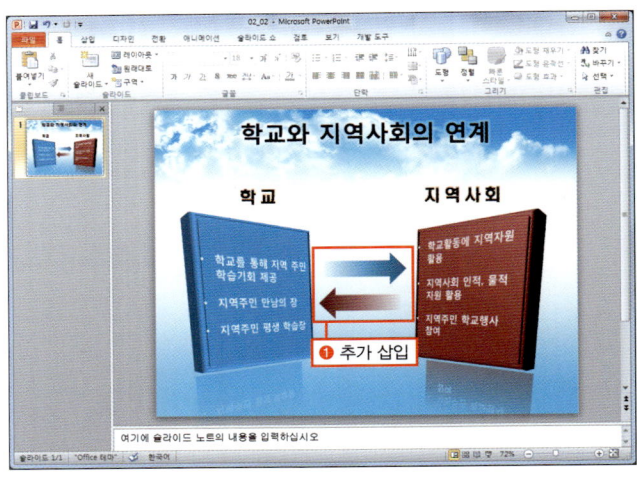

참고 ● 오프셋과 배율 활용하여 도형에 그림 채우기

도형을 그림으로 채울 때 [그림 서식] 대화상자의 [오프셋] 항목을 조절하면 그림을 도형의 모양에 맞춰 삽입할 수 있습니다. ❶도형에서 마우스 오른쪽 버튼을 클릭한 후 [도형 서식]을 선택하고 [도형 서식] 대화상자가 나타나면 ❷[채우기]의 [그림 또는 질감 채우기]를 선택합니다. ❸[그림 또는 질감 채우기] 항목에서 [클립 아트]를 클릭한 후 [그림 선택] 대화상자가 나타나면 ❹원하는 클립 아트를 검색하여 ❺선택합니다.

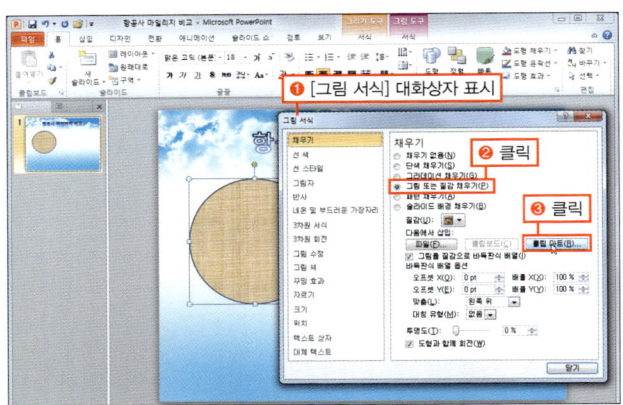

도형에 선택한 클립 아트 이미지가 삽입되면 ❻[늘이기 옵션]의 [오프셋] 값을 변경하여 도형에 그림이 맞춰지도록 조절합니다.

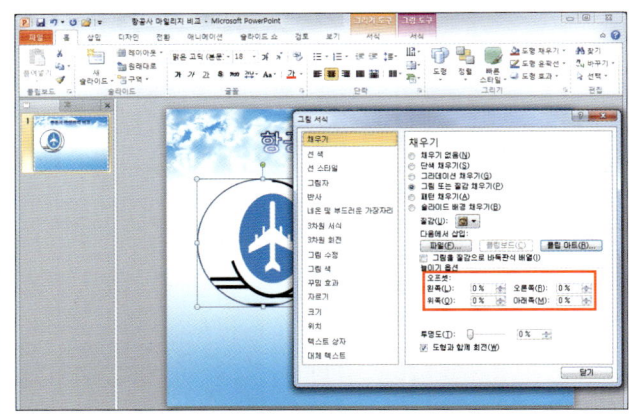

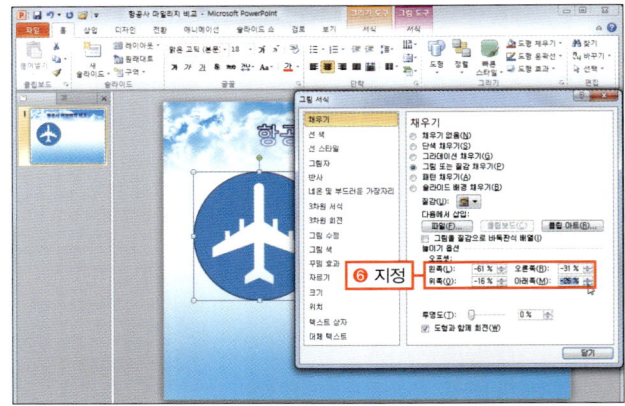

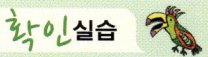

슬라이드의 도형에 다음과 같은 3차원 회전과 입체 효과를 지정
해 보세요.

◎ **시작 파일** : 4장\02_실습2.pptx
◎ **완료 파일** : 4장\02_실습2_완성.pptx

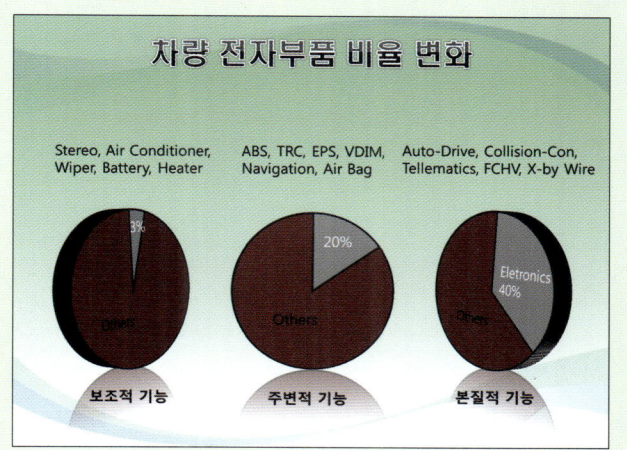

특집 다양한 도형 채우기 효과 알아보기

[그리기 도구-서식] 탭의 [도형 채우기](도형 채우기)를 클릭하면 도형에 단색, 그라데이션, 그림, 질감 등의 다양한 채우기 효과를 지정할 수 있습니다.

◉ **시작 파일** : 4장\도형채우기.pptx
◉ **완료 파일** : 4장\도형채우기_완성.pptx

● 도형에 그라데이션 채우기

1 그라데이션 효과 목록 표시하기

❶그라데이션 효과를 적용할 도형을 선택하고 ❷[그리기 도구-서식] 탭의 [도형 스타일] 그룹에서 [도형 채우기](도형 채우기)를 클릭합니다. ❸[그라데이션]을 클릭하면 도형에 적용시킬 수 있는 그라데이션 효과 목록이 나타나고 ❹원하는 효과를 선택합니다.

2 그라데이션 효과 확인하기

도형에 단순한 그라데이션 효과를 지정할 때 주로 사용됩니다.

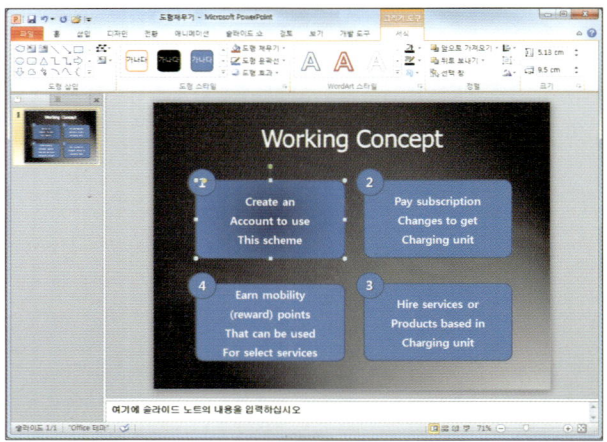

3 [도형 서식] 대화상자 표시하기

❶[그리기 도구-서식] 탭의 [도형 스타일] 그룹에서 [도형 채우기](도형 채우기)를 클릭한 후 ❷[그라데이션]-❸[기타 그라데이션]을 선택하면 사용자가 원하는 색상과 방향으로 그라데이션 효과를 지정해줄 수 있는 [도형 서식] 대화상자가 나타납니다.

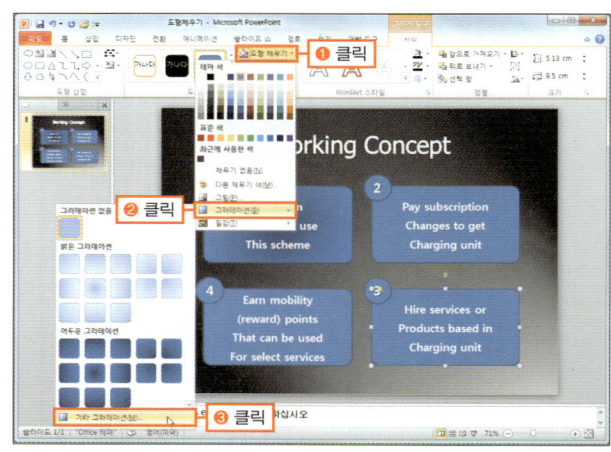

4 그라데이션 효과 선택하기

[도형 서식] 대화상자의 [채우기] 항목에서 ❶[기본 설정 색]을 클릭하면 기본으로 제공하는 여러 가지 그라데이션 효과 목록이 나타납니다. ❷그 중 원하는 그라데이션 효과를 선택합니다.

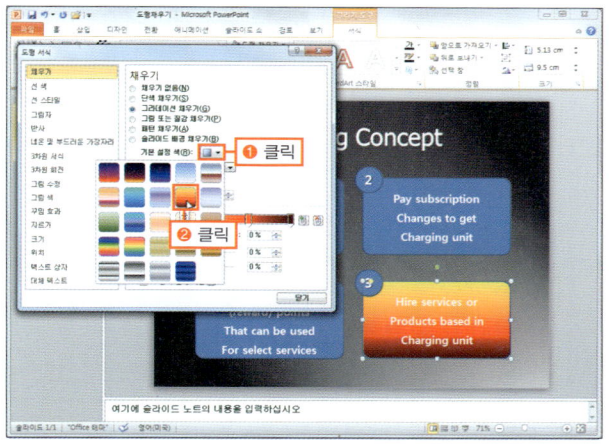

5 그라데이션 채우기 지정하기

❶[그라데이션 채우기]의 [종류]의 목록 버튼을 클릭하면 그라데이션 종류를 [선형], [방사형], [사각형], [경로형] 등으로 지정할 수 있습니다. ❷여기에서는 [방사형]을 선택합니다.

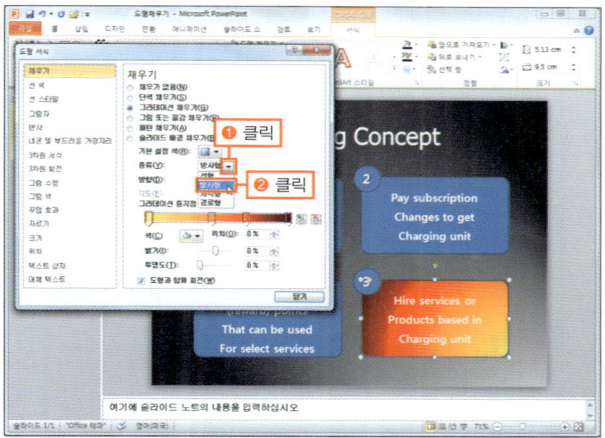

6 그라데이션의 색상 방향 지정하기

그라데이션의 종류를 지정한 후에는 색상의 ❶[방향]에서 그라데이션 색상의 방향을 지정합니다. ❷[가운데에서]를 선택합니다.

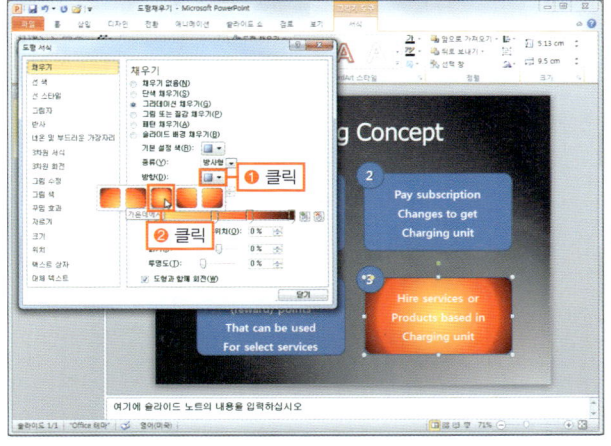

7 사용자 지정 그라데이션 적용하기

기본으로 제공되는 그라데이션 효과 외에도 사용자 지정 그라데이션을 지정할 수 있습니다. ❶적용할 도형을 선택하고 ❷[도형 서식] 대화상자의 [채우기]–[그라데이션 중지점]에서 각 중지점을 선택하고 ❸[색]을 클릭한 후 ❹색상표에서 원하는 색상을 선택합니다.

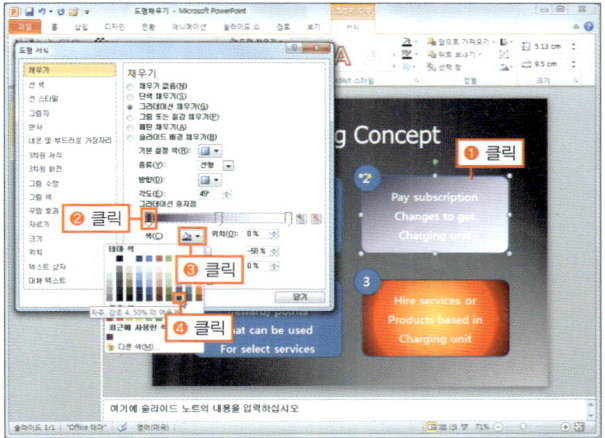

8 중지점 나누기

❶그라데이션 중지점을 클릭하여 추가하면 그라데이션 색상 단
계를 여러 단계로 나눌 수 있습니다.

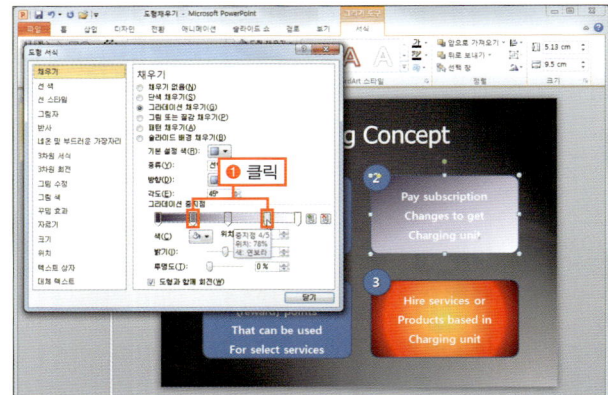

참고

그라데이션 중지점을 삭제할 때는 삭제할 중지점을 선택하고
🔳를 클릭합니다.

● **도형에 그림 채우기**

1 그림으로 도형 채우기

도형 안에 그림을 채울 때는 ❶그림을 채울 도형을 선택하고 ❷
[그리기 도구→서식] 탭의 [도형 스타일] 그룹에서 [도형 채우기]
(🎨 도형 채우기 ▾)를 클릭한 후 ❸[그림]을 선택합니다.

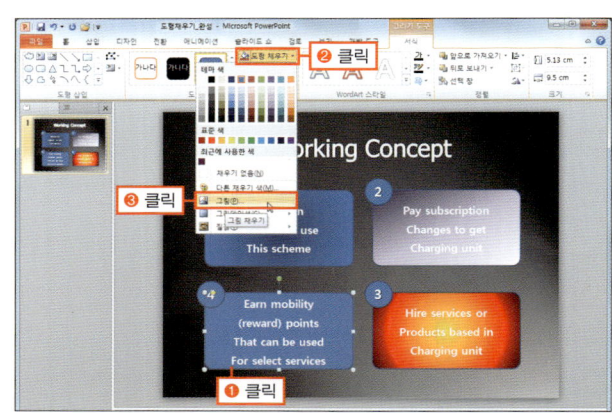

2 삽입할 그림 선택하기

[그림 삽입] 대화상자가 나타나면 ❶도형에 삽입할 그림을 선택
한 후 ❷[삽입]을 클릭합니다.

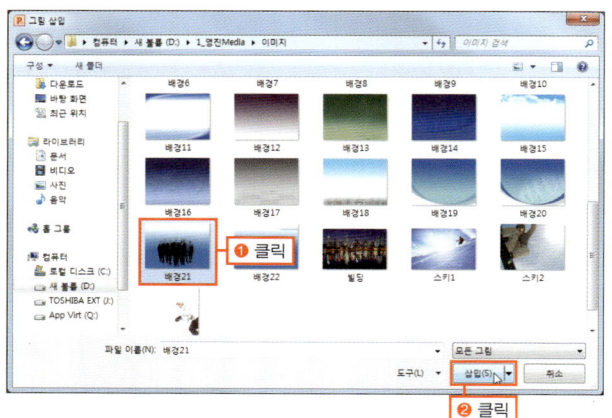

3 그림으로 채워진 도형 확인하기

도형에 선택한 그림이 채워집니다.

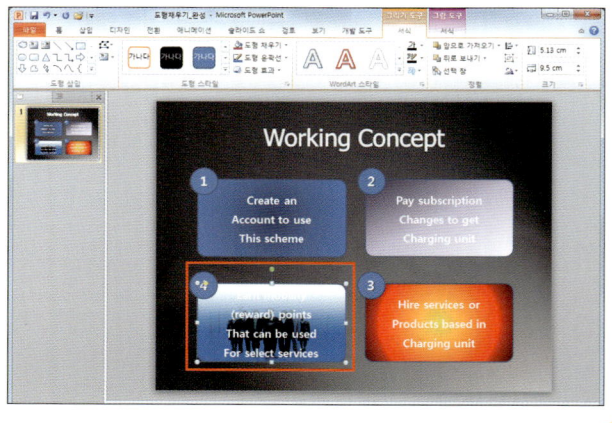

● **도형에 질감 효과 적용하기**

1 질감 있는 도형 만들기

❶적용할 도형을 선택하고 ❷[그리기 도구─서식] 탭의 [도형 스타일] 그룹에서 [도형 채우기](🖌도형 채우기 ▼)를 클릭한 후 ❸[질감]에서 ❹원하는 질감 이미지를 선택합니다.

2 질감이 적용된 도형 확인하기

질감으로 채워진 도형을 확인할 수 있습니다.

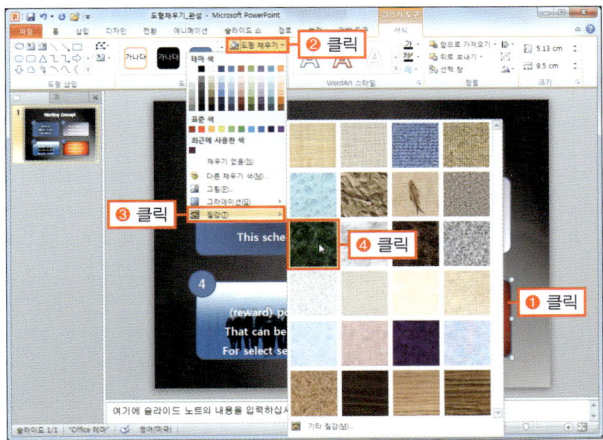

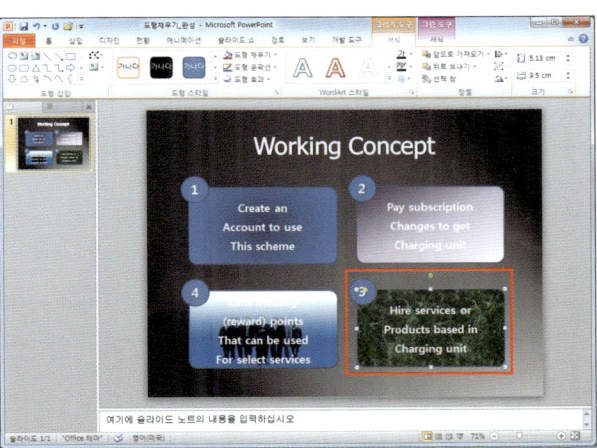

참고 ● 다른 채우기 색 채우기

[테마 색]이나 [표준 색] 이외에 사용자가 원하는 색상을 도형에 채우고 싶을 때는 ❶[그리기 도구─서식] 탭의 [도형 스타일] 그룹에서 [도형 채우기](🖌도형 채우기 ▼)를 클릭한 후 ❷[다른 채우기 색]을 선택합니다. [색] 대화상자가 나타나면 ❸[표준] 탭이나 [사용자 지정] 탭을 선택하여 ❹원하는 색상을 클릭합니다.

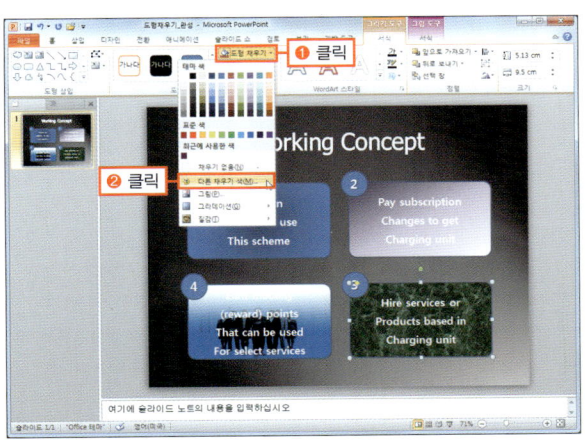

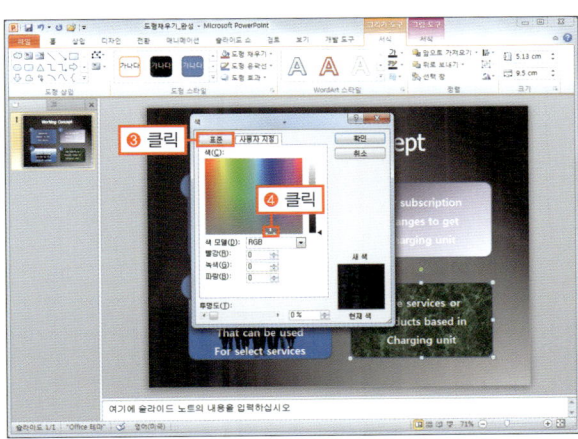

SECTION 03

도형의 위치 맞추고 정렬하기

슬라이드에 삽입된 여러 개의 도형을 한 방향을 기준으로 맞추고 도형의 순서를 정해 정렬하는 방법과 여러 개의 도형을 하나의 도형처럼 묶어주는 그룹 기능에 대해 알아봅니다.

다루는 내용

• 여러 개의 도형 그룹 지정하기
• 도형 맞추기
• 도형 순서 정하기

기능 정리

도형에 맞춤과 회전 기능 적용하기

슬라이드에 여러 개의 도형을 삽입했을 때 지정한 기준에 맞춰 도형을 정렬하고 원하는 방향으로 회전시키는 방법에 대해 알아봅니다.

● **[맞춤] 기능으로 정렬하기**

도형을 모두 선택한 후 [그리기 도구-서식] 탭의 [정렬] 그룹에서 [맞춤]( )을 클릭하고 정렬 위치를 지정합니다.

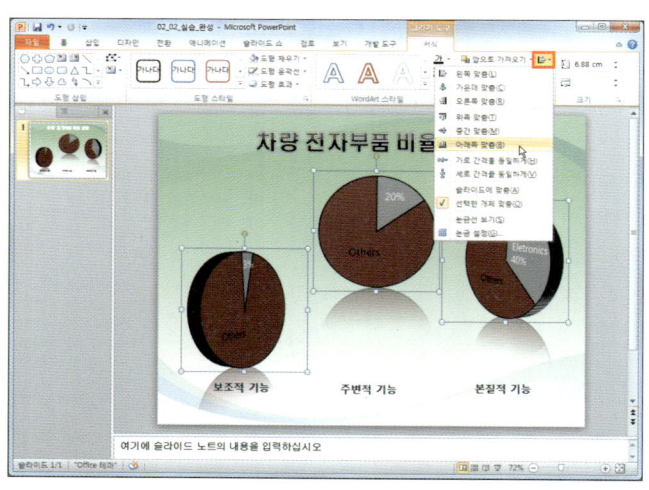 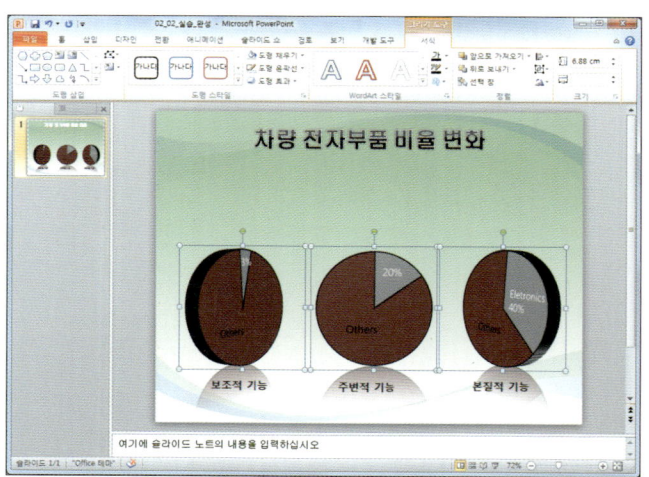

● **도형 회전하기**

선택한 도형을 상하좌우로 대칭 이동할 때는 [그리기 도구-서식] 탭의 [정렬] 그룹에서 [회전]( )을 클릭한 후 회전의 종류를 선택합니다.

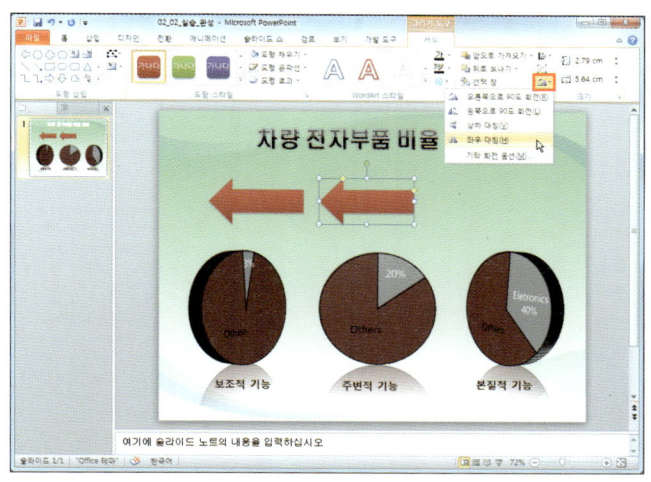
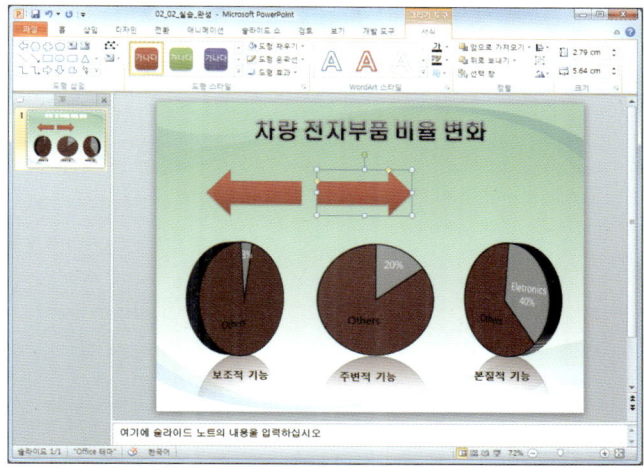

1 선택한 도형을 상하 대칭으로 방향을 변경하고 싶을 때 사용되는 기능은 어떤 것일까요? (　　　)

　① 맞춤() ② 회전(　) ③ 그룹(　)

답 : ②

실습 과정

도형 그룹화하고 정렬하기

여러 개의 도형을 그룹화하고 도형을 특정한 기준으로 정렬하는 방법에 대해 알아봅니다.

◎ **시작 파일** : 4장\03_01.pptx
◎ **완료 파일** : 4장\03_01_완성.pptx

01 도형 선택 후 그룹 지정하기

슬라이드 도형 중 다음과 같이 ❶두 개의 도형을 선택한
후 ❷[그리기 도구-서식] 탭의 [정렬] 그룹에서 ❸[그룹]
(　)-❹[그룹]을 클릭합니다.

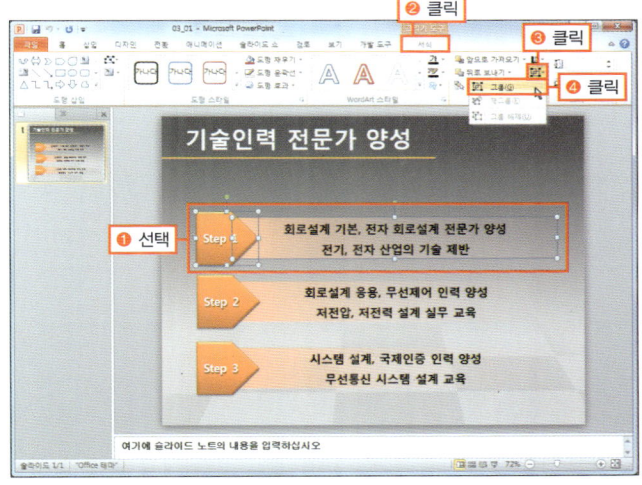

02 도형 그룹 확인하기

두 개의 도형이 하나의 그룹으로 묶이게 됩니다. ❶같은 방식으로 아래 도형을 각각 그룹으로 묶습니다.

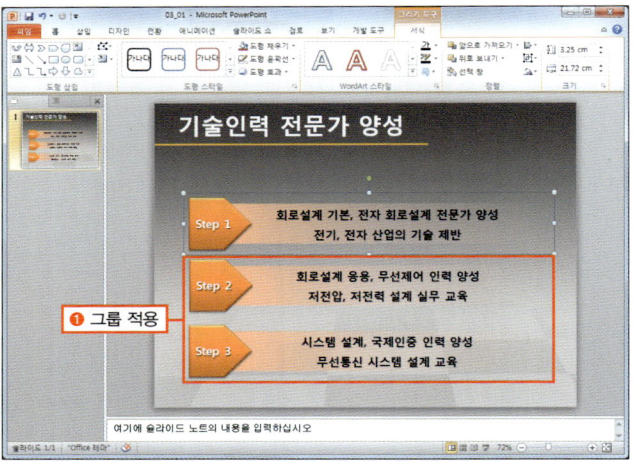

03 맞춤 정렬 선택하기

그룹으로 묶인 ❶도형을 모두 선택한 후 ❷[홈] 탭의 [그리기] 그룹에서 ❸[정렬](🔲)을 클릭하고 ❹[맞춤]-❺[왼쪽 맞춤]을 선택합니다.

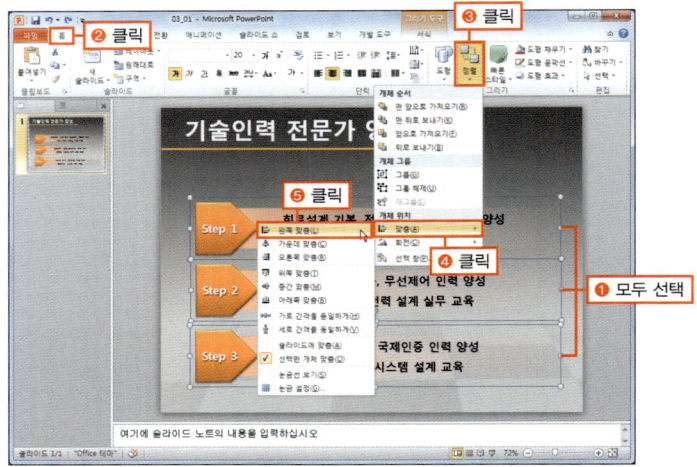

참고

그룹으로 묶을 도형 위에서 마우스 오른쪽 버튼을 클릭한 후 바로 가기 메뉴 중 [그룹]-[그룹]을 선택하기도 합니다.

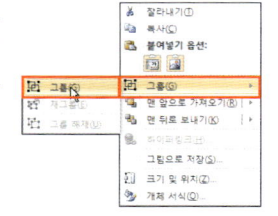

04 도형 간격 조절하기

선택한 도형이 왼쪽을 기준으로 정렬됩니다. 이번에는 [홈] 탭의 [그리기] 그룹에서 ❶[정렬](🔲)을 클릭하고 ❷ [맞춤]-❸[세로 간격을 동일하게]를 선택합니다.

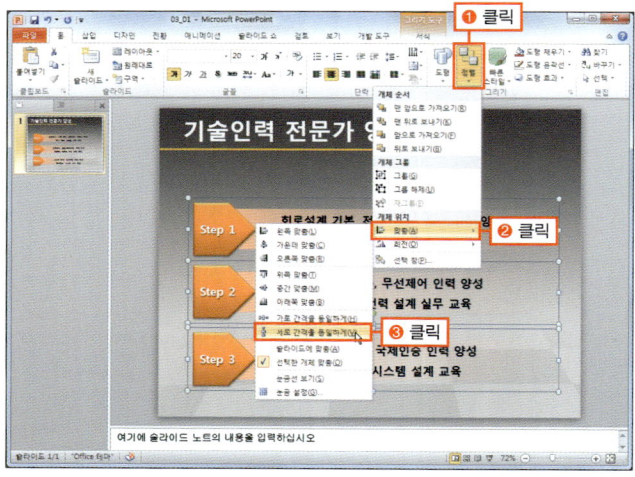

05 도형 간격 확인하기

도형 사이의 세로 간격이 동일하게 정렬됩니다.

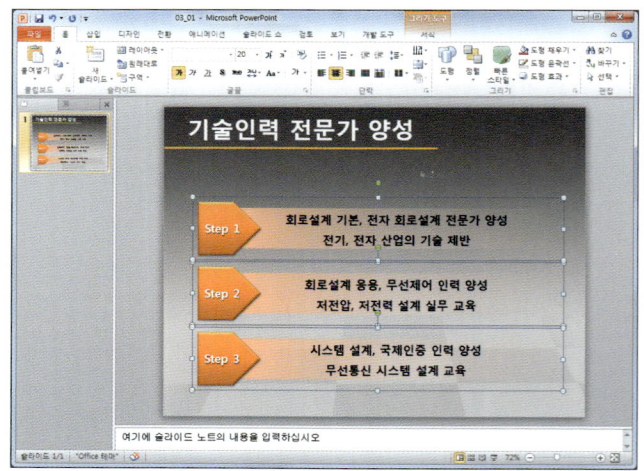

도형(타원+모서리가 둥근 사각형)을 각각 그룹으로 묶은 후 나란히 정렬되도록 '맞춤' 기능을 적용해 보세요.

◎ **시작 파일** : 4장\02_실습1_완성.pptx
◎ **완료 파일** : 4장\03_실습1_완성.pptx

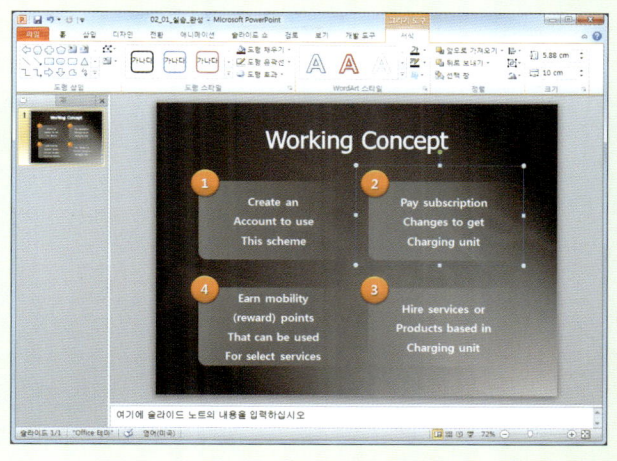

실습 과정

도형 순서 변경하기

도형을 슬라이드에 추가한 후 도형 사이의 순서를 변경하는 방법에 대해 알아봅니다.

◎ **시작 파일** : 4장\03_02.pptx
◎ **완료 파일** : 4장\03_02_완성.pptx

---

01 갈매기형 수장 도형 삽입하기

❶[홈] 탭의 [그리기] 그룹에서 ❷[도형](📐)을 클릭하여 슬라이드에 [갈매기형 수장](▷)을 삽입합니다.

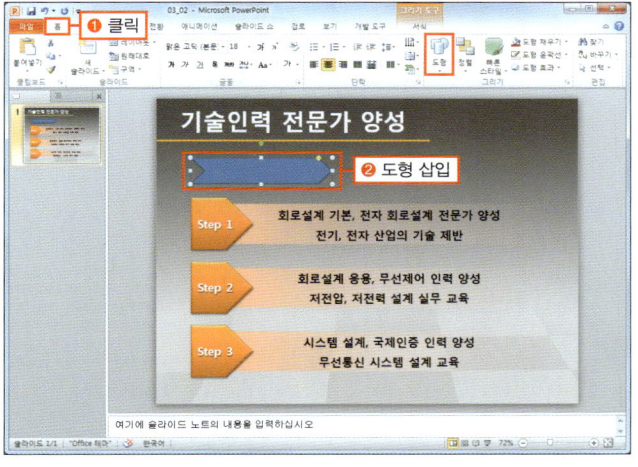

02 모서리가 둥근 사각형 삽입하기

이번에는 ❶[모서리가 둥근 사각형](▢)을 그림과 같은 크기로 삽입합니다.

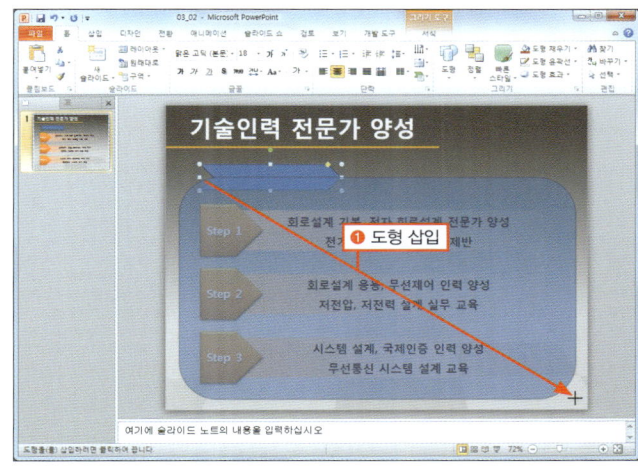

03 도형의 모양 조절하기

모서리가 둥근 사각형의 ❶노란색 조절점을 왼쪽으로 드래 그하여 모서리의 곡률을 조절합니다.

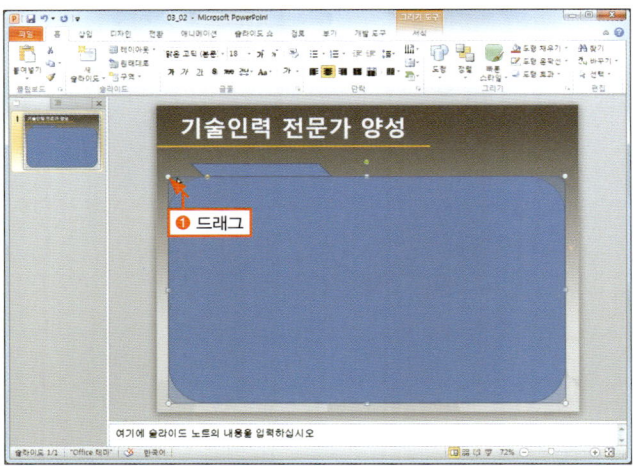

04 선택 도형 뒤로 보내기

❶모서리가 둥근 사각형을 선택하고 ❷[그리기 도구-서식] 탭의 [정렬] 그룹에서 ❸[뒤로 보내기](뒤로 보내기)를 클 릭합니다.

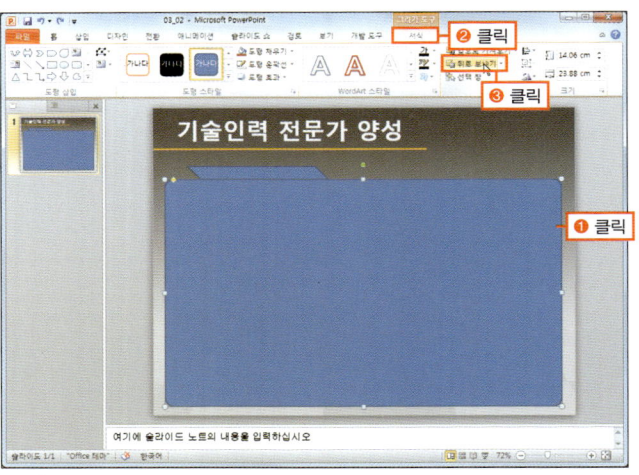

05 선택 도형 맨 뒤로 보내기

[모서리가 둥근 사각형]이 바로 아래에 위치한 [갈매기형 수장] 뒤로 이동합니다. 다시 ❶[그리기 도구-서식] 탭의 [정렬] 그룹에서 [뒤로 보내기](뒤로 보내기)를 클릭한 후 ❷[맨 뒤로 보내기]를 선택합니다.

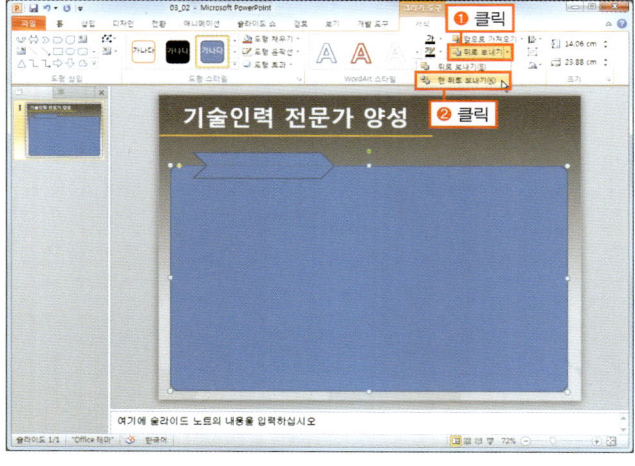

06 도형 정렬 확인하기

선택한 도형이 슬라이드에 삽입된 도형 중에서 가장 뒤로 이동하게 됩니다.

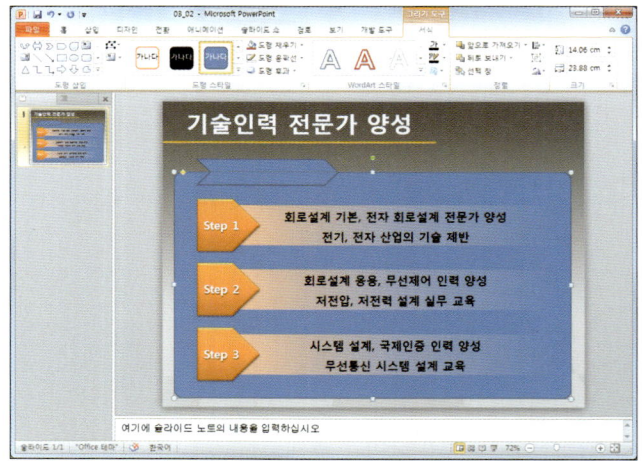

07 도형 서식 변경하기

새롭게 삽입된 도형에 ❶텍스트를 입력하고 도형의 ❷윤곽선을 흰색으로 변경합니다.

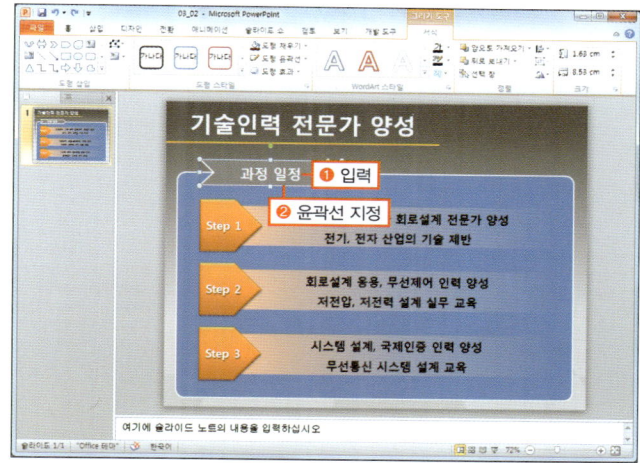

┌─ **참고** • 기본 도형 설정하기

테마가 적용되지 않은 슬라이드에 도형을 삽입하면 파워포인트에서 기본 색상의 도형이 삽입됩니다. 사용자가 원하는 색상과 효과 등이 적용된 도형을 기본 도형으로 지정해 두면 프레젠테이션 전체에 일관된 도형 서식을 적용시킬 수 있어 편리합니다. 다음의 그림처럼 ❶은 기본 도형 서식이고 ❷는 사용자가 지정한 도형 서식입니다.

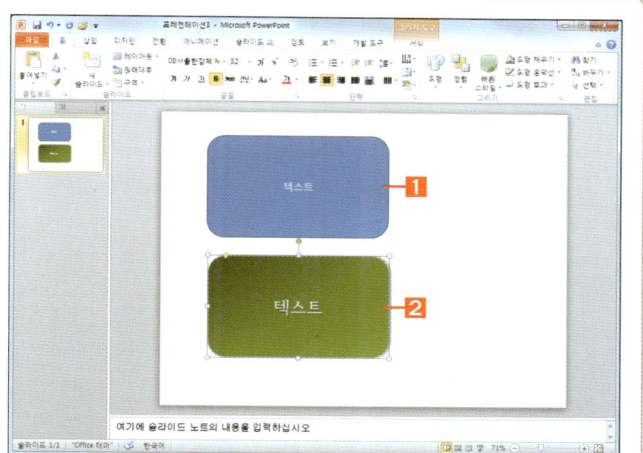

사용자 지정 서식을 지정한 도형에서 ❶마우스 오른쪽 버튼을 클릭한 후 ❷[기본 도형으로 설정]을 선택하면 선택한 도형이 기본 도형 서식으로 설정됩니다. ❸슬라이드에 새로운 도형을 삽입하면 현재의 프레젠테이션에서는 변경된 도형의 서식이 기본 도형으로 설정되어 적용됩니다.

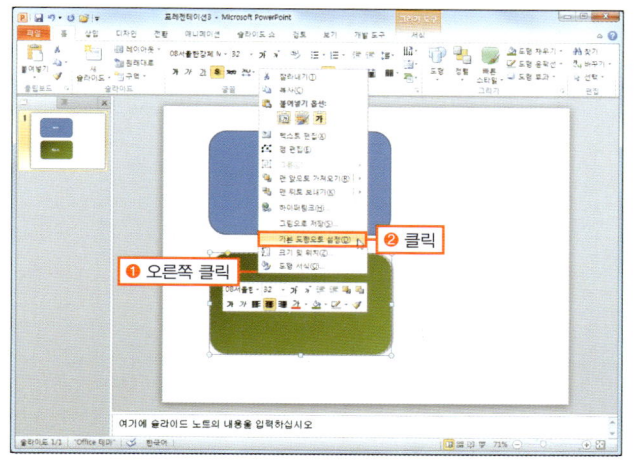

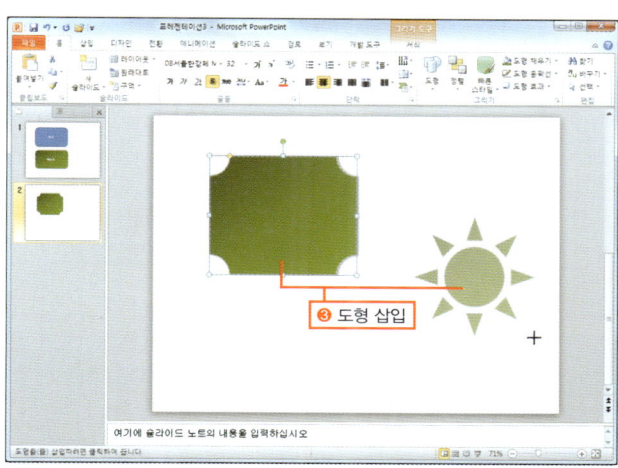

08 도형 투명도 조절하기

❶모서리가 둥근 사각형을 선택한 후 ❷[도형 서식] 대화상자를 표시하여 ❸[채우기] 항목을 선택합니다. ❹[단색 채우기]에서 ❺[색]을 [빨강, 강조 2, 50% 더 어둡게]로 지정하고 ❻[투명도]를 '80%'로 변경합니다.

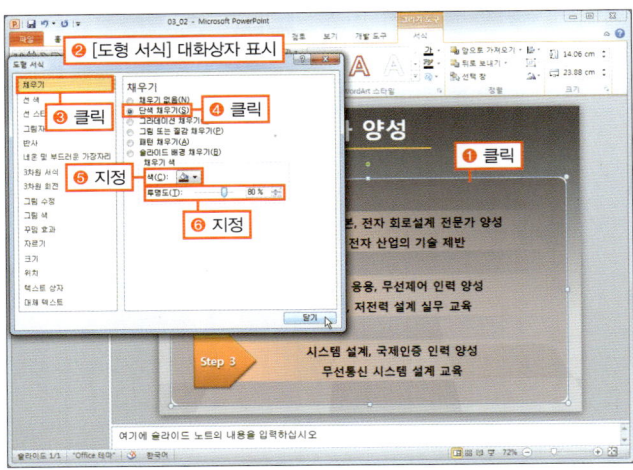

09 도형 완성하기

도형의 정렬과 서식 지정을 적용하여 마무리합니다.

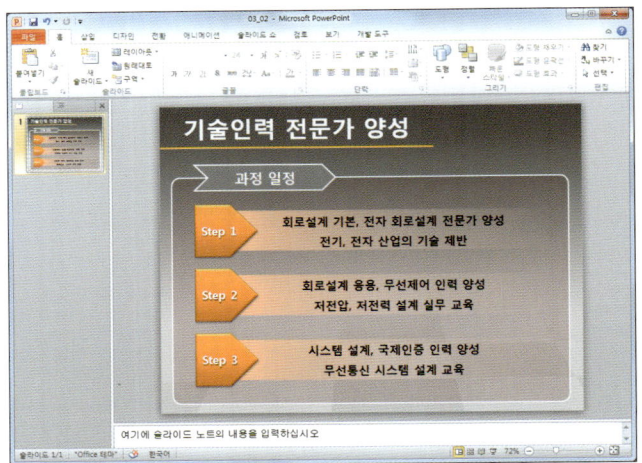

> **참고**
>
> [도형 서식] 대화상자를 나타내려면 도형에서 마우스 오른쪽 버튼을 클릭한 후 바로 가기 메뉴의 [도형 서식]을 클릭합니다.

> **참고** ● **불규칙한 모양의 개체 주위에 텍스트 배치하기**
>
> 슬라이드에 도형이나 그림을 삽입한 후 주위에 텍스트를 배치하면 모두 사각형 모양으로 배치됩니다. 그림이나 도형과 어울리도록 텍스트를 배치하고 싶을 때는 그림 개체와 텍스트의 정렬을 사용해 배치할 수 있습니다. 다음과 같은 불규칙한 그림 주위에 텍스트를 배치할 때는 먼저 ❶그림을 선택한 후 마우스 오른쪽 버튼을 클릭하고 ❷[맨 뒤로 보내기]–❸[맨 뒤로 보내기]를 선택합니다.

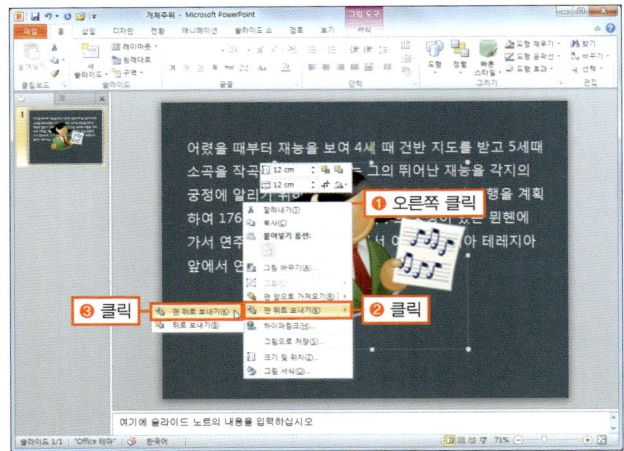

그림 개체가 텍스트 뒤로 이동하면 ❹키보드의 Tab 또는 Spacebar 를 사용하여 텍스트를 개체의 오른쪽 가장자리 옆으로 이동시킵니다.

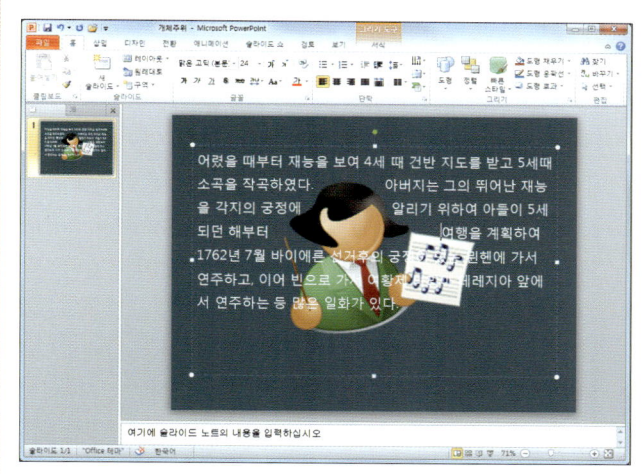

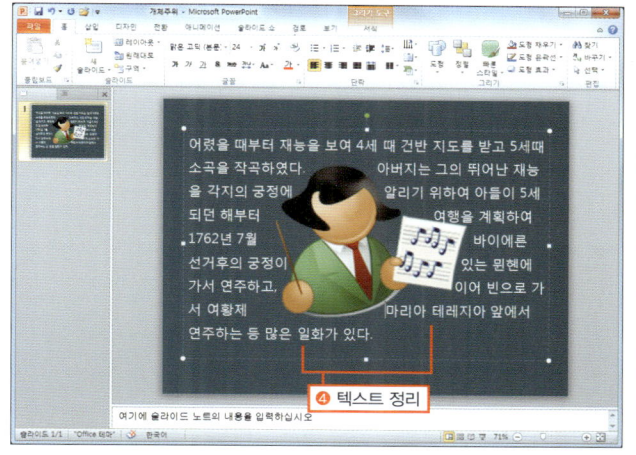

④ 텍스트 정리

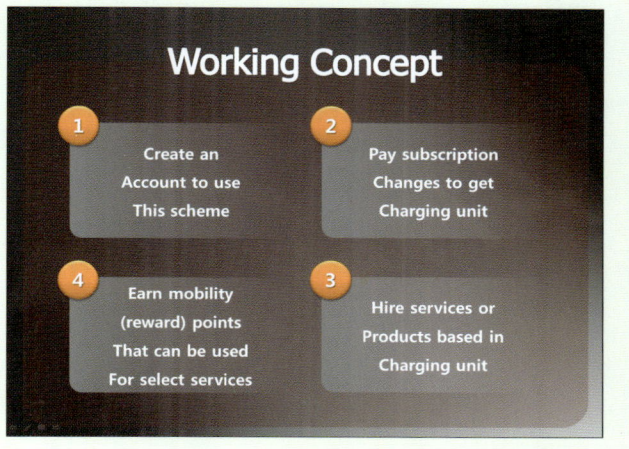

확인실습

슬라이드에 새로운 도형을 삽입한 후 삽입한 도형의 위치를 맨 뒤로 이동시켜 보세요.

◎ **시작 파일** : 4장\03_실습1_완성.pptx
◎ **완료 파일** : 4장\03_실습2_완성.pptx

실습 과정

선택 창을 활용해 도형 편집하기

작업 창에 [선택 및 표시] 작업 창을 표시한 후 슬라이드에 삽입된 여러 도형을 편집하는 방법에 대해 알아봅니다.

◎ **시작 파일** : 4장\03_03.pptx
◎ **완료 파일** : 4장\03_03_완성.pptx

---

01 [선택 창] 선택하기

❶[홈] 탭의 [편집] 그룹에서 ❷[선택](선택 ▾)을 클릭한 후 ❸[선택 창]을 선택합니다.

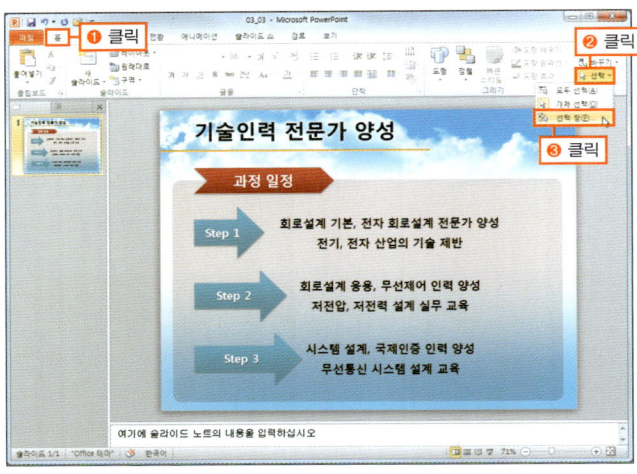

02 개체 숨기기 선택하기

[선택 및 표시] 작업 창이 나타나면 좌측에는 개체명, 우측에는 눈 모양( ) 아이콘이 나타납니다. 목록 중 ❶'모서리가 둥근 사각형' 개체의 눈 모양 아이콘( )을 클릭합니다.

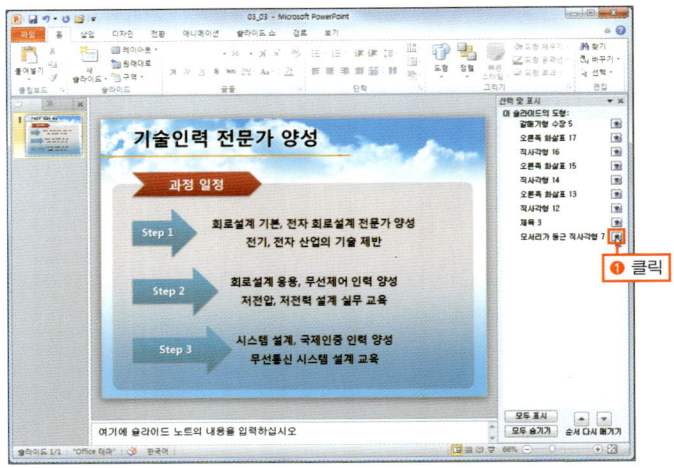

03 개체 숨김 확인하기

슬라이드에서 도형이 사라지고 눈 모양 아이콘이 □로 변경됩니다. 슬라이드에서 개체를 숨기고 싶을 때 사용합니다.

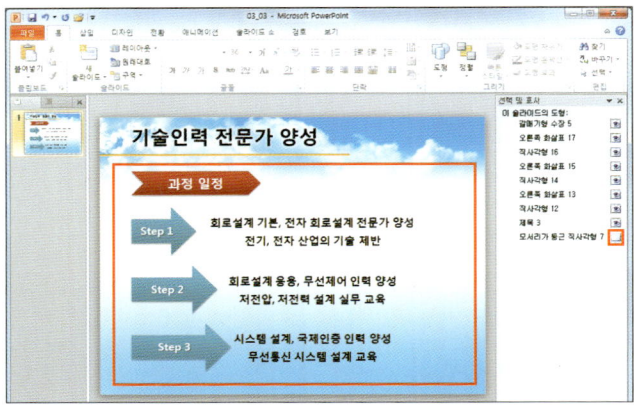

> **참고**
>
> 숨긴 개체를 슬라이드에 다시 표시하고 싶을 때는 □을 클릭하여 눈 모양( )이 나타나는 아이콘으로 변경합니다.

04 개체 선택하기

개체의 명칭을 알기 쉽게 바꾸려면 ❶바꾸려는 개체를 [선택 및 표시] 작업 창에서 선택한 후 ❷다시 한 번 클릭합니다.

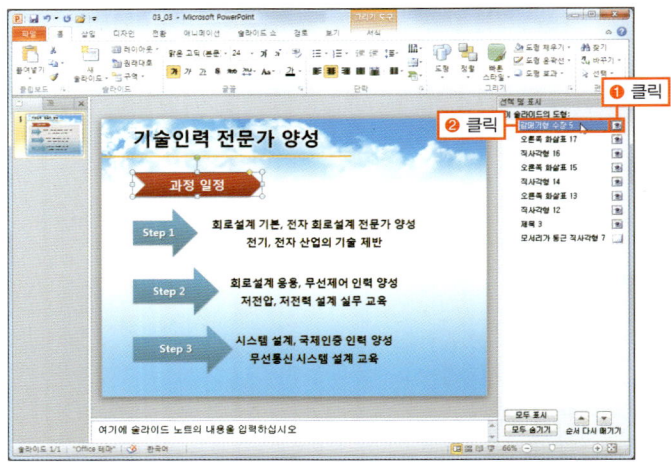

05 개체 이름 변경하기

개체의 명칭을 바꿀 수 있도록 입력 상자가 변경됩니다. ❶
원하는 명칭을 입력합니다.

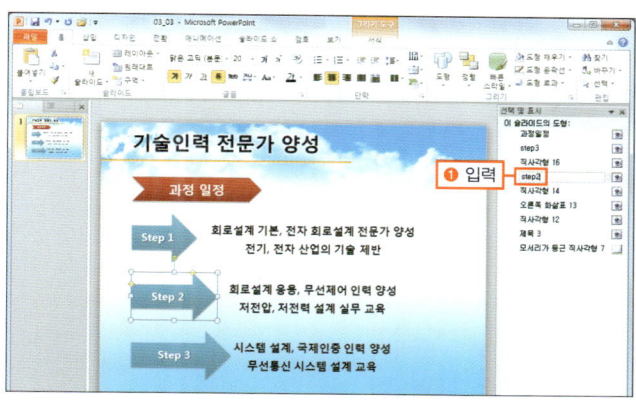

참고 • 개체 순서 변경하기

슬라이드에 여러 개의 개체를 삽입하면 개체마다 순서가 생기게 됩니다. 그리기 개체가 겹쳐 내용이 보이지 않을 때는 [선택 및 표시] 작업 창에서 개체의 순서를 변경해줄 수 있습니다. ❶[선택 및 표시] 작업 창에서 개체를 선택한 후 ❷[순서 다시 매기기]의 화살표 버튼을 클릭하여 원하는 위치로 변경합니다.

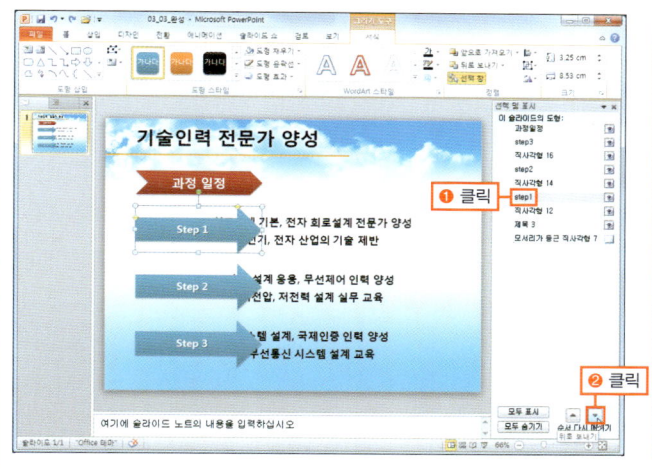 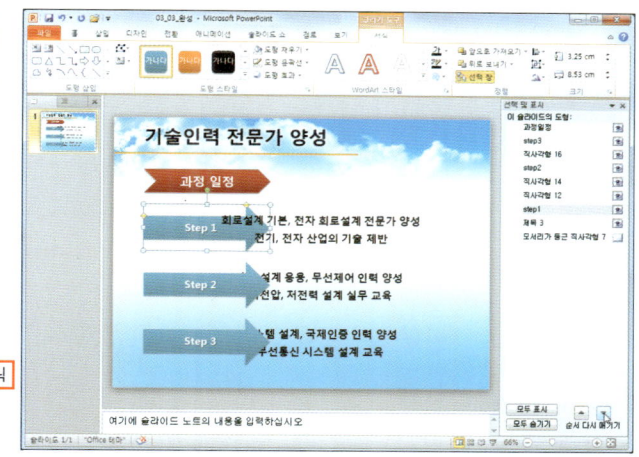

확인실습

[선택 및 표시] 작업 창을 표시하고 각 개체의 이름을 변경한 후
다음과 같이 타원을 슬라이드에서 숨겨 보세요.

◉ **시작 파일** : 4장\03_실습3.pptx
◉ **완료 파일** : 4장\03_실습3_완성.pptx

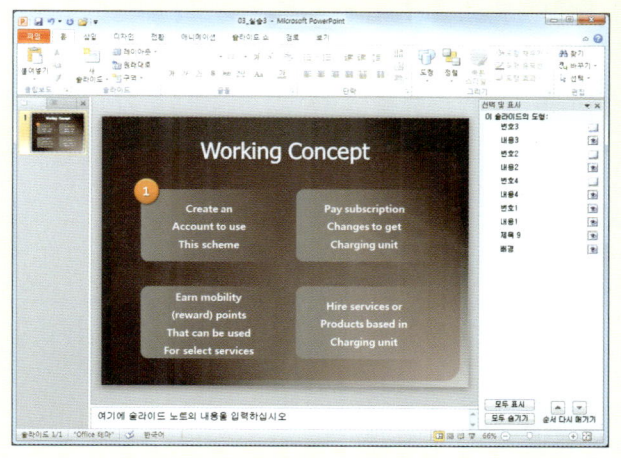

[점 편집]으로 도형 모양 변경하기

삽입된 도형을 원하는 모양으로 변환할 때는 [도형 편집] 기능을 사용합니다. [점 편집] 상태에서 새로운 점을 추가하고 조정 핸들을 이용해 도형의 모양을 변경시키는 방법에 대해 알아봅니다.

◉ **시작 파일** : 4장\점편집.pptx
◉ **완료 파일** : 4장\점편집_완성.pptx

1 점 편집 시작하기

❶슬라이드에 삽입한 도형을 선택하고 ❷마우스 오른쪽 버튼을 클릭한 후 ❸[점 편집]을 선택합니다.

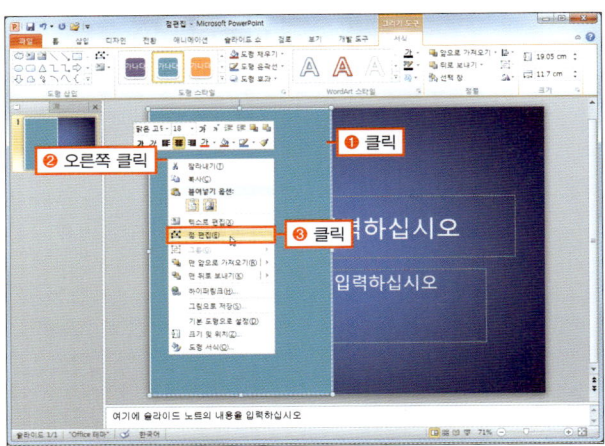

> **참고**
>
> [그리기 도구—서식] 탭의 [도형 삽입] 그룹에서 [점 편집](⬚)을 선택해도 됩니다.

2 조정 핸들 표시 확인하기

그림과 같이 위의 검은 점을 클릭하면 양쪽으로 조정 핸들이 나타납니다.

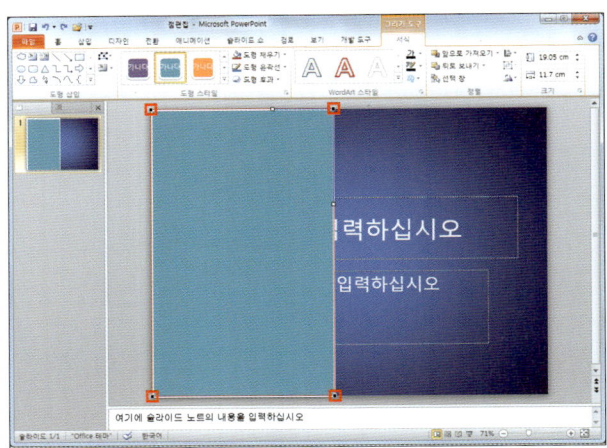

3 조정 핸들 드래그하기

❶조정 핸들 중 하나를 선택하고 ❷마우스로 드래그하면 직선이 곡선으로 변경됩니다.

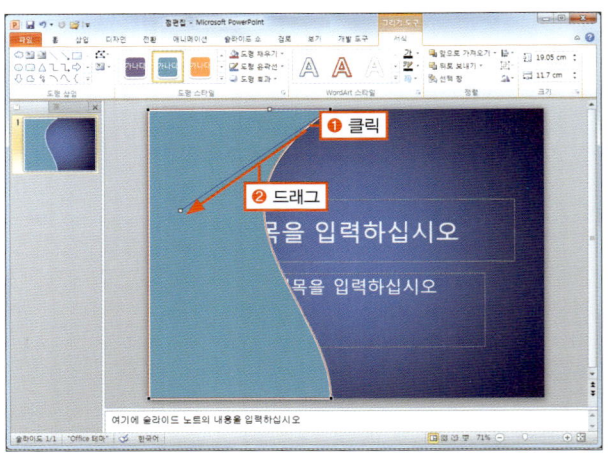

4 다시 직선으로 변경하기

❶곡선으로 변경된 선에서 마우스 오른쪽 버튼을 클릭하고 ❷ [직선 세그먼트]를 선택하면 곡선이 직선으로 변경됩니다.

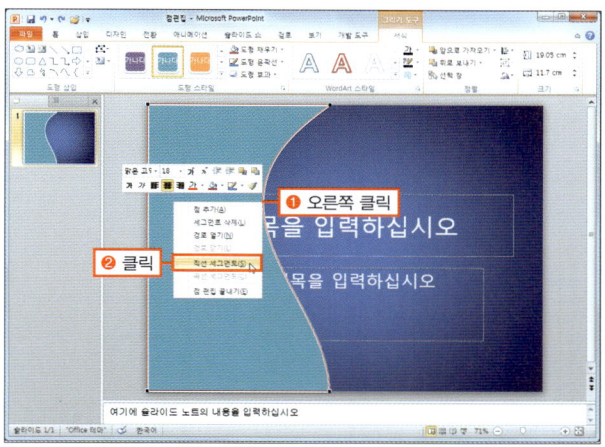

5 점 추가하기

새로운 점을 추가해 모양을 변경하고자 할 때는 ❶점 편집 상태의 선에서 마우스 오른쪽 버튼을 클릭하고 ❷[점 추가]를 선택합니다.

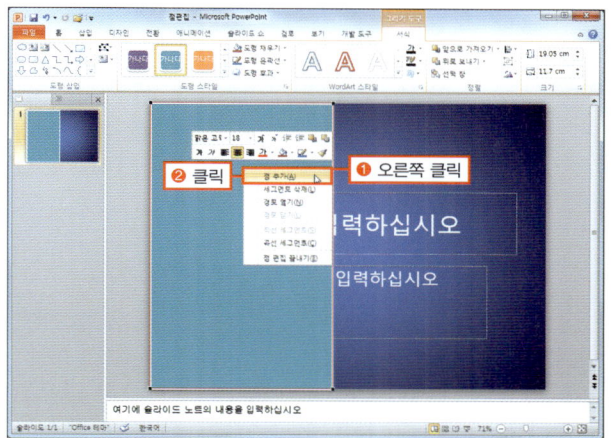

6 도형 모양 변경하기

새로운 점과 함께 조정 핸들이 나타납니다. ❶조정 핸들을 드래그하여 도형 모양을 변경할 수 있습니다.

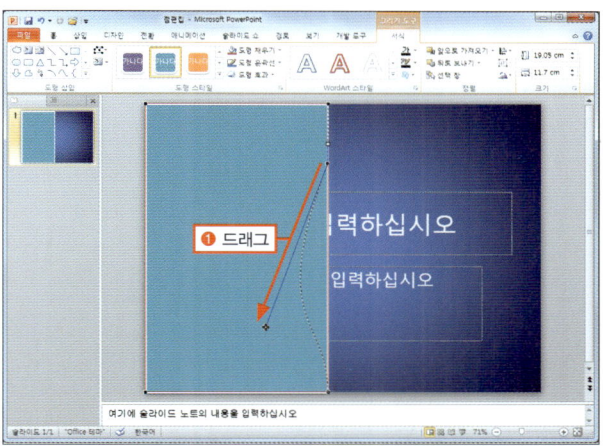

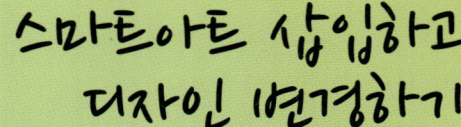

SECTION 04

스마트아트 삽입하고 디자인 변경하기

스마트아트는 목록, 프로세스 다이어그램, 조직도나 관계도와 같은 도형을 다양한 서식과 함께 제공하는 도형 그룹으로 복잡한 도형을 쉽게 만들 수 있도록 도와줍니다. 스마트아트 그래픽을 이용해 간단하게 도형 슬라이드를 작성하는 방법에 대해 알아봅니다.

다루는 내용

- 스마트아트 삽입하기
- 스마트아트 서식 변경하기

기능정리

스마트아트 그래픽 유형 살펴보기

프레젠테이션을 작성할 때 디자이너 수준의 일러스트레이션을 만드는 것은 매우 힘든 일입니다. 하지만 스마트아트 그래픽을 사용하면 몇 번의 마우스 클릭만으로 디자이너 수준의 일러스트레이션을 만들 수 있습니다. [삽입] 탭의 [일러스트레이션] 그룹에서 [SmartArt](아이콘)를 클릭한 후, [SmartArt 그래픽 선택] 대화상자가 나타나면 프레젠테이션의 성격에 맞는 유형을 선택합니다.

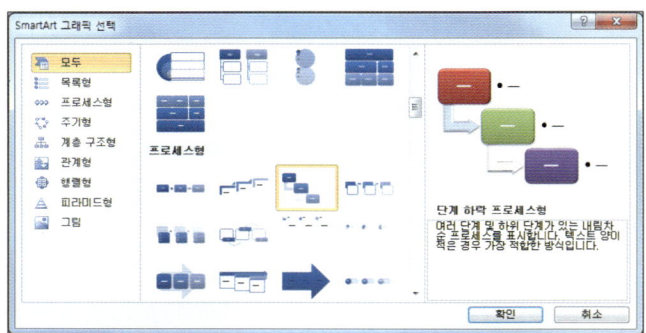

스마트아트 그래픽을 만들기 전에 전달하려는 메시지와 원하는 특정 모양을 미리 생각한 후 스마트아트 종류에서 적합한 유형을 선택하는 것이 좋습니다. 용도에 맞는 스마트아트 그래픽을 선택하여 슬라이드의 내용을 명확하고 쉽게 이해할 수 있게 작성하도록 합니다.

그래픽 용도	스마트아트 그래픽 유형
비순차적 정보 표시	목록형
프로세스 또는 시간표시 막대에서 단계 표시	프로세스형
연속된 프로세스 표시	주기형
의사결정 트리 표시	계층 구조형
조직도 만들기	계층 구조형
연결 표시	관계형
전체에 대한 각 부분의 관계 표시	매트릭스형
피라미드 형 표시	피라미드형
그림을 스마트아트로 변환	그림형

간단**퀴즈**

1 다이어그램이나 조직도 등을 쉽게 그릴 수 있게 제공하는 도형 그래픽 그룹은 다음 중 어떤 것일까요? (   )

　① 워드아트 ② 클립 아트 ③ 스마트아트 ④ 도형 스타일

2 회사의 조직도를 슬라이드에 삽입하려고 할 때 다음 스마트아트 유형 중 어떤 것을 선택하는 것이 좋을까요? (   )

　① 목록형 ② 프로세스형 ③ 계층 구조형 ④ 피라미드형

답 : **1** ①, **2** ②

스마트아트 삽입하고 도형 추가하기

슬라이드에 스마트아트를 삽입하고 스마트아트 도형을 추가하는 방법에 대해 알아봅니다.

◎ **시작 파일** : 4장\04_01.pptx
◎ **완료 파일** : 4장\04_01_완성.pptx

01 스마트아트 유형 선택하기

❶[삽입] 탭의 [일러스트레이션] 그룹에서 ❷[SmartArt] (📊)를 클릭합니다. [SmartArt 그래픽 선택] 대화상자가 나타나면 ❸[관계형]을 클릭하고 ❹[수렴 방사형]을 선택한 후 ❺[확인]을 클릭합니다.

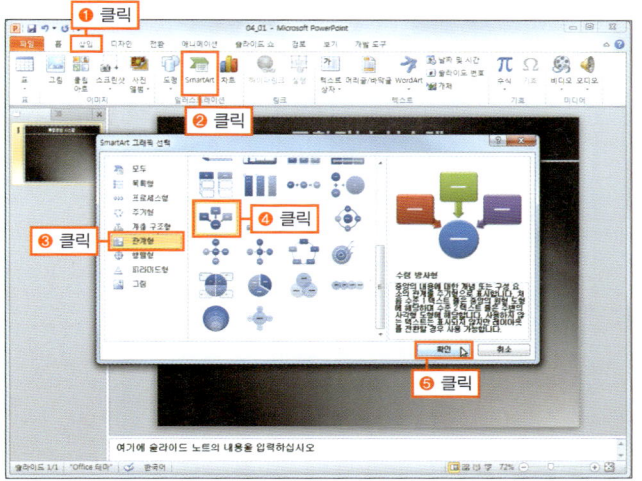

02 스마트아트 도형 추가하기

슬라이드에 선택한 스마트아트 그래픽이 삽입됩니다. ❶ [SmartArt 도구-디자인] 탭의 [그래픽 만들기] 그룹에서 [도형 추가](📊)를 클릭합니다.

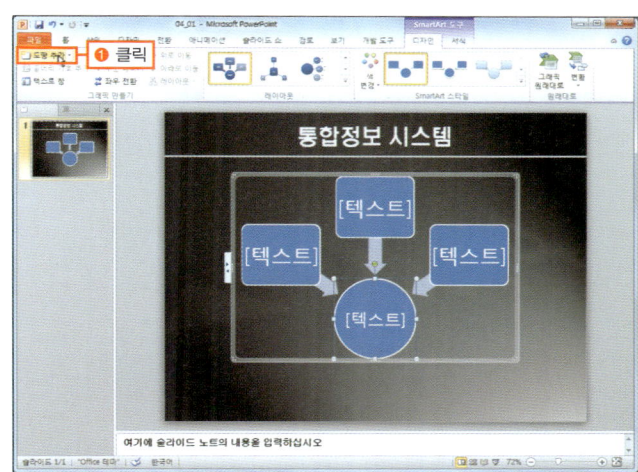

03 스마트아트 도형 추가하기

원하는 개수만큼 ❶[도형 추가](🔲)를 클릭하여 스마트아트 도형을 추가합니다.

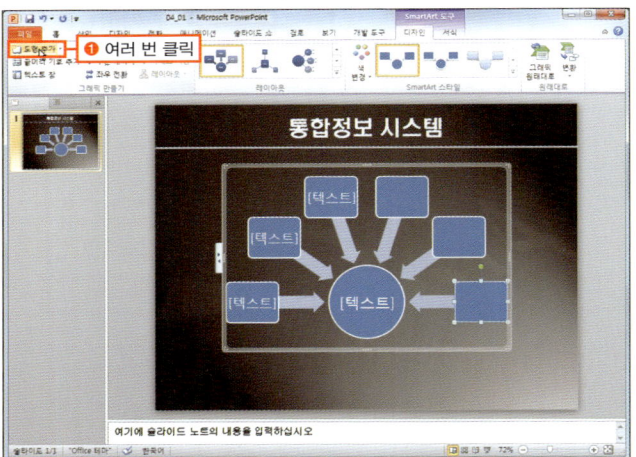

04 텍스트 입력하기

스마트아트 그래픽을 구성하는 ❶도형을 클릭하여 다음과 같은 ❷텍스트를 입력합니다.

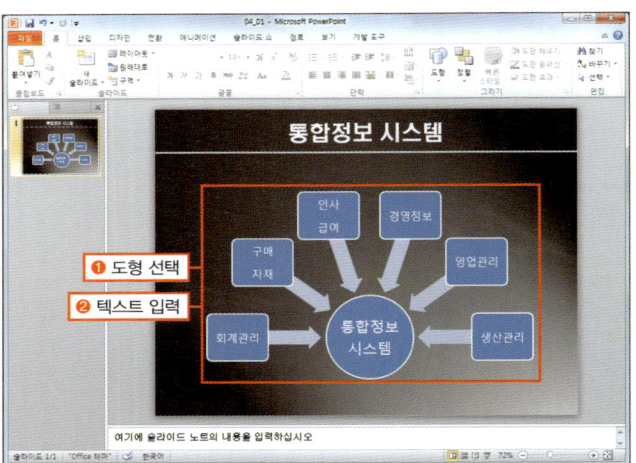

참고 ● [텍스트 창]으로 스마트아트 도형에 텍스트 입력하기

스마트아트 도형에 텍스트를 입력할 때는 도형에 직접 텍스트를 입력해도 되지만 스마트아트의 [텍스트 창]을 표시한 후 [텍스트 창]에 텍스트를 입력하기도 합니다.

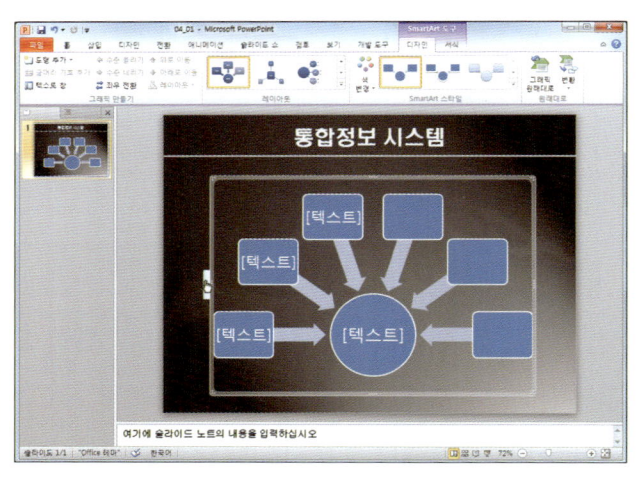

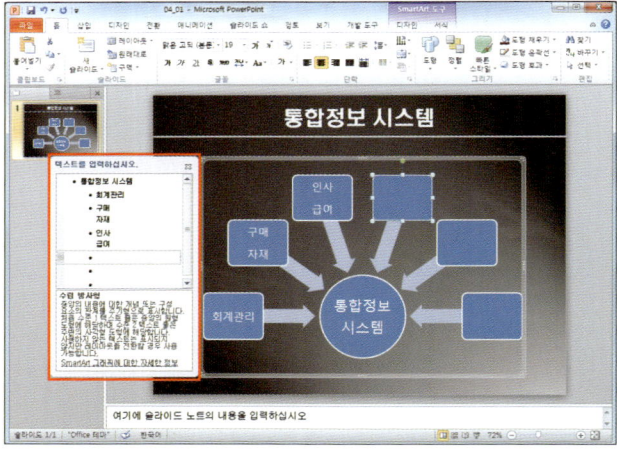

스마트아트 그래픽을 이용해 다음과 같은 조직도를 완성해 보세요.

- **시작 파일** : 4장\04_실습1.pptx
- **완료 파일** : 4장\04_실습1_완성.pptx

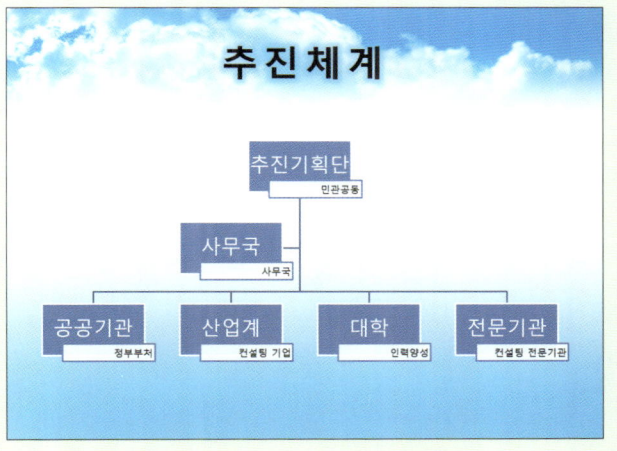

실습과정

스마트아트 스타일과 서식 변경하기

기본 서식으로 삽입된 스마트아트 그래픽을 다양한 스타일과 서식으로 변경하는 방법에 대해 알아봅니다.

- **시작 파일** : 4장\04_02.pptx
- **완료 파일** : 4장\04_02_완성.pptx

01 스마트아트 스타일 선택하기

❶스마트아트 그래픽을 선택하고 [SmartArt 도구-디자인] 탭의 [SmartArt 스타일] 그룹에서 ❷[자세히](▽)를 클릭합니다. 여러 스타일 중 ❸3차원의 [광택 처리] 스타일을 선택합니다.

02 스마트아트 색 변경하기

다시 [SmartArt 도구-디자인] 탭의 [SmartArt 스타일] 그룹에서 ❶[색 변경](⬡)을 클릭한 후 ❷[색 채우기-강조 2]를 선택합니다.

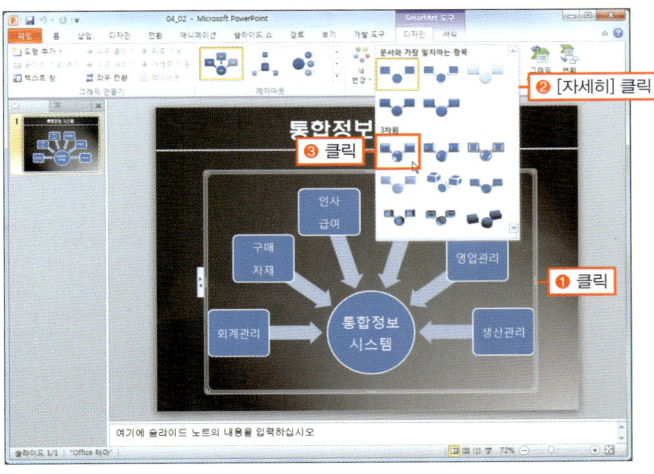

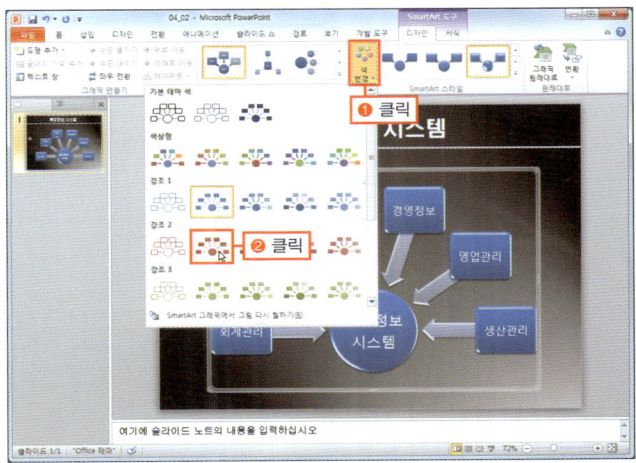

03 스마트아트 도형 서식 변경하기

❶[홈] 탭의 [글꼴] 그룹에서 [굵게]([가])를 클릭하여 스마트아트 텍스트의 글꼴을 굵게 지정합니다. 스마트아트 도형 중 다음과 같이 ❷일부만을 선택한 후 ❸[SmartArt 도구-서식] 탭의 [도형 스타일] 그룹에서 [도형 채우기]([도형 채우기])를 클릭한 후 ❹[황록색, 강조 3, 25% 더 어둡게]를 선택합니다.

04 도형 입체 효과 해제하기

선택한 도형이 지정한 색상으로 변경됩니다. 이번에는 ❶화살표 도형을 다음과 같이 선택한 후 ❷[SmartArt 도구-서식] 탭의 [도형 스타일] 그룹에서 [도형 효과]([도형 효과])를 클릭한 후 ❸[입체 효과]-❹[입체 효과 없음]을 선택하여 입체 효과를 제거합니다.

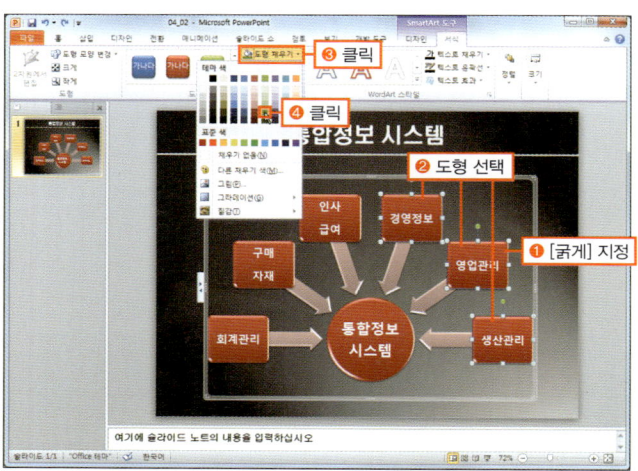

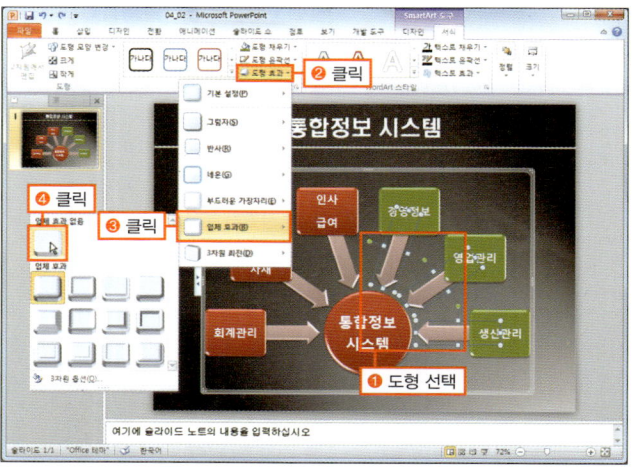

참고 • 개요 목록을 스마트아트로 변환하기

[홈] 탭의 [단락] 그룹에서 [SmartArt 그래픽으로 변환]([이미지])을 클릭하면 일반 글머리 기호의 개요 목록을 스마트아트 그래픽으로 간단하게 변환할 수 있습니다. ❶[홈] 탭의 [단락] 그룹에서 [SmartArt 그래픽으로 변환]([이미지])을 클릭하고 스마트아트 그래픽 목록에서 ❷스마트아트 그래픽을 선택합니다.

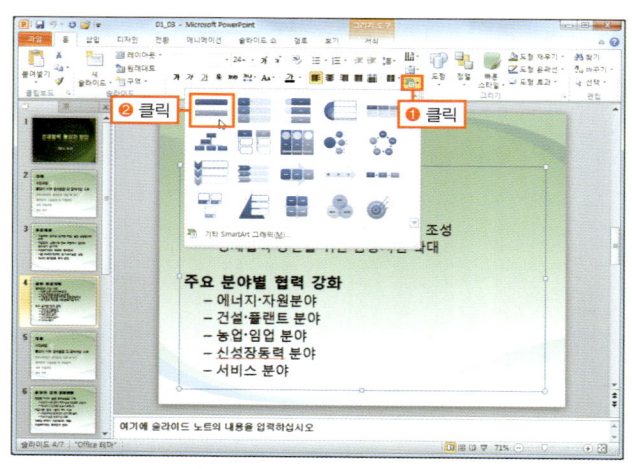

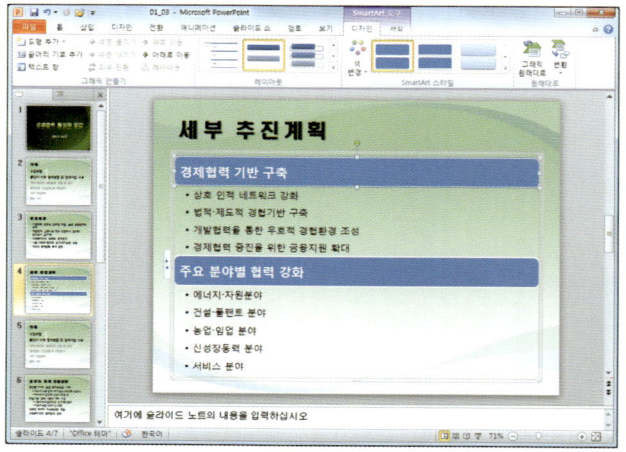

05 그라데이션 효과 지정하기

도형 선택을 그대로 둔 채 ❶[SmartArt 도구-서식] 탭의 [도형 스타일] 그룹에서 [도형 채우기](도형 채우기)를 클릭한 후 ❷[황록색, 강조 3, 25% 더 어둡게]를 선택하고 다시 ❸[그라데이션]-❹[밝은 그라데이션: 선형 대각선]을 선택합니다.

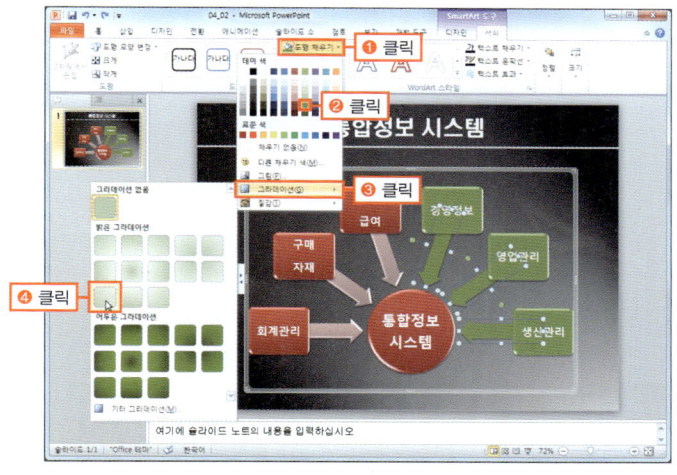

06 도형의 투명도 조절하기

이번에는 ❶[도형 서식] 대화상자를 표시하고 [그라데이션 중지점]에서 ❷[중지점 2]와 ❸[중지점 3]의 [투명도]를 각각 '55%'와 '100%'로 변경합니다.

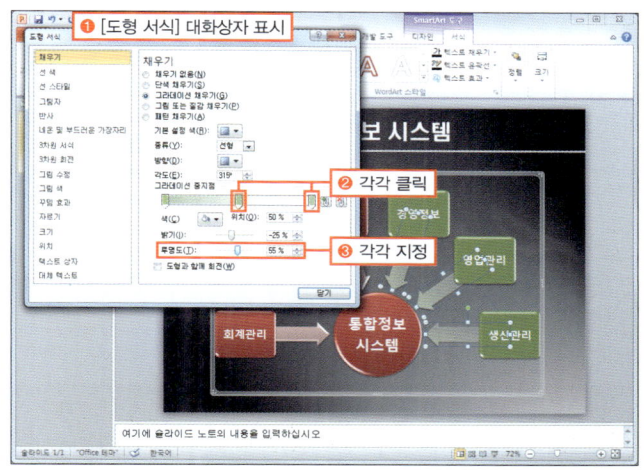

07 도형의 투명도 조절하기

❶같은 방법으로 왼쪽의 화살표 도형의 색상과 투명도를 조절합니다.

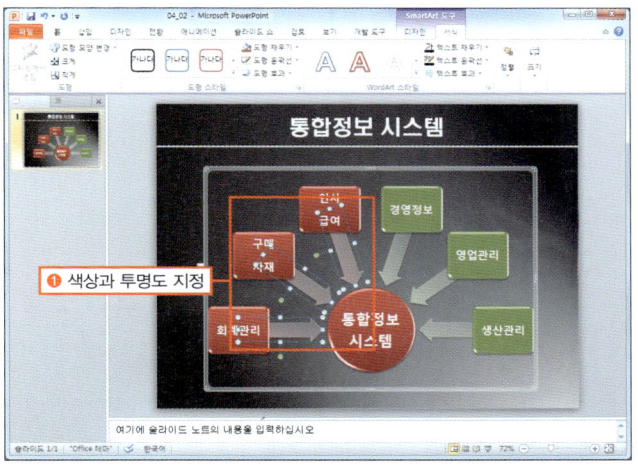

08 도형 효과 적용하기

마지막으로 ❶'통합정보 시스템'이 입력된 도형의 색상을 [검정, 텍스트 1]로 지정하고 ❷[SmartArt 도구-서식] 탭의 [도형 스타일] 그룹에서 [도형 효과](도형 효과)를 클릭하고 ❸[네온]-❹[황록색, 18pt 네온, 강조색 3]을 선택합니다.

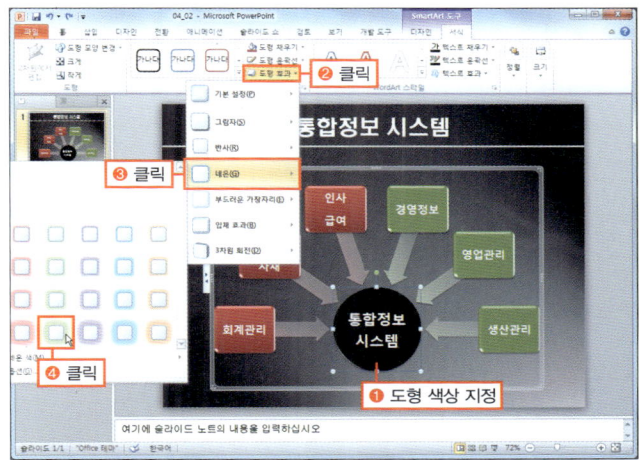

09 네온 효과 확인하기

도형에 적용한 네온 효과를 확인합니다.

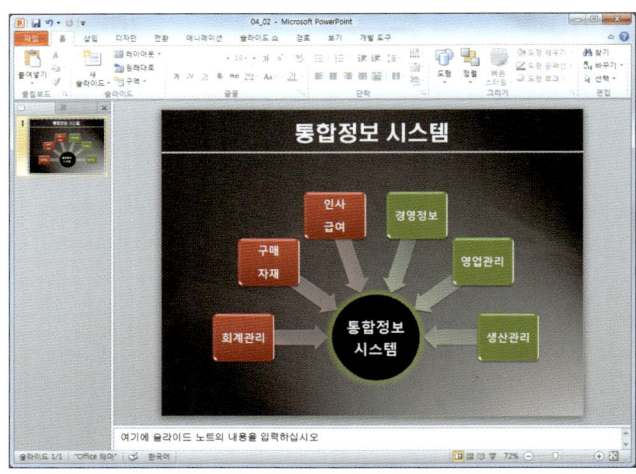

참고 • 스마트아트 그룹 해제하기

삽입된 스마트아트를 그룹 해제하면 스마트아트 그래픽의 각 도형 개체가 개별 도형으로 분리됩니다. 스마트아트를 선택한 후 마우스 오른쪽 버튼을 클릭하여 [그룹]-[그룹 해제]를 선택하면 그룹을 해제할 수 있습니다.

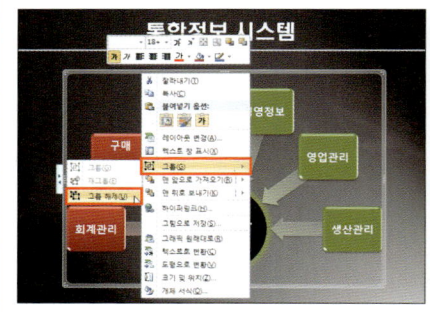
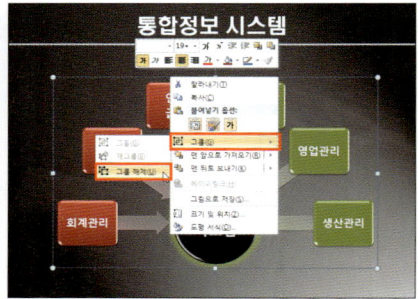
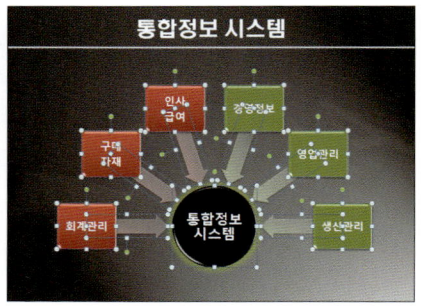

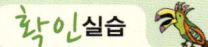

슬라이드에 삽입한 스마트 그래픽에 다음과 같은 서식을 지정해 보세요.

◎ **시작 파일** : 4장\04_실습1_완성.pptx
◎ **완료 파일** : 4장\04_실습2_완성.pptx

기본 강조 색 바꿔 스마트아트 그래픽 꾸미기

슬라이드에 스마트아트를 삽입할 때 표시되는 도형의 기본 색상을 사용자가 원하는 색상으로 변경할 때는 [테마 색]을 변경합니다.

1 새 테마 색 만들기

❶[디자인] 탭의 [테마] 그룹에서 ❷[색](▦)을 클릭한 후 ❸[새 테마 색 만들기]를 선택합니다.

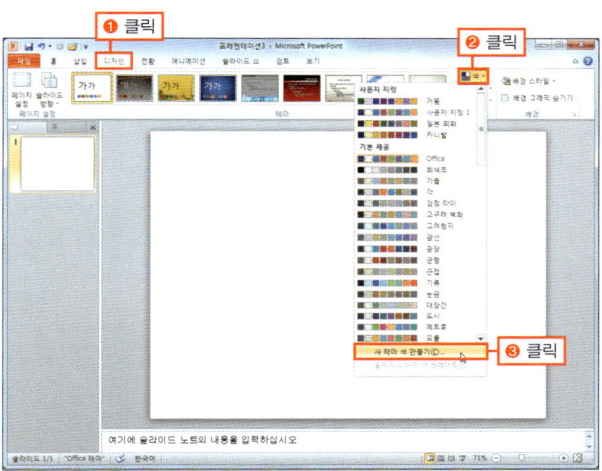

2 '강조 1' 색 변경하기

[새 테마색 만들기] 대화상자가 나타나면 ❶'강조 1(1)'의 색 버튼을 클릭하고 ❷색상 표에서 원하는 색상을 선택하여 변경합니다.

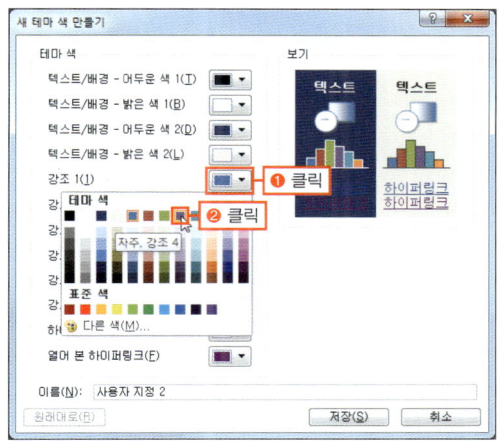

3 강조 색 모두 변경하기

❶같은 방법으로 '강조 2(2)'부터 강조 6(6)'까지 색상을 변경합니다.

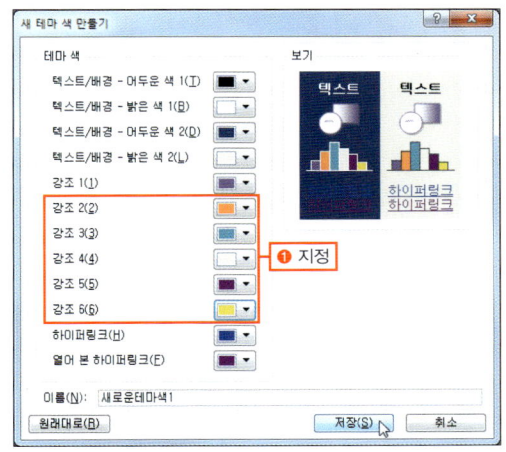

4 스마트아트 그래픽 선택하기

❶[삽입] 탭의 [일러스트레이션] 그룹에서 ❷[SmartArt](▧)를 클릭합니다. [SmartArt 그래픽 선택] 대화상자가 나타나면 ❸원하는 스마트아트 그래픽을 선택하고 ❹[확인]을 클릭합니다.

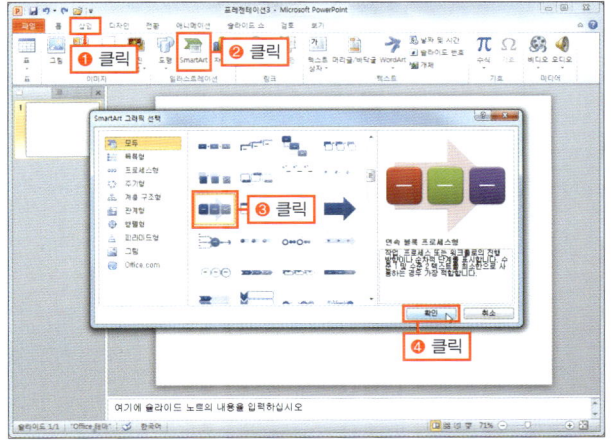

5 새 테마 색 확인하기

슬라이드에 삽입된 도형의 기본 색이 [새 테마 색 만들기] 대화
상자에서 지정한 색상으로 나타납니다.

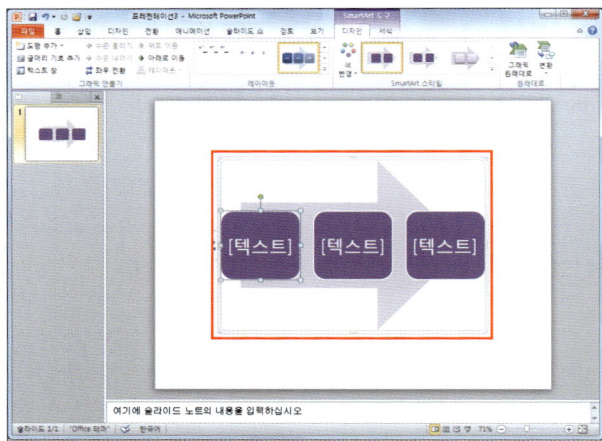

6 변경된 강조 색 확인하기

❶ [SmartArt 도구—디자인] 탭의 [SmartArt 스타일] 그룹에서 [색
변경](🎨)을 클릭하면 ❷ 변경된 강조 색으로 스마트아트 그래
픽 색상을 선택할 수 있습니다.

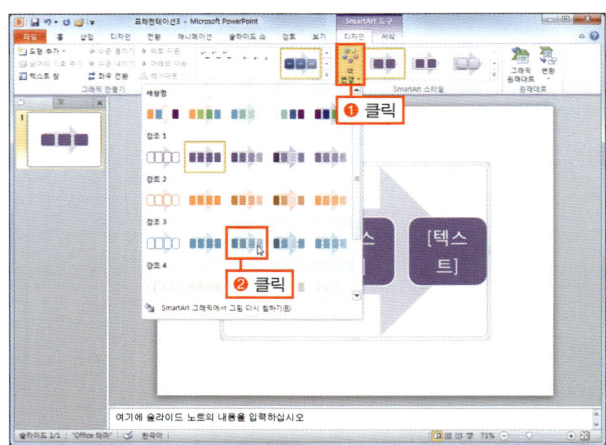

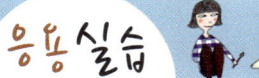
1 슬라이드에 도형을 삽입하여 다음과 같은 슬라이드를 완성해 보세요.

◎ **시작 파일** : 4장\04_응용실습1.pptx
◎ **완료 파일** : 4장\04_응용실습1_완성.pptx
◎ **해설 파일** : 해설파일\4장\04_응용실습1_해설.pdf

Before

After

❶[모서리가 둥근 사각형](▢) 삽입 후 복사 ❷도형의 테두리 모두 삭제 ❸채우기 색() – 왼쪽부터 [파랑], [진한 빨강], [연한 파랑] ❹도형 효과 지정 – 3차원 회전(왼쪽부터 [원근감 대조적으로(오른쪽)], [원근감(앞쪽)], [원근감 강조(왼쪽)]), 입체 효과(공통으로 [둥글게], 깊이 [30pt]), 반사 효과(투명도 50%, 크기 22%, 간격 5pt, 흐리게 0.5%) ❺도형(위쪽 화살표) 삽입 후 점 편집, 그라데이션 효과 지정

2 슬라이드의 배경을 지정한 후 다음과 같이 도형을 삽입하여 완성해 보세요.

◎ **완료 파일** : 4장\04_응용실습2_완성.pptx
◎ **해설 파일** : 해설파일\4장\04_응용실습2_해설.pdf

Before

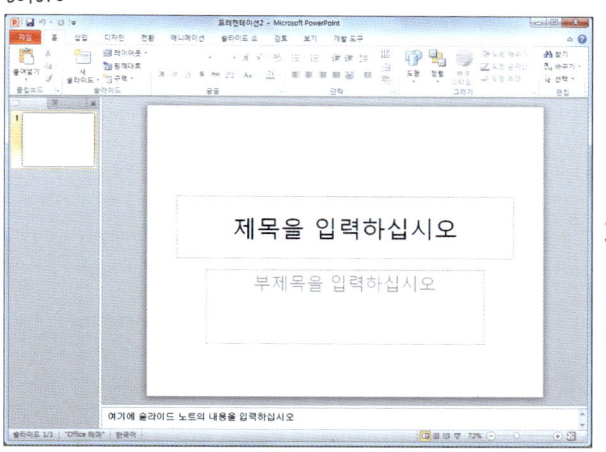

After

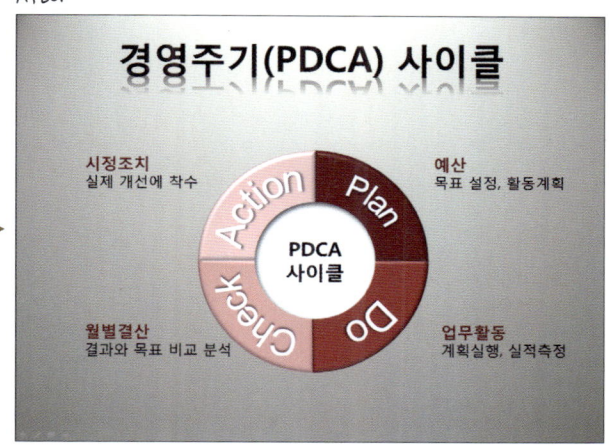

❶슬라이드 배경 지정 – [스타일 6] 지정 ❷[원형](⌒) 도형 삽입, 모양 조절 후 복사 ❸도형에 입체 효과 지정 – 둥글게 ❹[타원](◯) 삽입 후 [그림자] 효과 지정 (투명도 30%, 흐리게 8pt, 각도 236°, 간격 4pt) ❺워드아트 삽입 후 변환([위쪽 원호] 지정 후 조절점 드래그하여 모양 변경) ❻텍스트 상자 삽입 – 설명 입력

PART

05 슬라이드에 멀티미디어 파일 삽입하고 하이퍼링크 지정하기

그림과 클립 아트 같은 그래픽 개체나 동영상, 소리 등의 멀티미디어 개체를 슬라이드에 삽입하면 훨씬 다양하고 화려한 프레젠테이션을 작성할 수 있습니다. 다양한 멀티미디어 개체를 삽입하고 편집하는 방법과 하이퍼링크로 슬라이드와 웹 사이트 간의 연결을 통해 동적인 프레젠테이션을 만드는 방법 등에 대해 알아봅니다.

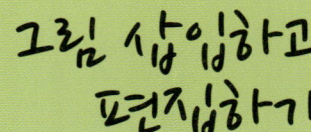

그림 삽입하고 편집하기

슬라이드에 그림을 삽입한 후 그림에 다양한 효과를 지정하고, 삽입된 그림의 색조와 밝기 등을 조절하는 방법에 대해 알아봅니다.

다루는 내용

- 그림 삽입하기
- 그림 자르기
- 그림 스타일 지정하기
- 그림 수정하기

기능 정리

향상된 이미지 편집 기능 살펴보기

파워포인트 2010에서는 슬라이드에 삽입된 그림에 대한 편집 기능이 새롭게 추가되거나 향상되었습니다. 다양한 그림 편집 기능에 대해 살펴봅니다.

● 꾸밈 효과

꾸밈 효과는 삽입된 그림을 스케치, 드로잉, 회화 느낌으로 연출할 수 있는 기능입니다. 포토샵의 필터 기능처럼 다양한 회화적 효과를 적용시킬 때 사용됩니다.

● 배경 제거와 자르기 기능

삽입된 그림의 배경을 제거한 후 필요한 대상만 남겨놓을 수 있는 배경 제거 기능이 추가되었고, 그림의 일부를 다양한 모양으로 잘라낼 수 있도록 기능이 향상되었습니다.

● **스크린 샷 기능**

[스크린 샷]은 파워포인트가 실행된 상태에서 스크린 샷을 슬라이드에 추가할 수 있는 기능입니다. 창이 최소화되지 않은 프로그램을 캡처하여 슬라이드에 추가해 주는 기능입니다.

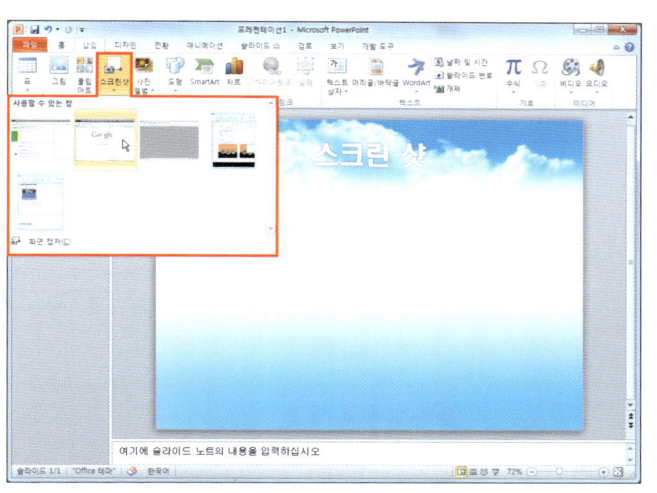
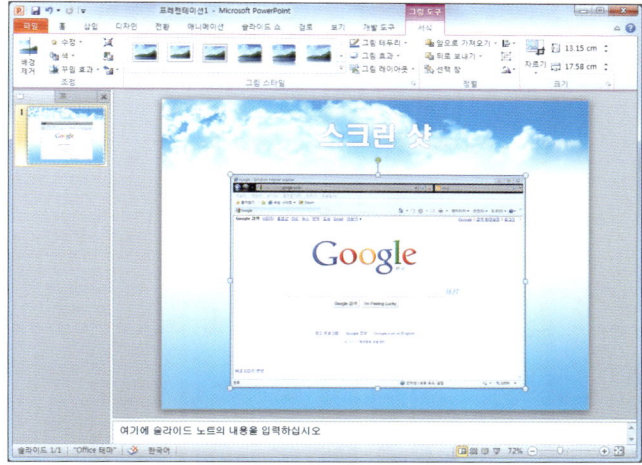

간단 퀴즈

1 포토샵의 필터 기능처럼 삽입된 그림에 드로잉 효과를 주는 기능은 다음 중 어느 것일까요? (　　　)

　① 스크린 샷 ② 반사 효과 ③ 꾸밈 효과 ④ 필터 효과

2 실행된 프로그램의 창을 파워포인트 슬라이드에 삽입해줄 수 있는 기능은 무엇일까요? (　　　　　)

답 : **1** ③, **2** 스크린 샷

실습 과정 | 그림 삽입하고 편집하기

슬라이드에 그림을 삽입한 후 원하는 크기로 자르고 스타일을 적용하는 방법에 대해 알아봅니다.

◉ **시작 파일** : 5장\01_01.pptx
◉ **완료 파일** : 5장\01_01_완성.pptx

01 삽입할 그림 선택하기

예제 파일의 ❶슬라이드 3을 선택한 후 ❷[삽입] 탭의 [이미지] 그룹에서 ❸[그림](🖼)을 클릭합니다. [그림 삽입] 대화상자가 나타나면 ❹예제 폴더 내 '이미지' 폴더에서 ❺ '문화1.jpg'와 '문화2.jpg' 파일을 선택한 후 ❻[삽입]을 클릭합니다.

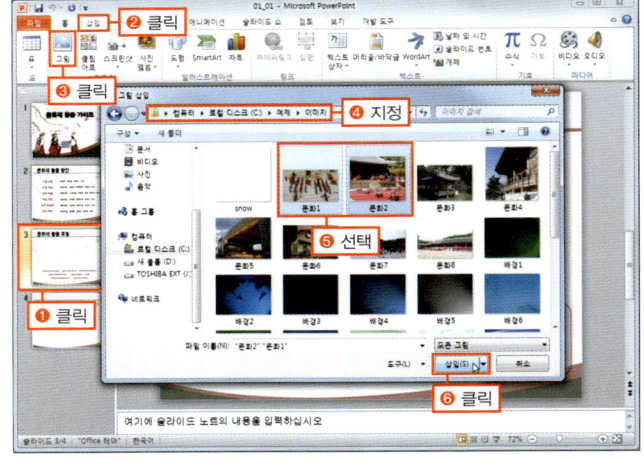

참고 •

[그림 삽입] 대화상자에서 여러 개의 파일을 선택할 때는 Shift 나 Ctrl 을 누른 상태에서 원하는 파일을 클릭합니다.

02 삽입된 그림 확인하기

슬라이드 중앙에 선택한 그림 파일이 모두 삽입됩니다.

03 그림 크기 조절하기

슬라이드에 삽입된 그림의 ❶크기 조절점을 드래그하여 크기를 줄입니다.

04 그림 자르기

삽입된 그림 중 ❶왼쪽 그림을 선택한 후 ❷[그림 도구-서식] 탭의 [크기] 그룹에서 ❸[자르기](📐)를 클릭합니다. 그림 주위에 자르기 조절점이 나타나면 ❹자를 만큼 마우스로 드래그한 후 ❺ Esc 를 누릅니다.

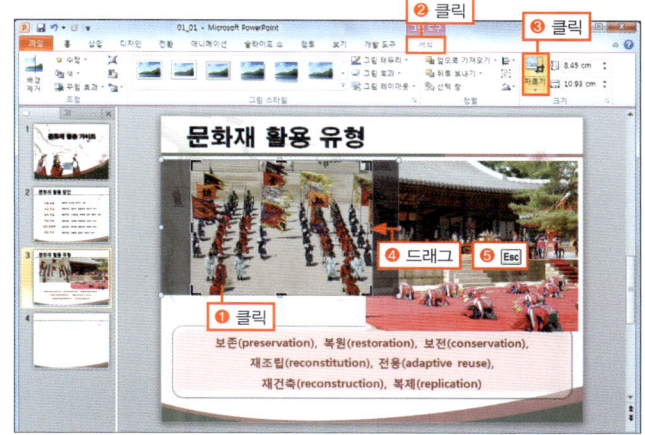

참고

[자르기](📐)를 클릭하면 그림의 주위에 자르기 조절점이 나타납니다. 조절점에 마우스 포인터를 위치시킨 후 마우스를 드래그하면 회색으로 표시되는 부분이 그림에서 잘려나가는 영역이 됩니다.

05 나머지 그림 자르기

❶같은 방법으로 오른쪽 그림을 선택하고 왼쪽 그림의 높이에 맞춰 그림을 자릅니다.

06 그림 스타일 지정하기

자르기로 크기를 조절한 ❶이미지를 모두 선택한 후 ❷[그림 도구-서식] 탭의 [그림 스타일] 그룹에서 [자세히](▼)를 클릭하고 스타일 갤러리에서 ❸[반사형 모서리가 둥근 직사각형]을 선택합니다.

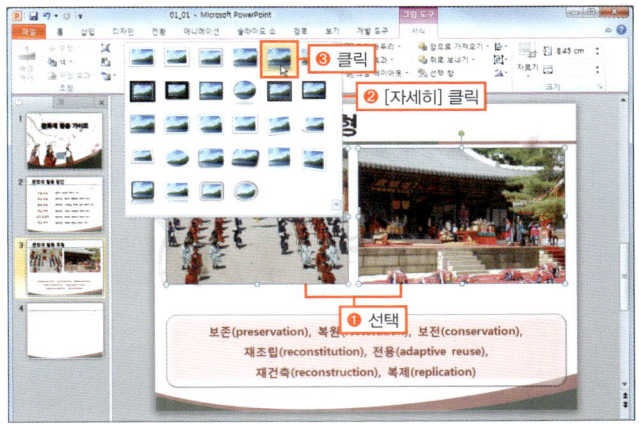

07 그림의 선명도 조절하기

선택한 스타일이 적용되면 ❶오른쪽 이미지를 선택하고 ❷
[그림 도구-서식] 탭의 [조정] 그룹에서 [수정](🔧 수정 ▾)
을 클릭한 후 ❸[선명도 조절]의 [선명하게 50%]를 선택합
니다.

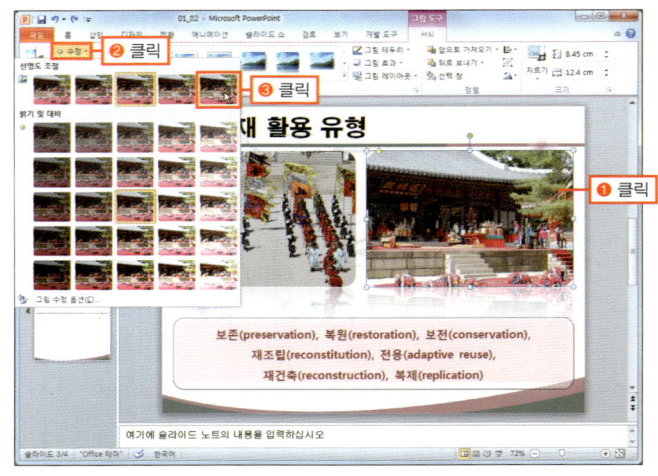

참고 • 그림의 배경 제거

그림에서 배경을 제거하여 그림을 배경색과 어울리도록 수정할 수 있습니다. ❶그림을 슬라이드에 삽입한 후 ❷[그림 도구-서식] 탭의 [조정] 그룹
에서 [배경 제거](🖼)를 클릭하면 그림에 제거될 배경이 보라색으로 나타납니다.

조절점을 밖으로 드래그하면 제거되지 않고 표시될 영역이 좀 더 늘어나게 됩니다. ❸제거될 영역 부분이 정해지면 ❹[변경 내용 유지](✓)를 클
릭합니다. 배경 색이 제거되면서 그림에서 원하는 부분만 남게 됩니다.

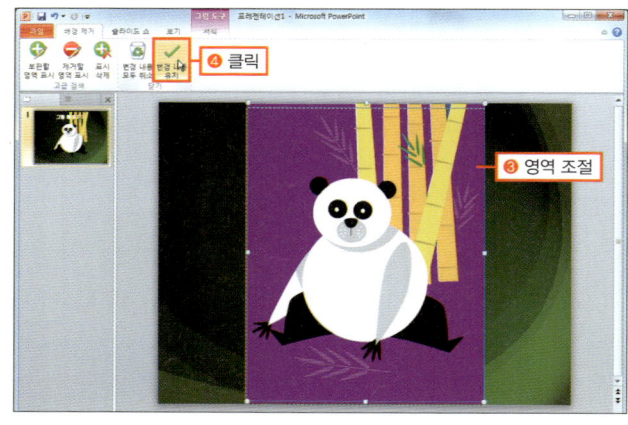

08 그림의 대비 조정하기

다시 ❶[그림 도구–서식] 탭의 [조정] 그룹에서 [수정] (⚙ 수정 ▾)을 클릭한 후 ❷[밝기 및 대비]의 [밝기 +20, 대비 +20%]를 선택합니다.

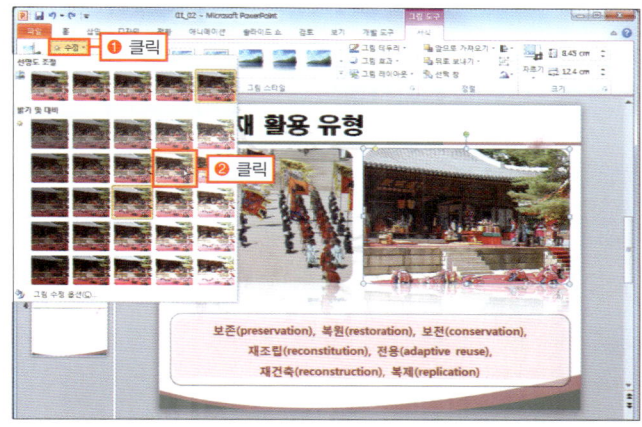

참고 • 그림을 도형 모양으로 자르기

❶[그림 도구–서식] 탭의 [크기] 그룹에서 [자르기](⬚)-❷[도형에 맞게 자르기]를 클릭하고 도형 목록에서 ❸원하는 도형을 선택하면 도형의 모양대로 그림을 잘라낼 수 있습니다.

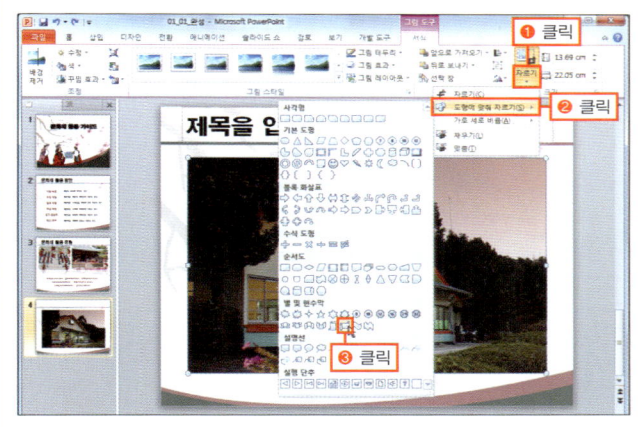

확인실습

그림을 삽입한 후 그림의 배경색을 제거한 후 그림의 선명도와 밝기를 조절해 보세요. (이미지\지구.png)

◉ 시작 파일 : 5장\01_실습1.pptx
◉ 완료 파일 : 5장\01_실습1_완성.pptx

실습 과정

그림에 다양한 효과 지정하기

슬라이드에 삽입한 그림에 꾸밈 효과와 그림 효과 등을 지정하는 방법에 대해 알아봅니다.

◎ **시작 파일** : 5장\01_02.pptx
◎ **완료 파일** : 5장\01_02_완성.pptx

01 [그림 삽입] 선택하기

❶슬라이드 4를 선택한 후 슬라이드 중앙의 ❷[파일에서 그림 삽입](🖼) 아이콘을 클릭합니다.

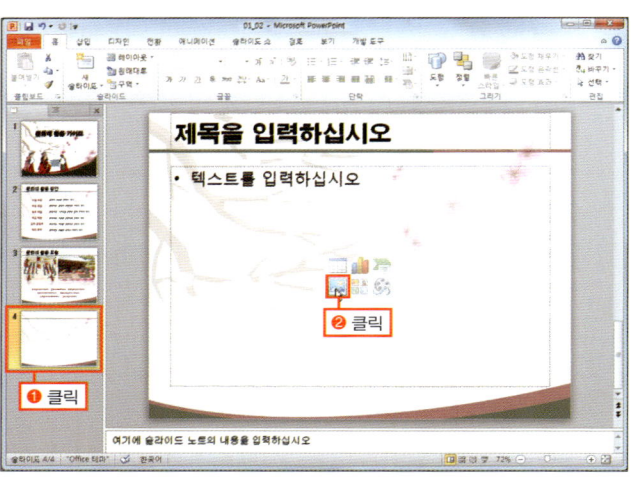

02 삽입할 그림 선택하기

[그림 삽입] 대화상자가 나타나면 ❶'문화3.bmp' 파일을 선택한 후 ❷[삽입]을 클릭합니다.

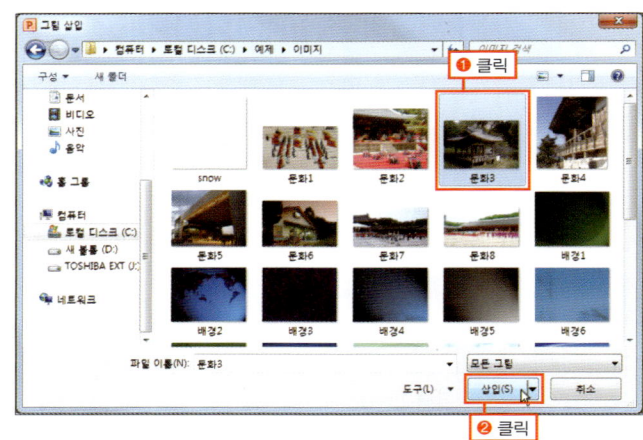

03 꾸밈 효과 선택하기

❶[그림 도구-서식] 탭의 [조정] 그룹에서 [꾸밈 효과](🖼 꾸밈 효과 ▾)를 클릭하고 ❷[페인트 브러시]를 선택합니다.

04 그림 효과 적용하기

그림에 꾸밈 효과가 적용되면 ❶[그림 도구-서식] 탭의 [그림 스타일] 그룹에서 [그림 효과](🖼 그림 효과 ▾)를 클릭한 후 ❷[부드러운 가장자리]의 ❸[50 포인트]를 선택합니다.

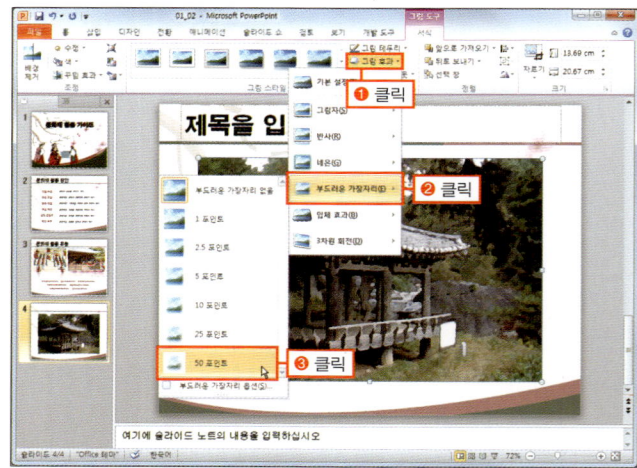

05 [도형서식] 클릭하기

❶[그림 도구-서식] 탭의 [그림 스타일] 그룹에서 ⬚를 클릭합니다.

06 밝기와 대비 조절하기

❶[그림 서식] 대화상자가 나타나면 [그림 수정] 항목을 선택하고 ❷[밝기 및 대비] 값을 다음과 같이 변경한 후 ❸[닫기]를 클릭합니다.

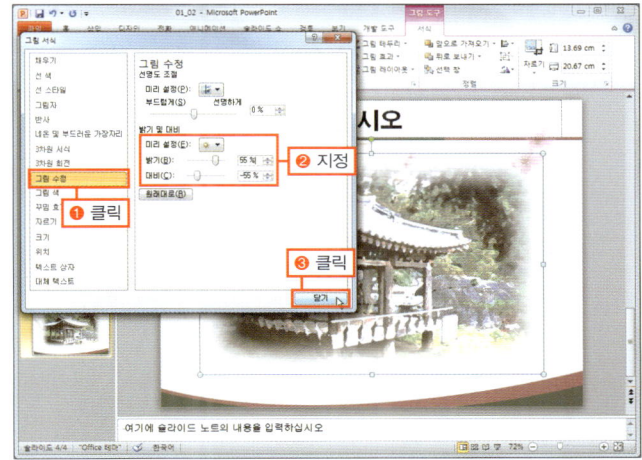

07 텍스트 입력하기

그림에 꾸밈 효과와 서식을 모두 지정했다면 ❶텍스트 상자를 슬라이드에 삽입한 후 다음과 같이 ❷내용을 입력합니다.

슬라이드에 삽입한 그림의 배경을 제거하거나 꾸밈 효과를 적용한 후 효과가 적용된 그림을 파일로 따로 저장할 수 있습니다. ❶편집한 그림을 마우스 오른쪽 버튼으로 클릭한 다음 ❷바로 가기 메뉴에서 [그림으로 저장]을 클릭한 후 ❸저장할 폴더를 지정하고 ❹[저장]을 클릭합니다.

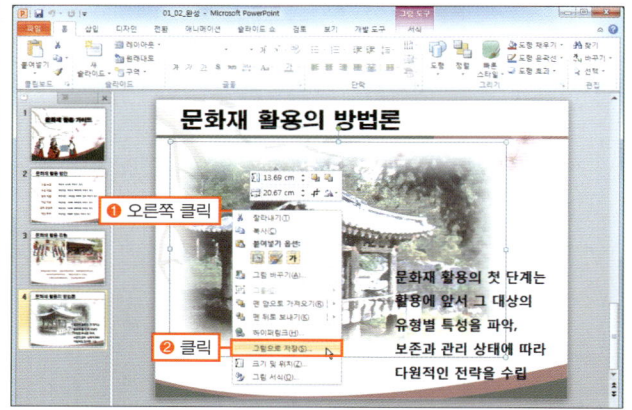
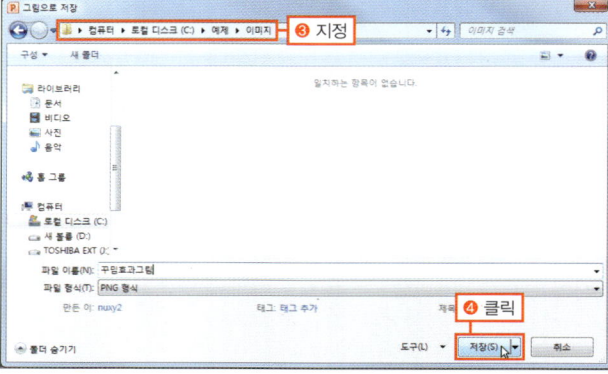

❺[삽입] 탭의 [이미지] 그룹에서 [그림](🖼)을 클릭한 후 [그림 삽입] 대화상자에서 ❻저장한 그림 파일을 선택하면 ❼슬라이드에 그림을 삽입할 수 있습니다.

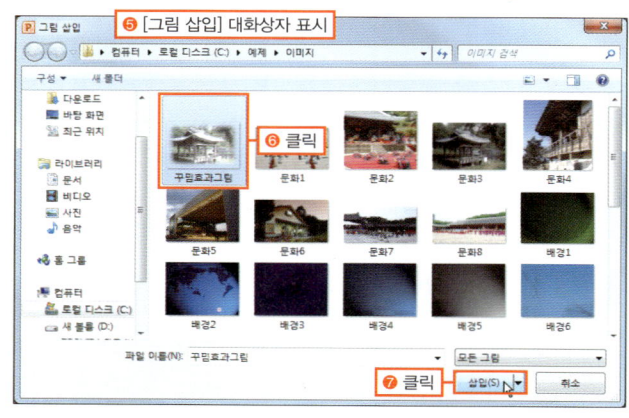

확인실습

삽입한 그림에 꾸밈 효과와 반사 효과를 지정해 보세요.

◉ 시작 파일 : 5장\01_실습1_완성.pptx
◉ 완료 파일 : 5장\01_실습2_완성.pptx

실습 과정

스크린 샷으로 캡처 그림 삽입하기

사용 중인 프로그램의 스크린 샷을 슬라이드에 삽입하는 방법에 대해 알아봅니다.

◎ **시작 파일** : 5장\01_03.pptx
◎ **완료 파일** : 5장\01_03_완성.pptx

01 스크린 샷 선택하기

❶[삽입] 탭의 [이미지] 그룹에서 ❷[스크린 샷](🖼)을 클릭한 후 열려 있는 프로그램의 전체 창이 목록으로 표시되면 ❸'사용할 수 있는 창' 목록에서 슬라이드에 삽입할 창을 클릭합니다.

참고.

[스크린 샷] 기능은 현재 열려 있는 프로그램의 전체 화면을 캡처하거나 일부를 캡처하여 슬라이드에 삽입할 수 있는 기능입니다. 스크린 샷 기능은 사용 중인 프로그램이 윈도우 작업 표시줄에 최소화되지 않았을 때 '사용할 수 있는 창' 목록에 표시됩니다.

02 스크린 샷 삽입 확인하기

슬라이드에 선택한 창의 스크린 샷이 삽입됩니다.

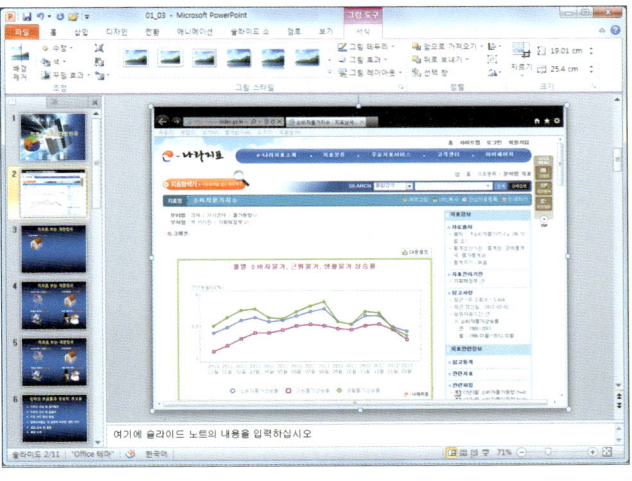

03 삽입된 스크린샷 크기 조절하기

❶슬라이드에 삽입된 스크린샷 이미지의 크기 조절점을 드래그하여 크기를 조절한 후 위치를 변경합니다.

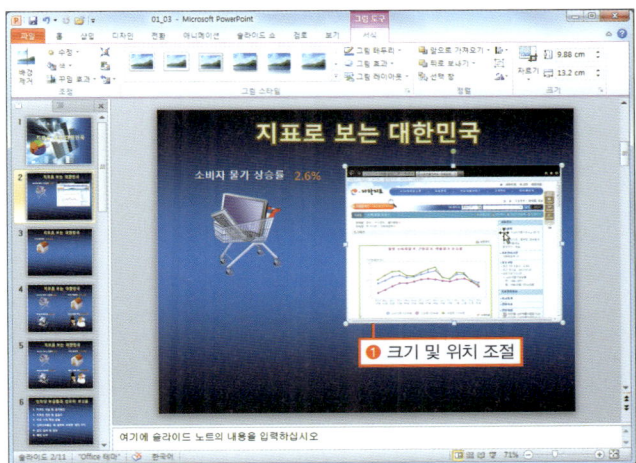

04 화면 캡처하기

❶[삽입] 탭의 [이미지] 그룹에서 [스크린 샷](📷)을 클릭한 후 ❷[화면 캡처]를 선택합니다.

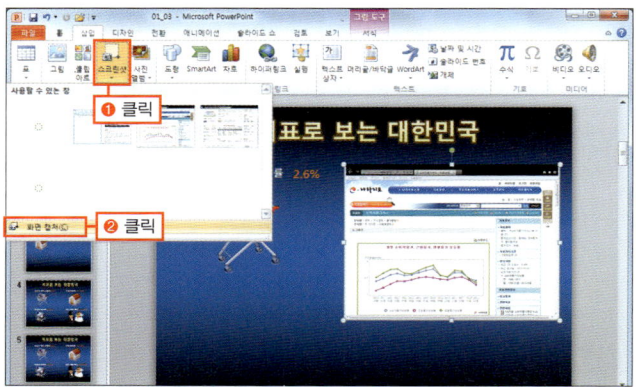

05 캡처 영역 설정하기

마우스 포인터의 모양이 십자 모양(+)으로 변경되면 ❶캡처하려는 영역을 드래그합니다.

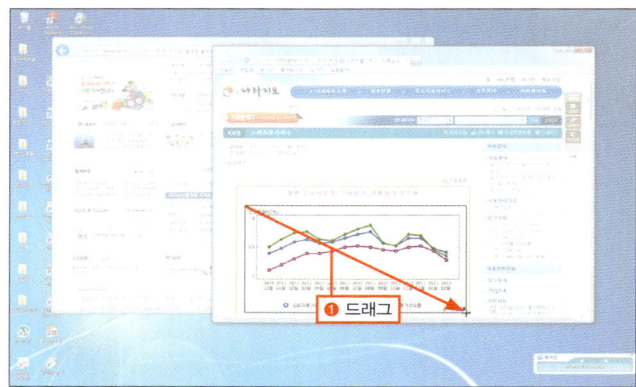

06 슬라이드에서 이미지 편집하기

❶슬라이드에 마우스로 드래그한 영역의 부분 캡처 이미지가 삽입되면 크기와 위치를 조절합니다.

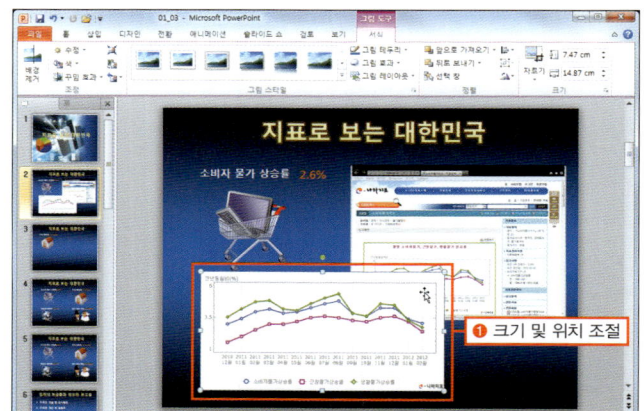

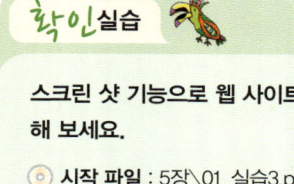

스크린 샷 기능으로 웹 사이트의 일부를 캡처해 시작 파일에 삽입해 보세요.

- **시작 파일** : 5장\01_실습3.pptx
- **완료 파일** : 5장\01_실습3_완성.pptx

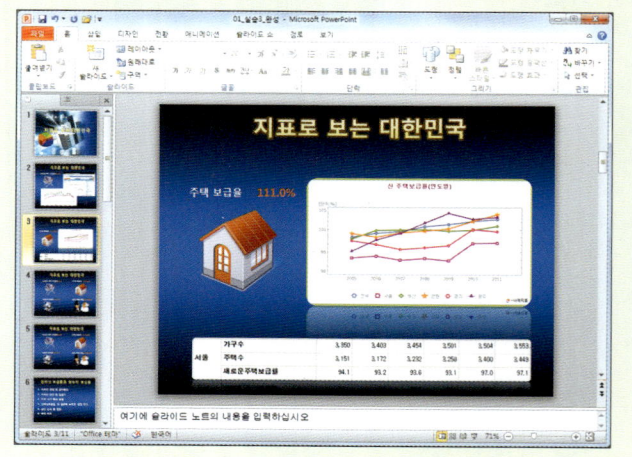

사진 앨범 만들기

사진 앨범 기능을 사용하면 간단하게 많은 양의 개인 사진이나 업무용 사진들을 슬라이드에 추가할 수 있습니다. 사진 앨범에 그림을 삽입한 후에는 캡션을 추가하거나 다양한 테마를 적용할 수 있으며 순서와 레이아웃을 조정하고 그림 주위에 프레임을 적용할 수 있습니다.

◉ **완료 파일** : 5장\사진앨범.pptx

1 사진 앨범 제작 시작하기

❶[삽입] 탭의 [일러스트레이션] 그룹에서 ❷[사진 앨범](📷)을 클릭합니다.

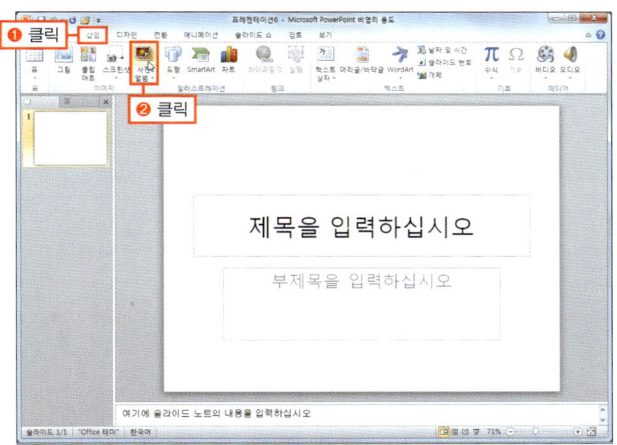

2 파일 추가하기

[사진 앨범] 대화상자가 나타나면 ❶[파일/디스크]를 클릭합니다.

3 삽입할 이미지 모두 선택하기

❶[새 그림 삽입] 대화상자에서 슬라이드에 삽입할 이미지를 모두 선택한 후 ❷[삽입]을 클릭합니다. (이미지\배경1.jpg~배경22.jpg)

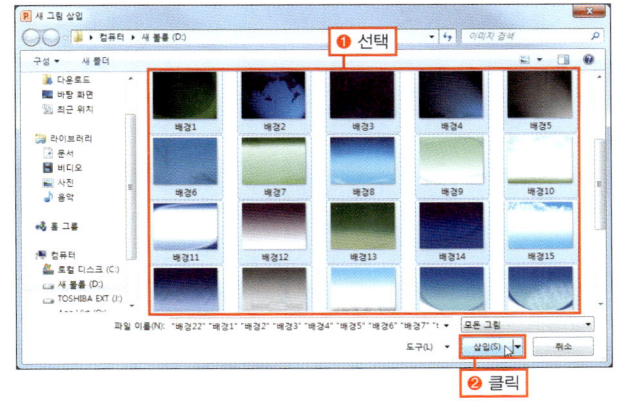

4 레이아웃 적용하기

[사진 앨범] 대화상자로 돌아오면 [앨범에서 그림 위치] 항목에 선택한 이미지의 목록이 표시되는 것을 확인할 수 있습니다. ❶[앨범 레이아웃] 항목의 [그림 레이아웃]을 클릭한 후 ❷[그림 4개]를 선택합니다.

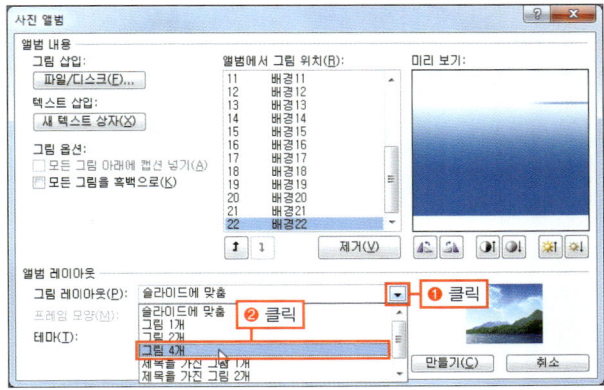

5 프레임 모양 선택하기

❶[프레임 모양]을 [단순형 프레임, 흰색]으로 선택한 후 ❷[만들기]를 클릭합니다.

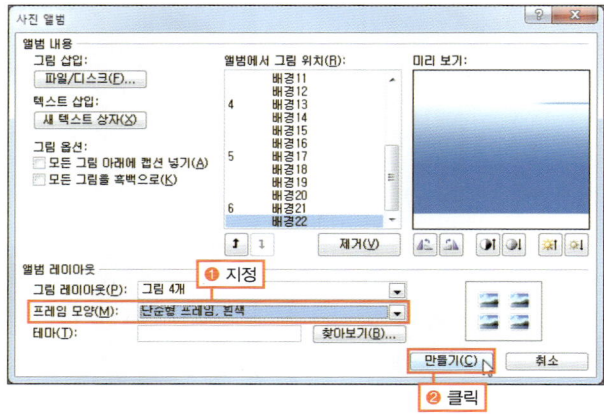

참고

사진 앨범의 제목 슬라이드의 제목 텍스트와 부제목 텍스트는 언제든 변경이 가능합니다.

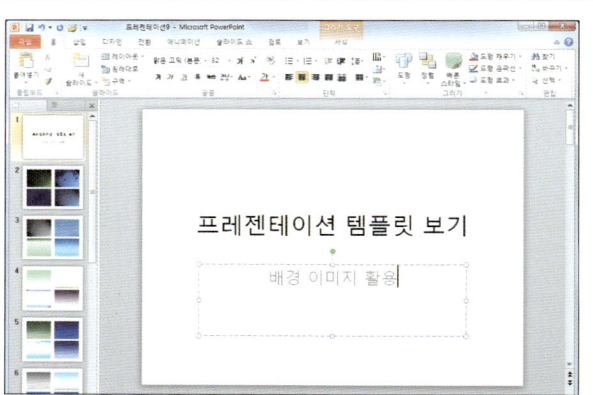

6 사진 앨범 슬라이드 확인하기

선택한 그림이 지정한 그림 개수와 프레임 모양으로 슬라이드에 삽입되고 '사진 앨범'이라는 제목의 슬라이드가 나타납니다.

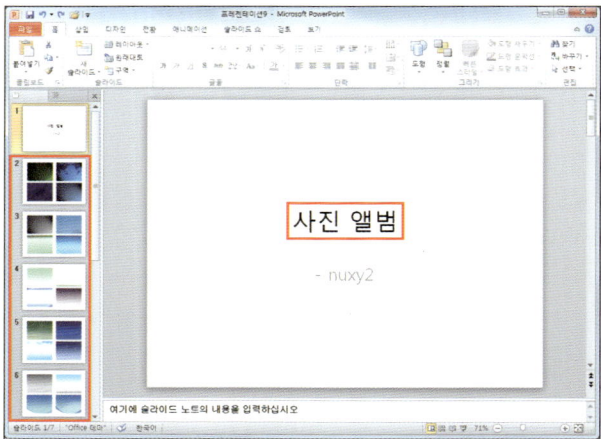

7 사진 앨범 테마 변경하기

❶사진 앨범은 [디자인] 탭의 [테마] 그룹에서 테마 목록에서 원하는 테마를 선택하여 사진 앨범의 배경을 변경할 수 있습니다.

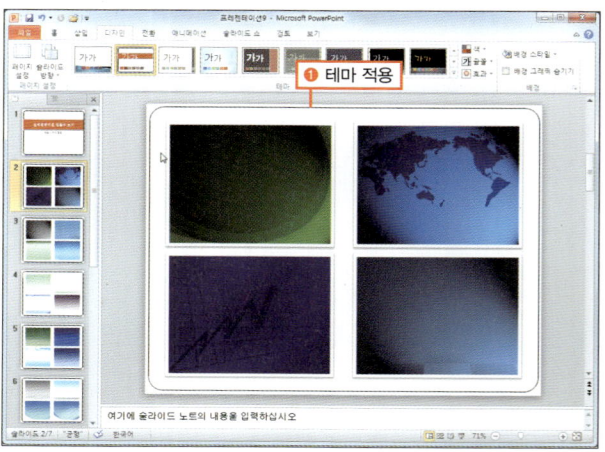

8 사진 앨범 수정하기

작성된 사진 앨범을 수정할 때는 ❶[삽입] 탭의 [일러스트레이션] 그룹에서 [사진 앨범](📷)의 ❷[사진 앨범]을 클릭하고 ❸ [사진 앨범 편집]을 선택합니다.

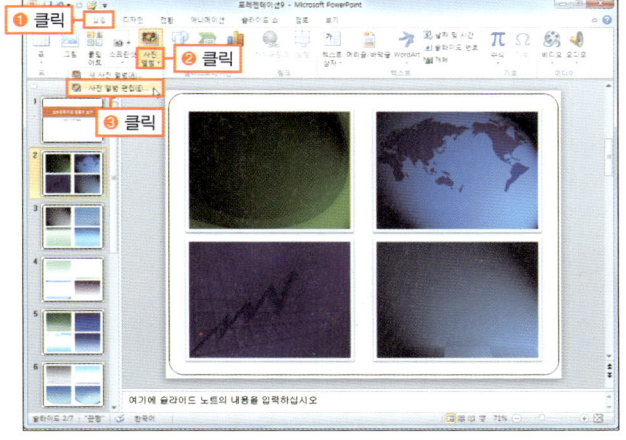

9 사진 앨범 편집하기

[사진 앨범 편집] 대화상자가 나타나면 ❶[그림 옵션] 항목의 [모든 그림 아래에 캡션 넣기]를 선택한 후 ❷[업데이트]를 클릭합니다.

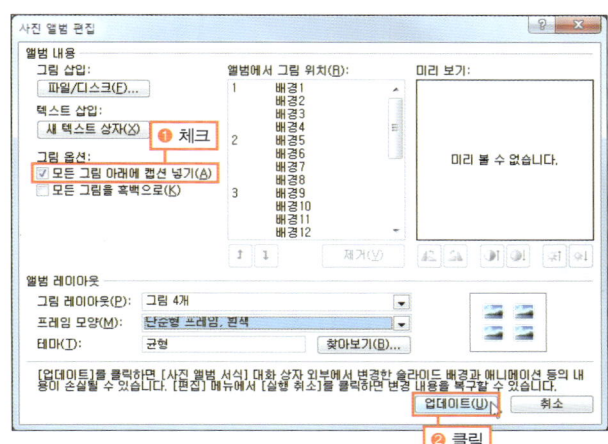

10 수정 내용 확인하기

그림 아래에 그림 파일 이름이 캡션으로 표시됩니다.

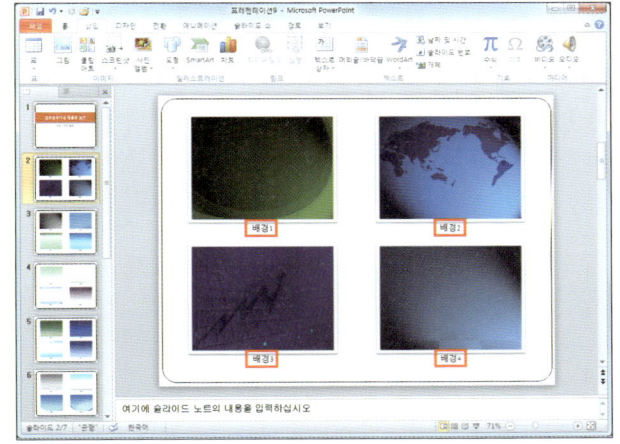

11 캡션 내용 변경하기

그림 파일 이름으로 자동 표시된 캡션은 ❶캡션 부분을 클릭하여 원하는 그림 설명을 입력할 수 있습니다.

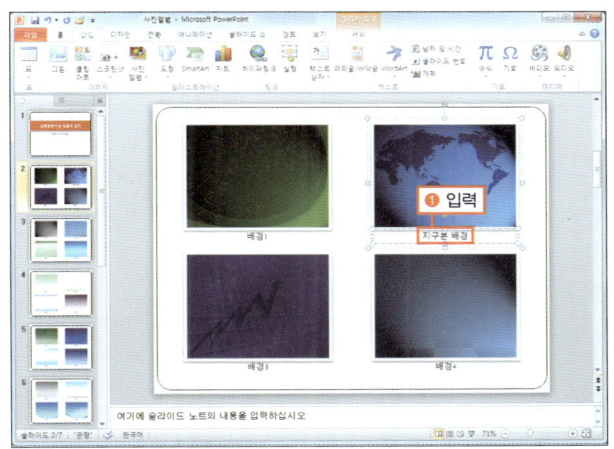

> **참고**
>
> 사진 앨범 기능으로 슬라이드에 삽입된 그림은 [삽입] 탭의 [일러스트레이션] 그룹에서 [그림](□)을 삽입했을 때와 마찬가지로 스타일과 서식 등을 자유롭게 변경할 수 있습니다.

SECTION 02

클립 아트 삽입하고 편집하기

오피스에서 제공하는 일러스트레이션이나 사진 등을 클립 아트라고 합니다. 클립 아트를 다양한 방식으로 검색하는 방법과 검색된 클립 아트를 슬라이드에 삽입하는 방법에 대해 알아봅니다.

다루는 내용

• 클립 아트 검색하기
• 클립 아트 삽입하기

• 온라인 클립 아트 활용하기

기능 정리

클립 아트를 검색하는 다양한 방법 살펴보기

클립 아트는 프레젠테이션의 시각적 효과를 높이기 위해 삽입하는 일러스트레이션이나 사진 이미지를 말합니다. 슬라이드에 클립 아트를 삽입할 때는 기본적으로 [클립 아트] 작업 창에서 클립 아트를 검색합니다. [클립 아트] 작업 창의 [검색할 형식]에서 클립 아트의 유형을 선택하면 검색 범위를 좁힐 수 있습니다.

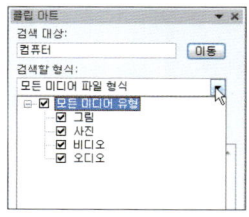 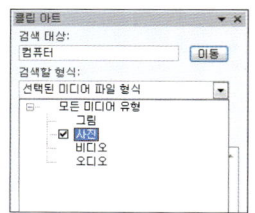

분위기가 비슷한 클립 아트를 검색하고 싶을 때는 [검색 대상]에 검색어와 함께 파일 형식을 입력한 후 [이동]을 클릭하면 같은 파일 형식의 클립 아트만 검색 결과에서 확인할 수 있습니다. [클립 아트] 작업창의 [Office.com 콘텐츠 포함] 항목을 선택하면 검색 범위를 온라인까지 넓혀 결과를 얻을 수 있습니다.

 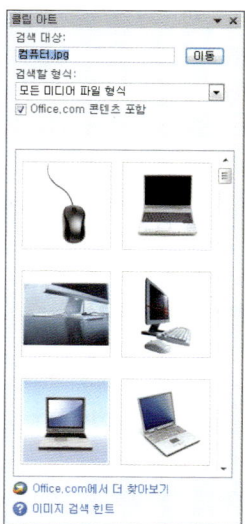 

[클립 아트] 작업 창의 [Office.com에서 더 찾아보기]를 클릭하면 'Office.com' 사이트에 접속됩니다. 'Office.com' 사이트의 [이미지] 항목을 클릭하고 [이미지 범주]에서 찾으려는 클립 아트의 범주를 선택한 후 원하는 클립 아트를 다운로드 받으면 됩니다.

 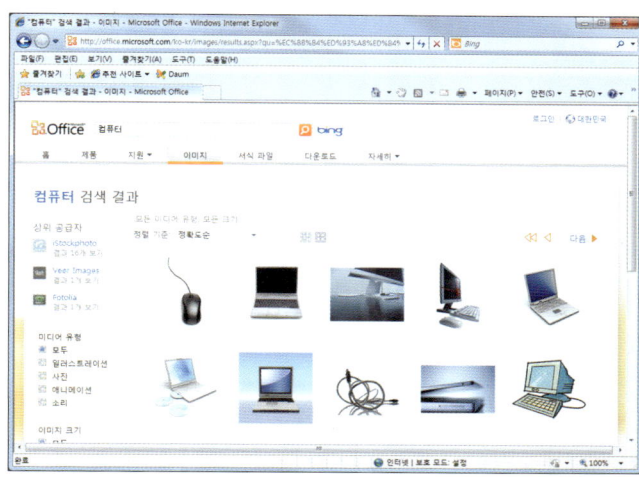

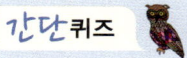 **간단퀴즈**

1 프레젠테이션의 시각적 효과를 높이기 위해 삽입하는 그림이나 사진 등의 자료는 무엇일까요? (   )

① 도형 ② 클립 아트 ③ 워드아트 ④ 그림

답 : ②

실습 과정

클립 아트 삽입하기

입력된 텍스트의 글꼴, 글꼴 크기, 색상 등을 변경해 보겠습니다.

◎ **시작 파일** : 5장\02_01.pptx
◎ **완료 파일** : 5장\02_01_완성.pptx

01 [클립 아트] 선택하기

❶두 번째 슬라이드를 선택한 후 ❷[삽입] 탭의 [이미지] 그룹에서 ❸[클립 아트](▦)를 클릭합니다.

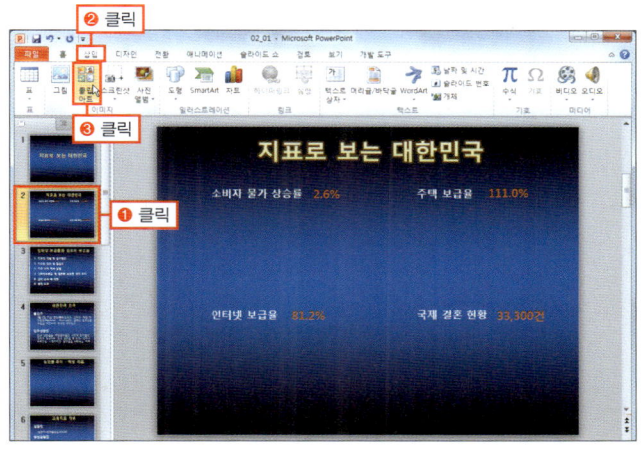

02 클립 아트 검색하기

[클립 아트] 작업 창이 나타나면 ❶[검색 대상] 상자에 '주택'이라고 입력하고 [검색할 형식]의 미디어 유형을 ❷[그림]으로 지정한 후 ❸[이동]을 클릭합니다.

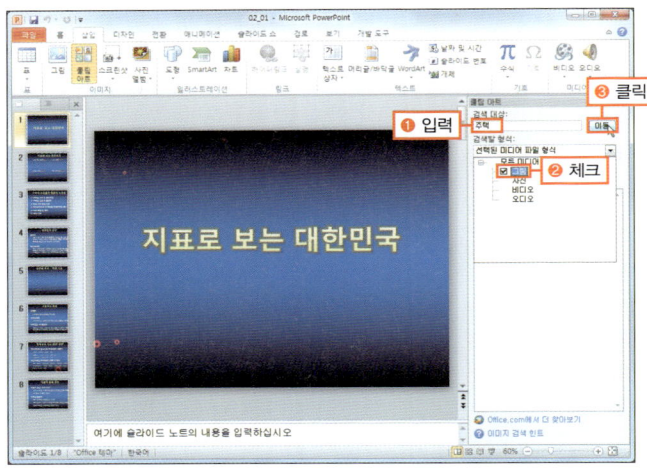

03 클립 아트 검색 결과 확인하기

[클립 아트] 작업 창에 검색 결과가 나타납니다. ❶작업 창의 스크롤 바를 드래그하여 검색 결과를 확인합니다.

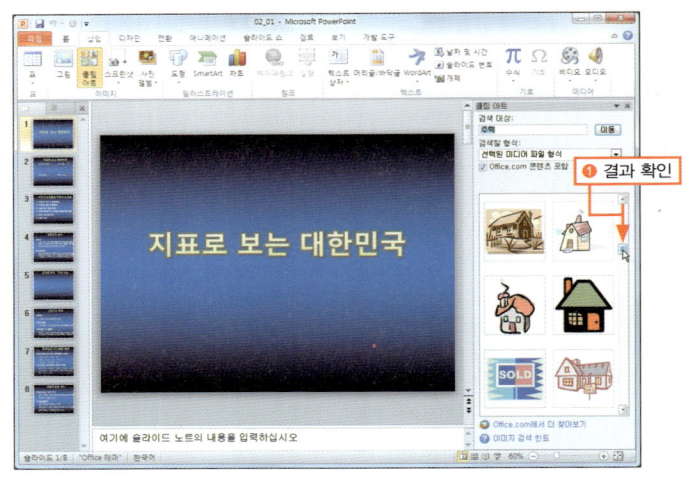

04 클립 아트 검색 범위 지정하기

'그림' 유형의 클립 아트 검색 범위를 특정 파일 형식으로 좁혀주기 위해 ❶[검색 대상]에 '주택,png'라고 입력한 후 ❷[이동]을 클릭합니다.

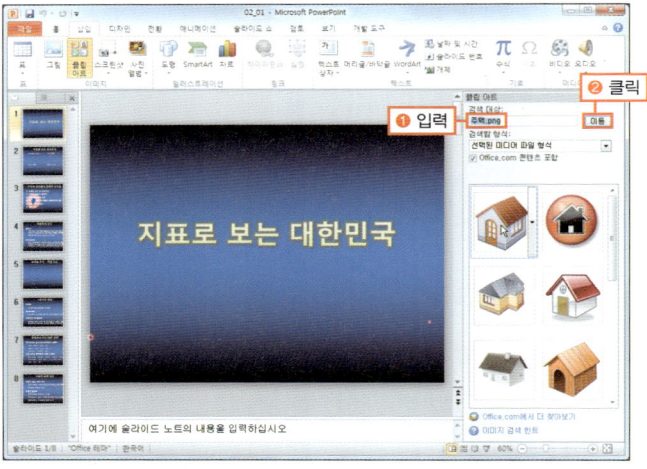

05 클립 아트 삽입하기

❶검색 결과 중 하나를 클릭하면 슬라이드 중앙에 선택한 클립 아트가 삽입됩니다.

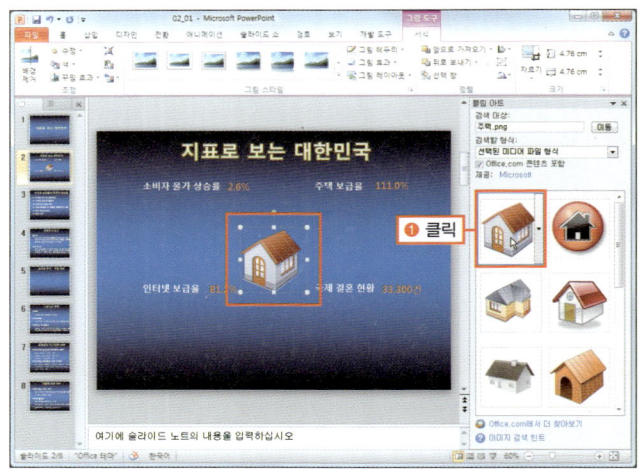

06 위치 변경하고 클립 아트 검색하기

삽입된 ❶클립 아트를 드래그하여 원하는 위치로 이동시킨 후 ❷나머지 클립 아트를 검색(검색어 : 컴퓨터,png)하여 삽입합니다.

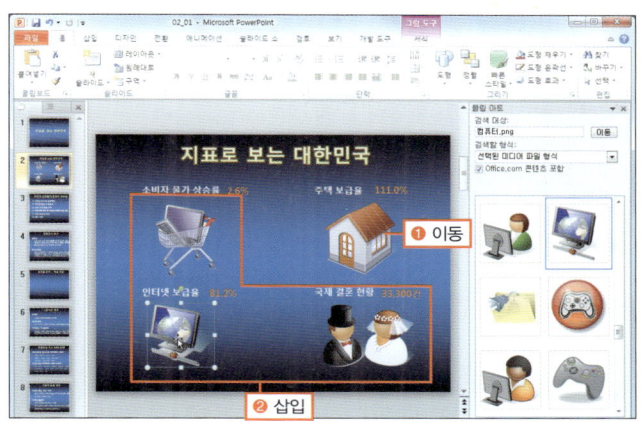

참고 • 클립 아트 그룹 해제하기

슬라이드에 삽입된 클립 아트에서 ❶마우스 오른쪽 버튼을 클릭한 후 ❷[그룹]-❸[그룹 해제]를 선택하여 클립 아트를 편집할 수 있습니다. 클립 아트의 그룹을 해제하면 테두리를 삭제하거나 색상을 변경하는 등의 작업이 가능합니다. 그리기 개체로 변환할 것인지 묻는 대화상자가 나타나면 ❹[예]를 클릭하여 그룹을 해제한 후 필요 없는 배경 이미지를 삭제하고 필요한 부분만을 사용합니다.

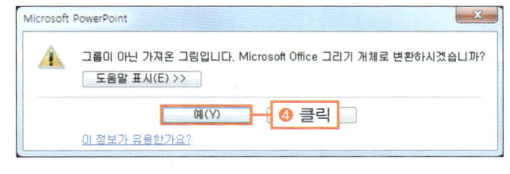

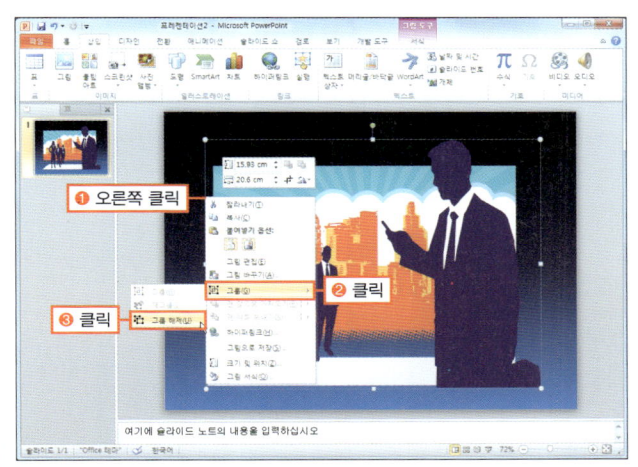

클립 아트 파일의 확장자가 PNG, GIF, BMP 등의 형식인 클립 아트는 편집이 불가능합니다. [클립 아트] 작업 창의 클립 아트 검색 결과 목록에 마우스 포인터를 올려놓으면 해당 클립 아트의 정보가 풍선말로 나타나며 이 풍선말에 표시된 클립 아트의 확장자를 확인하면 편집 가능 유무를 확인할 수 있습니다.

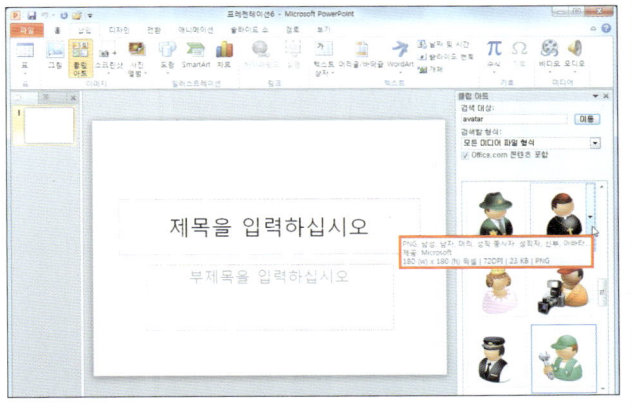

슬라이드에 다음과 같이 각 나라의 국기 클립 아트를 삽입해 완성해 보세요.

◎ **시작 파일** : 5장\02_실습1.pptx
◎ **완료 파일** : 5장\02_실습1_완성.pptx

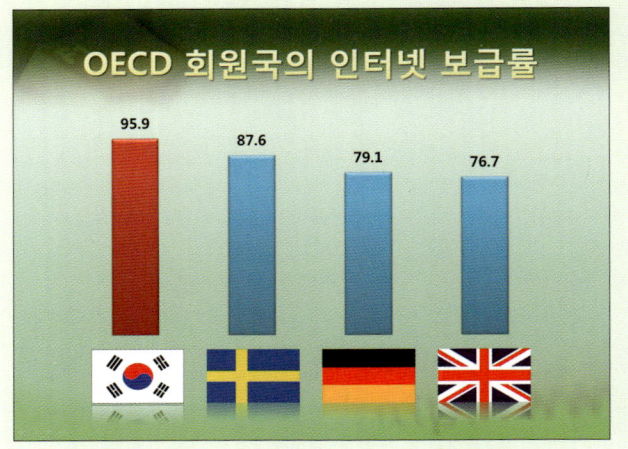

실습과정

온라인 클립 아트 활용하기

오피스 온라인 사이트에서 클립 아트를 검색하여 슬라이드에 삽입하는 방법에 대해 알아봅니다.

◎ **시작 파일** : 5장\02_02.pptx
◎ **완료 파일** : 5장\02_02_완성.pptx

01 [Office.com에서 더 찾아보기] 클릭하기

❶제목 슬라이드를 선택한 후 [클립 아트] 작업 창의 ❷ [Office.com에서 더 찾아보기] 링크를 클릭합니다.

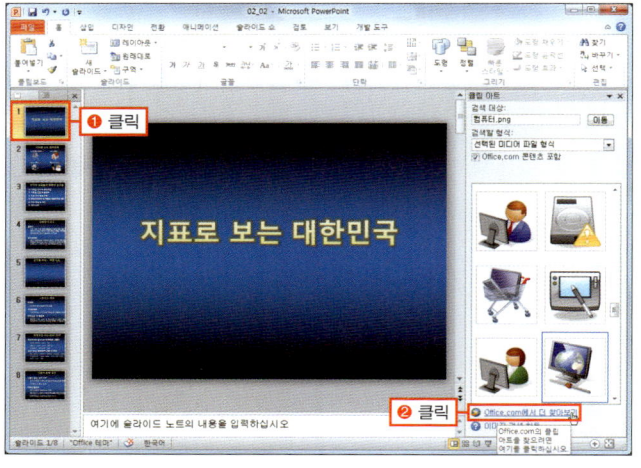

02 국가 선택 클릭하기

오피스 온라인 사이트로 연결되면 화면 상단의 ❶국가 선택 링크(대한민국)를 클릭합니다.

03 국가 선택하기

'Office.com 월드와이드' 페이지로 이동하면 국가 중 ❶ [United States-English]를 클릭합니다.

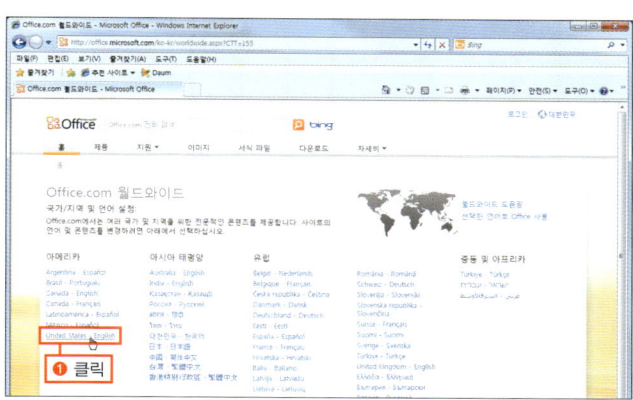

참고

[클립 아트] 작업 창의 [Office.com에서 더 찾아보기]를 클릭하면 국내 오피스 사이트로 접속됩니다. 다른 국가의 오피스 사이트로 범위를 넓혀 클립 아트를 검색하려면 'office.com' 사이트의 [대한민국] 국가 표시를 클릭하여 [Office.com 월드와이드] 사이트에서 타 국가를 클릭하여 검색을 시도합니다.

04 클립 아트 검색하기

❶[Images]를 클릭하고 검색 상자에 ❷'Chart'를 입력한 후 ❸검색을 시작합니다.

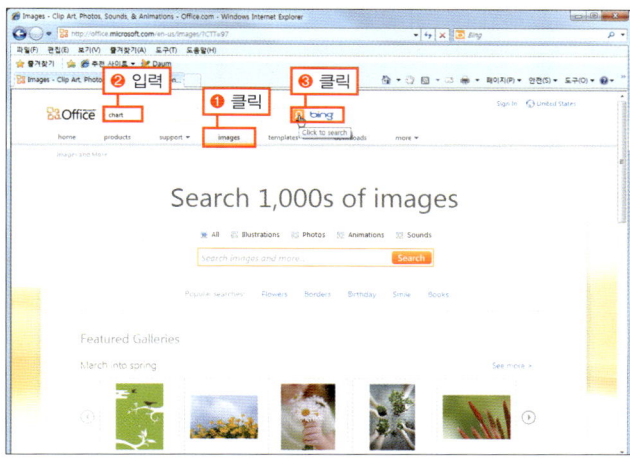

05 클립 아트 복사하기

검색 결과가 표시되면 슬라이드에 삽입하려는 클립 아트에 마우스 포인터를 위치시킨 후 ❶'Copy'를 클릭합니다.

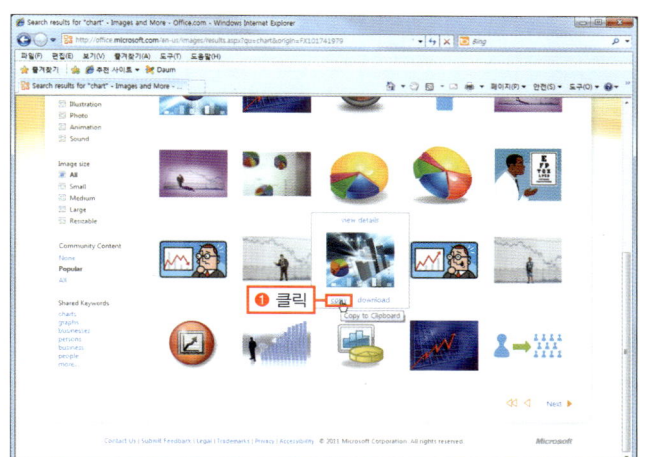

참고

온라인 클립 아트의 [비슷한 이미지 보기]를 클릭하면 선택한 이미지와 비슷한 이미지를 찾아 한 곳에 모아 보여줍니다. 일관된 이미지를 프레젠테이션에 적용시키고 싶을 때 유용합니다.

06 클립 아트 붙여넣기

파워포인트 ❶편집 화면으로 돌아와 선택한 슬라이드에서 ❷Ctrl+V를 누르면 온라인 사이트에서 복사해둔 클립 아트가 삽입됩니다.

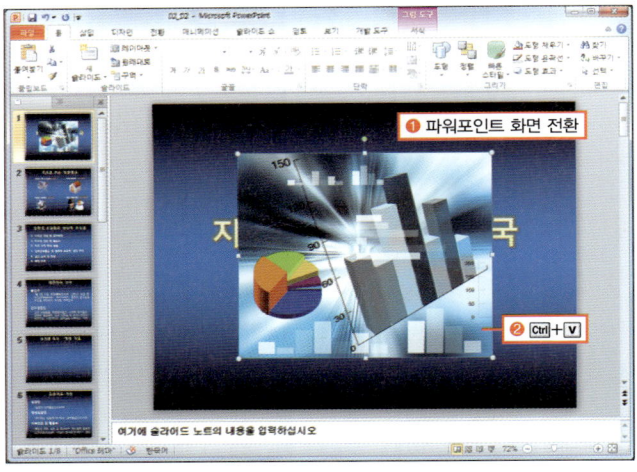

07 클립 아트 크기 조절하기

클립 아트의 ❶크기 조절점을 드래그하여 다음과 같이 슬라이드에 꽉 차도록 크기를 조절합니다.

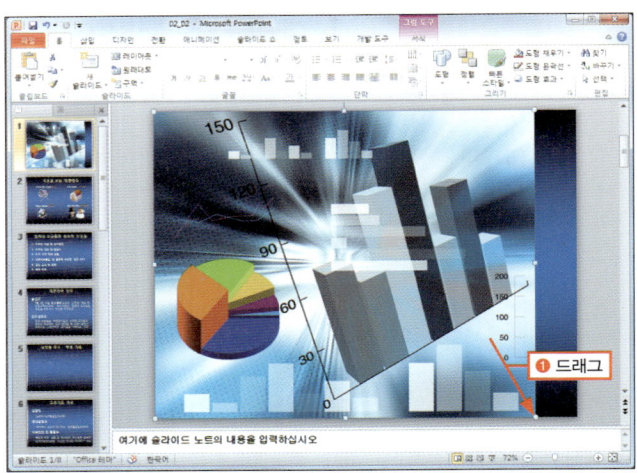

08 도형 삽입하고 서식 지정하기

이번에는 ❶[직사각형](□)을 슬라이드에 삽입하고 ❷[도형 윤곽선](☑️도형 윤곽선 ▾)을 [윤곽선 없음]으로 지정한 후 ❸[도형 채우기](🎨도형 채우기 ▾)를 ❹[그라데이션]-❺[어두운 그라데이션: 선형 왼쪽]으로 지정합니다.

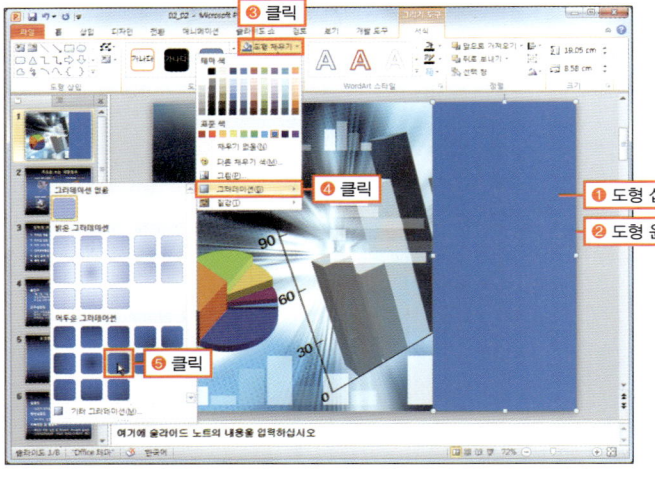

09 도형 투명도 조절하기

그라데이션이 적용된 ❶도형에서 마우스 오른쪽 버튼을 클릭한 후 ❷[도형 서식]을 선택하고 [도형 서식] 대화상자가 나타나면 ❸[그라데이션 중지점]의 [중지점 3]의 [투명도]를 '100%'로 변경합니다.

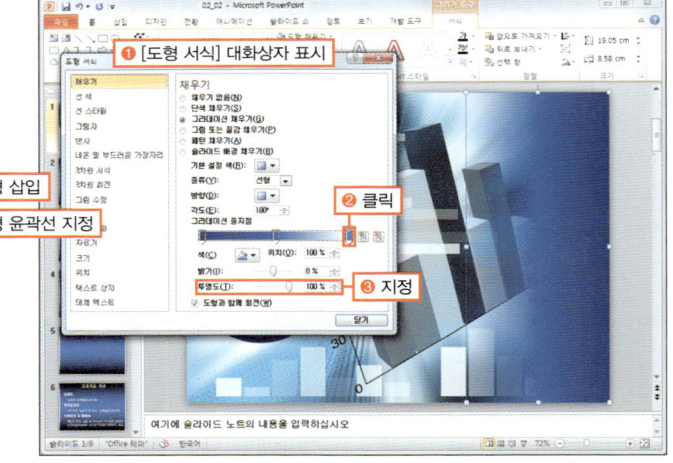

10 도형 맨 뒤로 보내기

삽입된 ❶클립 아트와 그라데이션 적용 도형을 선택한 후 ❷[홈] 탭의 [그리기] 그룹에서 ❸[정렬](🗇)을 클릭하고 ❹[맨 뒤로 보내기]를 선택합니다.

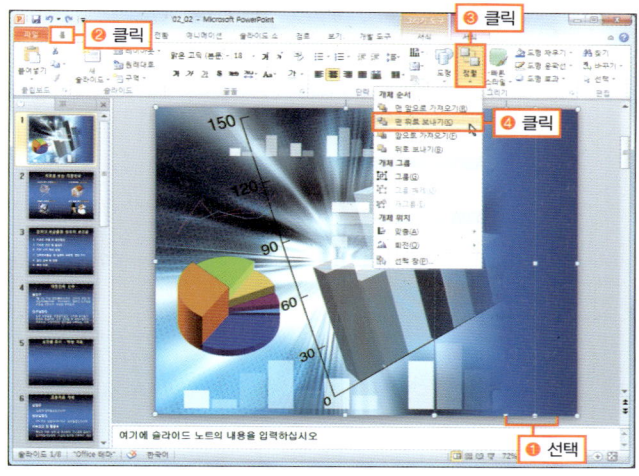

11 완성 슬라이드 확인하기

선택한 개체가 슬라이드에 삽입된 개체 중에서 가장 뒤에 위치하게 되므로 슬라이드 제목을 표시할 수 있습니다.

참고 ● 슬라이드 배경에 클립 아트 적용하기

클립 아트를 검색하여 슬라이드 배경으로 지정하려면 [배경 서식] 대화상자의 [채우기] 항목에서 ❶[그림 또는 질감 채우기]를 선택한 후 ❷[클립 아트]를 클릭합니다. [그림 선택] 대화상자가 나타나면 ❸[텍스트 검색] 상자에 검색어를 입력한 후 ❹[이동]을 클릭하고, ❺검색 결과에서 원하는 클립 아트를 선택합니다. 슬라이드 배경에 선택한 클립 아트가 적용되면 ❻[배경 서식] 대화상자의 [투명도]를 설정하여 배경 색을 조절할 수 있습니다.

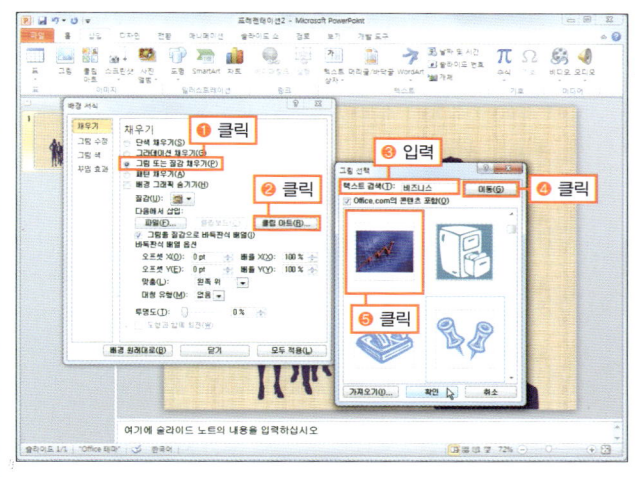

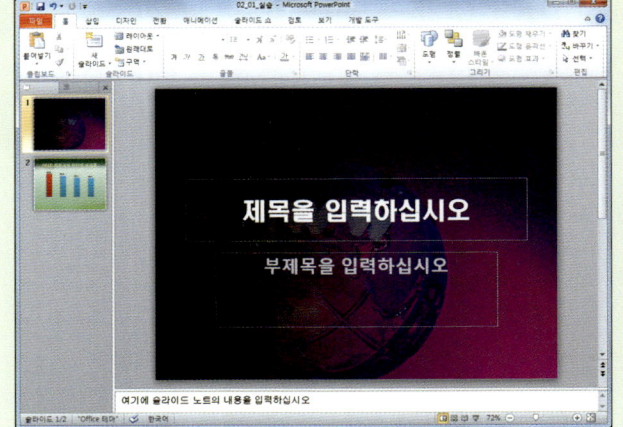

확인실습

온라인 클립 아트를 검색한 후, 다음과 같은 그림을 삽입하여 제목 슬라이드 배경을 완성해 보세요.

◎ **시작 파일** : 5장\02_실습1_완성.pptx
◎ **완료 파일** : 5장\02_실습2_완성.pptx

클립 오거나이저(Clip Organize) 활용하기

클립 오거나이저(Clip Organizer)는 프레젠테이션에 사용할 클립 아트, 사진, 애니메이션, 비디오 등의 미디어를 수집 및 저장할 수 있습니다. 자주 사용되는 클립 아트를 클립 오거나이저 폴더에 따로 분류해 보관해 두면 필요한 클립 아트를 다시 검색하지 않아도 쉽게 사용할 수 있습니다.

1 클립 오거나이저의 새 모음 만들기

클립 오거나이저를 실행할 때는 ❶윈도우의 [시작]–[모든 프로그램]–[Microsoft Office]–[Microsoft Office 2010 도구]–[Clip Organizer]를 차례로 선택합니다. 클립 오거나이저가 실행되면 ❷[파일]–[새 모음]을 클릭하여 새로운 폴더를 만듭니다. [새 모음] 대화상자가 나타나면 ❸폴더 이름을 입력한 후 ❹[확인]을 클릭합니다.

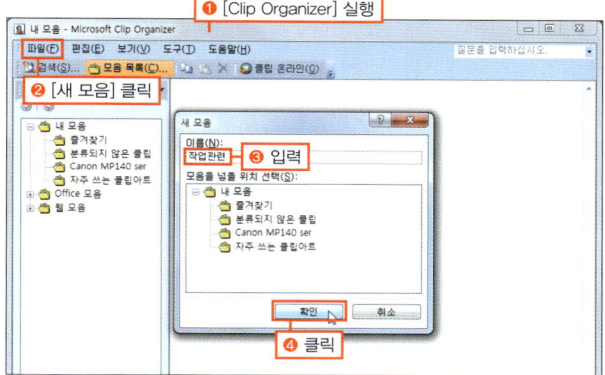

2 이미지 파일 이동하기

클립 오거이나이저에 새로운 폴더가 생기면 ❶윈도우 탐색기를 실행하고 ❷이미지 파일이 저장된 폴더에서 클립 오거나저 폴더로 이동시킬 파일을 모두 선택한 후 ❸해당 폴더로 드래그합니다.

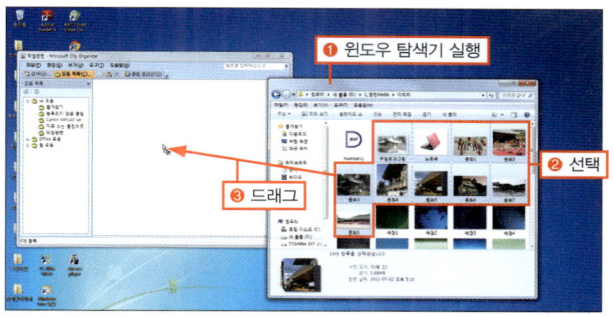

3 복사 확인하기

클립 오거나이저 폴더에 선택한 이미지 파일이 모두 복사됩니다.

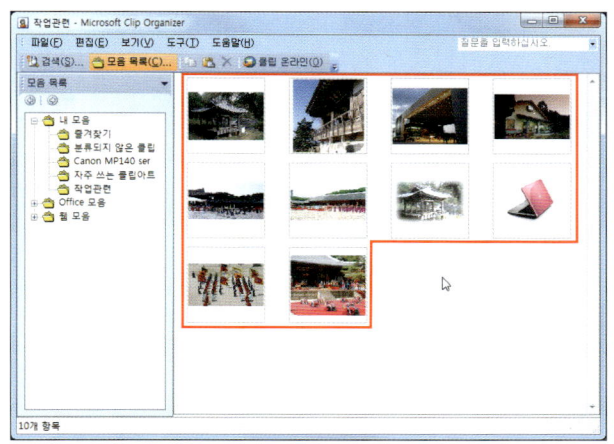

4 클립 아트 복사하기

이번에는 파워포인트 작업 창의 ❶[클립 아트] 작업 창에서 클립 오거나이저에 저장해둘 클립 아트를 선택한 후 ❷마우스 오른쪽 버튼을 클릭하고 ❸[복사]를 선택합니다.

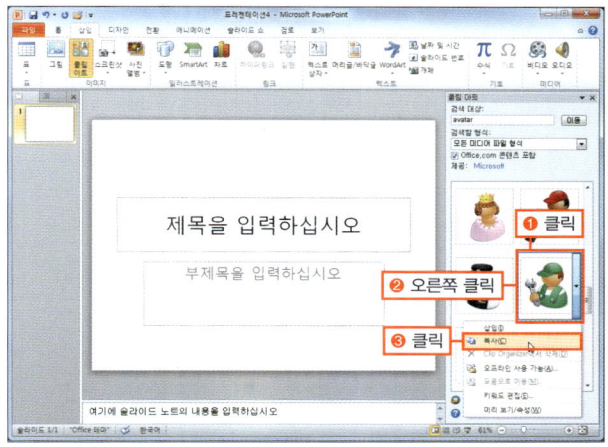

5 클립 오거나이저 폴더에 붙여넣기

복사한 클립 아트를 클립 오거나이저의 폴더에 저장하기 위해 ❶[클립 오거나이저] 창의 폴더를 선택한 후 ❷마우스 오른쪽 버튼을 클릭하고 ❸[클립 붙여넣기]를 선택합니다.

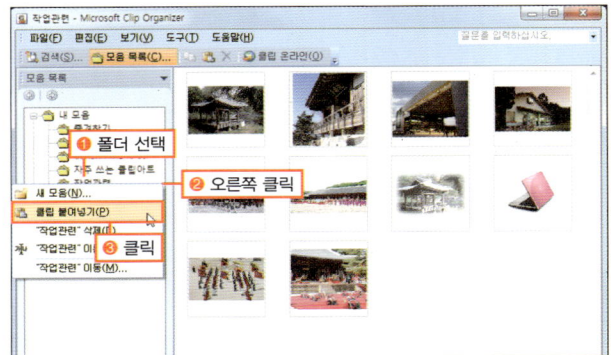

6 스캐너 또는 카메라로 이미지 보관하기

검색한 클립 아트 외에도 필요한 이미지를 스캐너나 카메라를 통해 보관해 둘 수도 있습니다. ❶클립 오거나이저의 [파일] 메뉴의 ❷[클립 추가]—❸[스캐너 또는 카메라]를 선택합니다.

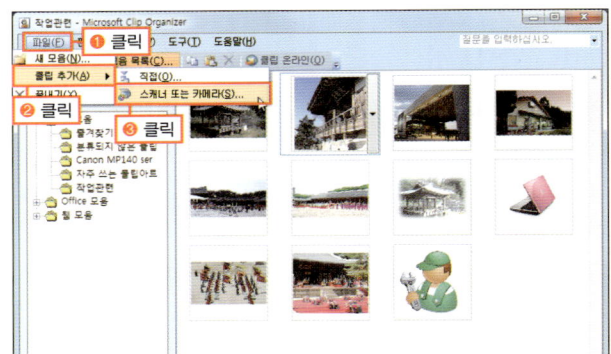

7 장치 확인하고 삽입하기

[스캐너 또는 카메라에서 그림 삽입] 대화상자가 나타나면 ❶장치를 확인한 후 ❷[삽입]이나 [사용자 지정 삽입]을 클릭합니다.

8 옵션 선택 후 스캔 시작하기

스캔 관련 창이 나타나면 ❶옵션을 선택한 후 ❷[스캔]을 클릭합니다.

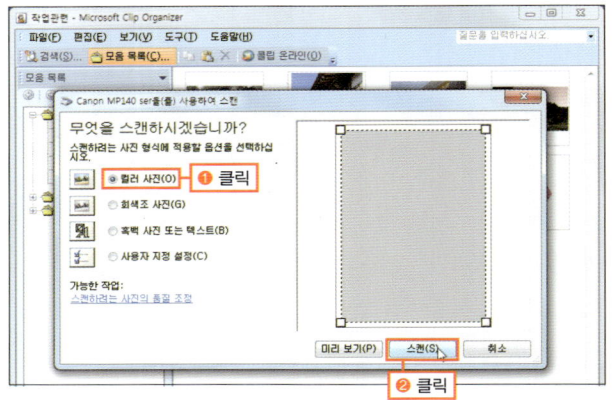

9 이미지 자동 저장 확인하기

이미지 스캔을 하면 스캐너를 통해 스캔한 이미지가 해당 장치 이름의 폴더에 자동 저장됩니다.

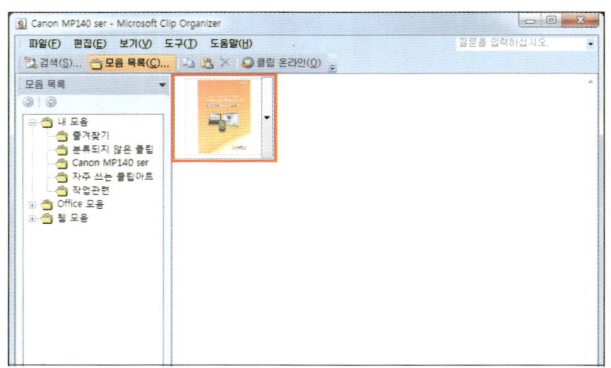

SECTION 03

오디오와 비디오 삽입하고 편집하기

슬라이드에 다양한 파일 형식의 비디오와 오디오 파일을 삽입할 수 있습니다. 프레젠테이션에 비디오와 오디오 파일, 웹 사이트 비디오, 플래시 파일 등을 삽입하고 서식 등을 지정하는 방법에 대해 알아봅니다.

다루는 내용

- 소리와 동영상 삽입하기
- 웹 사이트 비디오 가져오기
- 플래시 파일 삽입하기

기능 정리

향상된 멀티미디어 기능 살펴보기

파워포인트 2010은 비디오 편집 기능이 크게 향상되었습니다. 슬라이드에 비디오나 오디오 파일을 삽입했을 때 나타나는 추가 탭 중 [비디오 도구-서식] 탭에서는 그림을 삽입했을 때처럼 테두리, 그림자, 반사, 네온, 부드러운 가장자리, 3차원 회전, 입체 효과 및 기타 디자이너 효과를 비디오에 적용할 수 있습니다. 삽입된 비디오 개체는 원하는 크기로 자르거나 [조정] 그룹에서 색상 및 밝기 등을 변경할 수 있습니다.

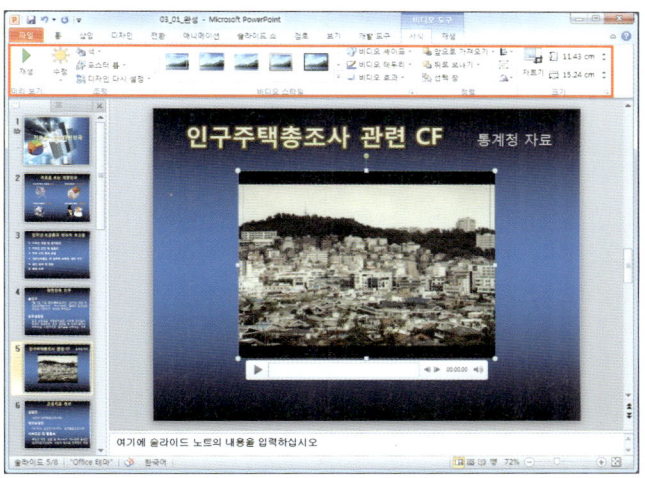

[비디오 도구 - 재생] 탭에서는 삽입된 비디오를 슬라이드에서 재생하거나 비디오를 원하는 길이로 트리밍하는 등의 재생에 관련된 기능을 선택할 수 있습니다. 트리밍과 페이드 기능은 파워포인트 2010에서 새롭게 추가된 기능입니다.

- 트리밍 : 트리밍은 슬라이드에 삽입된 비디오의 앞과 뒤를 잘라 필요 없는 부분을 잘라내는 기능입니다.
- 페이드 : 비디오나 오디오를 시작하거나 종료할 때 몇 초 동안 페이드 인이나 페이드 아웃 효과를 적용하는 기능입니다.

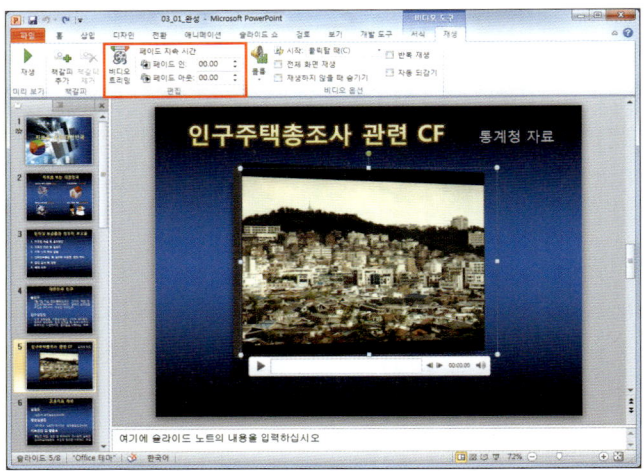

1 슬라이드에 삽입된 사운드나 비디오 파일에 지정할 수 있는 효과에 대한 설명입니다. 각 효과는 무엇일까요?

① 슬라이드에 삽입된 비디오의 앞과 뒤를 잘라 필요 없는 부분을 잘라내는 기능입니다. (   )

② 비디오를 시작하거나 종료할 때 몇 초 동안 점점 흐려지거나 소리가 큰 소리에서 작은 소리로 변화하는 효과를 지정해주는 기능입니다. (   )

답 : ① 트리밍, ② 페이드

실습과정

소리와 동영상 삽입하기

슬라이드에 동영상과 소리 파일을 삽입하는 방법에 대해 알아봅니다.

🎯 **시작 파일** : 5장\03_01.pptx
🎯 **완료 파일** : 5장\03_01_완성.pptx

01 [비디오] 삽입 선택하기

❶슬라이드 5를 선택하고 ❷[삽입] 탭의 [미디어] 그룹에서 ❸[비디오](🖼)를 클릭합니다.

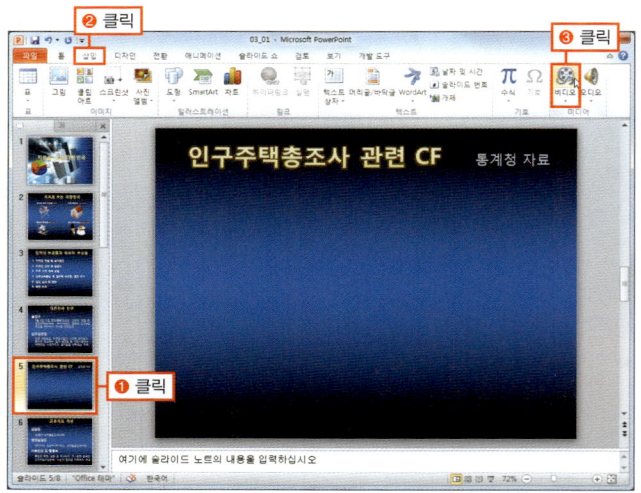

02 삽입할 비디오 선택하기

[비디오 삽입] 대화상자가 나타나면 ❶예제 폴더 내 이미지 폴더에서 ❷비디오 파일을 선택한 후 ❸[삽입]을 클릭합니다.

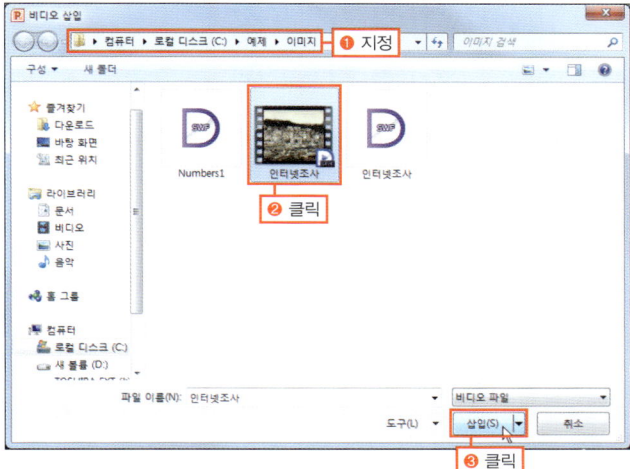

03 비디오 삽입 확인하기

슬라이드 중앙에 선택한 비디오 파일이 삽입됩니다. ❶삽입된 비디오 개체의 조절점을 마우스로 드래그하여 크기를 조절할 수 있습니다.

참고

슬라이드에 삽입할 수 있는 비디오 파일 형식은 'swf', 'asf', 'mpg', 'mpeg', 'avi', 'wmv' 등이며, 올바른 버전의 코덱이 설치되어 있지 않거나 사용 중인 윈도우 버전에서 인식할 수 있는 형식으로 인코딩이 되어 있지 않을 경우에는 제대로 재생되지 않을 수 있습니다.

04 비디오 스타일 확인하기

삽입된 비디오의 스타일을 지정할 때는 ❶[비디오 도구-서식] 탭의 [비디오 스타일] 그룹에서 ❷[자세히](▾)를 클릭하고 ❸[캔버스, 회색]을 선택합니다.

참고 • 비디오 재생 옵션 살펴보기

슬라이드 쇼에서 비디오를 재생할 때 재생 시점은 [비디오 도구-재생] 탭의 [비디오 옵션] 그룹에서 [시작]을 클릭한 후 [자동 실행]과 [클릭할 때] 중 하나로 선택합니다. [자동 실행]을 클릭하면 슬라이드 쇼와 함께 자동으로 비디오가 재생됩니다.

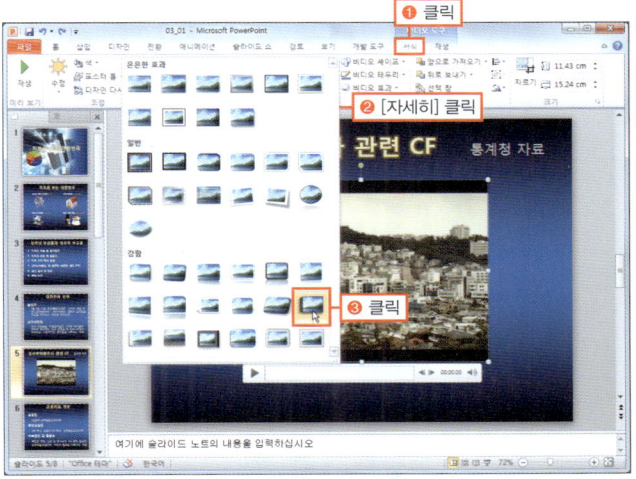

05 비디오 스타일 확인하기

선택한 비디오 테두리 스타일이 적용됩니다.

06 오디오 파일 선택하기

❶제목 슬라이드를 선택하고 ❷[삽입] 탭의 [미디어] 그룹에서 ❸[오디오](🔊)를 클릭합니다. [오디오 삽입] 대화상자가 나타나면 ❹오디오 파일을 선택한 후 ❺[삽입]을 클릭합니다.

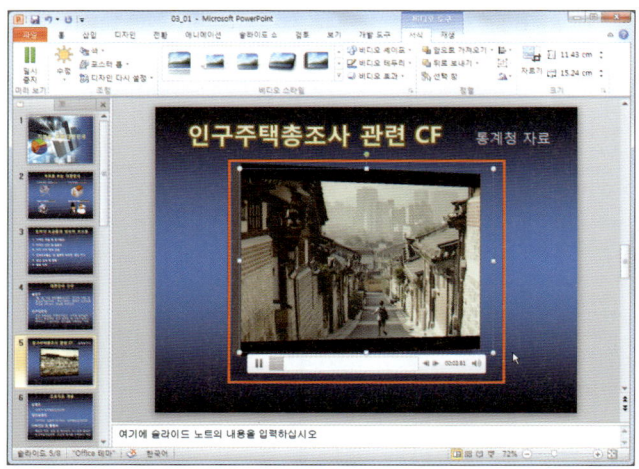

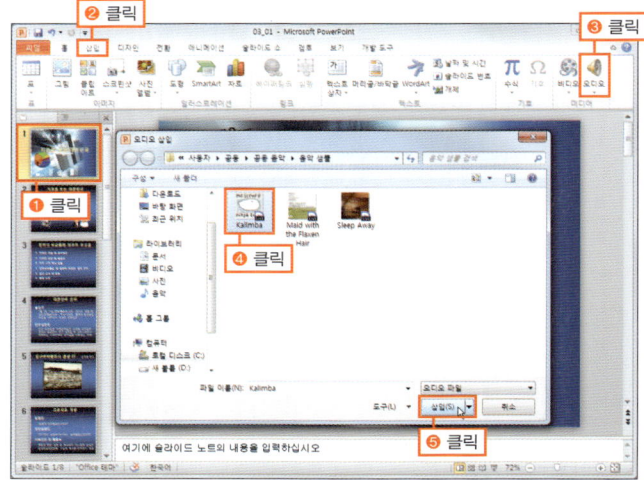

참고

음악 파일 경로 : C:\Users\공유\음악샘플\kalimba.wma

참고 ● 비디오 효과 적용하기

❶[비디오 도구–서식] 탭의 [비디오 스타일] 그룹에서 ❷[비디오 효과](▣ 비디오 효과 ▾)를 클릭하면 슬라이드에 삽입된 그림처럼 다양한 효과를 적용할 수 있습니다.

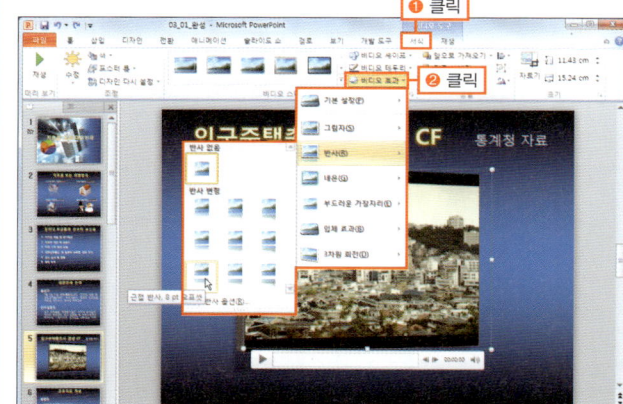

07 오디오 옵션 선택하기

슬라이드 중앙에 선택한 오디오 파일이 삽입됩니다. ❶[오디오 도구-재생] 탭의 [오디오 옵션] 그룹에서 ❷[시작]을 클릭한 후 목록에서 ❸[모든 슬라이드에서 실행]을 선택합니다.

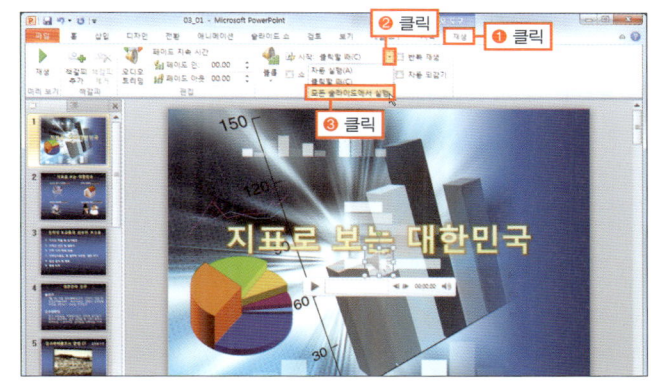

08 오디오 아이콘 쇼 동안 숨기기

다시 ❶[오디오 도구-재생] 탭의 [오디오 옵션] 그룹에서 ❷[쇼 동안 숨기기] 항목에 표시를 합니다.

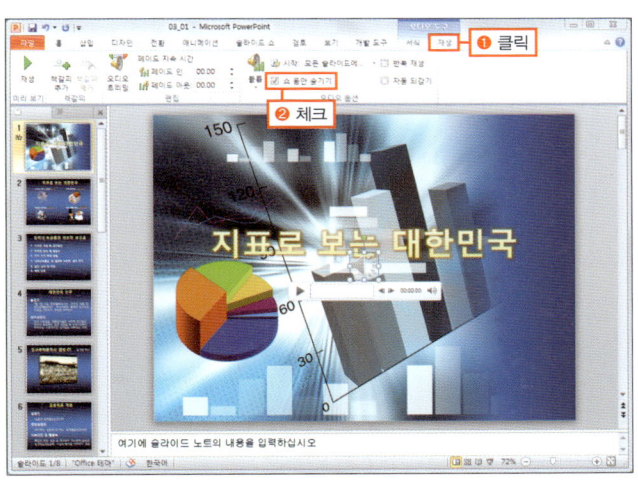

09 슬라이드 쇼 확인하기

❶F5를 눌러 슬라이드 쇼를 시작하면 슬라이드 쇼가 진행될 때는 삽입된 소리 파일의 아이콘이 나타나지 않게 됩니다.

참고 • 비디오 파일의 포함과 연결 기능 이해하기

슬라이드에 삽입하는 비디오나 오디오 파일은 프레젠테이션에 직접 포함시키거나 단순히 연결하도록 선택할 수 있습니다. 파일을 직접 포함시키는 경우는 모든 파일이 프레젠테이션 내에 존재하게 되어 프레젠테이션 시 파일이 손상될 염려가 없는 장점이 있지만, 프레젠테이션의 용량이 커지는 단점도 있습니다. 그러나 미디어 파일 삽입 시 비디오 파일과 연결하면 프레젠테이션 파일의 크기를 줄일 수 있습니다. 파일 포함이나 연결을 선택할 때는 [비디오 삽입] 대화상자의 [삽입]의 목록 버튼을 클릭한 후 [삽입] 혹은 [파일에 연결]을 선택합니다.

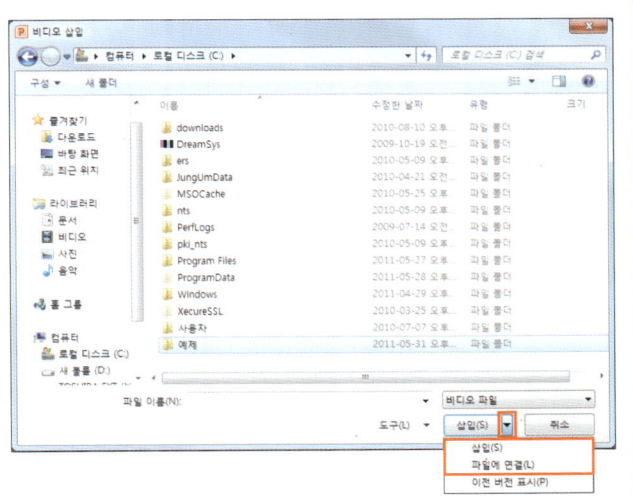

슬라이드에 지정한 비디오 파일을 삽입하고 반사 효과를 적용해 보세요. (이미지\스포츠통계.avi)

◎ **시작 파일** : 5장\03_실습1.pptx
◎ **완료 파일** : 5장\03_실습1_완성.pptx

실습과정 슬라이드에 웹 사이트의 비디오 가져오기

웹 사이트의 비디오를 슬라이드로 가져오는 방법에 대해 알아봅니다.

◎ **시작 파일** : 5장\03_02.pptx
◎ **완료 파일** : 5장\03_02_완성.pptx

01 [웹 사이트 비디오] 선택하기

❶5번 슬라이드를 선택하고 ❷[삽입] 탭의 [미디어] 그룹에서 ❸[비디오](🎞)의 [비디오](비디오)를 클릭한 후 ❹[웹 사이트의 비디오]를 선택합니다.

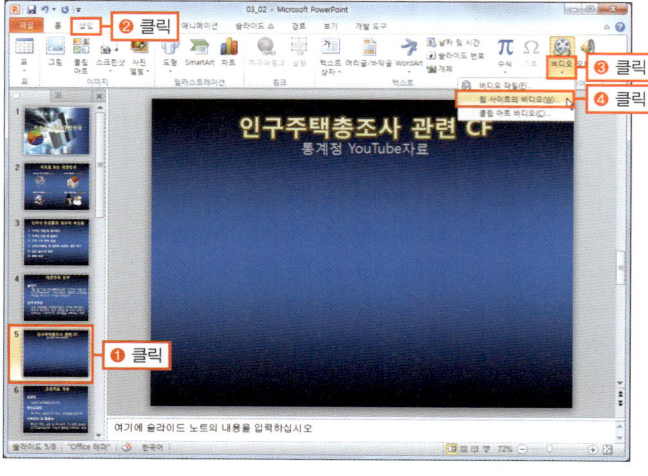

02 비디오 삽입 대화상자 확인하기

[웹 사이트에서 가져온 비디오 삽입] 대화상자가 나타납니다.

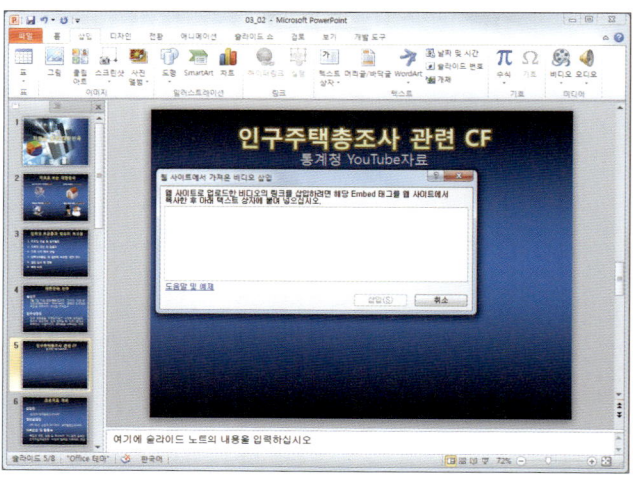

03 유튜브에서 동영상 검색하기

이번에는 ❶웹 브라우저를 실행하고 ❷유튜브(Youtube) 사이트에서 원하는 동영상을 검색한 후 동영상 아래의 ❸ [공유]를 클릭합니다.

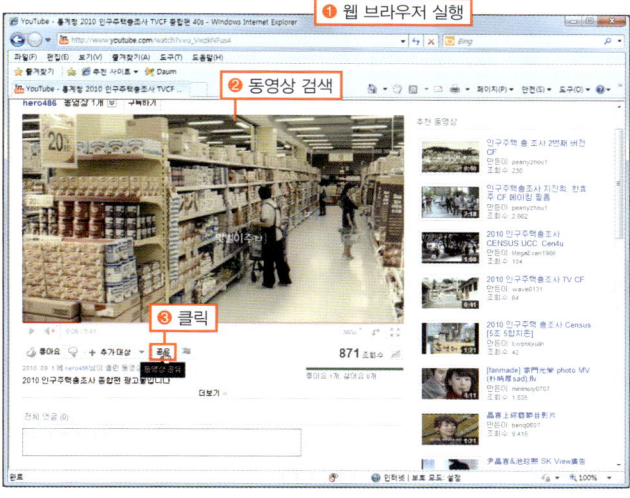

04 소스 코드 복사하기

❶[소스 코드]를 클릭하면 웹 사이트 비디오의 소스 코드가 표시됩니다. ❷[이전 소스 코드 사용] 항목을 선택하고 ❸소스 코드에서 마우스 오른쪽 버튼을 클릭한 후 ❹[복사]를 선택합니다.

05 소스 코드 붙여넣기

❶파워포인트 작업 화면으로 돌아와 [웹 사이트에서 가져온 비디오 삽입] 대화상자에서 ❷Ctrl+V를 눌러 소스 코드를 붙여넣은 후 ❸[삽입]을 클릭합니다.

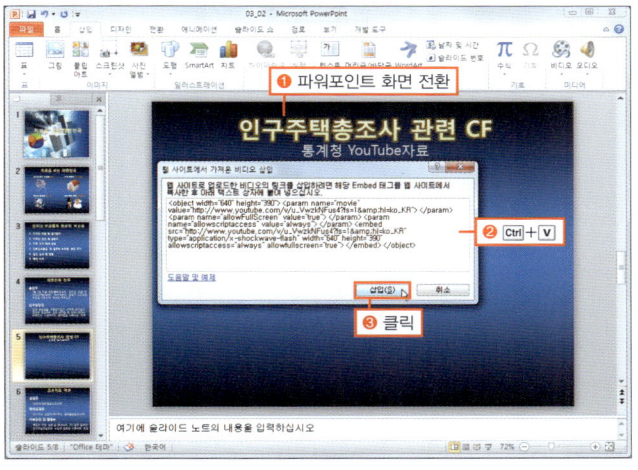

06 웹 사이트 재생 확인하기

슬라이드에 웹 사이트 비디오가 삽입되면 ❶[비디오 도구-서식] 탭의 [미리 보기] 그룹에서 ❷[재생]([▶])을 클릭하여 비디오를 확인합니다.

프레젠테이션에 삽입된 오디오와 비디오 파일을 압축하면 재생 성능을 향상시키고 프레젠테이션 파일의 크기를 줄여 공간을 절약할 수 있습니다. 오디오나 비디오 파일을 삽입한 파일을 불러온 후 ❶[파일] 탭을 클릭하고 ❷[정보]의 ❸[미디어 압축]을 클릭합니다. 미디어 압축의 품질을 선택하면 선택한 품질로 삽입된 미디어를 압축합니다.

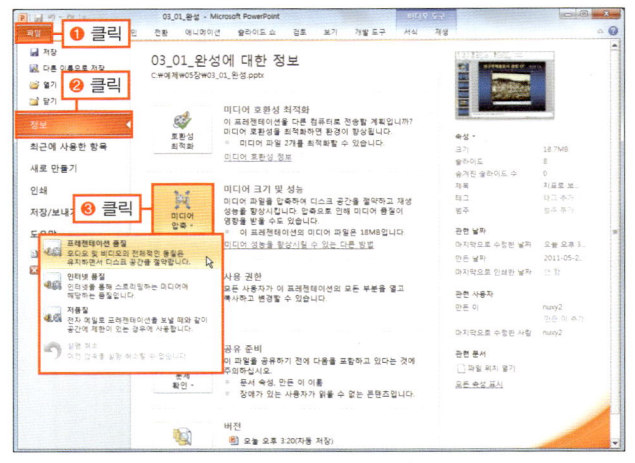

확인실습

슬라이드에 유튜브 영상의 소스를 복사해 삽입해 보세요.

◎ **시작 파일** : 5장\03_실습2.pptx
◎ **완료 파일** : 5장\03_실습2_완성.pptx

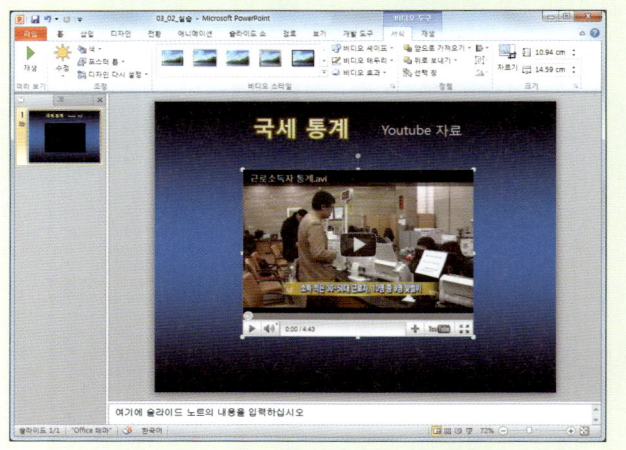

실습 과정

비디오 트리밍하기

슬라이드에 삽입된 비디오는 일부분만 잘라서 사용할 수 있습니다. 비디오나 오디오 클립을 트리밍하여 필요 없는 부분을 제거해 삽입된 멀티미디어 파일을 가볍게 만들 수 있습니다.

◎ **시작 파일** : 5장\03_04.pptx
◎ **완료 파일** : 5장\03_04_완성.pptx

01 트리밍 선택하기

❶슬라이드 5를 선택하고 ❷[비디오 도구-재생] 탭의 [편집] 그룹에서 ❸[비디오 트리밍](🎬)을 클릭합니다.

02 시작 지점 트리밍하기

[비디오 맞추기] 대화상자가 나타나면 ❶왼쪽의 초록색의 시작 지점에 마우스 포인터를 위치시킨 후 오른쪽으로 드래그하여 시작 지점을 트리밍합니다.

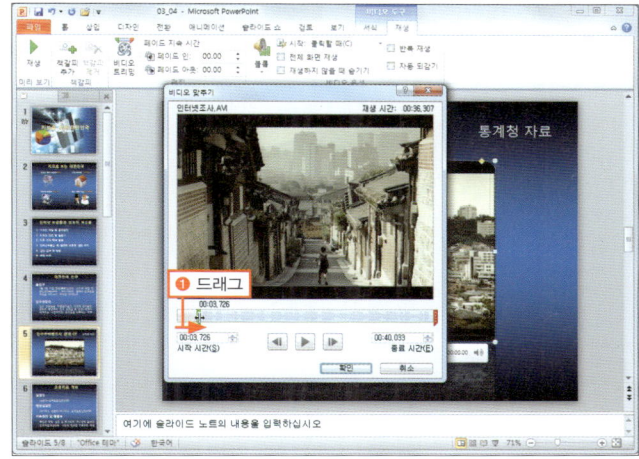

03 종료 지점 트리밍하기

비디오 클립의 끝을 트리밍할 때는 ❶오른쪽의 빨간색 조점절을 왼쪽으로 드래그하거나 [종료 시간]에서 원하는 종료 시간을 선택합니다. ❷[확인]을 클릭합니다.

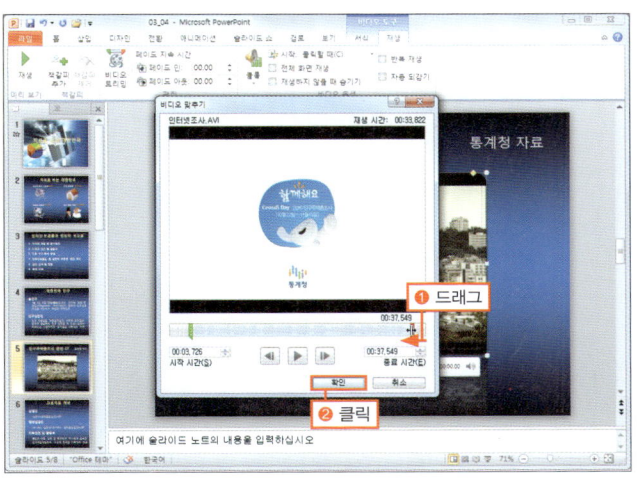

04 트리밍 확인하기

슬라이드 편집 창으로 돌아오면 슬라이드에 삽입된 동영상에 트리밍이 적용됩니다.

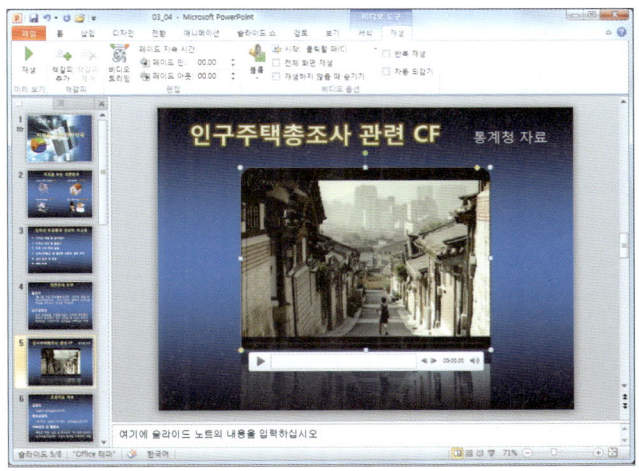

슬라이드에 삽입된 비디오나 오디오에 책갈피를 추가해 두면 재생 위치를 쉽게 찾을 수 있습니다. 동영상이나 오디오에 기억해 두어야 할 위치를 표시해 줄 때는 표시를 원하는 위치에서 ❶[비디오 도구─재생] 탭의 [책갈피] 그룹에서 ❷[책갈피](📑)를 클릭합니다.

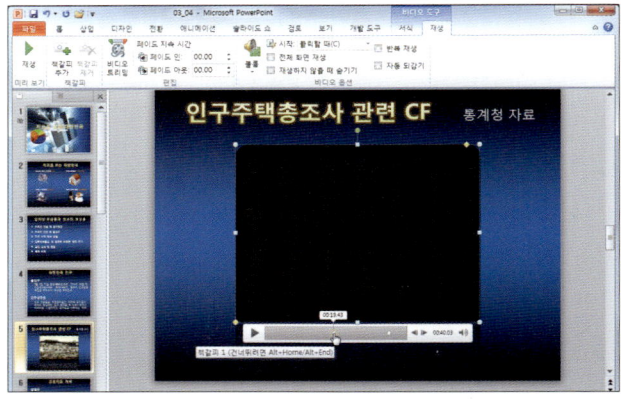

슬라이드에 삽입된 오디오도 비디오와 같은 방법으로 트리밍할 수 있습니다. 슬라이드에 삽입된 오디오를 선택한 후 ❶[오디오 도구─재생] 탭의 [편집] 그룹에서 ❷[오디오 트리밍](✂)을 선택합니다. [오디오 맞추기] 대화상자가 나타나면 ❸시작점과 끝점을 드래그하여 오디오를 트리밍합니다.

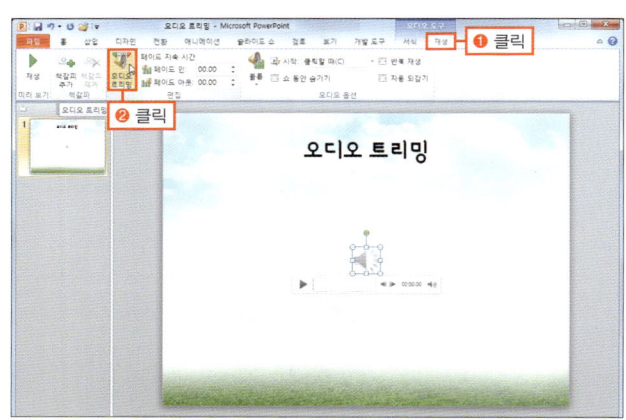
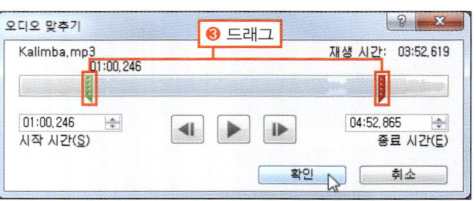

확인실습

슬라이드에 삽입된 비디오를 트리밍하여 필요 없는 부분을 잘라 내 보세요.

◎ 시작 파일 : 5장\03_실습4.pptx
◎ 완료 파일 : 5장\03_실습4_완성.pptx

SECTION 04
플래시 동영상과 개체 삽입하기

슬라이드에 플래시 동영상 개체와 그 외의 다양한 개체를 삽입하는 방법에 대해 알아봅니다.

다루는 내용

- [개발 도구] 탭 표시하기
- 플래시 동영상 삽입하기
- 개체 삽입하기

기능 정리

[개발 도구] 탭의 [기타 컨트롤] 살펴보기

슬라이드에 플래시 파일을 삽입할 때는 [개발 도구] 탭을 표시해야 합니다. [개발 도구] 탭의 [컨트롤] 그룹에서 [기타 컨트롤]을 선택하면 슬라이드에 플래시나 윈도우 미디어 플레이어를 삽입할 수 있습니다.

● [개발 도구] 탭 표시하기

리본 메뉴에는 기본적으로 [개발 도구] 탭은 표시되지 않습니다. [개발 도구] 탭을 표시하려면 [파일] 탭의 [옵션]을 클릭합니다. [PowerPoint 옵션] 대화상자가 나타나면 [리본 사용자 지정] 항목을 선택하고 [개발 도구] 탭 항목을 선택합니다.

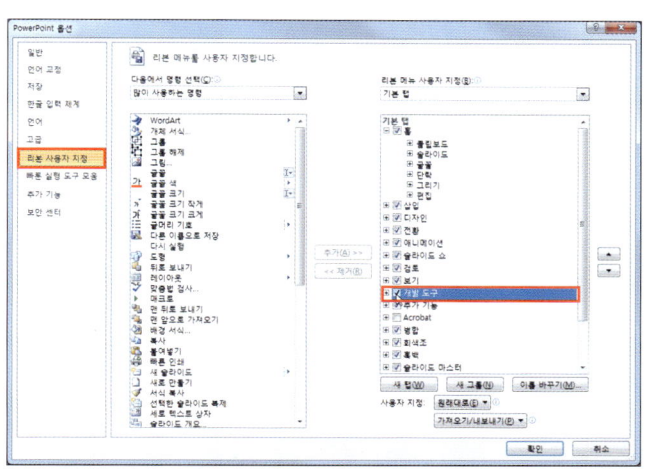
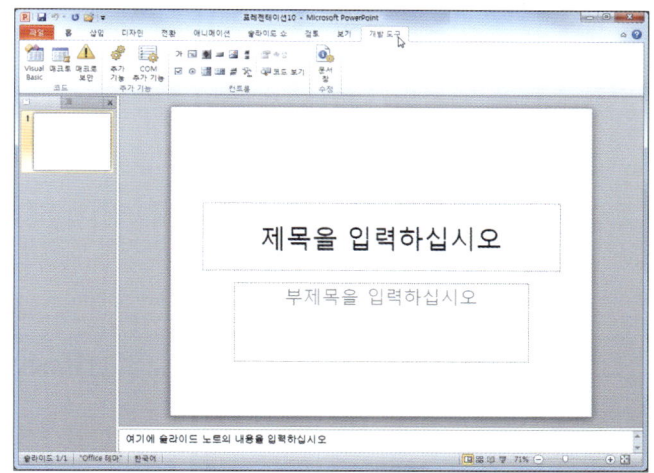

● [기타 컨트롤] 대화상자 표시하기

[개발 도구] 탭의 [기타 컨트롤](🔧)을 선택하면 슬라이드에 다양한 개체를 삽입할 수 있는 [기타 컨트롤] 대화상자가 나타납니다.

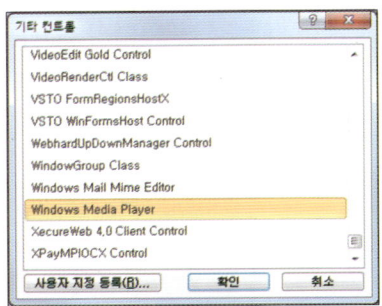
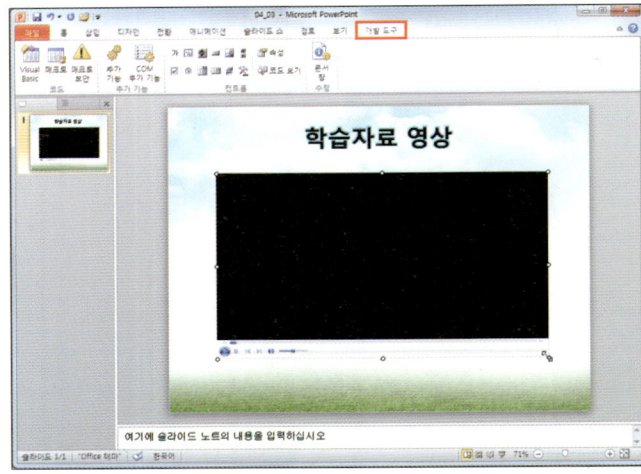

■ 리본 메뉴에 [개발 도구] 탭을 표시하는 방법에 대해 적어 보세요. (   )

🦉 : [파일] 탭-[옵션] 선택 후 [PowerPoint 옵션] 대화상자에서 [리본 사용자 지정] 선택

슬라이드에 플래시 파일 삽입하기

플래시 파일을 슬라이드에 삽입하는 방법에 대해 알아봅니다.

◎ **시작 파일** : 5장\03_03.pptx
◎ **완료 파일** : 5장\03_03_완성.pptx

01 컨트롤 개체 선택하기

❶[개발 도구] 탭의 [컨트롤] 그룹에서 ❷[기타 컨트롤]
(📧)을 클릭합니다. [기타 컨트롤] 대화상자가 나타나면
❸[Shockwave Flash Object]를 선택한 후 ❹[확인]을 클
릭합니다.

02 개체 속성 선택하기

슬라이드에서 ❶원하는 크기만큼 드래그한 후 삽입된 ❷플
래시 컨트롤에서 마우스 오른쪽 버튼을 클릭한 후 ❸[속
성]을 선택합니다.

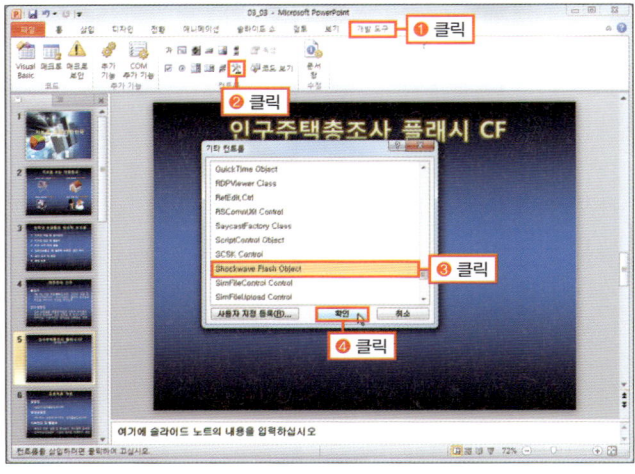

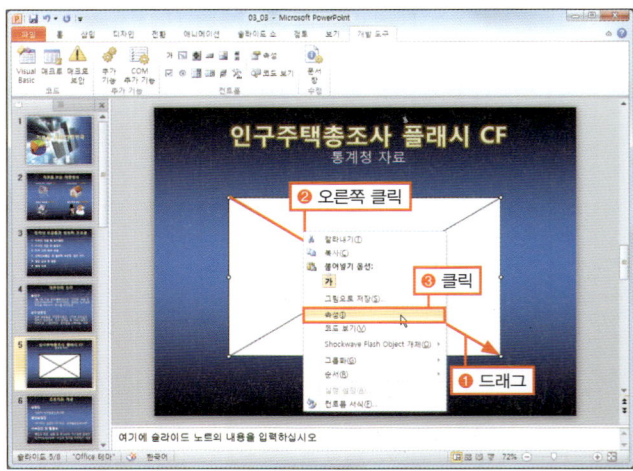

03 플래시 파일 경로 지정하기

[속성] 대화상자가 나타나면 ❶[사전순] 탭에서 ❷'Movie'의 빈 셀에 재생할 플래시 파일 이름을 포함하여 파일이 저장된 드라이브 경로를 입력합니다. (이미지\Numbers1.swf)

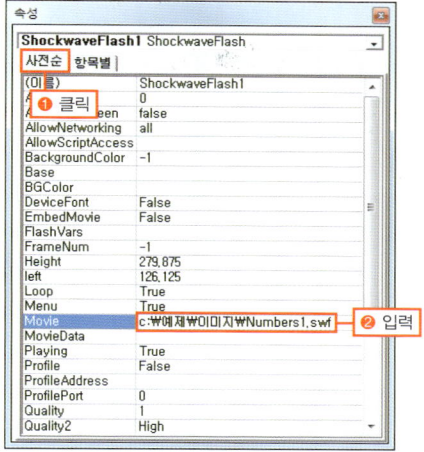

참고 ●

플래시 파일 경로를 입력한 후에는 [속성] 창은 닫아도 플래시 파일 실행에는 아무 영향이 없습니다.

04 슬라이드 쇼 확인하기

❶ Shift + F5 를 눌러 현재 슬라이드부터 슬라이드 쇼를 시작하면 삽입된 플래시 동영상을 확인할 수 있습니다.

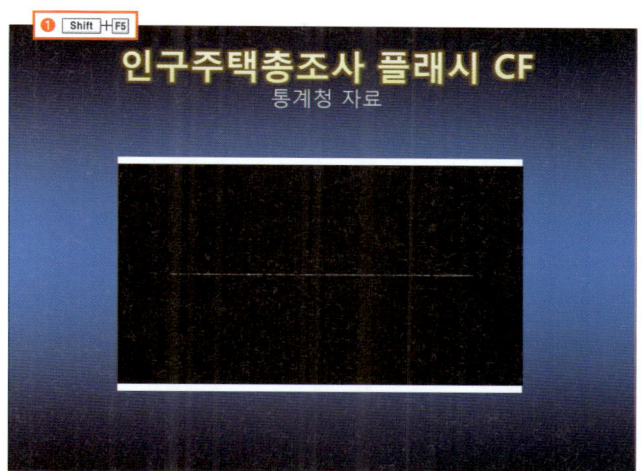

참고 ● URL 이용하여 슬라이드에 동영상 연결하기

동영상을 슬라이드에 직접 삽입하기도 하지만 유튜브(Youtube) 등에 올라와 있는 동영상은 따로 다운로드 받아 삽입하기에는 번거로울 때가 있습니다. 이럴 때는 동영상의 URL을 링크하면 간단합니다. 내 시스템에 있는 플래시 동영상을 삽입하는 과정과 동일하며 ❶[속성] 대화상자의 [Movie] 항목에 해당 동영상의 URL을 입력하면 됩니다.

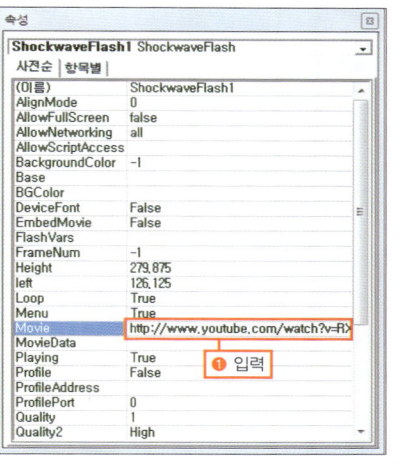

슬라이드에 지정한 플래시 파일을 삽입해 보세요. (이미지\
Numbers1.swf)

◎ 시작 파일 : 5장\03_실습3_pptx
◎ 완료 파일 : 5장\03_실습3_완성.pptx

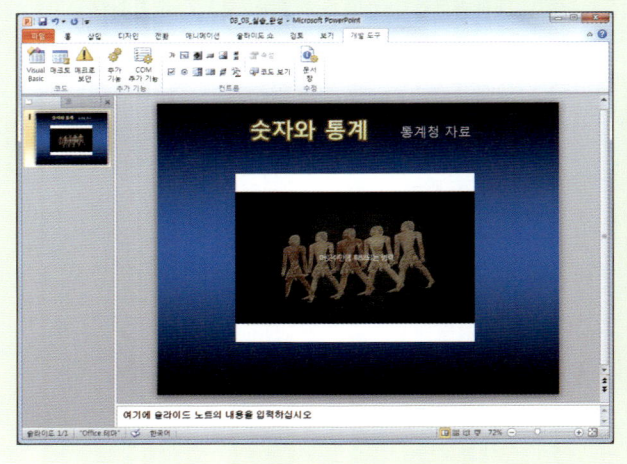

실습과정

슬라이드에 윈도우 미디어 플레이어 삽입하기

플래시 파일을 슬라이드에 삽입하는 것처럼 윈도우 미디어 플레이어를 슬라이드에 삽입하는 방법에 대해 알아봅니다.

◎ 시작 파일 : 5장\04_03.pptx
◎ 완료 파일 : 5장\04_03_완성.pptx

01 기타 컨트롤 선택하기

❶[개발 도구] 탭의 [컨트롤] 그룹에서 ❷[기타 컨트롤] (🖾)을 클릭합니다.

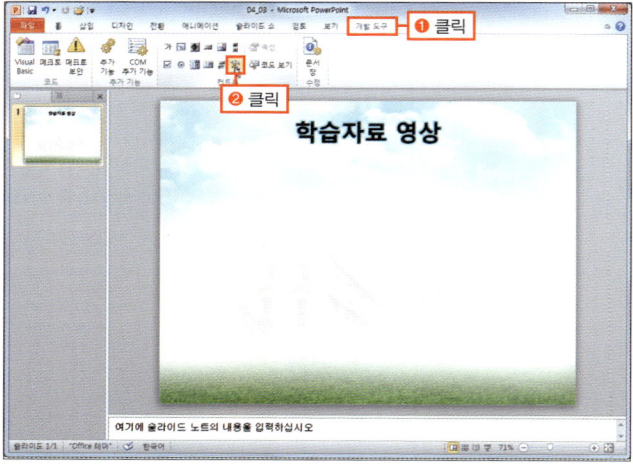

02 미디어 플레이어 선택하기

[기타 컨트롤] 대화상자가 나타나면 ❶컨트롤 목록에서 [Windows Media Player]를 선택하고 ❷[확인]을 클릭합니다.

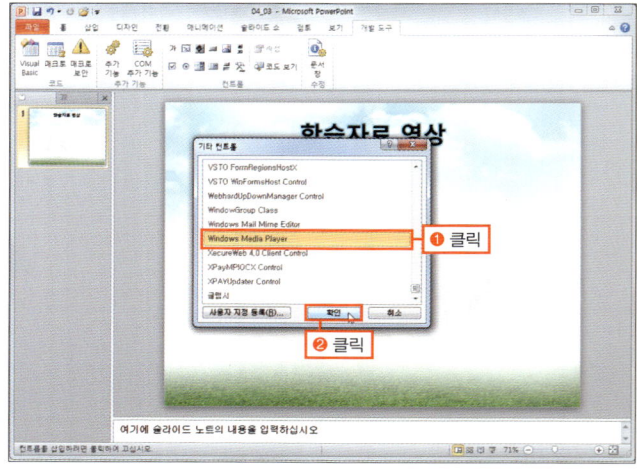

03 플레이어 크기 지정하기

❶슬라이드에서 마우스로 원하는 크기만큼 드래그합니다.

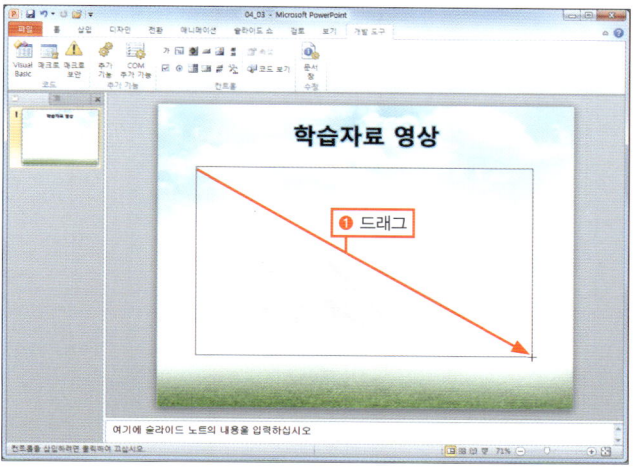

> **참고**
> 드래그한 크기의 미디어 플레이어가 슬라이드에 삽입됩니다.

04 미디어 플레이어 삽입 확인하기

슬라이드에 지정한 크기의 윈도우 미디어 플레이어가 삽입된 것을 확인할 수 있습니다.

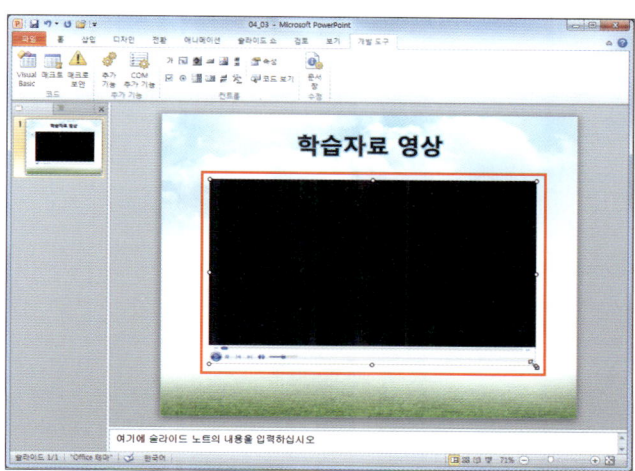

05 속성 선택하기

삽입된 윈도우 미디어 플레이어에서 ❶마우스 오른쪽 버튼을 클릭한 후 ❷바로 가기 메뉴에서 [속성]을 선택합니다.

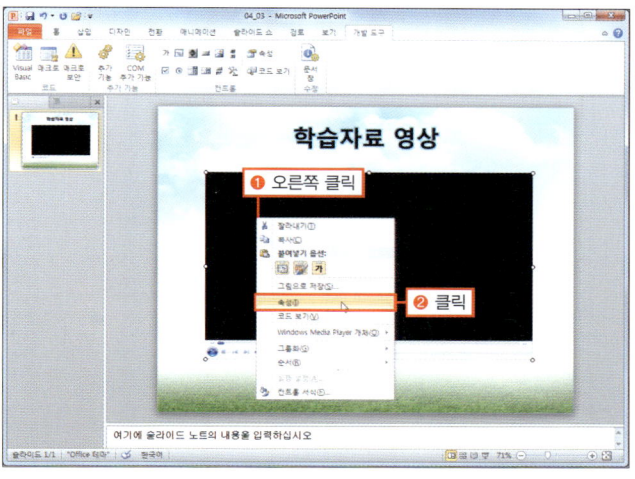

06 속성 지정하기

[속성] 대화상자가 나타나면 ❶[사용자 정의]의 ⋯를 클릭합니다.

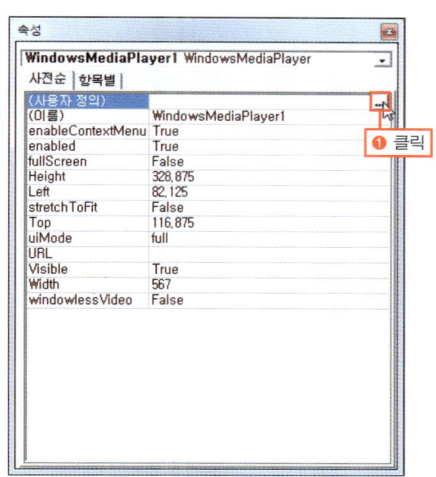

07 파일 찾기

[Windows Media Player 속성] 대화상자가 나타나면 ❶[일반] 탭의 ❷[찾아보기]를 클릭합니다.

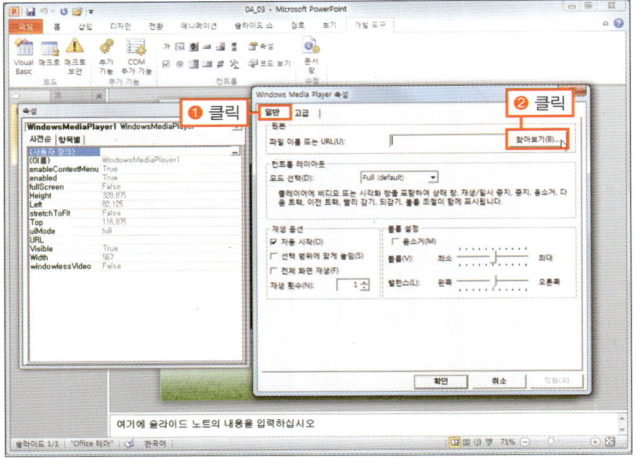

08 동영상 선택하기

[열기] 대화상자가 나타나면 ❶삽입될 동영상을 선택한 후 ❷[열기]를 클릭합니다.

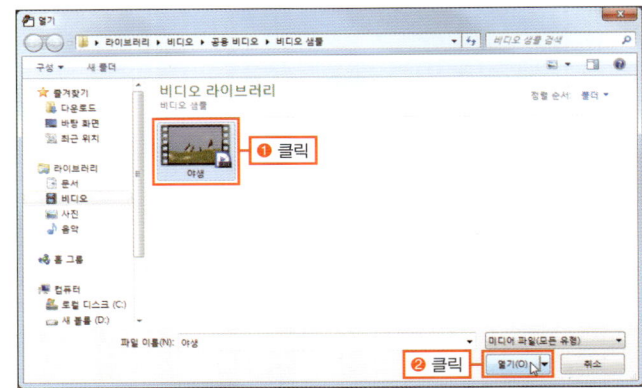

> **참고**
>
> 윈도우 7의 'C:\User\공용' 폴더에서 윈도우에서 기본적으로 제공하는 '야생.wmv' 동영상 파일을 선택합니다.

09 속성 지정 완료하기

[Windows Media Player 속성] 대화상자로 돌아오면 ❶[확인]을 클릭합니다.

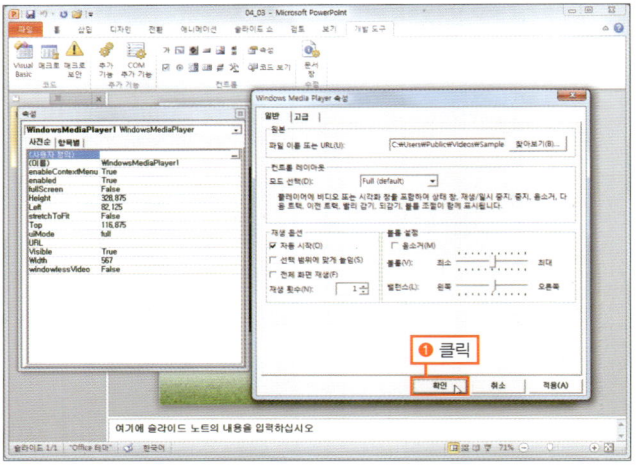

10 속성 창 닫기

❶[기타 컨트롤 속성] 창의 [닫기](▣)를 클릭하여 속성 창을 닫습니다.

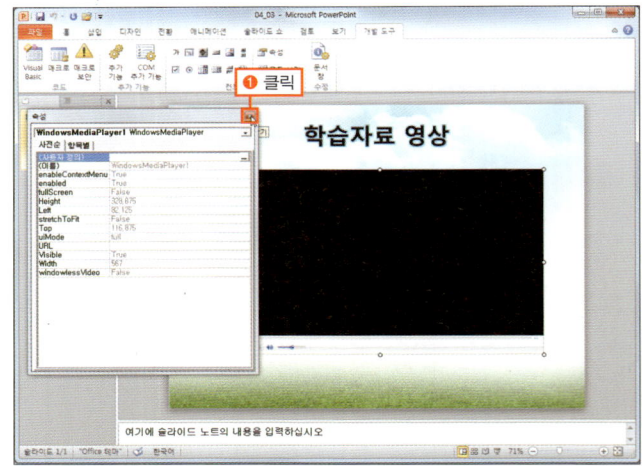

11 동영상 삽입 확인하기

슬라이드에 삽입된 동영상이 윈도우 미디어 플레이어를 통해 재생되는 것을 확인합니다.

참고 • 슬라이드에 다양한 개체 삽입하기

다른 프로그램의 개체를 파워포인트에 삽입할 수 있습니다. [삽입] 탭의 [텍스트] 그룹에서 [개체](🖼️개체)를 클릭하면 다른 오피스 프로그램에서 만든 파일과 OLE(개체 연결 및 포함)를 지원하는 다른 프로그램의 파일을 삽입할 수 있습니다. 삽입되는 개체는 다음과 같이 [연결된 개체]와 [포함된 개체]로 구분하여 삽입할 수 있으며 그 차이는 다음과 같습니다.

연결된 개체 삽입하기

[개체 삽입] 대화상자가 나타났을 때 [파일로부터 만들기]를 선택하고 [찾아보기]를 클릭하여 슬라이드에 삽입할 파일을 선택합니다. [찾아보기] 옆의 [연결] 항목을 선택하면 선택한 파일이 연결된 개체로 슬라이드에 삽입됩니다. 연결된 개체는 원본 파일이 변경되면 슬라이드에 삽입된 개체도 함께 업데이트됩니다.

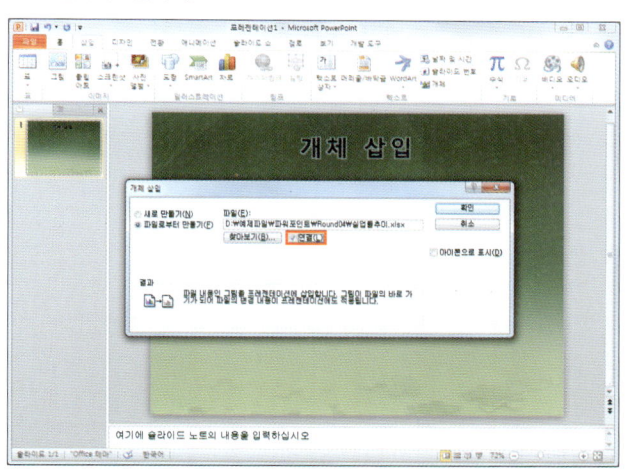
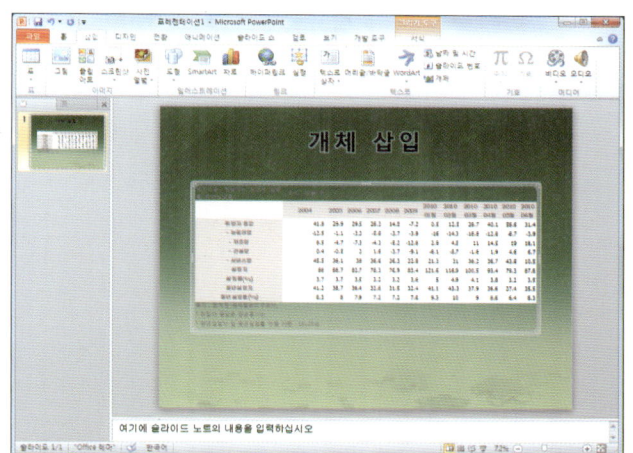

포함된 개체 삽입하기

[개체 삽입] 대화상자에서 [연결] 항목을 선택하지 않으면 원본 데이터가 프레젠테이션에 포함됩니다. 원본 파일은 프레젠테이션 파일의 일부가 되므로 다른 컴퓨터로 프레젠테이션 파일을 옮겨도 포함된 개체를 모두 볼 수 있습니다. 포함된 개체는 일반적으로 연결에 비해 더 많은 저장 공간이 필요합니다.

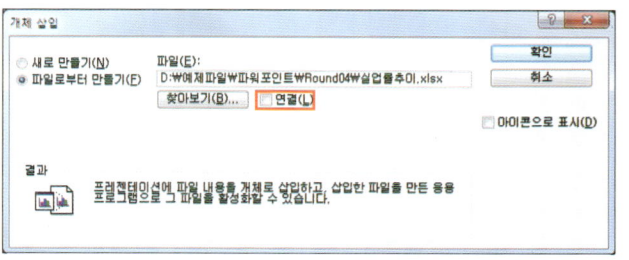

슬라이드에 윈도우 미디어 플레이어를 삽입하고 준비된 동영상 파일의 경로를 지정한 후 슬라이드 쇼에서 직접 윈도우 미디어 플레이어를 통해 동영상을 실행해 보세요. (5장\동영상-확인실습.avi)

◎ **시작 파일** : 5장\04_실습3.pptx
◎ **완료 파일** : 5장\04_실습3_완성.pptx

SECTION

05

Powerpoint 2010

하이퍼링크 설정하기

[하이퍼링크]와 [실행] 기능을 사용하여 슬라이드 간의 이동이나 웹 사이트 연결을 지정하는 방법과 [실행] 설정으로 프로그램을 실행하는 방법에 대해 알아봅니다.

다루는 내용

* 하이퍼링크 지정하기
* 실행 설정하기

기능 정리

하이퍼링크와 실행 설정 기능 살펴보기

[하이퍼링크](🌐)는 프레젠테이션의 슬라이드 간 연결이나 다른 프레젠테이션의 슬라이드, 전자 메일 주소, 웹 페이지 또는 파일에 대한 연결을 지정하는 기능입니다. 텍스트나 텍스트 상자, 그림, 그래프, 도형 같은 개체에 하이퍼링크를 지정하면 해당 개체를 클릭했을 때 연결된 슬라이드나 문서로 곧바로 이동하게 됩니다.

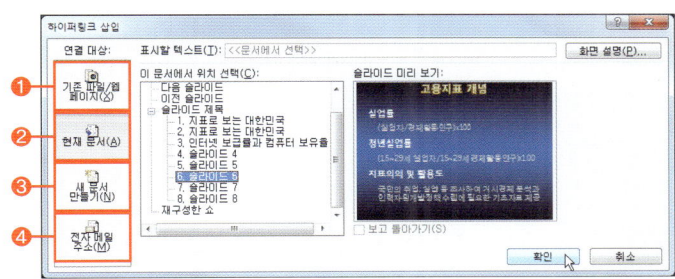

❶ 기존의 프레젠테이션 파일이나 웹 사이트 주소를 하이퍼링크 대상으로 지정합니다.
❷ 현재 문서의 특정 슬라이드를 하이퍼링크 대상으로 지정합니다.
❸ 새 문서를 작성하여 하이퍼링크 대상으로 지정합니다.
❹ 전자 메일 주소를 입력하여 하이퍼링크 대상으로 지정합니다.

도형 목록의 [실행 단추]를 삽입하거나 개체를 선택한 후 [삽입] 탭의 [실행](🖼)을 클릭하면 [실행 설정] 대화상자에서 슬라이드 이동이나 프로그램 실행 등을 설정할 수 있습니다.

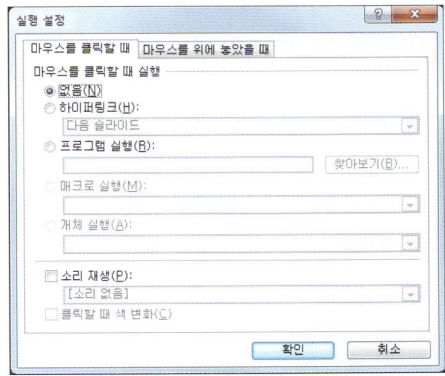

1 특정 개체에 프레젠테이션의 슬라이드 간의 연결이나 웹 페이지에 대한 연결을 지정하는 기능은 다음 중 어떤 것일까요? (　　)

① 웹 애플리케이션 ② 하이퍼링크 ③ 스마트아트 그래픽 ④ 슬라이드 쇼 브로드캐스팅

2 특정 개체를 클릭했을 때 지정된 프로그램이 실행되도록 지정하려면 [실행 설정] 대화상자에서 어떤 항목을 선택해야 할까요? (　　)

① 없음 ② 하이퍼링크 ③ 프로그램 실행 ④ 소리 재생

답 : **1** ②, **2** ③

개체에 하이퍼링크 지정하기

실습 과정

슬라이드에 삽입된 개체에 하이퍼링크를 지정하는 방법에 대해 알아봅니다.

◎ **시작 파일** : 5장\04_01.pptx
◎ **완료 파일** : 5장\04_01_완성.pptx

01 [하이퍼링크] 선택하기

❶2번 슬라이드를 선택한 후 ❷클립 아트 개체를 선택합니다. ❸[삽입] 탭의 [링크] 그룹에서 ❹[하이퍼링크](🔗)를 클릭합니다.

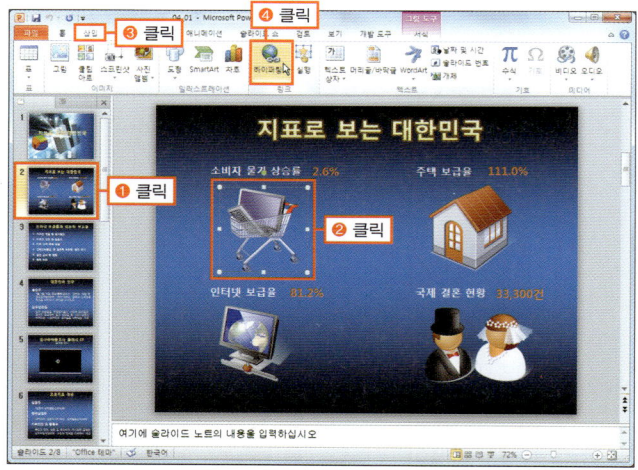

02 연결 대상 선택하기

[하이퍼링크 삽입] 대화상자가 나타나면 ❶[연결 대상]에서 [현재 문서]를 ❷[이 문서에서 위치 선택]에서 '슬라이드 6'을 선택한 후 ❸[확인]을 클릭합니다.

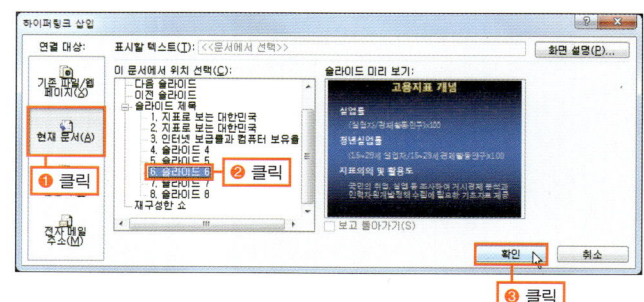

03 하이퍼링크 확인하기

❶슬라이드 쇼를 실행하고 하이퍼링크를 지정한 ❷개체에 마우스 포인터를 위치시키면 마우스 포인터의 모양이 손가락 모양으로 변합니다. 클릭하면 연결된 슬라이드로 이동합니다.

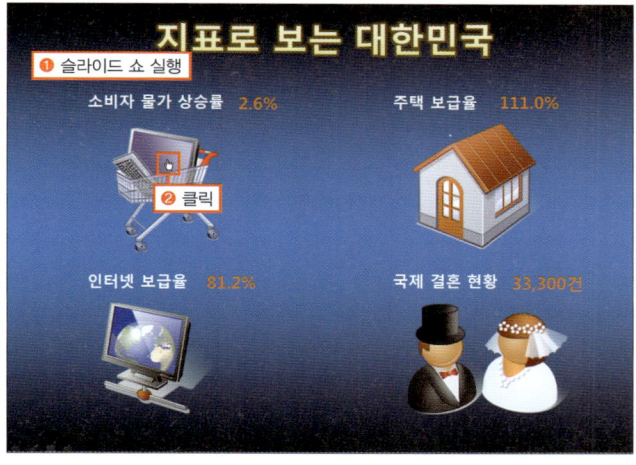

04 바로 가기 메뉴로 하이퍼링크 선택하기

이번에는 ❶우측 클립 아트를 선택하고 ❷마우스 오른쪽 버튼을 클릭한 후 바로 가기 메뉴의 ❸[하이퍼링크]를 선택합니다.

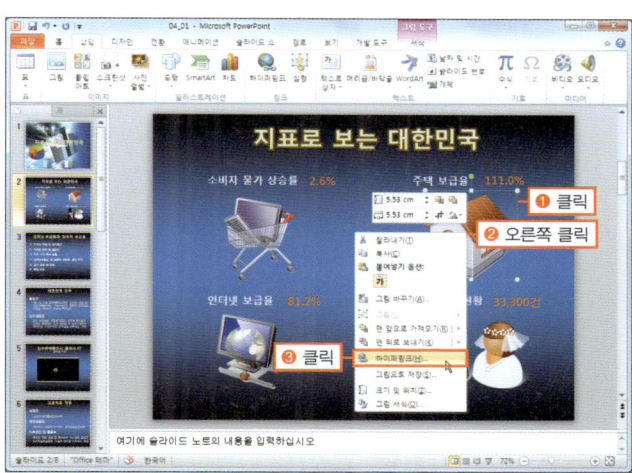

05 연결 대상 지정하기

[하이퍼링크 삽입] 대화상자가 나타나면 ❶[연결 대상]을 [기존 파일/웹 페이지]로 지정하고 ❷[주소] 상자에 연결될 사이트의 주소를 입력합니다.

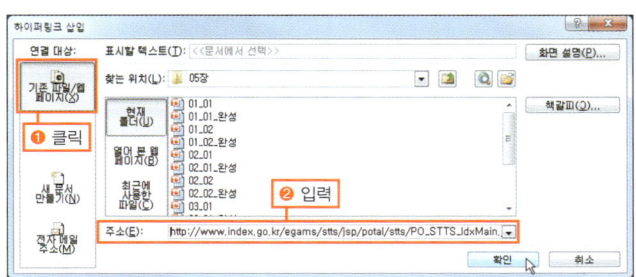

> **참고**
>
> 연결할 웹 페이지의 주소를 복사한 후 [주소] 상자에 붙여넣는 방법으로 입력하는 것이 편리합니다. 여기에서는 국토해양부의 자료 페이지를 임의로 연결하였습니다.

06 웹사이트 연결 확인하기

❶슬라이드 쇼를 실행한 후 하이퍼링크가 지정된 ❷클립 아트를 클릭하면 지정한 웹 페이지가 실행됩니다.

설정한 하이퍼링크를 제거하려면 하이퍼링크가 지정된 개체에서 ❶마우스 오른쪽 버튼을 클릭한 후 ❷[하이퍼링크 제거]를 선택합니다.

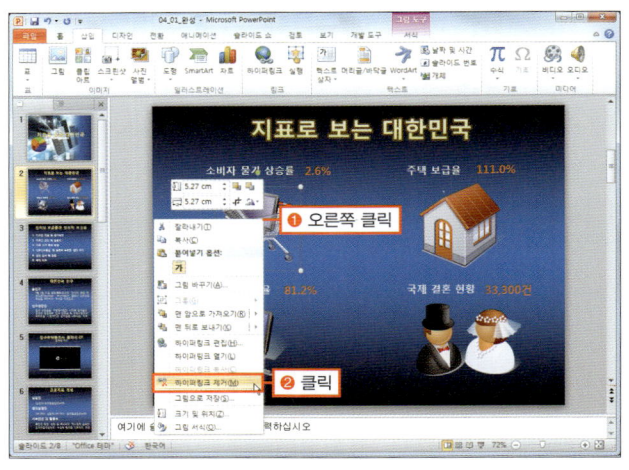

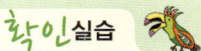

'2012 추진방향'이 입력된 텍스트 상자에 하이퍼링크를 지정하여 같은 문서 내의 6번 슬라이드로 이동하도록 완성하세요.

◉ **시작 파일** : 5장\04_실습1.pptx
◉ **완료 파일** : 5장\04_실습1_완성.pptx

실행 설정하기

[실행 설정] 대화상자를 이용해 하이퍼링크나 프로그램 실행을 설정하는 방법에 대해 알아봅니다.

◉ **시작 파일** : 5장\04_02.pptx
◉ **완료 파일** : 5장\04_02_완성.pptx

01 [실행] 선택하기

슬라이드 2의 ❶클립 아트를 선택하고 ❷[삽입] 탭의 [링크] 그룹에서 ❸[실행](🔲)을 클릭합니다.

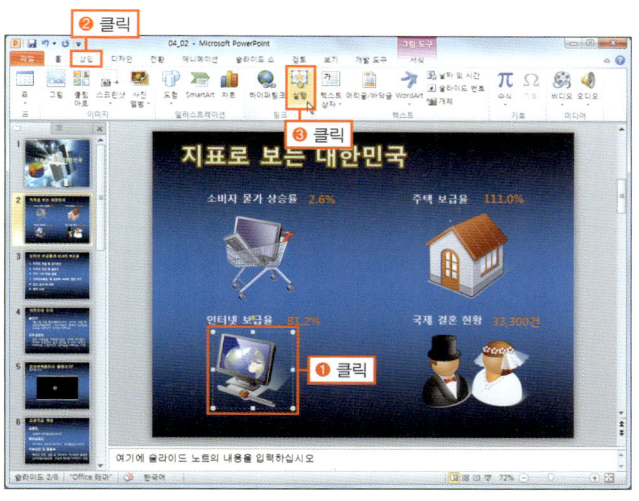

02 하이퍼링크 설정하기

[실행 설정] 대화상자가 나타나면 ❶[하이퍼링크]를 선택하고 ❷하이퍼링크의 종류를 [다음 슬라이드]로 지정한 후 ❸[확인]을 클릭합니다.

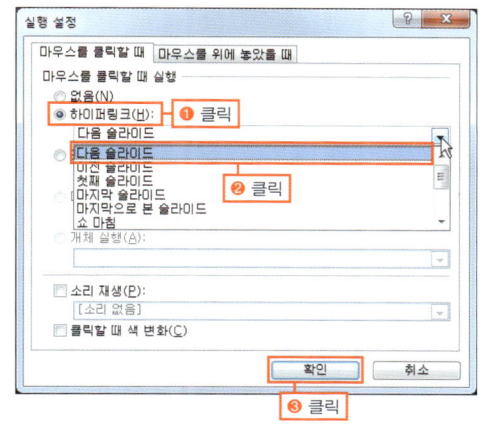

03 하이퍼링크 확인하기

❶슬라이드 쇼를 실행하고 하이퍼링크를 지정한 ❷클립 아트를 클릭하면 연결된 다음 슬라이드가 나타납니다.

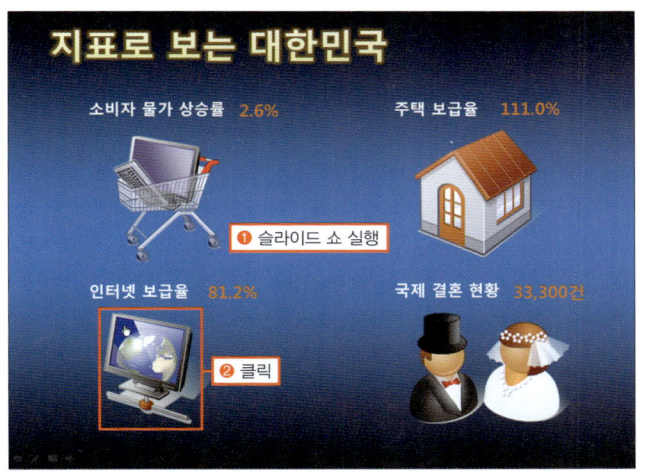

04 텍스트 상자에 [실행] 설정하기

이번에는 슬라이드의 ❶내용 텍스트 상자를 선택하고 ❷[삽입] 탭의 [링크] 그룹에서 [실행](🔲)을 클릭합니다.

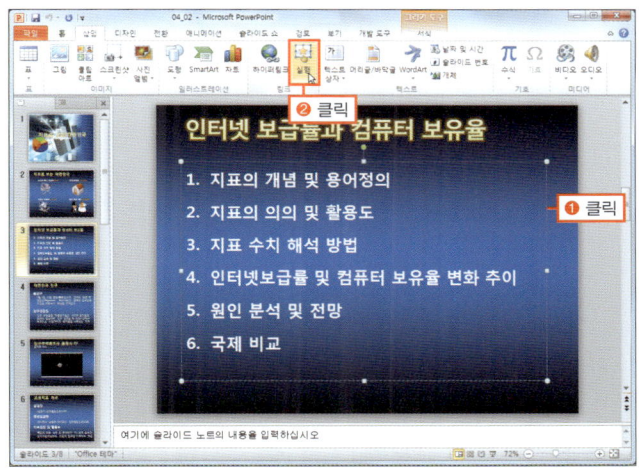

05 프로그램 찾아보기

[실행 설정] 대화상자가 나타나면 ❶[프로그램 실행]을 선택한 후 ❷[찾아보기]를 클릭합니다.

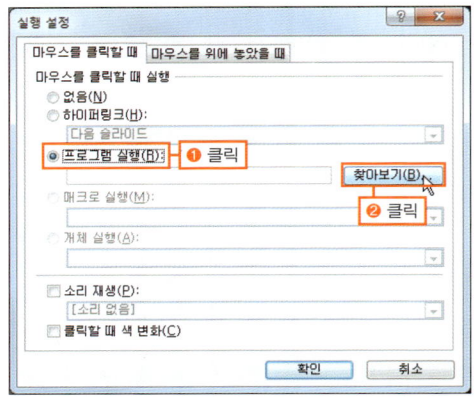

06 프로그램 선택하기

[실행할 프로그램 선택] 대화상자가 나타나면 ❶윈도우에 기본으로 설치되어 있는 '계산기' 프로그램을 찾아서 선택한 후 ❷[확인]을 클릭합니다.

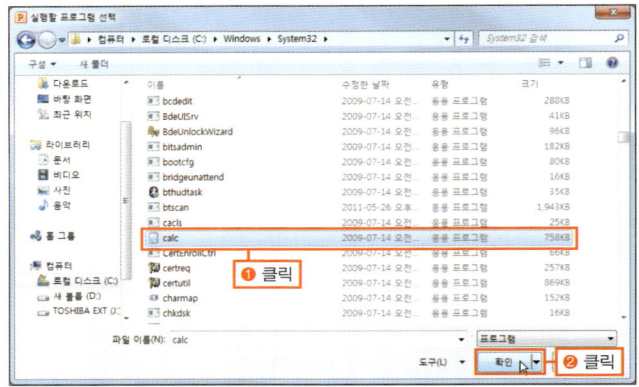

> **참고**
>
> 윈도우 '계산기' 프로그램은 'C:\Windows\System32' 폴더에서 'calc.exe' 파일을 찾아 선택합니다.

07 프로그램 설정 확인하기

[실행 설정] 대화상자로 돌아오면 ❶[프로그램 실행] 상자에 '계산기' 프로그램의 경로가 표시된 것을 확인한 후 ❷[확인]을 클릭합니다.

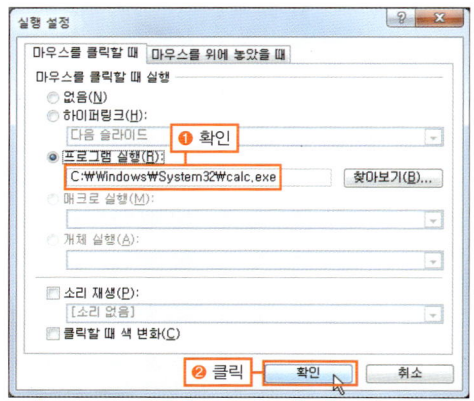

08 프로그램 실행 확인하기

❶슬라이드 쇼를 실행하고 내용 ❷텍스트 상자의 내용에 마우스 포인터를 위치시키면 손가락 모양으로 변경됩니다. ❸클릭하면 [실행 설정] 대화상자에서 지정한 윈도우의 '계산기' 프로그램이 슬라이드 쇼 화면에 실행됩니다.

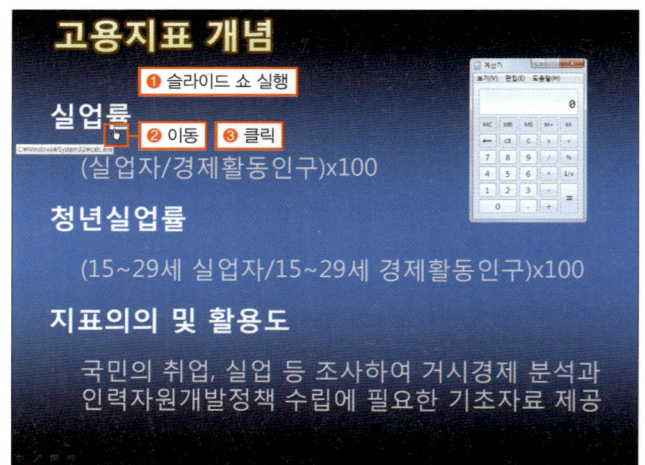

실행 단추는 도형 목록에 있는 도형의 한 종류로 프레젠테이션에 삽입하면 마우스를 클릭하거나 마우스 포인터를 도형에 가져갔을 때 하이퍼링크를 지정하거나 프로그램 등을 실행할 수 있도록 설정할 수 있습니다. ❶[삽입] 탭의 [일러스트레이션] 그룹에서 ❷[도형]( )을 클릭한 후 ❸[실행 단추] 중에서 원하는 실행 단추를 선택합니다.

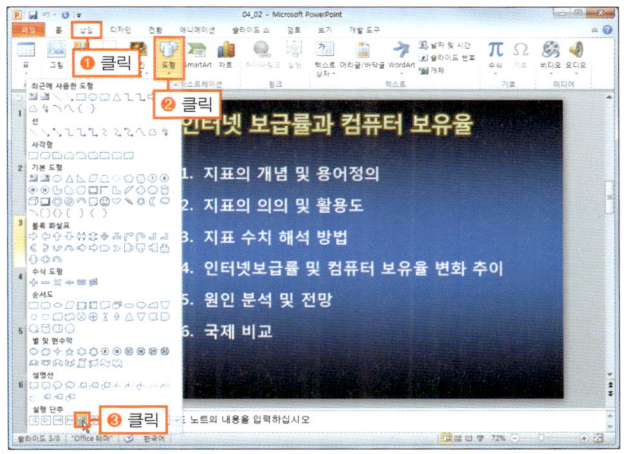

❹슬라이드에서 원하는 크기만큼 마우스로 드래그하면 [실행 설정] 대화상자가 나타나며 ❺[실행 설정] 대화상자에서 원하는 실행 유형을 선택합니다.

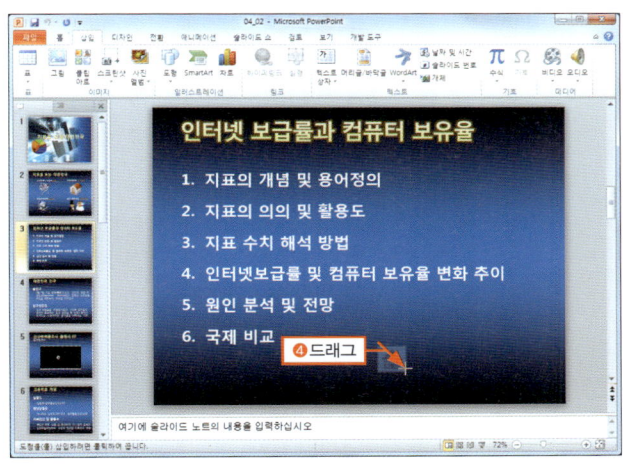

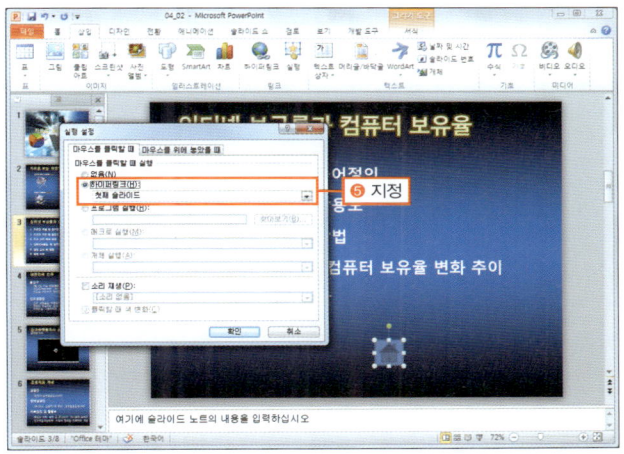

확인실습

슬라이드의 내용 텍스트 상자를 클릭하면 엑셀 프로그램이 실행되도록 실행 설정을 적용하세요.

◎ **시작 파일** : 5장\04_실습2.pptx
◎ **완료 파일** : 5장\04_실습2_완성.pptx

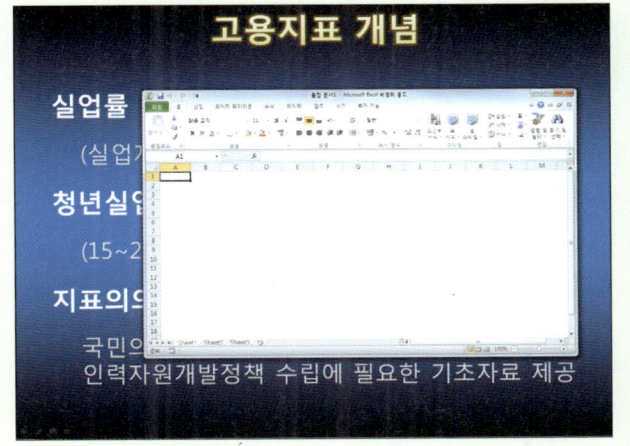

실행 단추 사용하기

도형 목록에서 [실행 단추]를 선택하여 하이퍼링크를 지정해 봅니다.

◎ **시작 파일** : 5장\04_04.pptx
◎ **완료 파일** : 5장\04_04_완성.pptx

01 실행 단추 선택하기

❶[홈] 탭의 [그리기] 그룹에서 ❷[도형](📋)을 클릭하고 도형 목록에서 ❸[실행 단추] 중 [실행 단추:홈](🏠)을 선택합니다.

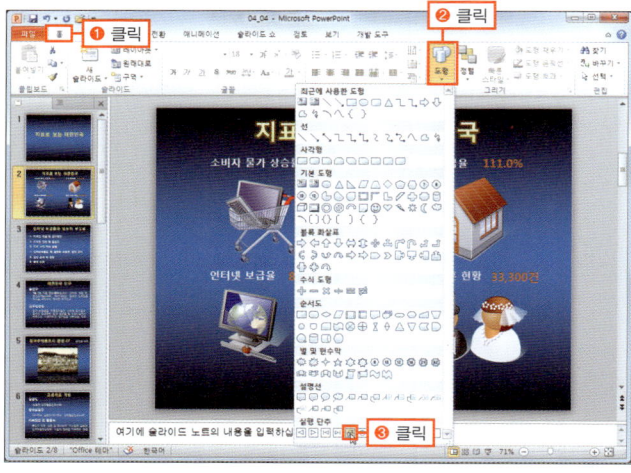

02 실행 단추 삽입하기

❶슬라이드에서 원하는 크기만큼 마우스를 드래그합니다.

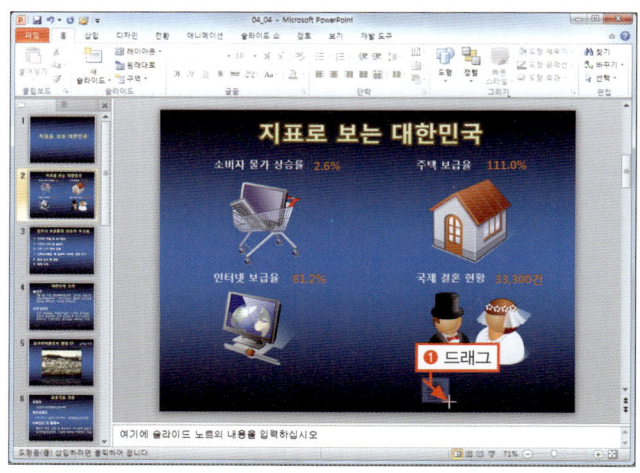

03 실행 설정 지정하기

❶[실행 설정] 대화상자가 [하이퍼링크]의 [첫째 슬라이드]가 선택된 상태로 나타나면 ❷[확인]을 클릭합니다.

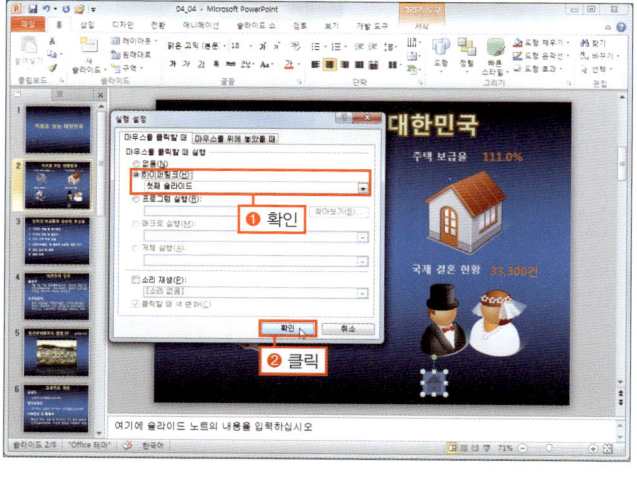

04 실행 단추 선택하기

❶[홈] 탭의 [그리기] 그룹에서 [도형](📋)을 클릭하고 ❷도형 목록에서 [실행 단추]의 [실행 단추 : 뒤로 또는 이전](◁)을 선택합니다.

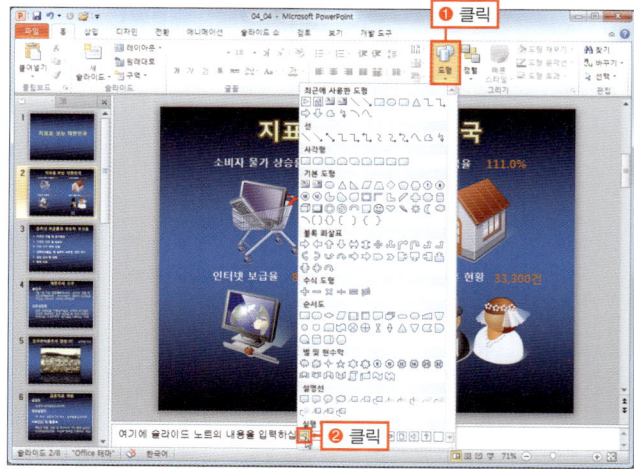

05 실행 설정 지정하기

❶[실행 설정] 대화상자가 [하이퍼링크]의 [이전 슬라이드]가 선택된 상태로 나타나면 ❷[확인]을 클릭합니다.

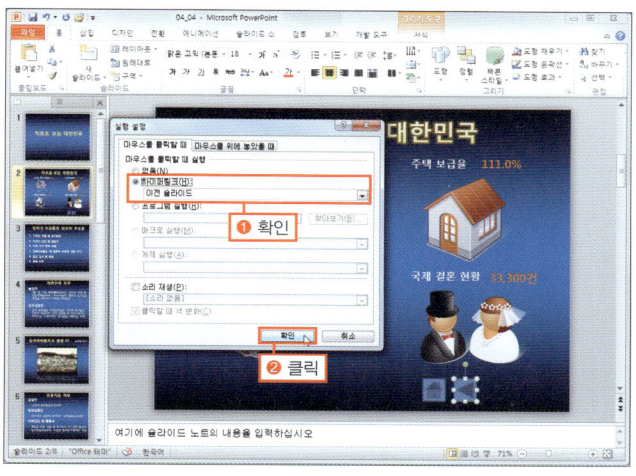

06 실행 단추 서식 지정하기

❶[실행 단추 : 앞으로 또는 다음](▣)을 같은 방법으로 슬라이드에 삽입한 후 ❷삽입된 실행 단추를 모두 선택합니다. ❸[그리기 도구-서식] 탭의 [도형 스타일] 그룹에서 ❹[보통 효과 - 바다색, 강조 5]를 클릭합니다.

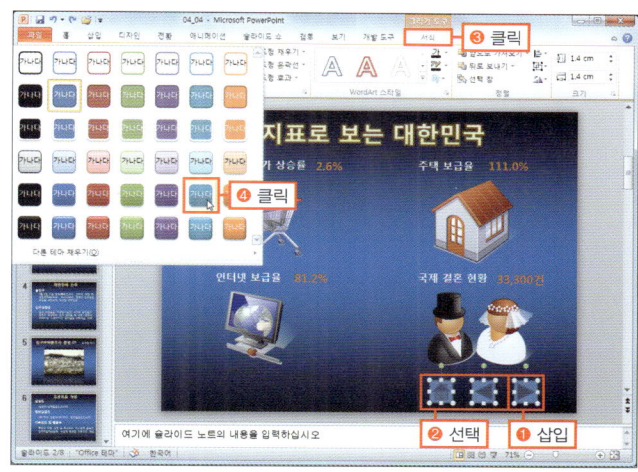

07 실행 단추 서식 확인하기

변경된 실행 단추의 서식을 확인합니다.

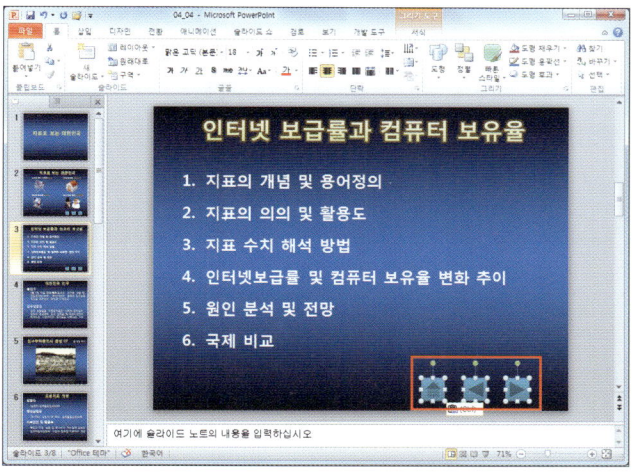

08 실행 단추 클릭하기

❶ F5 를 눌러 슬라이드 쇼를 실행한 후 ❷실행 단추에 마우스 포인터를 위치시키면 실행 단추에 링크 표시가 나타납니다. ❸이동 단추를 클릭합니다.

09 실행 단추 링크 확인하기

해당 슬라이드로 이동한 것을 확인합니다.

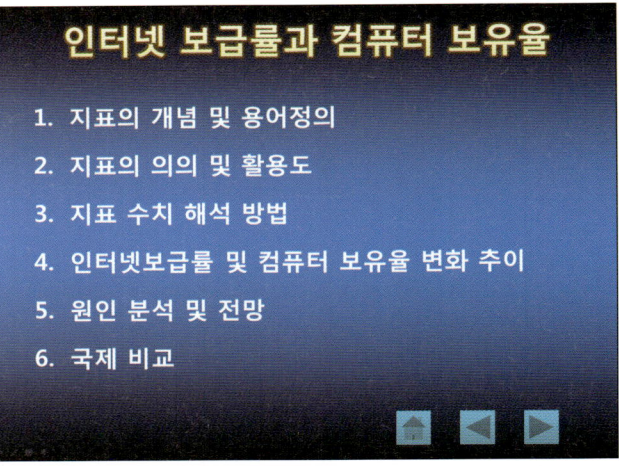

참고 • 하이퍼링크 텍스트 색 변경하기

기본 하이퍼링크 텍스트 색은 클릭하기 전에는 진한 파랑색이었다가 클릭 후에는 보라색으로 하이퍼링크 색이 변경됩니다. 이런 기본적인 하이퍼링크 텍스트 색은 [새 테마 색 만들기] 대화상자에서 사용자가 원하는 색으로 변경할 수 있습니다.

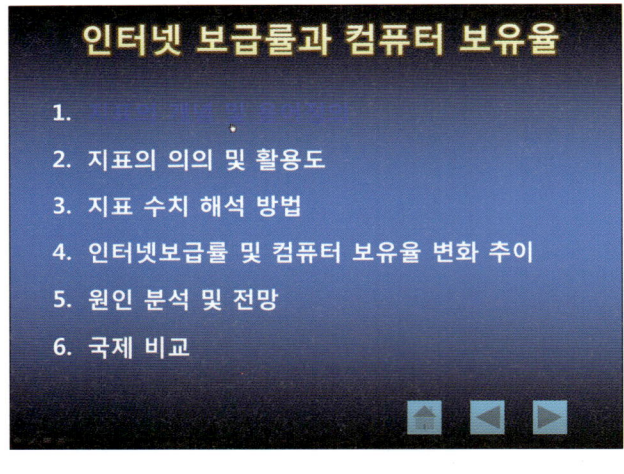

[디자인] 탭의 [테마] 그룹에서 [색](색▾)을 클릭한 후 [새 테마 색 만들기]를 선택하고 ❶[새 테마 색 만들기] 대화상자가 나타나면 ❷[하이퍼링크]와 [열어 본 하이퍼링크]의 색을 원하는 색으로 변경합니다.

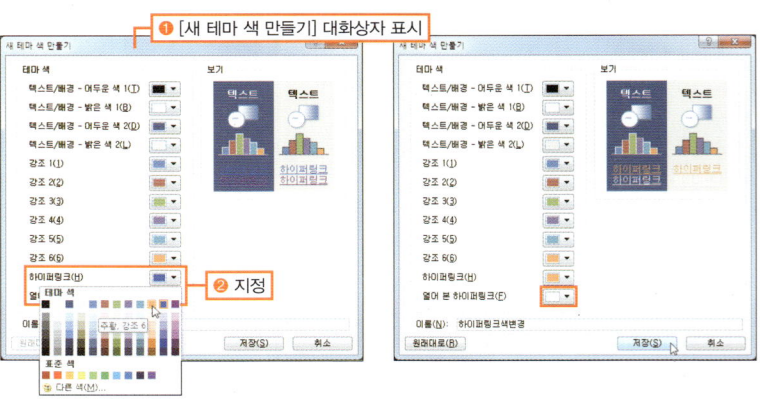

확인실습

도형 목록에서 [실행 단추]를 선택하여 슬라이드에 삽입해 보세요.

- **시작 파일** : 5장\04_실습4.pptx
- **완료 파일** : 5장\04_실습4_완성.pptx

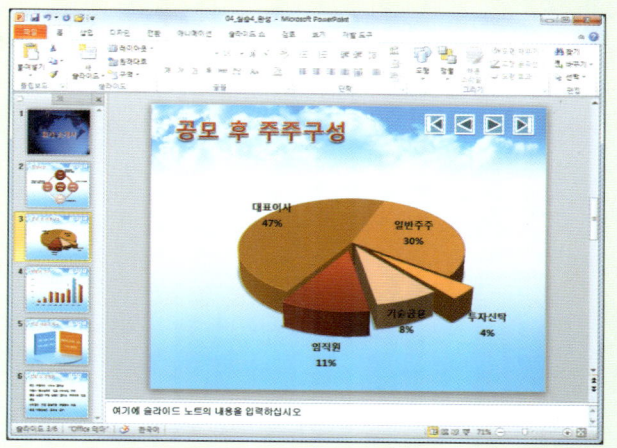

동일한 프레젠테이션에서 가로, 세로 방향 슬라이드 사용하기

기본적으로 파워포인트의 슬라이드 레이아웃은 가로 방향으로 설정되어 있습니다. 프레젠테이션에 모든 슬라이드를 세로 방향으로 변경하려면 [디자인] 탭의 [페이지 설정] 그룹에서 [슬라이드 방향](🖵)을 클릭하고 [세로]를 선택합니다. 프레젠테이션에서는 가로 또는 세로 중 한 방향의 슬라이드만 사용할 수 있지만 두 프레젠테이션을 연결하면 가로 슬라이드와 세로 슬라이드가 한 프레젠테이션에 있는 것처럼 지정할 수 있습니다.

◎ **시작 파일** : 5장\가로pt.pptx
◎ **완료 파일** : 5장\가로pt_완성.pptx

① 개체 선택 후 실행 선택하기

먼저, 가로 방향의 슬라이드를 불러온 후 ❶하이퍼링크를 지정할 개체를 선택한 후 ❷[삽입] 탭의 [링크] 그룹에서 ❸[실행](🖵)을 클릭합니다.

② 실행 옵션 지정하기

[실행 설정] 대화상자가 나타나면 ❶[하이퍼링크] 항목의 [다른 PowerPoint 프레젠테이션]을 선택한 후 ❷[확인]을 클릭합니다.

③ 세로 방향 프레젠테이션 문서 선택하기

[다른 PowerPoint 프레젠테이션 하이퍼링크] 대화상자가 나타나면 ❶세로 방향으로 제작한 프레젠테이션을 선택(세로pt.pptx)한 후 ❷[확인]을 클릭합니다.

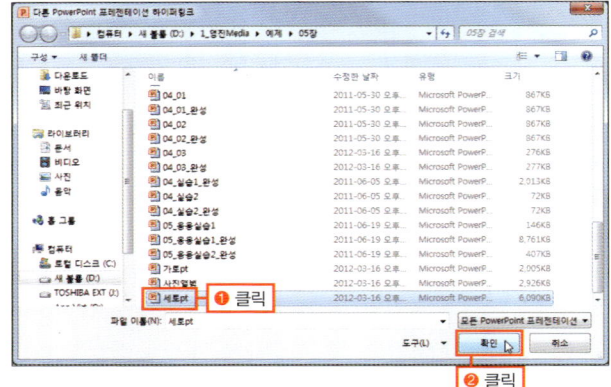

④ 연결 슬라이드 선택하기

[슬라이드 하이퍼링크] 대화상자가 나타나면 연결될 ❶하이퍼링크 슬라이드를 선택한 후 ❷[확인]을 클릭합니다.

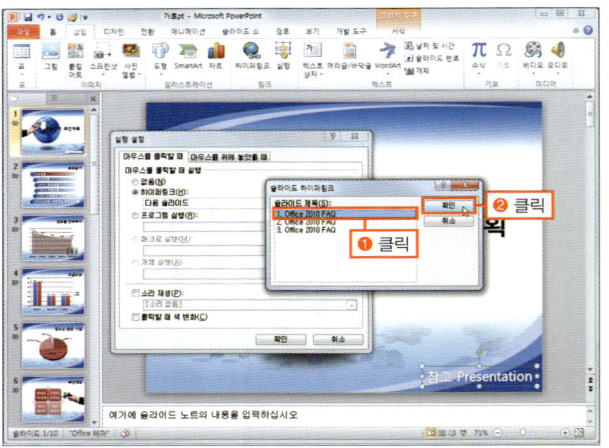

5 **[실행 설정] 대화상자 닫기**

[실행 설정] 대화상자로 돌아오면 ❶[확인]을 클릭합니다.

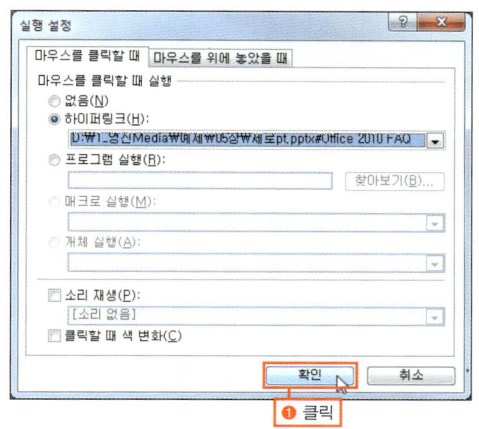

❶ 클릭

6 **실행 옵션 지정하기**

이번에는 ❶세로 방향으로 제작한 프레젠테이션을 불러온 후 ❷하이퍼링크가 지정될 개체를 선택하고 ❸[삽입] 탭의 [링크] 그룹에서 ❹[실행](📃)을 클릭합니다. [실행 설정] 대화상자가 나타나면 ❺[하이퍼링크] 항목에서 [마지막으로 본 슬라이드]를 선택합니다.

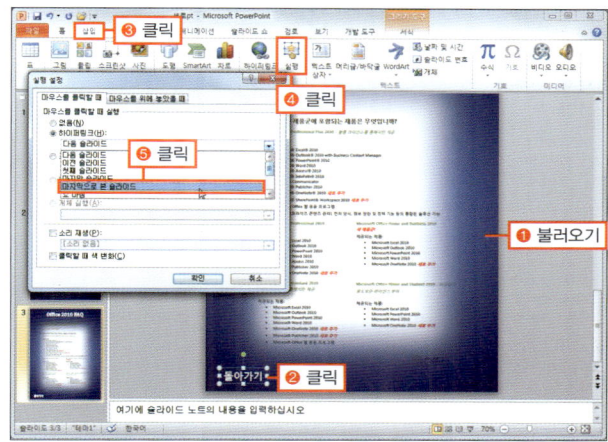

7 **가로 방향 프레젠테이션 문서 선택하기**

[다른 PowerPoint 프레젠테이션 하이퍼링크] 대화상자가 나타나면 ❶가로 방향으로 제작한 프레젠테이션(가로pt.pptx)을 선택한 후 ❷[확인]을 클릭합니다.

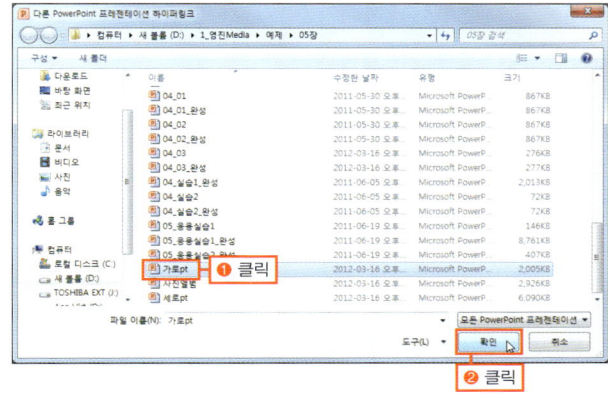

8 **연결 슬라이드 선택하기**

[슬라이드 하이퍼링크] 대화상자가 나타나면 선택한 파일에서 ❶연결될 슬라이드를 선택한 후 ❷[확인]을 클릭합니다.

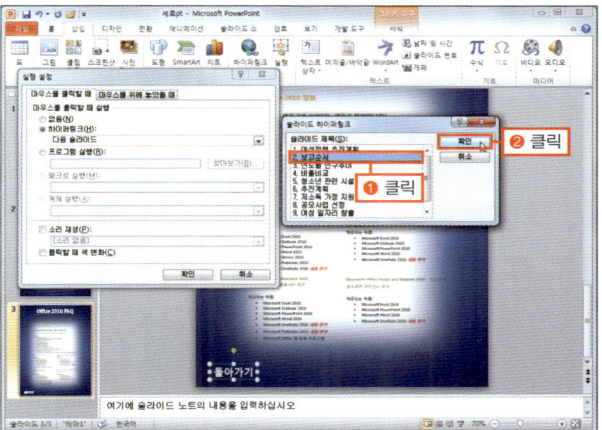

9 슬라이드 쇼 실행하기

❶F5를 눌러 슬라이드 쇼를 실행한 후 ❷하이퍼링크 개체를 클릭하면 세로 방향의 슬라이드로 이동합니다.

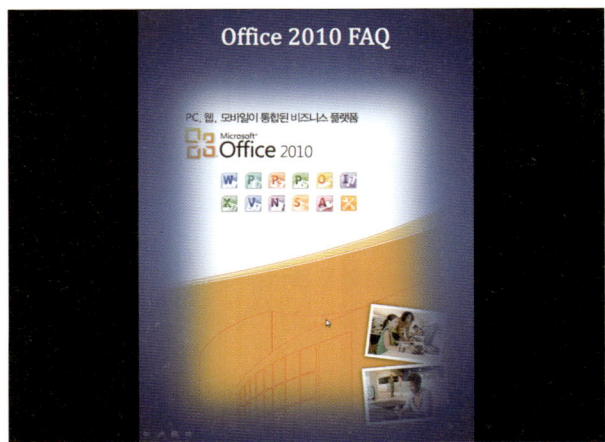

10 원래 슬라이드로 돌아오기

다시 가로 방향의 슬라이드로 돌아올 때는 ❶지정한 하이퍼링크 개체를 클릭합니다.

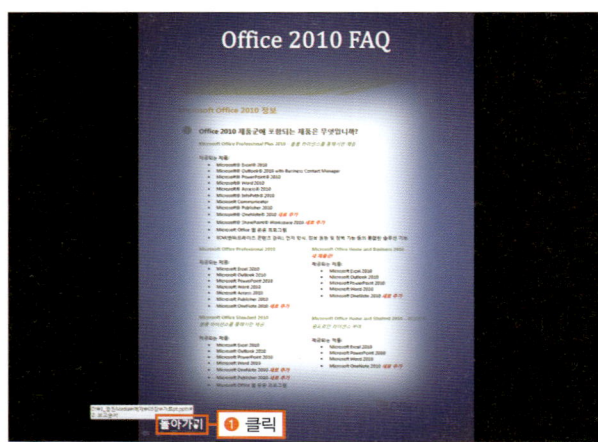

1 슬라이드에 그림과 클립 아트 그리고 동영상 파일을 삽입하여 다음과 같은 회사 소개 슬라이드를 완성하세요.

◎ **시작 파일** : 5장\05_응용실습1.pptx
◎ **완료 파일** : 5장\05_응용실습1_완성.pptx
◎ **해설 파일** : 해설파일\5장\05_응용실습1_해설.pdf

Before

After

❶클립 아트 온라인 검색 후 삽입(검색어 : people) ❷삽입된 클립 아트 [그룹 해제] 설정 후 필요한 이미지만 사용 ❸그림 삽입 – '노트북.bmp' ❹동영상 삽입 – '회사소개.avi' ❺비디오 효과 지정 – 반사(투명도 67%, 크기 28%, 간격 0.4pt)

2 제목 슬라이드에 그림을 삽입한 후 그림에 효과와 스타일을 적용해 다음과 같이 완성해 보세요.

◎ **완료 파일** : 5장\05_응용실습2_완성.pptx
◎ **해설 파일** : 해설파일\5장\05_응용실습2_해설.pdf

Before

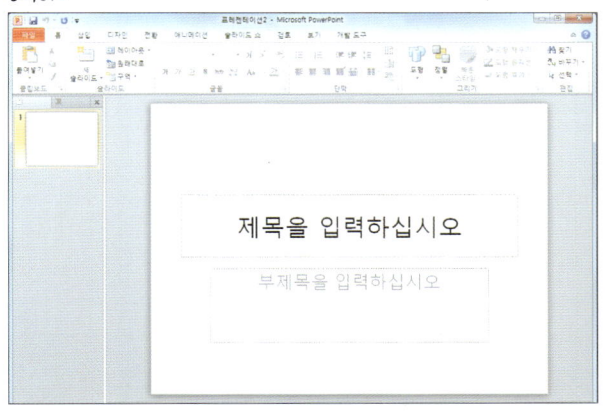

After

❶그림 파일 삽입 – '빌딩. jpg' ❷그림 조정 – 다시 칠하기(주황, 어두운 강조색 6) ❸그림 효과 – 1/2 반사, 터치 ❹제목 텍스트 – HY헤드라인M, 54pt, 워드아트 스타일(채우기–흰색, 그림자), '반사' 텍스트 효과(투명도 50%, 크기 50%, 간격 7pt, 흐리게 5pt)

슬라이드에
표와 차트 삽입하기

슬라이드에 나열된 텍스트나 숫자를 표와 차트로 요약하면 직관적으로 슬라이드의 내용을 파악할

수 있습니다. 표와 차트의 장점은 텍스트나 숫자 정보의 복잡함을 간단하고 명확하게 청중에게

전달한다는 데 있습니다. 표와 차트를 슬라이드에 삽입하고 다양한 서식을 지정하는 방법에 대해

알아봅니다.

SECTION 01

표 삽입하고 편집하기

여러 가지 방법으로 슬라이드에 표를 삽입할 수 있습니다. 슬라이드에 표를 삽입하고 크기와 위치, 레이아웃 등을 변경하는 방법에 대해 알아봅니다.

다루는 내용

- 표 삽입하기
- 표의 크기 조절하기
- 표 레이아웃 변경하기

기능 정리

표를 삽입하는 다양한 방법 살펴보기

슬라이드에 표를 삽입할 때는 [표 삽입](▦), [표 그리기](✎), [Excel 스프레드시트] 등의 기능을 사용하여 다양한 방법으로 표를 삽입할 수 있습니다.

● 모눈 칸을 이용한 표 삽입하기

[삽입] 탭의 [표] 그룹에서 [표](▦)를 클릭한 후 바둑판 모양의 칸을 마우스로 드래그하여 원하는 크기의 표를 슬라이드에 삽입합니다.

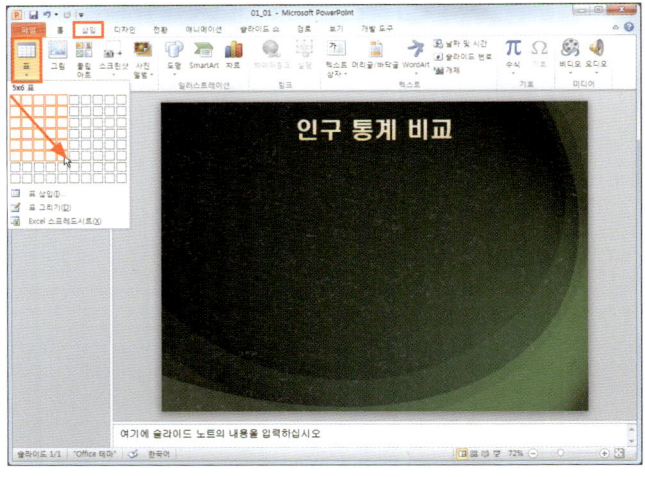

● [표 삽입](▦) 아이콘으로 표 삽입하기

내용 텍스트 상자 중앙의 [표 삽입](▦)을 클릭하면 [표 삽입] 대화상자 나타납니다. 원하는 표의 크기를 입력하여 표를 삽입합니다.

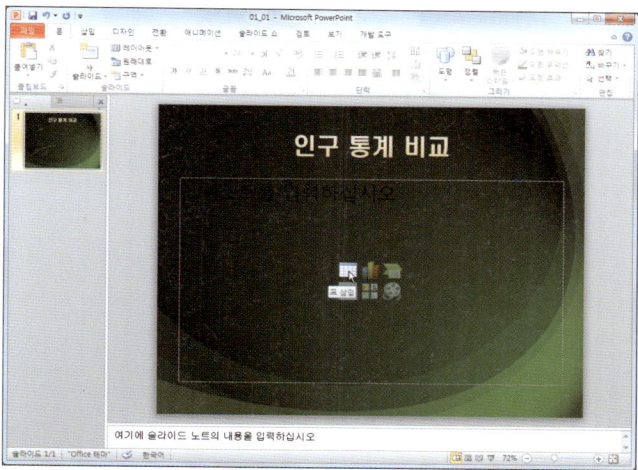

● [삽입] 탭의 [표] 그룹에서 [표](▦)-[표 삽입]으로 표 삽입하기

[삽입] 탭의 [표] 그룹에서 [표](▦)를 클릭한 후 [표 삽입]을 클릭하면 [표 삽입] 대화상자가 나타납니다. 원하는 크기의 행과 열 개수를 입력합니다.

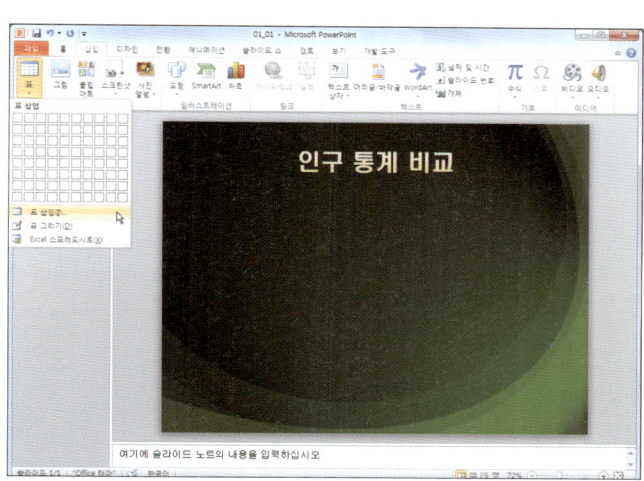

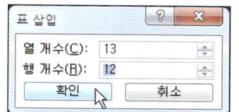

간단 퀴즈 🦉

1 [삽입] 탭의 [표] 그룹에서 [표 삽입](▦)을 클릭한 후 바둑판 모양의 칸을 마우스로 드래그했을 때 삽입할 수 있는 최대 표의 크기는 무엇일까요? (　　　)

① 10×8 ② 8×10 ③ 24×24 ④ 20×24

2 [표 삽입] 대화상자를 통해 삽입할 수 있는 최대 표의 크기는 무엇일까요? (　　　)

① 10×8 ② 35×35 ③ 108×108 ④ 75×75

답 : **1** ①, **2** ④

표 삽입하기

슬라이드에 표를 삽입하는 방법에 대해 알아봅니다.

🔵 **시작 파일** : 6장\01_01.pptx
🔵 **완료 파일** : 6장\01_01_완성.pptx

01 표 크기 정하기

❶[삽입] 탭의 [표] 그룹에서 ❷[표](▦)를 클릭한 후 바둑판 모양의 ❸모눈 칸을 '5×6' 크기만큼 드래그합니다.

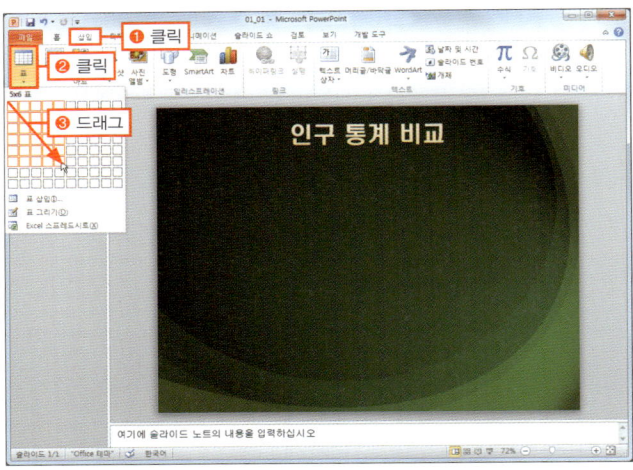

> **참고**
> 바둑판 모양의 모눈 칸을 마우스로 드래그하여 삽입할 수 있는 표의 최대 크기는 10열 8행(10x8) 크기입니다. 그 이상의 표를 슬라이드에 삽입할 때는 [표 삽입]이나 [표 그리기]를 클릭한 후 행과 열의 개수를 직접 입력해야 합니다.

02 표 삽입 확인하기

슬라이드에 지정한 크기의 표가 삽입됩니다.

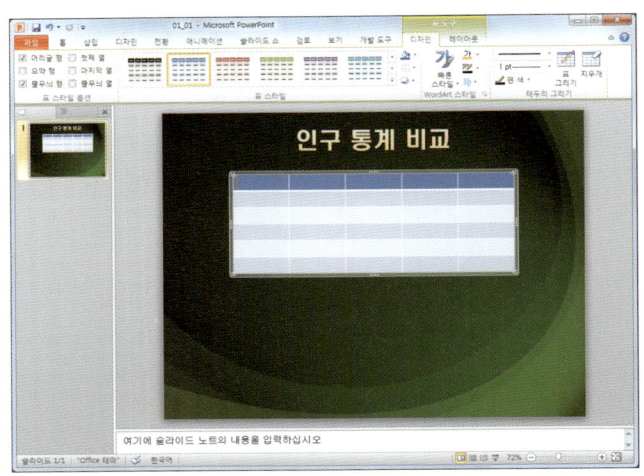

> **참고 • 표의 구성 요소 살펴보기**
> 표를 구성하는 요소에 대해 살펴봅니다.
>
>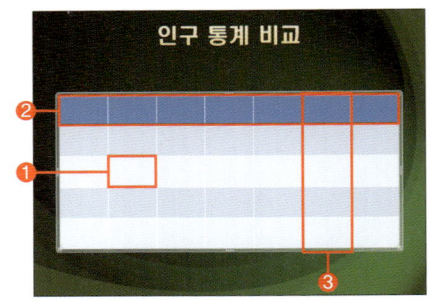
>
> ❶ **셀** : 표를 이루고 있는 각각의 칸을 셀이라고 합니다.
> ❷ **행** : 표의 가로 줄을 행이라고 합니다.
> ❸ **열** : 표의 세로 줄을 열이라고 합니다.

03 표의 조절점 드래그하기

❶표의 테두리에 있는 조절점에 마우스 포인터를 위치시키고 양방향 화살표로 변경되면 ❷아래로 드래그합니다.

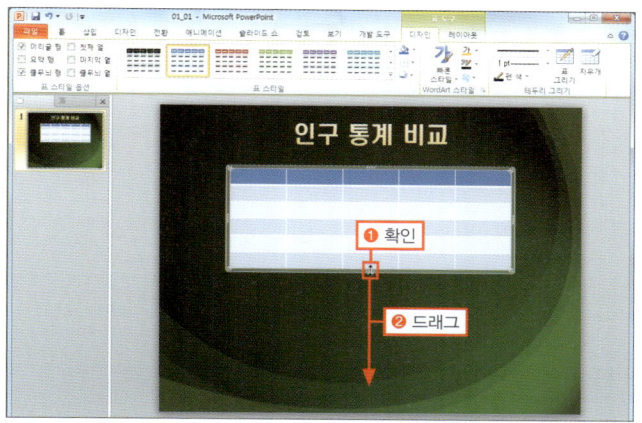

04 표의 크기 조절하기

❶크기 조절점을 드래그하여 원하는 크기로 표를 완성합니다.

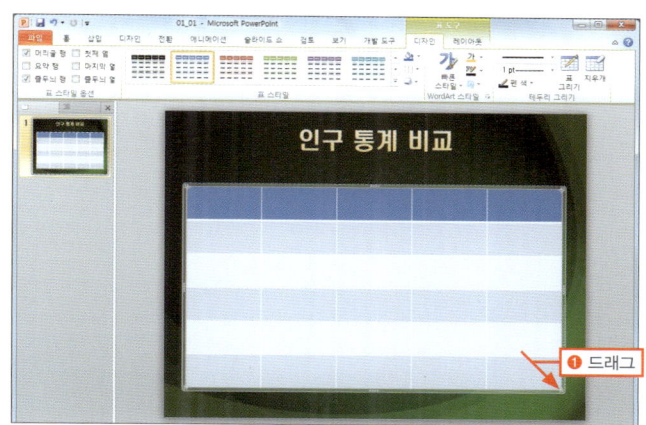

참고 • 엑셀 스프레드시트 삽입하기

복잡한 수치 데이터를 계산해야 하는 표라면 엑셀 스프레드시트를 직접 슬라이드에 삽입하는 방법도 있습니다. ❶[삽입] 탭의 [표] 그룹에서 [표] (▦)를 클릭한 후 ❷[Excel 스프레드시트]를 선택하면 슬라이드 배경에 엑셀 스프레드시트가 삽입됩니다.

확인실습

슬라이드에 다음과 같은 행,열 크기의 표를 삽입한 후 크기를 조절해 보세요.

◎ 시작 파일 : 6장\01_실습1.pptx
◎ 완료 파일 : 6장\01_실습1_완성.pptx

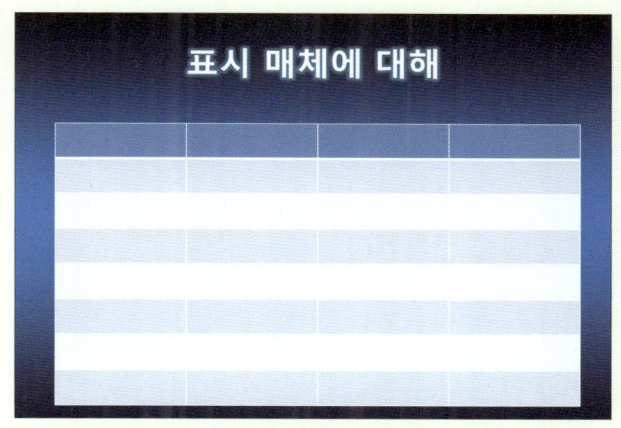

실습 과정

표 레이아웃 변경하기

셀의 크기를 조절하고 셀 병합과 셀 분할로 표의 레이아웃을 변경하는 방법에 대해 알아봅니다.

◎ **시작 파일** : 6장\01_02.pptx
◎ **완료 파일** : 6장\01_02_완성.pptx

01 셀 크기 조절하기

표 안의 ❶셀과 셀의 경계선에 마우스 포인터를 놓고 ❷드래그하여 셀 너비를 조절합니다.

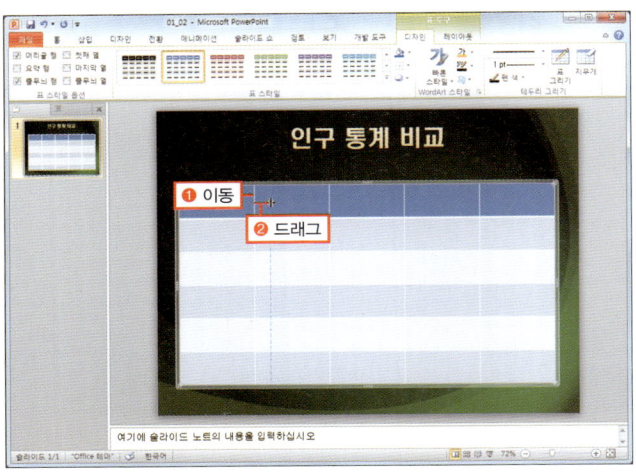

02 열 너비 같게 조절하기

표의 1열 폭이 넓어지면 다음과 같이 ❶2열부터 5열의 일부를 블록으로 지정하고 ❷[표 도구-레이아웃] 탭의 [셀 크기] 그룹에서 ❸[열 너비를 같게](⊞)를 클릭합니다.

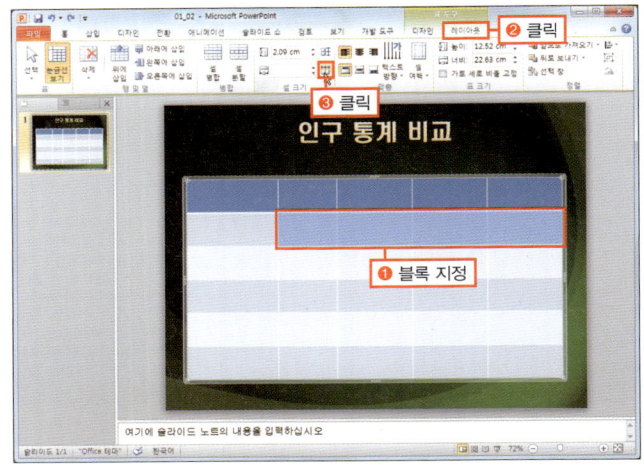

> **참고**
>
> 첫 열의 셀 너비를 조절한 후 나머지 셀의 너비를 같은 간격으로 조절하는 방법입니다.

03 셀 너비 확인하기

블록으로 지정한 셀을 포함한 열이 모두 같은 너비로 변경됩니다.

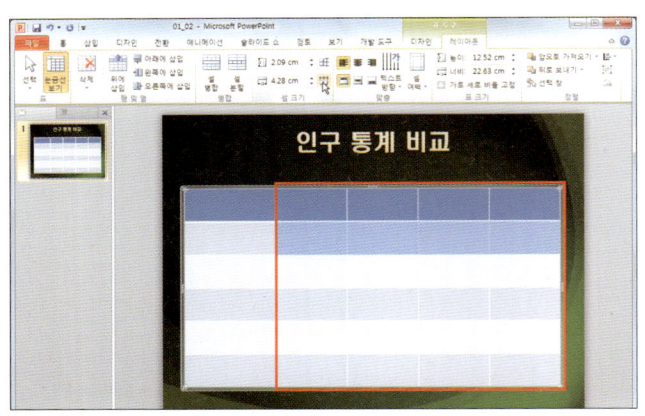

04 셀 분할 선택하기

이번에는 ❶1행의 2열에서 4열까지 블록으로 지정하고 ❷[표 도구-레이아웃] 탭의 [병합] 그룹에서 ❸[셀 분할](⊞)을 클릭합니다.

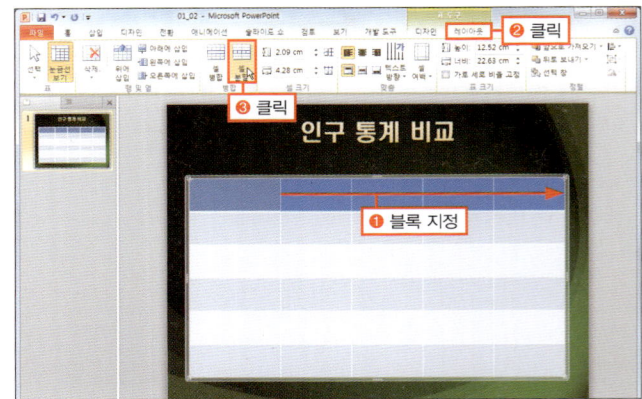

05 열과 행 개수 지정하기

[셀 분할] 대화상자가 나타나면 ❶[열 개수]를 '1'로 ❷[행 개수]를 '2'로 지정한 후 ❸[확인]을 클릭합니다.

06 셀 블록 후 셀 병합 선택하기

블록으로 지정한 셀이 모두 지정한 열과 행의 개수로 분할됩니다. 분할된 셀 중 일부를 다음과 같이 ❶블록으로 지정하고 ❷[표 도구-레이아웃] 탭의 [병합] 그룹에서 ❸[셀 병합](▦)을 클릭합니다.

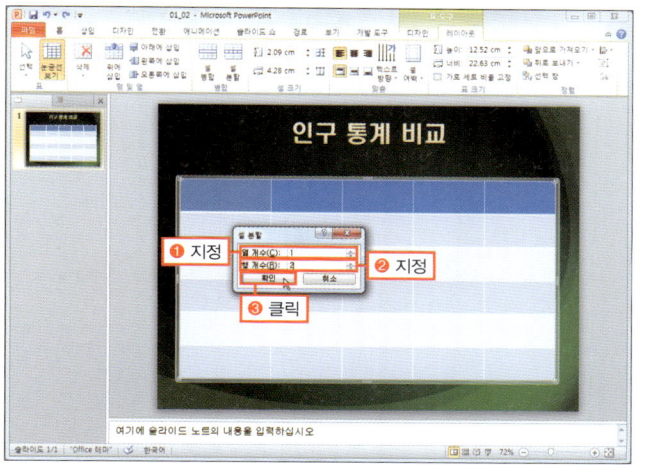

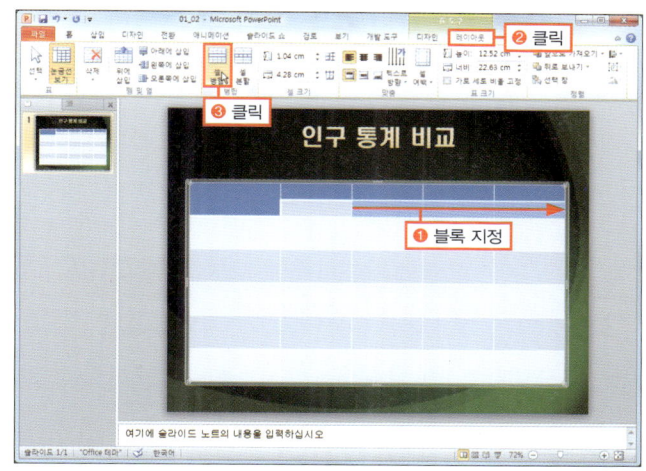

참고 ● 열과 행 추가하고 삭제하기

표를 작성하다 보면 열과 행을 삭제하거나 추가해야 할 경우가 자주 생깁니다. 추가하고 싶은 행이나 열에 커서를 위치시킨 후 [표 도구-레이아웃] 탭의 [행 및 열] 그룹에서 [위에 삽입](▦), [아래에 삽입](▦), [왼쪽에 삽입](▦), [오른쪽에 삽입](▦) 중 하나를 선택합니다.

❶ 커서가 위치한 행의 위에 새로운 행이 추가됩니다.
❷ 커서가 위치한 행의 아래에 새로운 행이 추가됩니다.
❸ 커서가 위치한 열의 왼쪽에 새로운 열이 추가됩니다.
❹ 커서가 위치한 열의 오른쪽에 새로운 열이 추가됩니다.

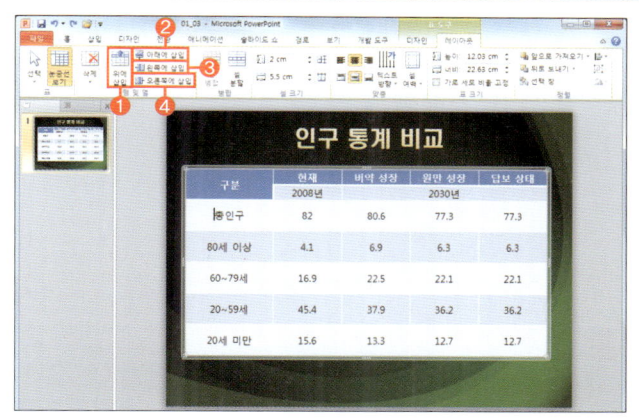

행이나 열을 삭제할 때는 삭제할 행(혹은 열)에 커서를 위치시킨 후 [표 도구-레이아웃] 탭의 [행 및 열] 그룹에서 [삭제](▨)를 클릭한 후 삭제 종류를 선택합니다.

❶ 커서가 있는 열을 삭제합니다.
❷ 커서가 있는 행을 삭제합니다.
❸ 표 전체를 삭제합니다.

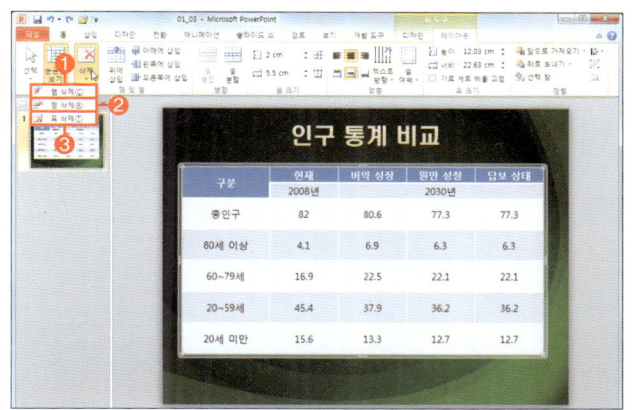

07 셀 병합 확인하기

블록으로 지정한 여러 개의 셀이 하나의 셀로 합쳐집니다.

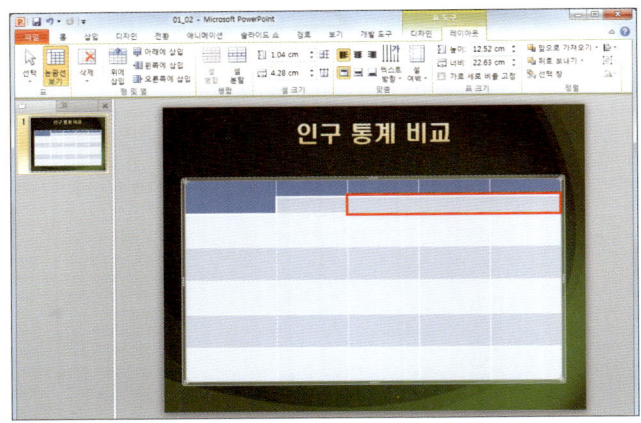

08 텍스트 입력하기

❶표의 셀을 클릭하고 다음과 같이 텍스트를 입력합니다.

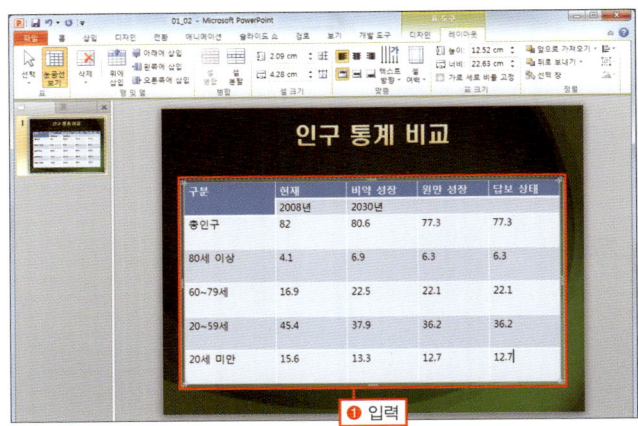

09 셀 중앙에 텍스트 맞추기

❶표의 테두리를 클릭하여 표 전체를 선택하고 ❷[표 도구-레이아웃] 탭의 [맞춤] 그룹에서 ❸[가운데 맞춤](☰)과 ❹[세로 가운데 맞춤](☷)을 각각 클릭하여 텍스트를 셀의 정 가운데로 정렬합니다.

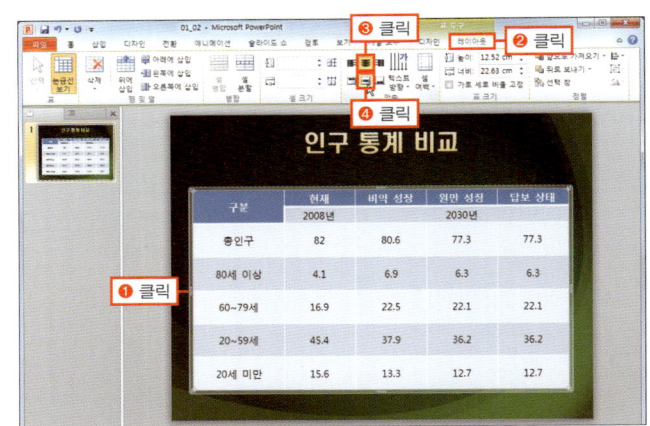

참고 • 워드 문서의 표 삽입하기

워드에서 작성한 표를 파워포인트로 가져올 때 표의 서식까지 그대로 가져올 수 있습니다. 워드 2010에서 서식을 지정한 표를 작성한 후 표를 선택하고 ❶마우스 오른쪽 버튼을 클릭한 후 ❷바로 가기 메뉴의 [복사]를 선택합니다. 파워포인트 작업 창으로 돌아와 ❸[홈] 탭의 [클립 보드] 그룹에서 ❹[붙여넣기](📋)를 클릭한 후 ❺[선택하여 붙여넣기]를 선택합니다.

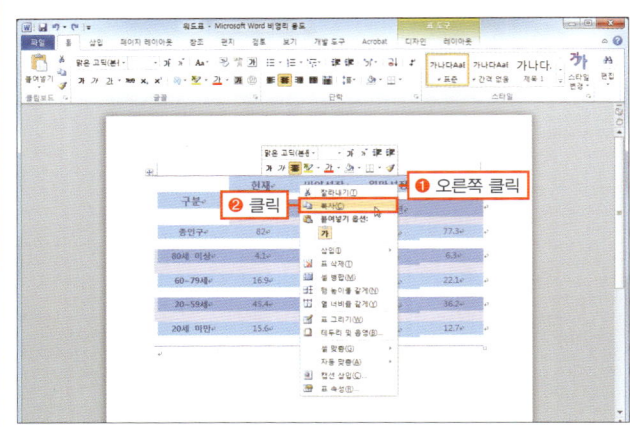

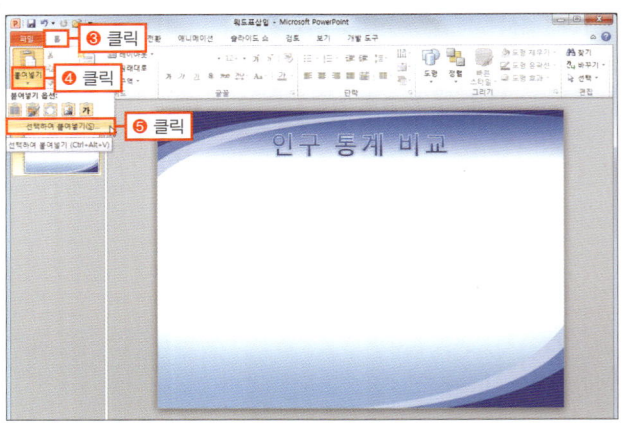

[선택하여 붙여넣기] 대화상자가 나타나면 ❻[Microsoft Office Word 문서 개체]를 선택한 후 ❼[확인]을 클릭합니다. 슬라이드에 복사한 워드의 표 개체가 표시됩니다.

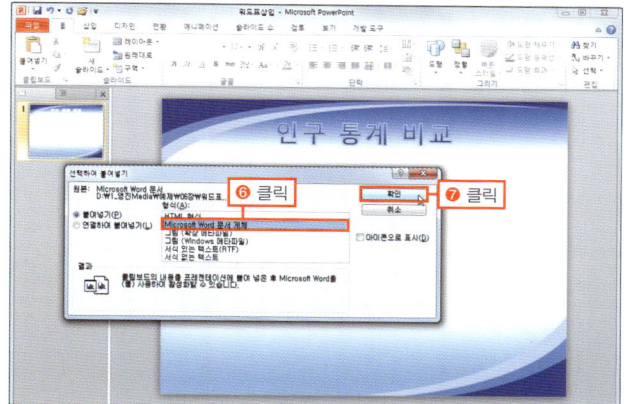
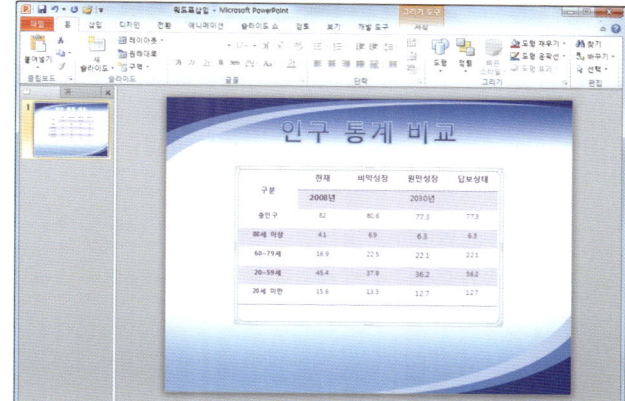

삽입된 워드 문서의 표를 수정할 때는 ❽삽입된 개체를 더블클릭합니다. 워드 프로그램과 연결되어 표 수정이 가능하게 됩니다. 다시 원래 슬라이드 창으로 돌아올 때는 표 이외의 영역을 클릭합니다.

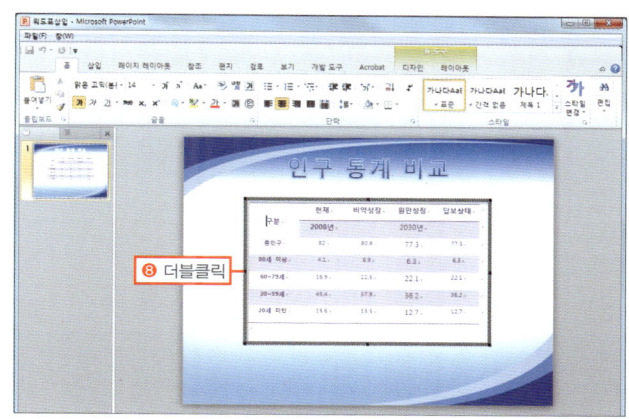

확인실습

셀의 일부를 병합하고 셀에 텍스트를 입력하여 다음과 같은 표를 완성해 보세요.

- **시작 파일** : 6장\01_실습1_완성.pptx
- **완료 파일** : 6장\01_실습2_완성.pptx

표시 매체에 대해

부문	회사명	제품	라벨 디스플레이
비즈니스(B2B)	Continental Clothing	티셔츠	세일즈, 카탈로그, 웹 사이트
소비자(B2C)	Pepsi/Walkers	칩류	On-Pack
	Innocent	스무디	웹 사이트
	소매	Boots	디스플레이
	Tesco	세제, 감자, 전구	On-Pack
	서비스		
Consumer	HBOS/Halifax	웹세이뱅크계좌	웹 사이트

원하는 대로 표 그리고 지우기

[표 그리기] 기능은 표를 연필로 그려줄 때 사용합니다. [표 도구-디자인] 탭의 [테두리 그리기] 그룹에서 표 그리기와 지우개를 사용하여 표를 만드는 방법에 대해 알아봅니다.

◎ **시작 파일** : 6장\01_01.pptx
◎ **완료 파일** : 6장\01_01_표그리기.pptx

① 표 그리기 시작하기

❶[삽입] 탭의 [표] 그룹에서 ❷[표](▢)를 클릭한 후 ❸[표 그리기]를 선택합니다.

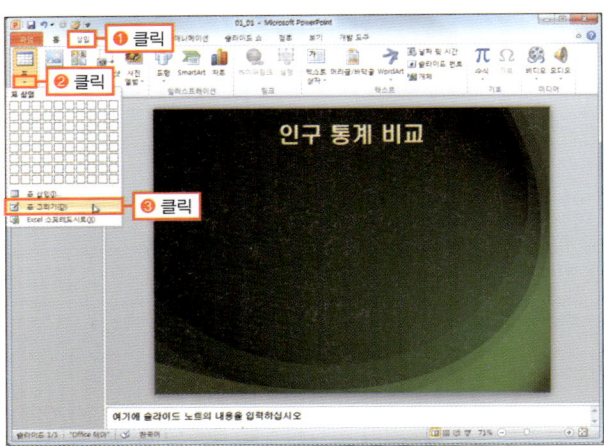

② 드래그하여 크기 정하기

❶마우스 포인터의 모양이 연필 모양(✏)으로 변경되면 슬라이드 위에서 원하는 크기만큼 드래그합니다.

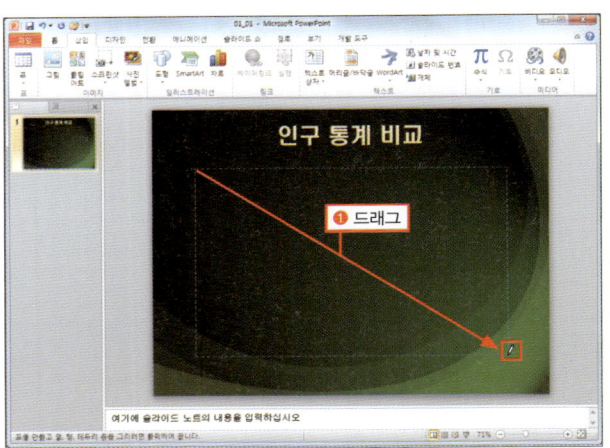

③ 테두리 선택하기

슬라이드에 표가 그려지면 표의 상황별 탭이 나타납니다. ❶[표도구-디자인] 탭의 [테두리 그리기] 그룹에서 ❷[테두리 종류]의 목록 버튼을 클릭한 후 ❸점선 테두리를 선택합니다.

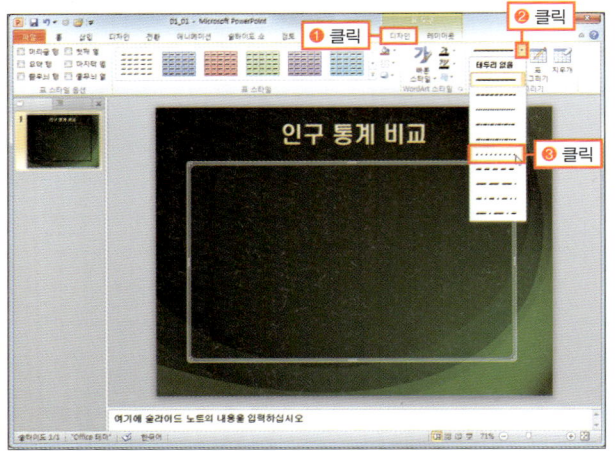

④ 테두리 색상 지정하기

❶다시 [표 도구-디자인] 탭의 [테두리 그리기] 그룹에서 [펜색](✎)을 클릭한 후 ❷색상 표에서 원하는 색상을 클릭합니다.

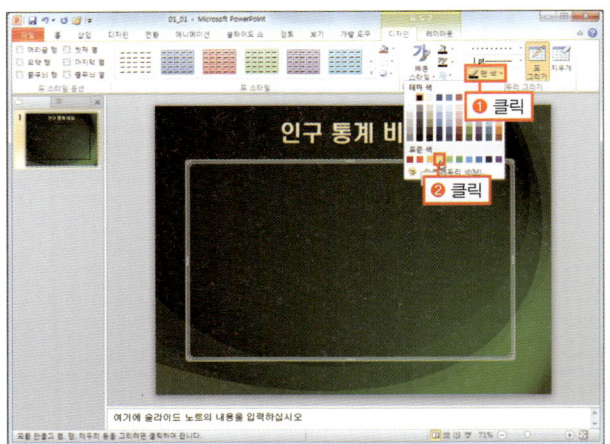

5 표의 내부 선 그리기

❶표의 내부에서 마우스를 드래그하여 표의 내부 선을 그립니다.

6 지우개 선택하기

표의 테두리를 지울 때는 ❶[표 도구 −디자인] 탭의 [테두리 그리기] 그룹에서 ❷[지우개](▢)를 클릭한 후 ❸지우려는 테두리를 클릭합니다.

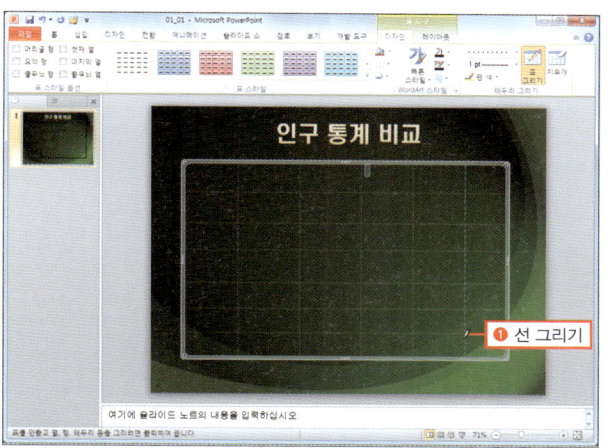

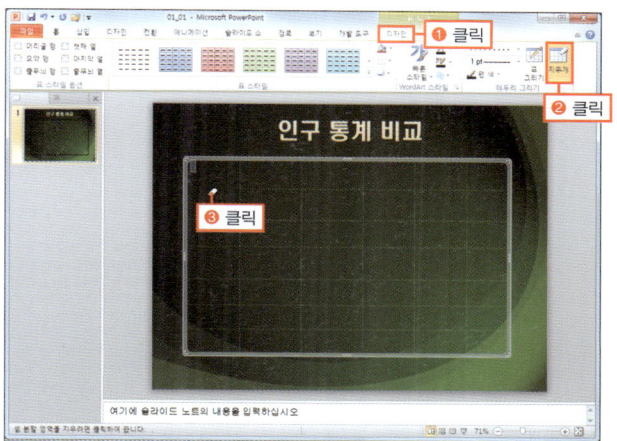

7 표 테두리 수정하기

❶[테두리 그리기] 그룹의 [펜 색]과 [펜 두께]를 지정한 후 ❷이미 그려진 테두리를 다시 드래그하면 표 테두리의 색과 두께를 수정할 수 있습니다.

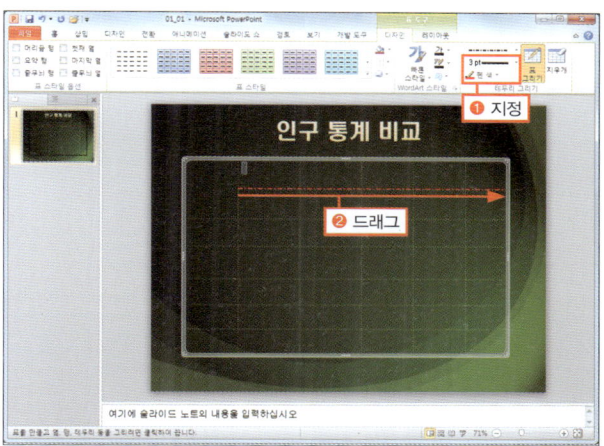

SECTION 02

표 스타일과 서식 지정하기

기본 스타일로 삽입된 표를 슬라이드의 배경에 어울리도록 빠른 스타일을 이용해 변경하고 셀과 표의 서식을 지정하는 방법에 대해 알아봅니다.

다루는 내용

- 표 스타일 변경하기
- 셀 테두리 변경하기

- 표와 셀에 서식 지정하기

기능 정리

표 배경과 셀 배경 지정 방법 살펴보기

삽입된 표의 셀 혹은 표 전체에 배경을 지정하는 방법에 대해 알아봅니다.

● 셀 배경 지정하기

[표 도구-디자인] 탭의 [표 스타일] 그룹에서 [음영]( )을 클릭한 후 [그림]을 선택하면 현재 커서가 위치한 셀이나 블록으로 지정한 셀에 그림이 배경으로 채워집니다.

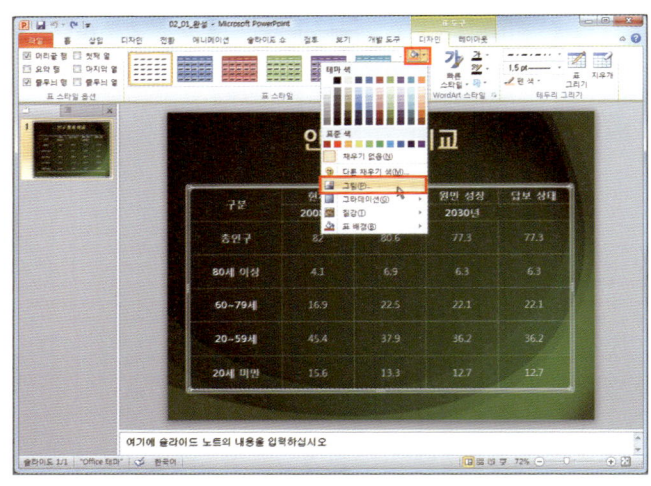
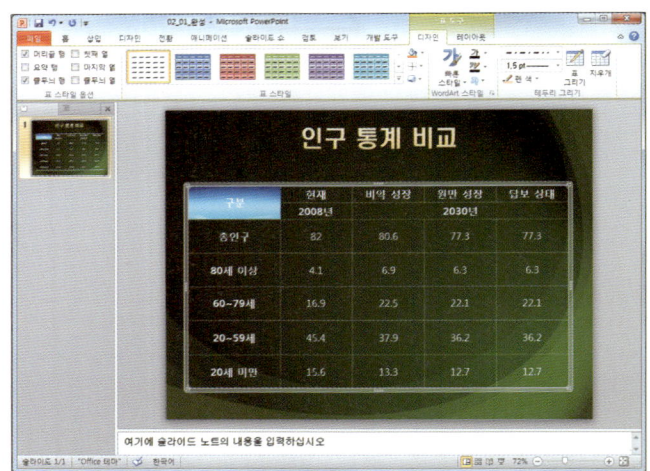

● 표 배경 지정하기

[표 도구-디자인] 탭의 [표 스타일] 그룹에서 [음영]( )을 클릭한 후 [표 배경]의 [그림]을 클릭하면 표 전체에 배경 그림이 채워집니다. 표 배경을 지정할 때는 셀에 색상이 지정되어 있지 않아야 합니다.

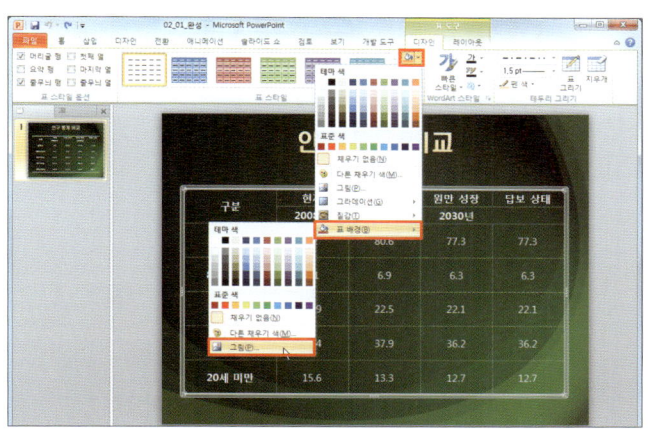
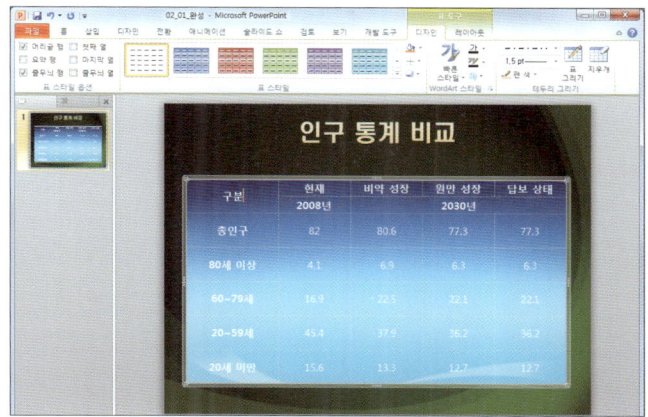

1 셀 배경과 표 배경의 차이점에 대해 적어 보세요.

① 셀 배경 : (　　　　　　　　　　　　　　　　　)　　② 표 배경 : (　　　　　　　　　　　　　　　　　)

답 : ① 범위 지정된 셀 각각에 선택한 이미지가 배경으로 지정, ② 표 전체에 선택한 이미지가 배경으로 지정

실습 과정

표 스타일과 테두리 변경하기

입력된 텍스트의 글꼴, 글꼴 크기, 색상 등을 변경해 봅니다.

○ **시작 파일** : 6장\01_03.pptx
○ **완료 파일** : 6장\02_01_완성.pptx

01 표 스타일 선택하기

❶표를 선택한 후 ❷[표 도구-디자인] 탭의 [표 스타일] 그룹에서 ❸[자세히](⊡)를 클릭하고 표 스타일 중 ❹[보통 스타일 1, 강조 6]을 선택합니다.

02 표 스타일 확인하기

표에 선택한 스타일이 적용됩니다.

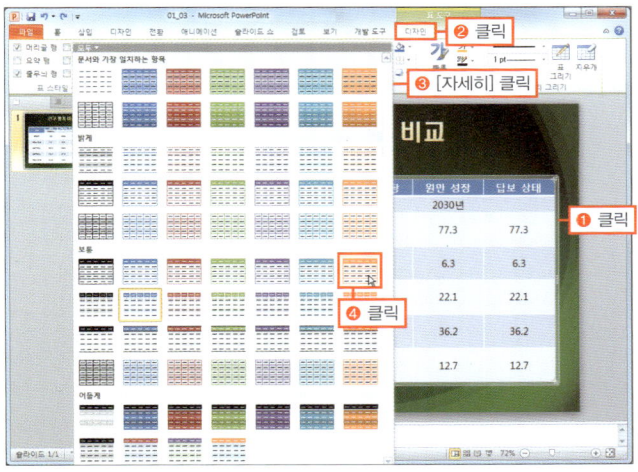
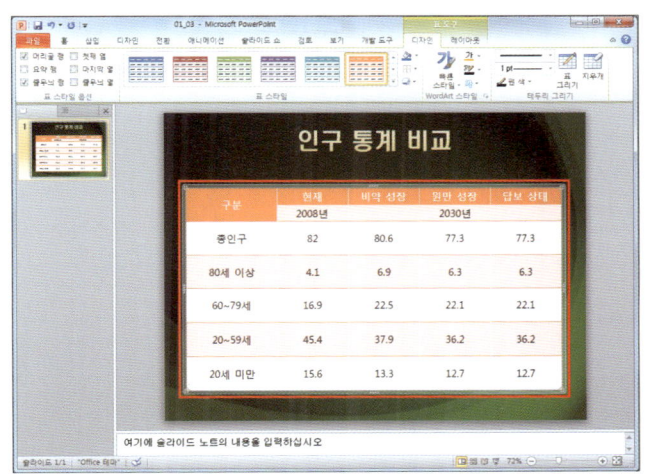

03 표 스타일 제거하기

❶표를 선택한 후 ❷[표 도구-디자인] 탭의 [표 스타일] 그룹에서 [자세히](⬚)를 클릭하고 표의 테두리나 셀 채우기를 모두 생략한 [스타일 없음, 눈금 없음]을 선택해 표에 지정된 스타일을 모두 제거합니다.

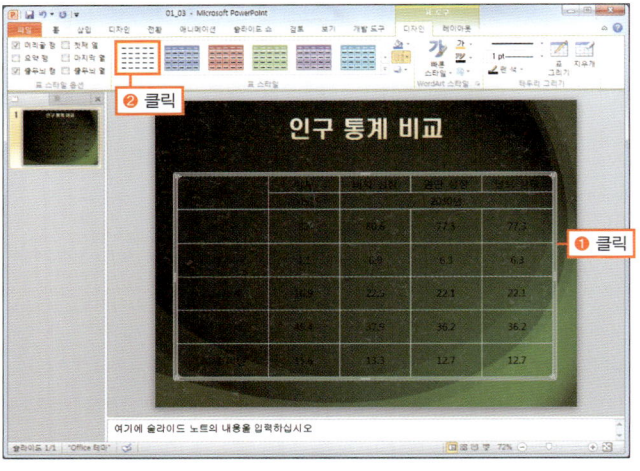

04 표 스타일 확인하기

❶표의 영역 밖을 클릭하면 표의 모든 스타일이 제거된 표의 상태를 확인할 수 있습니다.

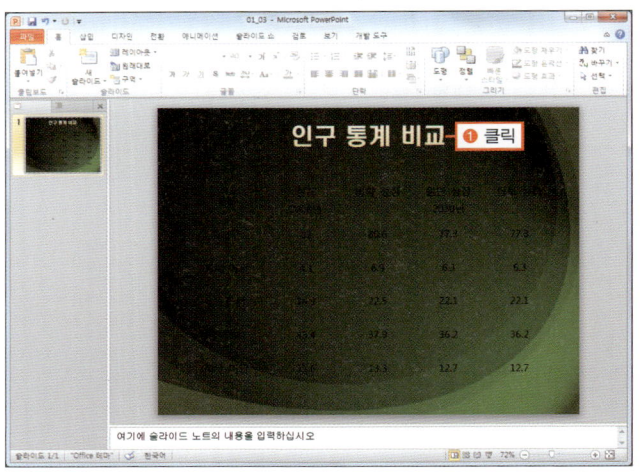

05 펜 스타일 선택하기

❶표를 선택하고 ❷[표 도구-디자인] 탭의 [테두리 그리기] 그룹에서 [펜 스타일]을 클릭하고 ❸점선을 선택합니다.

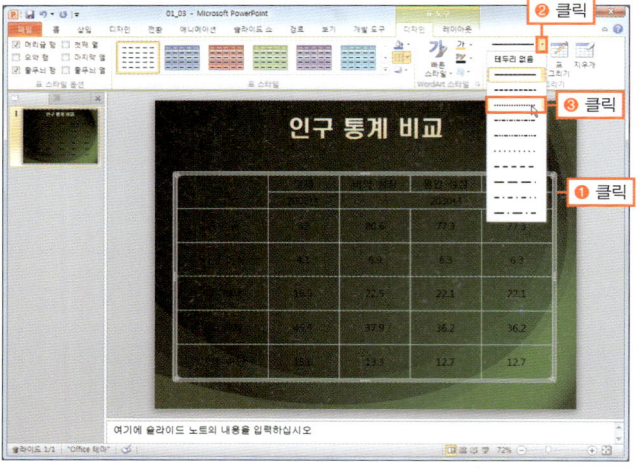

06 펜 색 지정하기

다시 ❶[표 도구-디자인] 탭의 [테두리 그리기] 그룹에서 [펜 색](✏펜 색ㆍ)을 클릭하고 펜 색을 ❷[흰색, 배경 1, 15% 더 어둡게]로 선택합니다.

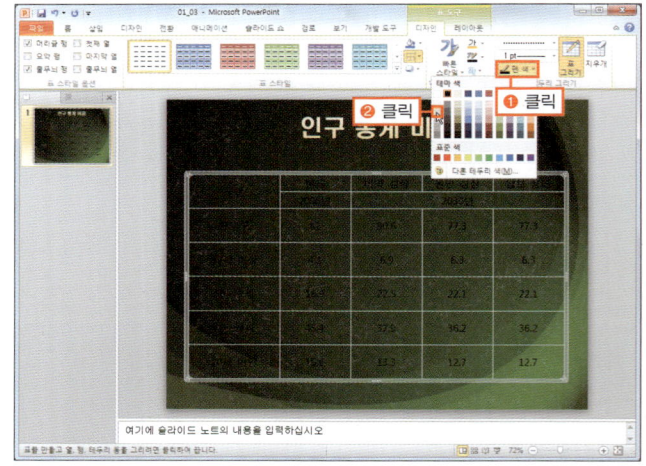

표의 행과 열 제목을 구분할 때 셀 안에 대각선을 그려서 제목을 각각 입력하는 경우가 있습니다. 셀 안에 대각선을 표시할 때는 ❶표시하려는 셀 안에 커서를 위치시킨 후 ❷[표 도구–디자인] 탭의 [표 스타일] 그룹에서 ❸[테두리]를 클릭한 후 테두리 목록에서 ❹[하향 대각선 테두리] 또는 [상향 대각선 테두리]를 선택합니다.

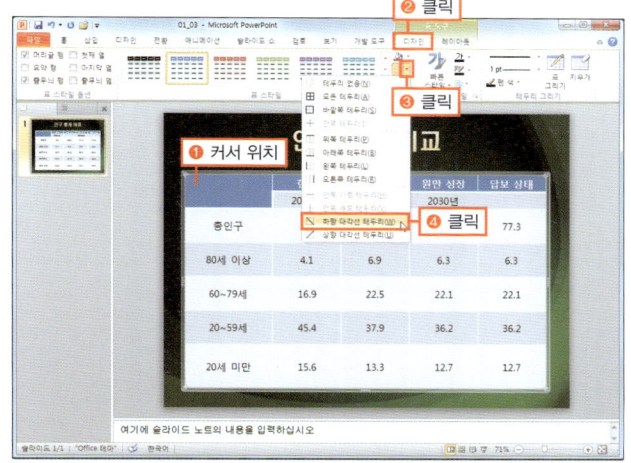
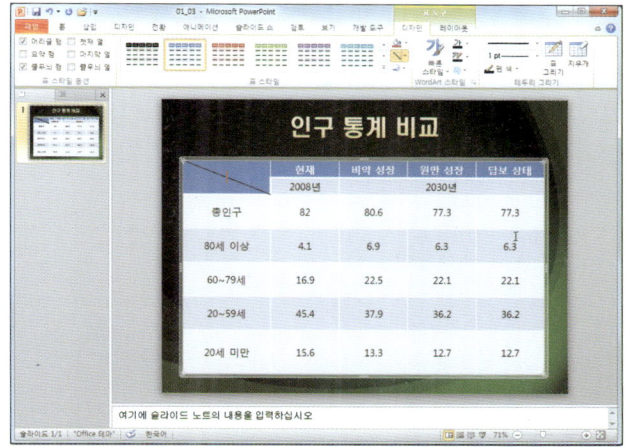

[표 그리기](✎)를 사용하여 직접 셀 안에 대각선을 그려줄 수도 있습니다. ❶[표 도구–디자인] 탭의 [테두리 그리기] 그룹에서 [표 그리기](✎)를 클릭한 후 ❷셀 안에서 마우스를 대각선 방향으로 드래그합니다.

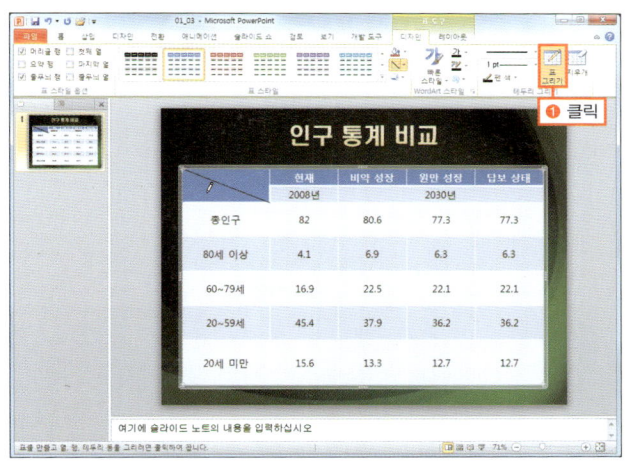
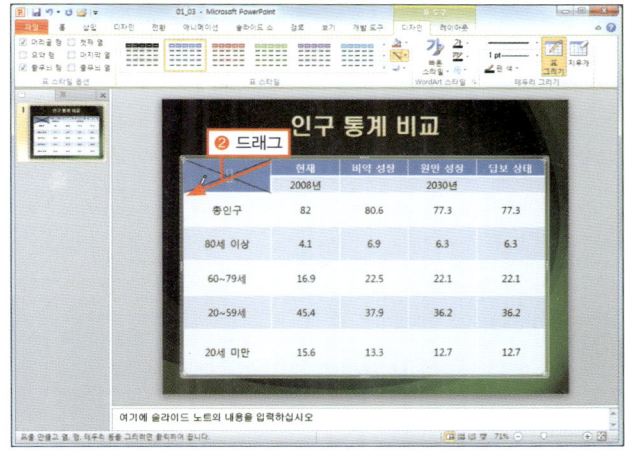

07 테두리 선택하기

펜 스타일과 펜 색이 지정되면 ❶[표 도구-디자인] 탭의 [표 스타일] 그룹에서 ❷[테두리]를 클릭하고 ❸[안쪽 테두리]를 선택합니다.

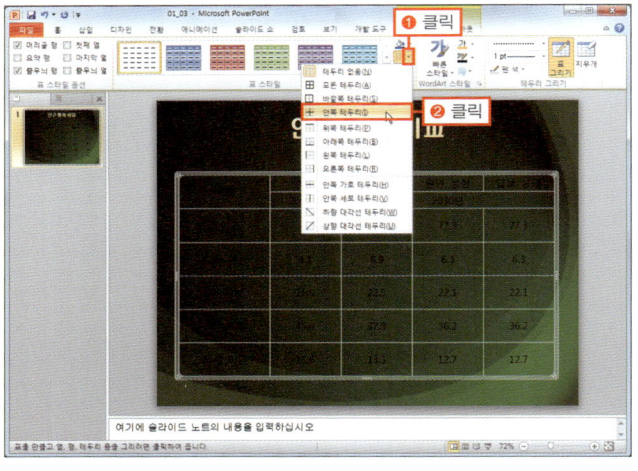

08 안쪽 테두리 확인하기

표의 안쪽 테두리만 지정한 펜 스타일과 펜 색이 적용됩니다.

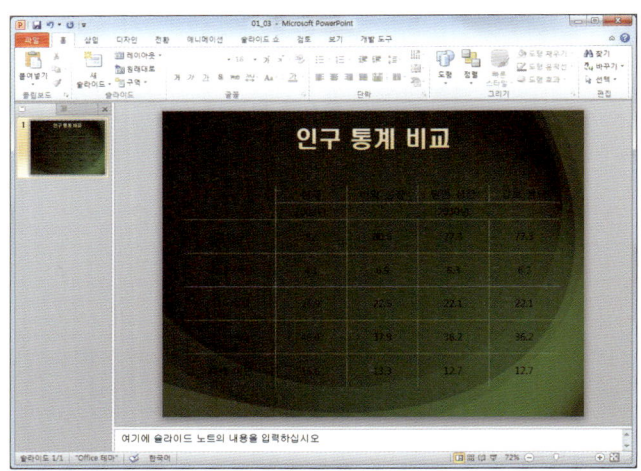

09 펜 두께 지정하기

다시 ❶표의 테두리를 클릭하여 표 전체를 선택하고 ❷[표 도구-디자인] 탭의 [테두리 그리기] 그룹에서 [펜 두께]를 클릭하고 펜 두께를 ❸[3pt]로 선택합니다.

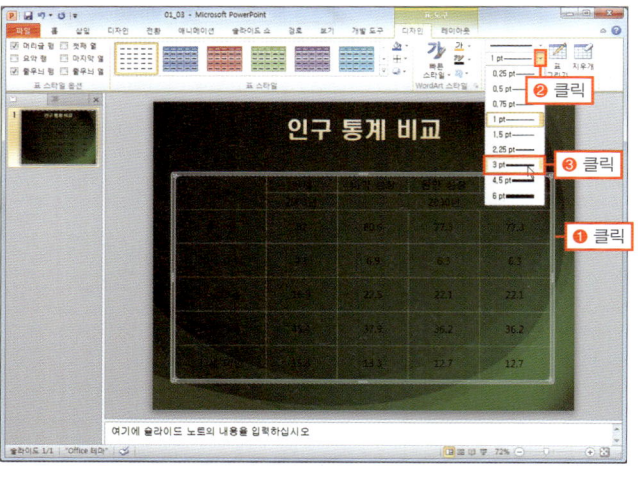

10 위쪽 테두리 선택하기

❶[표 도구-디자인] 탭의 [표 스타일] 그룹에서 [테두리]를 클릭하고 ❷[위쪽 테두리]를 선택합니다.

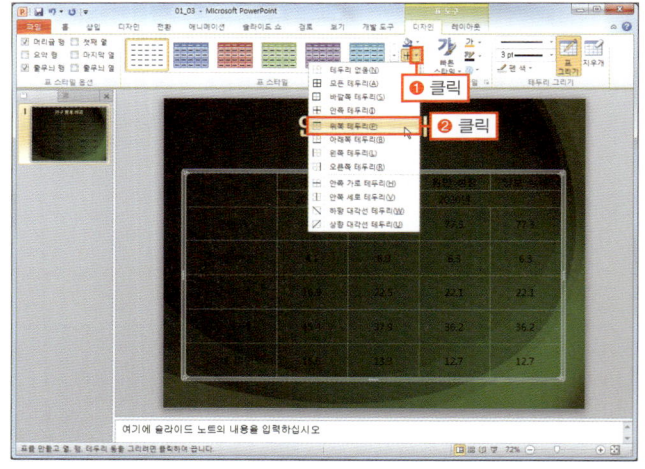

11 아래쪽 테두리 선택하기

다시, ❶[표 도구-디자인] 탭의 [표 스타일] 그룹에서 [테두리]를 클릭하고 ❷[아래쪽 테두리]를 선택합니다.

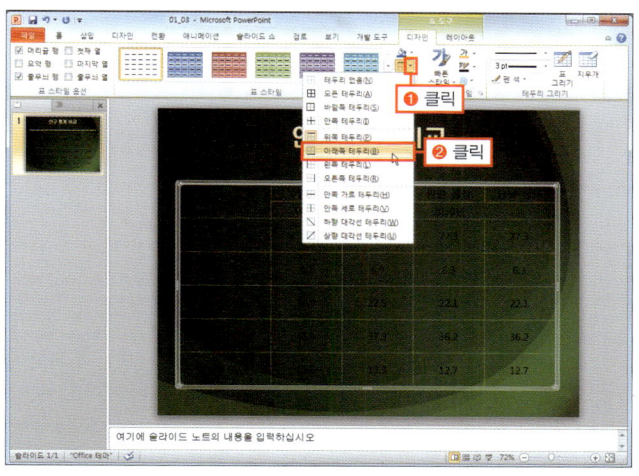

12 테두리 확인하기

표의 위쪽 테두리와 아래쪽 테두리가 지정한 펜 스타일로 변경된 것을 확인할 수 있습니다.

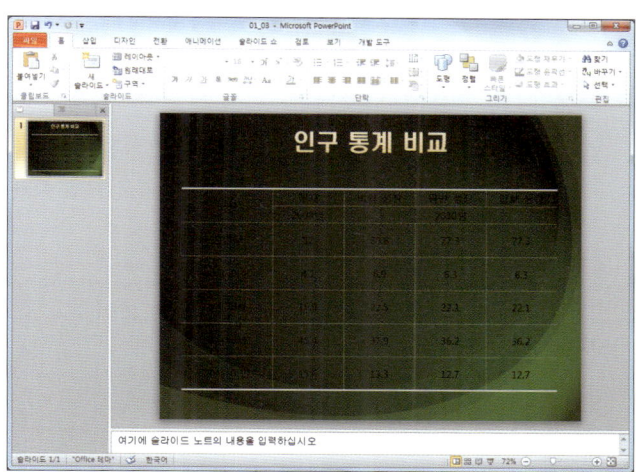

확인실습

다음과 같이 표 스타일과 테두리 스타일을 변경해 보세요.

- 시작 파일 : 6장\01_실습2_완성.pptx
- 완료 파일 : 6장\02_실습1_완성.pptx

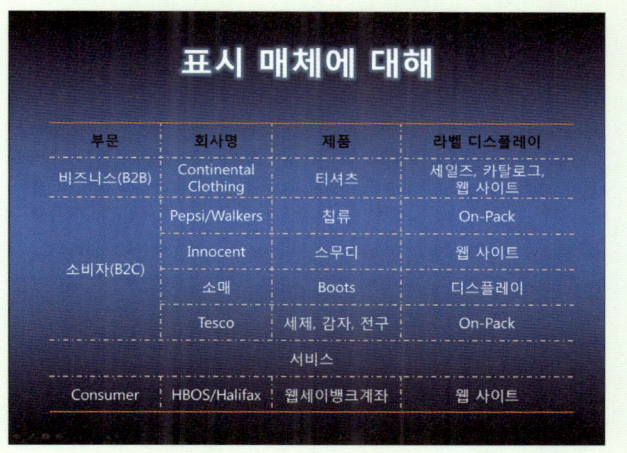

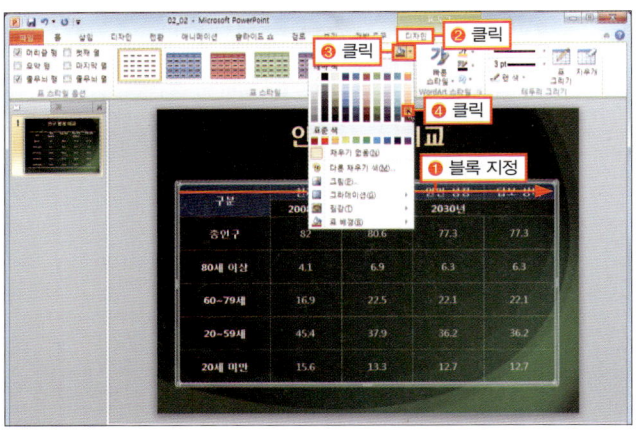

실습 과정

표와 셀에 다양한 효과 적용하기

입력된 텍스트의 글꼴, 글꼴 크기, 색상 등을 변경해 보겠습니다.

◎ **시작 파일** : 6장\02_02.pptx
◎ **완료 파일** : 6장\02_02_완성.pptx

01 음영색 지정하기

다음과 같이 ❶표의 셀 일부분을 블록으로 지정하고 ❷[표 도구-디자인] 탭의 [표 스타일] 그룹에서 ❸[음영](🖌▼)을 클릭한 후 ❹[주황, 강조 6, 25% 더 어둡게]를 선택합니다.

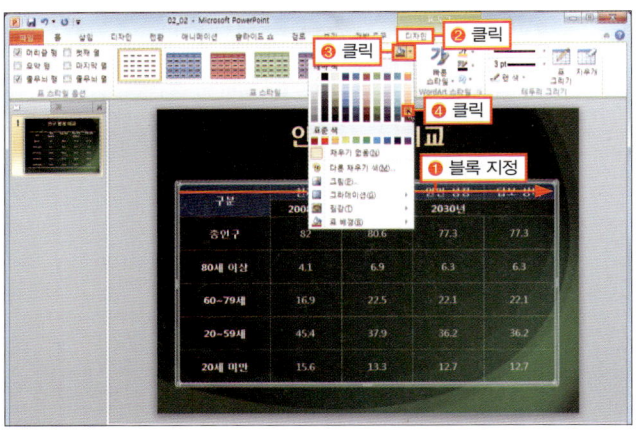

02 음영색 지정하기

블록으로 지정한 셀이 선택한 색상으로 채워집니다. ❶연도가 입력된 셀을 블록으로 지정하고 ❷같은 방법으로 [주황, 강조 6, 50% 더 어둡게]로 지정합니다.

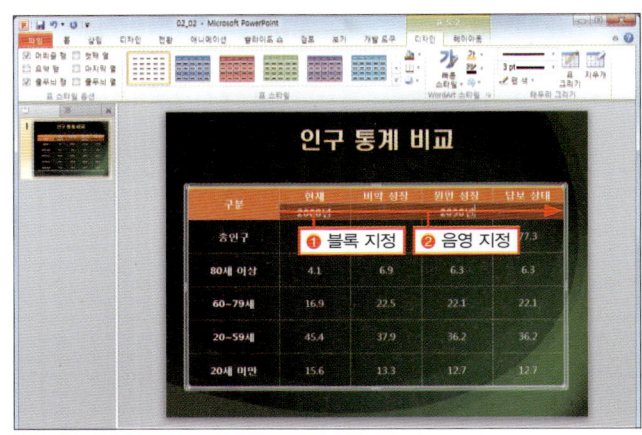

03 그라데이션 지정하기

❶'20~59세' 자료가 입력된 행을 블록으로 지정하고 ❷[표 도구-디자인] 탭의 [표 스타일] 그룹에서 [음영](🖌▼)을 클릭한 후 ❸[빨강, 강조 2, 50% 더 어둡게]를 선택합니다. 다시 ❹[음영](🖌▼)을 클릭하고 ❺[그라데이션]-❻[어두운 그라데이션:가운데에서]를 선택합니다.

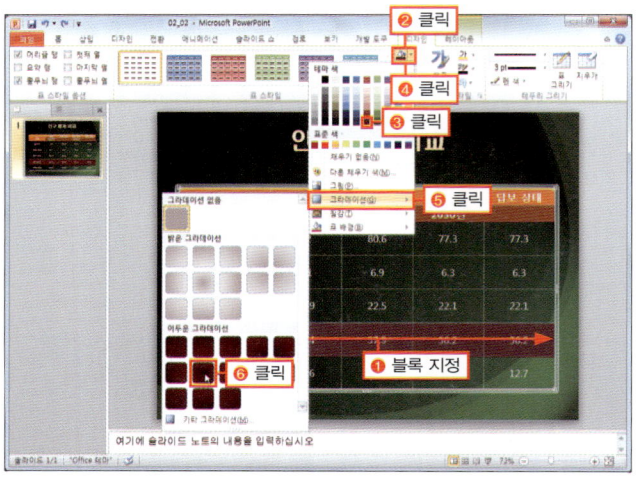

04 그라데이션 결과 확인하기

블록으로 지정한 셀이 선택한 색상의 그라데이션으로 적용됩니다.

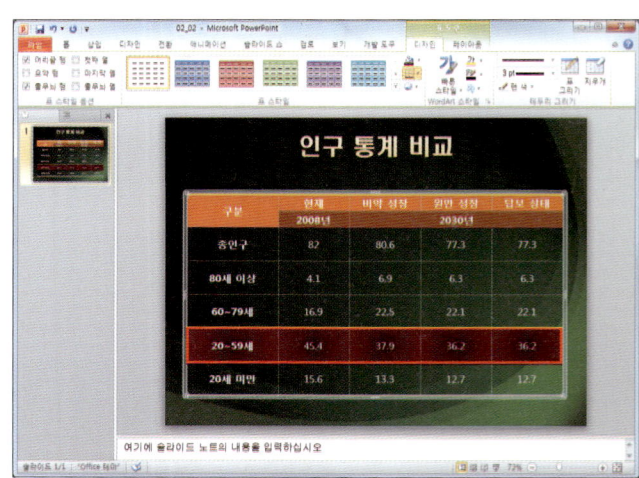

05 그림자 효과 지정하기

❶[표 도구-디자인] 탭의 [표 스타일] 그룹에서 ❷[효과]
(이미지)를 클릭하고 ❸[그림자]-❹[오프셋 가운데]를 선택합
니다.

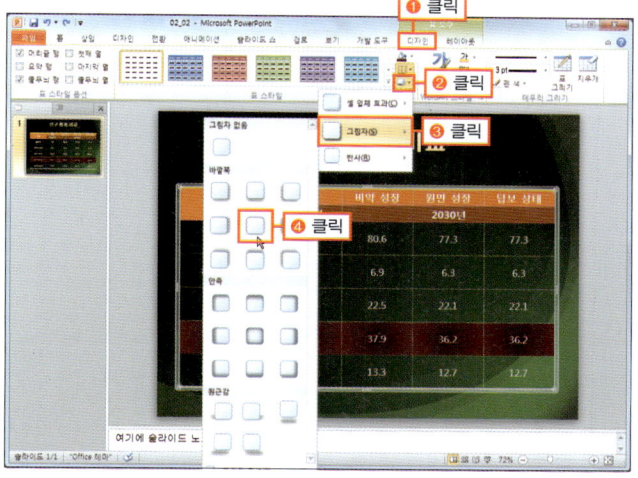

06 완성된 표 확인하기

표에 지정한 그림자 효과가 적용됩니다.

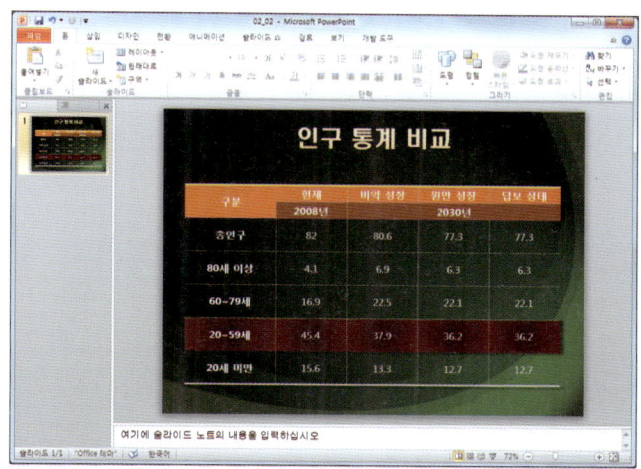

참고 • 셀 여백 설정하기

셀 여백은 셀과 셀에 입력된 텍스트 사이의 간격을 조절하는 것입니다.
❶표를 선택한 후 ❷[표 도구-레이아웃] 탭의 [맞춤] 그룹에서 ❸[셀 여
백](이미지)을 클릭하면 ❹[보통], [없음], [좁게], [넓게] 등으로 지정된 셀
여백을 선택할 수 있습니다.

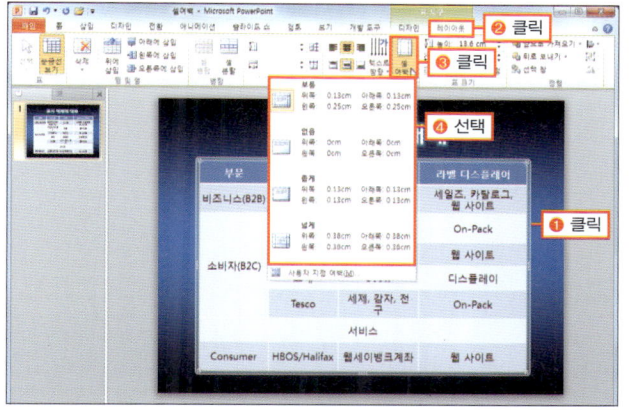

기본 선택 여백 외에 사용자가 원하는 여백으로 셀 여백을 지정할 때는
[사용자 지정 여백]을 클릭합니다. ❶[셀 텍스트 레이아웃] 대화상자가
나타나면 셀 안에서의 텍스트 위치를 지정하는 ❷[세로 맞춤]과 [텍스트
방향]과 [안쪽 여백]을 사용자가 직접 지정할 수 있습니다.

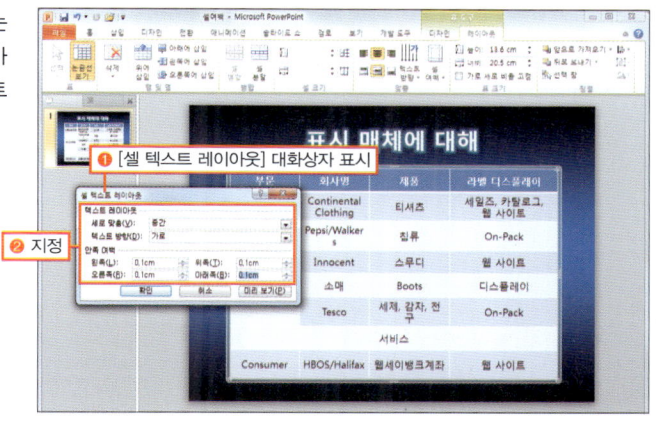

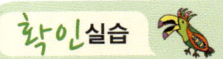

확인실습

셀 서식과 효과를 지정하여 다음과 같은 표를 완성해 보세요.

- **시작 파일** : 6장\02_실습1_완성.pptx
- **완료 파일** : 6장\02_실습2_완성.pptx

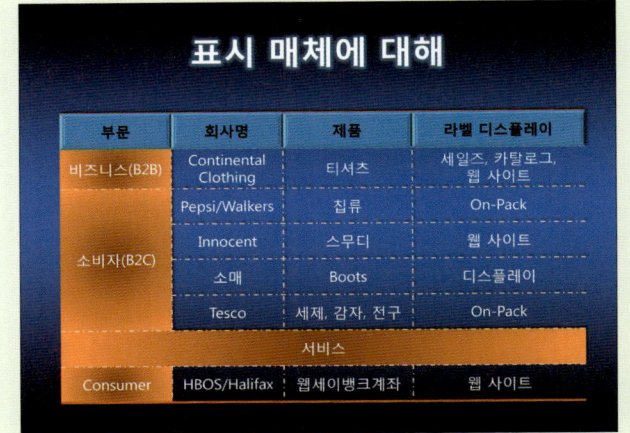

표를 그림 파일로 저장하기

슬라이드에 삽입한 표를 그림 파일로 저장하면 표는 하나의 그림 개체로 변환됩니다. 표를 그림 파일로 저장하면 표 내용을 편집할 수 없으므로 다른 사용자가 표 내용을 편집할 수 없도록 할 때 유용합니다.

◎ **시작 파일** : 6장\표그림.pptx
◎ **완료 파일** : 6장\표그림.png, 표그림2.pptx

1 그림으로 저장 선택하기

표를 그림으로 저장할 때는 ❶표 테두리에서 마우스 오른쪽 버튼을 클릭한 후 ❷바로 가기 메뉴에서 [그림으로 저장]을 선택합니다.

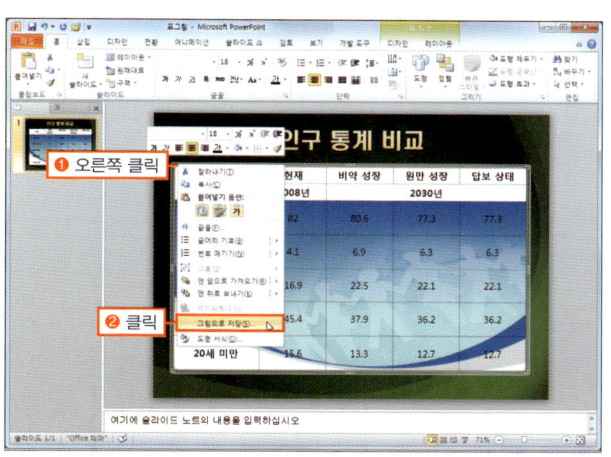

2 파일 이름 입력하기

[그림으로 저장] 대화상자 나타나면 ❶[파일 이름]을 입력한 후 ❷[저장]을 클릭합니다.

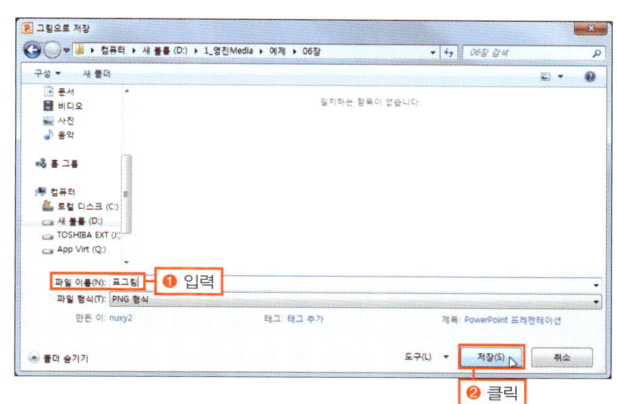

3 그림으로 저장된 표 삽입하기

그림으로 저장된 표를 슬라이드에 삽입하는 방법은 그림 파일을 삽입할 때와 동일합니다. ❶[삽입] 탭의 [이미지] 그룹에서 ❷[그림](🖼)을 클릭한 후 [그림 삽입] 대화상자가 나타나면 ❸ 저장된 표 그림을 선택하고 ❹[삽입]을 클릭합니다.

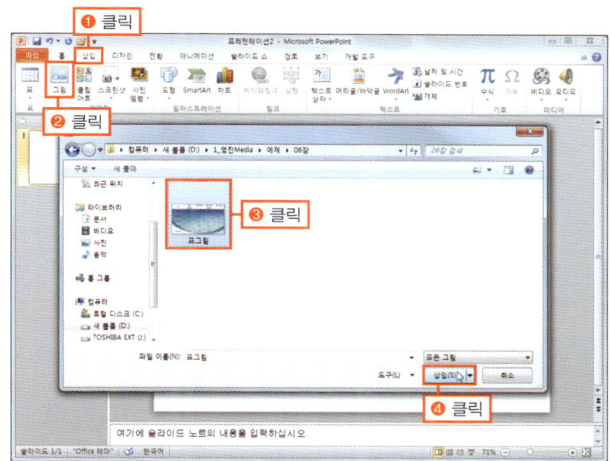

4 표 삽입 확인하기

슬라이드에 그림으로 저장된 표가 삽입됩니다.

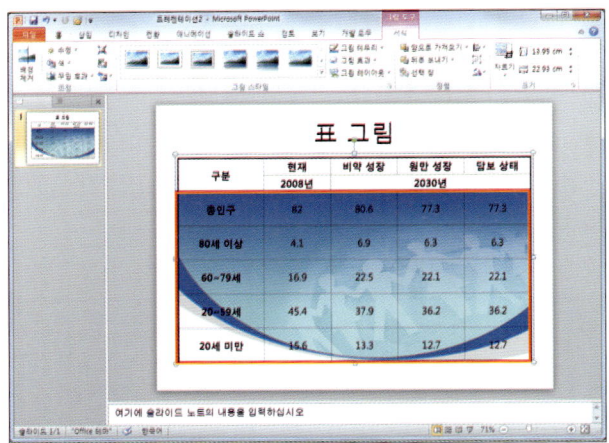

5 삽입한 표 서식 지정하기

삽입된 표 그림은 ❶[그림 도구—서식] 탭의 [그림 스타일] 그룹에서 다양한 서식을 지정할 수 있습니다.

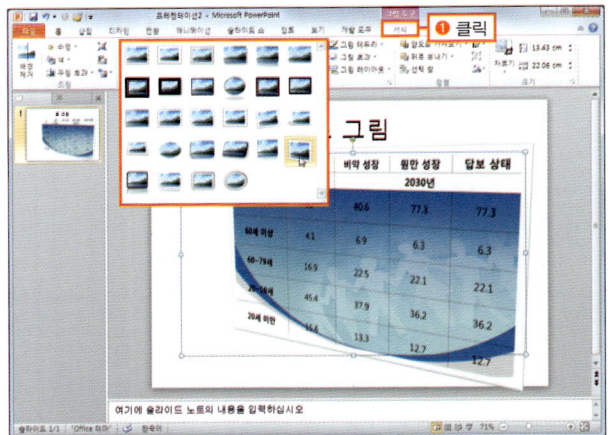

차트 삽입하고 편집하기

차트를 삽입하면 복잡한 숫자 데이터를 한 눈에 파악할 수 있습니다. 차트의 각 요소에 대해 알아보고 슬라이드에 차트를 삽입하는 방법에 대해 살펴봅니다.

다루는 내용

- 차트 구성 요소 알기
- 차트 레이아웃 변경하기
- 차트 스타일 지정하기

기능 정리

차트 구성 요소 살펴보기

차트는 다음과 같은 구성 요소로 이루어져 있으며, 각 구성 요소는 언제든 삭제와 수정이 가능하며 차트의 각 구성 요소를 선택한 후 다양한 스타일을 지정할 수 있습니다.

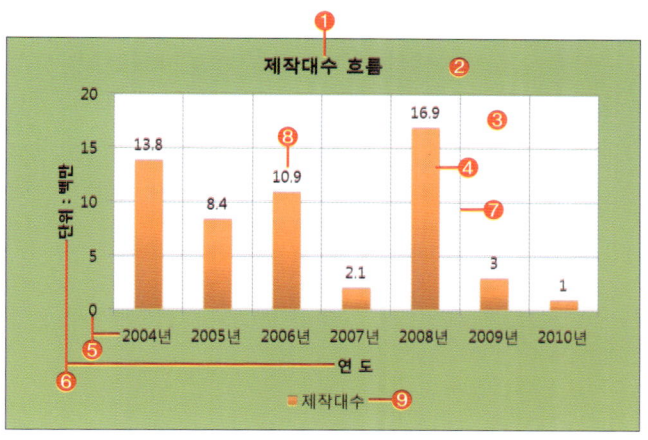

❶ **차트 제목** : 차트의 제목을 표시합니다.

❷ **차트 영역** : 차트 전체의 영역입니다. 차트 영역에 배경과 텍스트의 속성이나 효과 등을 지정할 수 있습니다.

❸ **그림 영역** : 차트 데이터의 계열이 표시되는 영역입니다. 그림 영역에도 배경과 효과 등의 스타일을 지정할 수 있습니다.

❹ **데이터 계열** : 차트에 그려지는 관련 데이터 요소들입니다. 차트의 각 데이터 계열은 고유의 색이나 무늬를 가지며 차트 범례 안에 나타납니다.

❺ **축** : 차트의 수평과 수직 방향에 단위나 항목의 이름을 표시합니다.

❻ **축 제목** : 수평과 수직 축에 제목을 표시합니다.

❼ **눈금선** : 그림 영역에 축 단위로 눈금선을 표시합니다.

❽ **데이터 레이블** : 데이터 계열에 해당하는 값을 표시합니다.

❾ **범례** : 차트의 데이터 계열이나 항목에 할당된 무늬 또는 색을 식별하도록 한 박스입니다.

간단퀴즈

1 다음에 설명하는 차트의 요소를 ( ) 안에 적으세요.

- 차트의 데이터 계열이 표시되는 영역입니다. (   )
- 차트의 계열이나 항목에 할당된 무늬 또는 색입니다. (   )
- 데이터 계열에 해당하는 값입니다. (   )

답 : 데이터 계열, 범례, 데이터 레이블

실습 과정

차트 삽입하기

슬라이드에 차트를 삽입하고 크기를 변경하는 방법에 대해 알아봅니다.

◎ **시작 파일** : 6장\03_01.pptx
◎ **완료 파일** : 6장\03_01_완성.pptx

01 차트 종류 선택하기

❶[삽입] 탭의 [일러스트레이션] 그룹에서 ❷[차트](📊)를 클릭합니다. [차트 삽입] 대화상자가 나타나면 ❸[3차원 묶은 가로 막대형]을 선택하고 ❹[확인]을 클릭합니다.

02 차트 데이터 입력하기

차트의 임시 데이터가 입력되어 있는 엑셀 창이 나타납니다. ❶차트 데이터를 수정하기 위해 파란색 줄로 표시된 범위의 모서리를 마우스로 드래그하여 조절한 후 ❷차트 데이터를 수정합니다.

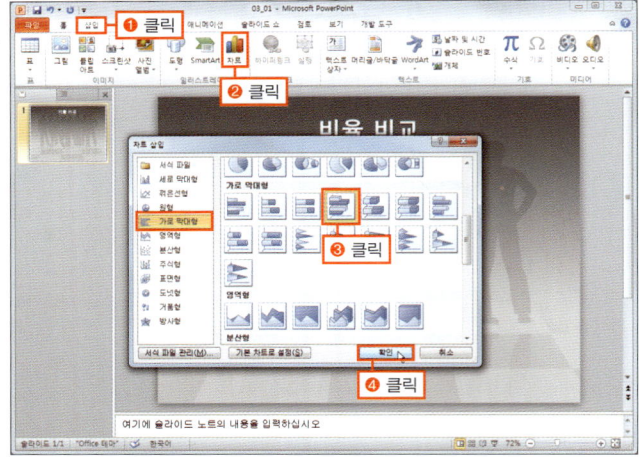

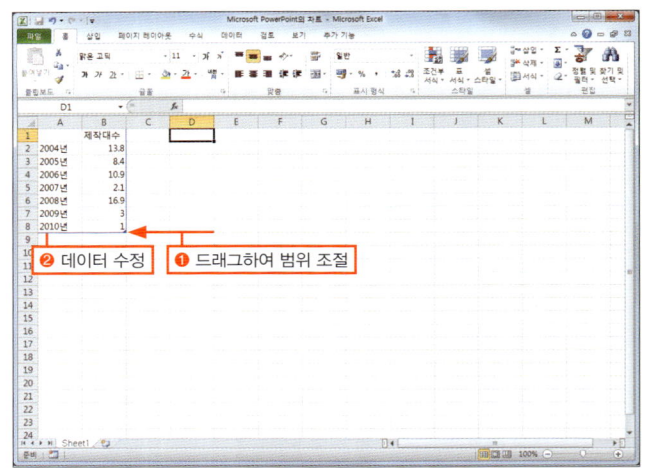

참고 •
차트 데이터 입력이 완료되면 엑셀 창은 닫아도 상관없습니다.

03 차트 크기 조절하기

슬라이드에 차트가 삽입되면 ❶차트의 모서리 조절점을 드래그하여 크기를 조절합니다.

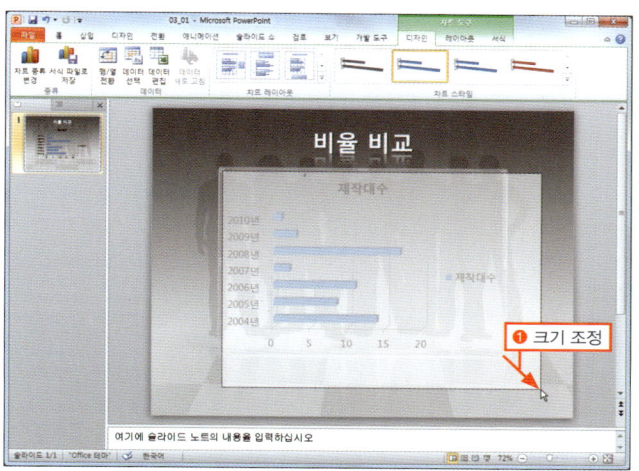

04 차트 위치 조절하기

❶원하는 위치로 차트를 이동시킵니다.

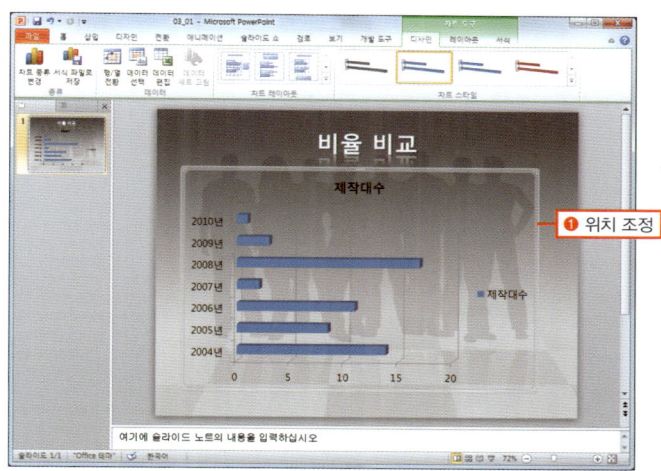

확인실습

다음과 같은 3차원 원형 차트를 완성해 보세요.

- 시작 파일 : 6장\03_실습1.pptx
- 완료 파일 : 6장\03_실습1_완성.pptx

차트 데이터

	비약적 성장
항공	5.6
철도	7.5
대중교통	7.3
개인교통	79.6

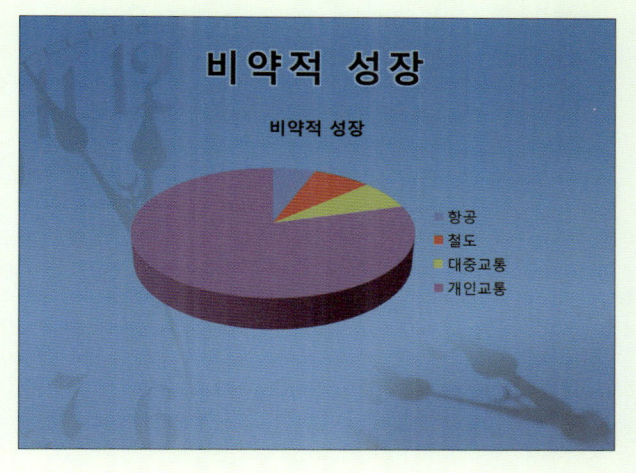

실습과정

차트 레이아웃과 스타일 변경하기

삽입된 차트의 레이아웃과 스타일을 변경하는 방법에 대해 알아봅니다.

◉ **시작 파일** : 6장\03_02.pptx
◉ **완료 파일** : 6장\03_02_완성.pptx

01 차트 제목 표시 없애기

❶[차트 도구-레이아웃] 탭의 [레이블] 그룹에서 ❷[차트 제목](📊)을 클릭하고 ❸[없음]을 선택합니다.

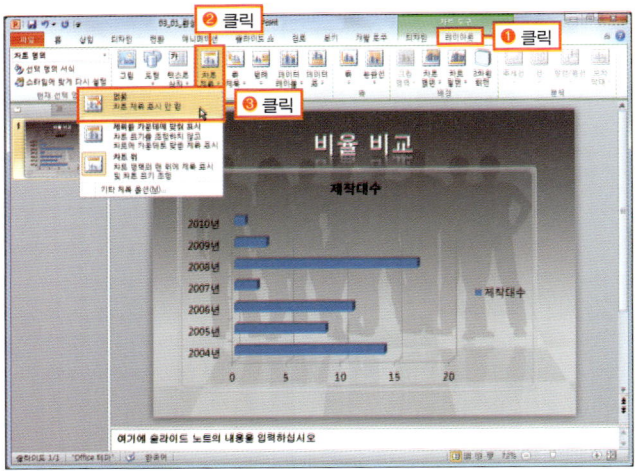

> **참고**
>
> 차트 요소 중 차트 제목을 클릭하고 키보드의 Delete 를 눌러도 차트에서 제목을 삭제할 수 있습니다.

02 범례 위치 선택하기

다시 ❶[차트 도구-레이아웃] 탭의 [레이블] 그룹에서 [범례](📊)를 클릭한 후 ❷[아래쪽에서 범례 표시]를 선택합니다.

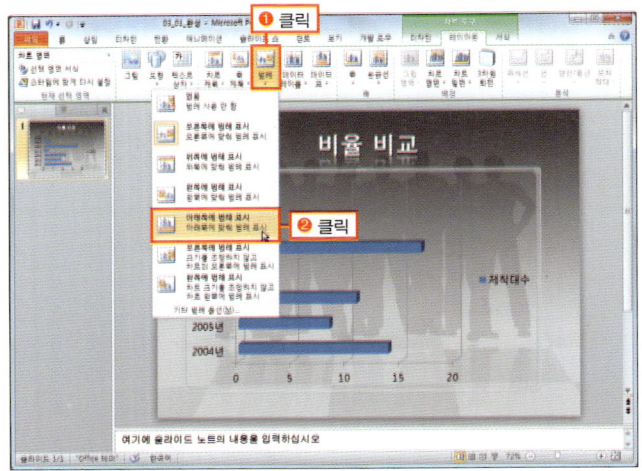

03 데이터 레이블 표시하기

범례가 차트의 아래쪽에 표시됩니다. ❶[차트 도구-레이아웃] 탭의 [레이블] 그룹에서 [데이터 레이블](📊)을 클릭하고 ❷[표시]를 선택합니다.

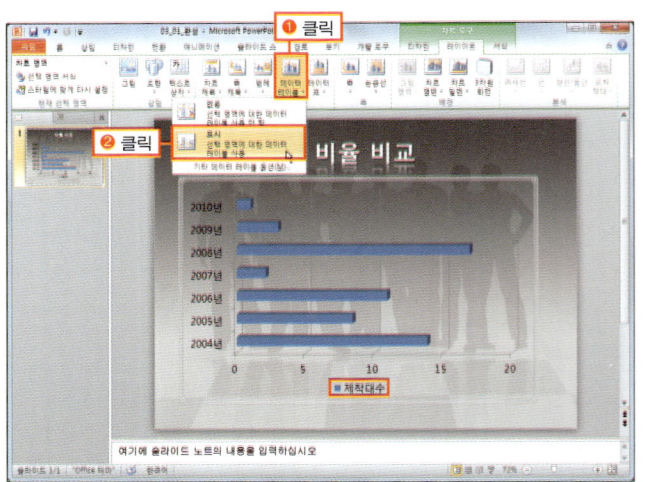

04 눈금선 표시하기

❶[차트 도구-레이아웃] 탭의 [축] 그룹에서 [눈금선](📊)을 클릭하고 ❷[기본 가로 눈금선]-❸[주 눈금선]을 선택합니다.

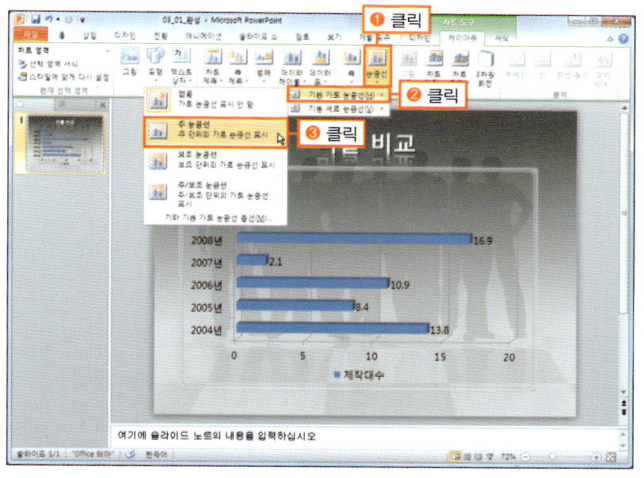

05 눈금선 확인하기

차트에 가로 축의 주 눈금선이 표시됩니다.

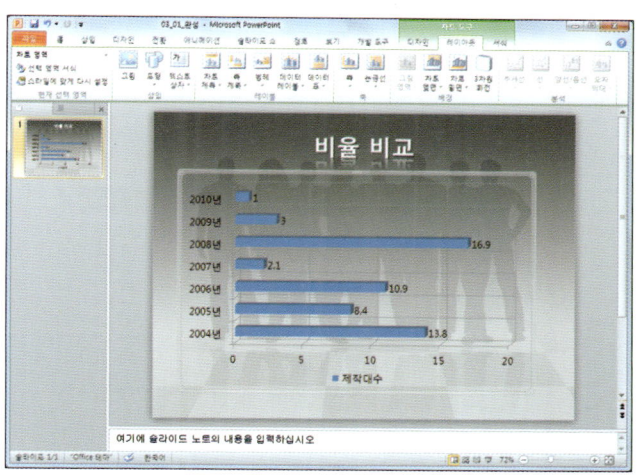

참고 • 왼쪽에서 오른쪽으로 축 표시 방향 바꾸기

슬라이드에 삽입한 차트는 기본적으로 왼쪽에서 오른쪽으로 축 표시가 되어 있습니다. 상황에 따라 오른쪽에서 왼쪽으로 축 표시 방향을 반대로 바꿀 수 있습니다. ❶[차트 도구-레이아웃] 탭의 [축] 그룹에서 [축](📊)을 클릭한 후 ❷[기본 가로 축]의 ❸[오른쪽에서 왼쪽으로 축 표시]를 선택합니다. 왼쪽 기준으로 있던 축 표시가 오른쪽 기준으로 변경됩니다.

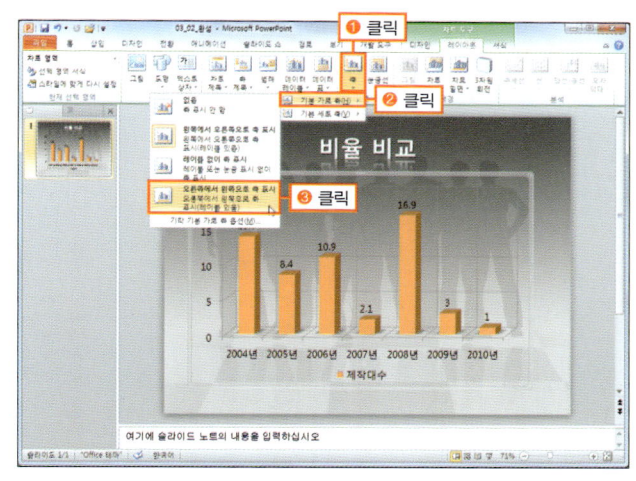

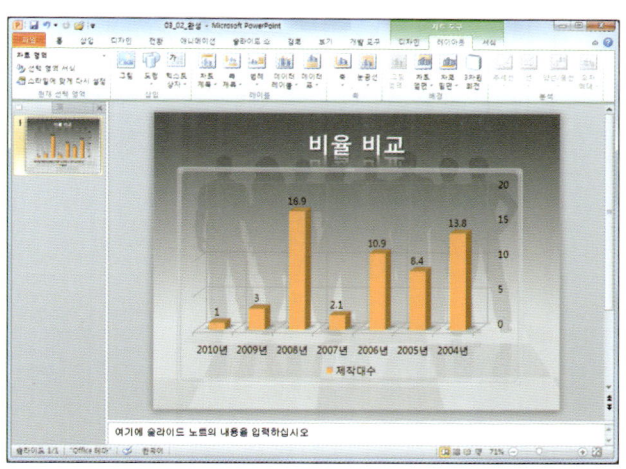

06 차트 스타일 지정하기

❶[차트 도구-디자인] 탭의 [차트 스타일] 그룹에서 ❷[자세히](▼)를 클릭하고 ❸[스타일 24]를 선택합니다.

07 변경된 차트 스타일 확인하기

차트의 스타일이 지정한 스타일로 변경됩니다.

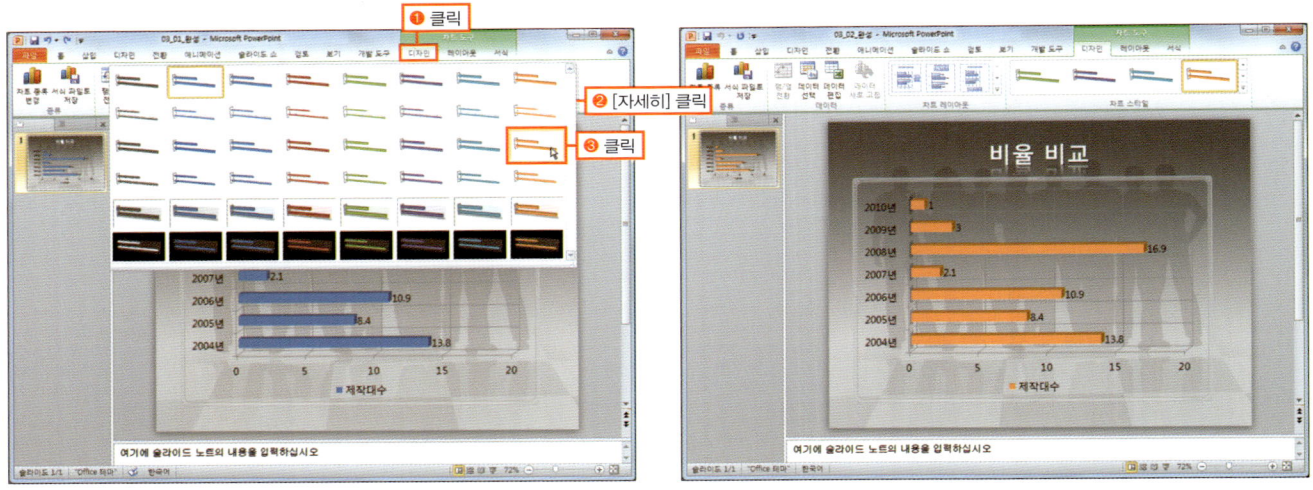

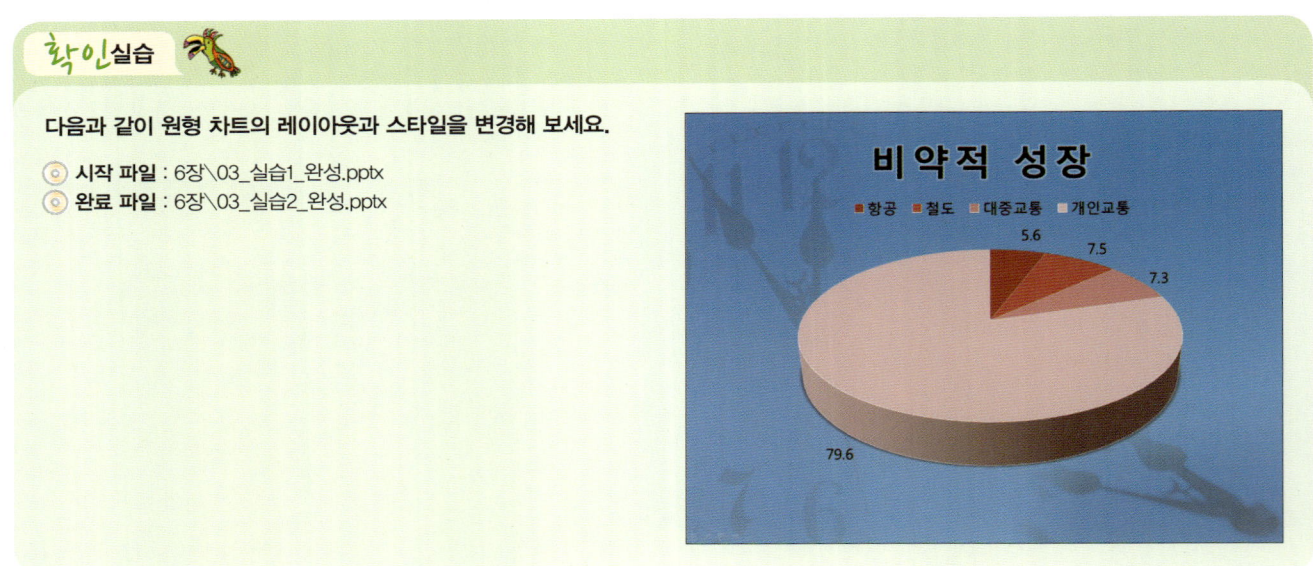

확인실습

다음과 같이 원형 차트의 레이아웃과 스타일을 변경해 보세요.

◎ **시작 파일** : 6장\03_실습1_완성.pptx
◎ **완료 파일** : 6장\03_실습2_완성.pptx

슬라이드에 엑셀 차트 삽입하기

삽입된 차트의 레이아웃과 스타일을 변경하는 방법에 대해 알아봅니다.

◎ **시작 파일** : 6장\03_04_엑셀.xlsx, 03_04.pptx
◎ **완료 파일** : 6장\03_04_완성.pptx

01 엑셀 차트 복사하기

❶엑셀 준비 파일을 불러온 후 ❷워크시트의 차트에서 마우스 오른쪽 버튼을 클릭하고 ❸바로 가기 메뉴의 [복사]를 선택합니다.

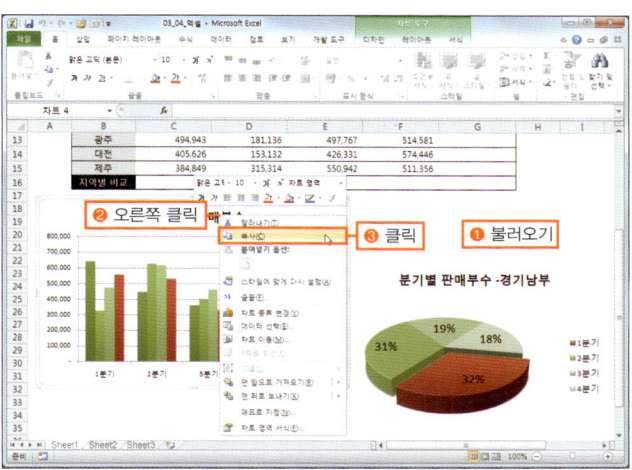

02 차트 붙여넣기

❶파워포인트 편집 화면을 선택한 후 ❷마우스 오른쪽 버튼을 클릭하고 ❸[붙여넣기 옵션] 중에서 [원본 테마 사용 및 데이터 연결](📋)을 선택합니다.

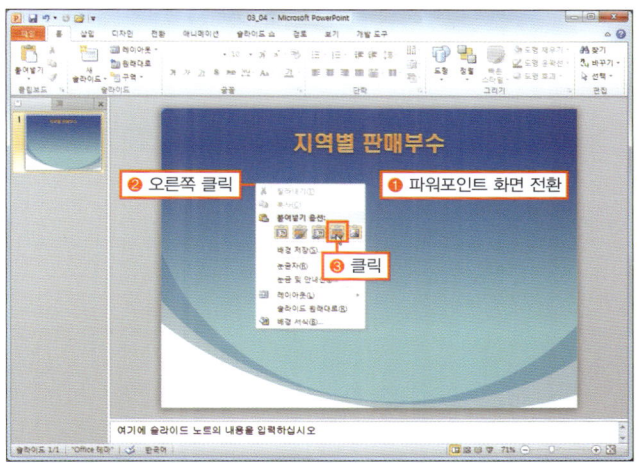

> **참고**
> [원본 테마 사용 및 데이터 연결](📋)을 선택하면 엑셀 원본 파일의 데이터가 변경되었을 때 파워포인트에 삽입된 차트도 함께 변경됩니다.

03 차트 크기 조절하기

엑셀 차트가 슬라이드에 삽입됩니다. ❶차트의 모서리에 마우스 포인터를 위치시킨 후 드래그하여 크기를 조절합니다.

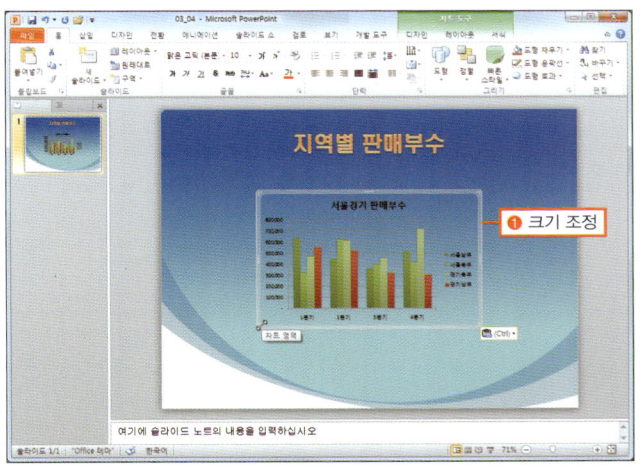

04 차트 크기 변경 확인하기

삽입된 차트의 크기가 변경된 것을 확인합니다.

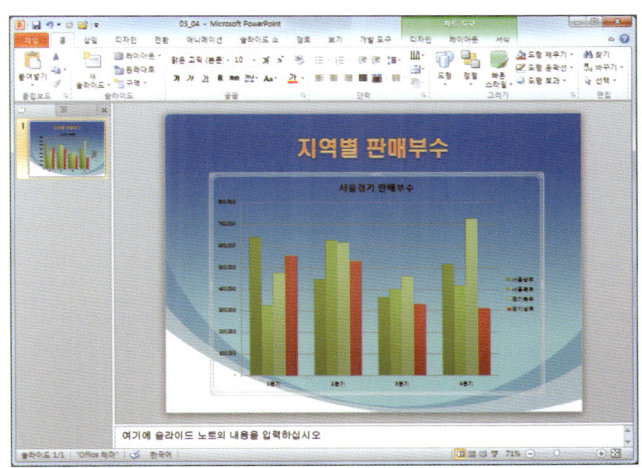

05 차트 레이아웃 변경하기

삽입된 차트의 레이아웃을 변경하기 위해 ❶[차트 도구-레이아웃] 탭의 [레이블] 그룹에서 ❷[범례](📊)를 클릭한 후 ❸[아래쪽에 범례 표시]를 선택합니다.

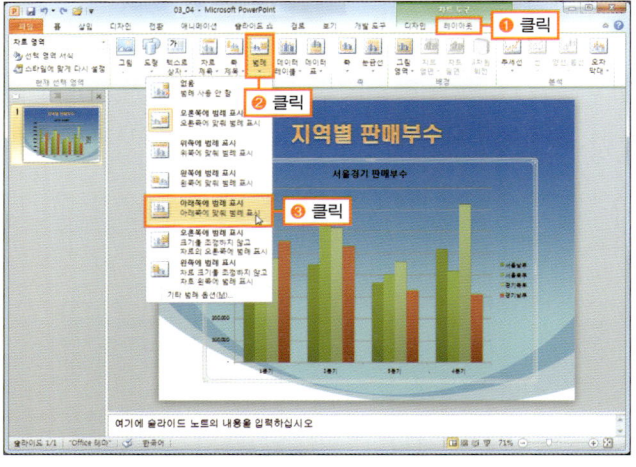

06 요소 서식 변경하기

위치가 변경된 ❶범례를 선택한 후 ❷마우스 오른쪽 버튼을 클릭하고 ❸미니 도구 모음의 [글꼴 크기 크게](가²)를 여러 번 클릭하여 범례 글꼴의 크기를 확대합니다.

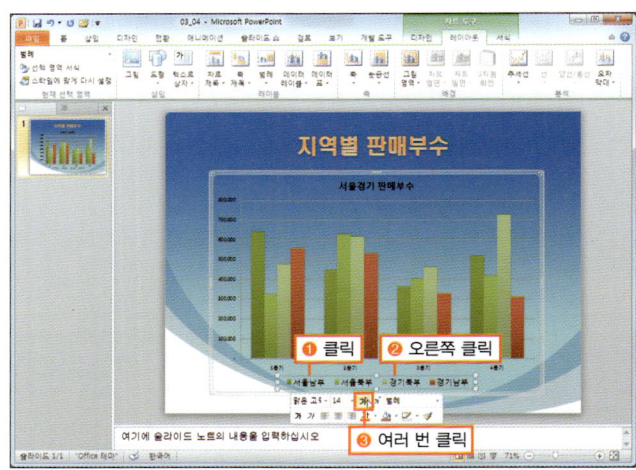

07 원본 데이터 변경하기

슬라이드에 삽입된 차트의 원본 파일인 엑셀의 데이터를 변경합니다. ❶엑셀 워크시트의 ❷C5 셀을 선택하고 ❸데이터를 '1000000'으로 변경합니다.

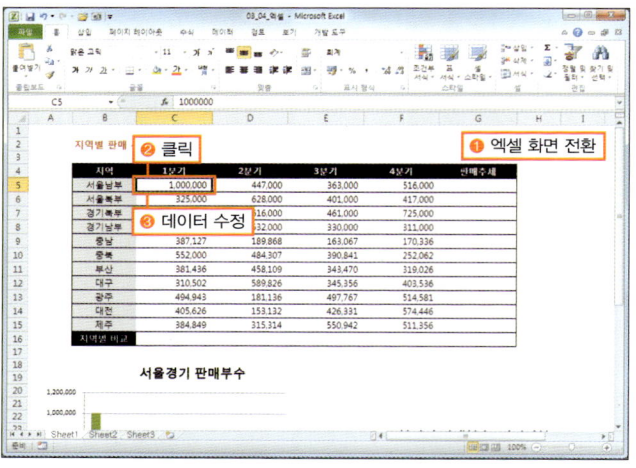

08 변경된 데이터 확인하기

원본 데이터인 엑셀 데이터의 값을 변경하면 연결된 슬라이드의 차트도 함께 변경된 것을 확인할 수 있습니다.

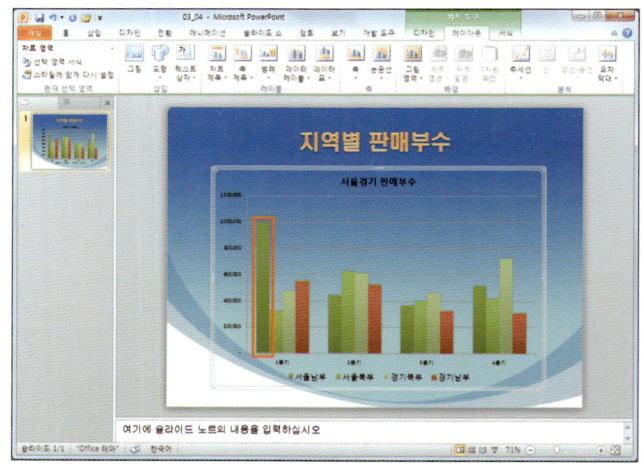

엑셀 파일의 표와 차트를 복사한 후 슬라이드에 그림 형식으로 붙여 넣고 다음과 같이 그림 효과를 지정해 보세요.

◎ **시작 파일** : 6장\03_04_엑셀.xlsx, 03_실습3.pptx
◎ **완료 파일** : 6장\03_실습3_완성.pptx

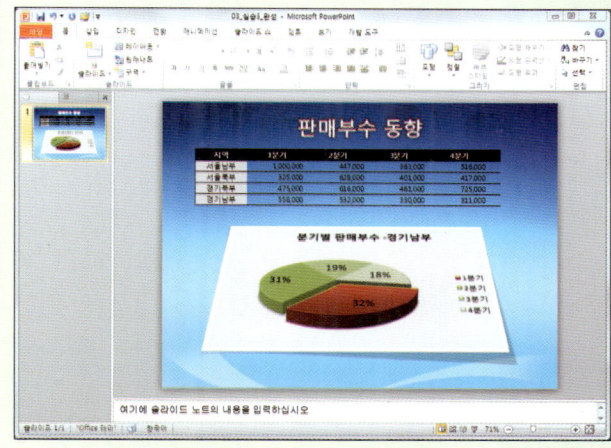

차트의 행과 열 전환하기

슬라이드에 차트를 삽입했을 때 데이터 시트 창에 입력한 자료에 따라 차트의 X축과 Y축이 결정됩니다. 차트의 X축 과 Y축을 서로 전환하여 표시하고 싶을 때는 간단히 데이터 시트의 행과 열을 바꾸면 됩니다.

- **시작 파일** : 6장\01_02_완성.pptx
- **완료 파일** : 6장\행열전환.pptx

1 행/열 전환 시작하기

❶[차트 도구-디자인] 탭의 [데이터] 그룹에서 ❷[데이터 선택](📊)을 클릭한 후 엑셀 시트 창의 [데이터 원본 선택] 대화상자에서 ❸[행/열 전환]을 클릭합니다.

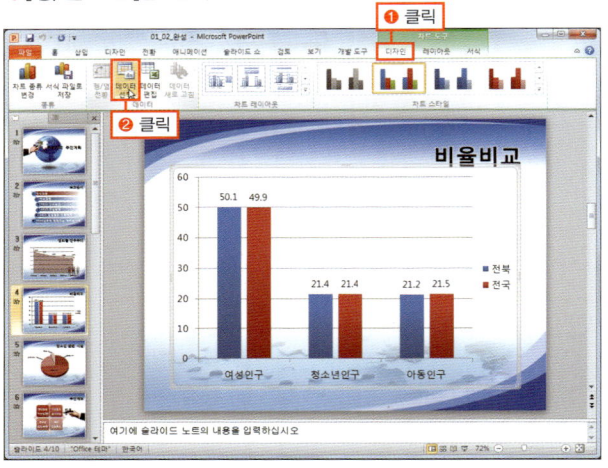
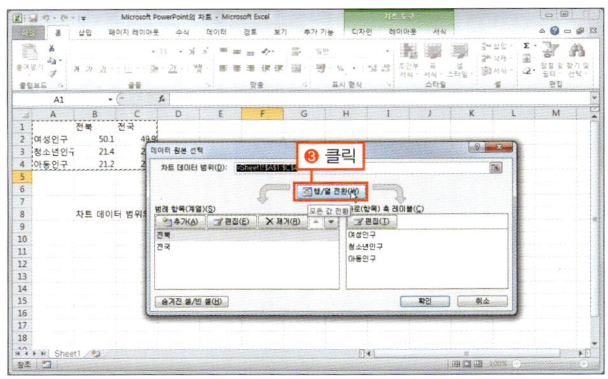

2 행/열 전환 확인하기

[데이터 원본 선택] 대화상자에서 행과 열이 서로 전환되면 ❶ [확인]을 클릭합니다.

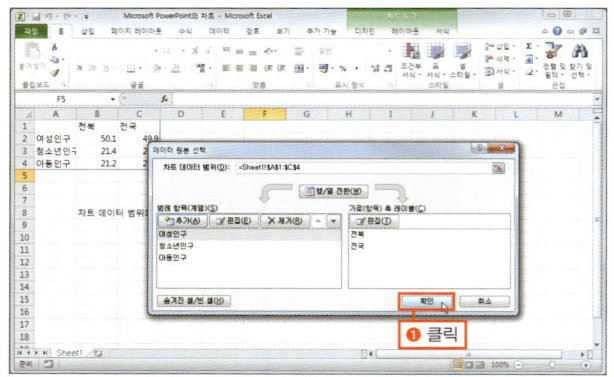

3 차트 확인하기

데이터의 행과 열이 전환되어 차트의 X축과 Y축이 서로 바뀌어 표시됩니다.

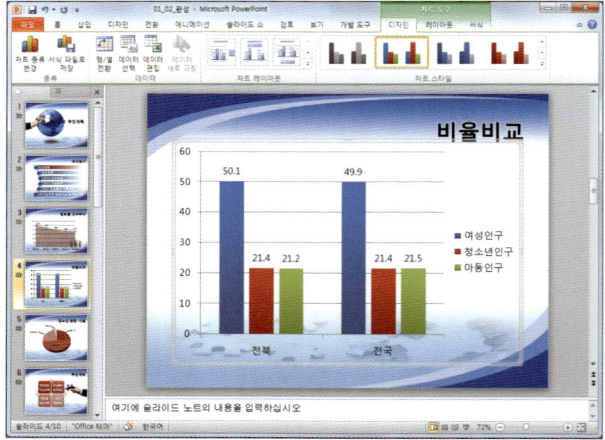

④ [행/열 전환] 클릭하여 확인하기

차트의 행과 열을 변경한 후에는 ❶[차트 도구—디자인] 탭의
[데이터] 그룹에서 [행/열 전환](🖼)을 클릭할 때마다 차트의 X
와 Y축이 서로 바뀌어 표시됩니다.

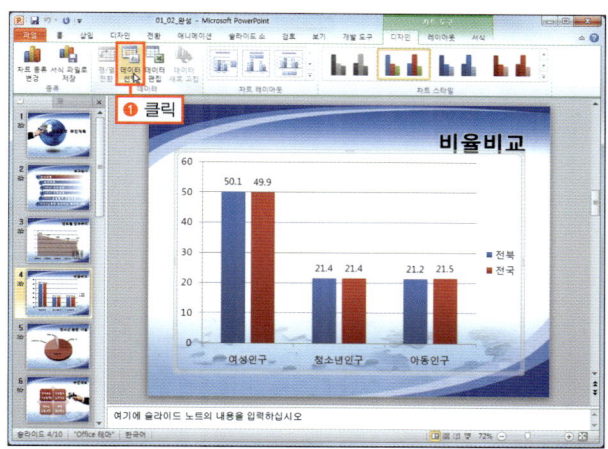

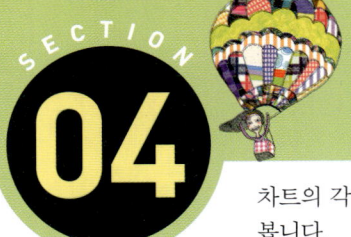

SECTION
04

차트 서식 변경하기

차트의 각 요소를 선택하는 방법에 대해 살펴보고 선택된 요소의 영역에 서식을 지정하는 방법에 대해 알아봅니다.

다루는 내용

- 차트의 3차원 회전 적용하기
- 차트 요소에 서식 지정하기

기능 정리

차트의 각 요소 서식 선택하기

차트를 구성하는 각 요소의 서식을 변경할 때는 차트의 각 요소에서 마우스 오른쪽 버튼을 클릭한 후 바로 가기 메뉴에서 원하는 [영역 서식]을 선택합니다. 해당 차트의 서식 대화상자가 나타나면 배경색, 테두리 색, 도형 효과 등의 서식을 차트에 지정할 수 있습니다.

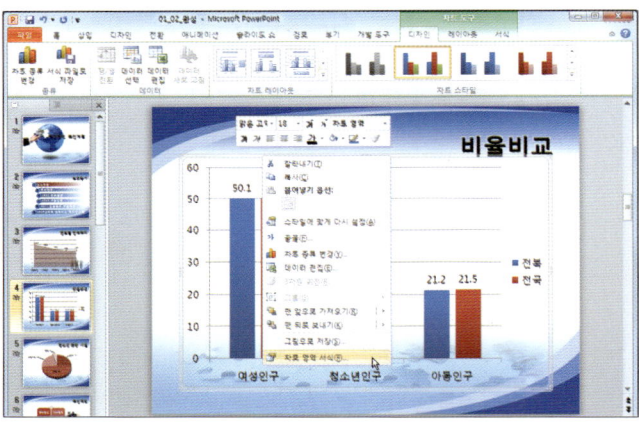
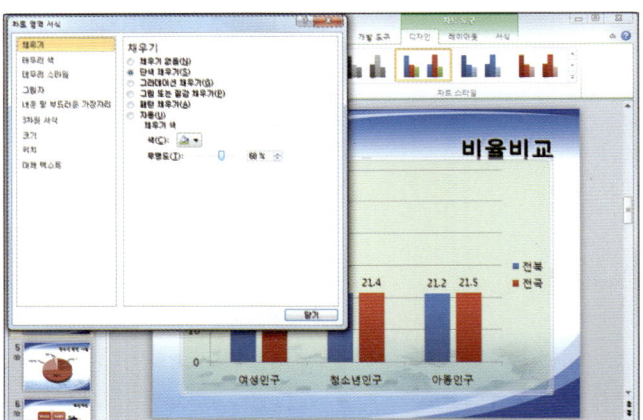

[차트 도구-레이아웃] 탭의 [현재 선택 영역] 그룹이나 [차트 도구-서식] 탭의 [현재 선택 영역] 그룹의 차트의 영역을 선택한 후 [선택 영역 서식]을 클릭하면 해당되는 차트 서식의 대화상자가 나타납니다. 각 영역의 대화상자에서 영역의 서식을 지정해 줍니다.

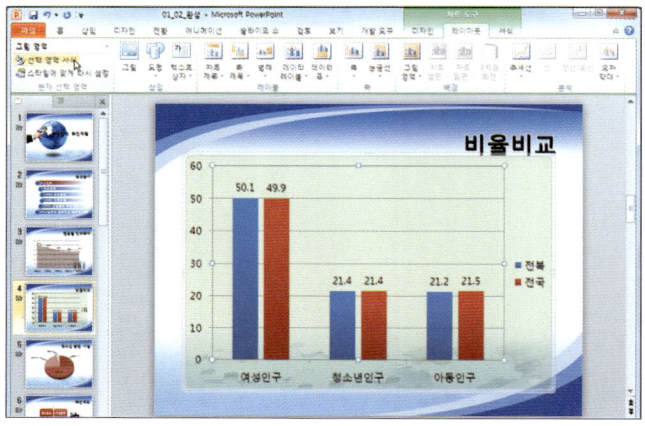
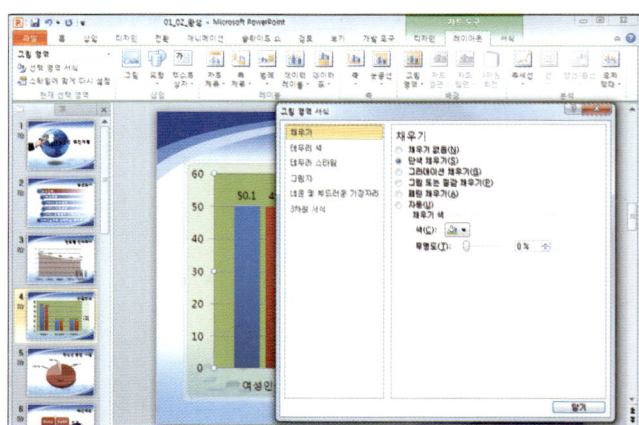

 **간단퀴즈**

1 차트의 각 요소를 선택하는 방법을 아래에 기술하세요.

① (   )

② (   )

③ (   )

답 : ① 차트 구성 요소에서 마우스 오른쪽 버튼 클릭
② [차트 도구-레이아웃] 탭-[현재 선택 영역] 그룹-[선택 영역 서식] 클릭
③ [차트 도구-서식] 탭-[현재 선택 영역] 그룹-[선택 영역 서식] 클릭

실습 과정

차트에 3차원 회전과 서식 지정하기

3차원 차트의 회전 값을 변경하고 차트 계열의 일부 서식을 변경하는 방법에 대해 알아봅니다.

◎ **시작 파일** : 6장\04_01.pptx
◎ **완료 파일** : 6장\04_01_완성.pptx

01 [3차원 회전] 선택하기

❶[차트 도구-레이아웃] 탭의 [배경] 그룹에서 ❷[3차원 회전](▣)을 클릭합니다.

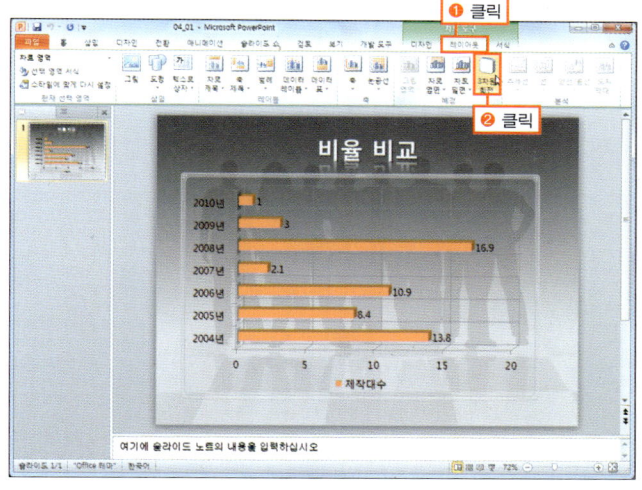

02 회전 값 지정하기

[차트 영역 서식] 대화상자가 [3차원 회전]이 선택된 상태로 나타나면 ❶[회전]의 [X]와 [Y] 값을 각각 '30'과 '50'으로 변경한 후 ❷[닫기]를 클릭합니다.

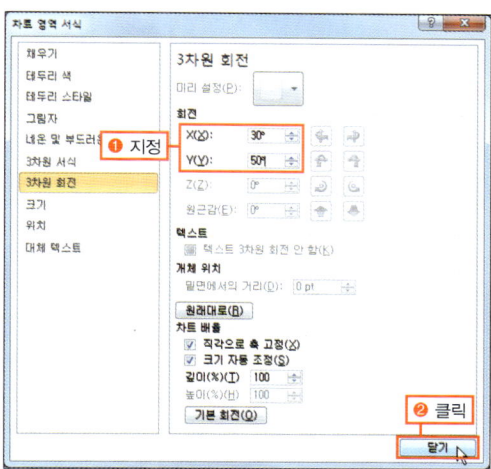

03 차트 계열 선택하기

차트가 지정한 회전 값으로 변경되면 차트의 계열 중 ❶
'2008년' 계열을 두 번 클릭하여 선택합니다.

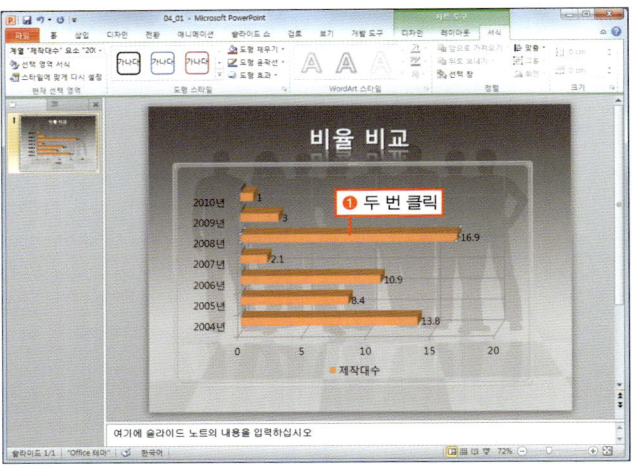

참고 ●

차트의 계열을 클릭하면 계열 전체가 선택되고 계열을 한 번 더 클
릭하면 클릭한 계열만 선택됩니다.

05 선택한 서식 확인하기

선택한 계열의 도형 스타일이 변경되고 차트 아래에 범례
가 표시됩니다.

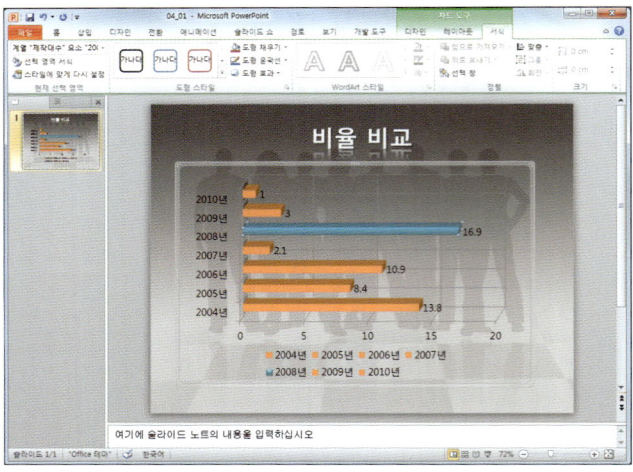

04 계열 서식 지정하기

'2008년' 계열이 선택되면 ❶[차트 도구-서식] 탭의 [도형
스타일] 그룹에서 ❷[자세히]( )를 클릭한 후 ❸[강한 효
과-바다색, 강조 5]를 선택합니다.

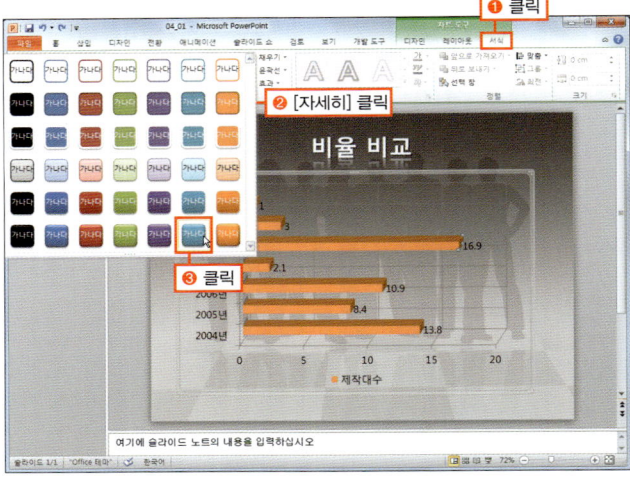

06 범례 표시 삭제하기

❶[차트 도구-레이아웃] 탭의 [레이블] 그룹에서 ❷[범례]
( )를 클릭하고 ❸[없음]을 선택합니다.

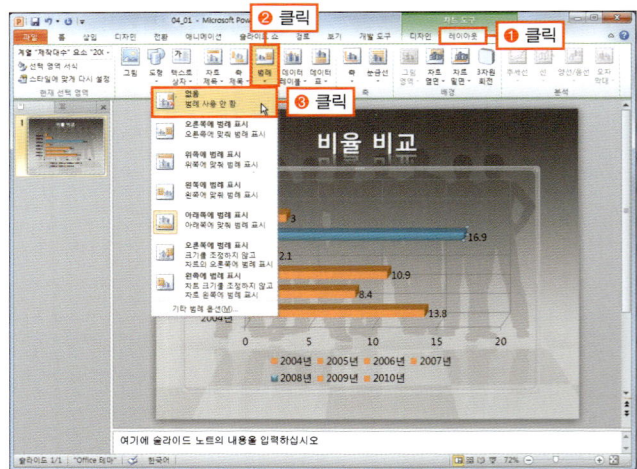

07 계열 서식 확인하기

범례가 삭제된 후의 차트 서식을 확인합니다.

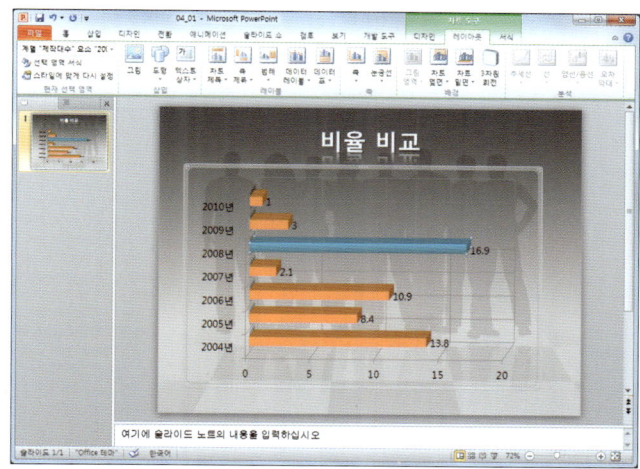

확인실습

원형 차트 중 가장 큰 부분의 서식을 다음과 같이 변경하고 3차원
회전 값을 적용해 보세요.

◎ **시작 파일** : 6장\03_실습2_완성.pptx
◎ **완료 파일** : 6장\04_실습1_완성.pptx

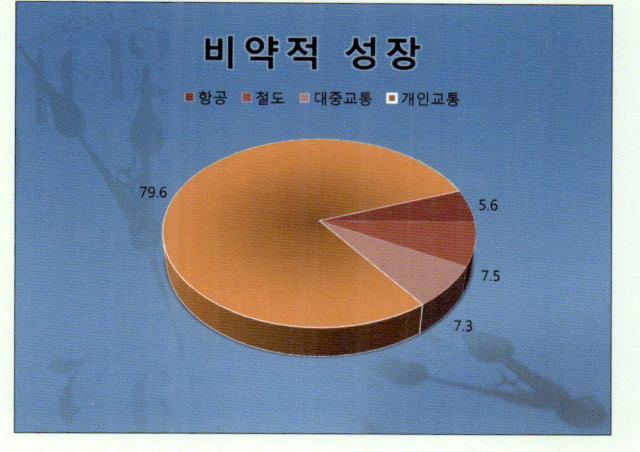

실습 과정

차트 요소 서식 변경하기

차트의 요소를 선택하고 요소의 서식을 변경하는 방법에 대해 알아봅니다.

◉ **시작 파일** : 6장\04_01.pptx
◉ **완료 파일** : 6장\04_01_완성.pptx

01 차트 영역 선택하기

❶[차트 도구-서식] 탭의 [현재 선택 영역] 그룹에서 ❷서식을 지정할 차트의 영역 중 ❸[밑면]을 선택합니다.

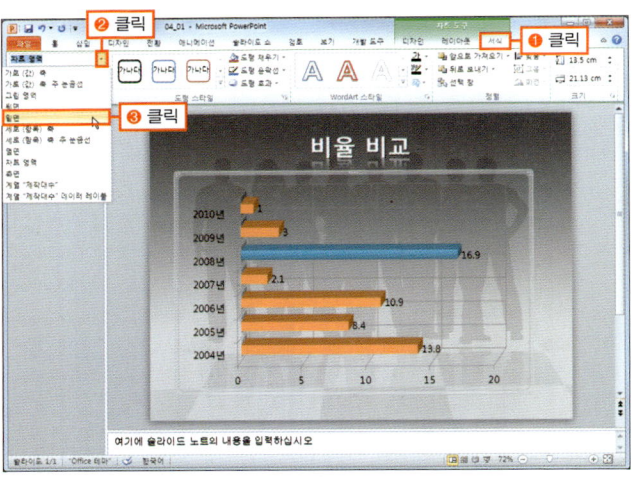

02 서식 대화상자 표시하기

차트 영역이 선택되고 ❶[선택 영역 서식]을 클릭하면 [밑면 서식] 대화상자가 나타납니다.

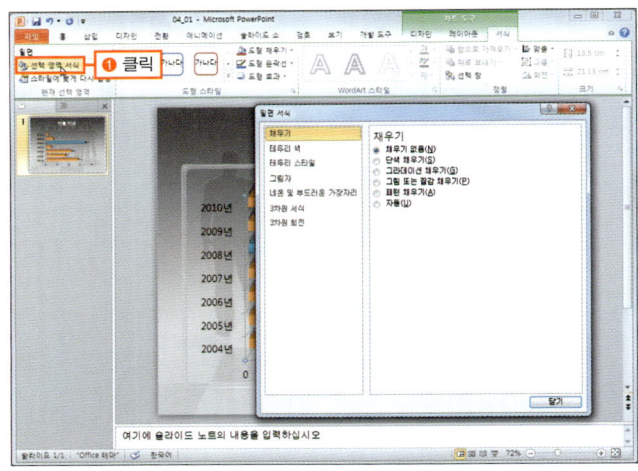

03 밑면 서식 지정하기

[밑면 서식] 대화상자의 [채우기] 항목에서 ❶[단색 채우기]를 선택하고 ❷[색]을 [바다색, 강조 5]로 지정합니다.

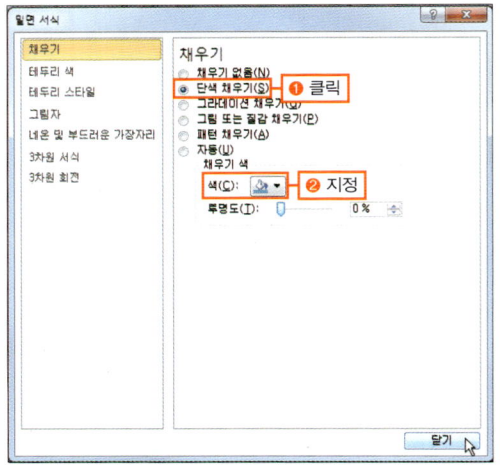

04 밑면 서식 확인하기

선택한 차트 영역이 지정한 색상으로 채워집니다.

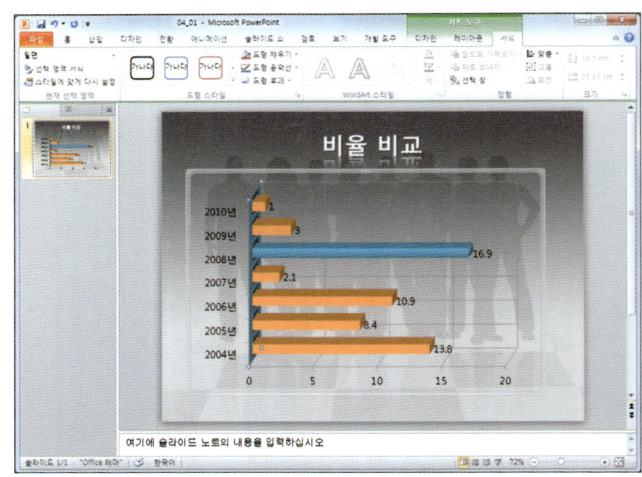

05 데이터 레이블 이동하기

이번에는 ❶'2008년' 데이터 레이블을 두 번 클릭하여 선택하고 ❷마우스를 드래그하여 원하는 위치로 이동시킵니다.

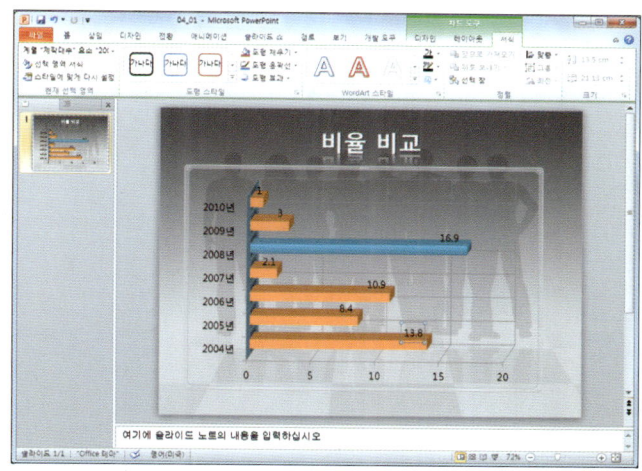

06 나머지 레이블 위치 변경하기

다음과 같이 차트 데이터 레이블의 위치를 변경합니다.

참고 ● 차트 옆면(밑면)에 배경 넣기

3차원 차트의 옆면이나 밑면 등에 단색이나 그라데이션 효과 외에도 그림 파일을 차트 배경으로 지정할 수 있습니다. 3차원 차트의 [옆면]이나 [밑면] 서식 대화상자에서 [채우기] 항목의 ❶[그림 또는 질감 채우기]를 선택하고 ❷[파일]을 클릭합니다. [그림 삽입] 대화상자가 나타나면 ❸배경으로 사용될 그림 파일을 선택하면 ❹차트 배경이 변경됩니다.

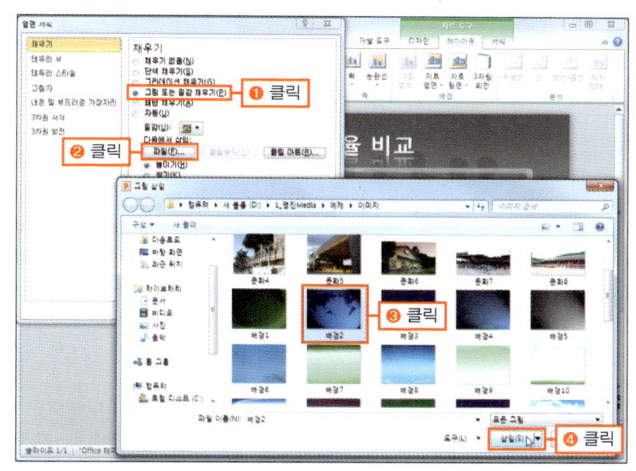

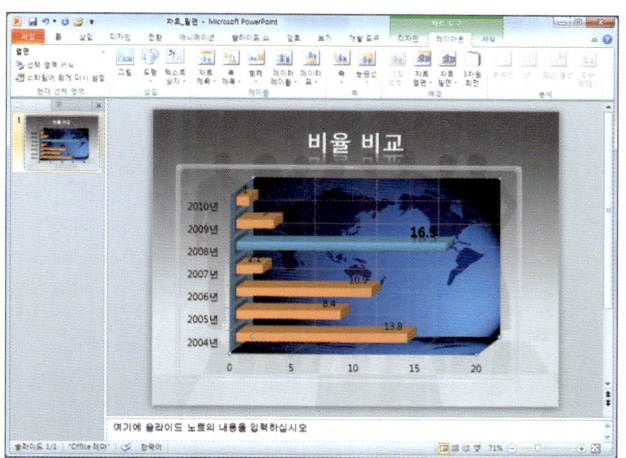

07 데이터 레이블 텍스트 효과 지정하기

❶'2008년' 데이터 레이블을 강조하기 위해 텍스트의 크기를 변경하고 ❷[차트 도구-서식] 탭의 [WordArt 스타일] 그룹에서 ❸[텍스트 효과](圖▾)를 클릭한 후 ❹[반사]-❺ [근접 반사, 터치]를 선택합니다.

08 차트 완성하기

선택한 차트 레이블에 반사 효과가 적용되어 데이터가 강조됩니다.

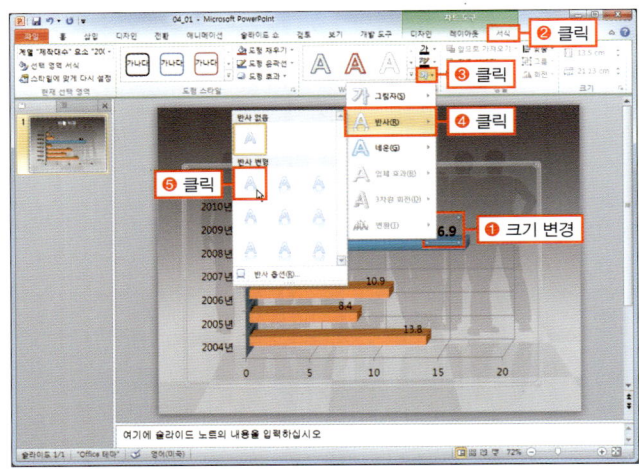

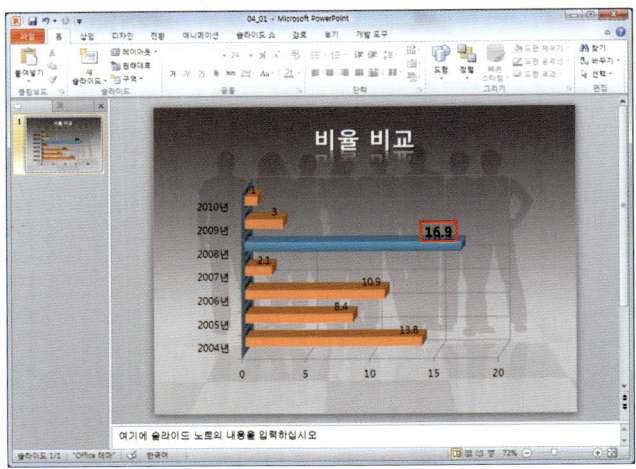

참고 ● 데이터 표 추가하기

차트를 선택한 후 ❶[차트 도구-레이아웃] 탭의 [레이블] 그룹에서 ❷[데이터 표](圖)를 클릭한 후 ❸[데이터 표 표시]를 선택하면 차트 아래에 데이터 값이 표와 함께 나타납니다.

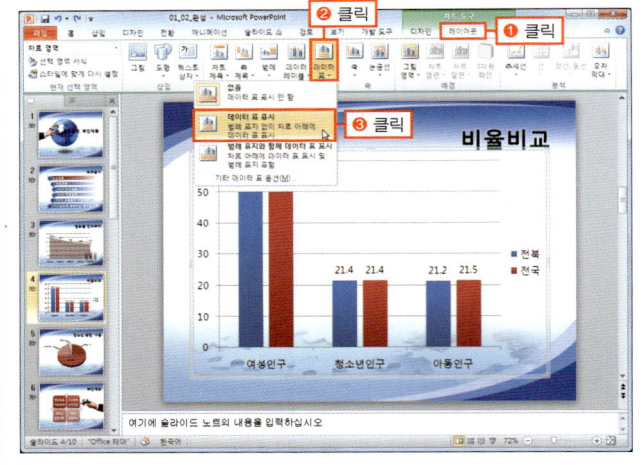

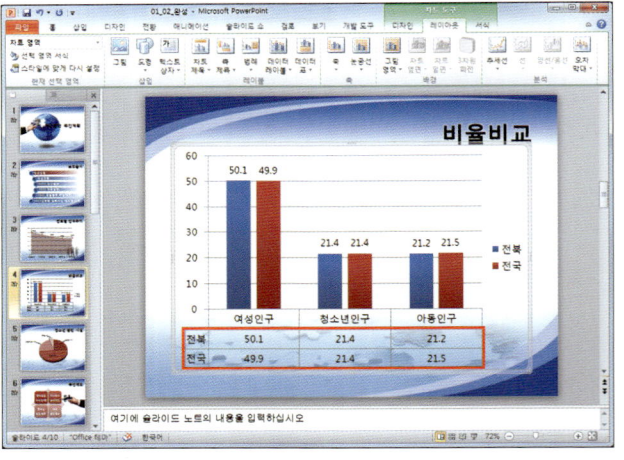

차트의 데이터 계열 서식을 다음과 같이 변경하고 차트 영역에 투명한 색상을 채워 보세요.

◎ 시작 파일 : 6장\04_실습1_완성.pptx
◎ 완료 파일 : 6장\04_실습2_완성.pptx

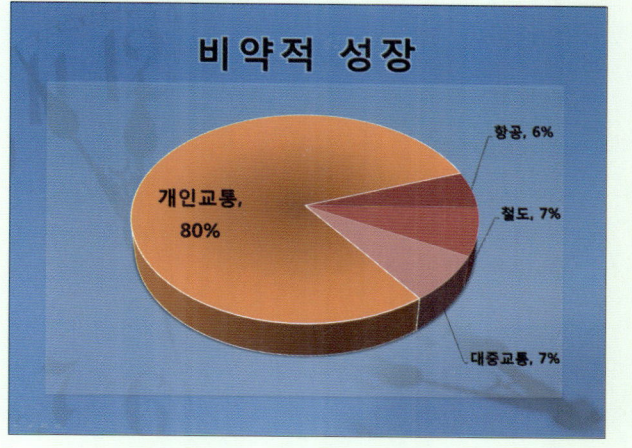

실습과정

혼합 차트 작성하기

하나의 차트에서 두 종류의 차트를 혼합하여 사용할 수 있는 혼합 차트를 만들어 봅니다.

◎ 시작 파일 : 6장\03_03.pptx
◎ 완료 파일 : 6장\03_03_완성.pptx

01 차트 삽입하기

❶[삽입] 탭의 [일러스트레이션] 그룹에서 ❷[차트](📊)를 클릭한 후 [차트 삽입] 대화상자가 나타나면 ❸[묶은 세로 막대형]을 선택하고 ❹[확인]을 클릭합니다.

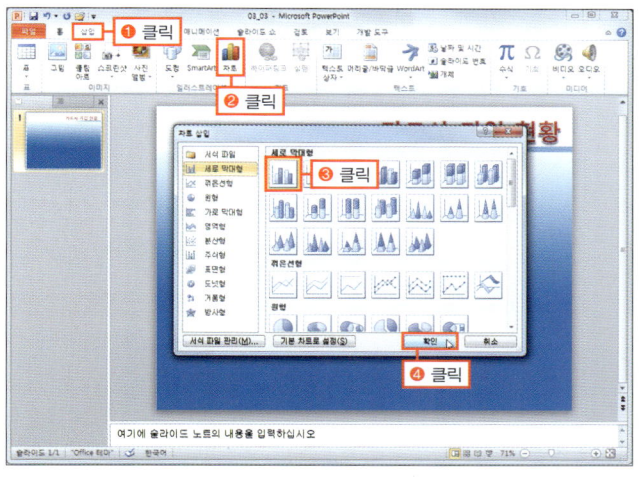

02 차트 데이터 입력하기

차트 데이터를 입력할 수 있는 엑셀 창이 나타나면 ❶다음과 같이 차트의 데이터를 입력합니다.

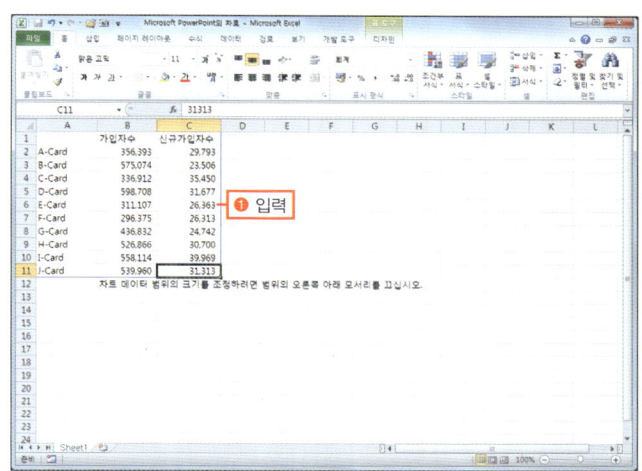

03 차트 레이아웃 변경하기

슬라이드에 차트가 삽입되면 ❶차트의 크기를 조절한 후 ❷[차트 도구-레이아웃] 탭의 [레이블] 그룹에서 ❸[범례] (🔳)를 클릭하고 [아래쪽에 범례 표시]를 선택합니다.

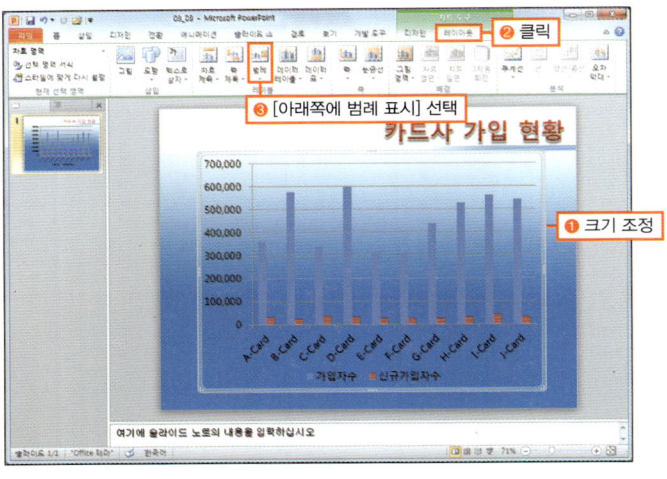

04 차트 스타일 변경하기

❶[차트 도구-디자인] 탭의 [차트 스타일] 그룹에서 ❷차트의 스타일을 [스타일 37]로 지정합니다.

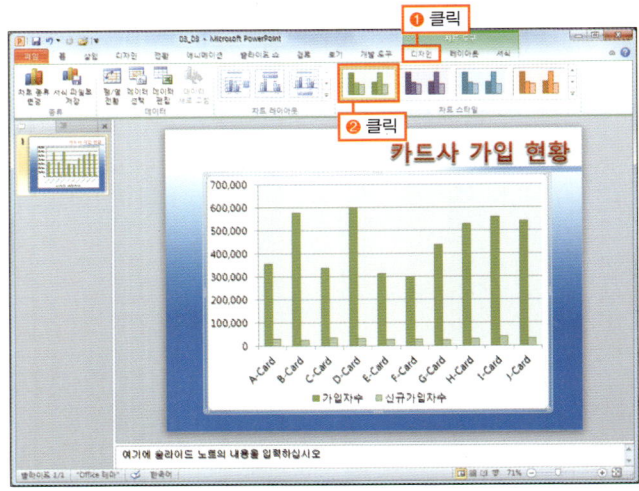

05 계열 선택하기

❶차트의 '신규 가입자수' 계열을 클릭하여 선택한 후 ❷마우스 오른쪽 버튼을 클릭하고 ❸바로 가기 메뉴에서 [계열 차트 종류 변경]을 선택합니다.

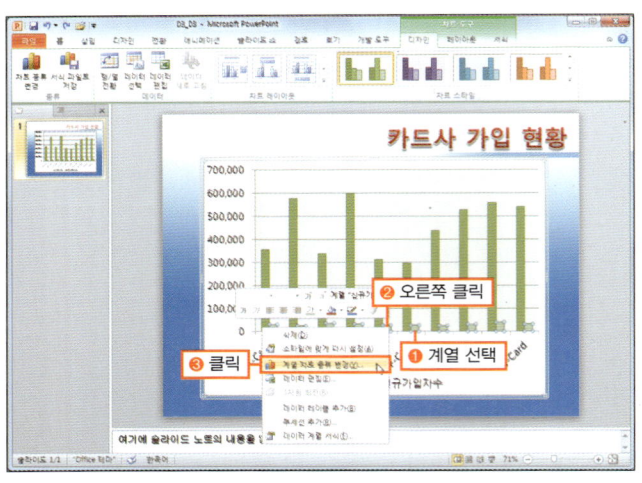

06 차트 종류 변경하기

[차트 종류 변경] 대화상자가 나타나면 ❶[표식이 있는 꺾은선 형]을 선택한 후 ❷[확인]을 클릭합니다.

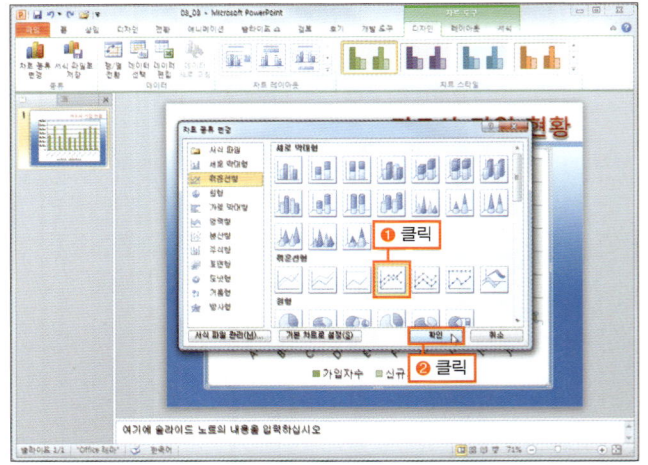

07 차트 변경 확인하기

선택한 데이터 계열의 차트 종류가 막대에서 '표식이 있는 꺾은선 그래프'로 변경된 것을 확인합니다.

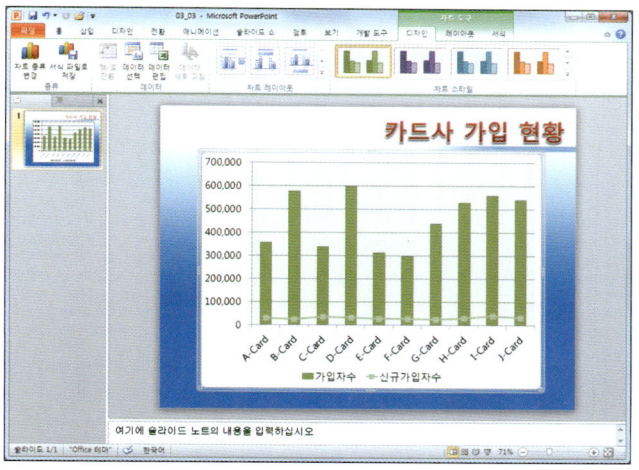

참고

'가입자수' 계열과 '신규가입자수' 계열의 데이터 값 차이가 커서 꺾은선 그래프로 변경해도 눈에 띄지 않습니다. 이럴 땐 데이터 계열의 서식을 변경해 주면 눈에 띄는 차트를 만들 수 있습니다.

08 계열 서식 선택하기

❶'신규가입자수' 데이터 계열을 선택하고 ❷마우스 오른쪽 버튼을 클릭한 후 ❸바로 가기 메뉴에서 [데이터 계열 서식]을 선택합니다.

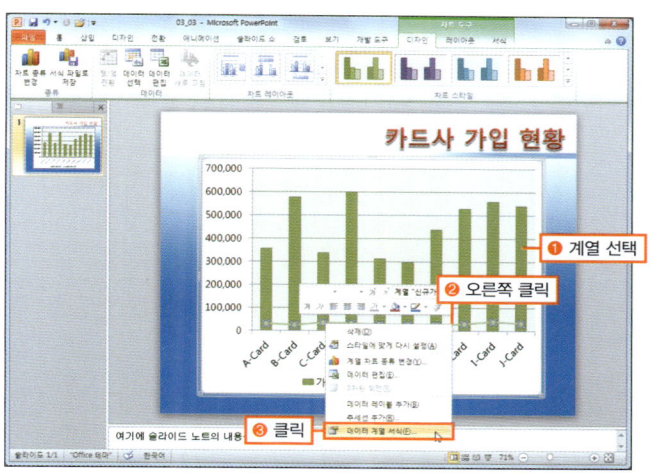

09 보조 축 선택하기

[데이터 계열 서식] 대화상자가 나타나면 ❶[계열 옵션] 항목에서 [보조 축]을 선택하고 ❷[닫기]를 클릭합니다.

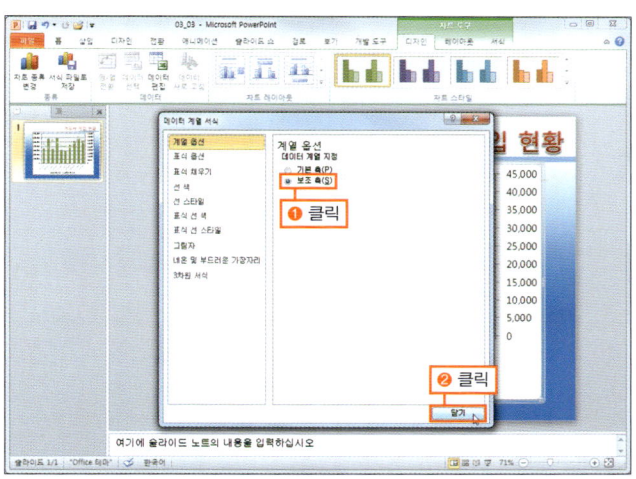

10 보조 축 확인하기

차트의 오른쪽에 보조 축이 표시되고 선택한 계열의 단위가 표시됩니다. '신규가입자수' 데이터 계열은 보조 축의 단위에 맞춰 차트가 표시되므로 훨씬 눈에 띄는 차트가 됩니다.

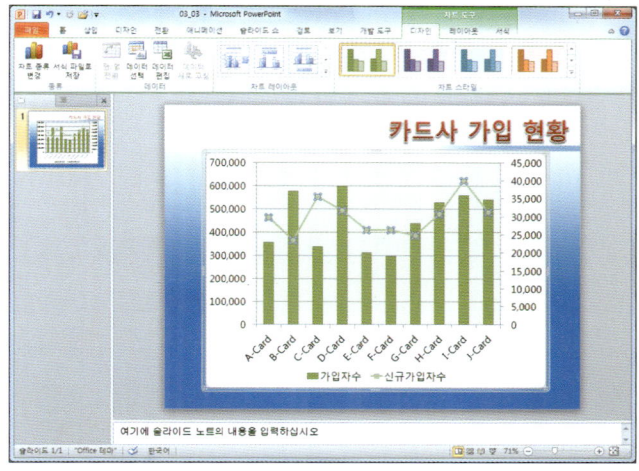

11 계열 서식 변경하기

❶'신규가입자수' 계열을 선택하고 ❷[차트 도구-서식] 탭의 [도형 스타일] 그룹에서 ❸[도형 윤곽선]을 클릭한 후 ❹색상 표에서 [진한 빨강]을 선택합니다.

12 계열 서식 변경 확인하기

'표식이 있는 꺾은선 형' 차트의 테두리 색이 변경된 것을 확인합니다. ❶차트의 왼쪽 축을 선택한 후 ❷[홈] 탭의 [글꼴] 그룹에서 ❸[글꼴 크기 작게](🔽)을 여러 번 클릭하여 글꼴 크기를 작게 변경합니다.

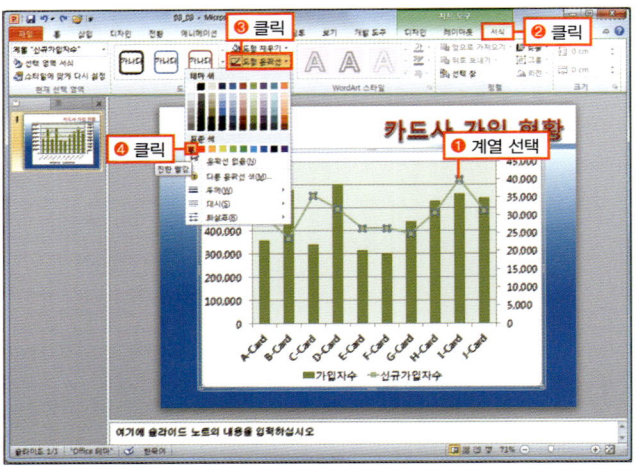

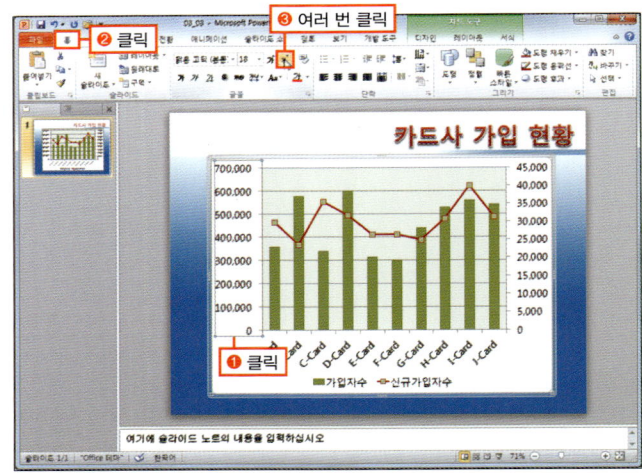

13 차트 영역 서식 변경하기

❶보조 축과 가로(항목) 축의 글꼴 크기를 작게 변경한 후 ❷차트의 '차트 영역'에서 마우스 오른쪽 버튼을 클릭하고 ❸바로 가기 메뉴에서 [차트 영역 서식]을 선택합니다.

14 차트 영역 투명도 변경하기

[차트 영역 서식] 대화상자가 나타나면 ❶[채우기] 항목의 [투명도]를 '70%'로 조정합니다.

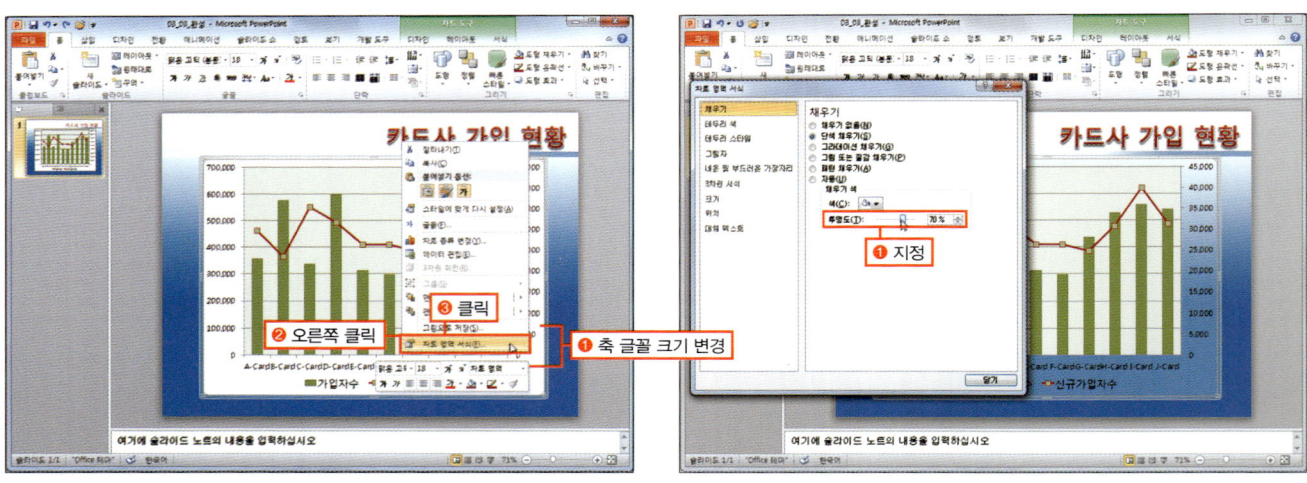

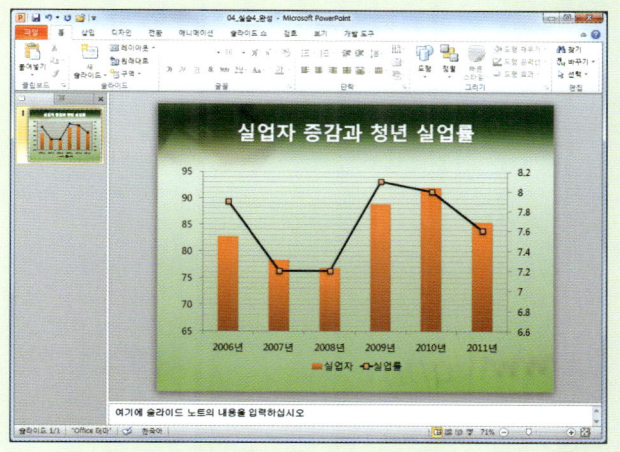

시작 파일을 열어 '묶은 세로 막대형'의 차트 모양을 그림과 같은
혼합 차트로 변경해 보세요.

◎ **시작 파일** : 6장\04_실습4.pptx
◎ **완료 파일** : 6장\04_실습4_완성.pptx

차트를 서식 파일로 저장하기

사용자가 차트의 레이아웃이나 스타일을 원하는 대로 설정한 후에는 언제든 다시 불러와 쓸 수 있도록 차트 서식 파일로 저장할 수 있습니다.

◎ **시작 파일** : 6장\01_02_완성.pptx
◎ **완료 파일** : 6장\my_chart.crtx

1 [서식 파일로 저장] 선택하기

❶[차트 도구-디자인] 탭의 [종류] 그룹에서 ❷[서식 파일로 저장](📊)을 클릭합니다.

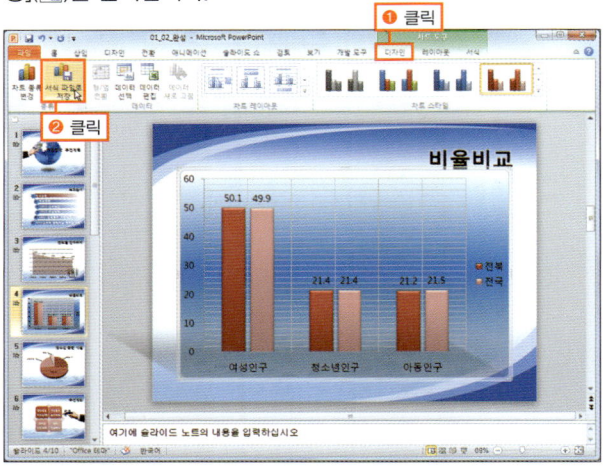

2 파일 이름 입력하기

[차트 서식 파일 저장] 대화상자가 나타나면 경로를 그대로 둔채 ❶[파일 이름]을 입력한 후 ❷[저장]을 클릭합니다.

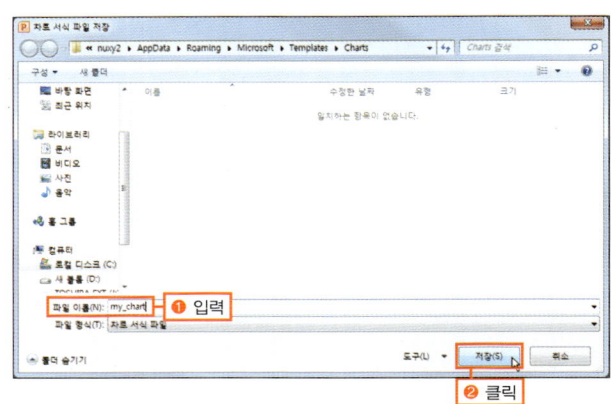

3 새 문서에 저장한 차트 서식 적용하기

저장한 차트 서식 파일을 새로운 프레젠테이션에 적용할 때는 ❶[삽입] 탭의 [일러스트레이션] 그룹에서 ❷[차트](📊)를 클릭합니다. [차트 삽입] 대화상자가 나타나면 ❸[서식 파일] 그룹을 클릭한 후 ❹[내 서식 파일] 목록에서 저장된 차트를 선택하고 ❺[확인]을 클릭합니다.

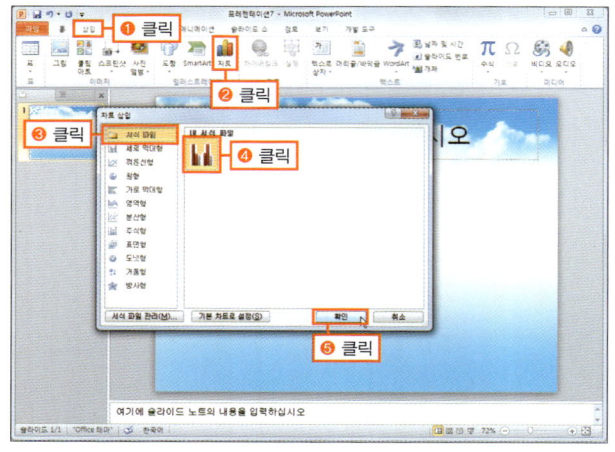

4 적용된 차트 서식 확인하기

저장된 차트 서식이 적용된 차트가 작성됩니다.

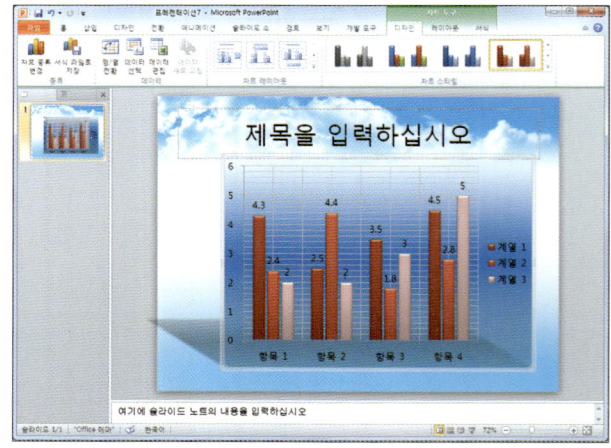

① 슬라이드에 표를 삽입하고 표의 레이아웃과 서식을 변경하여 다음과 같이 완성해 보세요.

◎ **시작 파일** : 6장\06_응용실습1.pptx
◎ **완료 파일** : 6장\06_응용실습1_완성.pptx
◎ **해설 파일** : 해설파일\6장\06_응용실습1_해설.pdf

Before

After

연도별 주택 보급률
주택수 : 천 호
가구수 : 천 가구

주택보급율		2005	2006	2007	2008	2009
수도권	주택수	5,782	5,909	6,015	6,209	6,370
	가구수	5,979	6,099	6,207	6,319	6,435

❶슬라이드에 '7x3' 크기의 표 삽입 ❷표의 1행 1, 2열 셀 병합, 표의 1열 2, 3행 셀 병합 ❸표 스타일 – [스타일 없음, 눈금 없음] 지정 ❹표 테두리 변경 후 5열 셀 음영 지정

② 슬라이드에 차트를 삽입한 후 차트의 레이아웃과 서식을 변경하여 다음과 같이 완성해 보세요.

◎ **시작 파일** : 6장\06_응용실습2.pptx
◎ **완료 파일** : 6장\06_응용실습2_완성.pptx
◎ **해설 파일** : 해설파일\6장\06_응용실습2_해설.pdf

Before

After

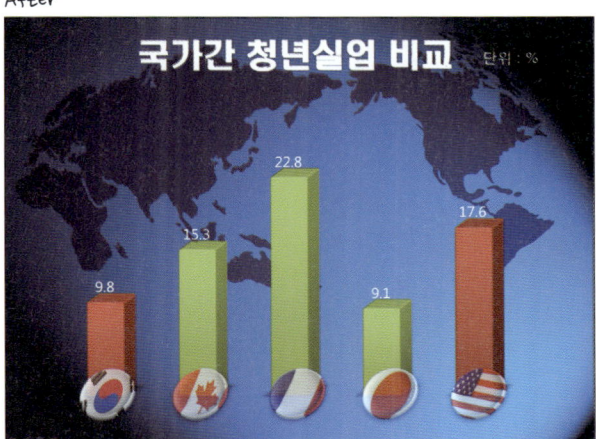

❶'3차원 묶은 세로 막대형' 차트 삽입 후 차트 스타일 지정(스타일 31) ❷차트 레이아웃 – [범례], [눈금선], [가로, 세로축] 표시 안 함 [데이터 레이블] 표시 ❸각 계열 색상 변경 ❹타원 삽입 후 도형 채우기 지정('국기'로 검색 후 클립아트 도형 배경으로 지정) ❺타원 도형 [3차원 서식] 지정 – [부드럽게 둥글리기], 재질(반투명 파우더), 조면(부드럽게) ❻3차원 회전(X : 32.3, Y : 339.6, Z : 335.2, 원근감 : 45)

애니메이션 적용하고
프레젠테이션 발표하기

파워포인트 2010은 버전이 업그레이드되면서 화면 전환과 애니메이션 기능이 더욱 화려하고 다양

해졌습니다. 오피스 2010에서는 전환 탭과 애니메이션 탭을 분리하여 기능을 제공하고 있으며, 애니

메이션 기능을 좀 더 세분화했다는 것을 특징으로 들 수 있습니다. 다양한 애니메이션 기능과 작성

한 프레젠테이션을 슬라이드 쇼를 통해 확인하는 방법에 대해 알아봅니다.

P O W E R P O I N T   2 0 1 0

화면 전환과 애니메이션 효과 지정하기

화면 전환 효과가 슬라이드 쇼 화면에서 슬라이드와 슬라이드 사이의 애니메이션 효과를 지정하는 것이라면 애니메이션은 슬라이드에 삽입된 개체에 애니메이션 효과를 지정하는 것입니다. 전환 효과와 애니메이션 효과를 지정하는 방법에 대해 알아봅니다.

다루는 내용

- 화면 전환 효과 지정하기
- 슬라이드 개체에 애니메이션 효과 지정하기

기능 정리

[전환] 탭과 [애니메이션] 탭 살펴보기

● [전환] 탭 살펴보기

오피스 2010에서는 화면 전환 기능이 [전환] 탭으로 따로 독립했습니다. [전환] 탭에서는 현재 슬라이드에서 다음 슬라이드로 넘어갈 때 특별한 애니메이션 효과와 옵션을 지정합니다.

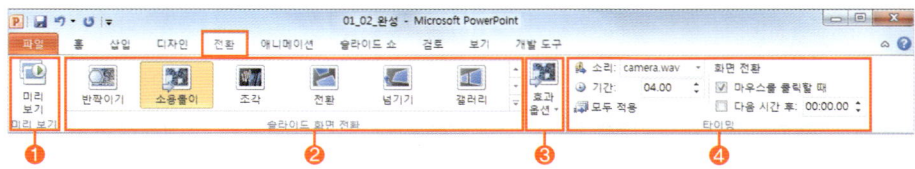

❶ **미리 보기** : 슬라이드 화면 전환 효과를 지정하고 편집 화면에서 효과를 확인합니다.

❷ **슬라이드 화면 전환 갤러리** : 슬라이드에 적용할 수 있는 화면 전환 효과의 목록이 나타납니다. ⬇를 클릭하면 적용할 수 있는 전환 효과 목록이 펼쳐지며 ⬆과 ⬇를 클릭하여 원하는 전환 효과를 선택하기도 합니다.

❸ **효과 옵션** : 화면 전환 효과를 선택한 후 효과의 옵션을 선택합니다.

❹ **타이밍** : 화면 전환 속도와 소리 등을 설정합니다.

● [애니메이션] 탭 살펴보기

[애니메이션] 탭에서는 슬라이드에 삽입된 개체(텍스트, 도형, 차트, 스마트아트 등)에 애니메이션 효과를 지정할 때 사용됩니다.

❶ **미리 보기** : 개체에 애니메이션 효과를 지정하고 편집 창에서 효과를 미리 확인합니다.

❷ **애니메이션** : 애니메이션 효과 목록입니다.

❸ **효과 옵션** : 지정한 애니메이션 효과의 옵션을 선택합니다.

❹ **고급 애니메이션** : 애니메이션 창을 나태내고 트리거, 애니메이션 복사, 애니메이션 추가 등의 기능을 지정합니다.

❺ **타이밍** : 애니메이션의 시작 시점과 재생 시간, 애니메이션의 순서를 바꿀 때 사용합니다.

 **간단퀴즈**

다음의 설명이 '화면 전환'과 '애니메이션' 중 어느 기능을 설명하고 있는지 적어보세요.

1 슬라이드에 삽입된 개체 애니메이션 효과를 지정해주는 기능입니다. (   )

2 현재 슬라이드에 다음 슬라이드로 넘어갈 때 애니메이션을 지정해 주는 기능입니다. (   )

답 : **1** 애니메이션, **2** 화면 전환

실습 과정

화면 전환 효과 지정하기

슬라이드 간의 화면 전환 효과를 지정하는 방법에 대해 알아봅니다.

◎ **시작 파일** : 7장\01_01.pptx
◎ **완료 파일** : 7장\01_01_완성.pptx

01 화면 전환 효과 선택하기

❶[전환] 탭의 [슬라이드 화면 전환] 그룹에서 ❷[자세히] (▽)를 클릭하고 화면 전환 효과 목록에서 ❸[화려한 효과]의 [소용돌이]를 클릭합니다.

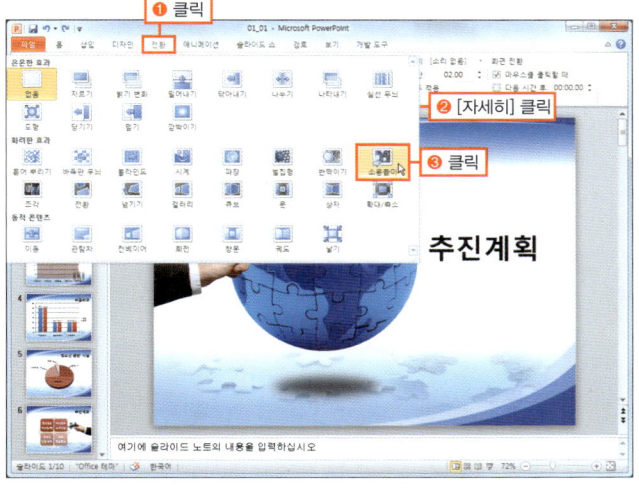

02 전환 효과 미리 보기

선택된 슬라이드 번호 아래에 ⭐ 표시가 나타납니다. ❶[전환] 탭의 [미리 보기] 그룹의 [미리 보기](▶)를 클릭하여 파워포인트 작업 영역에서 화면 전환 효과를 확인합니다.

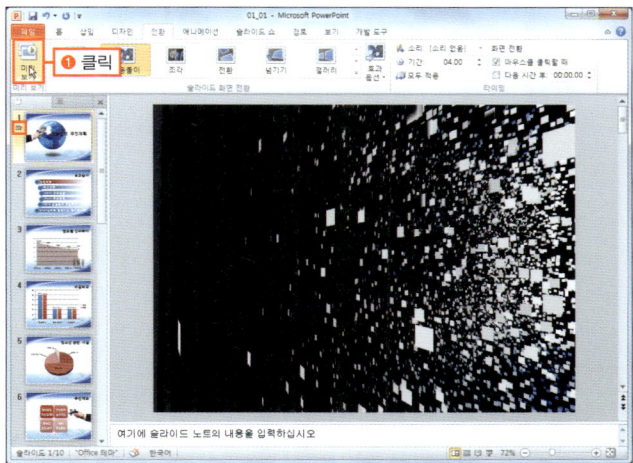

03 화면 전환 소리 효과 지정하기

❶[전환] 탭의 [타이밍] 그룹에서 [소리]를 클릭하고 ❷[카메라]를 선택합니다.

참고

화면 전환 효과의 소리 효과는 슬라이드 쇼 화면에서 다음 화면으로 넘어갈 때의 효과음입니다.

04 슬라이드에 모두 적용하기

❶[전환] 탭의 [타이밍] 그룹에서 [모두 적용]을 클릭하여 모든 슬라이드에 같은 전환 효과와 소리 효과를 적용합니다.

05 전환 효과 표시 확인하기

[슬라이드 및 개요] 창의 슬라이드 번호 아래에 ☆ 표시가 나타납니다.

06 슬라이드 쇼 실행하기

❶F5를 눌러 슬라이드 쇼를 실행해 적용된 화면 전환 효과와 효과음을 확인합니다.

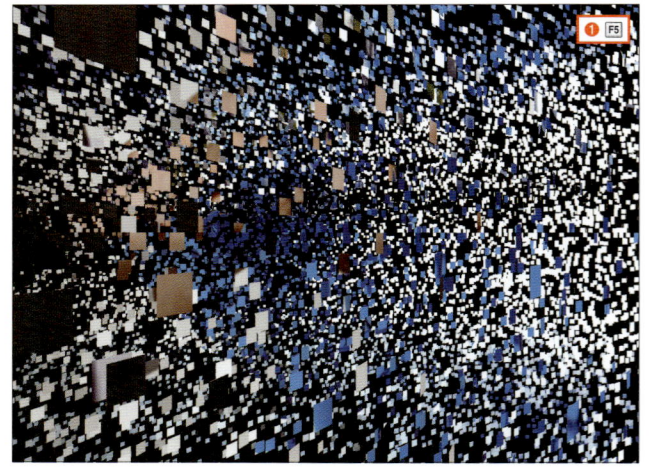

모든 슬라이드에 다음과 같은 조건의 동일한 화면 전환 효과를 지정해 보세요.(효과 : 파장, 소리 : 요술봉, 시간 : 2초)

◎ **시작 파일** : 7장\01_실습1.pptx
◎ **완료 파일** : 7장\01_실습1_완성.pptx

실습과정 · 개체에 애니메이션 효과 지정하기

슬라이드에 삽입된 개체에 애니메이션 효과를 지정하는 방법에 대해 알아봅니다.

◎ **시작 파일** : 7장\01_02.pptx
◎ **완료 파일** : 7장\01_02_완성.pptx

01 [애니메이션 창] 클릭하기

❶[애니메이션] 탭의 [고급 애니메이션] 그룹에서 ❷[애니메이션 창](애니메이션 창)을 클릭합니다.

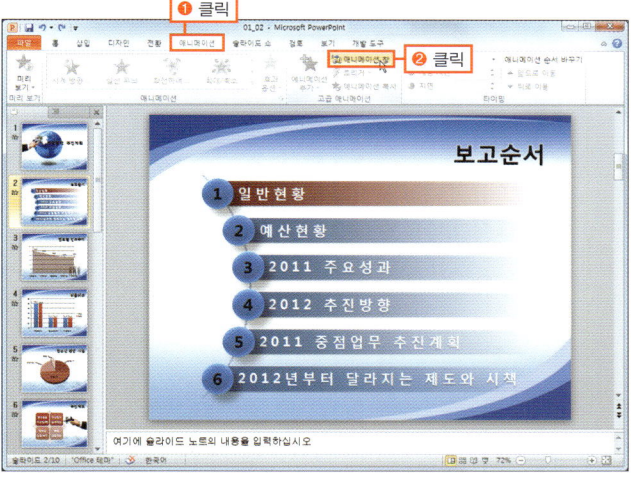

02 애니메이션 목록 펼치기

화면에 [애니메이션 창]이 나타납니다. 슬라이드의 ❶'1'번 도형을 선택한 후 ❷[애니메이션] 탭의 [애니메이션] 그룹에서 [자세히]()를 클릭합니다.

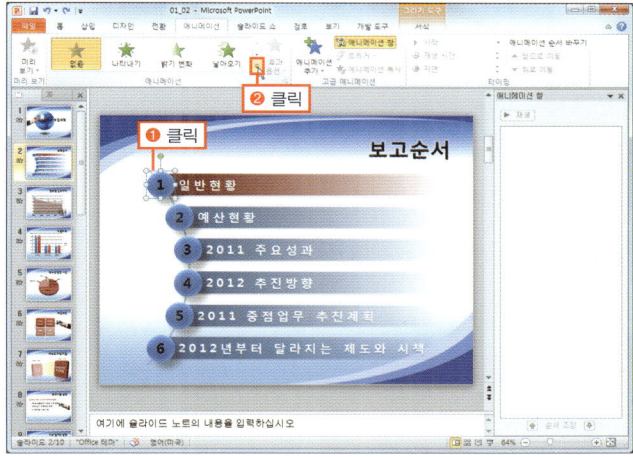

03 애니메이션 효과 선택하기

애니메이션 효과 목록이 나타나면 ❶[강조]의 [흔들기]를 선택합니다.

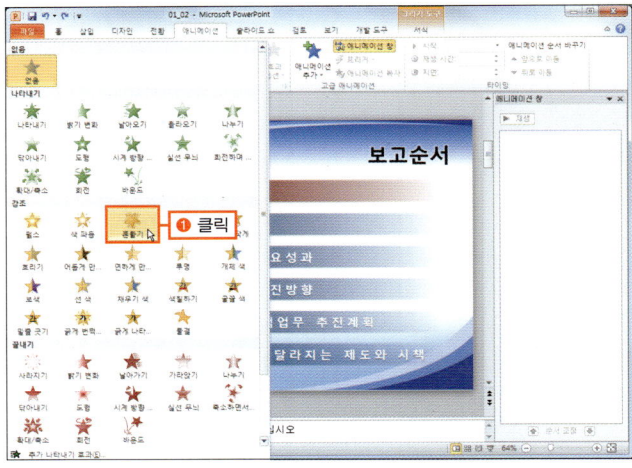

04 애니메이션 창 확인하기

선택한 도형에 애니메이션 번호가 표시되고 [애니메이션] 창에 애니메이션 효과 목록이 나타납니다.

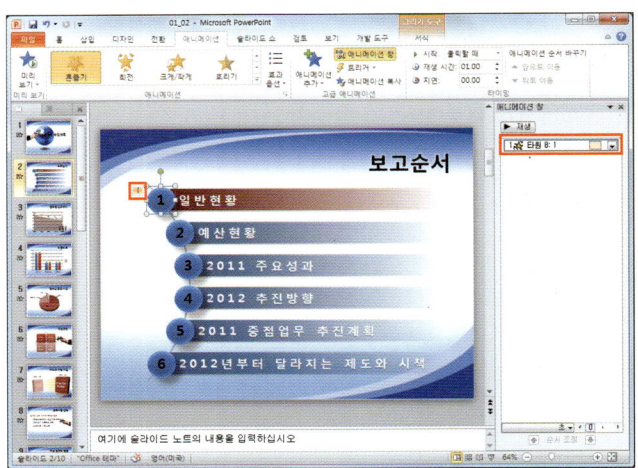

05 애니메이션 효과 선택하기

이번에는 ❶직사각형 도형을 선택하고 ❷[애니메이션] 탭의 [애니메이션] 그룹에서 [자세히](▾)를 클릭하고 ❸[나타내기]의 [실선 무늬]를 선택합니다.

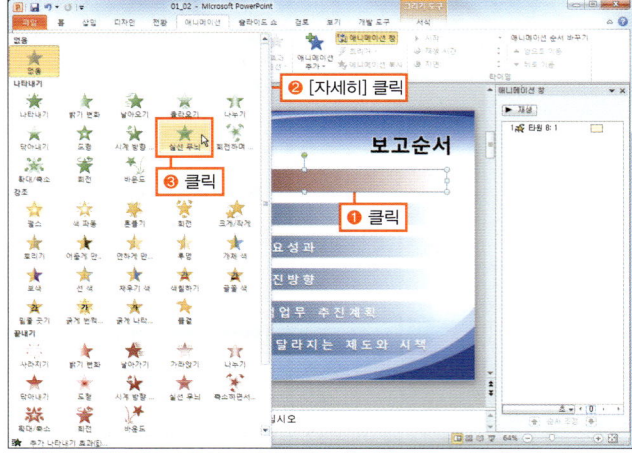

06 애니메이션 번호 확인하기

애니메이션 적용 순서대로 슬라이드 개체에 번호가 표시되는 것을 확인할 수 있습니다.

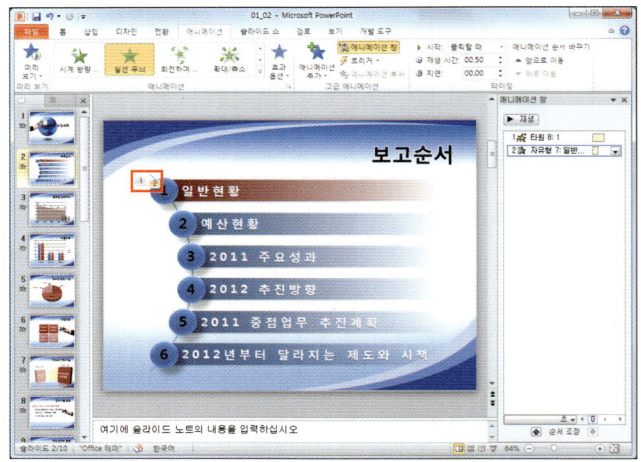

07 애니메이션 재생 시간 변경하기

[애니메이션 창]의 애니메이션 효과 목록에서 ❶애니메이션 효과를 모두 선택하고 [애니메이션] 탭의 [타이밍] 그룹에서 ❷[재생 시간]을 '2초'로 변경합니다.

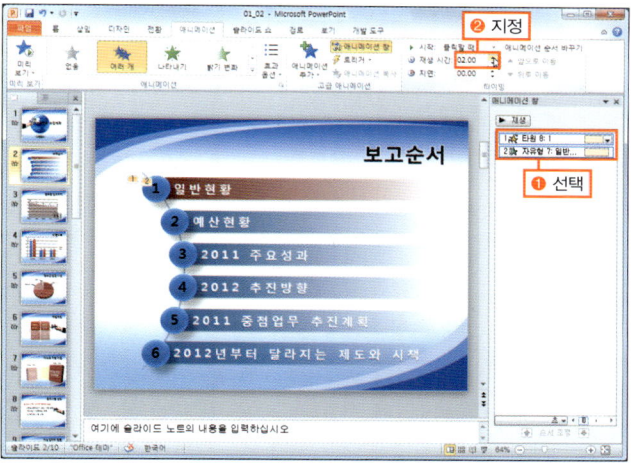

참고

Shift 를 누른 상태에서 [애니메이션 창]의 효과 목록을 클릭하면 여러 개를 선택할 수 있습니다.

08 애니메이션 미리 보기

❶[애니메이션 창]의 [재생](▶ 재생)을 클릭하면 작업 영역에서 애니메이션 효과를 미리 확인할 수 있습니다.

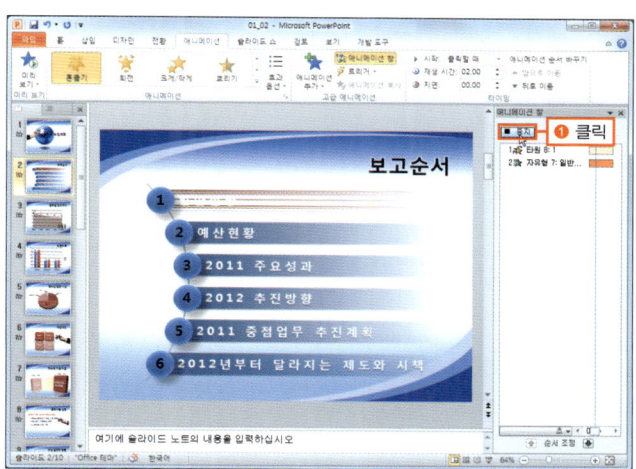

확인실습

슬라이드에 다음 조건의 애니메이션 효과를 지정해 보세요.(닦아내기, 날아오기, 효과 옵션 변경, 2초로 변경)

◎ **시작 파일** : 7장\01_실습2.pptx
◎ **완료 파일** : 7장\01_실습2_완성.pptx

텍스트 애니메이션 옵션 설정하기

텍스트에 애니메이션 효과를 지정할 때는 텍스트 상자에 입력된 텍스트를 하나로 묶어 애니메이션을 진행할 것인지 단어 단위 혹은 문자 단위로 애니메이션을 지정할 것인지를 사용자가 직접 설정할 수 있습니다.

◎ **시작 파일** : 7장\01_02_완성.pptx
◎ **완료 파일** : 7장\01_02_문자단위.pptx

1 애니메이션 효과 지정하기

❶텍스트 상자를 선택하고 ❷[애니메이션] 탭의 [애니메이션] 그룹에서 애니메이션 효과를 ❸[날아오기]로 지정합니다.

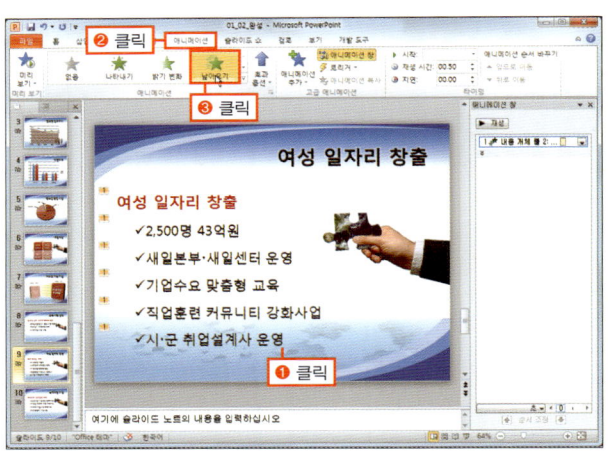

2 [효과 옵션] 선택하기

❶[애니메이션 창]의 효과 목록에서 ❷[효과 옵션]을 선택합니다.

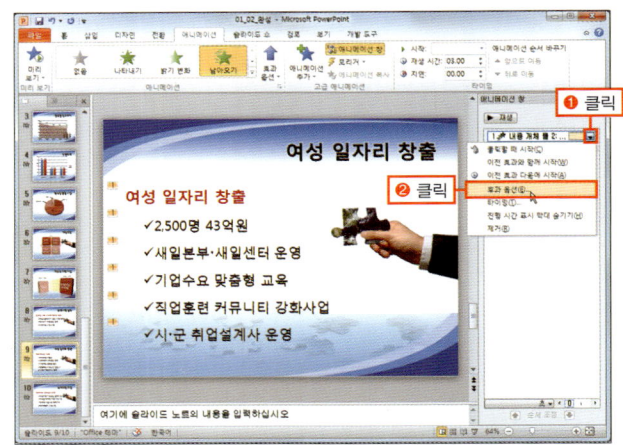

3 문자 단위로 애니메이션 지정하기

날아오기 효과의 효과 옵션 대화상자가 나타나면 [효과] 탭의 [추가 적용] 항목에서 ❶[텍스트 애니메이션]을 ❷[문자 단위로]로 지정하고 ❸[확인]을 클릭합니다.

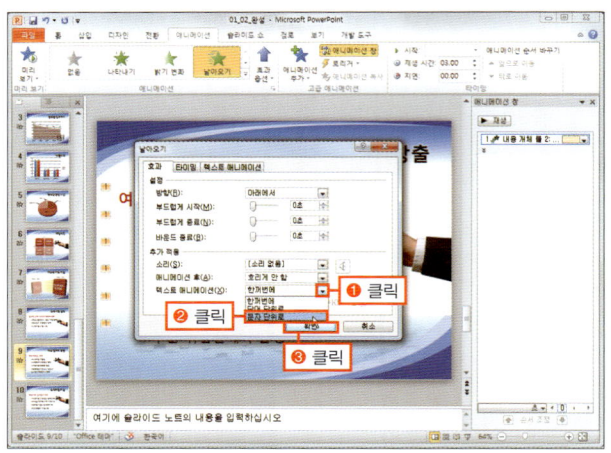

4 슬라이드 쇼 실행하기

❶슬라이드 쇼를 실행하면 애니메이션을 지정한 텍스트 상자의 텍스트가 문자 단위로 따로 애니메이션이 되는 것을 확인할 수 있습니다.

참고 ● 텍스트 상자에 한꺼번에 애니메이션 지정하기

텍스트 상자의 [텍스트 애니메이션]이 [한꺼번에]로 지정되면 텍스트 상자에 입력된 텍스트가 한 개체로 애니메이션이 적용됩니다.

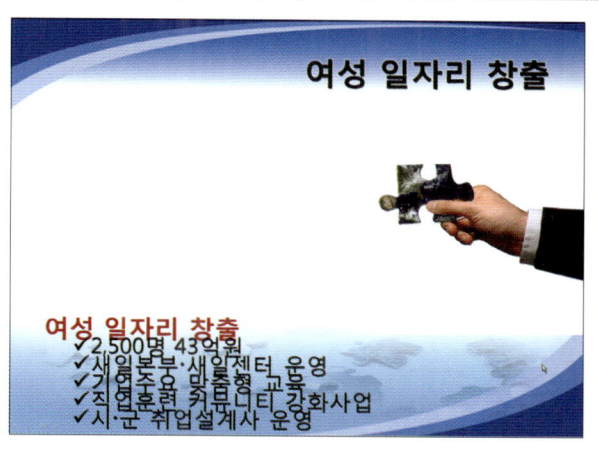

고급 애니메이션 효과 지정하기

애니메이션 효과를 지정할 때 [애니메이션 창]을 표시해 좀 더 자세한 옵션을 지정하거나 애니메이션을 복사하고 트리거를 적용하는 것은 애니메이션 고급 기능에서 실행할 수 있습니다. 고급 애니메이션 효과를 지정하는 방법에 대해 알아봅니다.

다루는 내용

- 애니메이션 복사하기
- 애니메이션에 트리거 지정하기
- 애니메이션 이동 경로 지정하기
- 애니메이션 효과 옵션 지정하기

기능 정리

향상된 고급 애니메이션 효과 살펴보기

[애니메이션] 탭의 [고급 애니메이션] 그룹에서는 애니메이션 작업 창을 표시하고 애니메이션이 지정된 개체에 추가로 다른 효과를 지정하는 등의 다양한 효과를 선택할 수 있습니다.

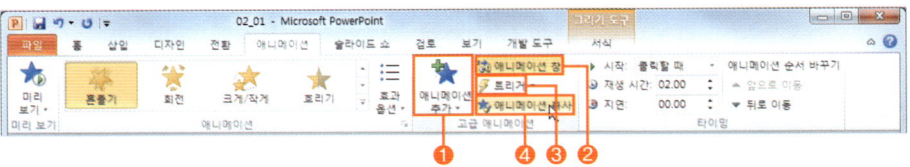

❶ **애니메이션 추가** : 슬라이드 개체에 새롭게 애니메이션을 추가하거나 이미 애니메이션이 지정된 개체에 애니메이션 효과를 추가합니다.

❷ **애니메이션 창** : 슬라이드 개체에 적용된 애니메이션 목록을 모두 볼 수 있는 작업 창이 오른쪽에 표시됩니다. 애니메이션의 순서, 재생 시간 등의 애니메이션 정보를 표시합니다.

❸ **트리거** : [옵션] 대화상자의 [시작 옵션]과 같은 기능이며, 특정 개체를 클릭해야만 애니메이션이 시작되도록 지정합니다.

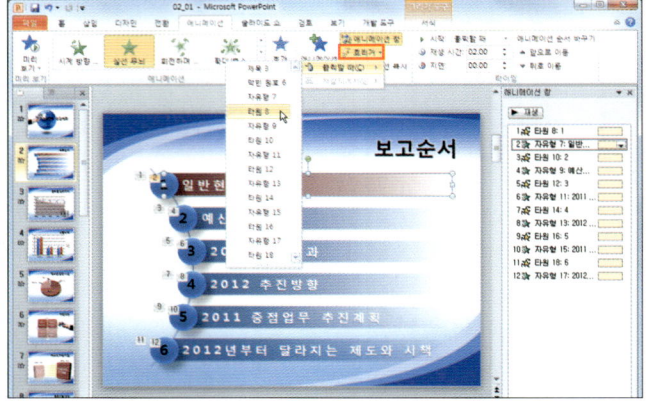

❹ **애니메이션 복사** : 개체에 지정된 애니메이션 효과를 다른 개체에 그대로 적용시켜 주는 기능입니다.

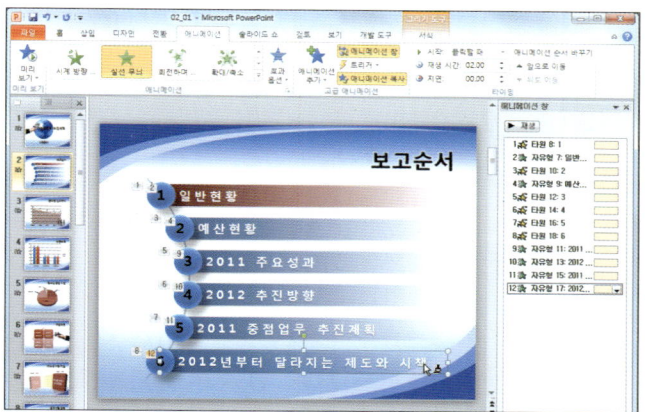

애니메이션 복사하고 순서 변경하기

애니메이션을 복사하고 트리거를 지정하는 고급 애니메이션 효과에 대해 알아봅니다.

◎ **시작 파일** : 7장\02_01.pptx
◎ **완료 파일** : 7장\02_01_완성.pptx

01 애니메이션 복사하기

❶애니메이션이 적용된 첫 번째 도형을 선택하고 ❷[애니메이션] 탭의 [고급 애니메이션] 그룹에서 ❸[애니메이션 복사](⭐ 애니메이션 복사)를 클릭합니다.

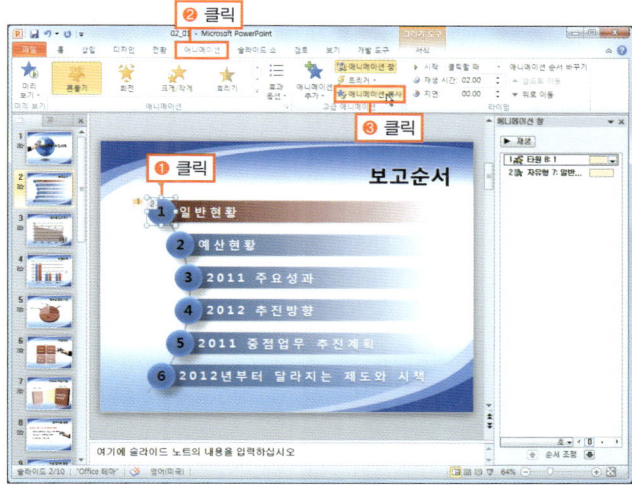

02 애니메이션 복사 적용하기

마우스 포인터의 모양이 ⬚로 변경되면 ❶'2'번 도형을 클릭합니다.

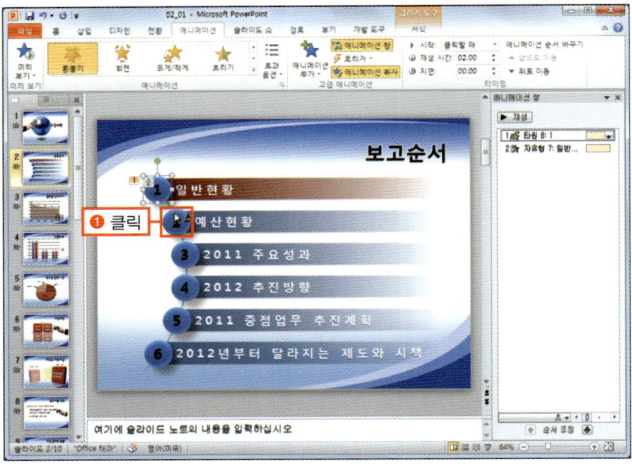

03 복사된 도형 확인하기

'2'번 도형에 같은 애니메이션 효과가 적용됩니다.

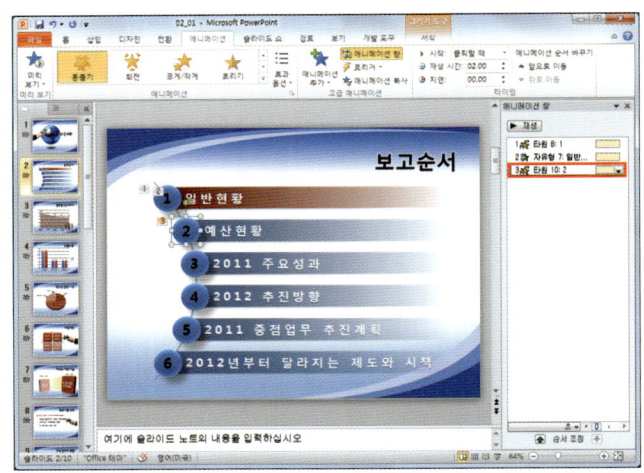

04 애니메이션 복사하기

이번에는 ❶애니메이션 효과가 적용된 직사각형을 선택하고 ❷[애니메이션] 탭의 [애니메이션] 그룹에서 [애니메이션 복사](⭐ 애니메이션 복사)를 클릭하고 ❸'예산현황' 도형을 클릭하여 애니메이션을 복사합니다.

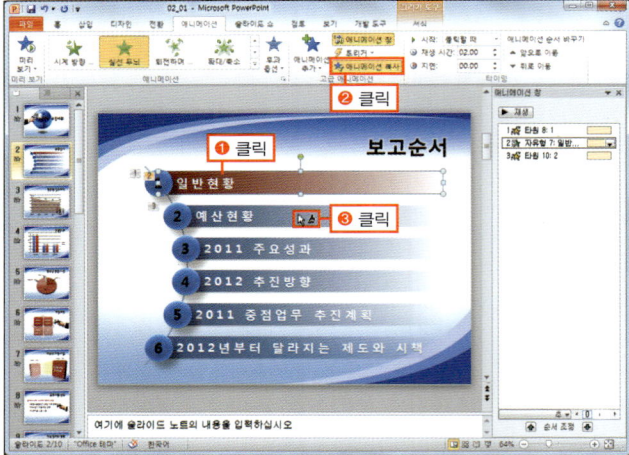

05 도형 연속 클릭하기

❶'3'번 도형을 선택하고 ❷[애니메이션] 탭의 [애니메이션] 그룹에서 [애니메이션 복사](⭐ 애니메이션 복사)를 더블클릭합니다. 마우스 포인터의 모양이 ⬚로 변경되면 ❸번호가 입력된 도형을 연속적으로 클릭하여 복사합니다.

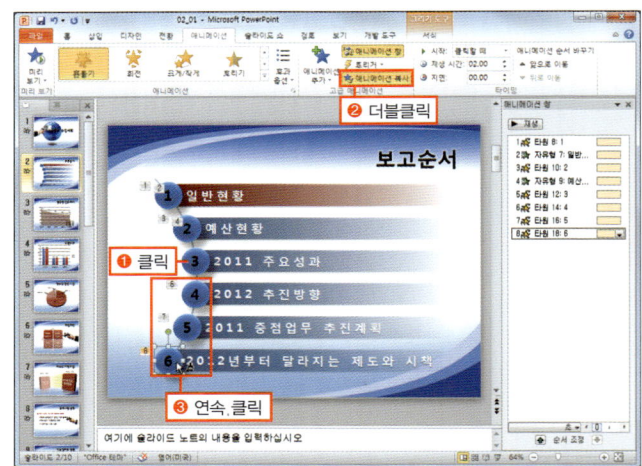

> **참고**
> 같은 애니메이션 효과를 연속적으로 적용할 때는 [애니메이션 복사](⭐ 애니메이션 복사)를 더블클릭합니다.

06 애니메이션 복사 반복하기

❶같은 방법으로 직사각형에 지정된 애니메이션 효과를 복사하고 나머지 직사각형 도형을 클릭하여 적용시킵니다.

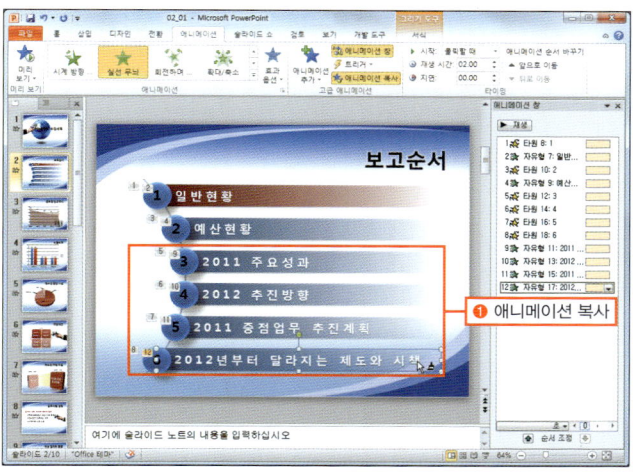

07 애니메이션 순서 변경하기

애니메이션의 순서를 변경할 때는 ❶[애니메이션 창]에서 순서를 변경하려는 효과를 선택하고 ❷[순서 조정]의 를 클릭합니다.

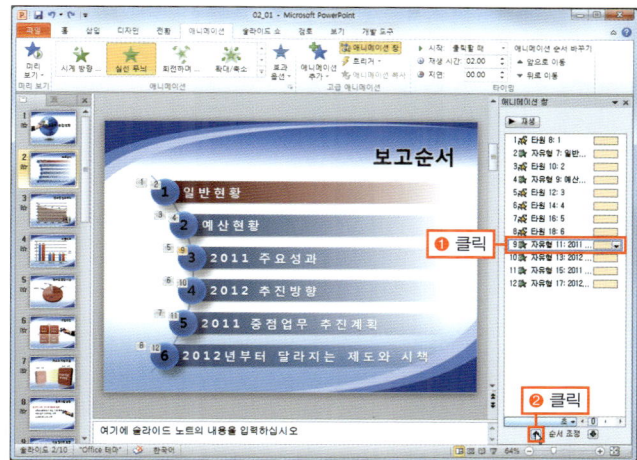

08 애니메이션 순서 확인하기

애니메이션의 순서가 다음과 같이 되도록 조정합니다.

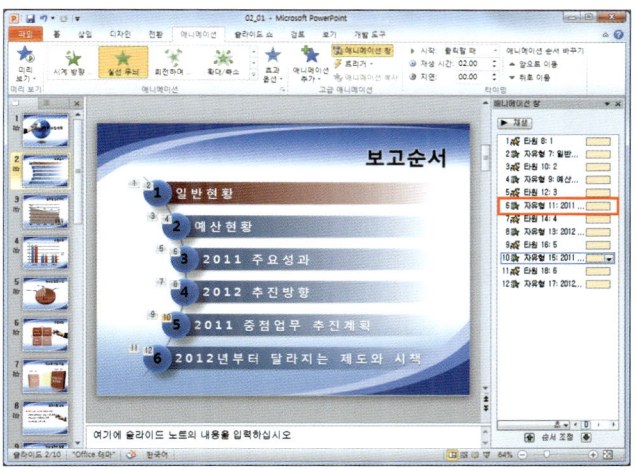

시작 파일의 제목 텍스트 상자에 지정된 애니메이션 효과를 나머지 개체에 복사한 후 다음과 같은 애니메이션 순서로 변경해 보세요.

- 시작 파일 : 7장\02_실습4.pptx
- 완료 파일 : 7장\02_실습4_완성.pptx

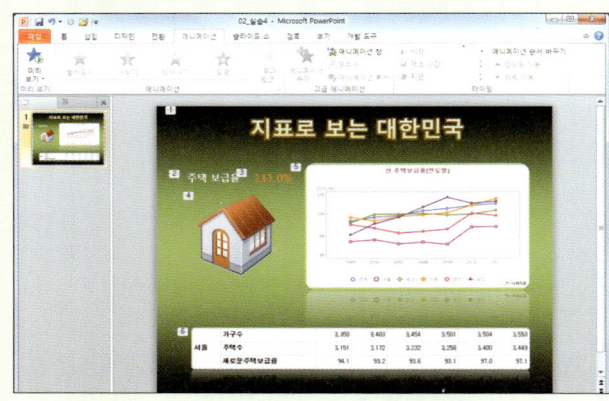 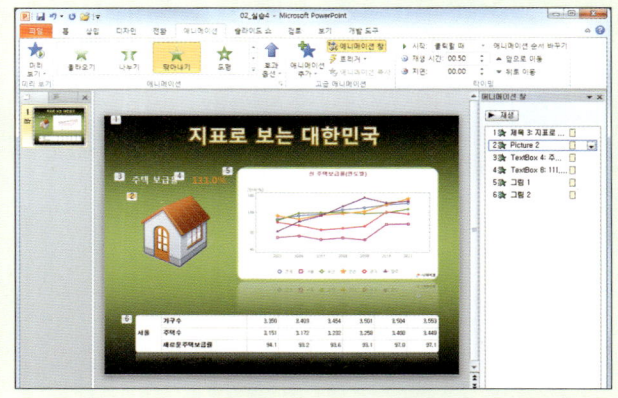

추가로 애니메이션 효과 지정하기

애니메이션이 지정된 개체에 추가로 애니메이션 효과를 지정하는 방법에 대해 알아봅니다.

- 시작 파일 : 7장\02_04.pptx
- 완료 파일 : 7장\02_04_완성.pptx

01 애니메이션 효과 선택하기

❶슬라이드 7을 선택하고 ❷왼쪽 도형 개체를 선택합니다. ❸[애니메이션] 탭의 [애니메이션] 그룹에서 ❹애니메이션 효과 중 [닦아내기]를 클릭합니다.

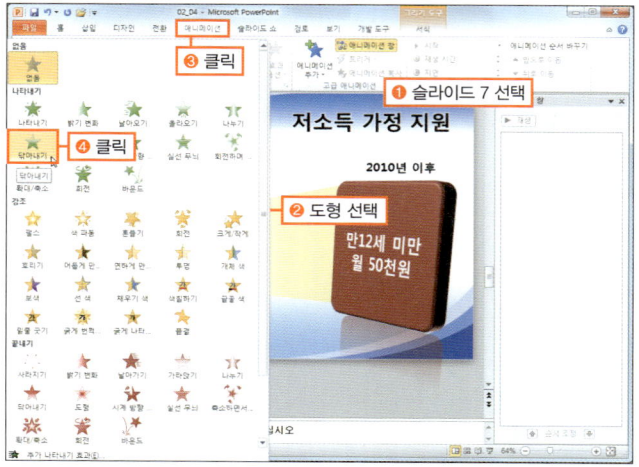

02 애니메이션 추가하기

애니메이션 효과가 지정되면 선택을 그대로 둔 채 ❶[애니메이션] 탭의 [고급 애니메이션] 그룹에서 [애니메이션 추가](⭐)를 클릭한 후 ❷[강조]의 [흔들기] 효과를 선택합니다.

03 애니메이션 효과 추가 확인하기

선택한 개체에 애니메이션 효과가 하나 더 추가된 것을 확인할 수 있습니다.

04 두 번째 도형 효과 선택하기

❶두 번째 사다리꼴 도형을 선택하고 ❷[애니메이션] 탭의 [애니메이션] 그룹에서 [밝기 변화] 효과를 선택합니다.

05 애니메이션 효과 추가하기

다시 ❶[애니메이션] 탭의 [고급 애니메이션] 그룹에서 [애니메이션 추가](⭐)를 클릭한 후 애니메이션 효과 목록에서 ❷[끝내기]의 [사라지기] 효과를 선택합니다.

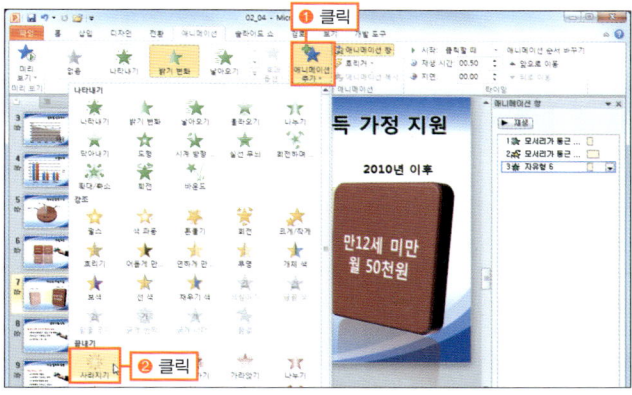

06 애니메이션 효과 선택과 추가하기

❶마지막으로 슬라이드 오른쪽의 도형을 선택한 후 같은 방법으로 ❷[올라오기] 효과를 선택하고 ❸추가로 ❹[크게/작게] 효과를 선택합니다.

07 애니메이션 효과 확인하기

슬라이드의 각 개체에 애니메이션 효과가 추가된 것을 확인할 수 있습니다.

> **참고**
>
> 애니메이션 효과는 [나타내기], [강조하기], [끝내기]로 구분이 됩니다. [나타내기]와 [강조하기]에 있는 애니메이션 효과는 애니메이션을 실행하면 애니메이션 효과 이후에도 개체가 슬라이드에 존재합니다. 하지만, [끝내기]에 있는 애니메이션 효과는 애니메이션 효과 이후에는 슬라이드에서 개체가 사라지는 것입니다.

확인실습

시작 파일의 그림 개체에 새로운 애니메이션 효과를 추가해 보세요.

⊙ **시작 파일** : 7장\02_실습5.pptx
⊙ **완료 파일** : 7장\02_실습5_완성.pptx

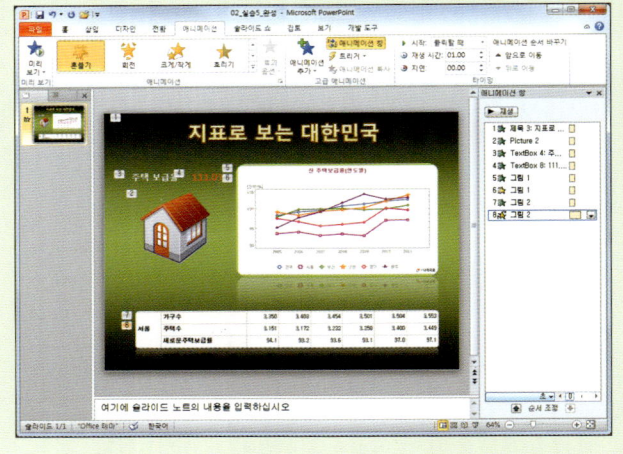

실습 과정

애니메이션에 트리거 적용하기

트리거를 지정하는 애니메이션 효과에 대해 알아봅니다.

⊙ **시작 파일** : 7장\02_01.pptx
⊙ **완료 파일** : 7장\02_01_완성.pptx

01 트리거 지정하기

❶애니메이션 효과가 적용된 두 번째 개체를 선택하고 ❷ [애니메이션] 탭의 [고급 애니메이션] 그룹에서 ❸[트리거](⚡트리거▾)를 클릭하고 ❹[클릭할 때]-❺[타원 8]을 선택합니다.

02 트리거 적용 확인하기

[트리거](⚡트리거▾)가 적용된 개체에는 ⚡ 표시가 나타납니다.

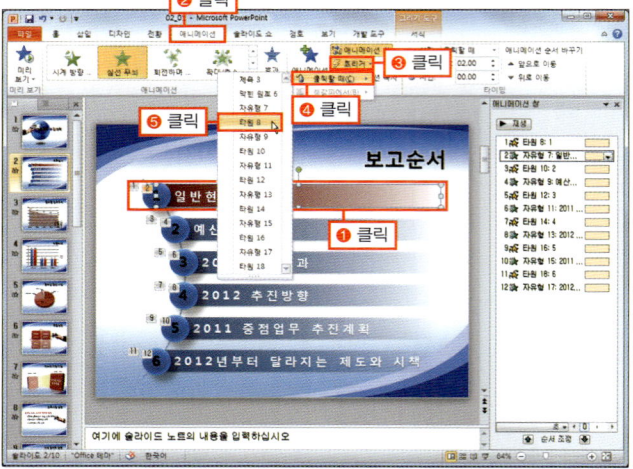

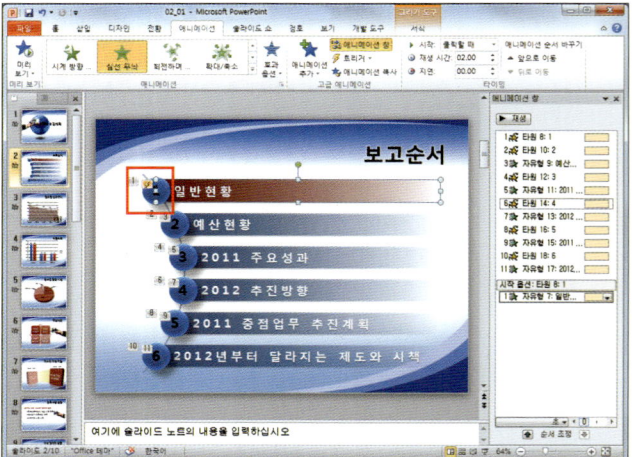

> **참고**
>
> 슬라이드 쇼를 실행하여 '1'번 도형을 클릭했을 때 '일반현황' 직사각형 애니메이션이 실행되도록 지정하는 과정입니다.

03 슬라이드 쇼 실행하기

① Shift + F5 를 눌러 현재 슬라이드부터 슬라이드 쇼를 시작합니다. ② 트리거가 적용된 개체를 클릭하면 지정된 애니메이션이 실행되는 것을 확인할 수 있습니다.

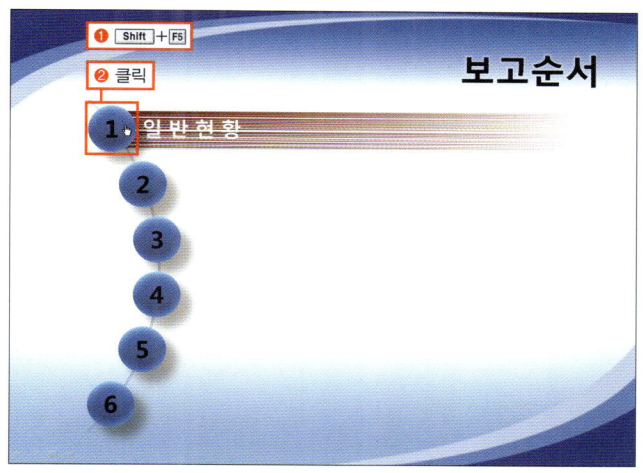

참고 ● 애니메이션 효과 제거하기

지정한 애니메이션 효과를 제거할 때는 애니메이션 창에서 제거할 ① 애니메이션 효과를 마우스 오른쪽 버튼으로 클릭한 다음 ② [제거]를 클릭합니다.

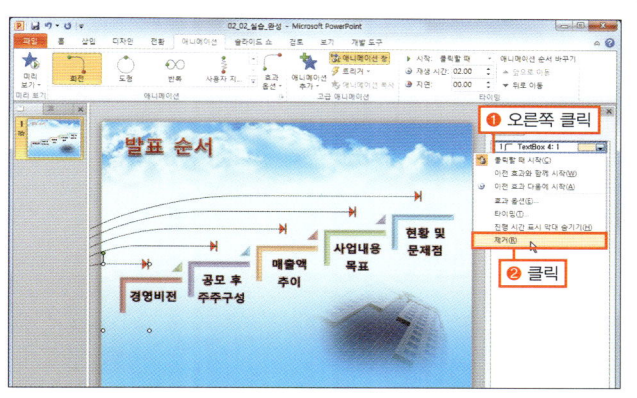

확인실습

슬라이드의 제목을 클릭해야 텍스트 상자의 애니메이션이 실행되도록 애니메이션 효과를 지정해 보세요.

◎ **시작 파일** : 7장\02_실습1.pptx
◎ **완료 파일** : 7장\02_실습1_완성.pptx

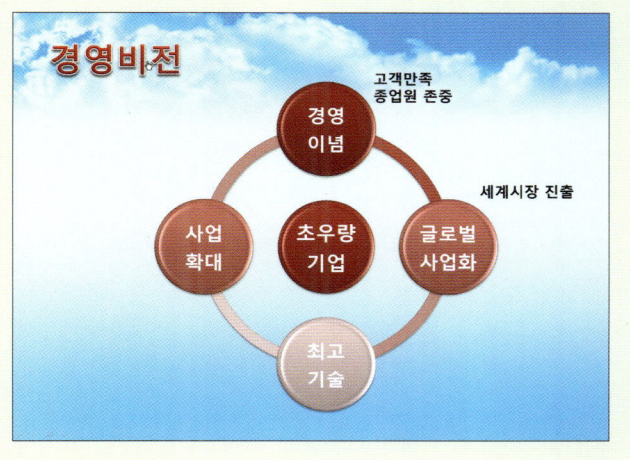

실습과정 · 애니메이션의 이동 경로 지정하기

입력된 텍스트의 글꼴, 글꼴 크기, 색상 등을 변경해 봅니다.

◎ **시작 파일** : 7장\02_02.pptx
◎ **완료 파일** : 7장\02_02_완성.pptx

01 사용자 지정 경로 선택하기

❶슬라이드에 삽입된 지구본 이미지를 선택하고 ❷[애니메이션] 탭의 [애니메이션] 그룹에서 ❸[자세히]( )를 클릭합니다. 애니메이션 목록에서 ❹[이동 경로]의 [사용자 지정 경로]를 선택합니다.

02 이동 경로 그리기

❶마우스 포인터가 연필 모양으로 변경되면 그림과 같이 이동 경로를 그려줍니다.

03 이동 경로 확인하기

애니메이션 이동 경로가 다음과 같이 표시됩니다.

04 애니메이션 효과 추가하기

개체에 새로운 애니메이션을 추가할 때는 ❶[애니메이션] 탭의 [고급 애니메이션] 그룹에서 [애니메이션 추가]( )를 클릭하고 ❷ [강조]의 [회전]을 선택합니다.

05 추가 애니메이션 효과 확인하기

개체에 새로운 애니메이션이 추가된 것을 확인할 수 있습니다.

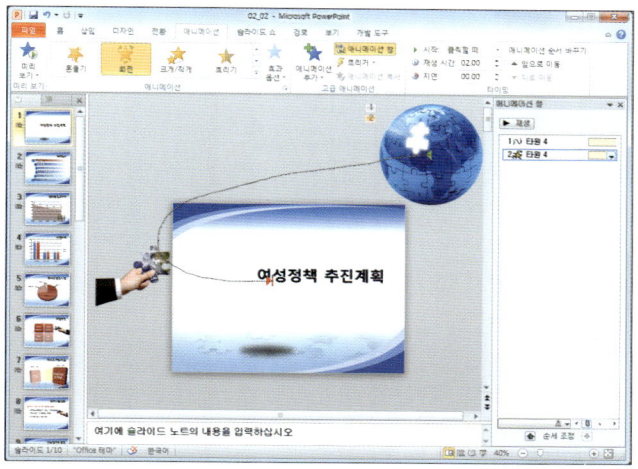

06 이동 경로 선택하기

❶왼쪽의 이미지를 선택하고 ❷[애니메이션] 탭의 [애니메이션] 그룹에서 [자세히](▼)를 클릭하고 ❸[이동 경로]의 [선]을 선택합니다.

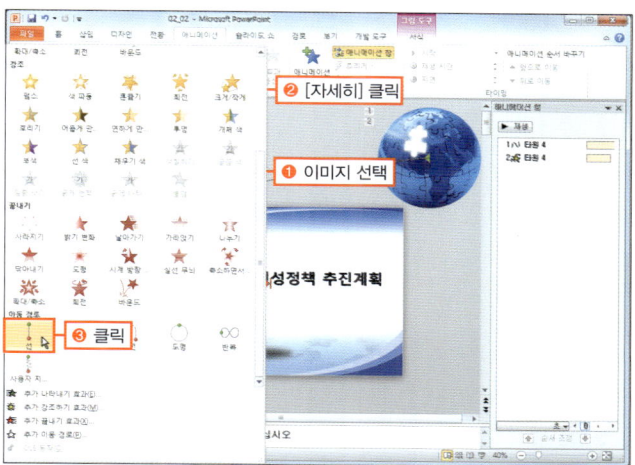

07 효과 옵션 변경하기

개체에 선택한 애니메이션 이동 경로가 적용됩니다. 기본적으로 지정된 이동 경로의 방향을 변경할 때는 ❶애니메이션 탭의 [애니메이션] 그룹에서 [효과 옵션]을 클릭하고 ❷[오른쪽]을 선택합니다.

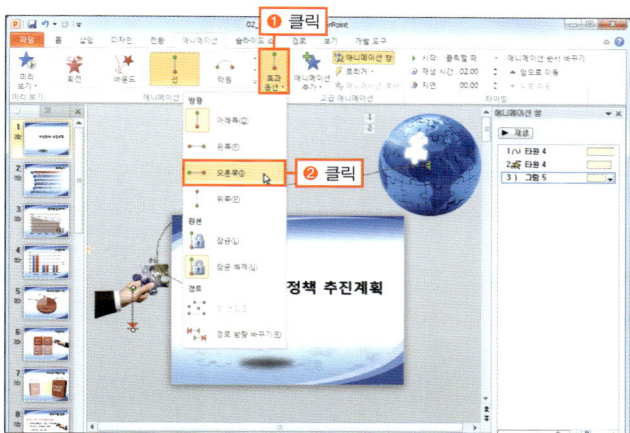

08 이동 경로 수정하기

애니메이션의 이동 경로가 오른쪽으로 변경되면 ❶빨간색 경로의 끝점을 드래그하여 길이를 조절합니다.

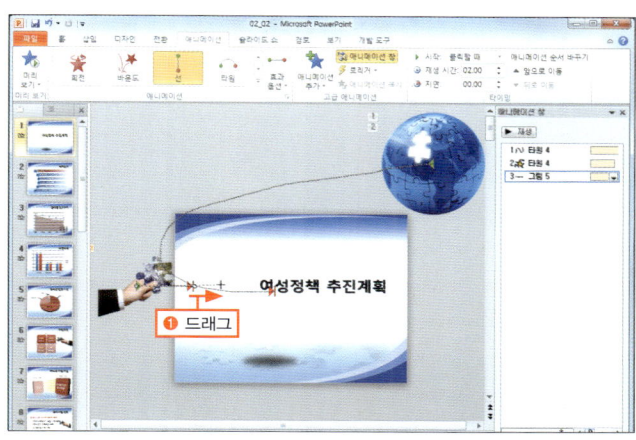

참고 ● 이동 경로의 시작과 끝점 지정하기

애니메이션 이동 경로를 지정했을 개체에 표시되는 경로에서 초록색 점은 애니메이션 시작점이고 빨간색 점은 애니메이션이 끝나는 지점을 표시합니다. 경로를 클릭한 후 시작점이나 끝점에 마우스 포인터를 위시킨 후 양방향 화살표로 포인터 모양이 변경되면 드래그하여 길이를 조절합니다.

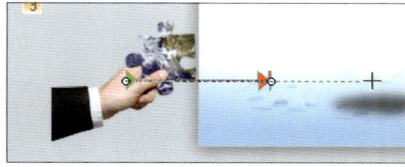

09 애니메이션 효과 지정하기

❶슬라이드의 제목 텍스트 상자를 선택하고 ❷애니메이션 효과 목록에서 [나타내기]의 [실선 무늬]를 지정합니다.

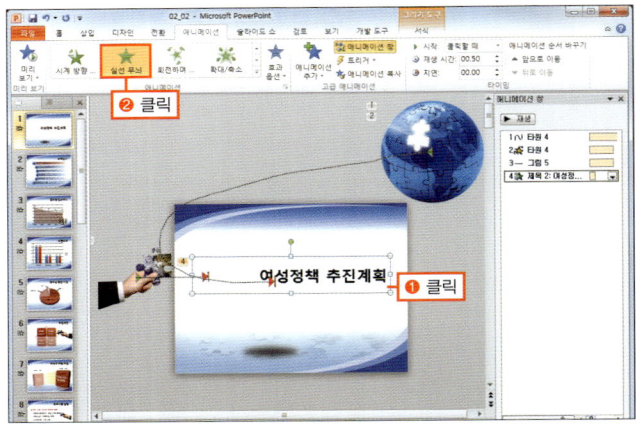

10 슬라이드 쇼 실행하기

❶F5를 눌러 슬라이드 쇼를 실행하고 ❷마우스를 클릭하여 ❸애니메이션 효과를 확인합니다.

확인실습

슬라이드 개체에 애니메이션 이동 경로를 지정하여 애니메이션 효과를 완성해 보세요.(애니메이션 효과 : 이동 경로 - 회전)

- 시작 파일 : 7장\02_실습2.pptx
- 완료 파일 : 7장\02_실습2_완성.pptx

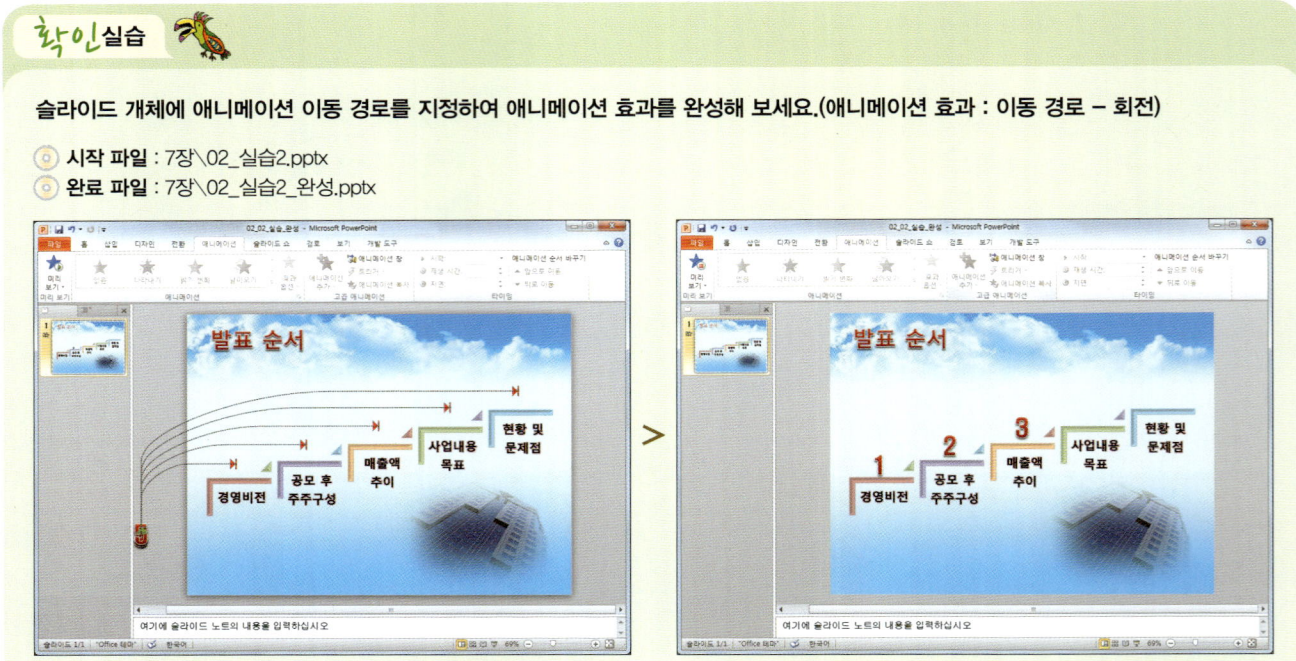

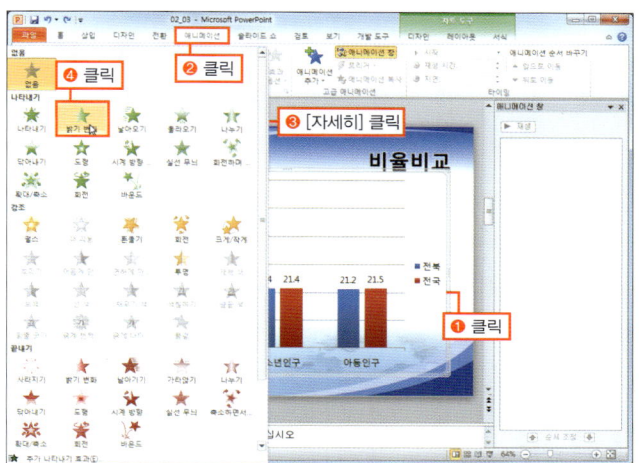

실습 과정

애니메이션 효과 옵션 지정하기

차트에 애니메이션 효과를 지정하고 효과 옵션을 지정하는 방법에 대해 알아봅니다.

◎ **시작 파일** : 7장\02_03.pptx
◎ **완료 파일** : 7장\02_03_완성.pptx

01 애니메이션 효과 선택하기

❶슬라이드에 삽입된 차트를 선택하고 ❷[애니메이션] 탭의 [애니메이션] 그룹에서 ❸[자세히](▾)를 클릭하고 ❹ [나타내기 : 밝기 변화] 효과를 선택합니다.

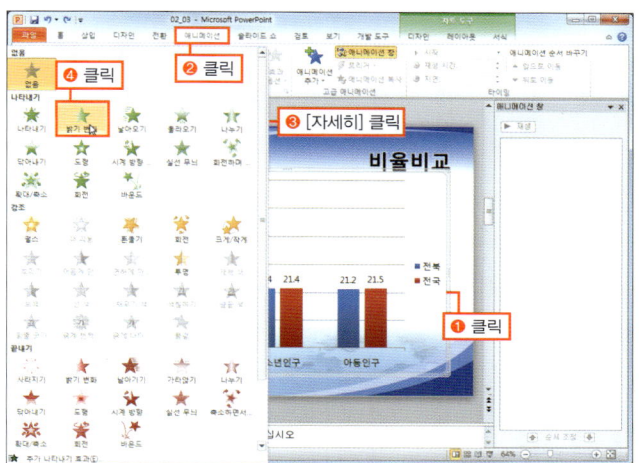

02 효과 옵션 선택하기

[애니메이션 창]에서 ❶애니메이션 효과의 ▾를 클릭하고 바로 가기 메뉴의 ❷[효과 옵션]을 선택합니다.

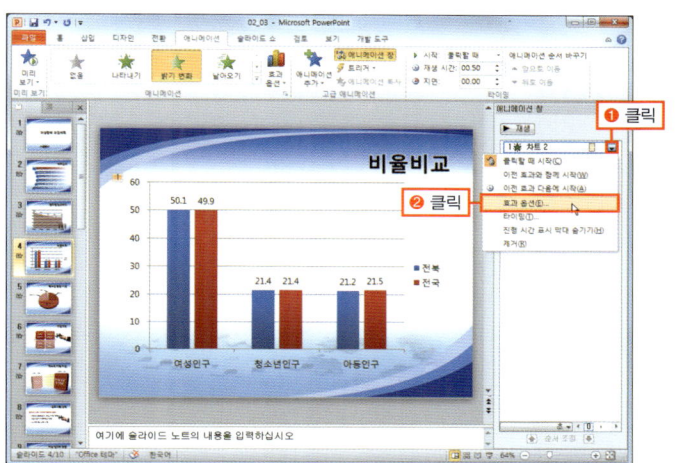

03 효과 옵션 지정하기

선택한 애니메이션의 효과 옵션 대화 상자가 나타나면 ❶ [차트 애니메이션] 탭을 클릭한 후 ❷[차트 묶는 단위]를 클릭하고 ❸[항목별로]를 선택합니다.

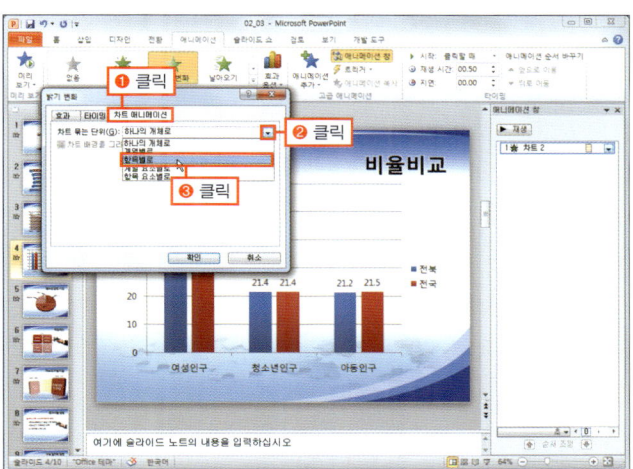

참고

[차트 묶는 단위]를 [하나의 개체]로 선택하면 애니메이션 효과가 적용된 차트가 하나의 개체인 것처럼 애니메이션이 적용되지만, [항목별로]를 선택하면 애니메이션이 차트의 요소별로 따로 실행됩니다.

04 애니메이션 시작 시점 지정하기

이번에는 ❶[타이밍] 탭을 선택하고 ❷[시작]을 클릭한 후 ❸[이전 효과 다음에]를 선택합니다.

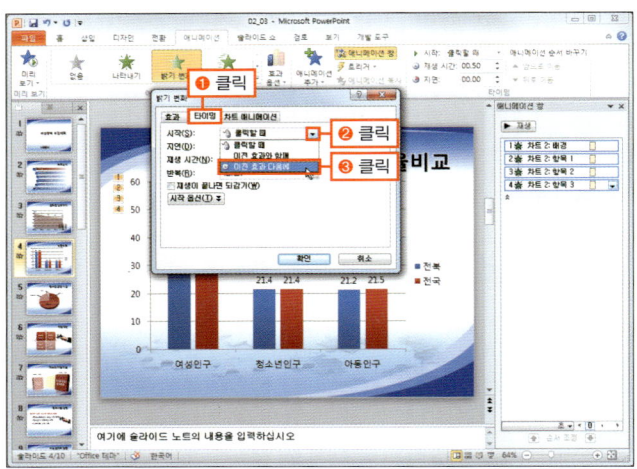

05 애니메이션 옵션 확인하기

차트 항목별로 애니메이션 순서가 따로 표시되던 번호가 '0'으로 통합됩니다.

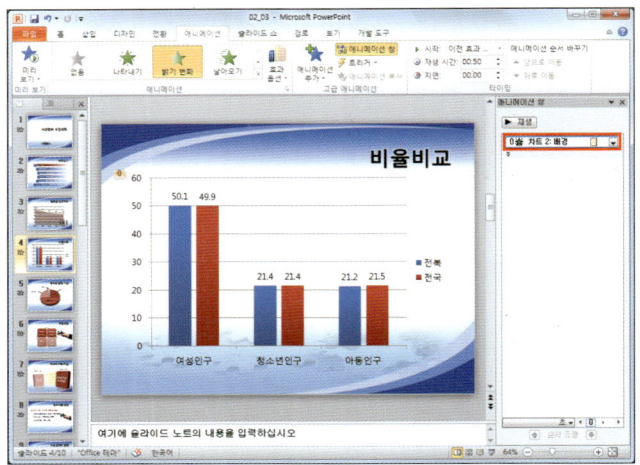

참고 ● **애니메이션 시작하는 방법 지정하기**

애니메이션 타이밍을 지정할 때는 [애니메이션 창]의 애니메이션 효과의 목록 버튼을 클릭하고 메뉴의 [이전 효과 다음에 시작]을 클릭하거나 [애니메이션] 탭의 [타이밍] 그룹에서 [시작]을 클릭하고 애니메이션 시작 시점을 지정할 수 있습니다. 또, [애니메이션] 탭의 [타이밍] 그룹에서 [시작]의 목록 버튼을 클릭한 후 애니메이션의 시작 시점을 선택합니다.

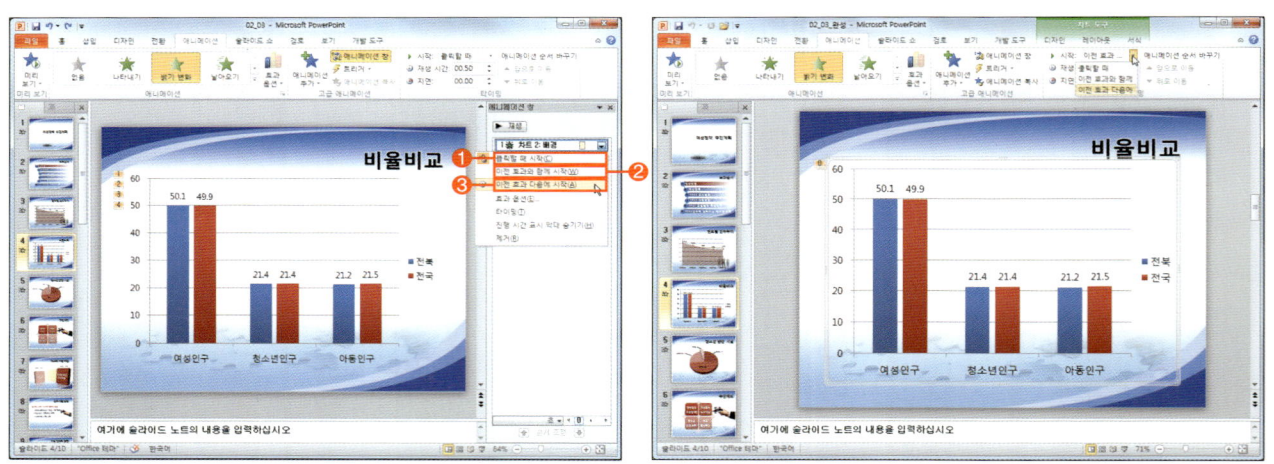

❶ **클릭할 때 시작** : 슬라이드를 선택할 때 애니메이션 효과가 시작됩니다.

❷ **이전 효과와 함께 시작** : 목록에 있는 이전 효과와 동시에 애니메이션 효과가 시작됩니다. 한 번 클릭하면 두 개 이상의 효과가 실행됩니다.

❸ **이전 효과 다음에 시작** : 목록에 있는 이전 효과의 재생이 끝나는 즉시 애니메이션 효과가 시작됩니다. 다음 애니메이션 효과를 시작하기 위해 다시 클릭하지 않아도 됩니다.

06 애니메이션 확인하기

❶ Shift + F5 를 눌러 현재 슬라이드의 애니메이션을 확인합니다.

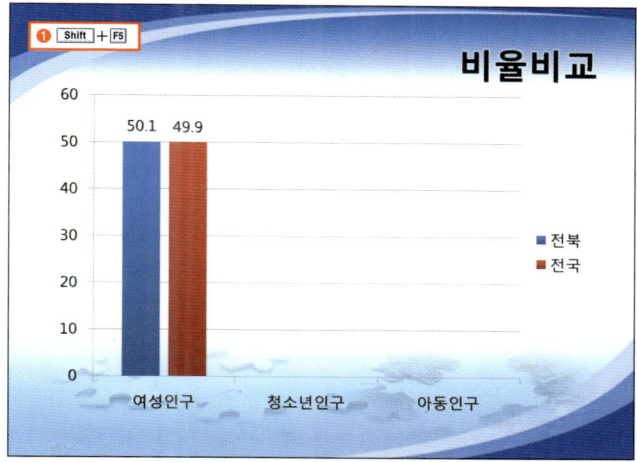

확인실습

슬라이드에 삽입된 스마트아트에 애니메이션 효과를 지정하고 효과 옵션을 [가운데에서(개별적으로)]로 지정해 보세요.

- 시작 파일 : 7장\02_실습3.pptx
- 완료 파일 : 7장\02_실습3_완성.pptx

슬라이드 마스터에서 애니메이션 지정하기

슬라이드 마스터에서 마스터의 개체에 애니메이션을 지정하면 슬라이드 개체에 애니메이션을 효과를 따로 지정해 주지 않아도 자동으로 애니메이션이 실행되는 프레젠테이션 템플릿을 만들 수 있습니다. 슬라이드 텍스트 상자가 움직이거나 개체가 슬라이드 쇼를 시작하면 자동으로 애니메이션이 됩니다.

◎ **시작 파일** : 7장\마스터애니.pptx
◎ **완료 파일** : 7장\마스터애니_완성.pptx

① 슬라이드 마스터에서 클립 아트 선택하기

[보기] 탭의 [마스터 보기] 그룹에서 [슬라이드 마스터](▣)를 클릭합니다. ❶[슬라이드 마스터] 편집 화면의 ❷[제목 슬라이드 레이아웃]을 선택한 후 ❸화면 위쪽의 클립 아트를 클릭합니다.

② 애니메이션 효과 지정하기

❶[애니메이션] 탭의 [애니메이션] 그룹에서 ❷애니메이션 효과 목록의 ❸[이동 경로] 중 [사용자 지정 경로]를 선택합니다.

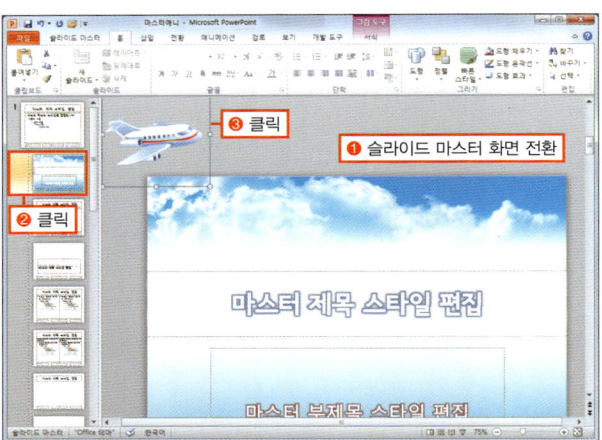

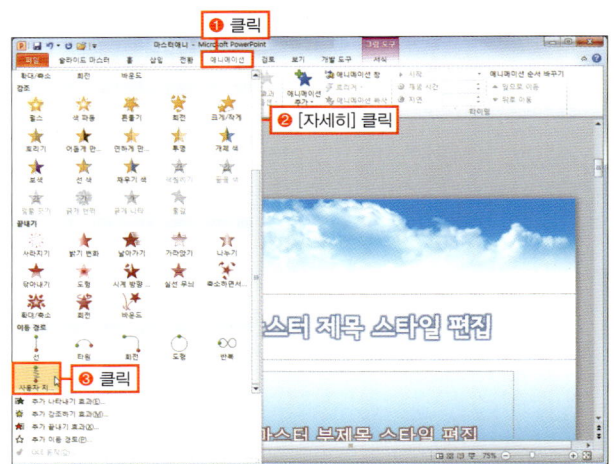

③ 애니메이션 경로 드래그하기

❶선택한 개체의 애니메이션 경로를 다음과 같이 드래그하여 그립니다.

④ 제목 텍스트 상자에 애니메이션 지정하기

이번에는 ❶[제목 텍스트 상자]를 선택하고 ❷[애니메이션] 탭의 [애니메이션] 그룹에서 애니메이션 효과로 ❸[나타내기]의 [닦아내기]를 선택합니다.

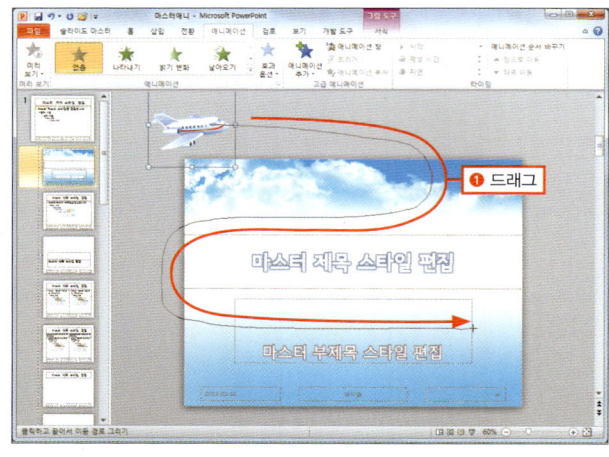

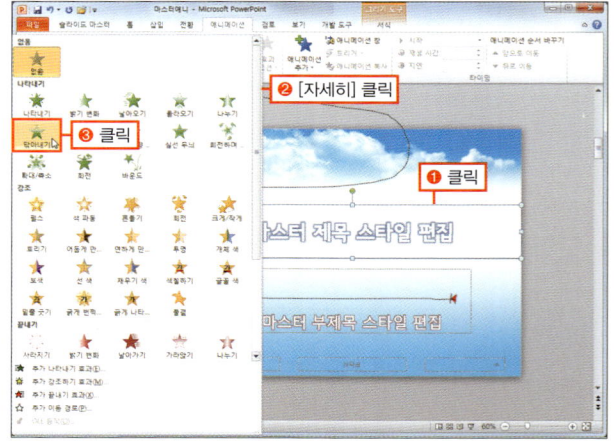

5 부제목 텍스트 상자에 애니메이션 지정하기

마지막으로 ❶[부제목 텍스트 상자]를 선택하고 ❷애니메이션
효과를 [나타내기]의 [닦아내기]로 선택합니다.

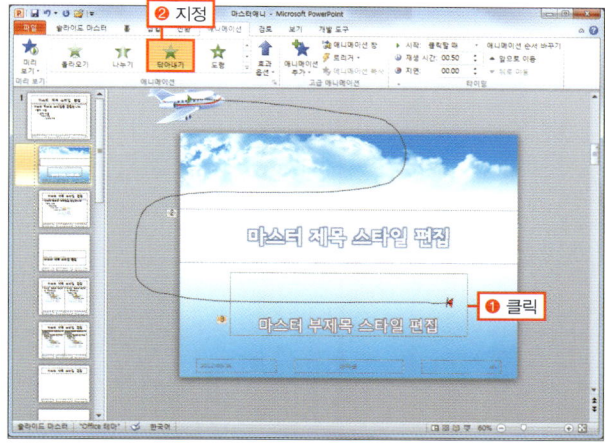

6 슬라이드 마스터 닫기

❶[슬라이드 마스터] 탭의 [닫기] 그룹에서 ❷[마스터 보기 닫
기(📧)]를 클릭하여 마스터 화면에서 빠져나옵니다.

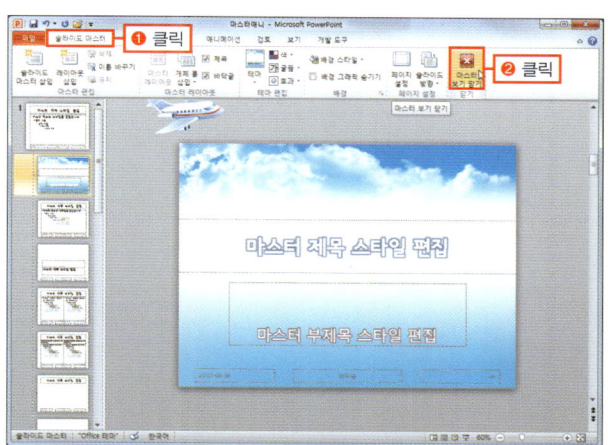

7 제목과 부제목 입력하기

슬라이드 편집 화면으로 돌아오면 ❶제목과 부제목을 입력합
니다.

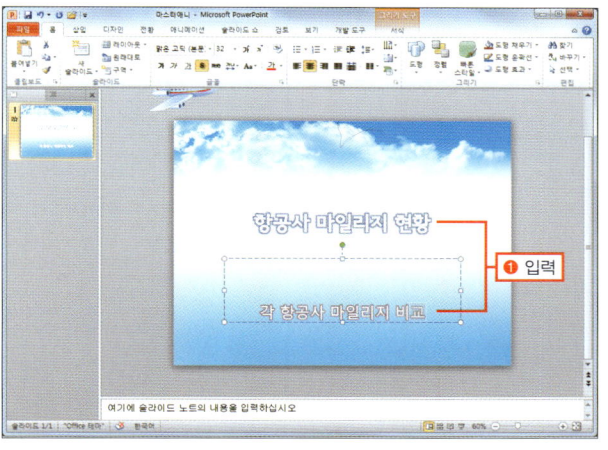

8 슬라이드쇼 실행하여 확인하기

❶ F5 를 눌러 슬라이드 쇼를 시작하면 슬라이드 마스터에서 지
정한 애니메이션 효과가 자동으로 실행됩니다.

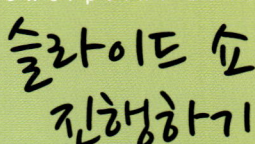

SECTION 03 슬라이드 쇼 진행하기

완성된 프레젠테이션은 슬라이드 쇼 형태로 발표합니다. 슬라이드 쇼의 진행, 재구성, 슬라이드 쇼 녹화 등의
슬라이드 쇼와 관련된 기능에 대해 알아봅니다.

다루는 내용

- 슬라이드 쇼 진행하기
- 슬라이드 쇼 녹화하기
- 슬라이드 쇼 재구성하기

기능 정리 | 슬라이드 쇼 설정 이해하기

슬라이드 쇼에 필요한 옵션을 지정할 때는 [슬라이드 쇼] 탭의 [설정] 그룹에서 [쇼 설정](🖼)을
클릭합니다.

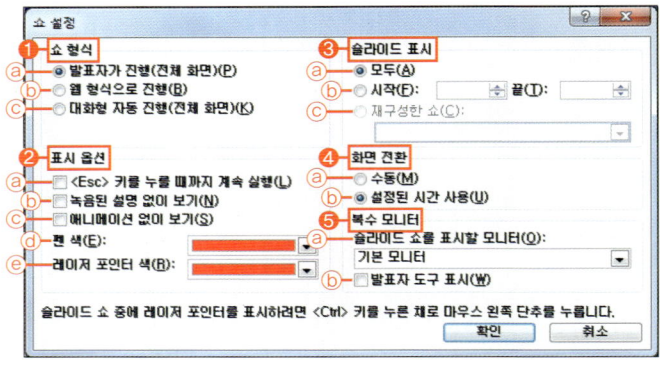

❶ **[쇼 형식] 옵션**

ⓐ **발표자가 진행** : 발표자가 직접 슬라이드를 확인하면서 슬라이드 쇼를 진행합니다.

ⓑ **웹 형식으로 진행** : 프레젠테이션을 웹 형식의 화면으로 전환하여 쇼를 진행합니다.

ⓒ **대화형 자동 진행** : 발표자 없이 자동으로 슬라이드 쇼를 진행합니다.

❷ **[표시 옵션] 옵션**

ⓐ **〈Esc〉 키를 누를 때까지 계속 실행** : Esc 를 누를 때까지 슬라이드 쇼가 계속 반복됩니다.

ⓑ **녹음된 설명 없이 보기** : 슬라이드에 녹음된 설명을 제외하고 슬라이드 쇼를 진행합니다.

ⓒ **애니메이션 없이 보기** : 슬라이드에 적용한 애니메이션을 재생하지 않고 슬라이드 쇼를 진행
합니다.

ⓓ **펜 색** : 슬라이드 쇼 화면에 표시를 하거나 강조할 때 쓰이는 펜의 색을 지정합니다.

ⓔ **레이저 포인터 색** : 슬라이드 쇼 중에 레이저 포인터로 강조할 때 레이저 포인터의 색을 지정
합니다.

❸ **[슬라이드 표시] 옵션**

ⓐ **모두** : 프레젠테이션의 모든 슬라이드를 표시합니다.

ⓑ **시작, 끝** : 슬라이드 번호를 입력하여 원하는 슬라이드만 표시합니다.

ⓒ **재구성한 쇼** : 프레젠테이션을 재구성했다면 재구성한 쇼를 선택하여 슬라이드 쇼를 진행합니다.

❹ **[화면 전환] 옵션**

ⓐ **수동** : 발표자가 마우스를 클릭하여 슬라이드 쇼 화면을 전환합니다.

ⓑ **설정된 시간 사용** : 화면 전환 효과에서 지정한 시간에 따라 자동으로 슬라이드 쇼를 진행합니다.

❺ **[복수 모니터] 옵션**

ⓐ **슬라이드 쇼를 표시할 모니터** : 컴퓨터에 여러 대의 모니터가 연결되어 있을 때 슬라이드 쇼가 표시되는 모니터를 선택합니다.

ⓑ **발표자 도구 표시** : 슬라이드 쇼 중 발표자만 볼 수 있는 발표자 도구 창을 열어줍니다.

간단퀴즈

1 자체적으로 프레젠테이션이 실행되도록 설정하려면 [쇼 설정] 대화상자에서 다음 중 어떤 기능을 선택해야 할까요? (   )

① 녹음된 설명 없이 보기 ② Esc ③ 대화형 자동 진행 ④ 발표자 도구 표시

답 : ③

실습 과정

슬라이드 쇼 진행하기

슬라이드 쇼를 실행하고 슬라이드 화면에 잉크 주석을 표시하는 방법에 대해 알아봅니다.

◎ **시작 파일** : 7장\03_01.pptx
◎ **완료 파일** : 7장\03_01_완성.pptx

01 포인터 옵션 지정하기

❶슬라이드 2를 선택하고 ❷ Shift + F5 를 눌러 현재 슬라이드부터 슬라이드 쇼를 실행합니다. ❸슬라이드 쇼 화면에서 마우스 오른쪽 버튼을 클릭하고 바로 가기 메뉴의 ❹[포인터 옵션]-❺[펜]을 선택합니다.

> **참고** •
> F5 를 누르면 프레젠테이션의 처음부터 슬라이드 쇼가 실행되며, Shift + F5 를 누르면 현재 선택한 슬라이드부터 슬라이드 쇼가 실행됩니다. [슬라이드 쇼] 탭의 [슬라이드 쇼 시작] 그룹에서 [처음부터]( )를 클릭하거나 [현재 슬라이드부터]( )를 선택하기도 합니다.

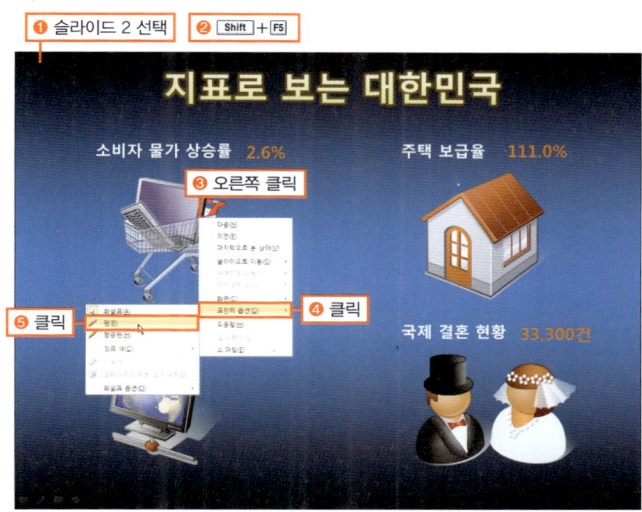

02 펜 사용하기

마우스 포인터의 모양이 사인펜 모양으로 변경되면 ❶마우스를 이용해 강조할 부분을 그립니다.

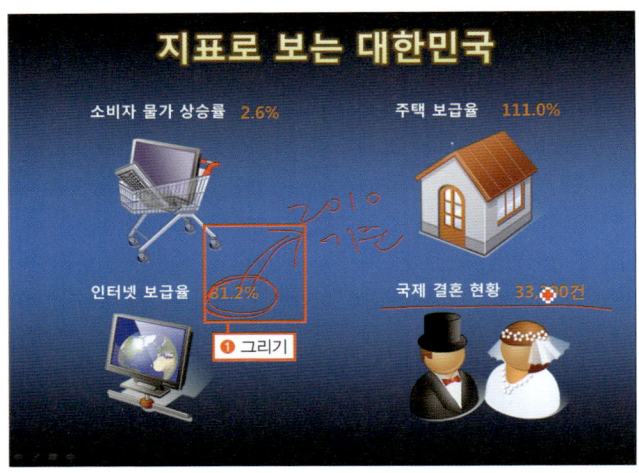

03 포인터 옵션 되돌리기

다음 슬라이드로 넘어가기 위해서는 마우스 포인터의 모양을 원래 상태로 되돌려야 합니다. ❶슬라이드 쇼 화면에서 마우스 오른쪽 버튼을 클릭하고 ❷[포인터 옵션]-❸[화살표]를 선택합니다.

04 잉크 주석 유지하기

❶마우스를 클릭하여 다음 슬라이드로 이동시키며 슬라이드 쇼를 끝내면 쇼 마지막 화면에 다음과 같이 잉크 주석을 유지할 것인지 묻는 대화상자가 나타납니다. ❷[예]를 클릭합니다.

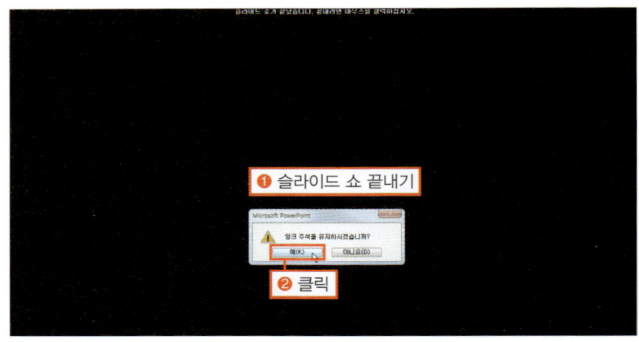

참고 ● 슬라이드 편집 화면에서 슬라이드 쇼 보기

편집 중인 슬라이드 화면의 상단에 슬라이드 쇼 화면을 표시해 슬라이드 쇼를 확인할 수 있습니다. 슬라이드 편집 화면에서 Ctrl을 누른 상태에서 [슬라이드 쇼] 탭의 [슬라이드 쇼 시작] 그룹에서 [처음부터](📽)를 클릭합니다. 화면 상단에 표시된 슬라이드 쇼 화면을 없앨 때는 Esc를 누릅니다.

05 기본 화면에서 잉크 주석 확인하기

파워포인트 편집 화면으로 돌아오면 슬라이드 쇼에서 표시했던 잉크 주석이 그대로 나타납니다.

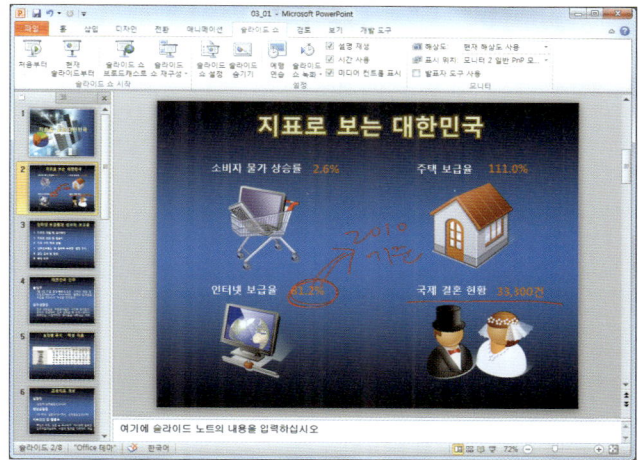

> **참고**
>
> 슬라이드 작업 화면에 표시된 잉크 주석은 그리기 개체로 포함된 상태이므로 언제든 선택 후 삭제가 가능합니다.

참고 ● 슬라이드 쇼에 활용할 수 있는 바로 가기 키 모음

다음 애니메이션을 실행하거나 다음 슬라이드로 이동	`N`, `Enter`, `page down`, `→`, `↓`, `Spacebar`
이전 애니메이션을 실행하거나 이전 슬라이드로 이동	`P`, `page up`, `←`, `↑`, `Back Space`
화면 주석 삭제	`E`
원하는 슬라이드 번호로 이동	슬라이드 번호 + `Enter`
포인터를 펜으로 변경	`Ctrl` + `P`
포인터를 화살표로 변경	`Ctrl` + `A`
잉크 주석의 표시/감추기	`Ctrl` + `M`

확인실습

슬라이드 쇼를 진행하면서 다음과 같이 마우스 포인터의 모양을 바꿔 잉크 주석을 남겨 보세요.

◉ **시작 파일** : 7장\03_실습1.pptx
◉ **완료 파일** : 7장\03_실습1_완성.pptx

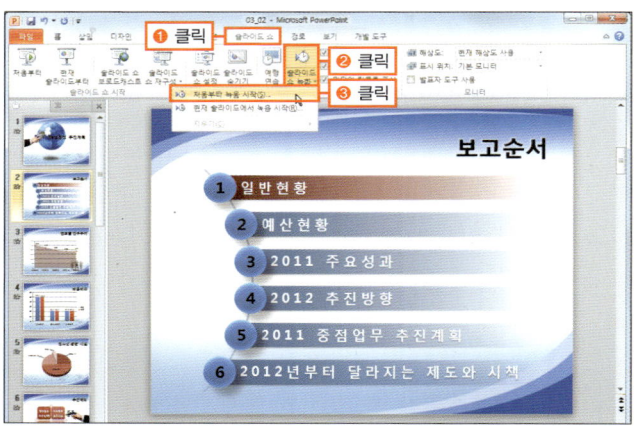

슬라이드 쇼 녹화하기

슬라이드 쇼를 녹화해두면 웹에 프레젠테이션을 올리거나 자체 실행되는 슬라이드 쇼를 만들 때 유용합니다.
슬라이드 쇼를 녹화하는 방법에 대해 알아봅니다.

◎ **시작 파일** : 7장\03_02.pptx
◎ **완료 파일** : 7장\03_02_완성.pptx

01 슬라이드 녹화 시작하기

❶[슬라이드 쇼] 탭의 [설정] 그룹에서 ❷[슬라이드 쇼 녹화]
(🖳)를 클릭한 후 ❸[처음부터 녹음 시작]을 선택합니다.

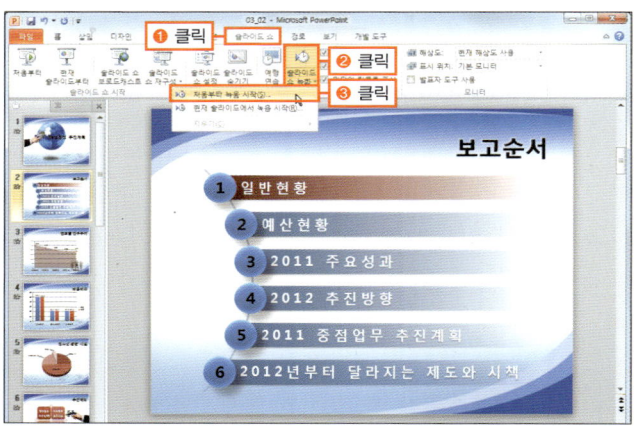

02 녹화 시작 클릭하기

[슬라이드 쇼 녹화] 대화상자가 나타나면 ❶[녹화 시작]을
클릭합니다.

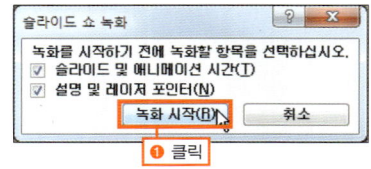

03 녹화 시작하기

슬라이드 쇼가 실행되고 [녹화] 대화상자가 나타나면 ❶녹
화와 녹음을 시작합니다.

> **참고** •
> 설명 녹음을 선택했다면 녹화를 시작하기 전에 마이크가 시스템에
> 설치되어 있고 제대로 작동하는지 먼저 확인하도록 합니다.

04 슬라이드 녹화 완료하기

마지막 슬라이드까지 설명 녹음을 완료하면 슬라이드 쇼
시간은 자동으로 저장되며 시간은 슬라이드 아래에 표시
되는 [여러 슬라이드 보기] 상태가 됩니다.

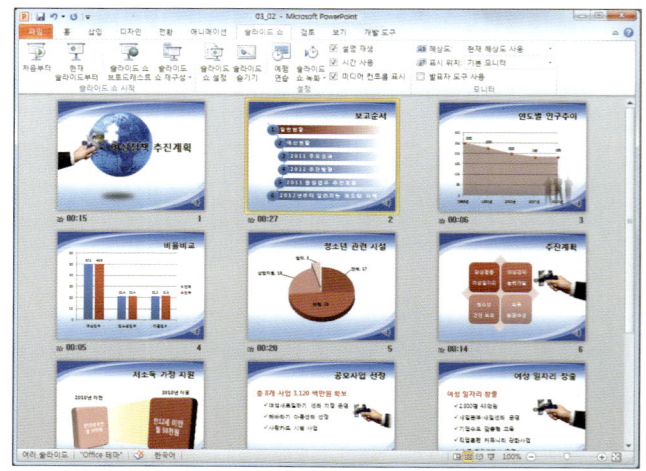

> **참고** •
> 마이크를 이용해 내용을 녹음하고 다음 슬라이드를 녹화할 때는 [녹
> 화] 대화상자의 [다음]을 클릭하거나 슬라이드 쇼 화면을 클릭합니다.

05 슬라이드 쇼 녹화 확인하기

기본 보기 화면 상태에서 슬라이드를 확인하면 슬라이드 아래에 소리 아이콘이 삽입된 것을 확인할 수 있습니다. ❶ 소리 아이콘의 [재생] 버튼을 클릭하면 슬라이드에 녹음된 소리를 확인할 수 있습니다.

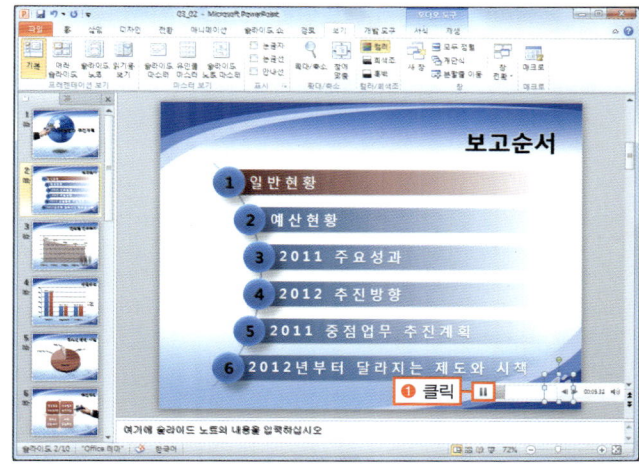

확인실습

슬라이드 쇼를 녹화해 보세요.

◎ **시작 파일** : 7장\03_실습2.pptx
◎ **완료 파일** : 7장\03_실습2_완성.pptx

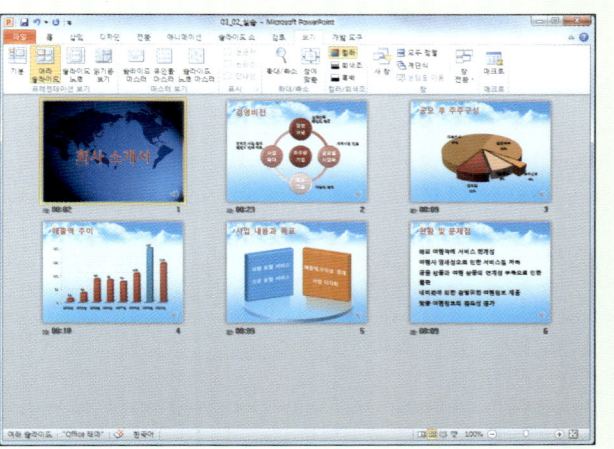

슬라이드 쇼 재구성하기

현재 열려 있는 프레젠테이션에서 원하는 슬라이드만 뽑아 슬라이드 쇼를 재구성하는 방법에 대해 알아봅니다.

◉ **시작 파일** : 7장\03_03.pptx
◉ **완료 파일** : 7장\03_03_완성.pptx

01 쇼 재구성 선택하기

❶[슬라이드 쇼] 탭의 [슬라이드 쇼 시작] 그룹에서 ❷[슬라이드 쇼 재구성](📑)을 클릭한 후 ❸[쇼 재구성]을 선택합니다.

02 재구성할 쇼 새로 만들기

[쇼 재구성] 대화상자가 나타나면 ❶[새로 만들기]를 클릭합니다.

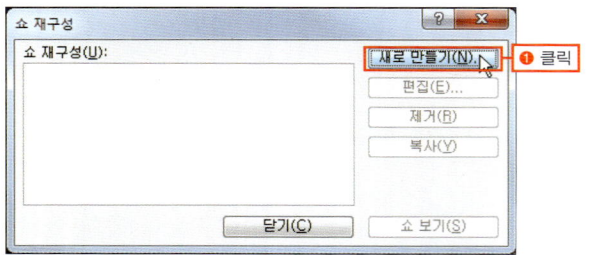

03 슬라이드 추가하기

[쇼 재구성하기] 대화상자의 ❶[프레젠테이션에 있는 슬라이드] 항목에서 재구성할 슬라이드를 선택한 후 ❷[추가]를 클릭합니다.

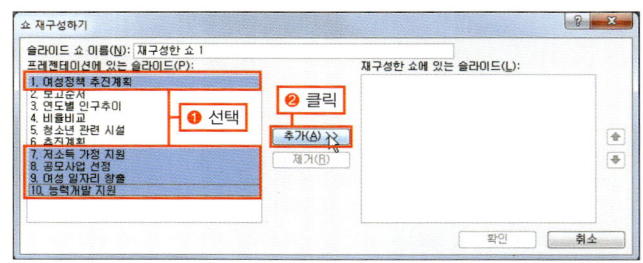

04 슬라이드 추가 마치기

[쇼 재구성하기] 대화상자의 [재구성한 쇼에 있는 슬라이드] 선택한 슬라이드가 추가됩니다. ❶슬라이드 재구성을 마치면 [확인]을 클릭합니다.

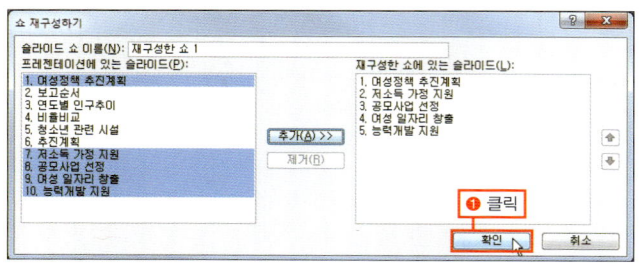

05 재구성한 쇼 확인하기

[쇼 재구성] 대화상자로 돌아오면 [쇼 재구성] 항목에 재구성한 쇼 목록이 표시됩니다. ❶[쇼 보기]를 클릭하면 재구성한 상태의 슬라이드 쇼가 실행됩니다.

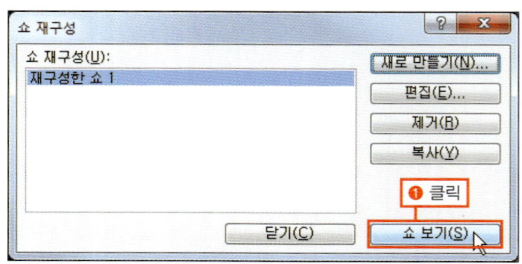

프레젠테이션을 실제로 발표하기 전 예행 연습을 통해 발표에 걸리는 시간을 체크할 수 있습니다. ❶[슬라이드 쇼] 탭의 [설정] 그룹에서 ❷[예행 연습](🖥)을 클릭한 후 슬라이드 쇼가 실행되면서 [예행 연습] 대화상자가 슬라이드 쇼 상단에 나타납니다. 각 슬라이드마다 ❸예행 연습이 끝나면 [예행 연습] 대화상자의 [다음]을 클릭합니다.

각 슬라이드의 예행 연습이 끝나면 슬라이드 쇼에 걸린 시간이 나타납니다. ❹[예]를 클릭하면 슬라이드 보기 화면은 여러 슬라이드 화면 보기로 전환되며 각 슬라이드 아래에 예행 연습에 걸린 시간이 표시됩니다.

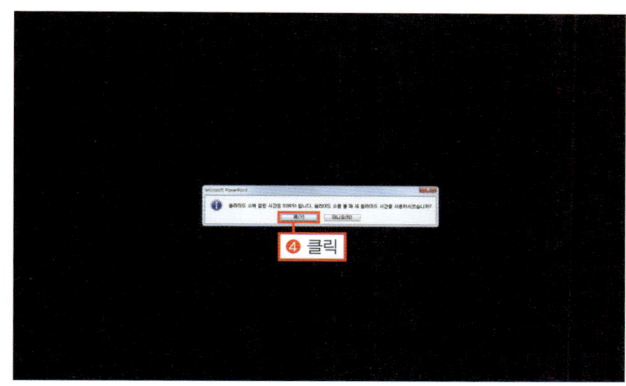
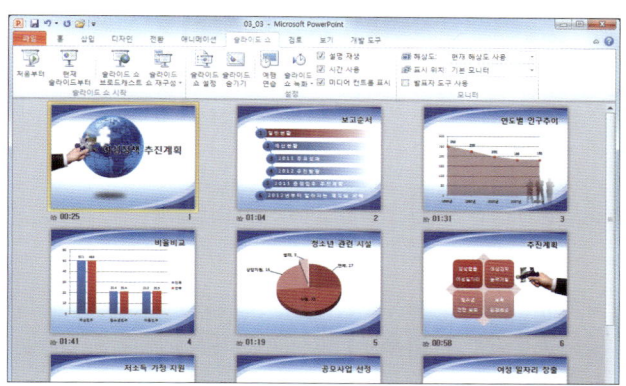

확인실습

시작 파일을 불러온 후 제목과 목차 슬라이드를 제외하고 슬라이드를 재구성해 보세요.

🔹 **시작 파일** : 7장\03_실습3.pptx
🔹 **완료 파일** : 7장\03_실습3_완성.pptx

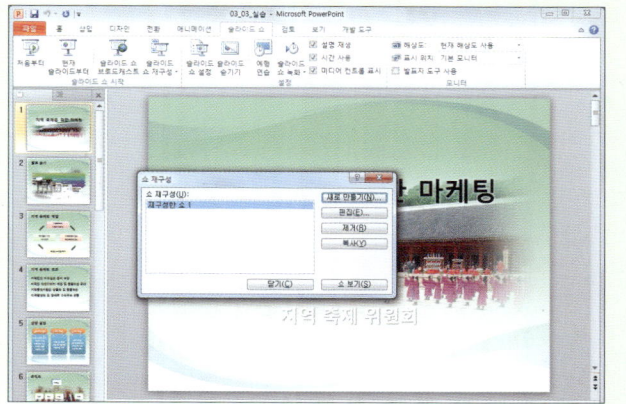

발표자 도구 사용하기

발표자 도구는 컴퓨터 한 대로 프레젠테이션 발표자는 노트가 포함된 프레젠테이션을 보고, 청중은 다른 모니터를 통해 프레젠테이션을 볼 수 있는 기능입니다. 발표자 도구를 사용하려면 복수의 모니터(듀얼 모니터) 사용이 지원되어야 합니다. 발표자 도구를 사용하면 프레젠테이션 발표자는 축소판 그림을 보면서 순서에 관계없이 슬라이드를 선택할 수 있고 노트 화면은 발표자가 보기 쉽도록 크게 표시됩니다.

◎ **시작 파일** : 7장\발표자도구.pptx

● **발표자 도구의 화면 요소 살펴보기**

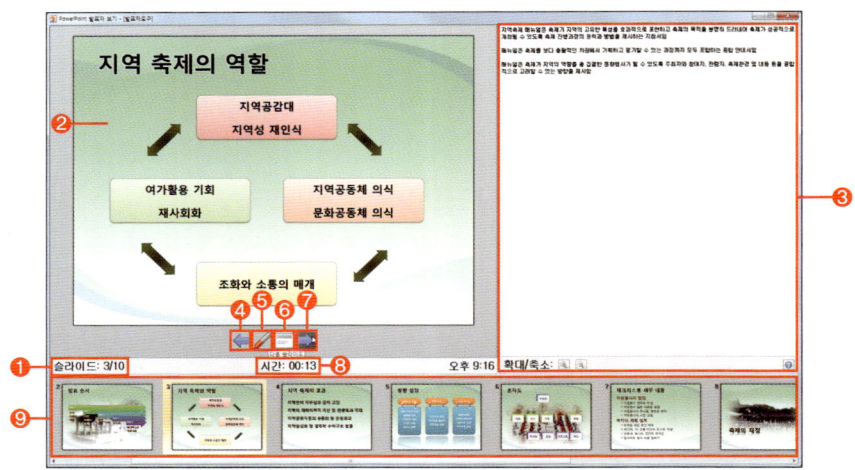

❶ 슬라이드 번호

❷ 청중이 현재 보고 있는 슬라이드

❸ 발표자 노트

❹ 클릭하면 이전 사이트로 이동

❺ 펜 또는 형광펜

❻ 클릭하면 슬라이드 쇼를 끝내거나 슬라이드 쇼 화면을 어둡게, 혹은 밝게 할 수 있으며 특정 슬라이드 번호로 이동할 수 있는 메뉴 표시

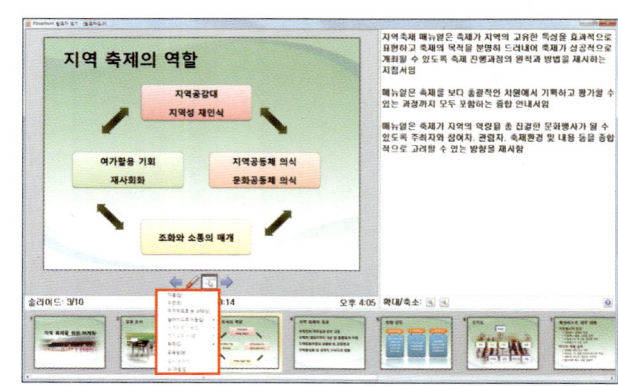

❼ 클릭하면 다음 슬라이드로 이동

❽ 프레젠테이션 경과 시간

❾ 슬라이드 축소판 그림

● **듀얼 모니터에서 발표자 도구 사용 지정하기**

한 대의 컴퓨터에 두 대의 모니터가 연결되어 있다면 다음과 같이 발표자 도구를 지정할 수 있습니다.

1 슬라이드 쇼가 표시될 모니터 선택하기

❶[슬라이드 쇼] 탭의 [모니터] 그룹에서 ❷[표시 위치] 항목에는 슬라이드 쇼가 표시될 모니터를 선택할 수 있습니다.

2 [발표자 도구 사용] 선택하기

❶[슬라이드 쇼] 탭의 [모니터] 그룹에서 [발표자 도구 사용] 항목을 선택합니다.

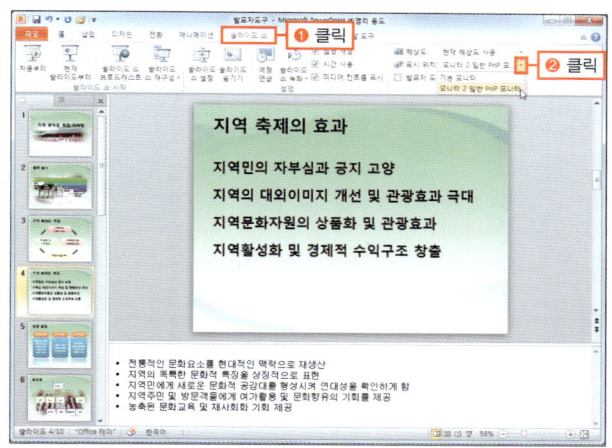

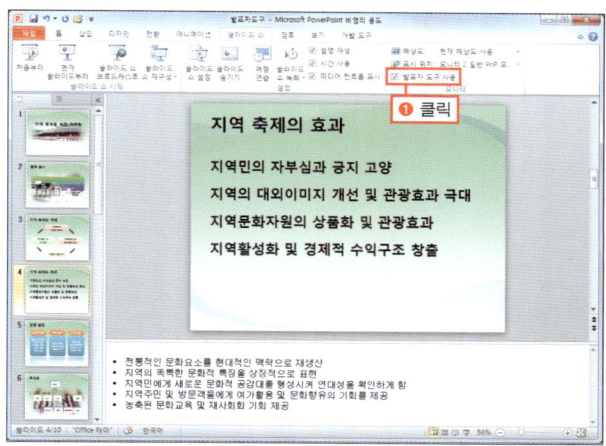

3 슬라이드 쇼에서 확인하기

❶F5를 눌러 슬라이드 쇼를 실행하면 두 대의 모니터에 각각 '발표자 도구 화면'과 '슬라이드 쇼 화면'이 표시됩니다. 발표자 도구는 다음과 같은 모양으로 슬라이드 미리 보기를 클릭하면 바로 이동할 수 있습니다.

4 다른 모니터 화면 확인하기

다른 모니터에는 다음과 같이 슬라이드 쇼 화면이 나타납니다.

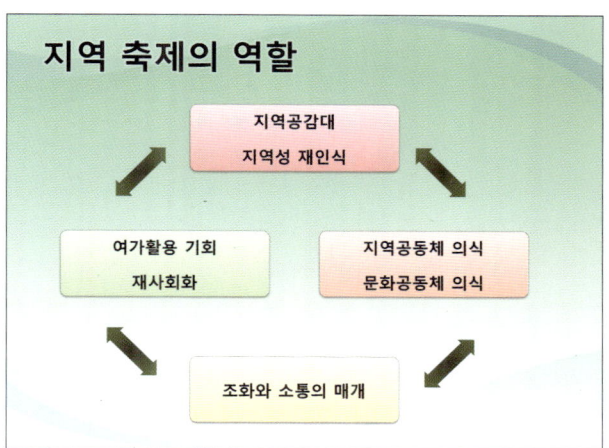

5 발표자 도구의 노트 내용 확대하기

❶발표자 도구 화면의 노트 내용을 확대할 때는 🔍을 클릭합니다.

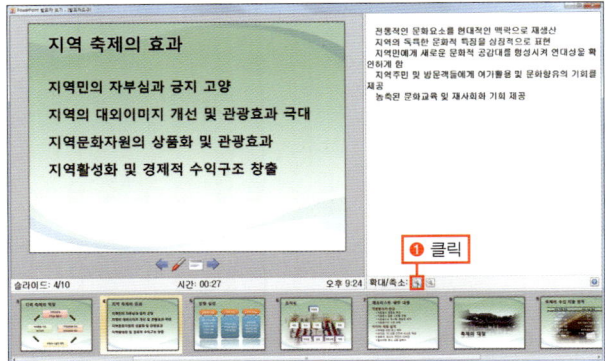

6 포인터 옵션에서 펜 선택하기

발표자 도구 화면의 ❶[포인터 옵션](✏)을 클릭한 후 ❷[펜]을 선택합니다.

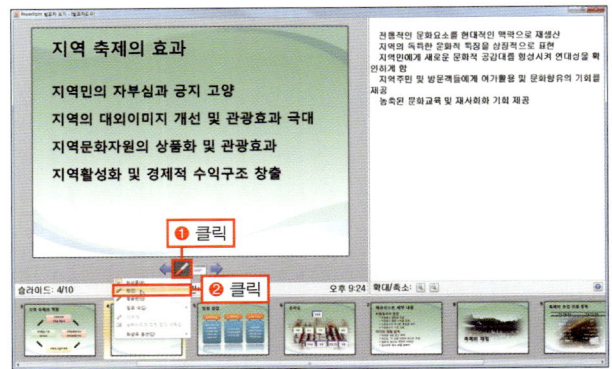

7 슬라이드 쇼 화면에서 표시하기

❶발표자 도구 화면의 슬라이드 쇼 화면에 펜을 이용해 표시를 합니다.

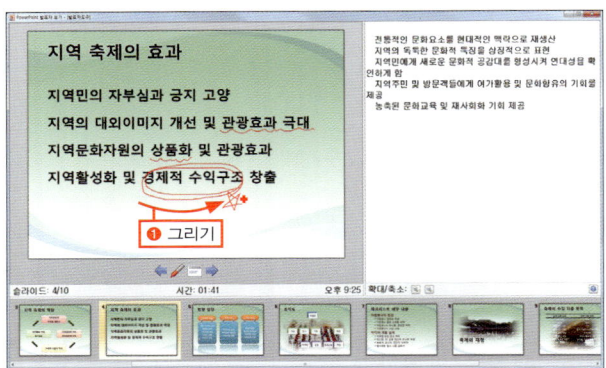

8 표시된 내용 확인하기

청중들이 보는 슬라이드 쇼 화면에 펜으로 표시한 내용이 그대로 나타납니다.

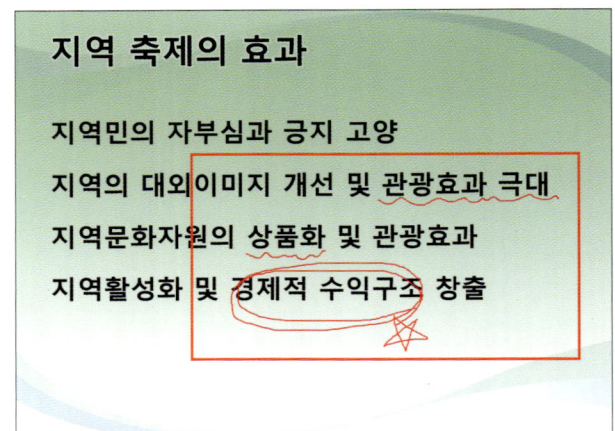

1 슬라이드 개체에 애니메이션 효과를 지정해 보세요.

◎ **시작 파일** : 7장\07_응용실습1.pptx
◎ **완료 파일** : 7장\07_응용실습1_완성.pptx
◎ **해설 파일** : 해설파일\7장\07_응용실습1_해설.pdf

Before

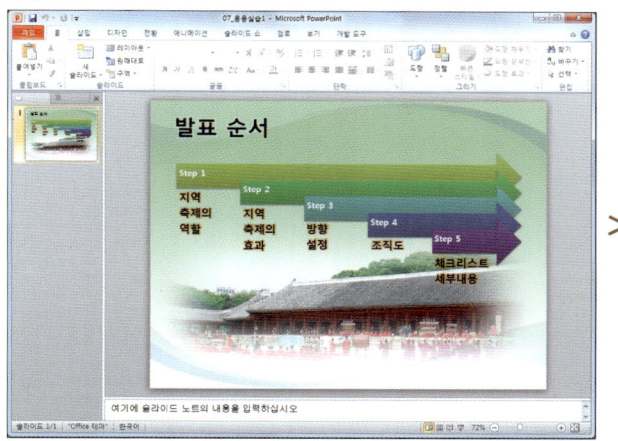

After

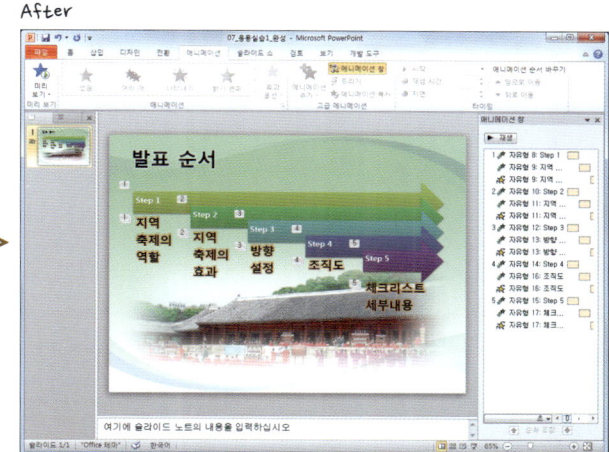

❶화살표 도형 : '날아오기' 애니메이션 효과 ❷텍스트 상자 : '날아오기'와 '흔들기' 애니메이션 효과 중복 지정 ❸나머지 화살표 도형과 텍스트 상자에 같은 애니메이션 복사 ❹애니메이션 재생 시간 : '1초' 동일 지정

2 슬라이드 개체에 이동 경로를 지정하여 애니메이션 효과를 적용해 보세요.

◎ **시작 파일** : 7장\07_응용실습2.pptx
◎ **완료 파일** : 7장\07_응용실습2_완성.pptx
◎ **해설 파일** : 해설파일\7장\07_응용실습2_해설.pdf

Before

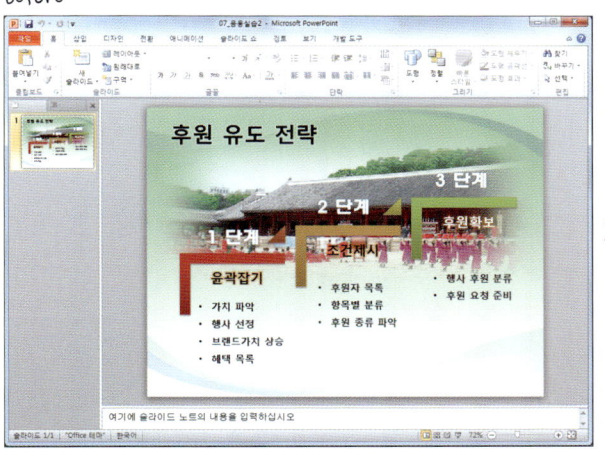

After

❶스마트아트 그래픽 애니메이션 효과 – [실선 무늬] 효과 지정, 효과 옵션 지정(개별적으로) ❷단계 텍스트 – 사용자 지정 경로 지정 ❸글머리 기호 텍스트 상자 – [올라오기] 애니메이션 효과 지정 ❹나머지 개체에 동일한 애니메이션 효과 복사 ❺모든 애니메이션 재생 시간 '1초' 지정

다양한 프레젠테이션 배포 방법 익히기

프레젠테이션을 완성한 후 슬라이드 그대로 출력하거나 유인물이나 슬라이드 노트 형태로 출력하는

등의 인쇄 방법과 인터넷을 활용한 프레젠테이션 배포 방법 그리고 다양한 형태로 저장하여 프레젠

테이션을 배포하는 방법에 대해 알아봅니다.

POWERPOINT 2010

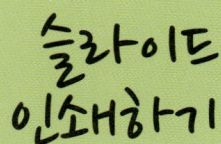

SECTION 01

Powerpoint 2010

슬라이드 인쇄하기

완성된 프레젠테이션을 슬라이드와 유인물 등의 형태로 인쇄하고 프레젠테이션의 일부를 선택적으로 인쇄하는 등 인쇄에 관련된 기능에 대해 알아봅니다.

다루는 내용

- 슬라이드 선택적으로 인쇄하기
- 유인물 인쇄하기

기능정리

인쇄 화면 살펴보기

[파일] 탭을 클릭하고 백스테이지(Backstage) 보기의 [인쇄]를 클릭하면 슬라이드 인쇄에 관한 모든 것을 한자리에서 해결할 수 있습니다.

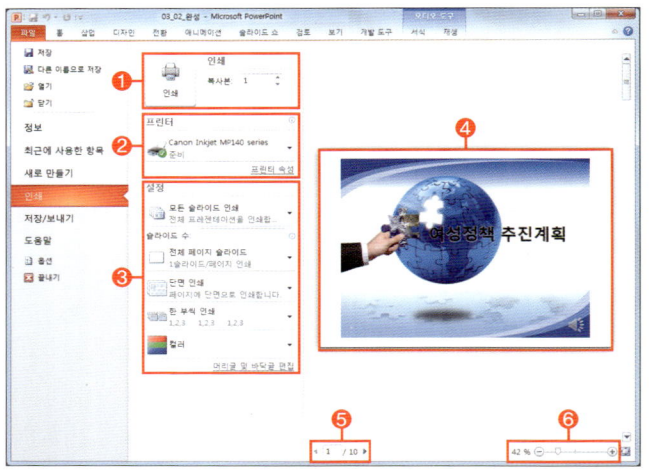

❶ **인쇄** : 인쇄 매수를 지정한 후 [인쇄]를 클릭하면 인쇄가 진행됩니다.

❷ **프린터** : 연결될 프린터를 찾고 다양한 프린터 속성을 설정합니다.

❸ **설정** : 인쇄 슬라이드 범위, 인쇄 모양, 방향, 컬러 등을 설정합니다.

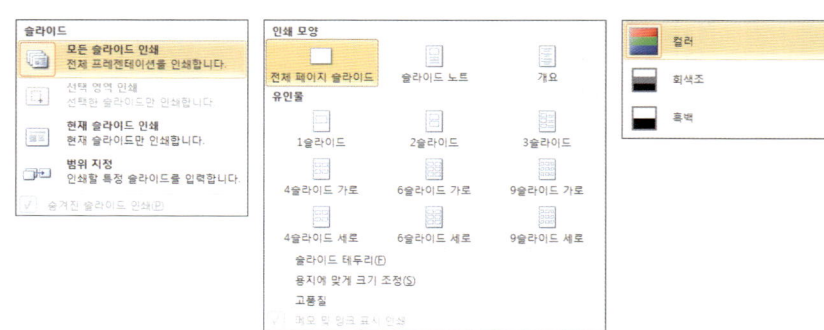

❹ **인쇄 미리보기 창** : 종이로 인쇄하기 전 화면으로 인쇄 결과를 미리 확인합니다.

❺ 미리보기 창에 나타낼 슬라이드를 선택합니다.

❻ 미리보기 슬라이드를 확대/ 축소합니다.

 **간단퀴즈**

인쇄 기능에 관련된 내용 중 틀린 것은 'X', 맞는 것은 'O'를 표시하세요.

1 완성된 프레젠테이션은 흑백으로 인쇄할 수 있습니다. (   )

2 전체 20개의 슬라이드 중 3 슬라이드에서 7 슬라이드까지 인쇄할 때 인쇄의 범위 지정은 '3, 7' 이라고 지정합니다. (   )

답 : **1** O, **2** X

실습 과정

슬라이드 인쇄하기

프레젠테이션의 전체 또는 일부를 인쇄하는 방법에 대해 알아봅니다.

◉ **시작 파일** : 8장\01_01.pptx

01 슬라이드 선택하기

예제 파일의 [슬라이드 및 개요] 창의 ❶3, 4, 5, 7 슬라이드를 선택합니다.

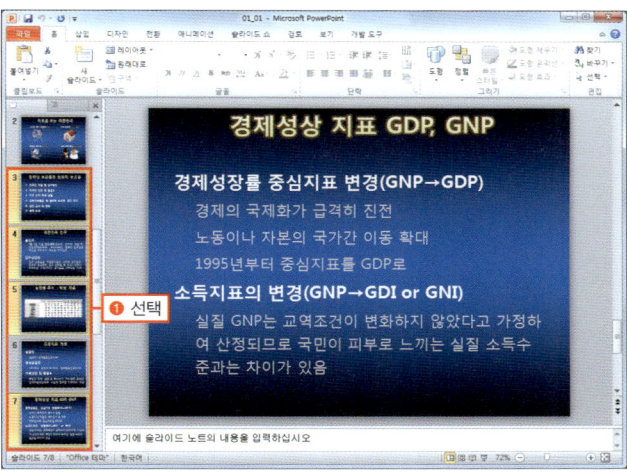

참고 •

연속되지 않은 슬라이드를 선택할 때는 Ctrl 을 누른 상태에서 선택하려는 슬라이드를 클릭합니다.

02 인쇄 설정 메뉴 확인하기

❶[파일] 탭의 ❷[인쇄]를 클릭하여 인쇄 미리보기와 설정 메뉴를 확인합니다.

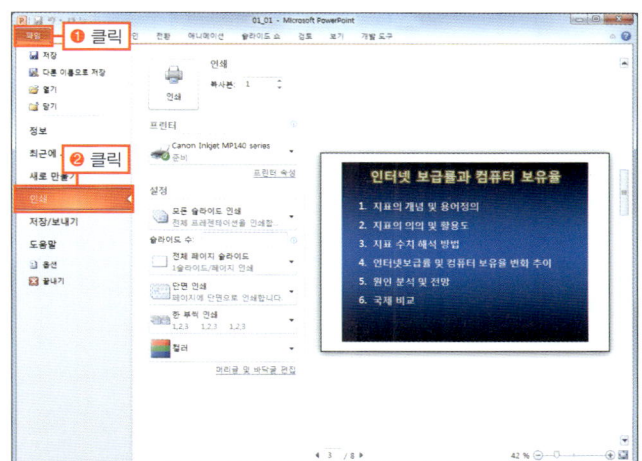

03 선택 영역 인쇄하기

❶[설정] 항목에서 [모든 슬라이드 인쇄]를 클릭한 후 ❷ [선택 영역 인쇄]를 선택합니다.

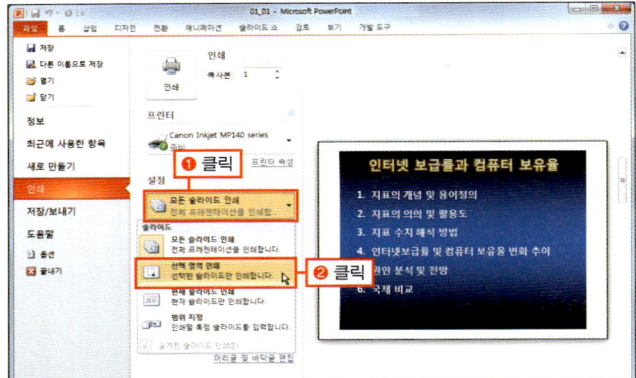

04 인쇄 시작하기

❶[인쇄](🖨)를 클릭하여 인쇄를 시작합니다.

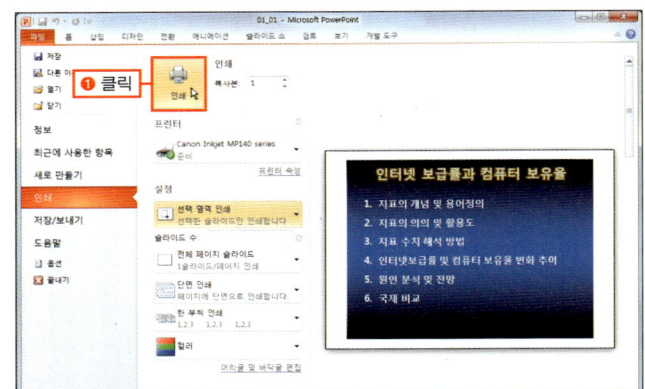

참고 ● 원하는 슬라이드만 인쇄하기

[슬라이드 수] 입력 상자에 원하는 슬라이드 번호를 입력합니다. '2~5' 라고 입력하면 전체 슬라이드 중에서 슬라이드 2부터 슬라이드 5까지 인쇄한다는 의미입니다. 연속되는 슬라이드의 범위를 입력할 때는 '2~5'(슬라이드 2에서 슬라이드 5까지)와 같은 형식으로 슬라이드 번호를 입력하고 떨어진 슬라이드의 범위를 입력할 때는 '1,3,5,7,'(슬라이드 1, 슬라이드 3, 슬라이드 5, 슬라이드 7)과 같은 형식으로 범위를 입력합니다.

확인실습

전체 프레젠테이션 중 3 슬라이드에서 6 슬라이드까지 인쇄해 보세요.

◎ **시작 파일** : 8장\01_실습1.pptx

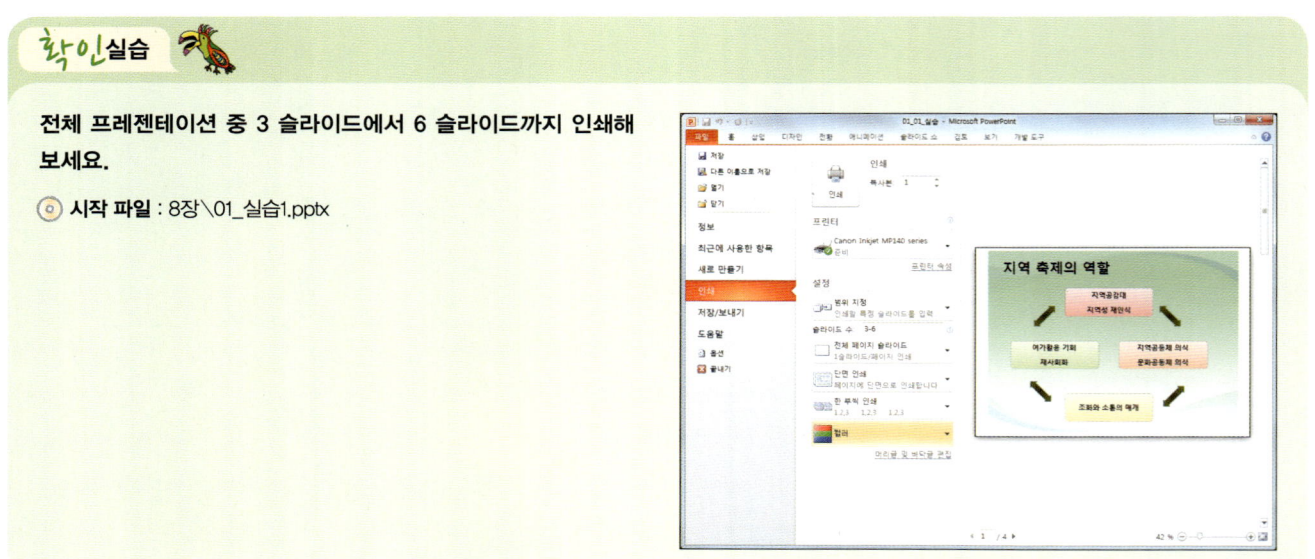

실습과정 유인물 인쇄하기

유인물 형태로 슬라이드를 인쇄하는 방법에 대해 알아봅니다.

⊙ **시작 파일** : 08장\01_01.pptx

01 인쇄 모양 설정하기

❶[설정] 항목에서 [전체 페이지 슬라이드]라고 표시된 [인쇄 모양]을 클릭한 후 ❷[유인물]의 [3 슬라이드]를 선택합니다.

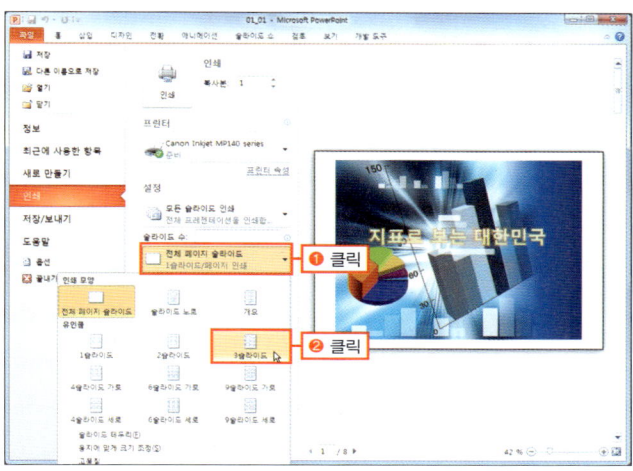

02 유인물 인쇄 형태 확인하기

한 페이지에 3개의 슬라이드가 표시되는 유인물의 형태로 인쇄가 설정됩니다.

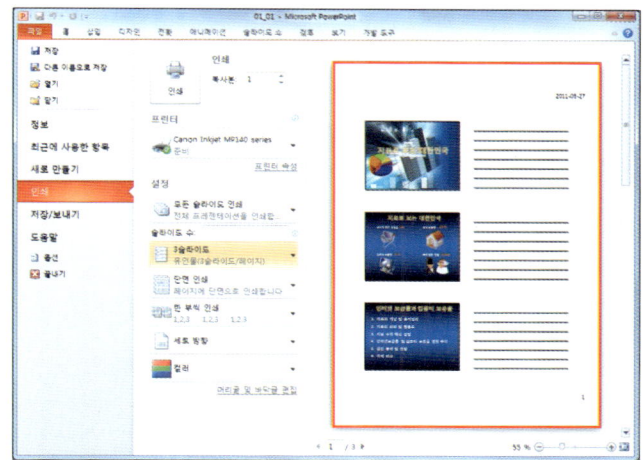

03 인쇄 방향과 색상 선택하기

❶인쇄의 방향을 [세로 방향]에서 [가로 방향]으로 변경하고 ❷슬라이드의 색상을 [회색조]로 변경한 후 유인물을 인쇄합니다.

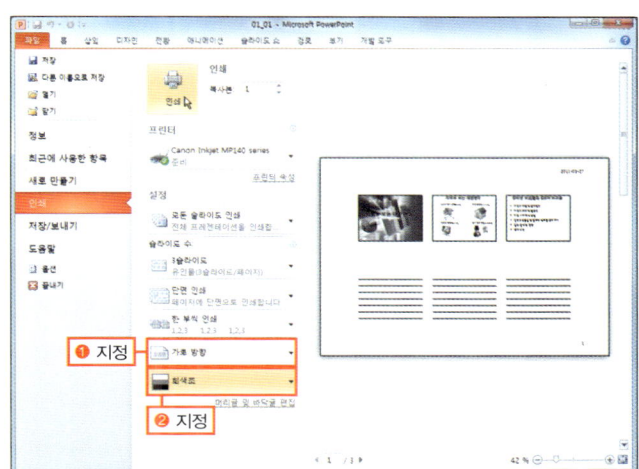

프레젠테이션 파일을 인쇄 용지 한 면에 4개의 슬라이드가 인쇄
되도록 조정해 보세요.

◎ **시작 파일** : 8장\01_실습1.pptx

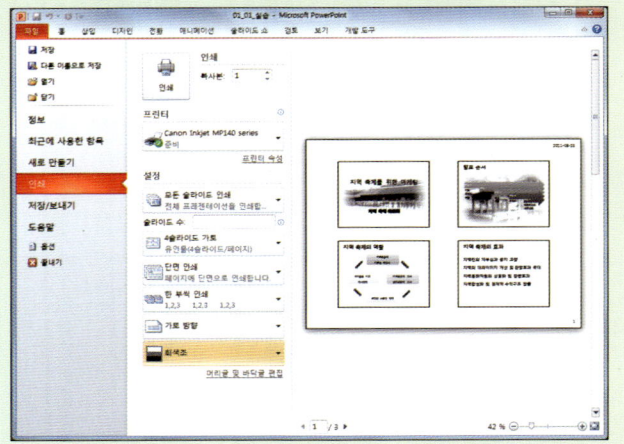

지정한 인쇄 옵션을 기본 인쇄 설정으로 유지하기

인쇄 옵션을 매번 바꾸지 않고 설정된 옵션을 기본 인쇄 설정으로 유지하고 싶을 때는 [PowerPoint 옵션]에서 지정합니다.

◉ **시작 파일** : 8장\01_01.pptx

1 고급 인쇄 옵션 지정하기

❶[파일] 탭을 클릭한 후 [도움말]–[옵션]을 선택합니다. [PowerPoint 옵션] 창이 나타나면 ❷[고급]을 클릭합니다.

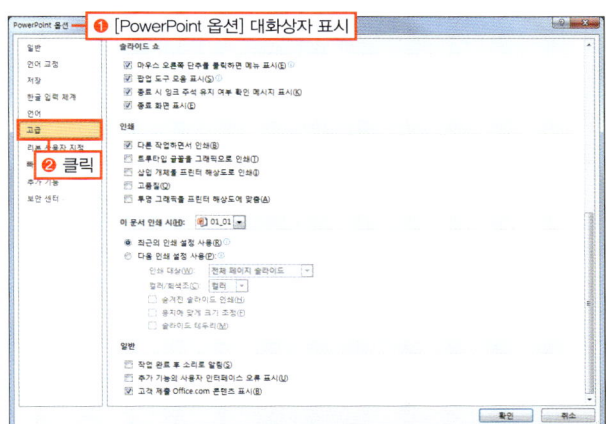

2 인쇄 설정 지정하기

❶[이 문서 인쇄 시]의 [다음 인쇄 설정 사용] 항목을 선택한 후 ❷인쇄 설정을 지정하고 ❸[확인]을 클릭합니다.

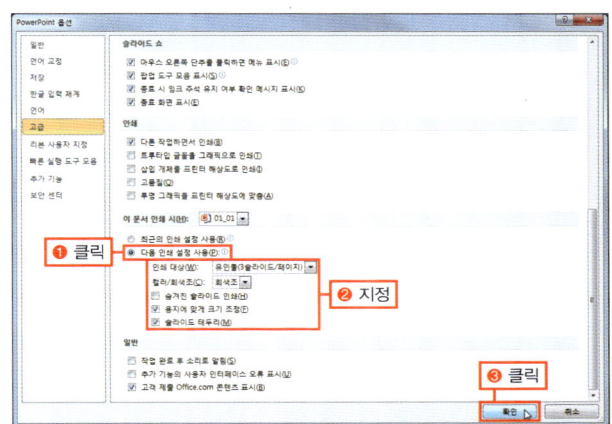

3 문서 인쇄 시작하기

❶[이 문서 인쇄 시] 항목에서 선택했던 파일을 불러온 후 ❷[파일] 탭의 ❸[인쇄]를 클릭하면 [PowerPoint 옵션]에서 지정한 인쇄 설정이 기본으로 적용되는 것을 확인할 수 있습니다.

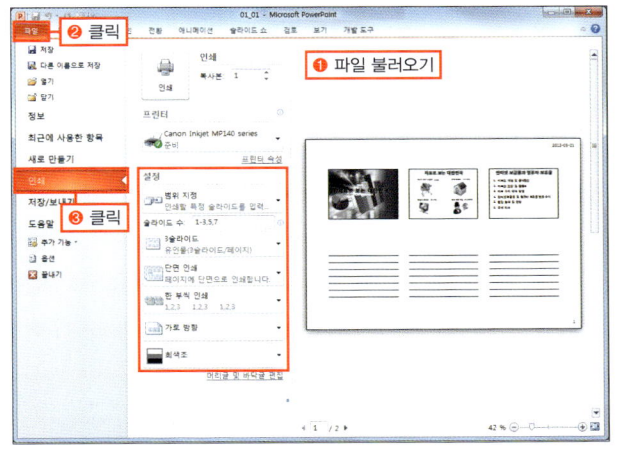

4 기본 인쇄 설정 확인하기

❶기본 인쇄 설정을 지정하지 않은 다른 프레젠테이션 문서를 열고 ❷[인쇄]를 선택하면 파워포인트 기본 인쇄 설정이 그대로 있는 것을 볼 수 있습니다. 인쇄 설정을 변경한 문서 외에 다른 프레젠테이션 문서는 기본 인쇄 설정을 그대로 갖게 됩니다.

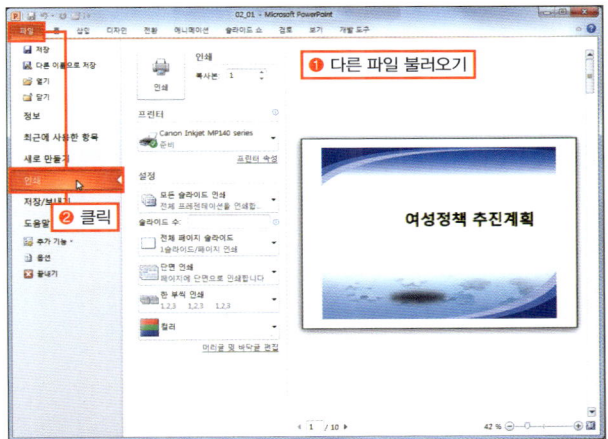

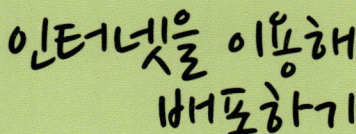

SECTION

02

인터넷을 이용해 배포하기

프레젠테이션 문서는 인터넷을 통해 다른 사람들과 언제 어디서나 서로 공유할 수 있습니다. 웹에 저장해 웹 애플리케이션을 통해 공유하거나 이메일, 슬라이드 쇼 브로드캐스트를 이용한 인터넷 배포 방법에 대해 알아봅니다.

다루는 내용

● 프레젠테이션 문서를 웹에 저장하기　　　● 슬라이드 쇼 브로드캐스트하기
● 이메일로 프레젠테이션 문서 보내기

기능 정리

웹을 활용한 프레젠테이션 배포 방법 살펴보기

파워포인트 2010에는 라이브로 프레젠테이션을 진행하거나 다른 사람들과 공동으로 작업할 수 있는 기능이 추가되거나 향상되었습니다. 웹을 활용한 파워포인트 기능에는 어떤 것들이 있는지 알아봅니다.

● 슬라이드 쇼 브로드캐스트

파워포인트 2010의 '슬라이드 쇼 브로드캐스트' 기능을 사용하면 발표자가 웹을 통해 어디서나 모든 사람과 슬라이드 쇼를 공유할 수 있습니다. 청중에게 링크(URL)를 보내면 초대한 모든 사람이 자신의 브라우저에서 동기화된 슬라이드 쇼 보기를 확인하게 됩니다. 슬라이드 쇼 브로드캐스트를 진행하는 사용자가 슬라이드 쇼 브로드캐스트를 끊으면 연결된 모든 사람들의 슬라이드 쇼 브로드캐스트의 연결도 끊어지게 됩니다.

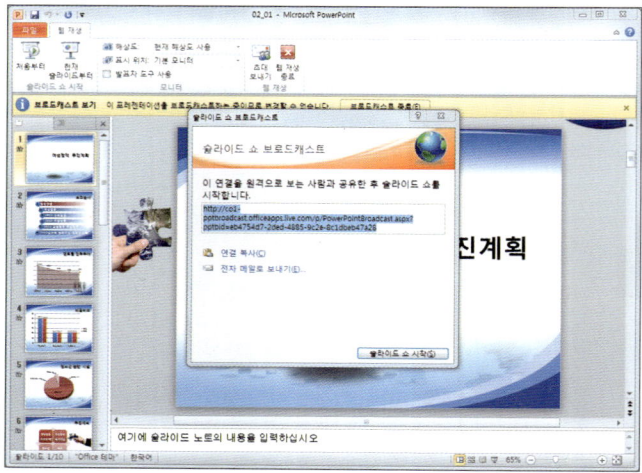

● 웹에 저장하기

프레젠테이션 문서를 웹에 저장한 후 오피스 웹 애플리케이션(Office Web Apps)을 이용하면 장소에 구애받지 않고 인터넷에 연결되어 있는 컴퓨터에서 언제든 다시 사용할 수 있습니다. 웹에 문서를 저장하려면 윈도우 라이브의 스카이 드라이브에 회원 가입이 되어 있어야 합니다.

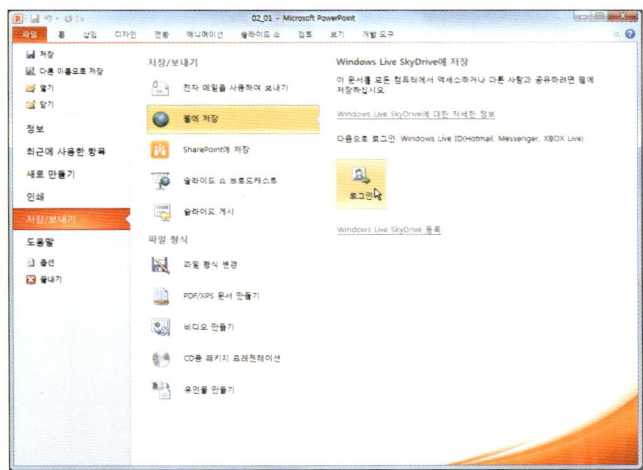

● 전자 메일로 프레젠테이션 전송하기

프레젠테이션 문서를 전자 메일의 첨부 파일이나 링크, PDF 파일 등으로 다른 사람들에게 보내 공유할 수 있습니다.

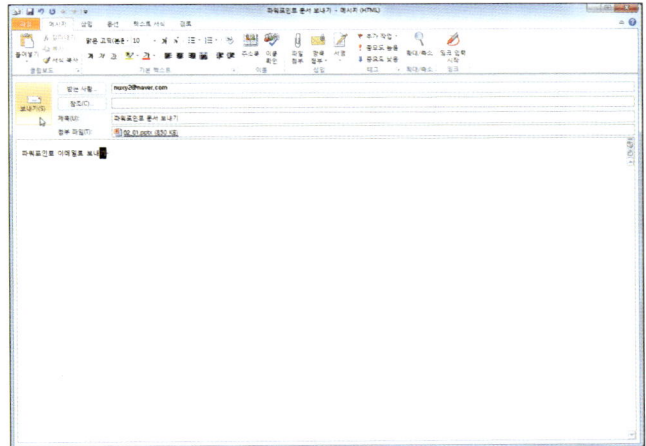

간단 퀴즈

1 이 기능은 여러 사람들과 슬라이드 쇼를 공유할 수 있는 기능으로, 웹 브라우저를 통해 슬라이드 쇼를 볼 수 있습니다. 이 기능은 무엇일까요? (   )

2 프레젠테이션을 웹에 저장한 후 브라우저를 통해 파일을 확인할 수 있도록 제공하는 프로그램을 무엇이라고 할까요? (   )

답 : **1** 슬라이드 쇼 브로드캐스트, **2** 웹 애플리케이션

전자 메일을 이용한 프레젠테이션 배포하기

완성된 프레젠테이션을 전자 메일을 통해 배포하는 방법에 대해 알아봅니다.

◉ **시작 파일** : 8장\02_01.pptx

01 첨부 파일로 보내기

❶[파일] 탭을 클릭하고 백스테이지(Backstage) 보기의 ❷
[저장/보내기]-❸[전자 메일을 사용하여 보내기]-❹[첨부
파일로 보내기]를 차례로 클릭합니다.

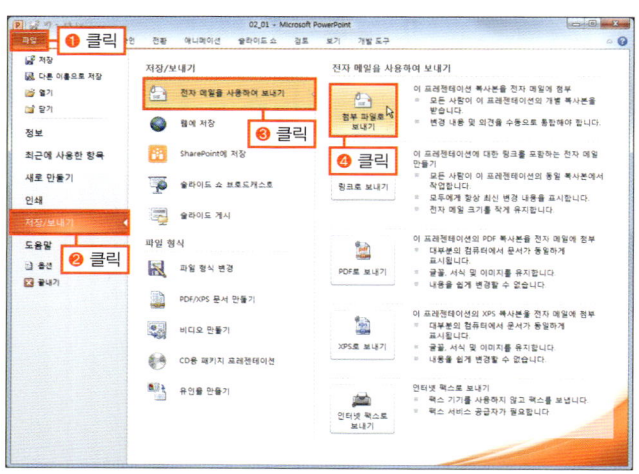

02 메일 작성하기

시스템에 설치된 전자 메일 프로그램이 실행되고 [첨부 파
일] 항목에는 현재 프레젠테이션이 자동 첨부됩니다. ❶받
는 사람의 전자 메일 주소를 입력하고 ❷[보내기]를 클릭
합니다.

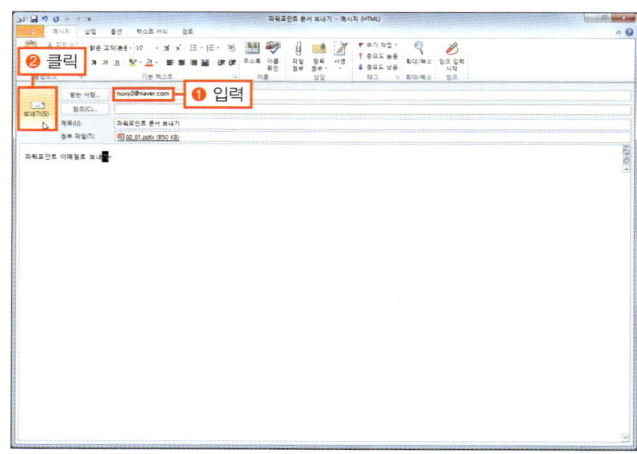

03 첨부 파일 다운로드 받기

❶프레젠테이션을 첨부 파일로 받은 상대방은 전자 메일
프로그램이나 웹 메일을 이용해 ❷첨부 파일을 다운로드
받습니다.

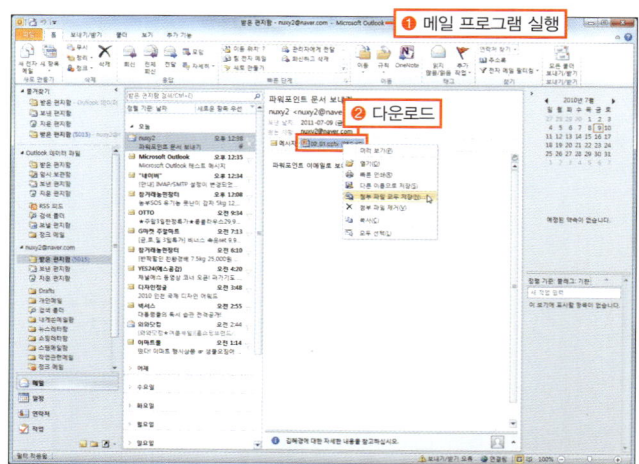

시작 파일을 이메일에 첨부하여 배포해 보세요.

◉ **시작 파일** : 8장\02_실습1.pptx

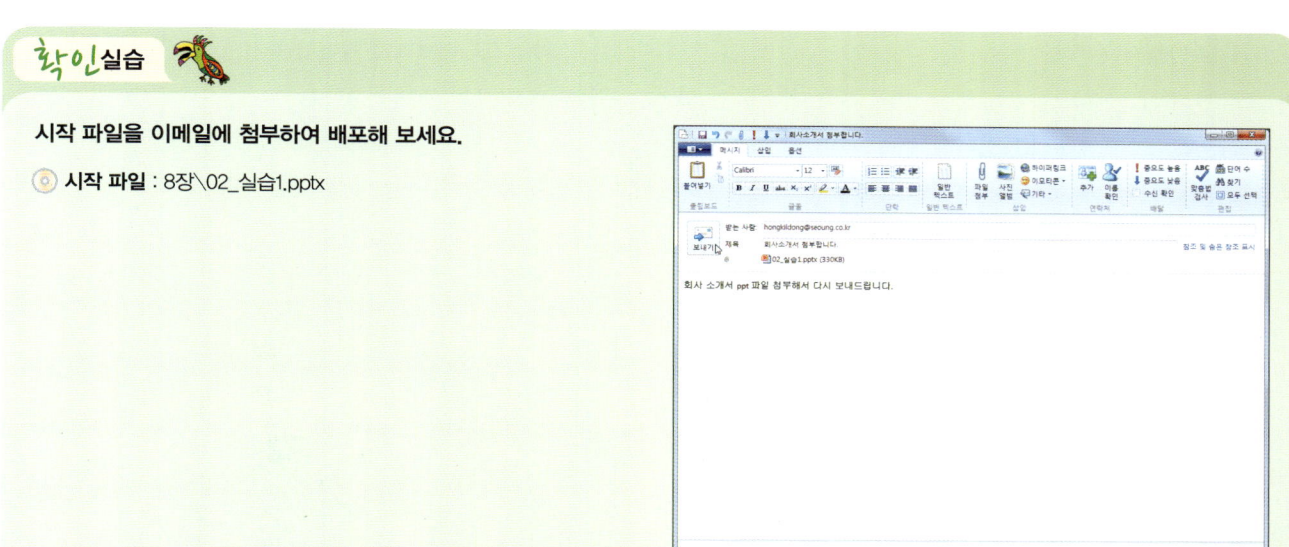

웹에 프레젠테이션 문서 저장하기

프레젠테이션 문서를 웹에 저장한 후 웹 애플리케이션을 통해 확인하는 방법에 대해 알아봅니다.

◉ **시작 파일** : 8장\02_01.pptx
◉ **완료 파일** : 웹에 '여성정책.pptx' 파일로 저장

01 윈도우 라이브 웹 로그인 선택하기

❶[파일] 탭의 ❷[저장/보내기]-❸[웹에 저장]-❹[로그인]을 차례로 클릭합니다.

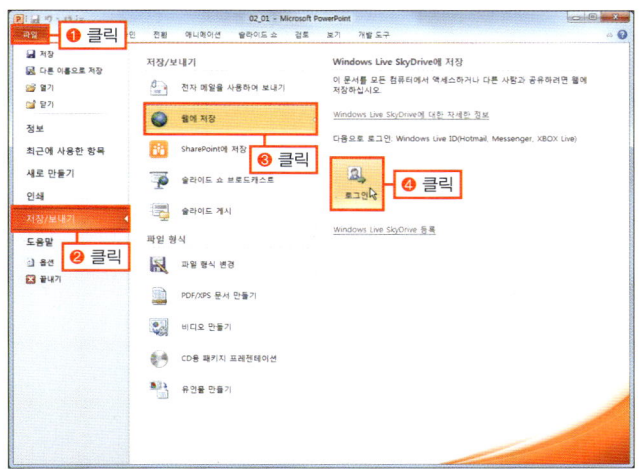

02 로그인하기

로그인 대화상자가 나타나면 ❶[전자 메일 주소](Windows Live ID)를 입력한 후 ❷[확인]을 클릭합니다.

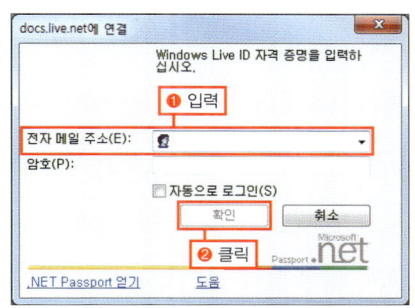

참고 ● 윈도우 라이브 ID 만들기

오피스 웹 애플리케이션을 사용하거나 슬라이드 쇼 브로드캐스트를 사용하기 위해서는 반드시 윈도우 라이브 메일 ID가 필요합니다. 기존에 가입한 핫메일(hot mail)이나 패스포트(passport) 메일 계정이 있다면 따로 회원 가입을 할 필요는 없습니다. 윈도우 라이브 ID가 없다면 윈도우 라이브(http://windowslive.msn.co.kr/)에서 회원 가입을 한 후 계정을 얻어야 오피스 웹 애플리케이션을 사용할 수 있게 됩니다.

03 [새로 만들기] 선택하기

윈도우 라이브 스카이 드라이브(SkyDrive)에 접속되고 윈도우 라이브 스카이 드라이브의 폴더 목록이 표시됩니다. ❶스카이 드라이브에 새로운 폴더를 만들어 파일을 저장하기 위해 [새로 만들기]를 클릭합니다.

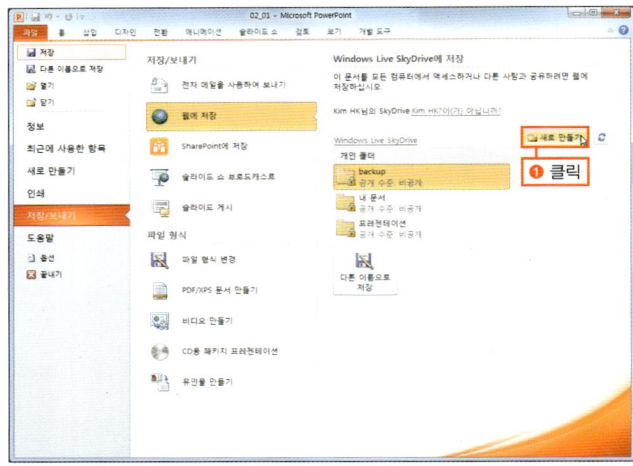

04 스카이 드라이브에서 폴더 만들기

윈도우 라이브의 스카이 드라이브(SkyDrive)로 접속된 상태로 웹 브라우저가 실행되면 ❶새롭게 생성할 폴더의 이름을 입력한 후 ❷[다음]을 클릭합니다.

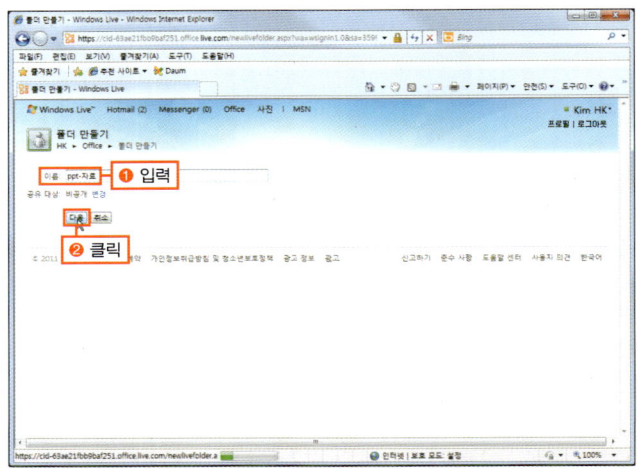

참고 • 오피스 업로드 센터 사용하기

마이크로소프트 오피스 2010 업로드 센터에서는 서버에 업로드하고 있는 파일을 모니터링할 수 있습니다. [업로드 센터]는 오피스 2010의 일부로 자동 설치되며 윈도우의 알림 영역에 아이콘(◎)으로 표시됩니다. [업로드 센터]를 실행할 때는 윈도우의 [시작]을 클릭한 후 [모든 프로그램]-[Microsoft Office]-[Microsoft Office 2010 도구]-[Microsoft Office 2010 업로드 센터]를 차례로 선택합니다. [업로드 센터] 창에서는 현재 웹 서버에 업로드 되고 있는 파일의 상태를 확인할 수 있습니다. [업로드 센터] 창의 파일 목록에서 [동작]([동작▼])을 클릭하면 파일 업로드 관련 메뉴가 나타납니다. 그 중 [열기]를 선택하면 업로드된 파일을 내 컴퓨터에서 열 수 있습니다.

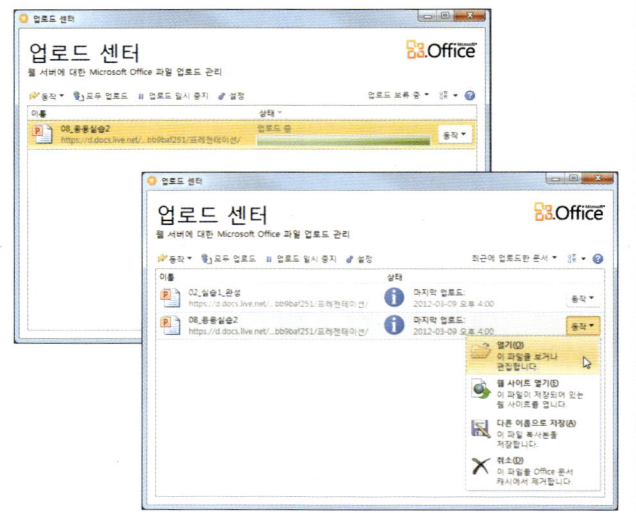

[동작]([동작▼])을 클릭한 후 [웹 사이트 열기]를 선택하면 해당 파일이 업로드되어 있는 웹 사이트를 열 수 있습니다.

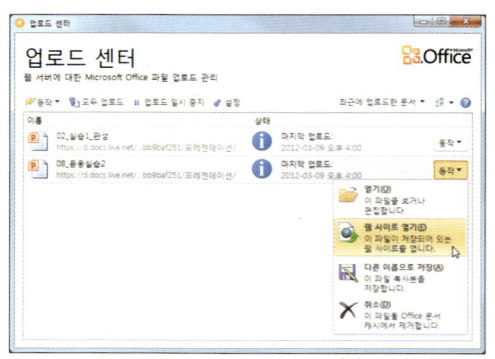

05 웹에 저장하기 선택하기

❶프레젠테이션 창으로 돌아온 후 만들어 둔 폴더를 선택하고 ❷[다른 이름으로 저장]을 클릭합니다.

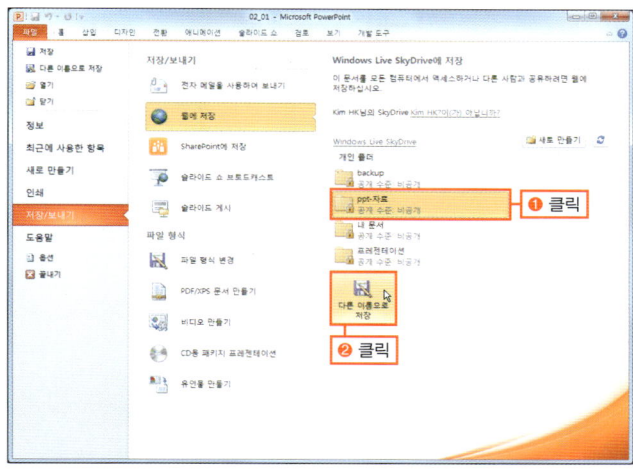

06 파일 저장하기

❶[다른 이름으로 저장] 대화상자가 나타나면 [파일 이름]을 지정한 후 ❷[저장]을 클릭합니다.

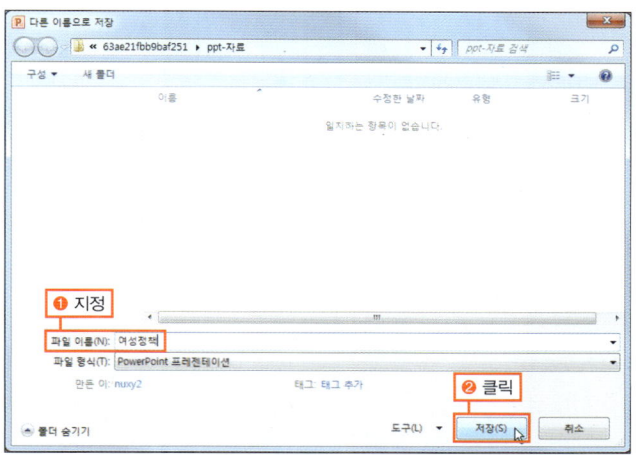

07 웹에서 저장 파일 선택하기

❶웹에 저장한 프레젠테이션 파일을 확인하기 위해 '윈도우 라이브 SkyDrive' 사이트에 저장된 프레젠테이션 파일을 클릭합니다.

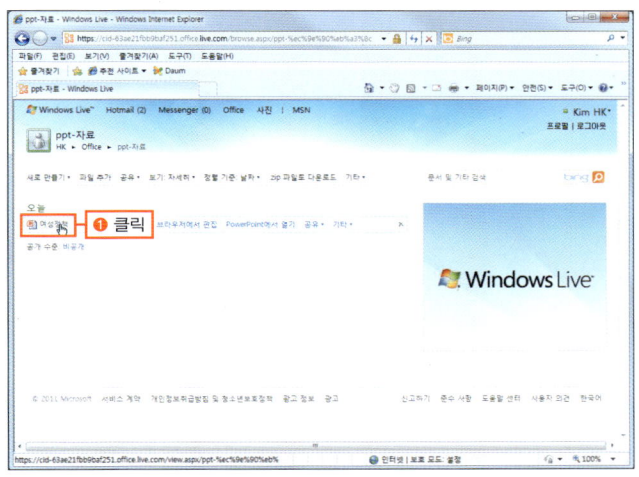

08 웹 애플리케이션에서 파일 확인하기

오피스 웹 애플리케이션(PowerPoint Web App)을 통해 저장한 프레젠테이션 파일이 슬라이드 쇼 형태로 실행됩니다.

참고 ● 오피스 웹 애플리케이션

오피스 웹 애플리케이션은 웹 브라우저를 기반으로 워드 2010, 엑셀 2010, 파워포인트 2010, 원노트 2010 파일을 볼 수 있고 웹상에서 간단한 편집도 할 수 있도록 하는 프로그램입니다. 장소에 구애받지 않을 수 있고 프로그램이 설치되지 않은 컴퓨터에서도 오피스 프로그램을 사용할 수 있다는 장점을 가지고 있습니다. 오피스 웹 프로그램은 인터넷 익스플로러, 파이어폭스(Fire Fox), 사파리(Safari, 매킨토시 용 브라우저) 등에서 사용할 수 있도록 설계되었습니다.

09 웹 브라우저에서 편집하기

❶웹 애플리케이션의 [브라우저에서 편집]을 클릭하면 파워포인트 2010 편집 화면과 유사한 상태로 화면이 변경됩니다. 웹에서 직접 프레젠테이션 문서를 편집할 수 있습니다.

참고 ● 웹에 저장된 파일의 URL을 이메일로 보내기

첨부 파일이 아닌 프레젠테이션 문서가 저장된 웹의 URL을 전자 메일로 보낼 때는 ❶[파일] 탭을 클릭하고 ❷[저장/보내기]—❸[전자 메일을 사용하여 보내기]—❹[링크로 보내기]를 차례로 클릭합니다. 전자 메일 프로그램이 실행되면서 내용 창에 프레젠테이션이 저장되어 있는 URL이 자동으로 나타납니다. ❺받는 사람의 전자 메일 주소를 입력한 후 ❻[보내기]를 클릭합니다.

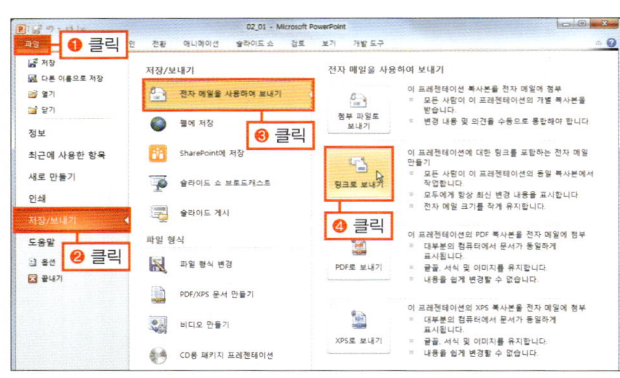
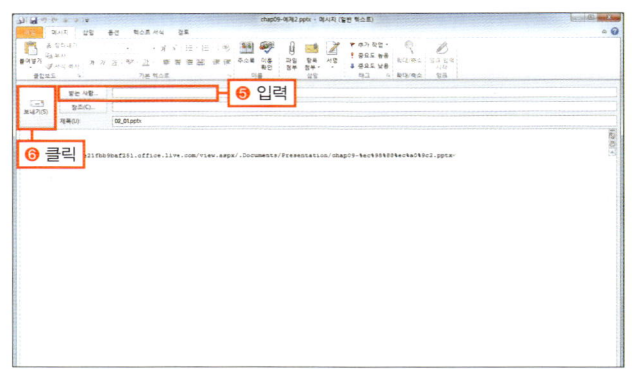

전자 메일을 받은 상대방이 링크된 URL에 접속하면 오피스 웹 애플리케이션 프로그램을 통해 프레젠테이션을 확인할 수 있습니다.

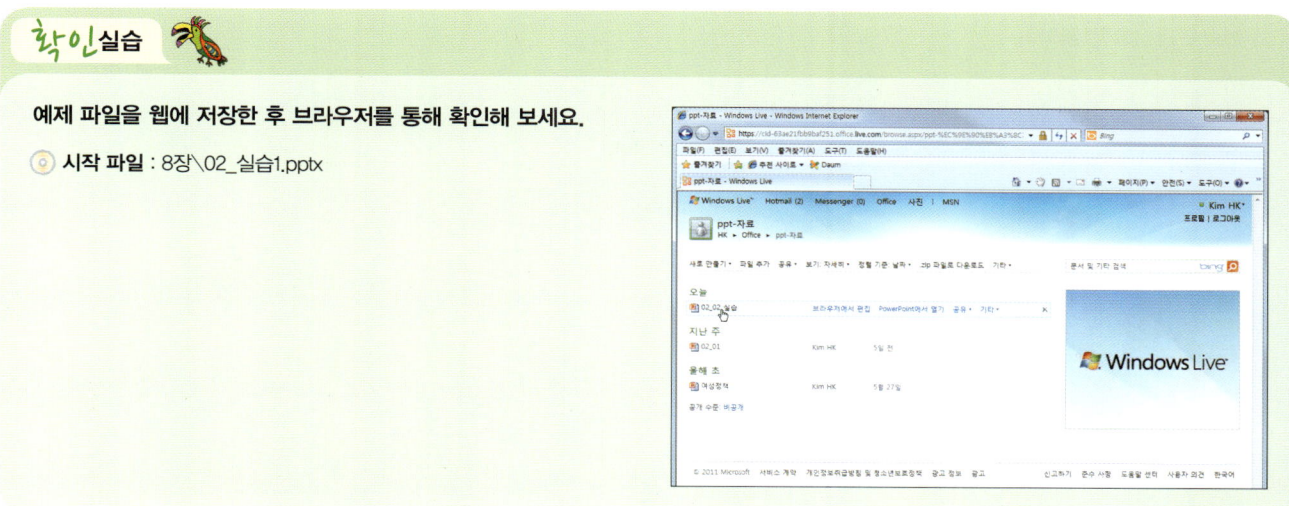

확인실습

예제 파일을 웹에 저장한 후 브라우저를 통해 확인해 보세요.

◉ **시작 파일** : 8장\02_실습1.pptx

실습과정

슬라이드 쇼 브로드캐스트하기

동일한 슬라이드 쇼를 다른 사람이 웹에서 볼 수 있도록 해주는 슬라이드 쇼 브로드캐스트를 작성하는 방법에 대해 알아봅니다.

◉ **시작 파일** : 8장\02_01.pptx

---

01 슬라이드 쇼 브로드캐스트 선택하기

상대방과 슬라이드 쇼 브로드캐스로 공유하려는 파일을 불러온 후 ❶[파일] 탭의 ❷[저장/보내기]-❸[슬라이드 쇼 브로드캐스트]-❹[슬라이드 브로드캐스트](📷)를 클릭합니다.

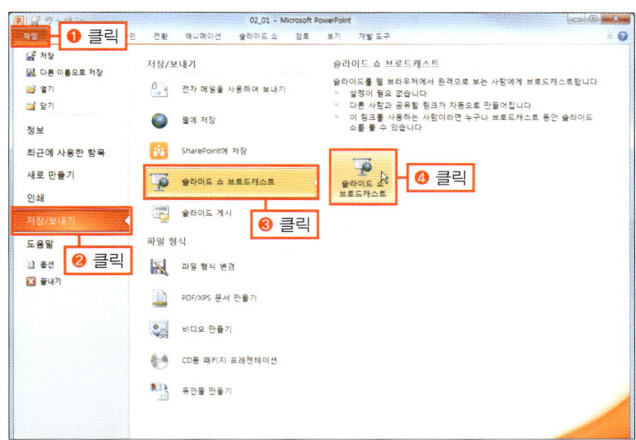

참고 ──
[슬라이드 쇼] 탭의 [슬라이드 쇼 시작] 그룹에서 [슬라이드 쇼 브로드캐스트](📷)를 클릭해도 슬라이드 쇼 브로드캐스트를 시작할 수 있습니다.

02 브로드캐스트 시작하기

❶[슬라이드 쇼 브로드캐스트] 대화상자가 나타나면 [브로드캐스트 시작]을 클릭합니다.

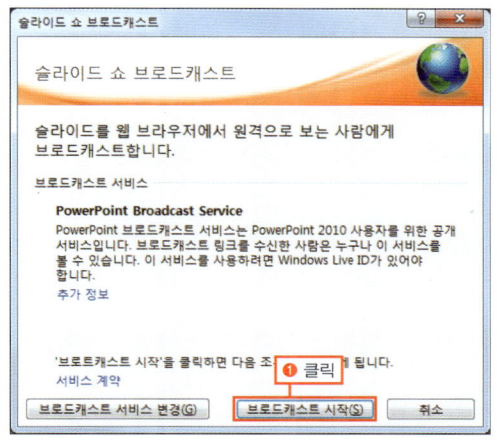

참고 ──
웹 로그인이 필요할 경우 로그인 대화상자가 나타납니다. 로그인 대화상자에서 전자 메일 주소와 암호를 입력하여 윈도우 라이브 사이트에 접속합니다.

03 브로드캐스트 연결하기

슬라이드 쇼 브로드캐스트 서비스에 연결되는 과정이 나타납니다.

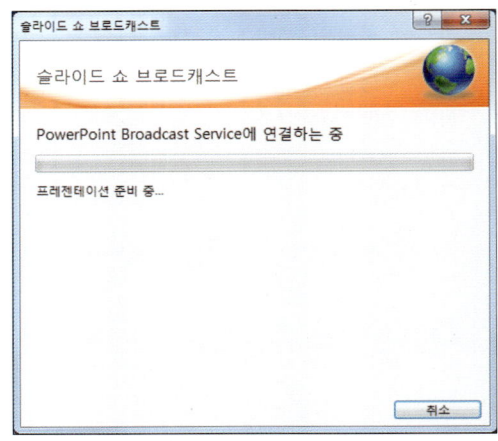

04 연결 복사하기

[슬라이드 쇼 브로드캐스트] 대화상자에 나타난 URL을 원격으로 슬라이드 쇼를 볼 수 있는 상대방에게 보내주어야 하므로 ❶[연결 복사]를 클릭한 후 ❷[슬라이드 쇼 시작]을 클릭합니다.

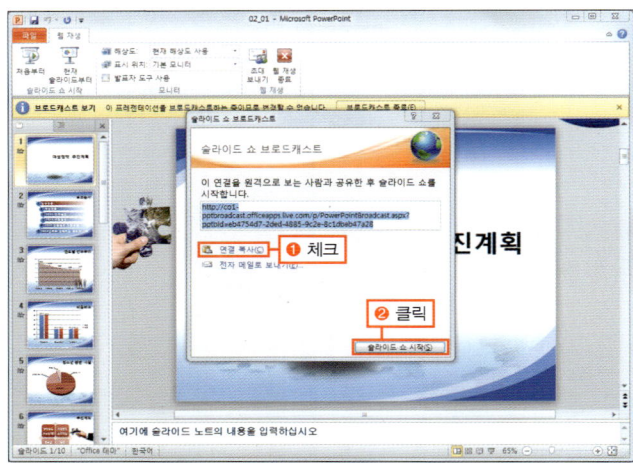

05 공유 메일 보내기

복사한 슬라이드 브로드캐스트의 URL을 이메일이나 메신저를 통해 프레젠테이션을 공유하려는 상대방에게 보내면 메일이나 메신저를 받은 상대방은 ❶링크된 URL을 클릭합니다.

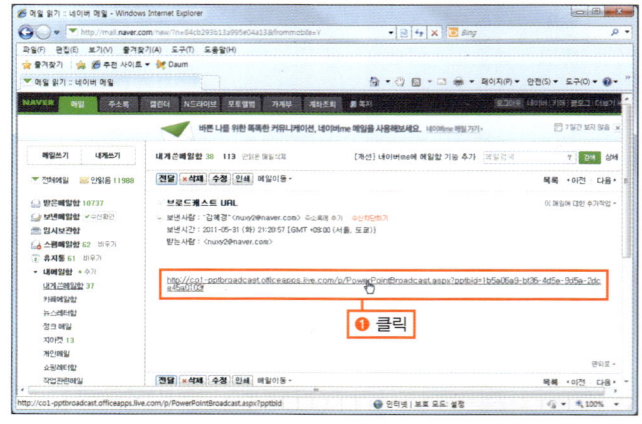

06 슬라이드 쇼 보기

슬라이드 브로드캐스트로 상대방과 실시간으로 상대방이 진행하는 슬라이드 쇼를 볼 수 있습니다.

07 브로드캐스트 중단하기

❶슬라이드 쇼 브로드캐스트를 중단할 때는 파워포인트 작업 창의 [브로드캐스트 종료]를 클릭합니다. ❷끝내겠냐는 메시지 창이 나타나면 [브로드캐스트 종료]를 클릭합니다.

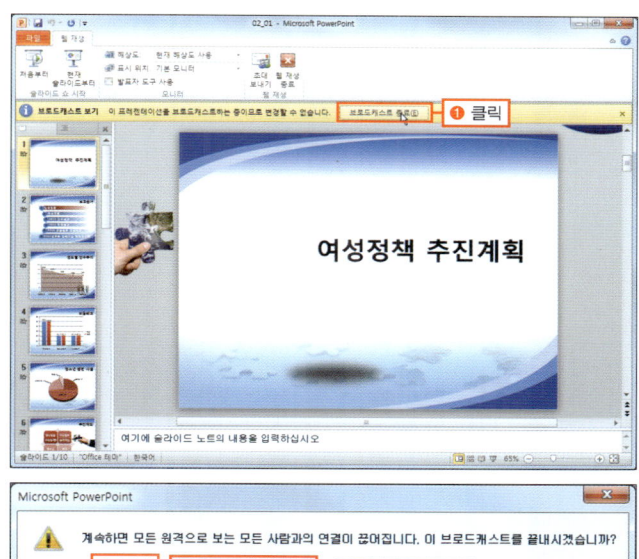

08 슬라이드 연결 해제 확인하기

원격으로 보는 사람들의 슬라이드 쇼도 자동으로 끊기게 됩니다.

예제 파일을 슬라이드 쇼 브로드캐스트로 다른 사람들과 공유해 보세요.

⊙ **시작 파일** : 8장\02_실습1.pptx

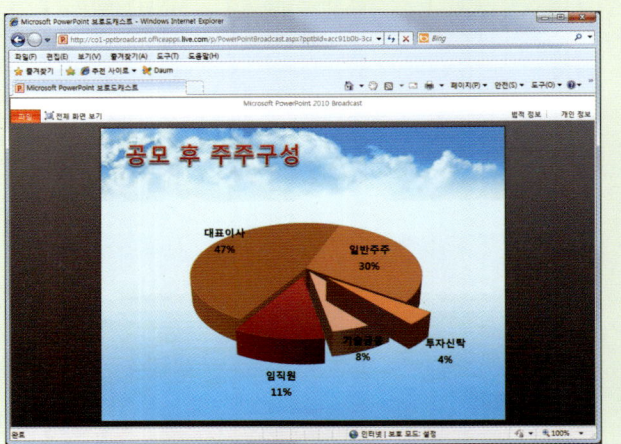

구글(Google) 문서 도구를 사용해 프레젠테이션 만들기

구글(Google) 문서 도구는 웹상에서 문서 작업을 할 수 있도록 웹 기반의 워드, 스프레드시트, 프레젠테이션 기능을 제공합니다. 구글 사이트(www.google.com)에 회원 가입을 하면 언제든 문서 도구 사용이 가능하며, 구글 문서 도구에서는 직접 새로운 파일을 웹상에서 제작하거나 기존에 제작된 문서를 웹에 업로드하는 등의 작업이 가능합니다.

● **웹에서 새로운 프레젠테이션 만들기**

❶구글 사이트에 로그인 한 후 구글 메뉴 중 ❷[더보기]를 클릭하고 ❸[문서 도구]를 선택하면 [구글 문서 도구] 페이지로 이동합니다. 여기서 ❹[새로 만들기]를 클릭하고 문서의 종류를 ❺[프레젠테이션]으로 선택합니다.

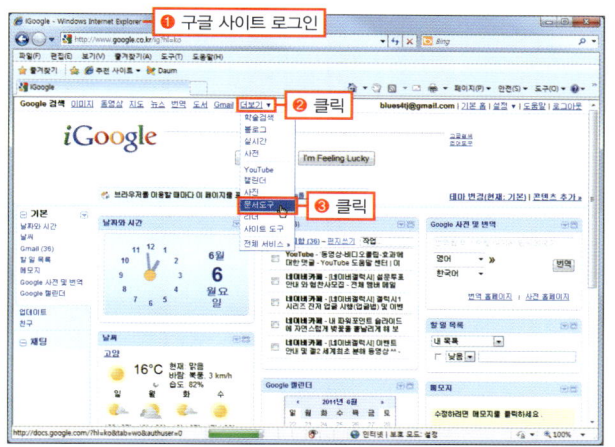
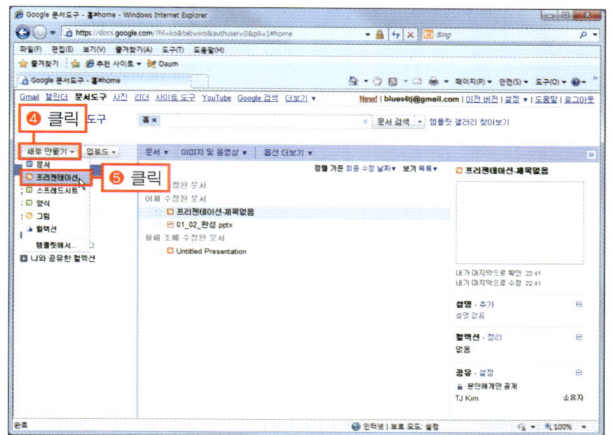

새로운 프레젠테이션을 작성할 수 있는 페이지가 열리며, 이 페이지는 파워포인트의 제목 슬라이드와 유사한 모양으로 나타납니다. 메뉴의 ❶[서식]-❷[프레젠테이션 설정]-❸[테마 변경]을 클릭합니다.

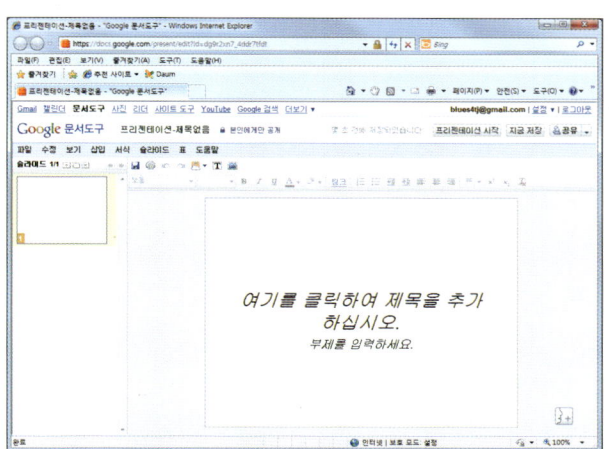
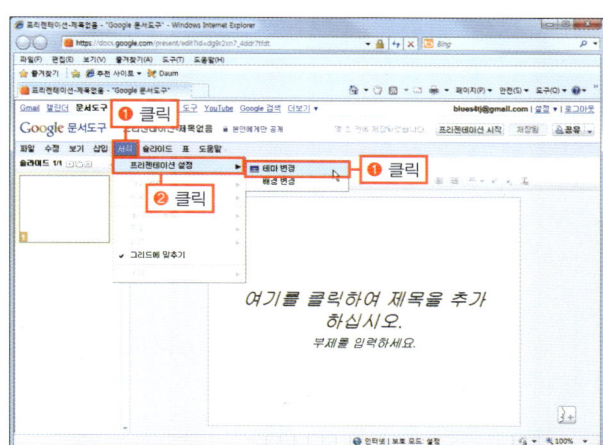

슬라이드의 테마 목록이 나타나면 원하는 테마 목록을 선택한 후 슬라이드를 작성합니다. 새로운 슬라이드를 추가할 때는 슬라이드에서 마우스 오른쪽 버튼을 클릭하고 [새 슬라이드]를 선택합니다. 슬라이드 레이아웃에서 원하는 레이아웃을 추가하고 프레젠테이션 작업을 진행합니다.

 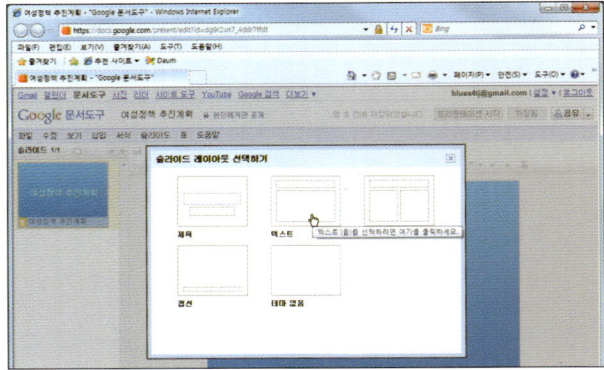

● 프레젠테이션 업로드하기

기존의 프레젠테이션 파일을 웹에 업로드할 때는 [구글 문서 도구]의 ❶[업로드]-❷[파일]을 차례로 클릭합니다. 업로드할 파일을 선택할 대화상자가 나타나면 ❸파일을 선택한 후 ❹[열기]를 클릭합니다.

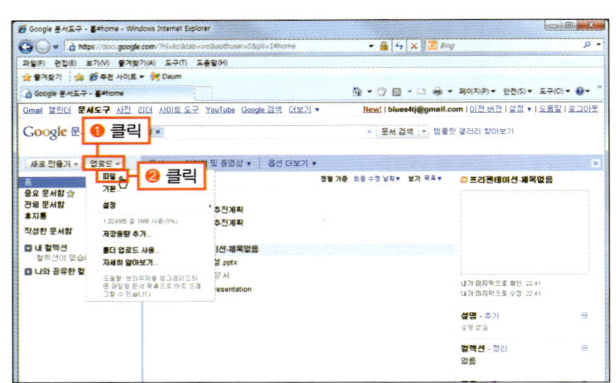 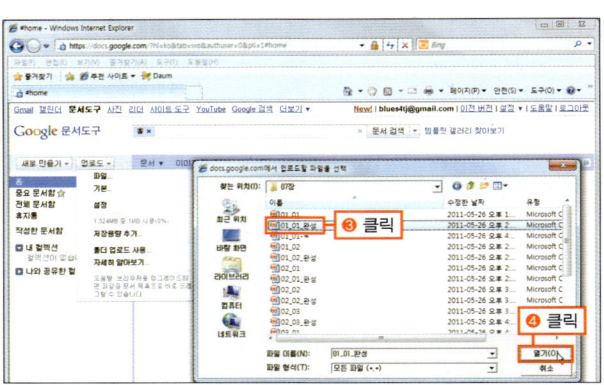

❺[업로드 설정] 대화상자에서 업로드 설정을 한 후 ❻[업로드 시작]을 클릭하면 선택한 파일이 웹으로 업로드 됩니다.

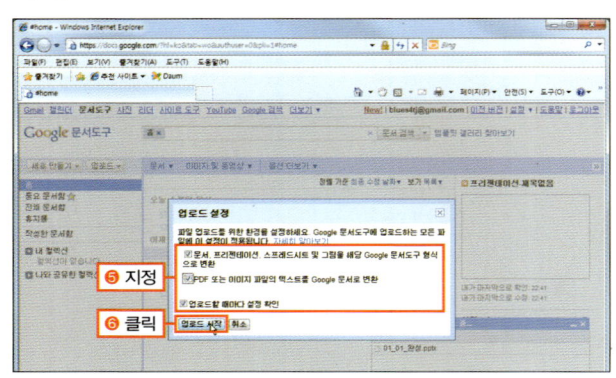 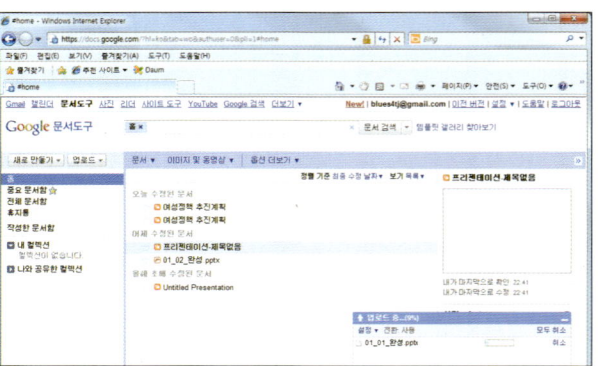

SECTION 03

다양한 파일 형식으로 문서 배포하기

완성된 프레젠테이션은 파워포인트 기본 파일 형식(pptx) 외에도 다양한 파일 형태로 저장할 수 있습니다.
PDF 형식이나 이미지 파일 형식 그리고 비디오 파일 형식 등으로 저장하는 방법 등에 대해 알아봅니다.

다루는 내용

- PDF 파일로 저장하기
- 이미지 파일로 저장하기
- 비디오 파일로 저장하기

기능 정리

다양한 프레젠테이션 문서 저장 형식 살펴보기

프레젠테이션은 기본 파일 형식 외에도 다양한 파일 형태로 파일을 저장할 수 있습니다.

● PDF 또는 XPS로 저장하기

파일을 수정할 수 없도록 저장하면서 쉽게 공유 및 인쇄할 수 있도록 하려는 경우가 파일을 PDF
또는 XPS 형식으로 변환할 수 있습니다.

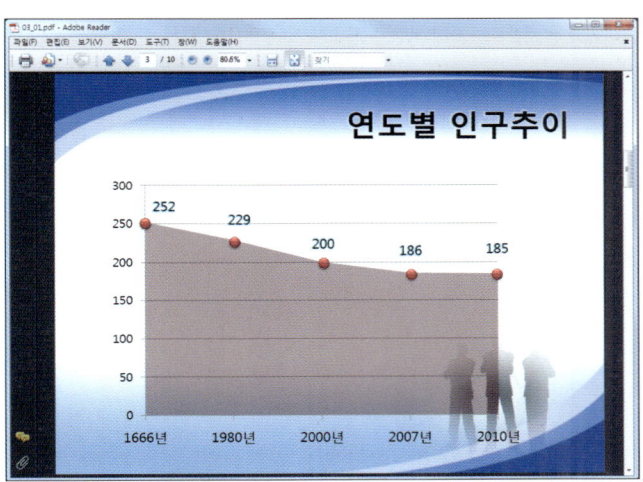

● 이미지 파일로 저장하기

프레젠테이션의 각 슬라이드의 인쇄 품질을 인쇄용이나 웹용 등으로 구분하여 이미지 파일 형
식으로 저장할 수 있습니다. 프레젠테이션은 각 슬라이드가 하나의 이미지 파일로 따로 저장됩
니다.

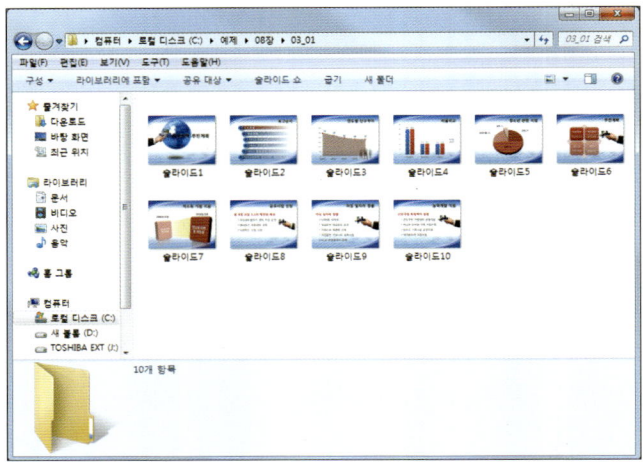

● 비디오 파일로 저장하기

고화질 프레젠테이션 버전을 전자 메일에 첨부하거나, 웹에 게시하거나, CD/DVD에 구워 동료나 고객에게 보내려는 경우 프레젠테이션을 비디오로 재생하도록 저장할 수 있습니다. 파워포인트 2010에서는 애니메이션과 설명이 포함된 멀티미디어 프레젠테이션을 올바르게 재생할 수 있도록 윈도우 미디어 비디오 파일(.wmv)로 저장하여 배포할 수 있습니다.

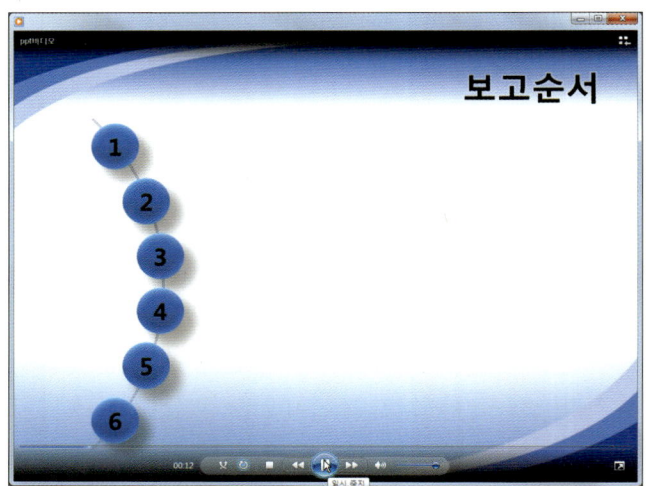

간단퀴즈

1 프레젠테이션을 비디오 파일로 저장했을 때 다음 중 어떤 동영상 파일 형식으로 저장될까요? (   )

① *.pdf ② *.mpeg ③ *. avi ④ *.wmv

2 프레젠테이션을 이미지 파일로 저장했을 때 다음 중 어떤 파일 형식으로 저장될까요? (   )

① *.png ② *.tiff ③ *.pptx ④ *.gif

답 : 1 ④, 2 ①

PDF 파일로 저장하기

프레젠테이션 파일을 PDF 형식의 파일로 저장하는 방법에 대해 알아봅니다.

◉ **시작 파일** : 8장\03_01.pptx
◉ **완료 파일** : 8장\03_01.pdf

01 [PDF/XPS 문서 만들기] 선택하기

❶[파일] 탭을 클릭한 후 ❷[저장/보내기]-❸[PDF/XPS 문서 만들기]-❹[PDF/XPS 만들기]를 클릭합니다.

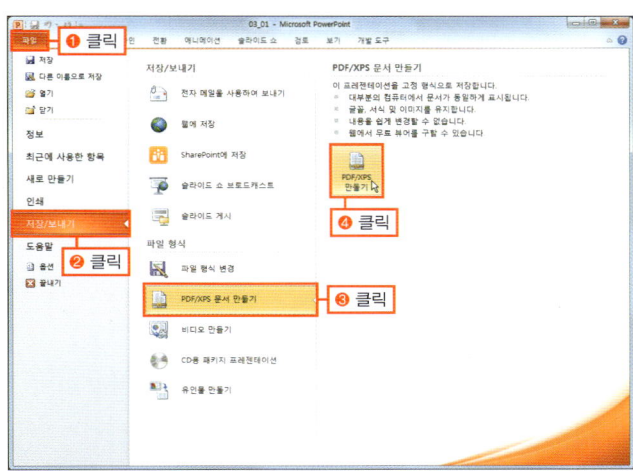

02 파일 저장하기

❶[PDF 또는 XPS로 게시] 대화상자가 나타나면 [파일 이름]을 지정한 후 ❷[게시]를 클릭합니다.

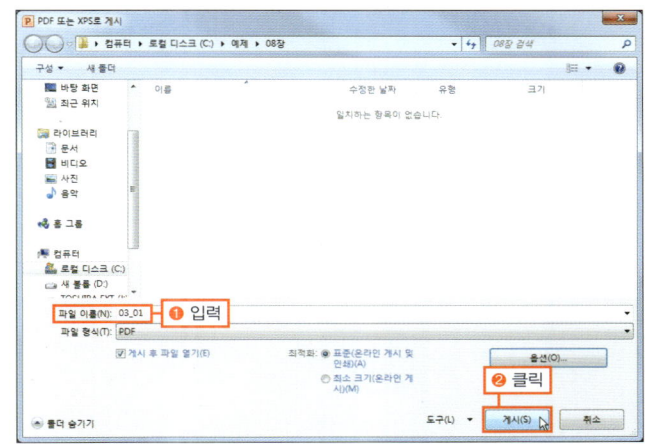

03 PDF 파일 확인하기

파일 변환이 완료되면 PDF 파일 뷰어 프로그램을 통해 프레젠테이션을 확인할 수 있습니다.

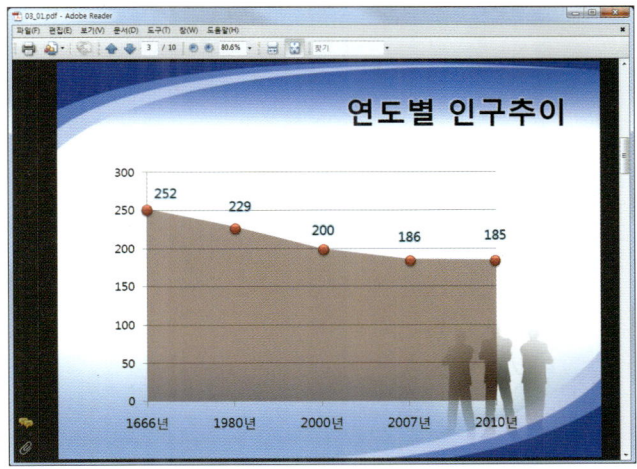

PDF 파일 형식으로 저장된 프레젠테이션은 PDF 파일 뷰어를 통해 확인할 수 있습니다. PDF 파일을 볼 수 있는 프로그램의 종류는 여러 가지가 있습니다. 가장 대표적인 프로그램으로는 어도비(Adobe)의 '아크로뱃 리더(Acrobat Reader)'이며 그 외에도 'pdf_XChange Viewer' 등이 있습니다.

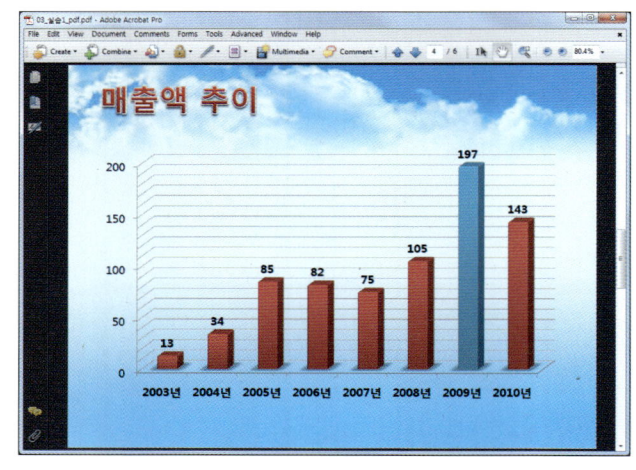
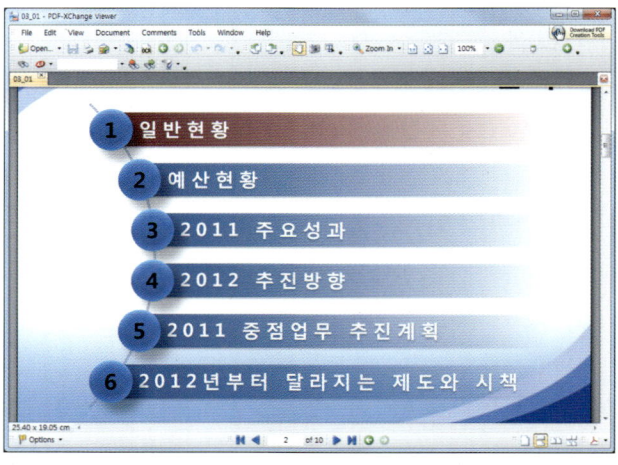

실습 과정

이미지 파일로 저장하기

프레젠테이션 파일을 이미지 형식의 파일로 저장하는 방법에 대해 알아봅니다.

◎ **시작 파일** : 8장\03_01.pptx
◎ **완료 파일** : 8장\03_01\슬라이드1~슬라이드10.png

01 [다른 이름으로 저장] 선택하기

이번에는 ❶[파일] 탭을 클릭하고 ❷[저장/보내기]-❸[파일 형식 변경]을 클릭합니다. ❹[파일 형식 변경] 옵션에서 [이미지 파일 형식]을 [PNG 이동식 네트워크 그래픽]으로 지정한 후 ❺[다른 이름으로 저장]을 클릭합니다.

02 PNG 형식으로 저장하기

[파일 형식]이 [PNG 형식]으로 선택된 [다른 이름으로 저장] 대화상자가 나타나면 ❶[저장]을 클릭합니다.

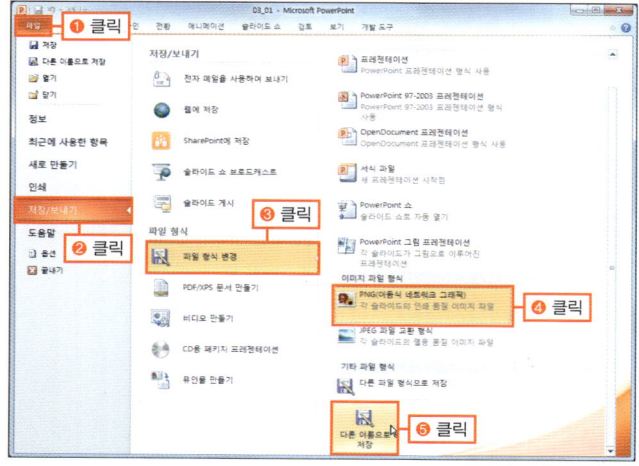
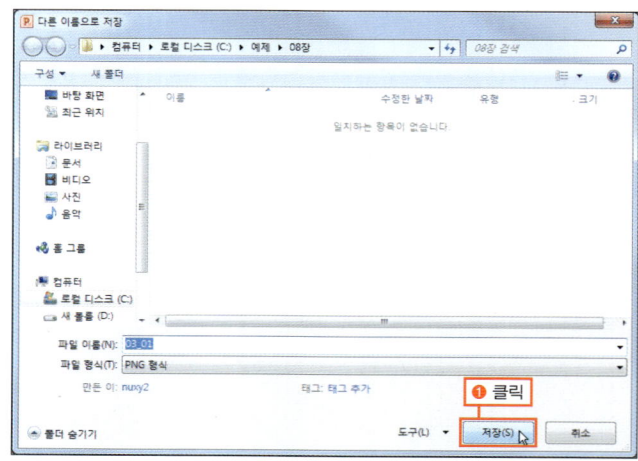

03 옵션 선택하기

프레젠테이션 전체를 이미지 파일로 변환할 것인지, 현재 슬라이드만 변환할 것인지를 결정하는 메시지 창이 나타나면 ❶[모든 슬라이드]를 클릭합니다.

04 저장 완료 확인하기

이미지 파일로 변환이 끝나면 ❶[확인]을 클릭합니다.

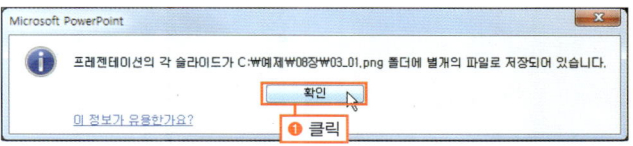

05 윈도우 탐색기에서 확인하기

윈도우 탐색기에서 저장된 폴더를 선택하면 파일 이름과 동일한 폴더가 자동 생성된 것을 확인할 수 있습니다. 폴더를 더블클릭하면 프레젠테이션의 각 슬라이드가 이미지 파일로 저장되어 있는 것을 확인할 수 있습니다.

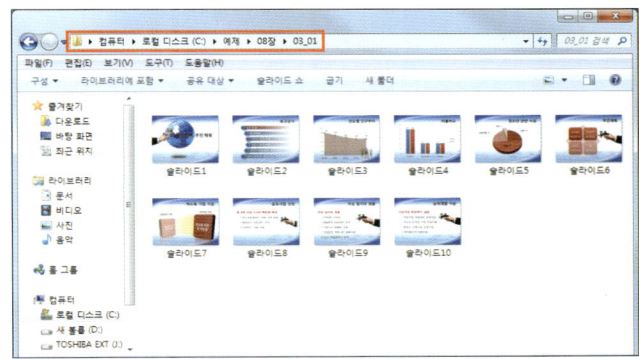

확인실습

예제 파일을 PDF 파일 형식으로 저장해 보세요.

◎ **시작 파일** : 8장\03_실습1.pptx
◎ **완료 파일** : 8장\03_실습1.pdf

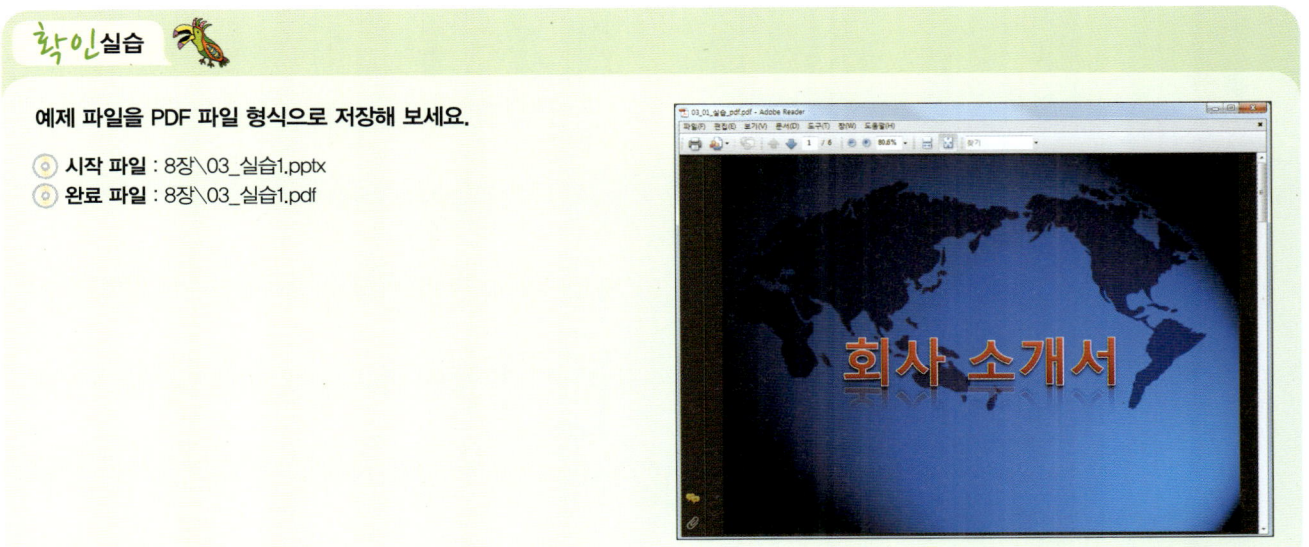

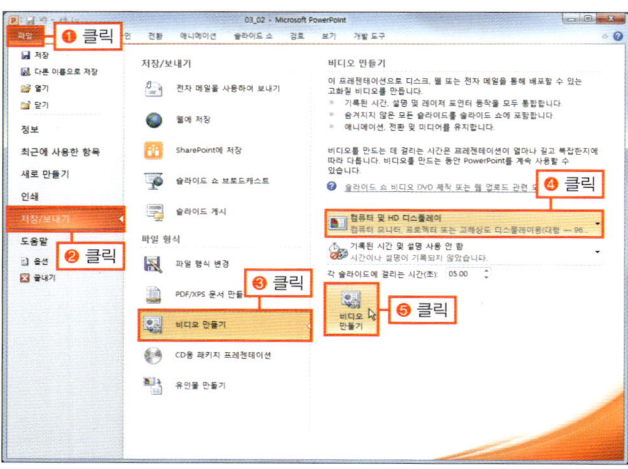

실습 과정

비디오 만들기

슬라이드 쇼 내용을 비디오 파일로 변환하는 방법에 대해 알아봅니다.

◎ **시작 파일** : 8장\03_02.pptx
◎ **완료 파일** : 8장\ppt비디오.wmv

01 [비디오 만들기] 선택하기

❶[파일] 탭을 클릭하고 ❷[저장/보내기]-❸[비디오 만들기]를 클릭한 후 다음과 같이 ❹비디오 파일의 품질을 지정한 후 ❺[비디오 만들기]를 클릭합니다.

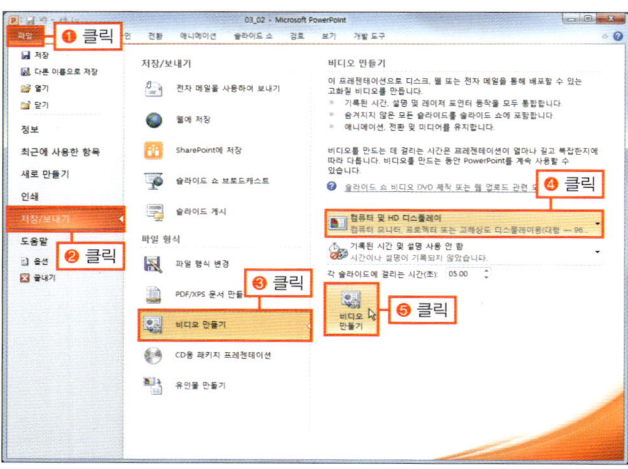

02 저장하기

[다른 이름으로 저장] 대화상자가 나타나면 ❶[파일 이름]을 지정한 후 ❷[저장]을 클릭합니다.

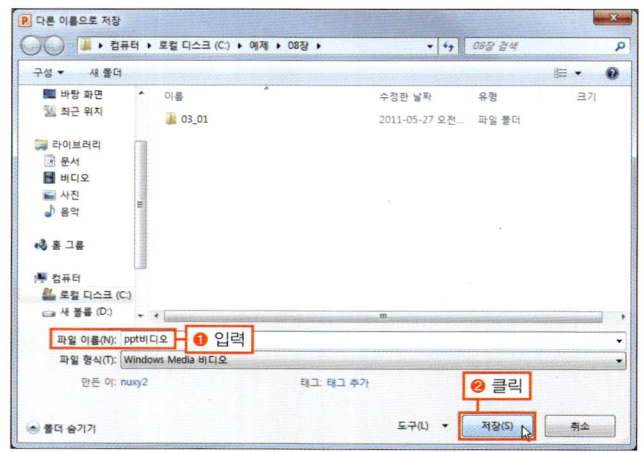

03 비디오 전환 과정 확인하기

파워포인트 작업 창 아래의 상태 표시줄을 확인하면 비디오로 전환되는 과정이 나타납니다.

04 윈도우 미디어 플레이어로 확인하기

비디오 파일로 변환이 완료되면 윈도우 탐색기에서 ❶저장된 비디오 파일을 선택하여 재생합니다.

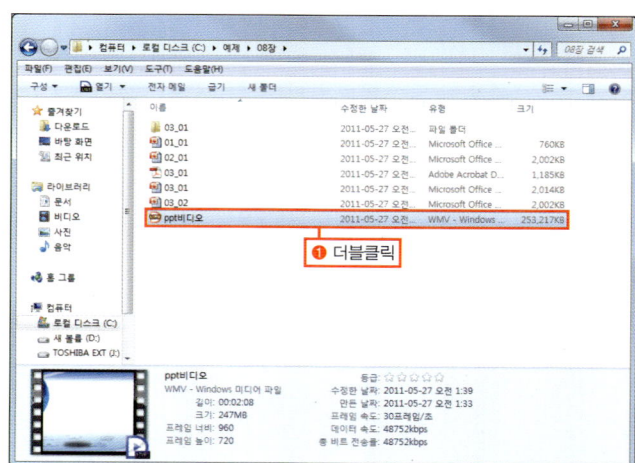

확인실습

예제 파일을 비디오 파일 형식으로 저장한 후 윈도우 미디어 플레이어에서 확인해 보세요.

◎ 시작 파일 : 8장\03_실습2.pptx
◎ 완료 파일 : 8장\03_실습2_비디오.wmv

실습 과정

CD용 패키지 프레젠테이션 만들기

작성한 프레젠테이션을 CD에 저장해 배포하는 방법에 대해 알아봅니다.

◎ 시작 파일 : 8장\03_01.pptx
◎ 완료 파일 : CD에 복사

01 [CD용 패키지 프레젠테이션] 선택하기

❶[파일] 탭을 클릭한 후 ❷[저장/보내기]-❸[CD용 패키지 프레젠테이션]-❹[CD용 패키지]를 차례로 클릭합니다.

02 프레젠테이션 추가하기

❶[CD용 패키지] 대화상자가 나타나면 [복사할 파일]에 현재 파일이 표시됩니다. 다른 프레젠테이션 파일을 추가하려면 ❷[추가]를 클릭합니다.

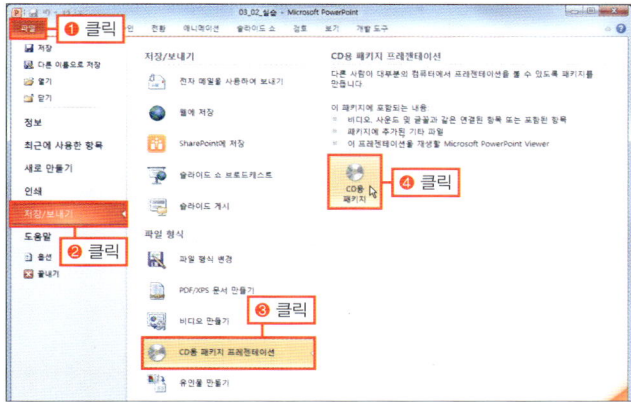

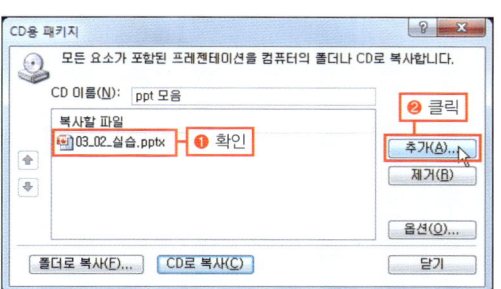

> **참고**
>
> CD용 패키지는 프레젠테이션의 내용을 CD에 저장하는 기능입니다. 다른 사람에게 CD 패키지로 프레젠테이션을 전달하거나 백업용으로 저장하기 위해 CD용 패키지로 프레젠테이션을 저장해 두기도 합니다.

03 추가할 파일 선택하기

[파일 추가] 대화상자가 나타나면 원하는 ❶파일을 선택한 후 ❷[추가]를 클릭하여 파일 추가를 마칩니다.

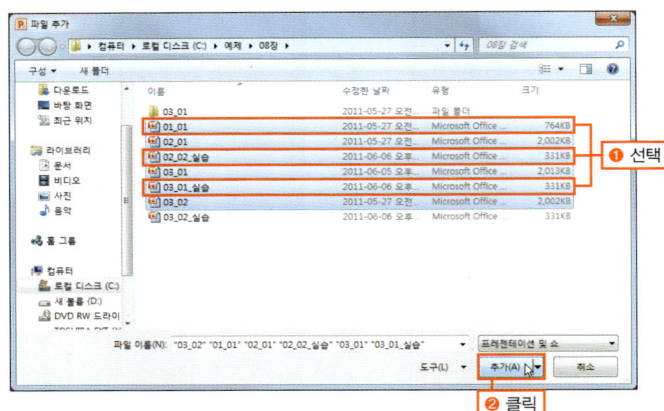

04 CD 이름 지정하기

[CD용 패키지] 대화상자에서 ❶[CD 이름]을 입력하고 ❷ [CD로 복사]를 클릭합니다.

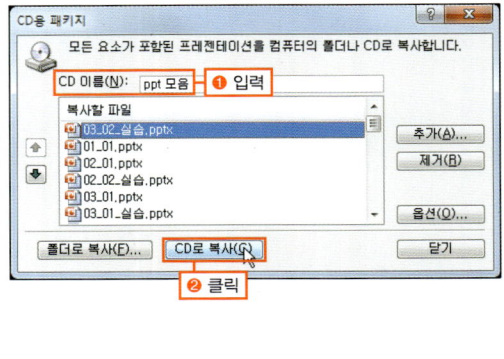

05 복사 진행하기

다음과 같은 메시지 창이 나타나면 ❶[예]를 클릭하고 CD에 프레젠테이션이 복사되는 과정을 기다립니다.

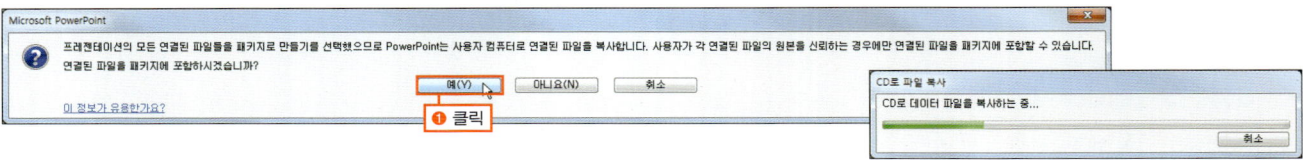

06 CD 복사 완료하기

CD에 파일 복사를 마친 후 다음과 같은 메시지 창이 나타나면 ❶[아니요]를 클릭하여 [CD용 패키지]를 빠져 나옵니다.

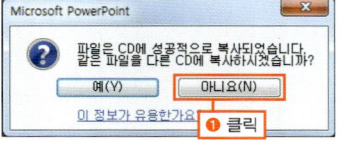

07 복사된 파일 확인하기

윈도우 탐색기를 통해 CD에 복사된 프레젠테이션 패키지를 확인합니다.

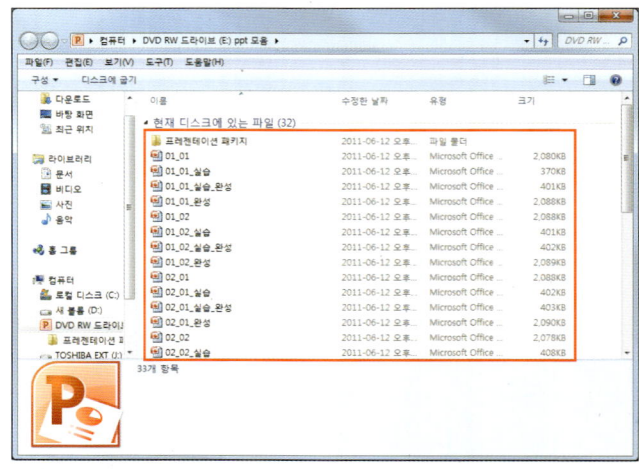

지금까지 작업한 확인실습을 모아 '확인실습-패키지'라는 이름의
CD용 패키지 프레젠테이션을 만들어 보세요.

◎ **시작 파일** : 8장\확인실습 예제
◎ **완료 파일** : CD에 복사

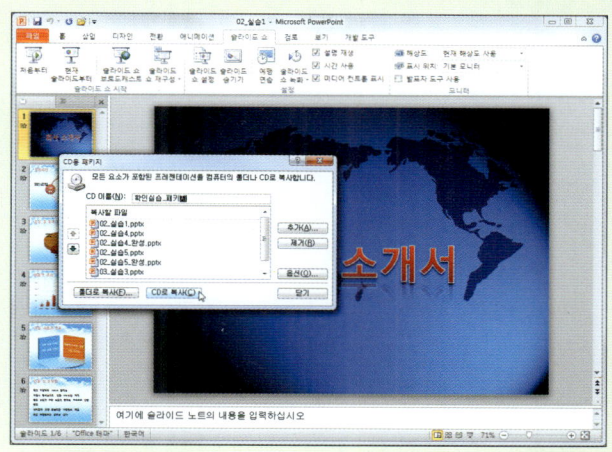

DVD 디스크에 슬라이드 쇼 굽기

표준 DVD 또는 디스크 플레이어를 가지고 있다면 윈도우 DVD 메이커를 사용하여 슬라이드 쇼를 구울 수 있습니다.

◎ **시작 파일** : 8장\03_실습2_비디오.wmv, 08_용용실습2.wmv, ppt비디오.wmv
◎ **완료 파일** : DVD에 복사

1 윈도우 DVD 메이커에서 항목 추가하기

❶ 윈도우의 [시작]–[모든 프로그램]–[Windows DVD Maker]를 클릭한 후 [Windows DVD Maker]가 실행되면 ❷[항목 추가]를 클릭합니다.

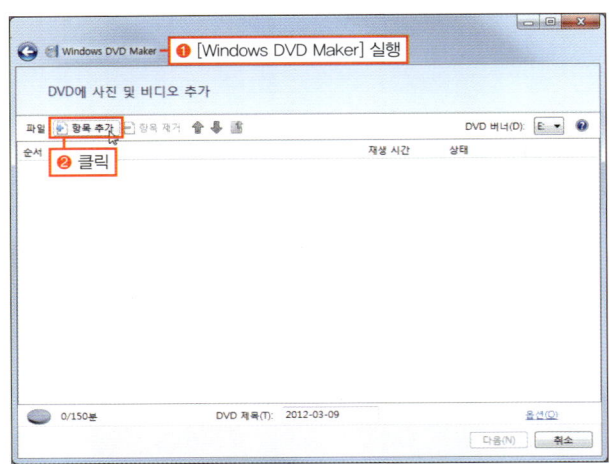

2 복사할 동영상 선택하기

[DVD에 항목 추가] 대화상자 나타나면 ❶DVD에 복사할 동영상을 선택한 후 ❷[추가]를 클릭합니다.

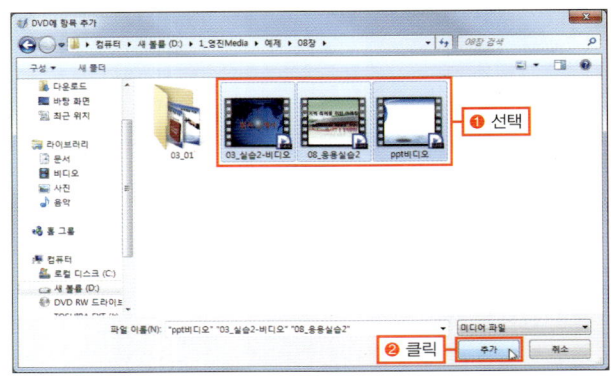

> **참고**
>
> 여러 개의 파일을 선택할 때는 Shift 나 Ctrl을 누른 상태에서 파일을 클릭합니다.

3 다음 과정 진행하기

선택한 파일이 목록에 표시되면 ❶[다음]을 클릭합니다.

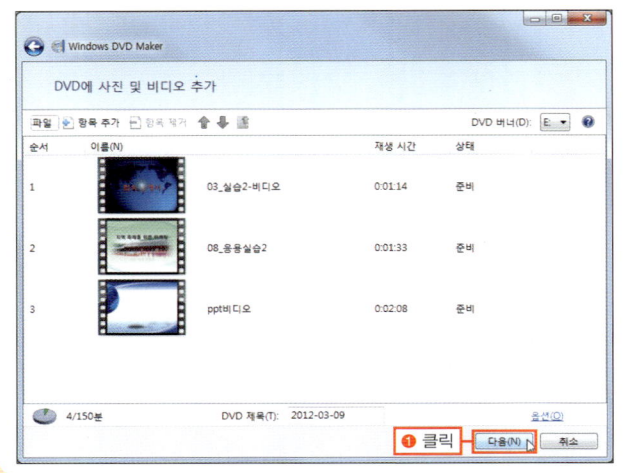

4 DVD 첫 화면 지정하기

[DVD 굽기 완료] 상태가 되면 DVD의 첫 화면을 선택하기 위해 ❶[메뉴 형식]에서 [하이라이트]를 클릭합니다. DVD 첫 화면 선택이 끝나면 ❷[메뉴 텍스트]를 클릭합니다.

5 DVD 메뉴 텍스트 변경하기

[DVD 메뉴 텍스트 변경] 창에서 ❶DVD의 제목과 버튼 이름 등을 다음과 같이 지정하고 ❷[텍스트 변경]을 클릭합니다.

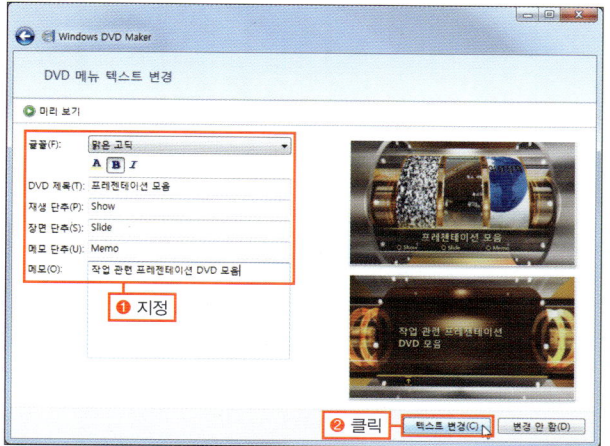

6 굽기 시작하기

메뉴 형식 지정을 모두 끝냈다면 ❶[굽기]를 클릭합니다.

7 굽기 과정 확인하기

[Windows DVD Maker] 대화상자에 DVD 굽기 과정이 표시됩니다.

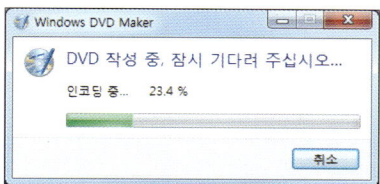

8 굽기 완료 확인하기

DVD 굽기 과정이 끝나면 ❶[닫기]를 클릭합니다.

9 프로젝트 저장 여부 확인하기

[Windows DVD Maker] 창의 '종료 전에 프로젝트를 저장하시겠습니까?'라는 대화상자가 나타나면 ❶[예] 혹은 [아니오]를 클릭합니다.

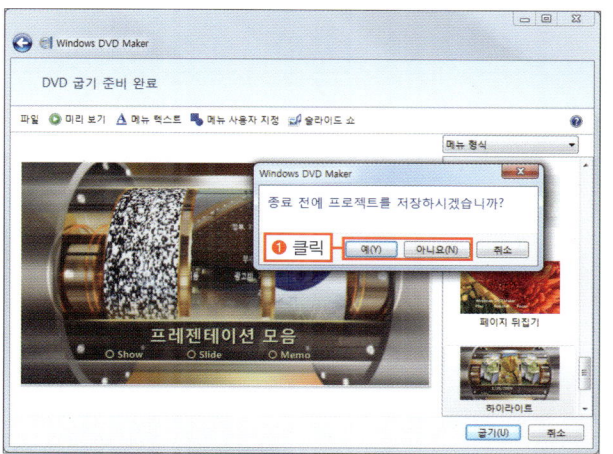

10 윈도우 미디어 플레이어에서 동영상 확인하기

굽기가 끝난 DVD 동영상은 윈도우 미디어 플레이어 등을 통해
확인할 수 있습니다.

❶ 프레젠테이션 파일을 PDF 파일 형식으로 변환하여 이메일에 자동 첨부해서 보내는 방법으로 프레젠테이션을 배포해 보세요.

- ⚙ **시작 파일** : 8장\08_응용실습1.pptx
- ⚙ **해설 파일** : 해설파일\8장\08_응용실습1_해설.pdf

Before

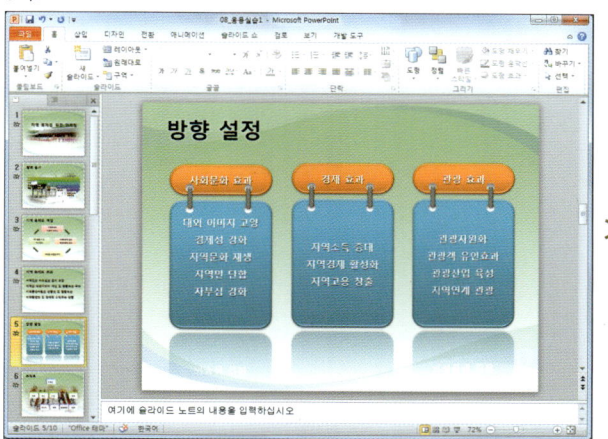

After

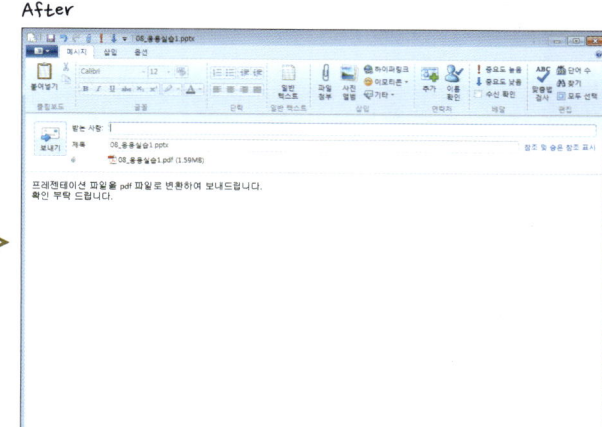

❶[파일] 탭 – [저장/보내기]–[전자 메일을 사용하여 보내기]–[PDF로 보내기] 선택

❷ 프레젠테이션 파일을 비디오 파일 형식으로 변환하여 미디어 플레이어를 통해 슬라이드 쇼를 확인해 보세요.

- ⚙ **시작 파일** : 8장\08_응용실습2.pptx
- ⚙ **완료 파일** : 8장\08_응용실습2.wmv
- ⚙ **해설 파일** : 해설파일\8장\08_응용실습2_해설.pdf

Before

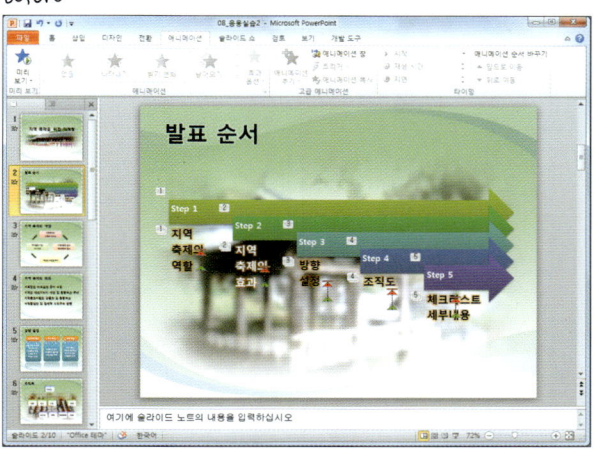

After

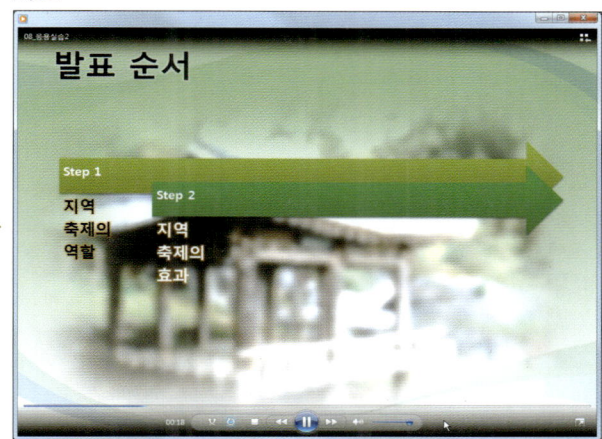

❶[파일] 탭 – [저장/보내기]–[비디오 만들기] 선택 ❷비디오 품질 선택 후 비디오 만들기

막강 프레젠테이션 문서를 위한 파워포인트 2010 테크닉

본문에서 다룬 내용 외에 프레젠테이션 문서를 작성할 때 알아두면 좋은 파워포인트 2010의 특별한

기능에 대해 설명합니다.

문서에 사용한 글꼴 포함하여 저장하기

슬라이드 문서를 특별한 글꼴을 구해 작업했을 때 다른 사람 컴퓨터에 해당 글꼴이 설치되어 있지 않으면 그 글꼴은 파워포인트의 기본 글꼴로 변경되어 보입니다. 이럴 때 해당 글꼴을 포함하여 저장하면 글꼴이 설치되지 않은 어떤 컴퓨터에서 확인해도 작업한 모습 그대로 볼 수 있습니다.

01 파워포인트의 기본 글꼴이 아닌 사용자가 따로 설치한 글꼴을 사용한 프레젠테이션을 작성합니다.

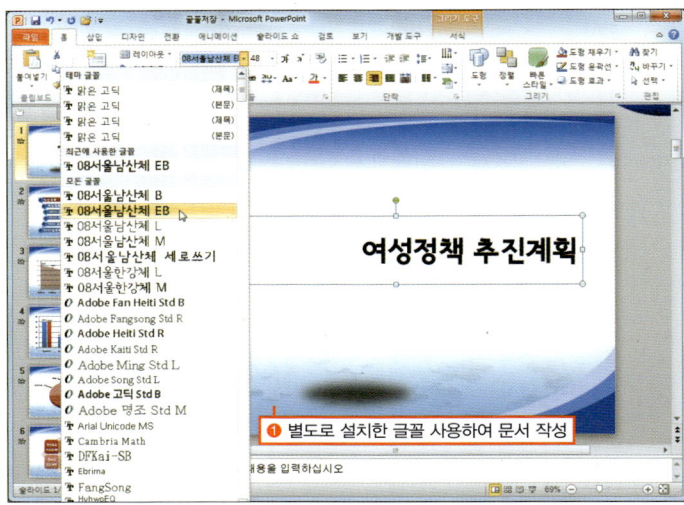

02 [파일] 탭의 [옵션]을 클릭한 후 [PowerPoint 옵션] 대화상자가 나타나면 [저장] 항목의 [파일의 글꼴 포함]에 체크 표시를 한 후 [확인]을 클릭합니다.

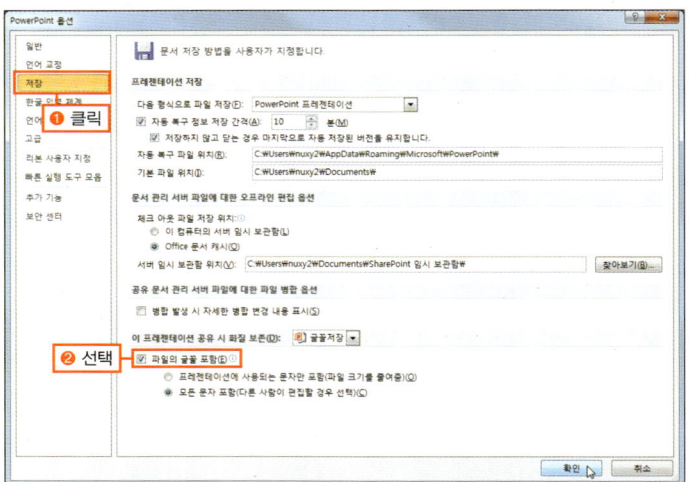

이전 버전으로 저장하기

파워포인트 2010 버전에서 작업한 문서를 파워포인트 97~2003 버전이 설치된 컴퓨터에서 사용하려면 이전 버전으로 저장해야 합니다.

01 [파일] 탭을 클릭한 후 [저장/보내기]의 [파일 형식 변경]-[PowerPoint 97-2003 프레젠테이션]을 선택하고 [다른 이름으로 저장]을 클릭합니다.

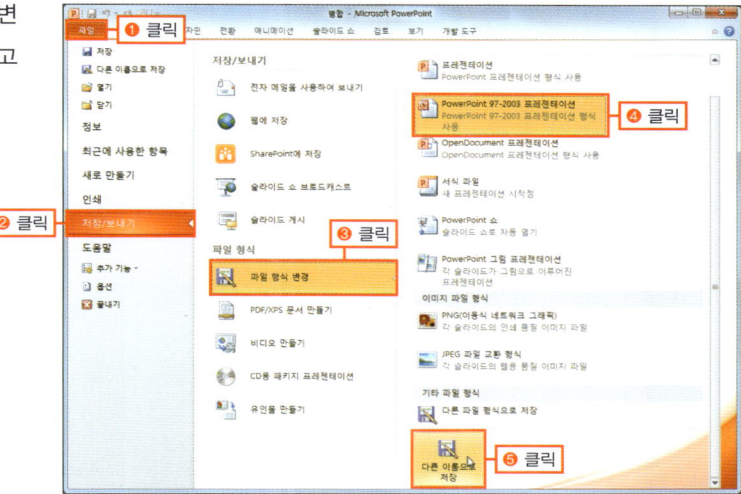

02 [다른 이름으로 저장] 대화상자가 나타나면 [파일 이름]을 입력한 후 [저장]을 클릭합니다.

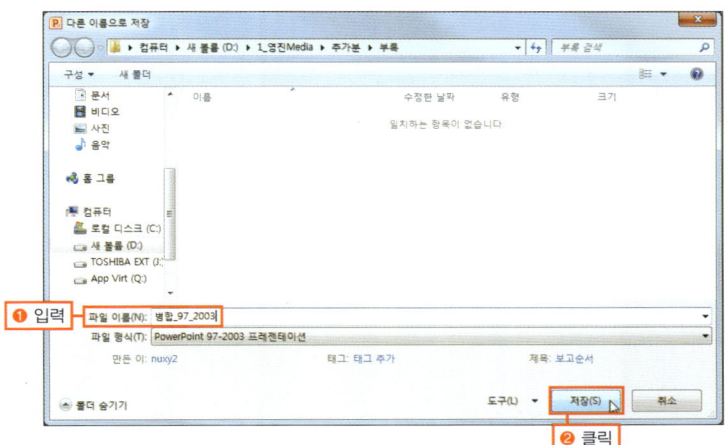

03 [Microsoft PowerPoint 호환성 검사] 대화상자가
나타나면 [계속]을 클릭합니다.

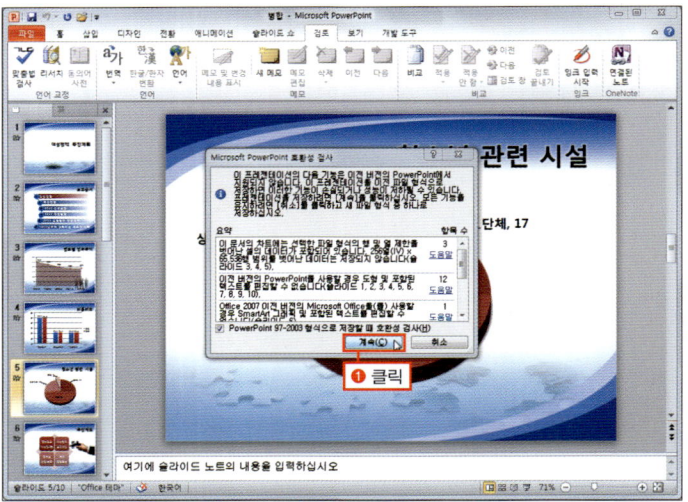

04 저장한 이전 버전의 파워포인트 문서를 윈도우 탐색기
에서 확인하면 파일 표시 아이콘과 확장자가 다른 것을 확인
할 수 있습니다.

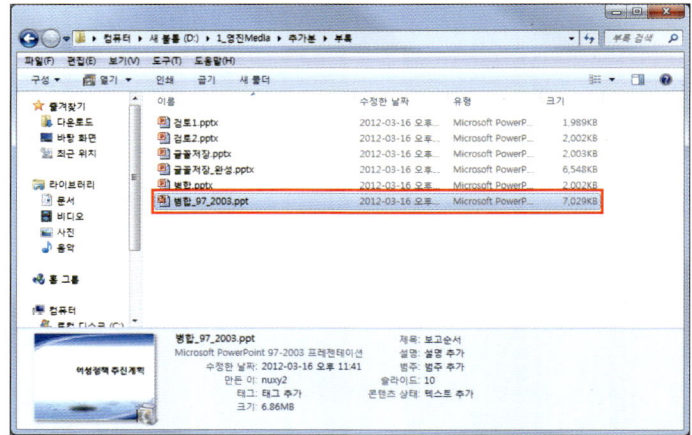

프레젠테이션 문서에 암호 걸기

작성한 파워포인트 문서를 보호하기 위해 암호를 설정할 수 있습니다. 보안이 필요한 파워포인트 문서에는 암호를 걸어 사용하도록 합니다.

01 [파일] 탭을 클릭하고 [정보]의 [프레젠테이션 보호]를 클릭한 후 [암호 설정]을 선택합니다.

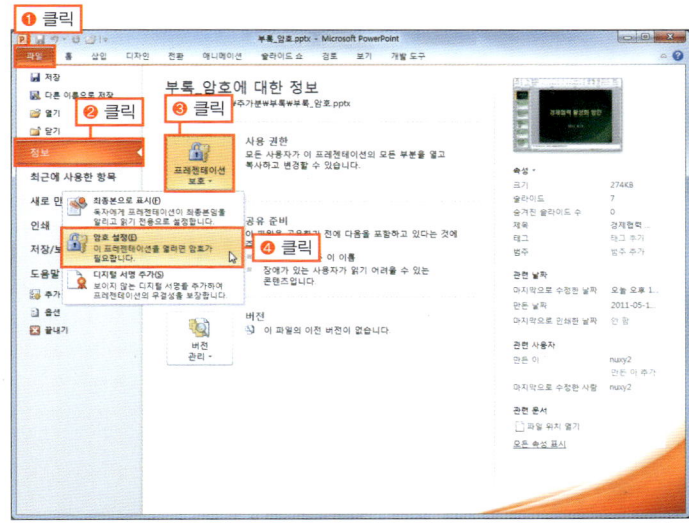

02 [문서 암호화] 대화상자가 나타나면 [암호]를 입력하고 [확인]을 클릭합니다.

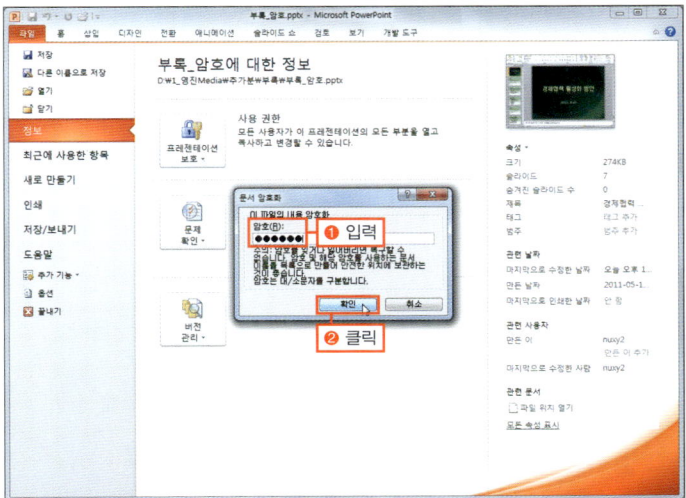

03 암호를 입력한 후 다시 암호를 확인하려는 [암호 확인] 대화상자가 나타나면 앞서 입력했던 암호와 같이 암호를 입력하고 [확인]을 클릭합니다.

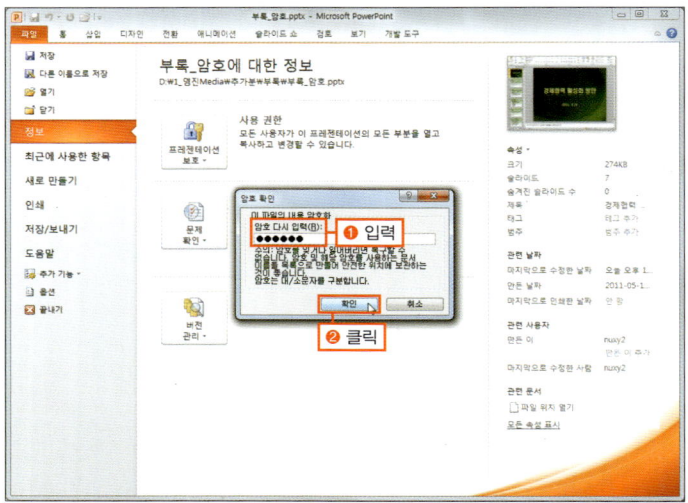

04 프레젠테이션 문서에 암호가 설정되면 [파일] 탭의 [정보]를 클릭했을 때 [사용 권한] 문구가 표시됩니다.

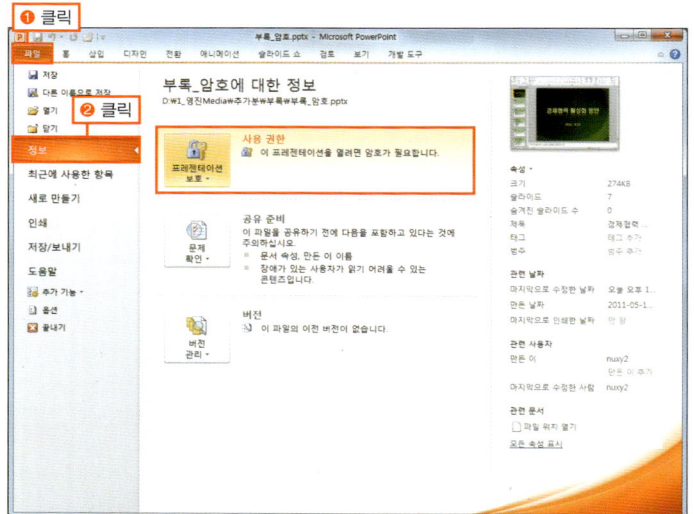

05 암호를 입력한 후 파일을 저장합니다.

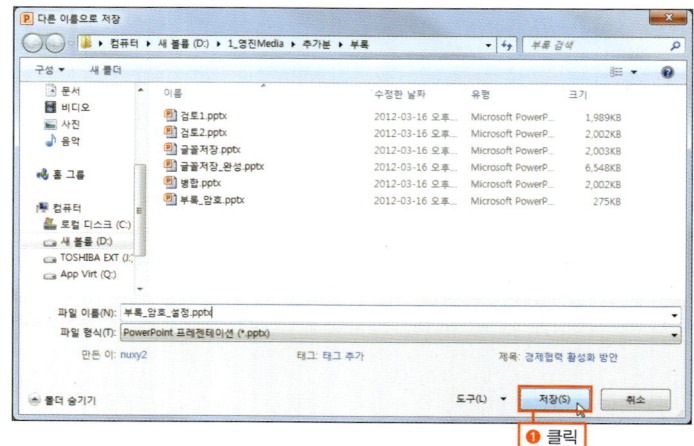

06 암호가 지정된 파일을 불러오기 위해 [파일] 탭의 [열기]를 클릭하고 [열기] 대화상자가 나타나면 저장한 파일을 선택합니다.

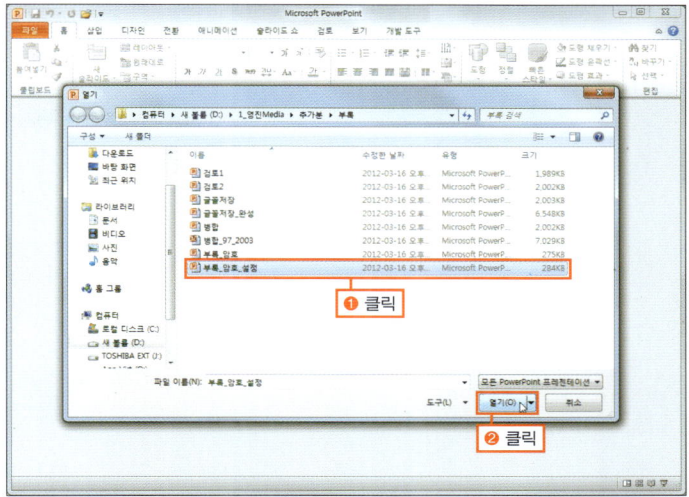

07 [암호] 대화상자가 나타나면 설정한 암호를 입력한 후 [확인]을 클릭합니다.

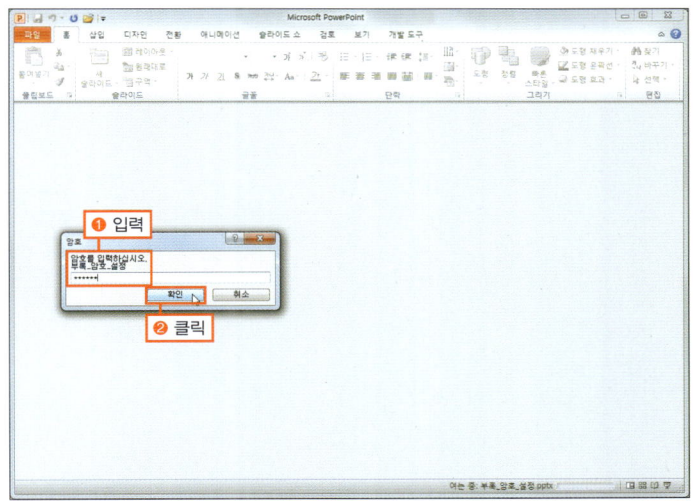

08 암호를 설정했던 프레젠테이션 파일이 열립니다.

참고

암호를 잘못 입력하면 다음과 같이 '암호가 정확하지 않습니다.'라는 메시지 창이 나타납니다.

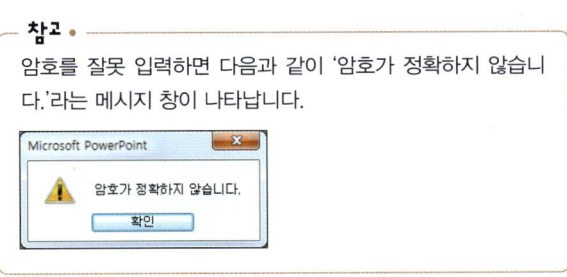

TECHNIC 04

열기/쓰기 암호 걸기

파워포인트 문서에 열기 암호 외에 열기/쓰기 암호를 함께 걸어놓으면 상대방에게 열기 암호만 제공하고 쓰기 암호를 전달하지 않았을 때 상대방이 편집할 수 없는 [읽기 전용]으로 문서를 저장할 수 있습니다.

01 [다른 이름으로 저장] 대화상자의 [도구]를 클릭한 후 [일반 옵션]을 선택합니다.

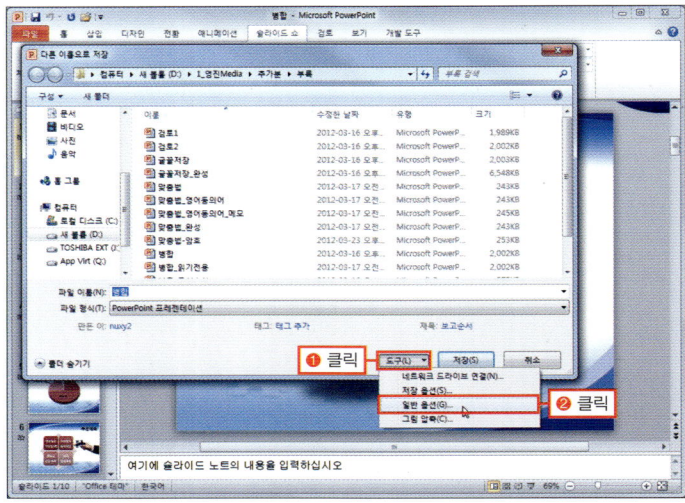

02 [일반 옵션] 대화상자가 나타나면 [열기 암호]와 [쓰기 암호]를 입력한 후 [확인]을 클릭합니다.

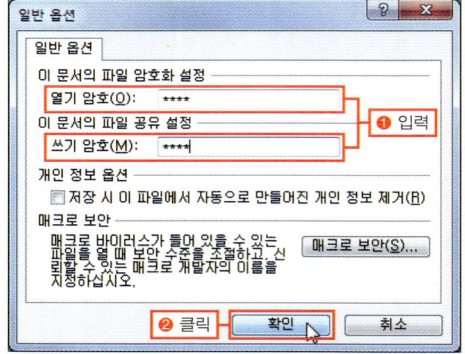

03 [암호 확인] 대화상자 나타나면 앞에서 입력한 열기 암호와 같은 암호를 입력한 후 [확인]을 클릭합니다.

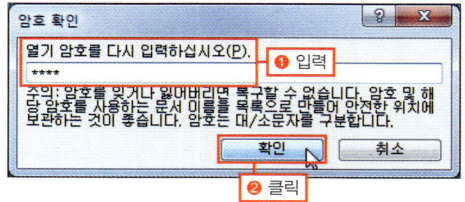

04 [암호 확인] 대화상자가 나타나면 앞에서 입력한 쓰기 암호와 같은 암호를 입력한 후 [확인]을 클릭합니다.

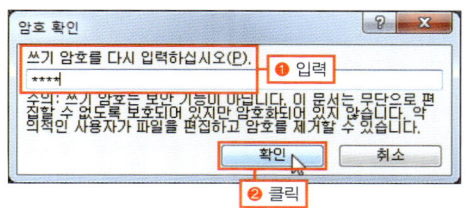

05 암호 확인 입력이 끝나면 [다른 이름으로 저장] 대화상자로 돌아옵니다. [파일 이름]을 입력한 후 [저장]을 클릭합니다.

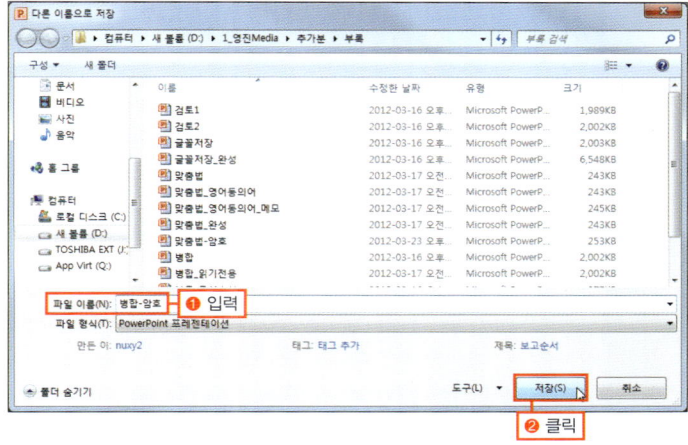

06 [파일] 탭의 [열기]를 클릭한 후 열기/쓰기 암호가 지정된 파일을 불러옵니다. [암호] 대화상자가 나타나면 열기 암호를 입력한 후 [확인]을 클릭합니다.

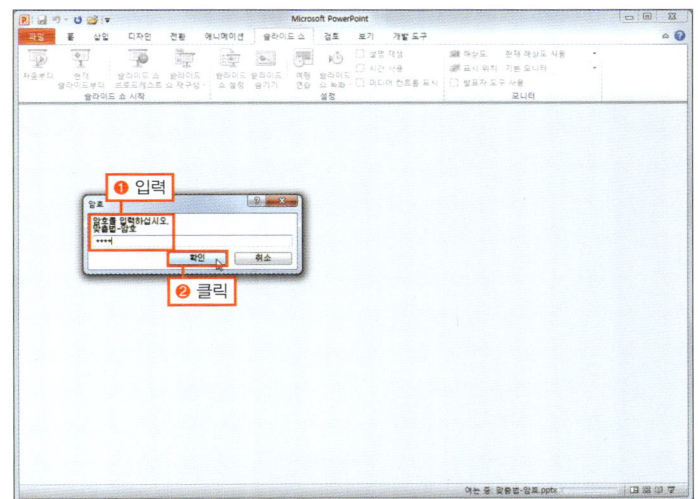

07 열기 암호를 정확하게 입력했다면 두 번째 [암호] 대화상자가 나타납니다. 쓰기 암호를 입력하지 않고 [읽기 전용]을 클릭합니다.

참고 •
쓰기 암호를 정확히 입력하면 파일의 편집이 가능합니다.

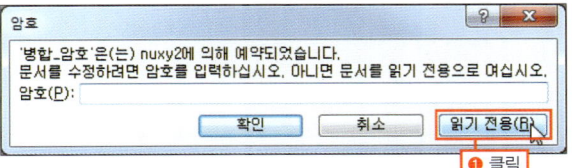

08 쓰기 암호를 입력하지 않고 [읽기 전용]을 클릭하면 제목 표시줄의 파일 이름 옆에 '[읽기 전용]'이라고 표시되며 파일을 수정이나 편집할 수 없는 상태가 됩니다.

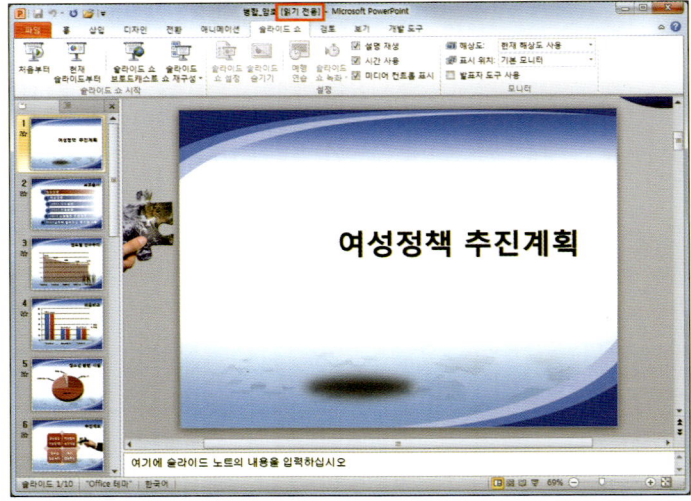

문서의 개인 정보 삭제하기

문서 속성에서 설정한 개인 정보나 문서 정보, 메모 등을 다른 사람들에게 알리고 싶지 않을 때는 저장하기 전에 개인의 정보를 삭제할 수 있습니다.

01 [파일] 탭의 [정보]를 클릭한 후 [문제 확인]의 [문서 검사]를 선택합니다.

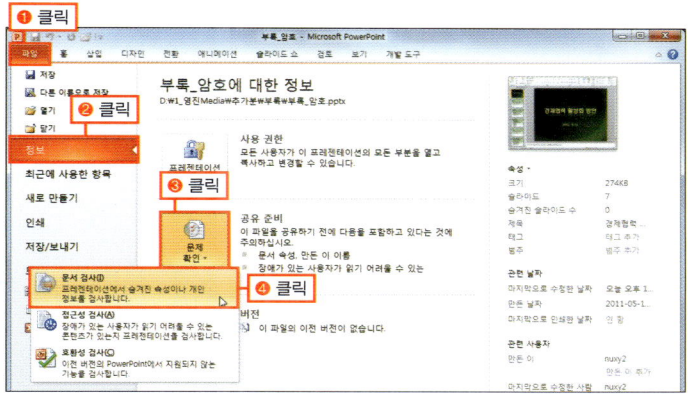

02 [문서 검사] 대화상자가 나타나면 [검사]를 클릭합니다.

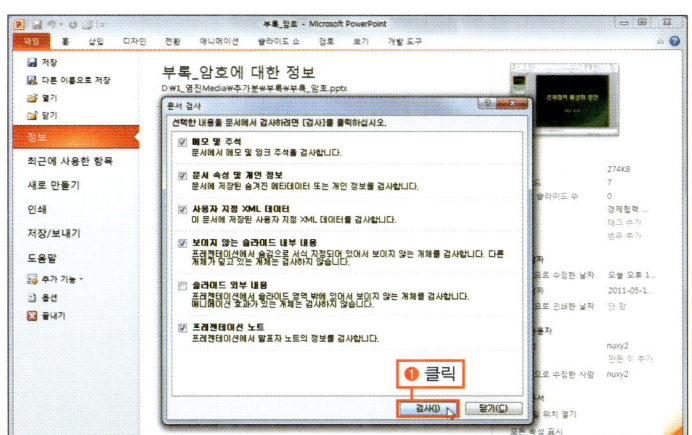

03 검색 결과가 나타나면 해당 사항에 있는 [모두 제거]를 클릭하여 개인 정보를 삭제합니다.

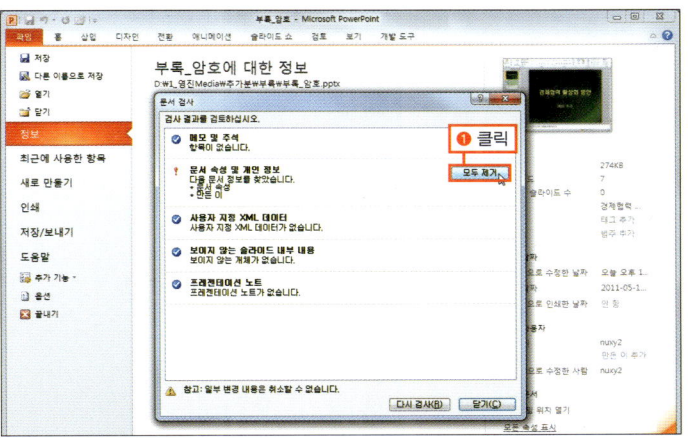

TECHNIC 06

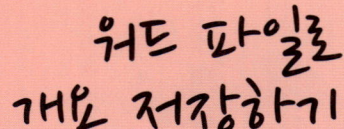

워드 파일로 개요 저장하기

프레젠테이션을 'RTF(서식 있는 텍스트)' 형식으로 저장하면 파일 용량은 작으면서 워드 프로그램에서도 프레젠테이션 원본과 비슷하게 나타낼 수 있습니다.

01 [파일] 탭의 [다른 이름으로 저장]을 클릭하고 [다른 이름으로 저장] 대화상자가 나타나면 [파일 형식]을 [개요/서식 있는 텍스트]로 선택합니다.

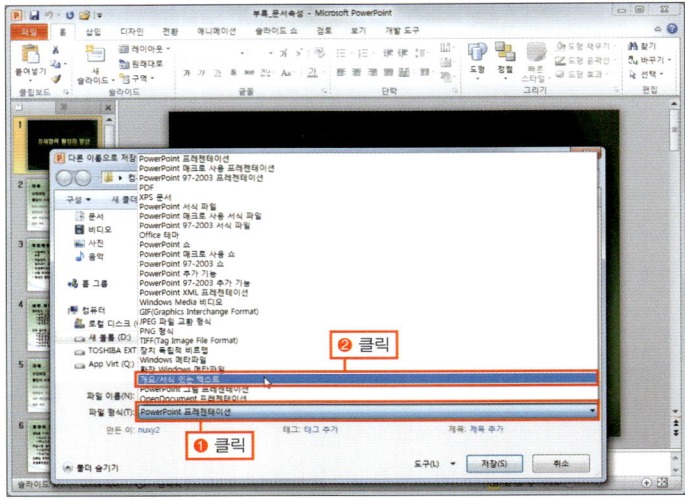

02 [파일 이름]을 지정한 후 [저장]을 클릭합니다.

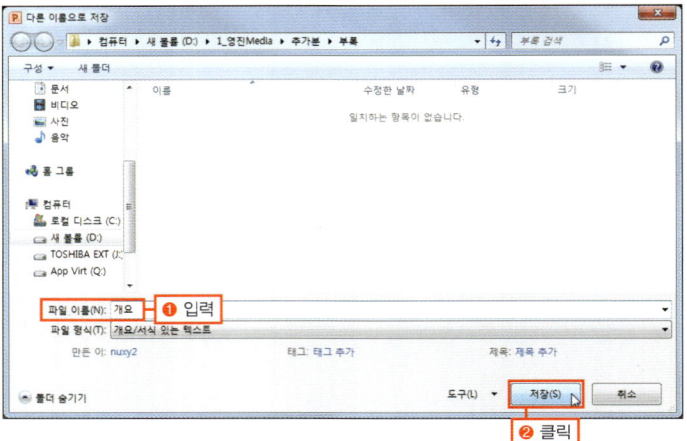

03 윈도우 탐색기를 실행한 후 [개요/서식 있는 텍스트] 형식으로 저장된 파일을 선택하고 마우스 오른쪽 버튼을 클릭하여 [열기]를 선택합니다.

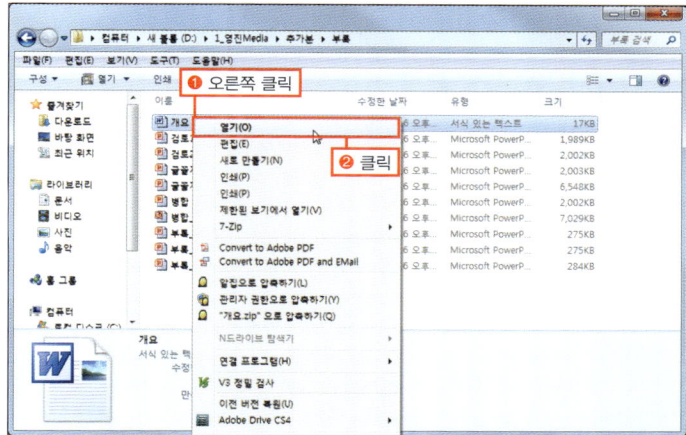

04 MS 워드에 [개요/서식 있는 텍스트] 형식으로 저장된 파일의 프레젠테이션 내용이 나타납니다.

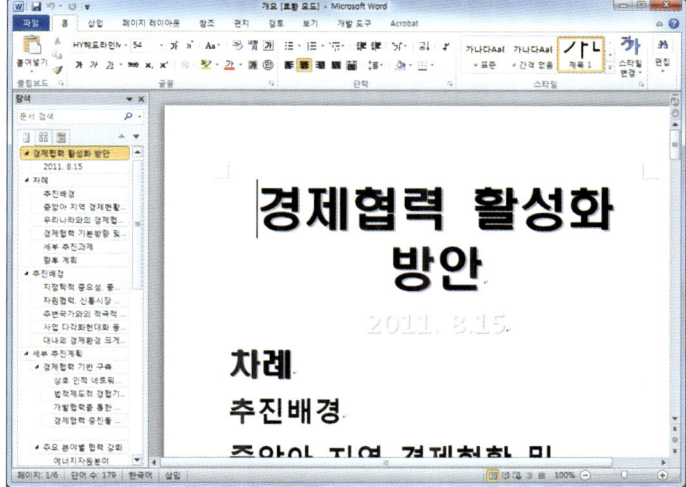

프레젠테이션 문서를 최종본으로 저장하여 보호하기

TECHNIC
07

[최종본으로 표시] 명령을 사용하면 파일의 최종 버전을 공유하고 있음을 다른 사용자들에게 손쉽게 알릴 수 있습니다. 또한, 문서를 함부로 변경하지 못하도록 검토자나 독자들에게 알릴 때 사용됩니다.

01 [파일] 탭에서 [정보]를 클릭한 후 [프레젠테이션 보호]의 [최종본으로 표시]를 클릭합니다.

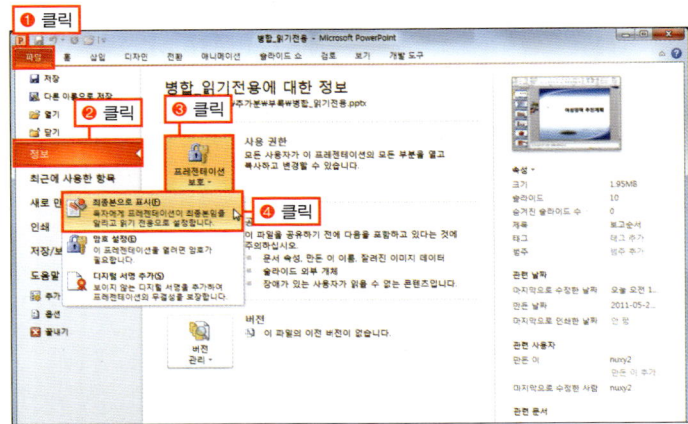

02 최종본으로 표시되고 저장된다는 메시지 창이 나타나면 [확인]을 클릭합니다.

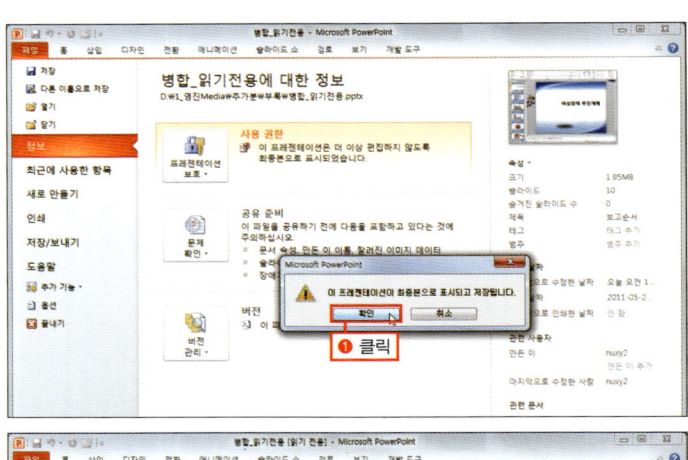

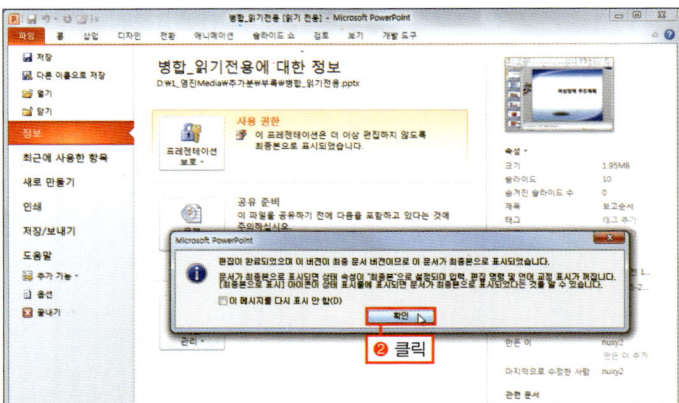

03 최종본으로 저장하면 파일 이름 뒤에 '[읽기 전용]' 표
시가 붙습니다. 최종본으로 저장하는 기능은 보안 기능은 아
닙니다. 최종 상태(읽기 전용)로 저장되었다 해도 작업 표시
줄 아래의 [계속 편집]을 클릭하면 해당 파일의 [읽기 전용]
상태가 해제되어 편집할 수 있는 상태가 됩니다.

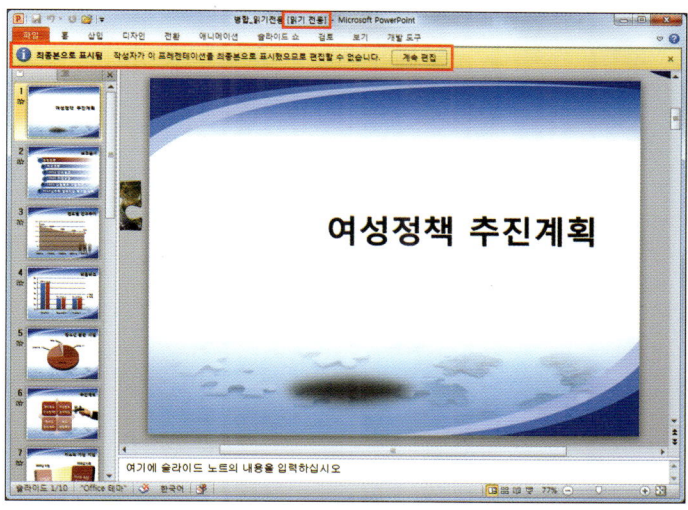

08

맞춤법 검사는 현재 프레젠테이션을 사전과 비교한 후 맞춤법이나 띄어쓰기가 틀린 곳을 찾아 올바른 낱말로
제시해줍니다.

01 [검토] 탭의 [언어 교정] 그룹에서 [맞춤법 검사](✓)
를 클릭합니다.

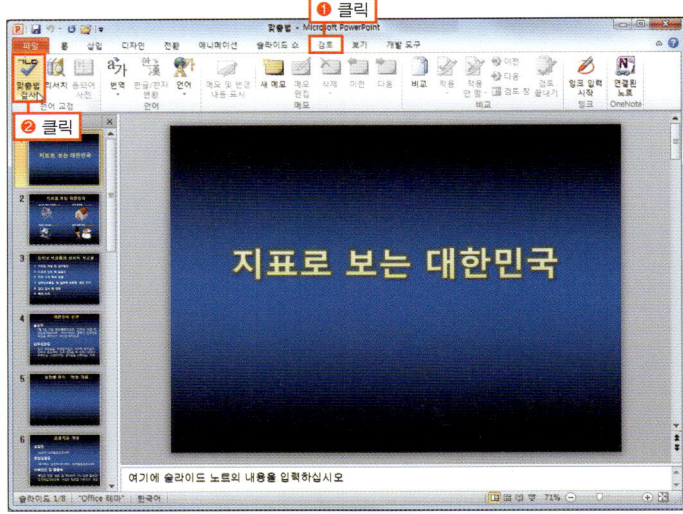

02 [맞춤법 검사] 대화상자가 나타나면 [사전에 없는 단어]
에 맞춤법이 틀린 단어가 표시됩니다. [추천 단어]에서 맞는
단어를 선택한 후 [변경]이나 [모두 변경]을 클릭합니다.

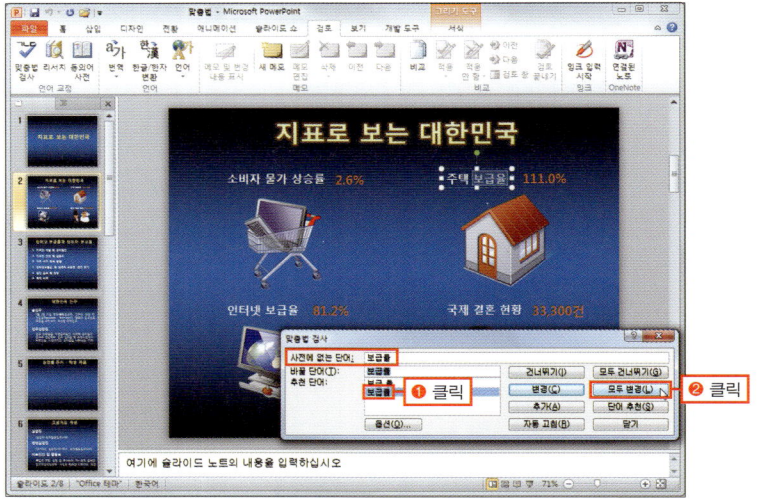

03 맞춤법이 틀린 다음 단어로 이동하면 해당 단어는 블록으로 선택되어 표시됩니다. [바꿀 단어]를 선택한 후 [변경]을 클릭합니다. 맞춤법 오류로 표시된 단어를 변경하지 않을 때는 [건너뛰기]를 클릭합니다.

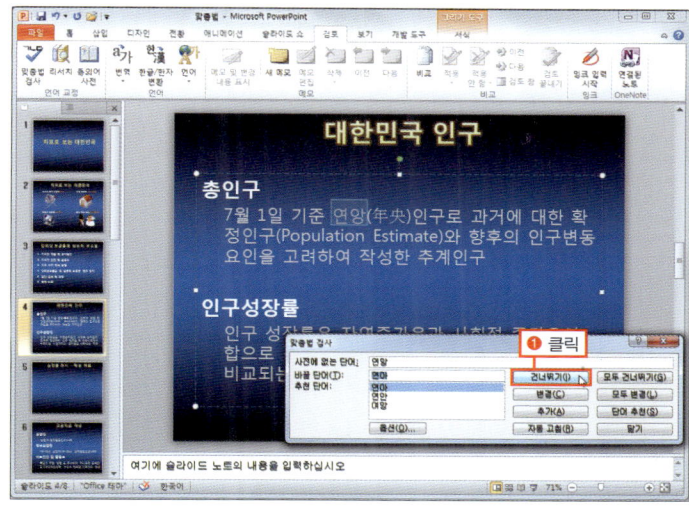

참고 ● 한글 맞춤법을 참고할 수 있는 사이트

슬라이드에 내용을 입력할 때 한글 맞춤법 정보를 제공하는 다음의 웹 사이트를 참고할 수 있습니다.

❶ 한국어 맞춤법/문법 검사기(http://speller.cs.pusan.ac.kr/)

❷ 국립 국어원(http://www.korean.go.kr/)

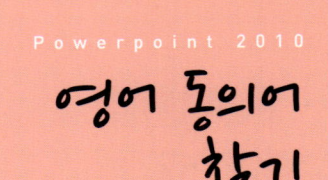

영어 동의어 찾기

슬라이드에 입력된 영어의 동의어를 찾아 단어를 변경할 때는 [동의어 사전] 기능을 사용합니다.

01 슬라이드에 입력된 영어 단어를 블록으로 선택한 후 [검토] 탭의 [언어 교정] 그룹에서 [동의어 사전](📖)을 클릭합니다.

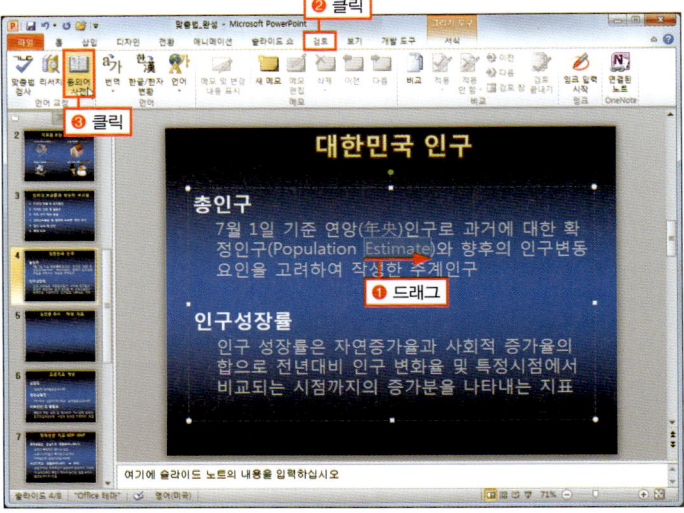

02 [리서치] 작업 창이 나타나면서 블록으로 선택한 단어의 동의어가 작업 창에 표시됩니다. 동의어 목록의 단어 중 하나를 선택한 후 목록 버튼을 클릭하면 동의어를 삽입하거나 복사할 수 있는 목록이 표시됩니다. 그 중 [삽입]을 클릭합니다.

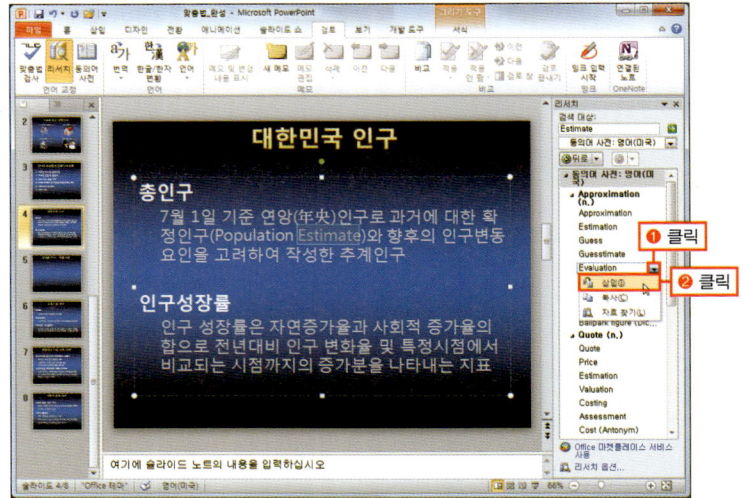

03 블록으로 선택한 영어 단어가 동의어로 변경됩니다.

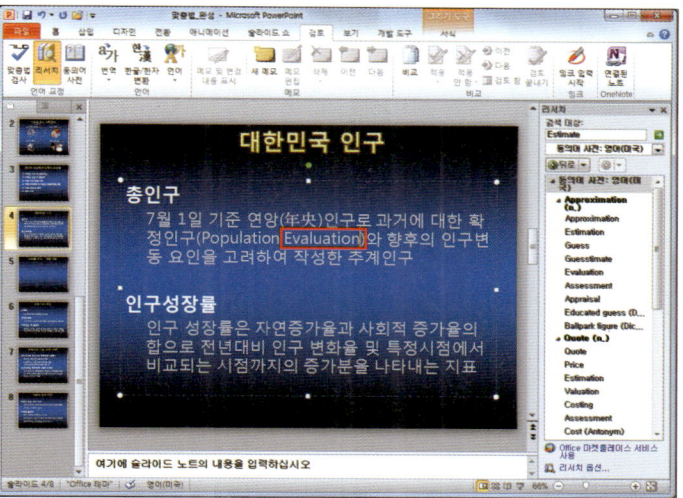

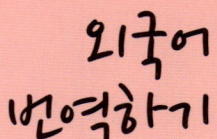

외국어
번역하기

슬라이드에 입력된 한글을 영어나 다양한 외국어로 직접 번역할 수 있습니다.

01 외국어로 번역할 한글 낱말을 드래그하여 선택한 후 [검토] 탭의 [언어 교정] 그룹에서 [번역](🔤)—[선택한 텍스트 번역]을 클릭합니다.

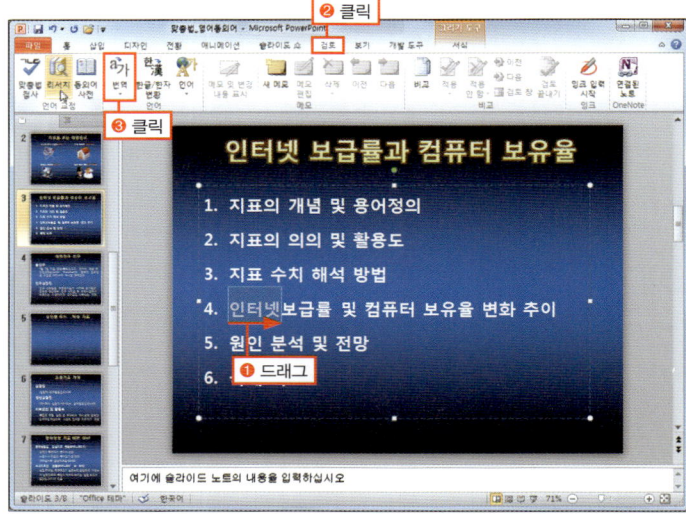

02 [리서치] 작업 창이 나타나면 [번역 후 언어]의 목록 버튼을 클릭한 후 언어 목록에서 [일본어]를 선택합니다.

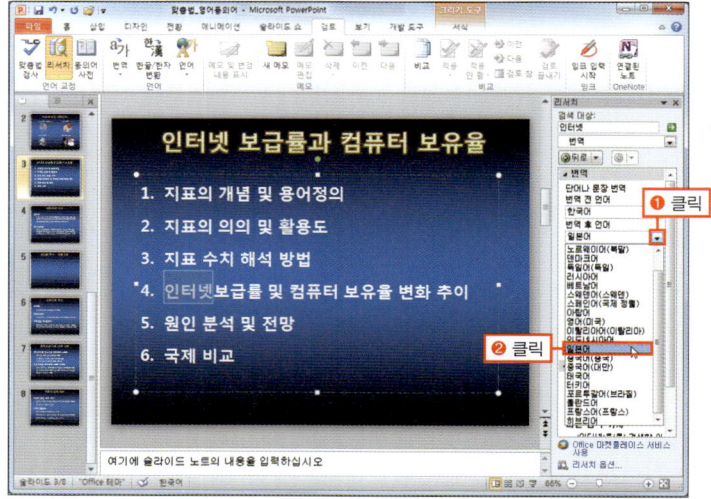

03 블록으로 설정한 단어의 일본어 단어가 목록에 표시됩니다. [삽입]을 클릭합니다.

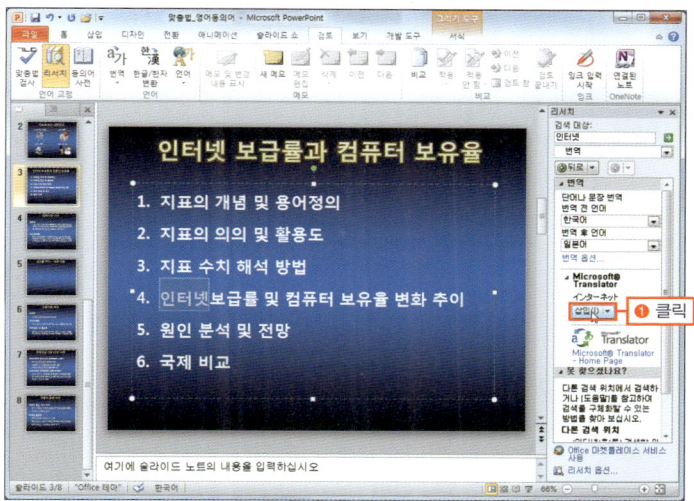

04 해당 단어가 일본어로 번역됩니다.

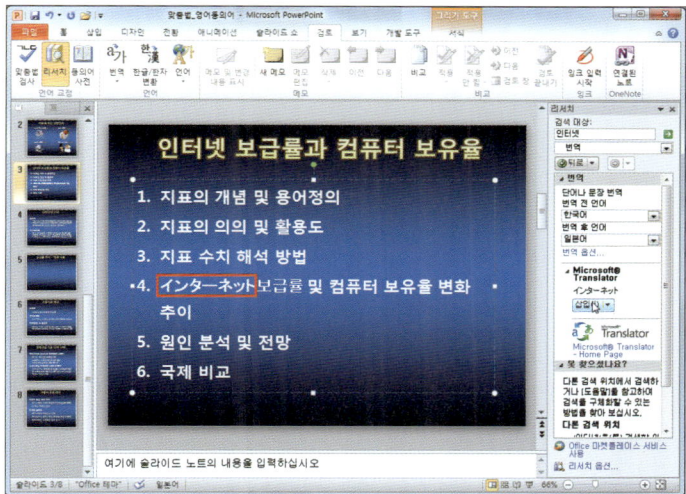

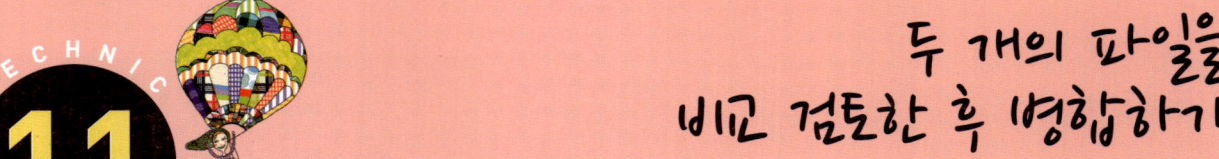

두 개의 파일을 비교 검토한 후 병합하기

병합 및 비교 기능을 사용하면 현재의 프레젠테이션 문서를 다른 프레젠테이션 문서와 비교한 후 병합시킬 수 있습니다. 동일한 프레젠테이션을 여러 명이 공동으로 작업할 경우 매우 유용합니다.

01 파일을 열고 [검토] 탭의 [비교] 그룹에서 [비교]( )를 클릭합니다.

02 [현재 프레젠테이션에 병합할 파일 선택] 대화상자가 나타나면 비교할 파일을 선택한 후 [병합]을 클릭합니다.

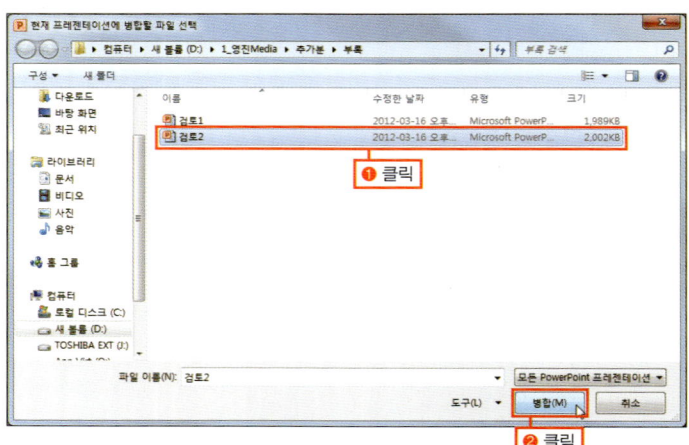

03 [수정] 작업 창이 나타나면 [슬라이드] 탭을 클릭하여 변경된 내용을 확인합니다. 변경된 슬라이드를 클릭하고 [이 검토자의 변경 내용 적용]을 선택합니다.

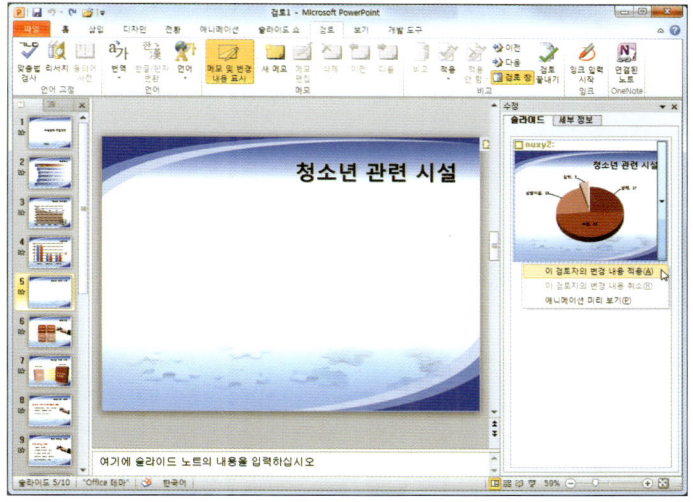

04 변경 내용이 현재 프레젠테이션에 적용됩니다.

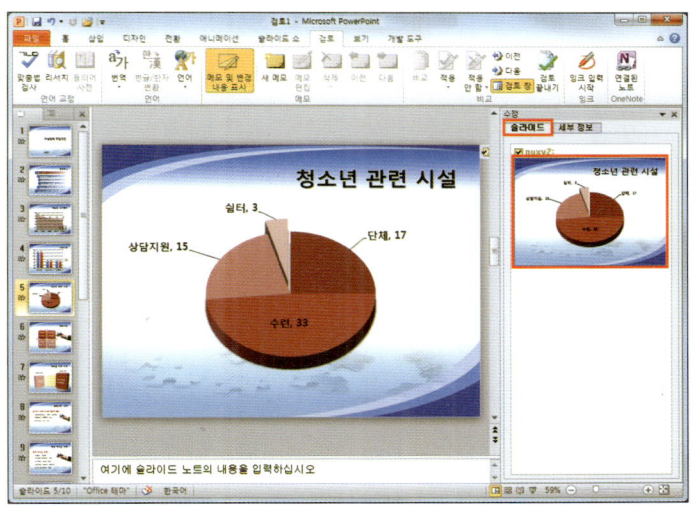

05 파일을 병합하기 위해 [검토] 탭의 [비교] 그룹에서 [적용]( )을 클릭한 후 [프레젠테이션의 모든 변경 내용 적용]을 선택합니다.

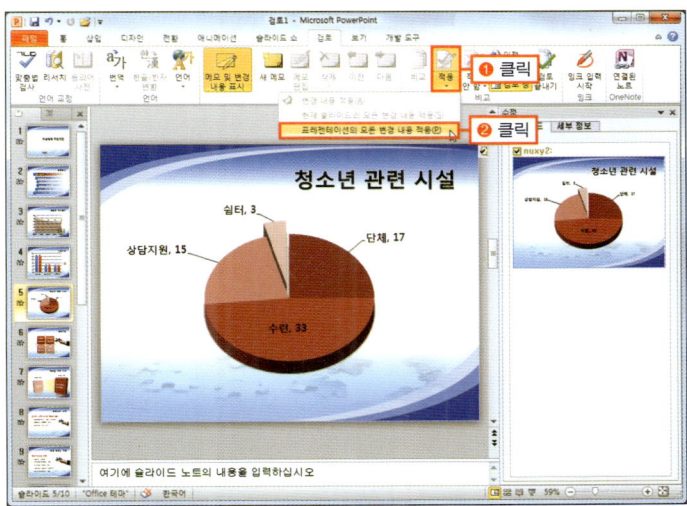

06 병합이 완료되면 [검토] 탭의 [비교] 그룹에서 [검토 끝내기]를 클릭합니다.

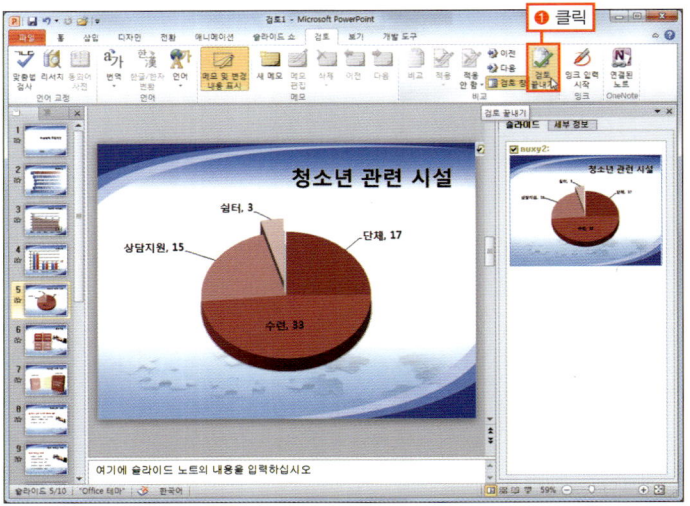

07 검토를 끝내겠느냐는 메시지 창이 나타나면 [예]를 클릭합니다.

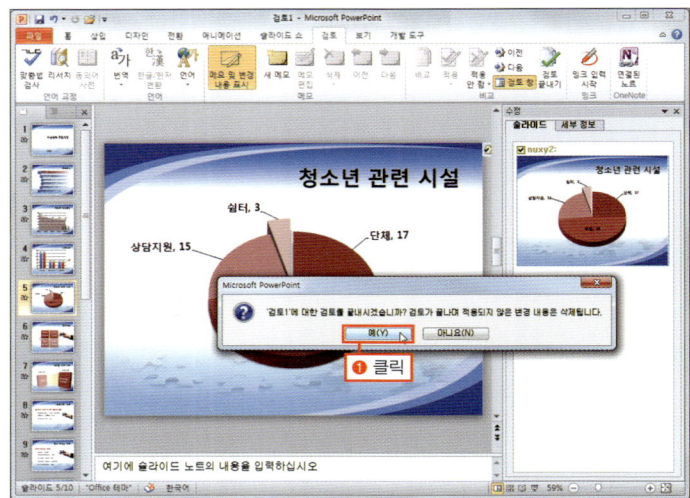

08 검토와 병합이 끝난 파일을 다른 이름으로 저장합니다.

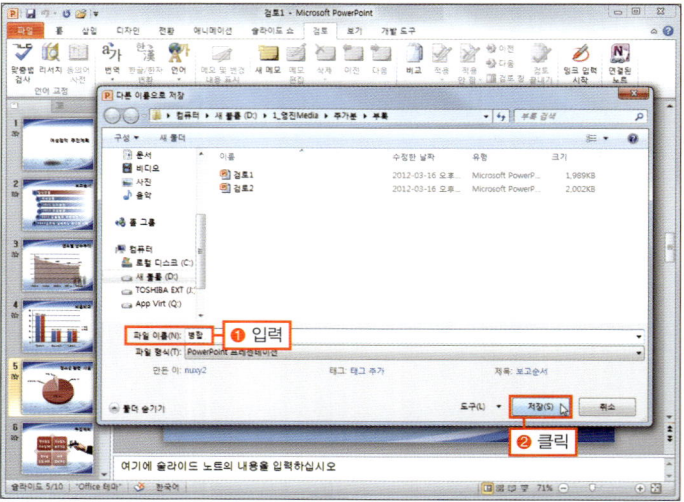

TECHNIC 12

메모 작성하기

슬라이드 쇼에 표시되지 않는 보충 설명을 슬라이드에 삽입하고 싶을 때는 메모 기능을 활용합니다. 다른 사람들과 공동으로 프레젠테이션 작업을 할 때 상대방이 메모를 보고 편집할 수 있도록 도와줍니다.

01 [검토] 탭의 [메모] 그룹에서 [새 메모](📒)를 클릭합니다.

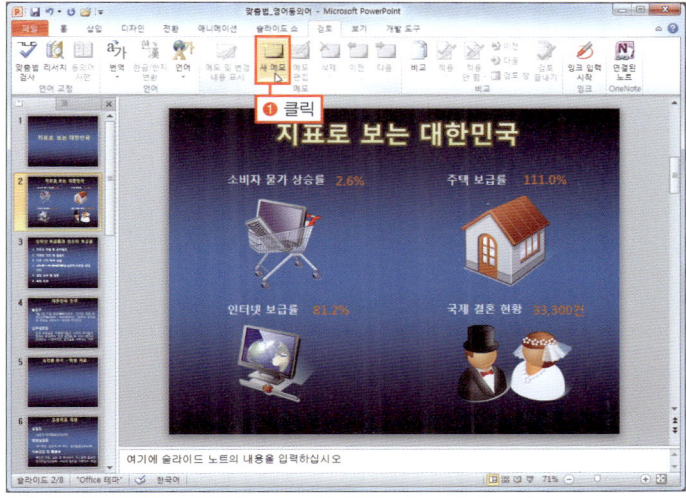

02 슬라이드에 메모가 추가되면 메모 상자 안에 텍스트를 입력합니다. 메모 입력을 끝낸 후 Esc 를 누르거나 메모 영역 밖을 클릭합니다.

03 삽입된 메모를 편집할 때는 [검토] 탭의 [메모] 그룹에서 [메모 편집](📝)을 클릭합니다.

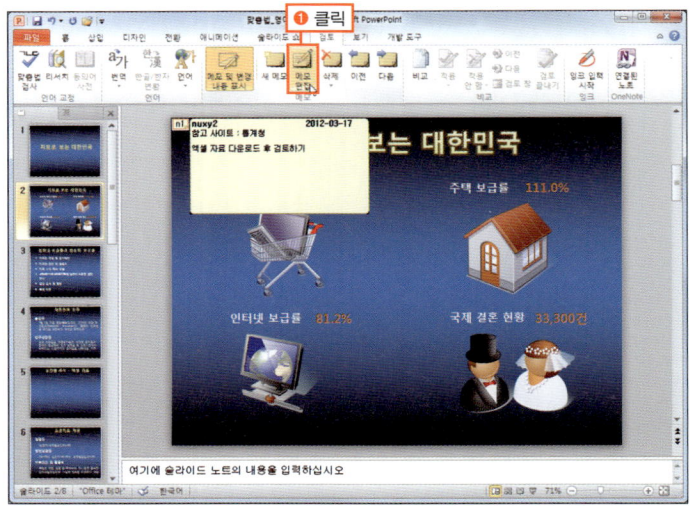

04 다음 메모로 이동할 때는 [검토] 탭의 [메모] 그룹에서 [다음](📝)을 클릭합니다.

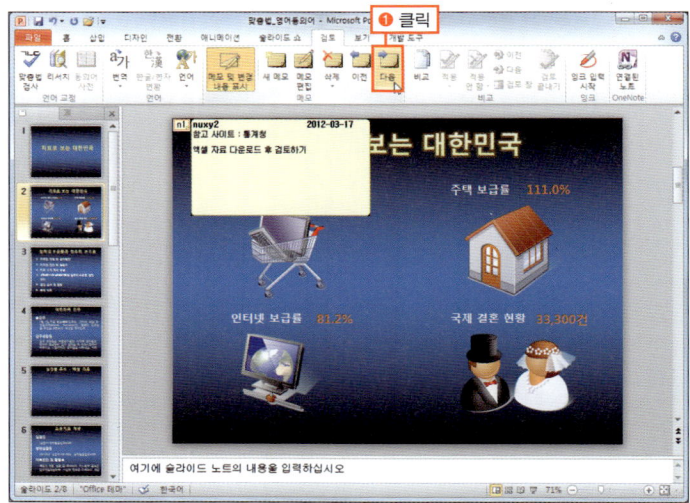

05 슬라이드의 메모 표시 아이콘에서 마우스 오른쪽 버튼을 클릭하면 메모 편집에 관련된 바로 가기 메뉴가 나타납니다. 원하는 편집 작업을 진행할 수 있습니다.

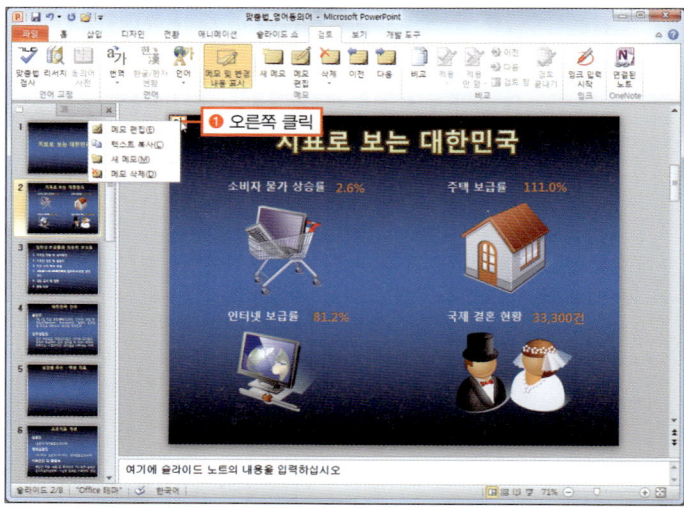

TECHNIC 13

리본 메뉴 최소화하기

리본 메뉴는 파워포인트의 메뉴를 그룹화하여 작업을 쉽게 해주지만 화면의 일정 영역을 항상 차지하므로 화면을 좀 더 넓게 사용하고 싶을 때는 리본 메뉴를 최소화합니다.

01 리본 메뉴 오른쪽 상단의 [리본 메뉴 최소화](△)를 클릭합니다.

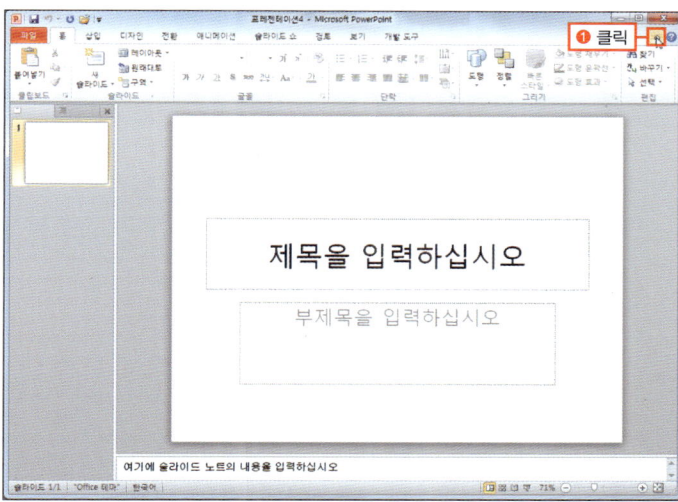

02 리본 메뉴를 편집 창에서 숨겨 화면을 좀 더 넓게 쓸 수 있습니다.

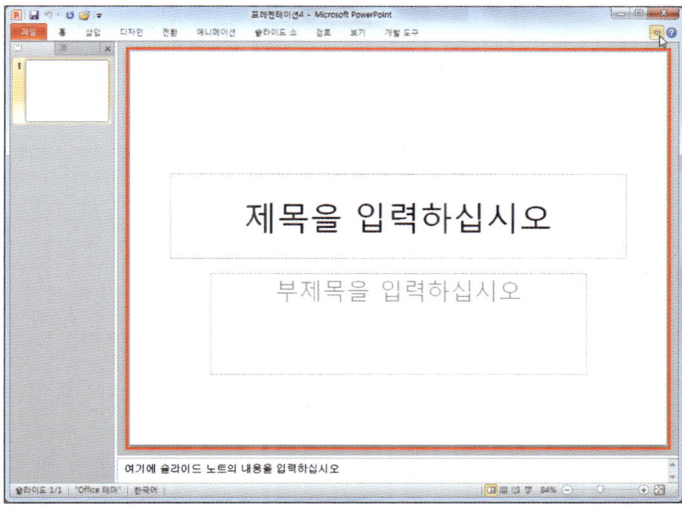

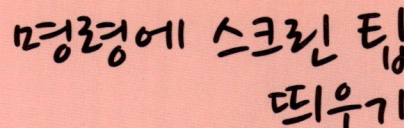

명령에 스크린 팁 띄우기

TECHNIC 14

리본 메뉴의 명령에 마우스 포인터를 위치시켰을 때 해당 명령에 대한 말풍선 도움말이 나타나는 것을 '스크린 팁'이라고 합니다. 스크린 팁은 다양하게 표시할 수 있습니다.

01 [파일] 탭을 클릭한 후 [옵션]을 선택하고 [PowerPoint 옵션] 대화상자가 나타나면 [일반] 항목의 [화면 설명 스타일]의 목록 버튼을 클릭합니다.

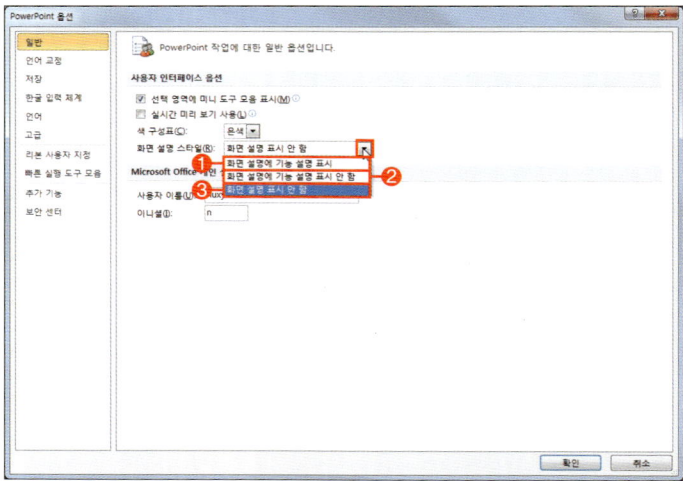

❶ **화면 설명에 기능 설명 표시** : 리본 메뉴의 명령에 마우스 포인터를 위치시키면 아이콘 이름과 함께 기능 설명도 말풍선으로 표시됩니다.

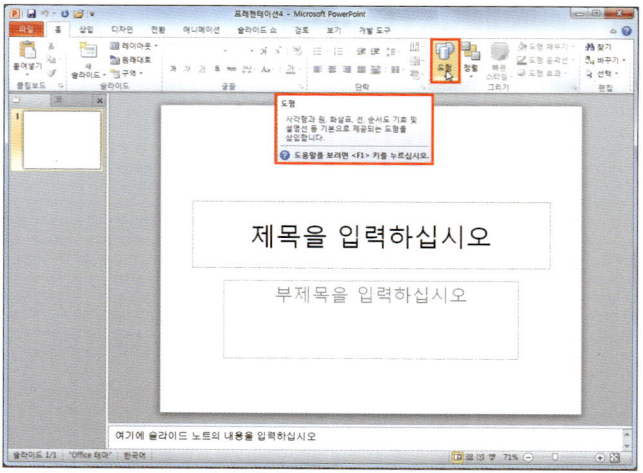

❷ **화면 설명에 기능 설명 표시 안 함** : 리본 메뉴의 명령에 마우스 포인터를 위치시키면 기능 설명 말풍선 없이 아이콘 이름만 표시됩니다.

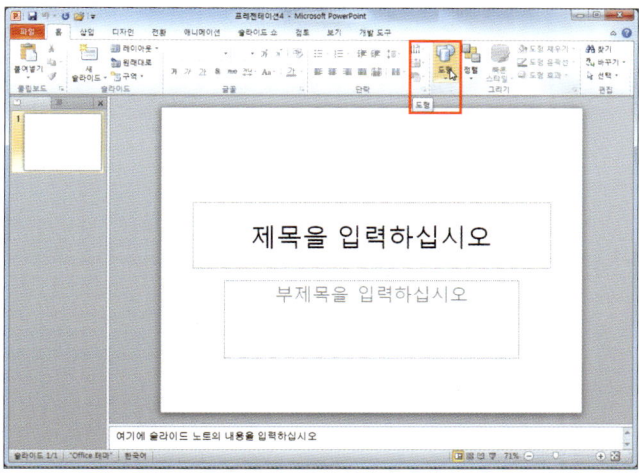

❸ **화면 설명 표시 안 함** : 리본 메뉴의 명령에 마우스 포인터를 위치시켜도 이름, 기능, 설명 모두 표시되지 않습니다.

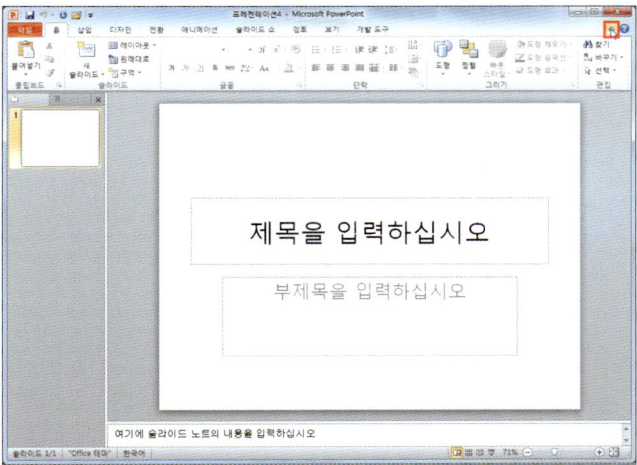

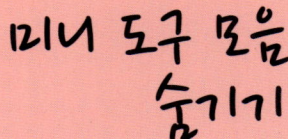

미니 도구 모음 숨기기

TECHNIC **15**

슬라이드의 텍스트를 선택 영역으로 지정하면 텍스트 오른쪽 바로 옆에 미니 도구 모음이 표시됩니다. 리본 메뉴를 사용하지 않고 간단하게 명령을 선택하는 미니 도구를 보이게 하거나 숨길 수 있습니다.

01 슬라이드에 입력된 텍스트를 마우스로 드래그하여 선택 영역으로 지정하면 미니 도구 모음이 흐릿하게 표시됩니다.

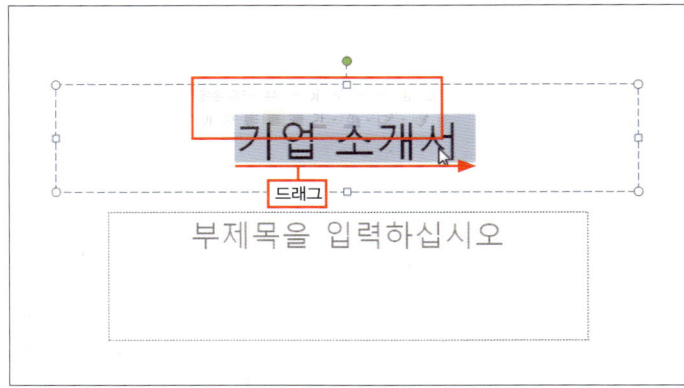

02 미니 도구 모음에 마우스 포인터를 위치시키면 미니 도구 모음이 진하게 표시됩니다.

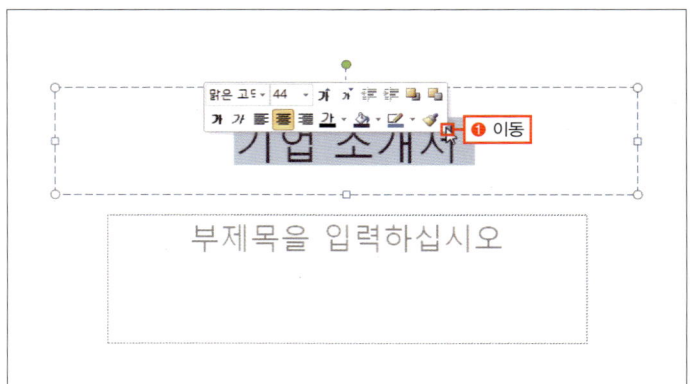

03 미니 도구 모음을 보이지 않게 설정할 때는 [PowerPoint 옵션] 대화상자의 [일반] 항목에서 [선택 영역에 미니 도구 모음 표시]의 선택을 해제합니다.

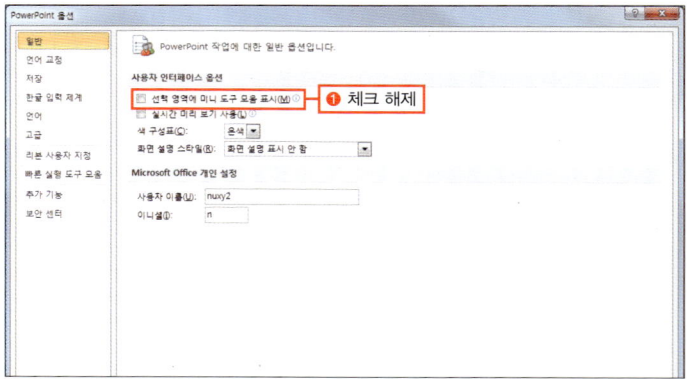

실시간 미리 보기 기능 사용하기

실시간 미리 보기 기능을 사용하면 슬라이드에 삽입된 개체를 선택하고 서식의 옵션을 마우스로 가리키기만 해도 해당 서식이 적용된 결과를 미리 확인할 수 있습니다. 서식이 적용됐을 때 어떻게 보일지 미리 확인할 수 있다는 장점이 있지만 불필요한 경우 이 기능을 사용하지 않을 수도 있습니다.

01 [PowerPoint 옵션] 대화상자의 [일반] 항목에서 [실시간 미리 보기 사용]을 선택하거나 해제합니다.

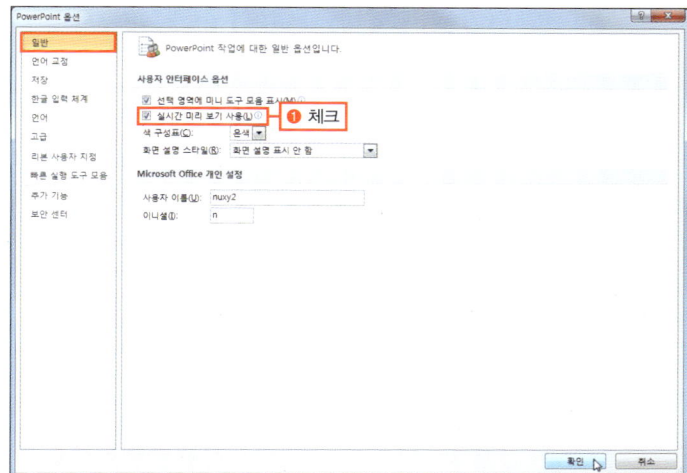

02 실시간 미리 보기를 선택했다면 개체를 선택하고 서식 옵션에 마우스 포인터를 위치시키면 결과가 미리 나타납니다.

참고

파워포인트 2010의 기본 옵션에는 실시간 미리 보기 기능을 사용하지 않도록 설정되어 있습니다.

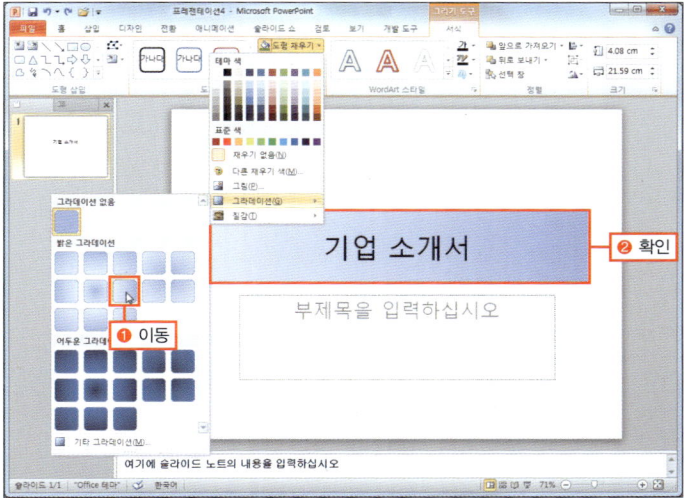

실무를 완벽하게 대비하는
종합 실습 문제

파워포인트 2010을 종합적으로 활용할 수 있는 능력을 키워주는 실전 프로젝트입니다. 총 5개의 문

제로 구성되어 있으며, PDF 해설 파일과 동영상 해설 파일(부록 CD 및 QR 코드)이 제공됩니다.

P O W E R P O I N T   2 0 1 0

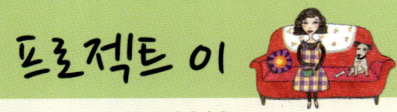
홍보 계획서 작성하기

다양한 도형을 슬라이드에 삽입하고 도형을 다양하게 변형하여 아래와 같은 홍보 계획서 슬라이드를 완성하세요.

◎ **완료 파일** : 프로젝트\project01.pptx
◎ **해설 파일** : 해설파일\프로젝트\Project01_해설.pdf
◎ **동영상 해설 파일** : 해설파일\프로젝트\project01.avi

광고 및 홍보 방안

인터넷 홍보   방송/신문   Media Matrix

교육청 홈페이지 활용	방송 프로그램 유치	TV, Radio, 신문, 잡지
배너 광고	주관 방송사, 신문사 선정	상징탑, 현판, 배너
웹 프로모션	체계적 홍보	가이드북, 포스터
	적극적 홍보	리플릿

1단계 : 슬라이드 배경에 '배경22.jpg' 파일 삽입
2단계 : 도형 목록에서 [자유형 도형](🖊) 삽입 후 [점 편집] 기능으로 모양 변형
3단계 : 도형 목록에서 [모서리가 둥근 사각형](▢) 삽입 후 도형에 입체 효과와 3차원 회전 효과 지정
4단계 : 텍스트 입력 후 워드아트 스타일과 텍스트 효과 지정
5단계 : 텍스트에 3차원 회전 효과 지정
6단계 : 텍스트 상자에 각 홍보 내용 입력

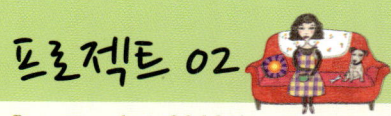

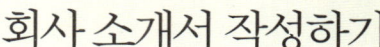

슬라이드에 차트를 삽입한 후 차트의 레이아웃과 서식을 변경하여 아래와 같은 회사 소개서 슬라이드를 완성하세요.

◎ **완료 파일** : 프로젝트\project02.pptx
◎ **해설 파일** : 해설파일\프로젝트\Project02_해설.pdf
◎ **동영상 해설 파일** : 해설파일\프로젝트\project02.avi

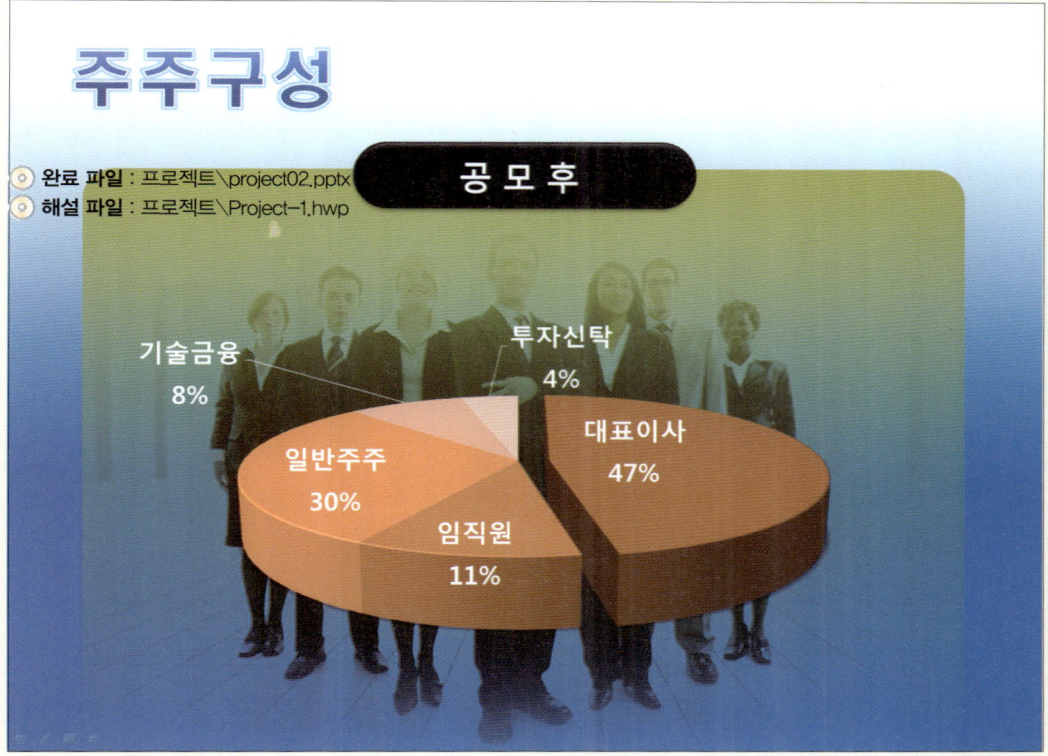

1단계 : 슬라이드 배경에 '배경21.jpg' 파일 지정
2단계 : 슬라이드에 차트(📊) 삽입
3단계 : 차트의 3차원 서식 변경
4단계 : 차트의 데이터 레이블 서식 변경
5단계 : 도형 삽입 후 차트 뒤로 이동 – 그라데이션 색상 지정

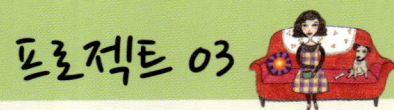
제품 상세 설명서 작성하기

도형과 텍스트 상자를 삽입하여 아래와 같은 제품 설명서 슬라이드를 완성하세요.

◉ **완료 파일** : 프로젝트\project03.pptx
◉ **해설 파일** : 해설파일\프로젝트\Project03_해설.pdf
◉ **동영상 해설 파일** : 해설파일\프로젝트\project03.avi

Solution 세부 특징

1 생산관리	2 회계관리	3 인사급여
• 공정관리	• 예산관리	• 인사기본
• 작업지시	• 자산관리	• 승급/승진
• 생산계획	• 자금관리	• 급여/상여
• 품질관리	• 세무회계	• 보증관리
• 재고관리	• 원가관리	• 소득정산
	• 재무회계	• 소급계산

1단계 : 슬라이드 마스터 영역에서 슬라이드 배경과 글꼴 지정
2단계 : [직사각형](▭)을 삽입하고 [도형 채우기](🎨 도형 채우기 ▼)와 [도형 윤곽선](✎ 도형 윤곽선 ▼) 변경
3단계 : 텍스트 상자 삽입 후 워드아트 스타일과 텍스트 효과 지정
4단계 : 도형에 텍스트 입력 후 [단락] 조절

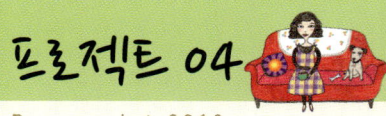
성장 추이 비교 보고서 작성하기

도형을 이용해 3차원 차트를 표현하여 회사의 성장 추이를 보여주는 차트 보고서 슬라이드를 작성해 보세요.

- ⚙ **완료 파일** : 프로젝트\project04.pptx
- ⚙ **해설 파일** : 해설파일\프로젝트\Project04_해설.pdf
- ⚙ **동영상 해설 파일** : 해설파일\프로젝트\project04.avi

1단계 : 슬라이드 마스터 영역에서 그림과 도형을 사용해 슬라이드 배경 지정
2단계 : 도형을 삽입하여 3차원 막대 차트 표현
3단계 : 도형 서식 지정
4단계 : 삽입한 화살표 도형을 [점 편집] 기능으로 모양 변형
5단계 : 워드아트 스타일과 텍스트 효과 지정

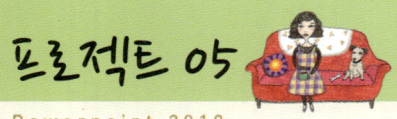

제안서 작성하기

스마트아트와 도형을 활용하여 아래와 같은 제안서 슬라이드를 작성해 보세요.

- ◎ **완료 파일** : 프로젝트\project05.pptx
- ◎ **해설 파일** : 해설파일\프로젝트\Project05_해설.pdf
- ◎ **동영상 해설 파일** : 해설파일\프로젝트\project05.avi

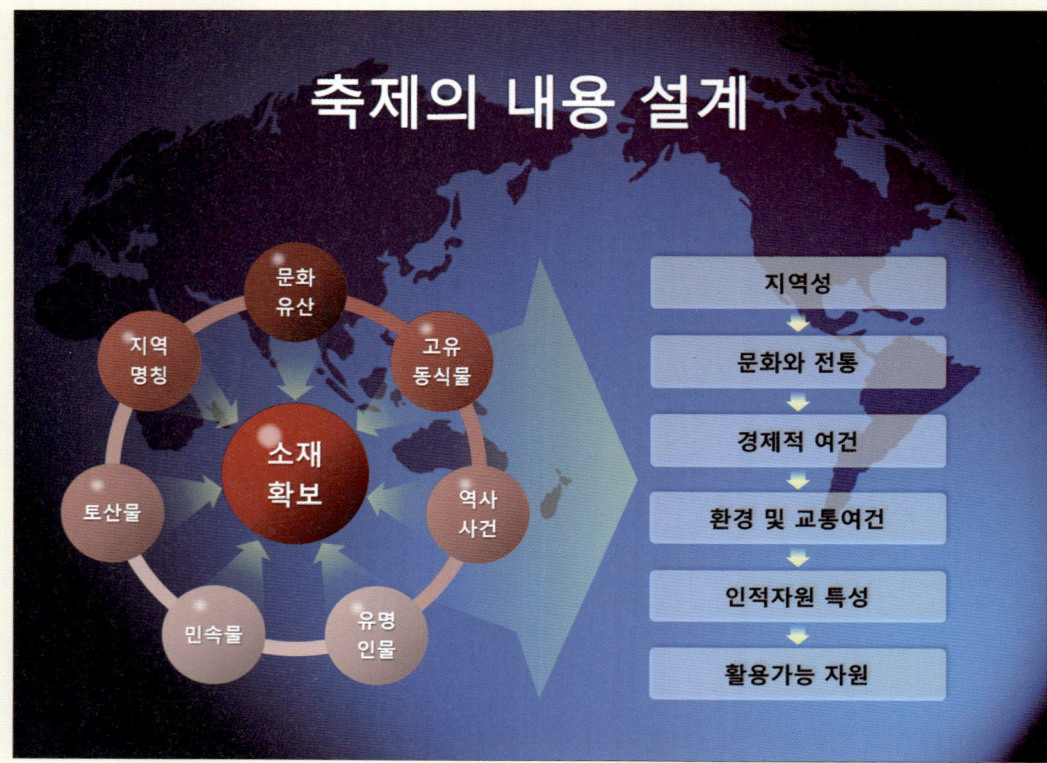

1단계 : 스마트아트() 중 [방사 주기형]과 [세로 프로세스형] 삽입
2단계 : 스마트아트 그룹 해제 후 도형 서식 지정
3단계 : 도형과 텍스트 추가